玩转大语文

好作文有味道

主　　编　胡良君　李娟萍
绘　　者　皮欢欢
本册主编　陈　翔
本册副主编　饶丽华　胡　琴　刘世佳
本册编委　付珍妮　杨　园　李　佩　韩雪葵

人民东方出版传媒
People's Oriental Publishing & Media
東方出版社
The Oriental Press

图书在版编目（CIP）数据

玩转大语文．好作文有味道 / 胡良君，李娟萍主编；皮欢欢绘．—北京：东方出版社，2023.1
ISBN 978-7-5207-2938-3

Ⅰ．①玩… Ⅱ．①胡… ②李… ③皮… Ⅲ．①作文课—小学—教学参考资料 Ⅳ．① G624.203

中国版本图书馆 CIP 数据核字（2022）第 143496 号

玩转大语文：好作文有味道
（WANZHUAN DA YUWEN：HAO ZUOWEN YOU WEIDAO）
胡良君　李娟萍 主编　皮欢欢 绘

策划编辑：鲁艳芳
责任编辑：金　琪　鲁艳芳
特邀编辑：陈雨姣
出　　版：东方出版社
发　　行：人民东方出版传媒有限公司
地　　址：北京市东城区朝阳门内大街166号
邮　　编：100010
印　　刷：北京尚唐印刷包装有限公司
版　　次：2023年1月第1版
印　　次：2023年1月北京第1次印刷
开　　本：710毫米×1000毫米　1/16
印　　张：9.5
字　　数：126千字
书　　号：ISBN 978-7-5207-2938-3
定　　价：210.00元（全6册）
发行电话：（010）85924663　85924644　85924641

前　言

有味道的菜才好吃，有味道的课才吸引学生。其实好文章也是有“味道”的，经得起品。

文章是什么“味道”呢？我们不妨反向思考一下，寡淡无味的文章是怎样的？那一定是思想肤浅，情感缺失的；或者是结构凌乱，语焉不详，没办法弄清作者意思的；更或是材料陈旧，语言贫乏的。一句话总结：要内容没内容、要形式没形式的文章，真没味！

怎样才能让菜有味道呢？当然是精选食材，再适当添加佐料。写文章也一样，要使文章“有味道”，肯定得有好的素材，再加上合适的表达技巧。对小学生来说，写文章还处于“习作”阶段，是打基础、练基本功的阶段，也是培养表达能力的关键阶段。我们该怎样让自己的文章“有味”呢？这一时期，需要写的文章比较简单，如果过度地追求内容的高大上、结构的出其不意，是不现实的，也是强人所难的。我们更应该在材料和语言上下功夫，需要注意以下几点。

一是“食材”要地道。我们的祖国历史悠久，幅员辽阔，每个人的心中都有家乡的专属味道，每个地方都有特色的美食，这一定与地道的食材相关。我们写文章，有没有这样地道的、带有基因密码式的素材呢？肯定有，比如带有地理标志的自然景观和风土人情，这些就非常适宜作为写作的首选素材；我们也要善于挖掘自己身边的素材，写一写自己身边的事，描一描自己看到的风景……这些都是可以做到的。写身边的事，说“自己”的话，既保证了“食材”的新鲜，又保证了“食材”的独特，读者更愿意看，也更愿意“品”。在这本书里，我们搜罗了小学生习作的常见题材，按照写人、记事、写景、状物、想象五个方面分类，每个大类又分成若干小类，分门别类地搜集了若干素材，有句有段，贴近小学生的生活实际。看到同类作品，大家一定可以联想到自己身边的人或事，从而起到触类旁通的作用，有效地帮助大家打开素材的总开关，解决写作“无话可说”的难题。

二是“食材”要多元。如果仅仅关注自己身边的人和事，就会限制我们的视野。我们还应该看看更远的地方，比如新时代英雄事迹、社会热点新闻……合理运用这些素材，能够展示我们自己的思考。再比如多关注古代相关事例，认识历史人物，适当运用相关素材，从而增加文章的厚度。基于这个考虑，这本书还配有相关题材经典的文言材料，以期增强素材的多元性，给有思想、想更上一层楼的孩子新的认识。这也是这本书与大多数同类书最不同的地方。

三是“佐料”要上乘。油盐酱醋是菜的佐料，写作技巧是文章的佐料。写作技巧有很多，对于小学生来说，我们认为好的语言表达是最好的“佐料”。不过，获取这个佐料特别难，虽然是基本功，却需要终身学习。怎样才能顺利获得这个能力呢？当然是先虚心学习，再勤练不辍，跟学习书法一样，先临摹，再创作。我们的习作，同样也需要先学习优秀作品，首先体会到规范的语言是怎样的、优秀的语言又是怎样的，要“取法乎上”。对于小学生来说，最规范的文章就是课文，所以这本书专门辟出一个环节，用课文作范文，讲解相关类型习作的写法，我们称之为“启示录”，希望借此给大家带来启发。再配上同龄人的优秀作品，相信大家一定会从中获得思考，并且通过不断的练习，将这些语言规范、表达形式内化成自己的语言。假以时日，我们甚至能形成自己的语言风格。

怎样写出有“味道”的作文呢？用一句话总结：能恰当地表达出“自己”意思的作文，肯定是有“味道”的。

最后，真诚地希望本书能给大家真正的启发，能帮助大家顺利开启写作之门，看到更广阔、更精彩的世界。

目录

第一章 难忘的人物

第二章 记忆深处的事情

第三章 惊叹不已的美景

第一章

难忘的人物

- 难忘的人物
  - 虚拟人物
    - 来自神话、童话
    - 来自动漫、影视
  - 身边人物
    - 长辈
      - 亲戚
      - 熟人
    - 同辈
      - 同学
      - 小伙伴
      - 亲人
    - 陌生人
  - 历史人物
    - 政治家
    - 文人
    - 其他名人
  - 新闻人物
    - 模范
    - 英雄
    - 普通人

一、题目库

1 我和同龄人

《猜猜他是谁》

《漫画老师》

《关于“我”的说明书》

《不一样的我》

《平常的我》

《老师眼中的我》

《家有“匪弟”》

《可爱的妹妹》

《家有淘气包》

《快乐男生》

《零食大盗》

《家有娇宝》

《童年的小伙伴》

《勇敢的“胆小鬼”》

《胖子同桌》

《我们仨》

《假小子》

《欢喜冤家》

《有趣的同窗》

《一个值得我学习的人》

《小小“动物园”》

《我的自画像》

《那不是别人，那就是我》

《镜子里的我》

《亲人眼中的我》

《慢吞吞的我》

《那个小家伙又来了》

《小虎牙弟弟》

《我的“灾星”》

《镇家之宝》

《我的“开心果”》

《我的霸道姐姐》

《我的同桌》

《我们班的小画迷》

《我和我的同学》

《班长是个“多变猫”》

《班级“顶梁柱”》

《百变男生/女生》

《文具“杀手”》

《“傻子”二三事》

2 成年人

《我的爸爸》
《“洁癖”老爸》
《我的“小资”爸爸》
《“好逗”老爸》
《爸爸是真正的男子汉》
《爸爸的画像》
《“一米八”》
《世上还有爸爸好》
《爱美的妈妈》
《我的“奇葩”妈妈》
《母爱无边》
《越减越肥的爸爸》
《爱“撒谎”的妈妈》
《勤劳的妈妈》
《数学老师“钢尺陈”》
《“才子”老师》
《我最喜欢的老师》
《会说话的眼睛》
《数学老师很特别》
《校门口的警察叔叔》
《白衣天使》
《陌生叔叔》
《笑眯眯的修鞋匠》
《修车师傅》

《我眼中的爸爸》
《爸爸》
《“网虫”爸爸》
《我的爸爸是警察》
《爱钓鱼的爸爸》
《父爱无边》
《给爸爸画像》
《长不大的爸爸》
《幽默的老妈》
《多变的妈妈》
《爱夸张的老妈》
《爱唠叨的妈妈》
《爱“吃醋”的妈妈》
《我的“漫画”老师》
《胡老师》
《爱说“废话”的老师》
《多功能老师》
《我的语文老师》
《我给向老师画像》
《校园里的送水工》
《司机叔叔》
《“环保主任”》
《清洁工人》
《路边小贩》

3 老年人

《“武侠迷”外公》
《我的戏迷爷爷》
《我有一个好奶奶》
《超级爷爷》
《我家的另类宝贝》
《爱抽烟的爷爷》
《爷爷爱“啃书”》
《我的爷爷》
《奶奶到底怎么了》
《卖烤饼的奶奶》
《爱好收藏的外公》
《节俭的奶奶》
《我的传奇奶奶》
《“抠门儿”老太》
《与时俱进的外婆》
《会刻桃篮的爷爷》
《“象棋迷”外公》
《“鸭子”爷爷》
《我的奶奶》
《奶奶现在不一样了》
《卖地瓜的爷爷》
《平凡的修车老人》
《时髦外婆》
《舞动的老人》

二、启示录

写人作文如何出彩?

1 态度决定一切

阿！闰土的心里有无穷无尽的希奇的事，都是我往常的朋友所不知道的。他们不知道一些事，闰土在海边时，他们都和我一样只看见院子里高墙上的四角的天空。

可惜正月过去了，闰土须回家里去，我急得大哭，他也躲到厨房里，哭着不肯出门，但终于被他父亲带走了。他后来还托他的父亲带给我一包贝壳和几支很好看的鸟毛，我也曾送他一两次东西，但从此没有再见面。

——选自《故乡》

点拨

“阿！闰土的心里有无穷无尽的希奇的事。”这一刻，闰土在“我”以及小伙伴的心里，就是一个了不起的大人物，带给了“我们”新知识、新视野。

“可惜正月过去了，闰土须回家里去。”分手的时候来了，“我急得大哭”。“我”的这一表现正是“可惜”所代表的难舍之情的外在体现，同时表现了“我”对闰土的敬佩、喜爱之情。“从此没有再见面”，可见这么多年来“我”常常想起闰土，久久不能忘记与他之间的美好童年回忆，于是这次回乡急切地想见到他。

归结为一句话，作者对少年闰土充满了赞美之情，肯定了这个活泼少年的“好”。

启示

写人的时候，我们要想一想自己对于笔下主人公的态度是怎样的。是赞美、敬佩、喜爱……还是讨厌、憎恶……这个态度就是全文的中心。

2 刷脸，身份认证

我于是日日盼望新年，新年到，闰土也就到了。好容易到了年末，有一日，母亲告诉我，闰土来了，我便飞跑地去看。他正在厨房里，紫色的圆脸，头戴一顶小毡帽，颈上套一个明晃晃的银项圈，这可见他的父亲十分爱他，怕他死去，所以在神佛面前许下愿心，用圈子将他套住了。他见人很怕羞，只是不怕我，没有旁人的时候，便和我说话，于是不到半日，我们便熟识了。

——选自《故乡》

点拨

一个人的外部特征很多，包括外貌、习惯动作、习惯用语、衣着……如果面面俱到地写，肯定会非常繁琐。鲁迅先生描写少年闰土时，外貌只写了“紫色的圆脸”，衣着特别突出了“头戴一顶小毡帽，颈上套一个明晃晃的银项圈”，因为这是闰土最突出的特征。

启示

写人的时候，一定要抓住他的主要外部特征来写，从而让读者很快记住你笔下的人物，也就记住了你的作文。

3 举例子，完美匹配

她从来不打骂我们。仅仅有一次，她的教鞭好像要落下来，我用石板一迎，教鞭轻轻地敲在石板边上，大伙笑了，她也笑了。我用儿童的狡猾的眼光察觉，她爱我们，并没有存心要打的意思。孩子们是多么善于观察这一点啊。

——选自《我的老师》

点拨

这仅有的一次蔡老师打人的事例，恰恰证明了蔡老师不打人。有了这个事例，段首的第一句话“她从来不打骂我们”就很有说服力。

启示

写人一定要表现人物的性格，表现性格时一定要选择合适的事例，这样更有说服力。

4 挖掘人物的品质

“不，你们吃吧。你们一定要走出草地去！见着指导员，告诉他，我没完成党交给我的任务，没把你们照顾好。看，你们都瘦得……”

老班长用粗糙的手抚摸我的头。突然间，他的手垂了下去。

“老班长！老班长！”我们叫起来。但是老班长，他，他的眼睛慢慢地闭上了。

我们扑在老班长身上，抽噎着，很久很久。

擦干了眼泪，我把老班长留下的鱼钩小心地包起来，放在贴身的衣兜里。我想，等革命胜利以后，一定要把它送到革命烈士纪念馆去，让我们的子子孙孙都来瞻仰它。在这个长满了红锈的鱼钩上，闪烁着灿烂的金色的光芒！

——选自《金色的鱼钩》

点拨

老班长的革命精神、舍己为人的品质，是这篇文章的中心，也是最感人的地方。

启示

写人还要善于挖掘人物身上的品质，比如爱国奉献、乐观向上、坚强不屈、不畏困难等，这样人物形象会更加丰满。

5 细节决定成败

当我俯下身子，把鱼汤送到老班长嘴边的时候，老班长已经奄奄一息了。他微微地睁开眼睛，看见我端着的鱼汤，头一句话就说：“小梁，别浪费东西了。我……我不行啦。你们吃吧！还有二十多里路，吃完了，一定要走出去！”

“老班长，你吃啊！我们抬也要把你抬出草地去！”我几乎要哭出来了。

——选自《金色的鱼钩》

点拨

动作+神态+语言，细致的描写能够完美重现当时的情景，从而让读者有很强的代入感。

启示

写人的时候要注意细节描写，这些细节描写包括外貌、动作、神态、语言等。

三、素材帮

1 好词积累

【少年儿童】

眉清目秀　伶牙俐齿　奶声奶气　破涕为笑　嬉皮笑脸
娇声娇气　童言无忌　虎头虎脑　天真活泼　欢声笑语
牙牙学语　无忧无虑　幼稚可笑　你追我赶　油腔滑调
吵闹不休　欢呼雀跃　大大咧咧　亭亭玉立　嘟嘟囔囔
聪明伶俐　白净柔嫩　面红耳赤　娇生惯养　得意扬扬
头发浓密　齐眉刘海　眉飞色舞　浓眉大眼　目光清澈
杏眼圆睁　耳聪目明　肥头大耳　面带稚气　天真烂漫
口齿伶俐　活泼好动　纤细长辫　连蹦带跳　丢三落四
唇红齿白　鼻青脸肿　羊角小辫　清亮有神　喜上眉梢
拾金不昧　助人为乐　惹人怜爱　年少有为　乳臭未干

【成年人】

高大魁梧　身强力壮　面黄肌瘦　和蔼可亲　满面春风
西装革履　油头粉面　衣衫褴褛　昂首挺胸　眉清目秀
神采飞扬　风姿绰约　骨瘦如柴　文质彬彬　英俊潇洒
英姿飒爽　玉树临风　和颜悦色　平易近人　体态轻盈
大腹便便　神采奕奕　秀外慧中　窈窕淑女　威风凛凛
明眸皓齿　美丽和蔼　气宇轩昂　神采焕发　落落大方
爽朗大度　天生丽质　蕙心兰质　含威不怒　不怒自威

【老年人】

老当益壮　风烛残年　老态龙钟　老骥伏枥　饱经风霜
白发苍颜　宝刀未老　返老还童　德高望重　年过花甲
慈眉善目　白发苍苍　鹤发童颜　容光焕发　面色憔悴
鬓发花白　面孔干瘦　身板硬朗　步履蹒跚　自得其乐

2 精彩开头

【开门见山式】我的同学，他长着不大不小的脑袋，一双大眼睛。他上课回答问题很积极，但也很调皮，老师对他“又爱又恨”。

【借物联想式】这个世界上，没有两片完全相同的叶子，也没有两朵完全相同的花，每个生命都是独一无二的。下面就来认识一下独一无二的我吧！

【引用古诗+场景描写式】“葡萄美酒夜光杯，欲饮琵琶马上催。”一大早，我就摇头晃脑地在客厅里背起了古诗。妈妈叹了一口气说：“你是从古代穿越来的吧？”哥哥立即插嘴道：“她是‘老学究’，满嘴的‘之乎者也’，听不懂，听不懂。”爷爷却开心地说：“我的孙女是才华横溢的‘小诗人’。”

【引用他人评价式】“圆圆，你怎么又变圆了？你该改名叫胖胖。”哥哥总喜欢拿我打趣儿。没错，我就是圆圆，人如其名，长得特别圆。圆圆的身子，圆圆的脑袋，圆圆的脸蛋儿。

【自我介绍式】大家好，我叫于阳。“于”不是海里的鱼，“阳”也不是海洋的洋，你们可千万别把我的名字写错了哟！

【排比抒情式】是您，每天给我做营养又美味的食物；是您，五年来陪我奔走在学习钢琴的路上；是您，不厌其烦地给我讲做人的道理；是您，和我一起分享彼此的小秘密……我想告诉您：“我爱您，亲爱的妈妈。”

【语言描写式】“妮妮，眼睛别离书本太近。”

“妮妮，睡觉前不许吃零食。”

“妮妮，记得在学校多喝水。”

“妮妮，一定要和同学好好相处。”

唉，最近妈妈出国了，不能每天在我耳边“妮妮、妮妮”地叫我了，我太不习惯了！妈妈，我很想念您，也很想念您的唠叨！

【直接抒情式】最使我难忘的，是我小学时候的女教师蔡芸芝先生。

【比较式】在我遇见过的这么多老师里，要说谁最有趣、最得同学们喜欢，那就要数我的语文老师付老师了。

【引用歌词式】“长大后，我就成了你。”没想到歌里的情节在现实里发生了。我们的数学老师曾经是老校长的学生。想知道是什么原因让数学老师选择了教师这个职业吗？那就接着往下看吧。

【比喻式】如果黑板是浩瀚的大海，那么老师便是海上的水手。铃声响起的那一刻，她用教鞭当作船桨，划动那停泊在港口的船——课本。她声情并茂的朗诵，犹如一阵和煦的微风，拂过我们的心头，给我们前进的力量。而我们就像那船上的游客，朝着展望已久的海岸前进！她就是我的一位好老师——方老师。

【人物介绍式】汪伯伯是我们这栋楼的热心“修理工”，能帮邻居们修理各种物品。张家的电灯不亮了，肖家的浴霸坏了，何家的自行车链子掉了，范家的空调出问题了……他似乎无所不能，比超人还厉害。

【外貌描写式】外婆已经年近古稀了，她的短发已经白了，脸上满是皱纹，而一双布满皱纹的手上，已有许多青筋。这双手，一到冬天就开裂，流出鲜红的血。但这双手，却是我们家最不可缺少的勤劳的手。

【动作描写式】我每天都会在上学的路上遇到白爷爷。他戴着帽子，左手摇着扇子，右手拿着鸟笼，绕着公园遛鸟。走累了，他就坐在长椅上，把鸟笼挂在身旁的树枝上，听着鸟儿悦耳的歌声，惬意极了。

3 精彩结尾

【首尾呼应式】这就是我，一个普普通通却又独一无二的女孩。你愿意和这样的我交朋友吗？

【抒发志向式】我期待着长大！我知道，成长的脚印记载着我无穷的努力和拼搏的痕迹，我将微笑面对未来，当一个出色的大学教师，立志为祖国作出自己的贡献。这就是我——江浩源。

【设问式】“问题之书”就是我。想要和我成为朋友，得先回答我一个问题。你们准备好了吗？我要开始提问喽。

【归纳总结式】付老师就像一个魔法师，能把枯燥无聊的数字变成一个个小精灵，惹人喜爱；他又像一台播种机，把热爱学习的种子撒在我们心里！

【升华主题式】不管谁是人类的第一位老师，老师这个职业都是伟大的。它在人们的心里放了一盏灯，驱赶了无知、蒙昧，让人们看见了光明与希望；它还在人们的脑海里栽种了秩序和规则，驱赶了野蛮、强横，让人们明理、守法，使社会和谐、美好！

【对比式】爸爸的爱，不像奶奶一样慈祥，不像妈妈一样甜蜜而唠叨；他的爱默默无闻，像空气一样无形，看不见，却又必不可少。

【点明中心式】“晨晨，你再不睡觉，明天早上我就不给你烤面包了！”听，妈妈又来催我睡觉了。但我从不因此不开心，我知道她是为了我好，她把对我的爱融入了声声的催促里。

【抒情式】看着在舞台上放声歌唱的妈妈，我的心里无比自豪，我真想告诉所有人：看！那是我妈妈，我们家的“歌王”！

【排比式】大家一定很羡慕我，拥有一个愿意和孩子交朋友的爸爸，一个能和孩子换位思考的爸爸，一个不把孩子当孩子的爸爸。

【议论抒情式】在学校的这段旅程中，老师教给了我们许多知识，更教给了我们做人的行为准则。我们就像黑暗中摸索的旅行者，而老师就是那启明星，帮我们找到前进的方向。

【引用名言式】“桃李不言，下自成蹊。”代课老师最终用他的真诚和高尚的品德赢得了同学们的信任。

【诗情画意式】回去的路上，他总喜欢走僻静的柏油路，虽绕得远，但我的心情却十分飞扬。坐在车上，车飞快地跑，风肆意地刮来，我真的好喜欢这种感觉。真希望路再长一些，就如小时候他骑电动三轮车带着我一样，让路再长一些吧……

【祝福式】我的邻居刘爷爷就是这么一个表面严肃但内心却很温柔的人，和他一起玩非常开心。我经常会把他逗得像小孩子一样哈哈大笑。希望邻居爷爷没有烦恼，身体健健康康的！

4 佳句佳段

【自己】

- 我的头又大又圆，就好像一个大皮球。我的身体也是圆滚滚的，就好像一个肉粽子。我现在越来越胖，妈妈为此还给我制订了一个减肥计划。别看我长得胖，但是走起路来像飞箭一样快。
- 一个圆脑袋，一双水灵灵的大眼睛，一个小小的鼻子，一张像抹了蜜的嘴巴，哦，还有一个松鼠似的“尾巴”甩在脑后呢！这就是我！一件运动衫、一条牛仔裤，再加上一双运动鞋，就凑成了一个活泼可爱、聪明伶俐的我，一个没有任何人能够代替的我。
- 一张白净的瓜子脸，头上扎着两根细细的辫子，加上一张能说会道的嘴和一双戴着眼镜的眼睛，凑成了一个活泼机灵的我。
- 这就是我，一个活泼可爱的小女孩，你们愿不愿意和我交朋友呢？
- 听了我的自我介绍，你们应该对我有所了解了吧？我就是这么一个多变的小女孩。
- 胆小是我的性格，画画和看书是我的爱好，朋友们，你们觉得我怎么样呢？

◆ 从此刻起，我要做一个学习认真，做事不马虎的好学生！

◆ 我，开朗阳光，一个懂幽默同时又爱讲冷笑话，一个爱笑但笑起来眼睛会眯成缝的女孩。我喜欢雨天，但又害怕打雷；我喜欢音乐，但我唱歌跑调。似乎我一生下来就是个矛盾的精灵。

◆ 我鼻子一酸，嘴巴一咧，金豆子就纷纷落下来了。唉，我这爱哭鬼的名号什么时候才可以去掉呢？

◆ 我长得胖胖的，略微显得有点憨，可体育课上的每一个项目我都做得相当敏捷。

◆ 我，一个文静的小姑娘，红红的脸蛋，眼睛不大，但笑起来像弯弯的月牙儿。小小的嘴巴，齐齐的刘海，常梳着马尾辫，可精神了。

◆ 在同学们的眼里，我是一个十分负责且有职责心的班干部；在老师的眼里，我是一个优秀的学生；在父母的眼里，我是一个永远也长不大的会撒娇的小女孩。

◆ 我心想：他跳得再快肯定快不过我，我一定会赢他的，我在心里给自己加油鼓气，给自己打败他的信心与力量。

◆ 我是一个聪明的孩子，电脑上的事情妈妈有时还会请教我；我是一个懒惰的孩子，星期天常常赖在床上睡懒觉；我是一个粗心的孩子，考试时经常把一些简单的题做错；我是一个听话的孩子，在别人家从来不乱动东西。

◆ “宁静的小村外，有一个笨小孩，出生在六零年代……”收音机内飘出了刘德华的《笨小孩》，我不禁抿嘴一笑，因为我就是一个笨小孩。

◆ 大海何等无垠？草原何等辽阔？沙漠何等宽广？渺小的我就像是大海里的一滴水，草原上的一棵草，沙漠中的一粒沙，但我有属于自己的精彩。

◆ 咦？镜子里出现了一个人：一张圆圆的小脸蛋像个红彤彤的苹果，两道弯月般的眉毛下嵌着一双炯炯有神的眼睛。每当心烦气躁时，那张小嘴巴就撅起来，上面仿佛还能挂一个油壶呢！这个小女孩是谁呢？呵呵，她就是我。

◆“丝瓜花，南瓜花，人家不夸我自夸。”今天，我就好好夸夸我自己。嘻嘻，你可先别笑我太不谦虚了，等我夸完了，你再笑话我也不迟呀！

【身边人——兄弟姐妹】

◆ 弟弟那张圆圆的脸蛋，红扑扑、亮闪闪，像不像熟透了的西红柿？谁见了都想捧起它来亲上一亲。

◆ 我有一个弟弟，他今年七岁，读一年级。他长得跟竹竿一样瘦，所以妈妈总是叫他“瘦皮猴”。他的脸简直像“天气预报”一般阴晴不定，难以预测。他还长着一双水灵灵的大眼睛和一对浅浅的酒窝。

◆ 妹妹一笑就露出两个虎牙，尖尖的、白白的，想藏也藏不住，透着几分调皮的机灵劲儿。

◆ 妹妹今年十岁，读小学三年级。她那红扑扑的脸蛋上，一双水灵灵的大眼睛透着几分聪明伶俐。乌黑的头发下，两条弯弯的眉毛像月牙儿。

◆ 妹妹刚上小学一年级，既聪明又懂事，能歌善舞，可爱得很。她的小辫子向上翘着，两只黑亮的眼睛荡漾着微波，两个脸蛋红红的。她唱起歌来，细黑的眉毛一挑一挑的，黑黑的眼睛深情地望着远方，张开的两只小手仿佛一双翅膀，欲飞上九霄云外。

◆ 乌黑乌黑的头发、肥嘟嘟的脸、水汪汪的眼睛、笔挺的鼻子，这就是我的哥哥。

◆ 哥哥今年15岁了，上初三，他常穿着白衬衫和蓝色的学生裤，胖墩墩的，像个小冬瓜，走起路来又像个圆滚滚的小企鹅，因此他的小名叫“小胖”。

◆ 我的哥哥有一个聪明的脑袋，他学习很勤奋，每次考试都名列前茅，年年被评为“三好学生”。

◆ 我的姐姐性格温和，总是以理服人，每次当我犯错的时候，她一不打我，二不骂我，总是对我细心地说服教育，讲道理给我听，每次都让我心服口服。

◆ 我有一个可爱的姐姐。在我心目中，她是一个与众不同的女孩子。有时候我都觉得我和我姐姐简直就是一对冤家，天天你顶过来，我顶过去。可是，我们却是天底下最要好的姐妹。

◆ 我有两个姐姐，分别叫东东和阳阳，她俩一个活泼，一个文静；一个爱吃肉，一个爱吃菜；一个喜欢弹钢琴，一个喜欢弹古筝。虽然有很多不同的地方，但她们有一个最大的相同点，就是喜欢看书。

◆ 我有困难，姐姐替我分担；我有难题，姐姐给我讲解；遇到我不会做的事情，姐姐都会耐心地指导我。学习上，她帮助我度过了重重难关。

◆ 这就是我的弟弟，既调皮又贪吃，但我还是非常喜欢他，因为他非常有趣，是我们家的“开心果”。

◆ 就这样，弟弟和我都学会了从他人身上汲取力量。感谢我的弟弟，他教我学会了坚强。

◆ 这就是我那时而让我生气，时而又会让我开心的妹妹。

◆ 虽然我的妹妹是一个蛮横无理、爱臭美的糊涂虫，但我很爱她！

◆ 一个活泼又可爱的小姑娘，和我一起长大的小伙伴，这就是我的妹妹！

◆ 我的小妹妹真可爱，关于她的趣事可是三天三夜也说不完的。我爱我的小妹妹！

◆ 我可爱的表妹，关于她的趣事还有很多很多。现在她已经两岁了，正在慢慢长大，她的性格随着年龄的增长，渐渐鲜明、突出……她天真的表情、可爱的举动，无不让我觉着长大真是一件奇妙无穷的事情。

- 我的姐姐，由于零食、饮料的诱惑，再加上不爱运动，最终变成了“肥肥”。如果你不想像她一样的话，那么就请和“零食”断绝关系，和运动交上朋友吧！切记，切记哦！
- 这就是我的姐姐，勤劳朴实、努力向上的姐姐。她是我的榜样，我要向她学习！
- 我的姐姐就是这样一个做事细心，待人大方、宽容的人，我喜欢她！
- 我的“书迷”姐姐，虽然她有时会因为看书而误事，但我还是很喜欢她。我要向她学习，做个爱学习的孩子！
- 看我姐姐多勇敢，我以后也要像她一样勇敢。
- 我的哥哥就是这样一个十足的球迷。
- 不管怎样，我庆幸自己有一个哥哥，一个对我还不错的哥哥。直到现在，哥哥陪我玩耍的情景仍然深深地印在我的脑海中。我特别感谢我的哥哥！
- 哥哥，我的好哥哥，感谢你让我成了最幸福的天使，我会带给你祝福和快乐！

【身边人——同学】

- 我的同学是××。她的学习很好，长得眉清目秀，唇红齿白，黑宝石般的大眼睛镶嵌在她那白嫩嫩的脸蛋上，闪着快乐而朴实的光。
- 我们班的××同学非常淘气，经常捉弄人，连老师都敢捉弄！
- 这是我们班公认的女生篮球王了。她长着一头乌黑的长发，大眼睛中闪烁着刚毅之光，浓浓的眉毛，左耳侧有一颗美人痣，担任我们班的副班长一职。
- 每当我坐在教室，看见教室打扫得干干净净，就不由得想起了每天中午都为我们打扫卫生，最后才回到座位上的同学，她们就是××和××。
- 她高高瘦瘦的个子，留着一头长长的头发，总是扎着一条马尾辫，走起路来带着蝴蝶结的马尾辫就在脑后一摇一晃，看上去很美丽。一双灵活、敏锐的眼睛，忽闪忽闪的。瓜子形的脸蛋，白里泛红，一张樱桃小嘴配上那高挺的鼻子，显得更加漂亮了。

◆ 他有一双水汪汪的大眼睛，像一对宝石，塌塌的鼻梁，说话时总爱翘起嘴巴，既可爱又调皮。

◆ 他的一双眼睛小小的，却戴着一副大大的黑边框眼镜。在大眼镜的衬托下，整个脸庞在严肃的表情下透露出智慧。他特别喜欢看书，人送绰号“小书虫”。

◆ 她那甜甜的语调一读起书来，就显得非常好听，有时会把同学们的想象带到一个美妙的境界。

◆ 我的同桌写字时真逗人，那作业本偏偏斜放着。他自己呢，头歪着，脖子扭着，那脑袋几乎要贴到桌面上了；再看他写的字，也跟他人一样，是歪歪扭扭的。

◆ 她的脸上有一双带着稚气的、被长长的睫毛装饰起来的美丽的眼睛，就像两颗水晶葡萄。

◆ 他的眉毛时而紧紧地皱起，眉宇间形成一个问号；时而愉快地舒展，像个感叹号。

◆ 她那张小嘴巴蕴藏着丰富的表情：高兴时，撇撇嘴，扮个鬼脸；生气时，撅起的小嘴能挂住一把小油壶。从这张嘴巴说出的话，有时能让人气得火冒三丈，抽泣不止，有时却让人忍俊不禁，大笑不已。

◆ 我的同学××，梳着一条大辫子，黑亮黑亮的，浓浓的眉毛下嵌着一双乌黑发亮的大眼睛，看起来蛮漂亮的。

◆ 她抑扬顿挫地朗诵着，声调优美，娓娓动听，举座动容。

◆ 他这个调皮鬼，书念得太快了，噼噼啪啪，像是炒花生米一样。

【身边人——爸爸妈妈】

◆ 一对浓密的眉毛，一张停下来的嘴，再加上一个圆鼓鼓的大肚子。

他就是我可爱的爸爸。

- 爸爸的手指粗壮有力；手掌四四方方的，像一堵墙；指头粗而长，圆圆的指头肚儿像半个蚕茧，整个看上去，就像一根根柱子。
- 我的爸爸今年38岁了。他圆圆的脸上架着一副很厚的高度近视眼镜，头发有点稀疏，但看上去一副神采奕奕的样子。
- 我的爸爸在大学教书。他高高的个子、瘦瘦的脸庞，一双不大的眼睛总是慈祥地望着你。爸爸工作一丝不苟，十分认真，年年被评为“先进工作者”，但在家里却有一个不美的“雅号”——“懒书生”。
- 我的妈妈很漂亮。她有着一头乌黑靓丽的头发，像黑色的绸缎一般柔顺，又像瀑布一样倾泻而下；妈妈还有一对弯弯的柳叶眉，就像天空中的月牙儿，又像江上弯弯的小船；眉毛下面，就是那双水汪汪的大眼睛了，乌黑的眼珠就像两颗黑宝石，笑起来弯成了一条线；妈妈有着一个小巧玲珑的鼻子，每逢冬天，鼻头会冻得红彤彤的。
- 她是我的妈妈，她很漂亮，又长又黑的长发总是扎起来，一双乌黑的大眼睛，十分有神。她很喜欢穿粉色的连衣裙，总告诉我她只有18岁。
- 我的妈妈外表虽然不算最漂亮，但是她美好的心灵和善良的品质一直影响着我。虽然生活的压力和常年的劳累，使妈妈的脸上增添了许多皱纹，头上也增添了许多银丝，但是妈妈在我心里永远是最美丽的。
- 妈妈不但在学习上关心我，在生活上也是无微不至地关爱我。妈妈经常教我做人的道理，就像一盏启明灯一样引导我人生的方向。
- 我的妈妈是一个平平凡凡的人，但她非常幽默，总能逗得我笑得人仰马翻。她有时也会“火山爆发”，对我大呼小叫。此时，我只得噙着眼泪，带着委屈走进自己的房间，静静地等待妈妈的“心平气和”了。

◆ 这就是我的爸爸，他既是一名威严的军人，又是一位慈祥的父亲。我爱我的爸爸！

◆ 我爱我的爸爸，他永远是我最坚固的后盾。

◆ 父亲的爱，是默默无闻的，渗透在无形之中。

◆ 人们都说父爱如山，今天我见证了这句话的分量，父爱给我以幸福的力量。

◆ 可能，这些不能表现我的妈妈有多么美，但在我心里，她是最美的。她对我的关爱、对我的照顾、对我的鼓励、对我的批评……所有的这一切，我都会永远记得！我爱我美丽的妈妈！

◆ 妈妈，我爱您！也许，这句话普通得不能再普通，但却包含了我对您的千言万语。

◆ 爸爸早上最忙的一件事，就是“对付”他的胡子。他先在下巴上抹上许多泡泡，然后用剃须刀慢慢地刮，就像割草机在割草。一会儿，黑乎乎的下巴就变得亮堂堂的了。可是，第二天，爸爸的下巴又成了黑青黑青的。第三天，爸爸的下巴就有些扎手了，这时候爸爸又要忙乎了！

◆ 瞧！菜做好了，老妈把一盘盘拿手好菜端了上来，顿时满屋飘香，叫人食欲大开。老妈做的菜可称得上是色香味俱全，香就不用说了，就说色，你看：青椒绿得像翡翠，莲子百合汤白得像天山雪莲，红烧鱼油亮得像金子。味吗？尝一口，准叫你放不下筷子。所以，我和老爸常常吃得太多，还肚饱口不饱，因此有时我俩还得借助消食片消消食呢。

◆ 我的爸爸非常喜欢看球，是个十足的“篮球迷”。每当爸爸看篮球赛的时候，他的双眼总是瞪得大大的，生怕错过一个精彩的镜头。有时，他会激动得又喊又跳；有时，他又会大声地叹息。看着爸爸投入的样子，我和妈妈总是笑着说：“真是一个篮球迷！”

◆ 妈妈长着一张瓜子脸，比较爱打扮。可是，我发现那么爱美的妈妈，脸上竟有一点点蝴蝶斑，真是不可思议！后来，爸爸悄悄告诉我，妈妈以前不长斑的，自从生了我，脸上的斑才冒出来。原来是这样啊，妈妈真是太伟大了！我一下子觉得妈妈更美了……

- 我的老爸很可爱。他长着一个十分显眼的鼻子，配着一双小小的眼睛，一笑就会眯成一条缝。更有趣的是他的大肚子，圆滚滚的，加上他整天笑眯眯的，看起来活像一个弥勒佛。老爸不光人长得可爱，说话也很逗人。一次，我拿着一袋咸鸭蛋想去厨房打开包装，爸爸以为我要加热，连忙大叫："千万不能用微波驴（炉）加热！"妈妈一听，笑得把汤都喷出来了，我也乐得前俯后仰。爸爸呢，羞得脸都红了。后来，我们就给他起了个外号，叫"微波驴"。

【身边人——长辈】

- 叔叔是个20多岁的青年人，身上总穿着白衬衫，再加上清瘦白净的脸，一看就像个读书人。
- 我的叔叔是一名警察，他每天都要处理很多案件，其中不乏一些十分复杂的，所以过度的劳累让他看起来总是十分疲惫。
- 叔叔有一头浓密的黑发，满脸络腮胡子，一张在太阳底下晒得黝黑的脸。小时候，叔叔每次看见我就抱着我，用他满脸的胡子扎我，弄得我奇痒无比，整个身子在他身上乱窜。
- 已经两年过去了，可那位叔叔的音容笑貌仍然历历在目，我永远不会忘记这位和蔼可亲的司机叔叔。
- 我的叔叔是一名普通的警察，他那对工作认真负责的精神非常值得我学习。
- 他个子不高不矮，身材偏瘦，一双小小的眼睛笑起来只剩一条缝了。高高的鼻梁上架着一副老花镜。
- 我有个老闺蜜，她就是我的曾祖母，她虽然满嘴唠叨，但却有着一颗长不大的心。
- 外婆中等个儿，身材有点儿发福，虽然已是古稀之年，但仍然红光满面，精神矍铄。

◆ 胖胖的体态，花白的头发，白白的脸盘上镶嵌着一双小小的眼睛，笑起来眼睛眯成了一条缝儿，眼角的鱼尾纹也会不约而同地聚在一起。不用说，这就是我的奶奶。

◆ 我的爷爷又高又瘦，由于天天在地里干活，脸庞非常粗糙。他耕地时面无表情，两只眼睛布满血丝，看上去像几天没有睡过觉。

◆ 外婆年近七旬，一双大眼睛已经深深地陷了下去，一头短发像罩了一层白霜，那饱经风霜的脸刻满了皱纹，一双粗糙的手爬满了蚯蚓似的血管。

◆ 一位满头银发的老奶奶，双手拄着拐杖，背靠着一棵洋槐树，焦急地等待着。

◆ 忽然一位老爷爷撑着伞向我走来，只见他白发苍苍，背微微驼，脸上有很多皱纹，看上去有70岁了。

◆ 爷爷有一副古铜色的面孔，一双铜铃般的眼睛，尖尖的下巴上飘着一缕山羊胡须。别看他已年过古稀，可声音仍像洪钟一样雄浑有力。

◆ 我的外公是一个地地道道的庄稼老汉，古铜色的脸上深深地刻着一道道皱纹，两只小蒲扇似的手长满了老茧，卷起裤边露出的两条腿，像柱子一样结实。

◆ 我的奶奶，全村里比她年龄大的已经寥寥无几。不过她的身体还挺硬朗，腰不弯，眼不花，烧火、做饭、喂鸡、喂鸭……样样都可以。唯一令人遗憾的是，她的耳朵有点聋，你说三，她扯四，常常叫人哭笑不得。

◆ 在我心中，爷爷永远都是可亲可敬的。我爱我的爷爷！

◆ 我的爷爷就是这样一位吃苦耐劳、勤俭节约，有着丰富经历的长者。

◆ 我的爷爷，他是世界上最好的爷爷。他对我的爱比山高，比海深。在生活中，他体谅每一个人，经常给我们小辈买好吃的、好玩的。

◆ 看到爷爷为我淋成这样，我的鼻子一酸，忍不住紧紧地抱着爷爷，说："爷爷是世界上最好的爷爷！"

- 我们已经走了好远，却总感觉背后有一个身影在目送我们，那就是我的奶奶。奶奶爱我，我也爱奶奶。
- 奶奶很平凡，却给了我不平凡的爱和教育。如今我一天天长大，奶奶却一天天老去。我真想时间可以停住脚步，奶奶永远都年轻有活力。
- 奶奶，是您让我有了信心，让我坦然自若地面对一切，让我拥有了一段美好的时光，让我感受到了被爱的滋味，让我体会到了温暖和快乐。
- 我的奶奶是个爱笑的天使，是个不怕吃苦的将军，还是个能干的、辛勤的劳动者。
- 我的外公有个爱好，就是喜欢收集酒瓶子，讲关于酒瓶的故事。他的房间有各种各样的酒瓶，颜色图案各异，大小不一。外公视这些酒瓶就如同珍宝。

【身边人——老师】

- 她长得不高不矮，微微有点胖，一双炯炯有神的眼睛镶嵌在可爱的脸上，高挺的鼻梁上还架着一副黑框眼镜，这就是我的语文老师。
- 老师就像知识的宝库，让我们尽情地去汲取营养；老师更像辛勤的园丁，哺育着我们千千万万棵幼苗。在我心灵深处，最令我尊敬的老师非王老师莫属了。

- 我最尊敬的老师是数学老师赵老师。她长得胖胖的，脸圆圆的，笑起来很好看，给人一种和蔼可亲的感觉。赵老师穿着很朴素，脑子里却装了许多知识，讲起课来生动有趣，我可喜欢听她讲课了。
- 杨老师是我的科学老师，他的教学方式独特。他的课同学们都非常爱听，就像磁铁一样有魅力，深深地吸引着我们。
- 在这里，我看出了老师十分关心、爱护我们。
- 真希望罗老师永远做我的老师！能遇到罗老师这么好的老师，我们的运气真好！
- 王老师，您不仅教会了我们知识，更用自己的实际行动教会了我们做人的道理，让我们的班级成为一个充满爱的大家庭，您永远是我心中的好老师！
- 唐老师是我们成长道路上的“导航仪”，她用无微不至的关爱呵护着我们的成长，她既是我们的“母亲”，也是我们最敬佩的老师！
- 老师像一盏明亮的灯塔，指引我们走出黑暗的迷茫，走向洒满阳光的成功之路，我爱我的老师。

【新闻人物】

关键词：持之以恒，无私奉献

1963年，樊锦诗从北京大学毕业，怀揣着保护祖国文化遗产的梦想，千里迢迢来到了大漠深处夏季酷热、冬季严寒的敦煌，工作、生活条件十分艰苦。作为一个身材娇小的江南女子，樊锦诗顽强地坚持了下来。如今73岁的她已满头华发，但还在为敦煌文物事业殚精竭虑。

关键词：不惧危险，舍己为人

河南农民工魏青刚，在青岛遭遇的麦莎台风中，三次跳入水中救人。他顶着巨浪，一点点地靠近……他紧紧地抓住落水女青年的手，经过连续三次，长达40分钟的生死较量，落水女青年终于被魏青刚营救上岸。

关键词：医者仁心，兢兢业业

六十年前，吴孟超搭建了第一张手术台，到今天他九十岁了也没有离开。手中一把刀，游刃肝胆，依然精准；心中一团火，守着誓言，从未熄灭。他设身处地为病人着想，全心全力地拯救病人的生命。他要求医生用最简单、最便宜、最有效的方法为病人治疗。

关键词：职业担当，使命责任

武汉市金银潭医院是最早接诊新型冠状病毒患者的定点医院，收治病人全部为重症和危重症患者，是抗击疫情的最前沿。身为院长的张定宇自己还是一位病人——2018年10月他被确诊患有渐冻症。在新型冠状病毒袭击武汉时，张定宇隐瞒病情，日夜坚守在抗疫一线，果断决策，带领全体医护人员为抗击疫情作出重要贡献。

关键词：甘于奉献，人生价值

“自然击你以风雪，你报之以歌唱。命运置你于危崖，你馈人间以芬芳。”坚守教育报国初心，牢记立德树人使命的张桂梅于2008年创办了我国唯一一所免费的女子高中，这所高中专供贫困家庭的女孩读书。学校建校十几年来，已有1600多名大山里的女孩从这里走进大学，完成学业，在各行各业做贡献，实现自己的人生价值。

【虚拟人物】

- 她们是六个美丽的孩子，而她们之中，那个最小的要算是最美丽的了。她的皮肤又滑又嫩，像玫瑰的花瓣，她的眼睛是蔚蓝色的，像最深的湖水。不过，跟其他的公主一样，她没有腿：她身体的下部是一条鱼尾。
- 可是汉斯却很喜欢它。他是一个很有天分的孩子，很喜欢读书。不过，这个时时都得躺在床上的汉斯，也要花些时间尽自己的力量做有用的事。他的手很灵巧。他用自己的手织毛袜，是啊，甚至织成整条的床毯；庄园里的女主人很称赞它并买下了它。

◆ 从前有一个女人，她非常希望有一个丁点儿小的孩子。但是她不知道从什么地方可以得到。因此她就去请教一位巫婆。她对巫婆说：“我非常想要有一个小小的孩子！你能告诉我什么地方可以得到一个吗？”

◆ 不巧的是，有一次，小公主伸出两只小手去接金球，金球却没有落进她的手里，而是掉到了地上，而且一下子就滚到了水潭里。小公主两眼紧紧地盯着金球，可是金球忽地在水潭里就没影儿了。因为水潭里的水很深，看不见底，小公主就哭了起来，她的哭声越来越大，哭得伤心极了。

◆ 很久以前，在波斯国的某城市里住着兄弟俩，哥哥叫哥希姆，弟弟叫阿里巴巴。父亲去世后，他俩各自分得了有限的一点财产，分家自立，各谋生路。不久钱财便花光了，生活日益艰难。为了解决吃穿，糊口度日，兄弟俩不得不日夜奔波，吃苦耐劳。

◆ 众猴拍手称扬道：“好水！好水！原来此处远通山脚之下，直接大海之波。”又道：“那一个有本事的，钻进去寻个源头出来，不伤身体者，我等即拜他为王。”连呼了三声，忽见丛杂中跳出一个石猴，应声高叫道：“我进去！我进去！”

【历史人物】

司马光七岁，凛（lǐn）然如成人……群儿戏于庭，一儿登瓮（wèng），足跌（diē）没（mò）水中，众皆（jiē）弃（qì）去，光持石击瓮破之，水迸（bèng），儿得活。

——选自《宋史·司马光传》

译文：司马光七岁的时候就像一个大人一样沉着稳重……有

一天，一群儿童在庭院里捉迷藏，一个小孩爬上院子里那个装水的大缸，一不小心失足跌了进去，（一会儿就沉了下去）。别的小孩都吓得跑走了，（只有）司马光（没有慌张），拿起一块石头，将缸打破了。缸里的水（一下子就）涌了出来，那个小孩也得救了。

梁国杨氏子九岁，甚聪惠。孔君平诣（yì）其父，父不在，乃呼儿出。为（wèi）设果，果有杨梅。孔指以示儿曰："此是君家果。"儿应声答曰："未闻孔雀是夫子家禽（qín）。"

——选自《世说新语·言语》

译文：在梁国，有一户姓杨的人家，家里有个九岁的儿子，非常聪明。孔君平来拜见这个小孩的父亲，可是父亲不在，于是便叫这个小孩出来。杨家的小孩为孔君平端来水果，水果中有杨梅，孔君平指着杨梅对小孩说："这是你家的水果。"小孩（听后）马上回答说："我可没有听说孔雀是先生您家的鸟。"

冲少聪察，生五六岁，智意所及，有若成人之智。时孙权曾致（zhì）巨象，太祖欲知其斤重，访之群下，咸（xián）莫能出其理。冲曰："置象大船之上，而刻其水痕所至，称物以载（zài）之，则校（jiào）可知矣。"太祖大悦，即施行焉（yān）。

——选自《三国志·魏书》

译文：（曹操的儿子）曹冲长到五六岁的时候，知识和判断能力所达到的程度，就可以比得上成年人了。有一次，孙权送来了一头巨象，曹操想知道象的重量，询问属下，都不能说出称象的办法。曹冲说："把象放到大船上，在水面所达到的地方做上记号，再让船装载其他东西，（然后称一下这些东西），通过比较，（我们）就能知道结果了。"曹操听了很高兴，马上照这个办法做了。

谢太傅（fù）寒雪日内集，与儿女讲论文义。俄而雪骤（zhòu），公欣然曰："白雪纷纷何所似？"兄子胡儿曰："撒盐空中差可拟。"兄女曰："未若柳絮因风起。"

——选自《世说新语·言语》

译文：太傅谢安在一个寒雪天把家人聚集在一起，和子侄们讲解谈论文章的义理。一会儿，雪下得又急又大，谢安兴致盎然地问："纷纷白雪像什么呢？"侄儿胡儿（谢朗）说："把盐撒在空中差不多可以相比。"侄女（谢道韫）说："还不如比作柳絮随风飞舞。"谢安大笑，心里非常高兴。

项王军壁垓（gāi）下，兵少食尽，汉军及诸侯兵围之数重。夜闻汉军四面皆楚歌，项王乃大惊曰："汉皆已得楚乎？是何楚人之多也！"项王则夜起，饮帐中。有美人名虞（yú），常幸从；骏马名骓（zhuī），常骑之。于是项王乃悲歌慷（kāng）慨（kǎi），自为诗曰："力拔山兮气盖世，时不利兮骓不逝。骓不逝兮可奈何，虞兮虞兮奈若何！"歌数阕（què），美人和（hè）之。项王泣数行下，左右皆泣，莫能仰视。

——选自《史记·项羽本纪》

译文：项王（项羽）在垓下驻军，士兵很少，粮食也快要吃完了，汉军以及跟随汉军的诸侯军把他们重重围困。晚上听到汉军唱起了楚地的民歌，项王非常吃惊："汉军已经完全控制了楚地吗？为什么有这么多的楚人！"项王立即起来，在军帐中饮酒。有一个叫虞的美女，经常跟从（项王）左右；有一匹叫骓的骏马，（项王）经常乘骑。于是项王慷慨悲歌，自己唱了一首诗："力量可以拔起大山，豪气世上无人能比。可时运不济，骓马不再往前闯。骓马不前进了我又能怎么样呢？虞姬啊虞姬啊，我又能把你怎么办？"唱了几遍，虞姬在一旁和着。项王流下了眼泪，左右随从也都哭了，大家都低着头。

第二章

记忆深处的事情

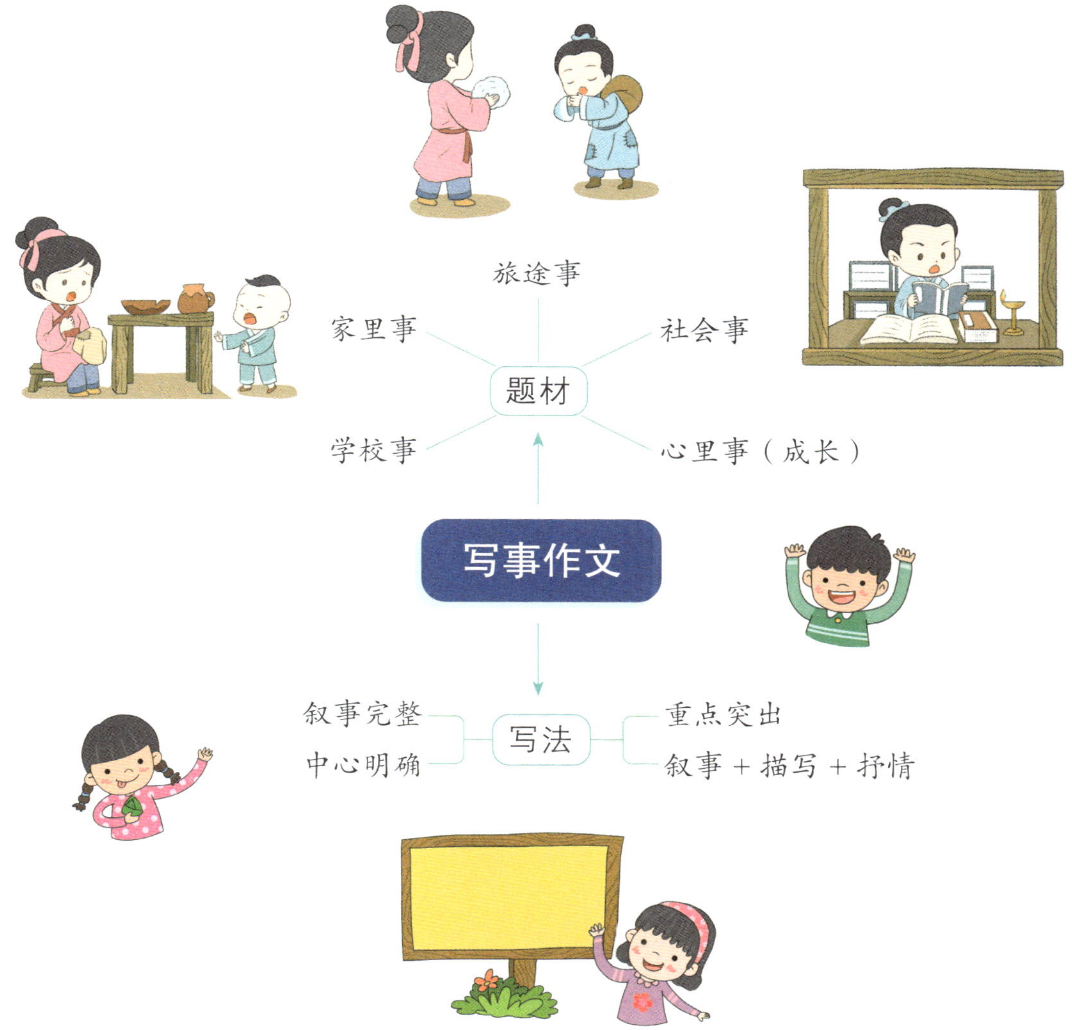

一、题目库

1 社会“温暖”

《雨中善举》
《哑巴叔叔要理发》
《给老奶奶让座》
《来自乡村的消息》
《社会百态》
《街头见闻》
《路边琐事》
《谢谢你，陌生人》
《救人》
《警察局乐事》
《马路趣事》
《马路上的简单一扶》

2 欢庆节日

《欢乐度元宵》
《包粽子》
《父亲节记事》
《包饺子》
《观花灯》
《过大年》
《国庆趣事》
《剪窗花》
《假日野餐》
《给饺子“打针”》
《元旦游园活动》
《赛龙舟》
《欢度国庆》
《清明记事》

3 家是港湾

《帮妈妈梳头》
《我跟奶奶学剪纸》
《教外婆写字》
《我跟妈妈学做饭》
《和爸爸打赌》
《我学会了洗衣服》

《妈妈笑了》
《童年糗事》
《“悲喜交加”的压岁钱》
《第一次除草》
《家庭联欢会》
《家庭大战》
《摘蔬菜》
《二胎大战》
《人蚤大战》
《学生爷爷考英语》
《今天我当家》
《家中趣事》
《我家的“快乐大本营”》
《厨艺大赛》
《家庭小风波》
《糖醋虾里的爱》
《第一次下厨》
《动物园一日游》

4 精彩校园

《珍藏的记忆》
《一次难忘的经历》
《熟悉的味道》
《掰手腕》
《那一次，我错了》
《我班二三事》
《春游》
《校园趣事》
《游园会》
《我们班的新鲜事》
《师恩》
《时光匆匆》
《跳山羊》
《课间风波》
《六年学习生涯》
《班干部之争》
《校园暖事》
《特别的礼物》
《苦涩的泪水》
《我们的生活充满阳光》
《后悔》
《一件不可思议的事》
《精彩的足球赛》
《我们的课间生活》
《校运会》
《老师赢你没商量》
《毕业季》
《温暖的记忆》
《体育课上》
《班主任不在的日子》
《上课时》
《“爱聊天”的老师》
《同窗情》
《当老师不在的时候》

《“六一”文艺会演》

《一堂有趣的课》

《一次愉快的经历》

《放风筝》

《我真惭愧》

《惊魂过山车》

《跳蚤书市》

《救助小麻雀》

《森林奇遇》

《学打羽毛球》

《燕子的窝》

《观升国旗仪式》

二、启示录

写事作文如何让人印象深刻？

1 记叙事情要完整

炎热的夏天，随同主人赶路的小狗奔跑了一天，到了晚上，他便昏昏沉沉地躺下，在池塘边潮湿的草地上睡着了。小狗睡得真香，池塘旁的青蛙像往常一样，齐声呱呱地叫起来。小狗被他们的叫声吵醒了，十分恼怒。

他心想如果马上跳到塘里，狂叫几下，吓唬吓唬他们，定能使他们不再吵闹了，然后自己再舒适地睡上一觉。他接二连三地喊了几次，无作用，只好回到塘边，十分气愤地说：“我真是太愚蠢了，这天生爱吵闹的东西怎么会变得文质彬彬，体贴他人呢？”

这故事是说，那些骄傲自大的人总是目空一切，为所欲为，不顾他人。

——选自《伊索寓言》

点拨

时间：炎热的夏天。

地点：池塘边。

人物：小狗、青蛙。注意哦，人物不一定是人，只要是故事中的角色就可以。

“小狗被他们的叫声吵醒了，十分恼怒”是故事的起因。你能找到这个故事的经过和结果吗？用自己的语言说说看。

启示

写事作文，最重要的一点就是写完整。只有将故事写完整，读者才能读懂。写完整就是要交代清楚事件发生的时间、地点、人物、起因、经过、结果这六个要素。在特定的条件下，比如无法知道具体时间，时间和地点不是很重要，等等。这个时候，可以省略时间或者地点，切记其他要素不能省略哦。

2 中心思想要明确

一只小羊在河边喝水，狼见到后，便想找一个名正言顺的借口吃掉小羊。于是他跑到上游，恶狠狠地说小羊把河水搅浑浊了，使他喝不到清水。小羊回答说：“我仅仅只是站在河边喝水，而且又在下游，根本不可能把上游的水搅浑浊。”狼见此计不成，又说道：“我父亲去年被你骂过。”小羊说：“那时我还没有出生。”狼接着对小羊说：“不管你怎样辩解，反正我不会放过你。”

这说明，对恶人做任何正当的辩解都是无效的。

——选自《伊索寓言》

点拨

这个故事省略了时间，一是具体时间没办法知道，二是时间对于故事来说不是很重要。

作者围绕中心展开叙事，以小见大，从平凡事件中提取不寻常的思想意义，并把它贯穿于全文之中。一般来说，点明中心在结尾较多，因为这样从叙述事情到引出意义，衔接自然，有时还能起到画龙点睛的作用。

“这说明，对恶人做任何正当的辩解都是无效的。”这是全文的中心，这个故事就是为了说明这个道理。

启示

写事的作文，必须表达一个意思，即我们经常说的中心思想，否则这篇作文就没有写的必要了。我们的习作，通常全篇只表达一个意思，这样中心思想才能突出。这个意思可以是一个道理或者某种感悟，也可以是一种情感。

3 画“顺序”，突出“重点”

我打猎回来，走在林荫路上。猎狗跑在我的前面。

突然，我的猎狗放慢脚步，悄悄地向前走，好像嗅到了前面有什么野物。

风猛烈地摇撼着路旁的白桦树。我顺着林荫路望去，看见一只小麻雀呆呆地站在地上，无可奈何地拍打着小翅膀。它嘴角嫩黄，头上长着绒毛，分明是刚出生不久，从巢里掉下来的。

猎狗慢慢地走近小麻雀，嗅了嗅，张开大嘴，露出锋利的牙齿。突然，一只老麻雀从一棵树上飞下来，像一块石头似的落在猎狗面前。它扎煞起全身的羽毛，绝望地尖叫着。

老麻雀用自己的身躯掩护着小麻雀，想拯救自己的幼儿。可是因为紧张，它浑身发抖了，发出嘶哑的声音。它呆立着不动，准备着一场搏斗。在它看来，猎狗是个多么庞大的怪物啊！可是它不能安然地站在高高的没有危险的树枝上，一种强大的力量使它飞了下来。

猎狗愣住了，它可能没料到老麻雀会有这么大的勇气，慢慢地，慢慢地向后退。

我急忙唤回我的猎狗，带着它走开了。

——选自《麻雀》

点拨

“突然，我的猎狗放慢脚步，悄悄地向前走，好像嗅到了前面有什么野物。”猎狗发现了什么呢？这是故事的开始，也是起因。

“突然，一只老麻雀从一棵树上飞下来，像一块石头似的落在猎狗面前。它扎煞起全身的羽毛，绝望地尖叫着。”“老麻雀用自己的身躯掩护着小麻雀，想拯救自己的幼儿。可是因为紧张，它浑身发抖了，发出嘶哑的声音。它呆立着不动，准备着一场搏斗。”老麻雀的样子是描写的重点，为什么要这样写呢？因为老麻雀紧张又无惧的样子，跟作者要表达的中心思想最契合，所以要重点写。

“一种强大的力量使它飞了下来。”“它可能没料到老麻雀会有这么大的勇气。”母爱是伟大的！为了保护自己的孩子，老麻雀以弱小的身躯与猎狗进行对抗。这个就是中心思想。

启示

写事的作文一定要考虑写作顺序。写一件事一般采用按照事情发展的顺序，就是按照事情的起因、经过、结果来写。也可以把结果放在前面写，这叫倒叙；或者在经过中间插入与中心事件相关的事情，这叫插叙。如果在一篇作文中要写几件事，可以按照时间顺序或者是空间顺序来写，抑或是采用情感线、事物线等线索将其串联起来。

写事一定要有重点，最能表现中心思想的部分要写具体，比如这里老麻雀面对猎狗时的样子，正是麻雀因为爱而不惧强敌的形象，也是老麻雀令“我”敬佩的原因，所以作者花大量笔墨集中描写。

4 具体详细有画面感

我站在天都峰脚下抬头望：啊，峰顶这么高，在云彩上面哩！我爬得上去吗？再看看笔陡的石级，石级边上的铁链，似乎是从天上挂下来的，真叫人发颤！

忽然听到背后有人叫我：“小朋友，你也来爬天都峰？”

我回头一看，是一位白发苍苍的老爷爷，年纪比我爷爷还大哩！我点点头，仰起脸，问：“老爷爷，您也来爬天都峰？”

老爷爷也点点头，说：“对，咱们一起爬吧！”

我奋力向峰顶爬去，一会儿攀着铁链上，一会儿手脚并用向上爬，像小猴子一样……

爬呀爬，我和老爷爷，还有爸爸，终于都爬上了天都峰顶。

——选自《爬天都峰》

点拨

“啊，峰顶这么高，在云彩上面哩！我爬得上去吗？再看看笔陡的石级，石级边上的铁链，似乎是从天上挂下来的，真叫人发颤”属于景物描写，写出了天都峰的高。

“我点点头，仰起脸，问：‘老爷爷，您也来爬天都峰？’”这里运用了语言和动作描写，画面感很强，使读者瞬间就有了身临其境的感觉。

启示

要想把文章写具体，就要写出细节，让读者有画面感，有代入感。细节是什么呢？就是描写，人物的动作、神态、语言、心理描写以及自然景物描写，这些都是常见的描写方法。

三、素材帮

1 好词积累

【家里的事】

大发脾气	吵闹不休	合家欢乐	合家团圆	欢聚一堂
母慈子孝	济济一堂	丰衣足食	相亲相爱	教导有方
眉开眼笑	天伦之乐	其乐融融	乐不可支	幸福美满
亲密无间	欢乐连连	和和美美	窗明几净	井井有条
洗洗刷刷	一针一线	美味佳肴	腰酸背痛	忙里忙外
勤俭节约	香气扑鼻	垂涎三尺	穿针引线	像模像样

【校园里的事】

书声朗朗	你追我赶	对答如流	专心致志	冥思苦想
出类拔萃	孜孜不倦	奋发图强	争分夺秒	力争上游
不学无术	勤学好问	三五成群	人声鼎沸	声情并茂
鸦雀无声	林荫小道	团结互助	勤学苦练	学而不厌
追根问底	知错即改	立志成才	热爱科学	榜上有名
结结巴巴	滔滔不绝	举一反三	争先恐后	如饥似渴
坚韧不拔	虚心求教	一目十行	字斟句酌	长篇大论
夜以继日	团结友爱	互相帮助	握手言和	激动不已
七嘴八舌	亲如一家	同窗密友	洗耳恭听	心平气和
和蔼可亲	斤斤计较	良师益友	目光炯炯	一身正气
要言不烦	好为人师	潜移默化	呕心沥血	取长补短

【社会上的事】

乐于助人　临危不惧　自由自在　气急败坏　欢天喜地
泪如雨下　皆大欢喜　随心所欲　时光如梭　笑逐颜开
不甘示弱　捧腹大笑　手舞足蹈　小心翼翼　扣人心弦
忘乎所以　挺身而出　擦肩而过　心驰神往　心旷神怡
心花怒放　心悦诚服　心慌意乱　风驰电掣　电光火石
奋不顾身　舍己救人　坚强不屈　乘人之危　跋山涉水
专心致志　鬼鬼祟祟　支支吾吾　吞吞吐吐　踉踉跄跄
你来我往　生龙活虎　劳苦功高　善始善终　快马加鞭
忘我劳动　长治久安　生生不息　安居乐业　路不拾遗
国富民强　众志成城　世道人心　兢兢业业　古香古色
老街旧邻　井然有序　世外桃源　别有洞天　星罗棋布

2 精彩开头

【比喻式】小时候的趣事就像那雨滴一样，无论怎样数，都无法数清。

【开门见山式】我小时候的“光辉事迹”还真不少，给你讲一个吧。

【渲染气氛式】哇！下雪了，下雪了！我们可以打雪仗了！一阵阵欢呼声在校园里回荡。漫天飞雪，真是太美了。下课铃刚响，我们便迫不及待地奔向操场。

【声音开头式】“丁零零……”下课了。瞧，我们班里的各路“大咖”闪亮登场！

【排比式】童年是充满阳光的，它让我享受了世间最好的关爱；童年是五颜六色的，它使我的回忆绚丽多彩；童年又是丰富有趣的，它给了我无穷的快乐。

【比喻+排比式】像一个美丽缤纷、五彩斑斓的梦，像一只在天空翱翔、无拘无束的小鸟，像一棵结了许多快乐果实的树……童年，

装满了我们数不清的纯真笑脸，汇成了一条名叫“童年趣事”的小河。让我来取一点儿这甘甜的河水，献给大家细细体味。

【引用式】吴老师常说：“金无足赤，人无完人，每个人都会犯错误，就连天才伟人也不例外。但当你正确地对待错误并改正它时，你便会向成功迈进一步。”改正错误，说起来简单，做起来可太难了。

【倒叙式】想想那天的事儿，我真惭愧！

【设置悬念式】“真倒霉！”看着手里72分的数学试卷，我一下子就把桌面上的地球仪恶狠狠地向地面摔去。可怜那无辜的地球仪，自由落体后粉身碎骨。

【场景式】“啊！”只听见一声哀号，打破了房间原本的宁静。

“怎么了？”我轻声问道。

她盯着我，让我浑身不自在。我左看右看，才发现是那个漂亮的本子，本来好好地放在桌子上的，可不知为何，竟无缘无故掉在了地上。

【描写式】黄昏的阳光总是那样柔和，洒在大理石广场上，折射出淡淡的玛瑙红光。我深呼一口气，重新系好鞋带，猛地站起来，紧紧攥住爱车的车把，昂起头颅，向远处的同伴迈出了势在必得的步伐。

【谈心式】你们有过那样的经历吗？因为一个谎言，让自己陷入窘境，尴尬和窘迫让自己无地自容。我就曾有这样的遭遇，让我终生难忘。我发誓，以后再也不撒谎了！

【点明中心式】虽然说需要把什么事情都做到最好，才能满足大家对你的期待，可你毕竟还是个孩子，会犯错、会失败……所以请你记住，在努力做到最完美的同时，别忘了那个真实的自己，那个不完美的自己。

【回忆式】一天，我无意中从箱子里翻出了一本积满灰尘的相册。在相册的中间，我找到了你——我的同桌。顿时，一首歌回荡在耳边，就是那首《同桌的你》。

【矛盾式】这歌声，是那么遥远，又是那么清晰，围绕着我，围绕着他，许久许久……

3 精彩结尾

【抒情式】这次社会实践活动虽然只有短短5天，但它给我的印象十分深刻——我在这儿挥洒汗水，收获快乐。这样的经历给我的成长增添了一抹鲜艳的色彩。

【引人深思式】红衣阿姨尴尬地站在那里，呆呆地望着他们的身影，竟流出了两行眼泪，不知是悔恨还是委屈。老师经常教育我们的话在耳畔回响：做人要堂堂正正，问心无愧。可阿姨今天的行为要怎么理解呢？带着疑问，我悄悄地走出了书店，买书的欲望荡然无存。

【反问式】望着那渐渐散去的人群，我想：像这样的人再多一些，那整个世界不是会更加和谐吗？

【感悟式】在充满童话色彩的水晶城堡——冰雪大世界里，我和爸爸尝试了很多游戏项目，玩得不亦乐乎。在回程的车上，我感到无比快乐。感谢我生在这么美好的时代，感恩爸爸妈妈为我创造幸福的生活。我会珍惜眼下拥有的一切。

【疑问式】唉，恼人的熊孩子看电影的时候一个劲儿地哭，把我的好兴致完全破坏了。已经走出了电影院，但我的耳边仿佛还回响着哭声。我不理解：他的妈妈为什么不制止他的行为呢？

【点题式】虽然今年春节没有听到热闹的鞭炮声，但我依旧感到很快乐。因为比起鞭炮声，我更爱蔚蓝的天空和清新的空气。

【升华主题式】有时，不在乎也是一种善，也是一种宽容的体现。所以有些事，真的不需要过于较劲，对吧？

【憧憬式】这份沉甸甸的友情在我心中似沙漠中的一场甘霖，江河里的一叶扁舟，深深地温暖着我。圆圆，你最爱的荷花开了，周末我们一起去看吧……

【点明中心式】至今，我腿上依然有道疤痕，那是一道伤痕，是一道见证了友情的伤痕！

【引用式】友谊，是最珍贵的情感之一。古今中外不知多少名人用多少优美的诗句歌颂过它，赞美过它。曾经有一位伟人说过："得不到友情的人将是终生可怜的孤独者；没有友情的社会，只是一片繁华的沙漠。"友谊的温暖与关怀伴随我们成长，让我们不再孤单和彷徨。

【拟人式】踏出校园，背着那沉重的书包与心事，我骑上自行车回到了家。天空、鸟儿、花儿和蜜蜂轻轻地对我说："你长大了！"

【哲理式】一盘棋，一种结局，一个成长的启示。

【比喻式】坏习惯就像寄生虫，一个不留神就会在我们身体里滋生。老师说得没错：我们只有改掉坏习惯，珍爱自己，才能健健康康地成长。

【心里话式】妈妈，请你以后不要再拿我和别人比了。我会尽最大的努力去让自己变得更优秀，我想让这个烦恼永远从我生活中消失。

4 佳句佳段

【家里的事——劳动时刻】

- 我先在锅里倒入少量的油，等油冒烟的时候，赶紧把鸡蛋倒入锅中。只听见"嚓"的一声，鸡蛋在油锅里迅速膨胀。你瞧，它的边缘多像小姑娘裙子上的花边啊。（煎鸡蛋）
- 她把一叠馄饨皮都拿在左手心里，右手用筷子头挑一点儿馅儿，往皮里一裹，然后左一捏右一捏，一只馄饨就"诞生"了。（包馄饨）
- 他在脏衣服上打上肥皂，就搓了起来，一个个小肥皂泡儿从衣服

上冒出来，一会儿就变成了一大堆白沫子。（洗衣服）

- 她伸手抓过一张面皮，用竹片抹点儿肉馅，刮在面皮上，然后纤纤细指灵巧地合在一起，用力一攥，往桌子边上一扔，便出现了一个圆鼓鼓的像猫耳朵似的饺子，还翘着两个尖尖的角。（包饺子）
- 我拿起针，穿好线，戴上顶针，再把那口子并在一起，学着妈妈的样子慢慢缝起来。（缝衣服）
- 爷爷在地里流着汗干活儿，我就把水壶拎到田边，把水倒进碗里，端给爷爷喝，还为他擦去满头的汗。（干农活）
- 过了一阵子，我终于完成了自己独创的别具一格的“笑脸娃娃”大比萨饼。我把比萨端上桌，给评委——爸爸妈妈品尝。只见他们很小心地拿了一块送到嘴里，生怕比萨跑了似的。可刚入嘴，他们就闭上了眼，皱起了眉头。（做比萨）
- 傍晚，我征得妈妈的同意，到菜市场买了8元钱的鸡爪，然后在汪师傅的帮助下，炒了一盘绿油油的青菜、一盘金灿灿的醋熘土豆丝，还弄了一个黑白相间的香菇豆腐汤，烧了一个红烧鸡爪。据大家反馈，味道还蛮不错的！（做晚饭）
- 我戴上妈妈找出的一副手套，将每一个红薯都摸一摸，捏一捏，感觉有点软的就放到火弱的一边，盖好炉盖。（烤红薯）

【家里的事——温馨时光】

- 我们全家男女老少十几口人，兴高采烈地团团围坐在大圆桌旁，纷纷举杯。（团聚）
- 为了检查我的学习情况，爸爸经常装作什么都不会的样子，打破砂锅问到底地问这问那。（检查作业）
- 晚风轻拂，灯光明亮，全家人开始进入各自的“学习状态”：妈妈看书，爸爸摆弄图纸，我开始写作业。（学习）
- 还有两天就要到妈妈的生日了，可我还没想好送什么礼物给她。正焦急时，数学测验卷子发下来了。望着那鲜红的100分，我心里一亮，这不正是送给妈妈最好的礼物吗？（生日礼物）
- 一听吃苹果，我和爸爸便你追我赶地往厨房跑。到了厨房一看，妈妈洗的哪儿是什么苹果，分明就是胡萝卜嘛，我和爸爸顿时傻了眼。（家庭趣事）
- 爸爸唱完歌曲后，腰弯得像煮熟的大虾似的连连鞠躬，还模仿港台歌星的派头，来了个飞吻，逗得我们全家都哈哈大笑起来。（唱歌）
- 爸爸一边教我，一边又剪又贴又画，一会儿工夫，就做好了一张美丽又精致的卡片。（做手工）
- 妈妈笑弯了腰，奶奶笑出了眼泪，爷爷早已乐得合不拢嘴，连叔叔也躲在旁边偷着乐。（开怀大笑）
- 妈妈终于发现我在踩她的影子，也开始踩“我”了。妈妈左一弯右一扭，我迅速地来回躲闪。不一会儿，我们就累得气喘吁吁。看到妈妈还是没有踩到“我”，我不禁得意忘形，在妈妈身旁欢呼：“我赢了，我赢了！”妈妈趁机踩住地上的“我”：“傻丫头，看你往哪儿逃！”（踩影子）
- 妈妈轻手轻脚地走到爸爸身边，把外套披在他身上，然后回到沙发上，又捧起自己的英语课本看了起来。（关怀）

- 爸爸掏出一个小巧的变形金刚，塞到我的手里，然后攥起拳头晃了晃，连哄带吓唬，让我同意他看“拳击大赛”。（看电视）
- 对，先描眉吧！我拿起眉笔，顺着爸爸的眉毛，用力地画了一通。该弄些有代表性的东西了，对了，口红！我拿起口红，在爸爸厚厚的嘴唇上涂抹着。谁知，他转了个身，涂到了脸上。（化妆）
- 外公和爷爷在切磋琴技。虽然他们没有受过专业的训练，但都能弹奏出自己喜欢的曲子。看，外公的手指在琴键上蹦来蹦去，发出动听的琴声；爷爷也不甘示弱，一边在黑白琴键上用手来回按动，一边不时从嘴里冒出几句歌词。（弹钢琴）
- “寻奶战役”开始了！我先从冰箱着手，没有。没关系，聪明的我一定会找到的。我立刻转移阵地，在家中进行了大规模的地毯式搜寻。眼看着厨房、客厅、卧房，甚至连卫生间都被翻了个底朝天，我依然一无所获。哎，以往异常灵敏的搜寻神经今天怎么就短路了呢？（找牛奶）

【校园里的事】

- 劳动中，同学们挥汗如雨，争着干活儿，唯恐落后。（劳动）
- 班里同学之间的友谊就像磁铁一样，使我们班变得更加团结。我们班能在各项活动中取得优异的成绩，正如一首歌的名字一样：团结就是力量！（友谊）
- “老鹰”可能是饿极了吧，“双翅”一个劲儿地猛扇，朝“小鸡”追来追去，恨不得立刻抓一只填填肚子。（做游戏）
- 体育老师一声令下“立正！”，我们一个个挺起胸膛，眼望前方，站得笔直，像一排排挺拔的小白杨。（体育课）
- 她用那双灵巧的手，拿着粉笔在黑板上认真地、一笔一画地写着，我们不由得在笔记本上模仿着她的字写起来。（语文课）
- 我挺胸抬头，迈着沉稳的步伐，走上讲台，站定，看着台下黑压压的人群，他们的目光都聚焦在我一个人身上，我的心有点慌

了。（班会）

◆上课了，每个教室里都传来了整整齐齐的读书声。金色的阳光透过明亮的玻璃窗，照在同学们灿烂的笑脸上。（晨读）

◆下课了，同学们有的在操场上玩耍，有的在跳绳，有的在打篮球，还有的在跳橡皮筋。有些同学围绕在教学楼旁，追逐打闹、唱歌跳舞，抑或是嘻嘻哈哈地聊天。大家都高兴极了！（课间活动）

◆考试成绩单发下来了，我们班总分全年级第一，有位同学还得了满分。拿回卷子，老师哭笑不得，她捏着那位同学的小鼻子：“你们这些调皮鬼哟。”（公布成绩）

◆“啪！”一个大雪球突然打在了我的身上。我被吓了一大跳，往左一看，哈哈！原来是我们班的女同学和男同学在操场上打雪仗呢！（打雪仗）

◆体育课上，老师让我们蛙跳，我笨笨的动作引得大家哈哈大笑。（体育课）

◆捐款箱前的同学们已经排成了一条长龙，场面十分壮观，看得人心里激动不已，深深地感受到了“一方有难八方支援”的爱心。（捐赠）

◆踢毽子的女同学手脚轻快，只见毽子上下飞舞，就像一只只牵在她们脚上的小燕子，飞去又飞回。（踢毽子）

◆教室里静悄悄的，只听得见同学们“沙沙”写字的声音和老师沉重而又缓慢的踱步声。（考试）

◆那天上课时，我又犯了老毛病，钻到桌子下玩起了橡皮泥，惹得大家哄堂大笑。（课堂小动作）

◆老师开始公布成绩了，我更紧张了。终于念到我了——“哇，双百啊！还算不错！”我悬着的心终于落下来了。看着这样的成绩，我很满意，心情也变得轻松愉快起来。（公布成绩）

◆“砰！”发令枪一响，运动员们像离弦的箭一样向前冲去。操场上的观众又跳又喊："加油！加油！"比赛还剩一圈，他拼尽全力加速朝前冲刺，把所有的对手远远地甩在后面，奔向了终点。（跑步比赛）

◆ 本学期，每月出版一次的《新星板报》由于形式美观，内容丰富多彩，被评为学校班级板报比赛第一名。（黑板报）

◆ 我们班的男同学都是球迷，周末一定要到体育场踢球不可。刚好在足球比赛日这天值日的男同学，心思完全不在扫地上。只见他胡乱挥舞了几下扫把，就跑到窗口观看操场上的球赛，还看得如痴似呆，不禁手舞足蹈起来。（热爱足球）

◆ 买餐票时，我发现兜里的100元钱丢了，这可是我一整个星期的饭钱哪！上晚自习时，我发现文具盒里有一沓钱，还有一张字条，上面写着："这是全班同学的心意，请收下。"我感动得泪水夺眶而出。（被帮助）

◆ 在众目睽睽之下，他轻快地舒展双臂，奔到高高的"山羊"前，手稍一用力，双腿分开，在空中画出一个漂亮的弧形，便如飞燕般凌空掠过，双脚稳稳落在绿色的海绵垫上了。周围顿时响起一片热烈的掌声和喝彩声。（跳"山羊"）

◆ 这里的活动真有趣！女同学在一旁跳皮筋；男同学有的在双杠上跳来跳去，玩着"猫捉老鼠"，有的在单杠上翻来翻去，像小猴子一样灵活，让人不禁停下来观看一番。（课间游戏）

◆ "你怎么经常在课堂上打瞌睡啊？"老师问我。

我理直气壮地说："我昨天连夜看完了一本书。"

老师说："读书是好事，但要合理安排时间。而且现在正是需要睡眠的时候，千万不要熬夜。"

听了老师语重心长的教诲，我惭愧极了。（聆听教诲）

◆ 对于孩子来说，最开心的事莫过于斗蛋吃蛋了。立夏这天，大家不约而同地带上鸡蛋、鸭蛋、鹅蛋来到操场上。男孩子们提着自己精挑细选的"战斗蛋"，到处找人斗蛋。斗坏了，就把蛋大卸八

块，三下五除二地吞进肚子里，以至于那天没几个人吃得下午饭。下午上课时，还能听到此起彼伏打饱嗝儿的声音。（立夏习俗）

◆ 今天作文课上，语文老师带着我们做了一个游戏——蒙眼捉人。游戏规则很简单：一个人蒙着眼睛当“鬼”，其他人则找地方藏起来，“鬼”就负责把人找出来。（蒙眼捉人）

【社会上的事】

◆ 菜市场人声鼎沸！人们的笑声、吆喝声、讨价还价声交织在一起，像“菜市大合唱”。（买菜）

◆ 一位老奶奶拄着拐杖上了车，那个小伙子看到后立刻起身让座，人们都向他投去了赞扬的目光。（乘公交）

◆ 你看，集市上热闹极了！人们个个打扮得漂漂亮亮的，从四面八方涌来。卖东西的摊位一个挨着一个，各类商品琳琅满目，真是令人眼花缭乱。（逛集市）

◆ 快过年了，菜市场里人山人海，你挨着我，我挨着你。想要快速买完年货回家是不可能了，只得跟在人群后面慢慢地闲逛。菜市场里的菜真多，真想每样都买一点回家。（买年货）

◆ 每天早晨，我都能看见一个绿色身影背着大袋的信，穿梭在大街小巷中，他就是勤奋的邮递员叔叔。（配送邮件）

◆ 来到上海浦东国际机场，我像是刘姥姥进了大观园，目不转睛地欣赏着这雄伟的建筑，感叹建造这座机场的人真了不起。（坐飞机）

◆“卖红薯咧！”我的声音小得仿佛一只蚊子在“嗡嗡嗡”。望着人来人往的马路，我生怕被同学听见。（卖红薯）

◆ 老爷爷一时忙着收钱，找钱，给冰糖葫芦……虽然忙得不可开交，但他的脸上却喜气洋洋。不一会儿，孩子们冻得通红的小手里便都拿着两串冰糖葫芦。（卖糖葫芦）

◆ 我发现公园门口到处是从四面八方赶来观看礼花和灯会的人，其

中有拄着拐杖的老人，有活蹦乱跳的孩子，人山人海，真是热闹极了！（看花灯）

◆ 警察叔叔脱下自己的雨衣，给老奶奶穿上，然后背起她深一脚浅一脚地朝前走去。（警察叔叔执勤）

◆ 车库里停满了车，一辆辆找不到车位的车从过道上驶过，时不时发出震耳欲聋的“滴滴”声。我和爸爸在车库里兜了一个大圈，连一个车位也没找到。我想：要是找不到车位，岂不是白来一趟？（找车位）

◆ 我看到有的人拿着软软香香的豆腐干，有的人拿着金光闪闪的糖画，有的人拿着酸酸甜甜的糖葫芦……在这里，酸甜苦辣咸，什么味道的本地美食都有。我真想把这里所有的美食都买下来尝一尝。（美食节）

◆ 帮助老人打扫卫生、买菜、订报纸虽然只是一些零碎小事，但是足以表达当代青少年对老人的尊敬与爱戴，对社会的奉献和对中华民族传统美德的发扬。（尊敬老人）

◆ 生活在万千世界中，我们会与人发生各种各样的矛盾。面对矛盾，每个人对待的心态也是各有不同。倘若一个人心胸宽广，无论何时都对他人多一份包容和宽恕，那么我们的社会将会变得更加安宁、美满！（宽容他人）

◆ 她毫不犹豫地从口袋里掏出一块新手帕，一边给小妹妹擦拭吐在身上的脏物，一边安慰道：“别急，不要哭了，有阿姨在，没事的。”（乐于助人）

◆ 船靠岸了，叔叔身上背着自己的行李，一手提着奶奶的行李，一手扶着奶奶下船。我不由得对眼前这位叔叔肃然起敬，心想：他可真是个好人啊！（帮助老人）

◆ 就在这危急关头，一个刚好路过的青年赶来了，他毫不犹豫地冲下岸，跳到了水边的一个土坡上，奔到小男孩面前，弯下腰，伸出一只手，对小男孩说：“快伸出手来，我拉你上来。”（救人）

◆ 在商店门口附近有一辆手推车，车上装满了草莓。车旁边树立着一块牌子，牌子上写着“三元一斤”几个大字。一个小贩站在车后面，用近乎乞求的目光看着路人，希望路人可以买他的草莓。（卖草莓）

【成长路上的事】

◆ 直到太阳快要落山了，我才像个泥猴似的从稻田里爬出来，这是我第一次尝到捕鱼的快乐，尝到劳动的乐趣，尝到收获的喜悦。（捕鱼）

◆ 我拿着小铲子和小桶，小心翼翼地走在海滩上，瞪大眼睛寻找着“猎物”。功夫不负有心人，在翻找了许多石头后，我终于找到了一个生蚝。（赶海）

◆ 一路上，我认识了许多动物。在大熊猫馆，我看到了憨态可掬的国宝——大熊猫，它们胖嘟嘟的样子可爱极了；在天鹅湖，我看到了许多不同种类的天鹅，它们浮在水面上，看起来自由又惬意；在犀牛馆，我看到了体型庞大、长相怪异的犀牛，它们喜欢在泥水里洗澡。（游动物园）

◆ 我走到马前，摆好架势，正要往上跳，可那匹大白马好像偏要和我作对似的，它腾起前蹄，一下子把我摔在地上，疼得我半天缓不过劲儿来。（学骑马）

◆ 我们本想去楼下的空地上练习打羽毛球，可是一下楼那刚刚还绽放着笑容的太阳公公不知为什么突然伤感起来，细细的雨丝从天空飘落。（练习打羽毛球）

◆ 卖菜的奶奶和蔼地看着我，我支支吾吾地说：“奶奶，我想买点儿菜做午饭，但是……我不知道买什么，也不知道该买多少。”（买菜）

◆ 当我吹灭那12根五彩缤纷的蜡烛时，标志着我长大了，是一个青少年了，不再是一个不识人间烟火的小姑娘。我要学会理解别人、

关心别人、照顾别人，不能因为一点小事就哭鼻子，不能遇到一点麻烦就放弃，要独立地、勇敢地面对任何事。（过生日）

- 保健站的医生要来给我们打针了。一听到这个消息，我心里就紧张起来，浑身直打哆嗦，好像那尖尖的针头马上就要扎到我的肉里。等到打针的时候，我发现同学们都咧着嘴笑眯眯的，一点儿都不害怕。我想：如果我害怕的样子被同学们看到了，他们一定会笑话我的。于是我鼓足勇气，站在了黄怡冉同学的后面。轮到我了，我勇敢地伸出胳膊。啊，原来打针并没有想象中那么疼呀！（打针）
- 今天下午，妈妈教我做土豆饼啦！我们先把土豆蒸熟，再弄成土豆泥，然后在土豆泥中加入白糖，搅拌均匀。接着，我抓起一把土豆泥，把它捏成刺猬的形状，并且拿来两颗巧克力豆做它的眼睛。最后，我把手指饼干插在它的身上当刺。啊，一个可爱的小刺猬土豆饼做成了！我越看越喜欢，觉得很有成就感。（做土豆饼）
- 星期天，爸爸带我去爬山，我特别高兴。我和爸爸爬呀爬，爬到了半山腰。我实在爬不动了，爸爸说：“要想看到远处的风景，那就一定要爬上山顶。”为了看到远处的风景，我不断给自己打气，终于努力爬到了山顶。我向下一看，县城真大呀！有好多漂亮的楼房、小汽车，还有广场和体育场，真美丽呀！看着眼前的景象，我心里无比高兴！看着我欣喜雀跃的样子，爸爸说：“学习就像爬

山一样，只有不断地努力，坚持到底，才能考出好成绩，取得胜利。”听完爸爸的话，我好像明白了一个道理——坚持就是胜利。（爬山）

◆ 一天，我看袜子又脏又臭，就想自己学着洗袜子，给妈妈一个惊喜。我先把袜子泡在水里，等袜子湿透了，再打上肥皂。我觉得袜子很滑溜了，就用小手使劲搓。慢慢地，袜子起了许多黑糊糊的小泡沫。我再用清水冲洗了几次，袜子终于变干净了。虽然我的小手红了，但我看着这洗得又香又白的袜子，心里真高兴。妈妈夸我真是一个能干的好孩子。（第一次洗袜子）

◆ 我家所在小区的墙上总是被一些人贴满了小广告、传单，雪白的墙壁就像涂满膏药的脸，难看极了。星期六那天，我拿上一把小刷子、一把刮刀和一小盆清水，准备给墙壁“洗脸”。我首先将小刷子蘸上清水，把这些小广告和传单弄湿，等这些小广告和传单泡软了，再用小刮刀轻轻一刮，就把这些小广告和传单刮掉了。就这样，清理了一张、两张、三张……小广告和传单逐渐从我的视线中消失了。虽然天气很热，汗水把衣服都湿透了，可是我一点也不觉得热，一点也不觉得累，反而满心欢喜，因为我在帮我们的小区美化环境！小区的叔叔阿姨看见了，都夸我是小区的小天使！我听了，心里乐滋滋的。（清理小广告）

◆ 那天之后，硕硕学画画的时候更用心了。每次要去绘画班时，硕硕都特别积极，早早就把学画画需要的物品装进书包，还一个劲儿地催小姨快点儿出发，因为他担心路上堵车而错过老师讲的内容。在家里，硕硕也不再只顾着玩乐了，而是经常坐在画板前专心画画，连最有吸引力的动画片都无法让他动摇。在游乐场玩的时候，他也不像以前那样赖着不走了，反而会提议早点儿回家，理由竟是他要画画。（认真学画画）

◆ “小朋友，等一等！”突然，我的身后传来了老爷爷急切的喊声。

我本就忐忑的心更加不安了，便假装没有听到，继续向前跑。可身后老爷爷的脚步声越来越近，我心里害怕极了。这时，老爷爷气喘吁吁地喊：“小朋友，等一等！你的钱是不是掉了？”我急忙停下脚步，把手伸到兜里，果然，妈妈今天出门前给我买辅导书的钱不见了！（老爷爷的爱心）

◆ 我犹豫了许久，终于鼓足勇气来到妈妈面前，说：“妈妈，我错了，我不该那么大声和您说话的。”妈妈有些愣住了，把我拉到怀里，说：“妈妈也有不对的地方。通过这件事，妈妈明白了，以后遇到事情要和你商量。你已经长大了，有自己的想法，妈妈应该尊重你。”妈妈的话让我更加内疚了，所谓“爱之深，责之切”，妈妈的爱有时会很急切，但我相信她在用最好的方式爱我。（爱的对话）

◆ 下午，小表妹该写作业了。写作业时，她可乖巧多了，认认真真地抄拼音、做算术题。遇到不懂的问题，她就跑来问我，我便愉悦地过了一把当老师的瘾。晚上，妈妈和阿姨回来了。妈妈问我们今天过得怎么样，我自豪地向她展示了我和小表妹的作业本。妈妈和阿姨直夸我长大了。（当小家长）

【特别的故事】

关键词：平凡，奉献，勇敢，责任

湖北武汉35岁的顺丰快递员汪勇，武汉抗疫最前线的金银潭医院就在他的服务区。2020年除夕夜，汪勇得知金银潭医院的护士约不到车回家，在线求助。他就说服家人，赶到金银潭医院，把护士送回家。一个人的能力有限，他就发动朋友圈一起来共力。出行问题解决后，汪勇又多方联络，让便利店再次开工，解决了很多医护人员的用餐需求。疫情期间，汪勇专门建了一个医护服务群，只要医护人员在群里喊一声，汪勇和他的志愿队就会出来搞定。

关键词：使命担当，民族复兴

谢军，北斗三号工程副总设计师，北斗三号卫星首席总设计师。2020年6月，北斗三号全球卫星导航系统的最后一颗卫星发射成功，这代表着北斗全球卫星导航系统星座部署全面完成。中国成为继美国、俄罗斯之后世界上第三个拥有全球卫星导航系统的国家。在北斗三号卫星研制过程中，谢军团队创造性地实现了卫星批量化生产，仅用1年零14天的时间，将19颗导航卫星送入太空，创造了航天发射史的新纪录。

关键词：苦干实干，勇于探索

国测一大队自1954年建队以来，坚持用双脚丈量祖国大地。他们徒步行程6 000多万公里，相当于绕地球1 500多圈。他们用双脚丈量祖国大地，用血汗乃至生命绘出祖国的壮美蓝图。国测一大队的历史，就是一部挑战生命极限的英雄史。

关键词：无私，大爱

刘盛兰，一位普通得不能再普通的老人。每天清晨，他起来弄点简单的饭菜，就骑着自行车走村串巷去了，直到捡回一大堆破烂。他二十几年几乎没尝过肉味儿，也没添过一件新衣，“吝啬”得连一个馒头都舍不得买，可捐资助学总计10万多元，资助了100多个学生。

关键词：铁骨铮铮，舍己救人

杜富国，陆军某扫雷排爆大队战士。2018年10月11日，在边境扫雷行动中，面对复杂雷场中的一枚加重手榴弹，杜富国对战友喊出“你退后，让我来”。在进一步查明情况时，突遇爆炸，他英勇负伤，失去双眼和双手，同组战友安然无恙。

【传奇轶事】

有屠（tú）人货肉归，日已暮，欻（xū）一狼来，瞰（kàn）担上肉，似甚垂涎（xián），随屠尾行数里。屠惧，示之以刃，少（shǎo）却；及走，又从之。屠思狼所欲者肉，不如悬诸树而蚤（zǎo）取之。遂钩肉，翘足挂树间，示以空担。狼乃止。屠归。

昧（mèi）爽，往取肉，遥望树上悬巨物，似人缢（yì）死状，大骇（hài）。逡（qūn）巡近视之，则死狼也。仰首细审，见狼口中含肉，钩刺狼腭（è），如鱼吞饵。时狼皮价昂，直十余金，屠小裕（yù）焉。

缘木求鱼，狼则罹（lí）之，是可笑也！

——选自《聊斋志异·狼》

译文：一个屠夫卖完肉回家，天色已经晚了。这时，突然出现了一匹狼。狼窥视着屠夫担子上的肉，嘴里的口水似乎都快要流出来了。狼尾随着屠夫走了好几里路。屠夫感到很害怕，于是就拿着屠刀比划给狼看，狼稍稍退缩了几步。可是等到屠夫继续朝前走的时候，狼又跟了上来。屠夫心想：狼要的是肉，不如把肉挂在树上，这样狼够不着，等明天早上狼走了，再来取肉。于是屠夫就把肉挂在钩子上，踮起脚把挂着肉的钩子挂在树上，然后把空担子拿给狼看。狼这才停下来，不再跟着屠夫了。屠夫就安全地回家了。

第二天拂晓，屠夫去昨天挂肉的地方取肉。远远地，他就看见树上挂着一个巨大的东西，就好像有个人吊死在树上。屠夫大吃一惊。他小心地徘徊着向树靠近，等走到近前一看，原来树上悬挂着的是一匹死狼。屠夫抬起头来仔细观察，发现狼的嘴里含着肉，挂肉的钩子刺穿了狼的上颚，就好像鱼儿咬住了鱼饵一样。当时市场上狼皮非常昂贵，这张狼皮能值十几两银子。因为狼皮，屠夫还获得了一笔收入。就像爬上树去捉鱼一样，狼本来想吃肉，结果遭遇了祸患，这真是可笑啊！

有赴饮夜归者，值大雨，持盖自蔽，见一人立檐下溜，即投伞下同行。久之，不语，疑为鬼也；以足撩（liáo）之，偶不相值。愈益恐，因奋力挤之下桥而趋。值炊糕者晨起，亟（jí）奔入其门，告以遇鬼。俄顷，复见一人，遍体沾湿，踉（liàng）跄（qiàng）而至，号（háo）呼“有鬼”，亦投其家。二人相视愕（è）然，不觉大笑。

——选自《古今谭概》

译文：有一个人赴宴后深夜回家，正赶上天下大雨，就撑起伞来遮雨。这个人看见有一个人站在路旁房屋的屋檐下。那个人突然跑过来一下子钻到了这个人的伞下，和这个人一块走起来。走了好一阵，那个人也不说话。这个人怀疑是鬼，就试着用脚去触碰那个人。正巧没碰着，这个人更加害怕，于是用力把那个人挤下桥去，然后撒腿就跑。这时正是做糕点的人清早起来的时候。这个人赶紧跑到糕点铺门口，告诉大家自己遇见鬼了。不一会儿，又见一个人，浑身湿淋淋的，跌跌撞撞地跑来，大喊着“有鬼”，也跑进了做糕人家中。这俩人互相看看，目瞪口呆，随即不觉大笑起来。

宋有狙公者，爱狙；养之成群，能解狙之意；狙亦能得公之心。损其家口，充狙之欲。俄而匮（kuì）焉，将限其食。恐众狙之不驯于己也，先诳（kuáng）之曰：“与若芧（xù），朝三而暮四，足乎？”众狙皆起怒。俄而曰：“与若芧，朝四而暮三，足乎？”

——选自《列子·黄帝》

译文：宋国有一个养猕猴的老人，他很喜欢猕猴，养了成群的猕猴。老人可以明白猕猴们的心意，猕猴们也很讨他的欢喜。因此，老人减少了全家的口粮，以满足猕猴们的需要。但是不久，老人家里缺乏食物了，他准备限制猕猴们的食物，但又怕猕猴们生气不听自己的，就先骗猕猴们：“我给你们的橡树果实，早上三颗，晚上四颗，这样够吗？”猕猴们听了，很生气，都跳了起来。过了一会儿，老人又说：“我给你们的橡树果实，早上四颗，晚上三颗，这样足够吗？”

第三章

惊叹不已的美景

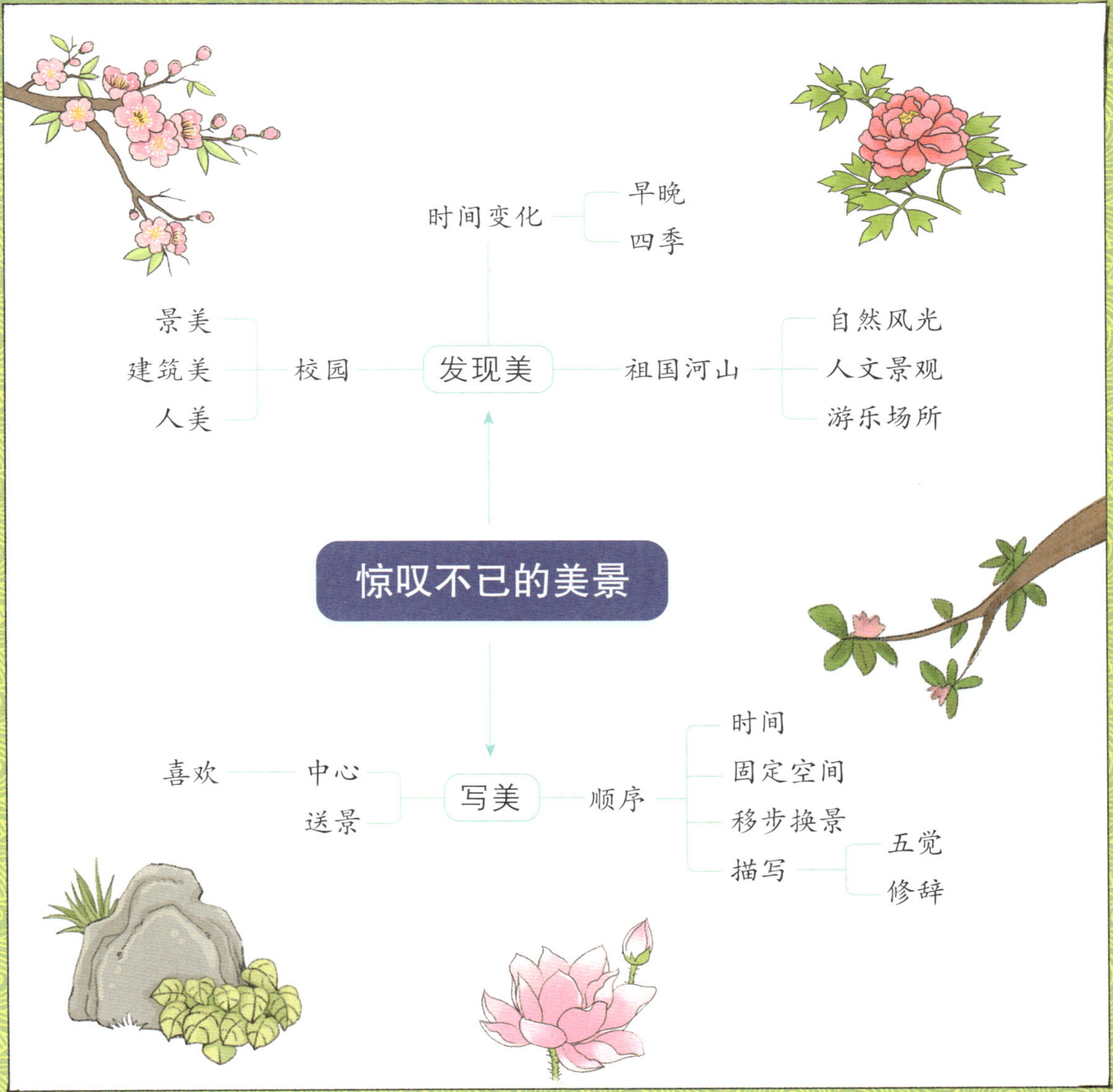

惊叹不已的美景
发现美
时间变化
早晚
四季
校园
景美
建筑美
人美
祖国河山
自然风光
人文景观
游乐场所
写美
中心
喜欢
送景
顺序
时间
固定空间
移步换景
描写
五觉
修辞

一、题目库

1 四季之美

《那一片忘不了的绿》
《西湖之春》
《春雨》
《秋来了》
《夏夜》
《西岭雪山》
《春天的美丽》
《美丽的秋姑娘》
《秋》
《秋天的树叶》
《春来了》
《春之歌》
《我爱四季》
《找春天》
《中秋赏月》
《荷》

《赏荷花》
《春天来了》
《把秋天装进瓶子》
《春天的色彩》
《四季之歌》
《春风》
《雪》
《冬，请允许我拥抱你》
《春天的舞蹈》
《金色的秋天》
《聆听夏的声音》
《山区的金秋》
《五彩秋天》
《我爱秋天》
《多彩的春》
《夏韵》

2 一天风韵

《晨曲》
《海边看日出》

《傍晚的广场》
《月亮和星星》

《夜之魅》

《美丽的落日》

《星空》

《雨》

3 名胜风光

《美丽的黄山》

《西海》

《长城，我来啦》

《四明风光》

《水韵周庄》

《庐山日出》

《雄伟的故宫》

《三峡一日游》

《美丽的护城河》

4 身边风景

《小树林即景》

《窗前即景》

《我的家乡》

《美丽的风景线》

《婆婆院子里的大花园》

《广场即景》

《美丽的校园》

《美丽的小河》

《我爱我的家乡》

《我家的小花园》

二、启示录

写景作文如何让人身临其境?

1 “摆正”态度，奠定感情基调

闻名中外的黄山风景区在我国安徽省南部。那里景色秀丽神奇，尤其是那些怪石，有趣极了。

就说“仙桃石”吧，它好像从天上飞下来的一个大桃子，落在山顶的石盘上。

在一座陡峭的山峰上，有一只“猴子”。它两只胳膊抱着腿，一动不动地蹲在山头，望着翻滚的云海。这就是有趣的“猴子观海”。

“仙人指路”就更有趣了！远远望去，那巨石真像一位仙人站在高高的山峰上，伸着手臂指向前方。

每当太阳升起，有座山峰上的几块巨石，就变成了一只金光闪闪的雄鸡。它伸着脖子，对着天都峰不住地啼叫。不用说，这就是著名的“金鸡叫天都”了。

黄山的奇石还有很多，如“天狗望月”“狮子抢球”“仙女弹琴”。那些叫不出名字的奇形怪状的岩石，正等你去给他们起名字呢！

——选自《黄山奇石》

点拨

“尤其是那些怪石，有趣极了。”作者认为黄山的怪石非常有趣。这就是作者的态度，也是全文的中心，整篇文章都是围绕“有趣”来写的，都在讲黄山的怪石怎么有趣。

作者详写“猴子观海”“仙人指路”“金鸡叫天都”三块奇石，解释名字的由来，说明了它们的“有趣”。

启示

写景的作文，不能只是单纯地描写景物，一定要有一个出发点，也就是文章的中心思想，一般是作者的态度。当然，我们写的都是美景，一般都是喜欢，有了这个基本情感，接着就是要写景物美在哪里，为什么令人喜欢。

2 围绕中心，突出重点

我看见过波澜壮阔的大海，玩赏过水平如镜的西湖，却从没看见过漓江这样的水。漓江的水真静啊，静得让你感觉不到它在流动；漓江的水真清啊，清得可以看见江底的沙石；漓江的水真绿啊，绿得仿佛那是一块无瑕的翡翠。船桨激起微波，扩散出一道道水纹，才让你感觉到，船在前进，岸在后移。

——选自《桂林山水》

点拨

“我看见过波澜壮阔的大海，玩赏过水平如镜的西湖，却从没看见过漓江这样的水。”将大海、西湖和漓江的水进行比较，大海很美，西湖很美，但漓江更美，这里运用衬托的写作方法，突出了“桂林山水甲天下”中的“甲”，表现了文章的中心。

“漓江的水真静啊”“漓江的水真清啊”“漓江的水真绿啊”具体写漓江水的三个特点，重点突出。

启示

我们在写一处景物时，必然会面临一个问题，即如何选择景物。我们眼见的景物非常多，比如桂林，肯定不止山和水，还有很多其他景物，那么应该选择什么来写呢？当然是选择跟文章中心思想相关的写，不相关的不写，记住突出重点是写作文的一个关键要点。

3 排队有序，条理清楚

春天，树木抽出新的枝条，长出嫩绿的叶子。山上的积雪融化了，雪水汇成小溪，淙淙地流着。溪里涨满了春水。小鹿在溪边散步，它们有的俯下身子喝水，有的侧着脑袋欣赏自己映在水里的影子。

夏天，树木长得葱葱茏茏，密密层层的枝叶把森林封得严严实实的，挡住了人们的视线，遮住了蓝蓝的天空。早晨，雾从山谷里升起来，整个森林浸在乳白色的浓雾里。太阳出来了，千万缕像利剑一样的金光，穿过树梢，照射在工人宿舍门前的草地上。草地上盛开着各种各样的野花，红的、白的、黄的、紫的，真像个美丽的大花坛。

秋天，白桦和栎树的叶子变黄了，松柏显得更苍翠了。秋风吹来，落叶在林间飞舞。这时候，森林向人们献出了酸甜可口的山葡萄，又香又脆的榛子，鲜嫩的蘑菇和木耳，还有人参等名贵药材。

冬天，雪花在空中飞舞。树上积满了白雪。地上的雪厚厚的，又松又软，常常没过膝盖。西北风呼呼地刮过树梢。紫貂和黑熊不得不躲进各自的洞里。紫貂捕到一只野兔当美餐，黑熊只好用舌头舔着自己又肥又厚的脚掌。松鼠靠秋天收藏在树洞里的松子过日子，有时候还到枝头散步，看看春天是不是快要来临。

——选自《美丽的小兴安岭》

点拨

“春天”“夏天”“秋天”“冬天”，《美丽的小兴安岭》显然是按照时间顺序来写的。

“草地上盛开着各种各样的野花，红的、白的、黄的、紫的，真像个美丽的大花坛。”小兴安岭夏天的时候，草地上开满了各种野花，景色十分美丽。全文紧扣“美丽”来写。

“酸甜可口的山葡萄”“又香又脆的榛子”“鲜嫩的蘑菇和木耳”“人参等名贵药材”。秋天是收获的季节，这些美食又是小兴安岭所特有的。

“黑熊只好用舌头舔着自己又肥又厚的脚掌”，松鼠“有时候还到枝头散步”。憨憨的黑熊、可爱的松鼠让小兴安岭变得可爱起来了。

启示

选择好景物后，我们就要思考怎么排列这些景物，也就是文章的顺序。一般来说，写景的作文有三种顺序：时间顺序、固定空间顺序、移步换景。开始写之前，选好一种合适的顺序可以让我们的文章显得非常有条理。

4 调动感官，欣赏美景

秋天的雨，有一盒五彩缤纷的颜料。你看，它把黄色给了银杏树，黄黄的叶子像一把把小扇子，扇哪扇哪，扇走了夏天的炎热。它把红色给了枫树，红红的枫叶像一枚枚邮票，飘哇飘哇，邮来了秋天的凉爽。……

秋天的雨，藏着非常好闻的气味。梨香香的，菠萝甜甜的，还有苹果、橘子，好多好多香甜的气味，都躲在小雨滴里呢！小朋友的脚，常被那香味勾住。

秋天的雨，吹起了金色的小喇叭。它告诉大家，冬天快要来了。小喜鹊衔来树枝造房子，小松鼠找来松果当粮食，小青蛙在加紧挖洞，准备舒舒服服地睡大觉。松柏穿上厚厚的、油亮亮的衣裳，杨树、柳树的叶子飘到树妈妈的脚下。它们都在准备过冬了。

——选自《秋天的雨》

点拨

“秋天的雨，有一盒五彩缤纷的颜料。”这是视觉上的感受，主要抓住颜色来写。

“秋天的雨，藏着非常好闻的气味。”再写味觉上的感受，写出了秋天丰收的特点。

“秋天的雨，吹起了金色的小喇叭。”最后写听觉效果，写了秋天动物们的表现。

启示

怎么把景物写美呢？一个重要的方法就是要学会调动人的多种感官，即视觉、听觉、味觉、触觉等。

5 运用修辞，锦上添花

荷花已经开了不少了。荷叶挨挨挤挤的，像一个个碧绿的大圆盘。白荷花在这些大圆盘之间冒出来。有的才展开两三片花瓣儿。有的花瓣儿全展开了，露出嫩黄色的小莲蓬。有的还是花骨朵儿，看起来饱胀得马上要破裂似的。

——选自《荷花》

点拨

“荷叶挨挨挤挤的，像一个个碧绿的大圆盘”使用了比喻的修辞手法，将“荷叶”比作“大圆盘”，让我们清楚地知晓了荷叶“大而圆”的特点。

“有的才展开两三片花瓣儿。有的花瓣儿全都展开了，露出嫩黄色的小莲蓬。有的还是花骨朵儿，看起来饱胀得马上要破裂似的”使用了排比的修辞手法，让我们欣赏了荷花的不同形态，并且使语言更加优美。

“看起来饱胀得马上要破裂似的”使用了夸张的修辞手法，十分生动形象。

启示

要想把景物写美，还需要学会运用修辞手法。常用的修辞手法有：比喻、拟人、排比、夸张、反问、设问等。

三、素材帮

1 好词积累

【四季风光】

春暖花开　莺歌燕舞　草长莺飞　生机勃勃　鸟语花香
百花争艳　春光明媚　烟花三月　春色满园　万紫千红
姹紫嫣红　五彩缤纷　风和日丽　阳春三月　桃红柳绿
春意盎然　春色满园　万物争荣　春回大地　山红遍野
暑气熏蒸　赤日炎炎　夏日炎炎　百花凋零　烈日当空
炎日高照　烈日中天　酷暑盛夏　暑气蒸人　流金铄石
骄阳似火　挥汗如雨　汗流浃背
倾盆大雨　鸟语蝉鸣　粉妆玉砌
秋高气爽　秋风送爽　层林尽染
秋色宜人　秋风习习　五谷丰登
秋风萧瑟　秋雨绵绵　天高云淡
丹桂飘香　枫叶似火　玉树银花

金风飒飒　秋水长天　叶落知秋　金九银十　瓜果飘香
硕果累累　叠翠流金　寒冬腊月　寒风凛冽　北风呼啸
冰天雪地　万里雪飘　数九寒冬　冰雪严寒　天寒地冻
白雪皑皑　雪兆丰年　千里冰封　大雪纷飞　风雪交加
漫天大雪　寒气入骨　寒气袭人　朔风怒号　寒气侵肌
滴水成冰　瑞雪纷飞　玉树琼枝　雪照云光　银装素裹

【美丽校园】

茁壮成长　生机勃发　洒满阳光　热闹欢腾　景色迷人
你追我赶　歌声嘹亮　热闹非凡　人声鼎沸　欢歌笑语
环境幽雅　春色满园　校园春色　欢声笑语　三五成群
书声朗朗　奋发向上　生机盎然　人声鼎沸　垂柳依依
林荫小道　清香四溢　茁壮成长　参天古树　绿草如茵
群芳斗艳　遮天蔽日　桂花飘香　野草闲花　曲径通幽
芳香四溢　万紫千红　沁人心脾　树叶如盖　层层叠叠
密密匝匝　玲珑剔透　青翠欲滴　树影斑驳　郁郁苍苍

【祖国山川】

山明水秀　危峰兀立　峰峦雄伟　奇峰怪石　碧水青山
千岩竞秀　奇峰罗列　悬崖峭壁　荒山野岭　连绵不断
蜿蜒曲折　高耸入云　重峦叠翠　巍然屹立　奇峰耸拔
重峦叠嶂　湖光山色　青山绿水　山重水复　怪石嶙峋
依山傍水　飞瀑流泉　拔地而起　突兀森郁　峰峦雄伟
巍峨奇秀　奇形怪状　云遮雾罩　千岩万壑　漫山遍野
蜿蜒盘旋　江山如画　大好河山　青山一发　青山不老
泰山北斗　重叠环绕　奇峰异岭　形态万千　奇峰异峦
名山大川　高山流水　波光粼粼　飞瀑流泉　汹涌澎湃
水平如镜　水光潋滟　水波不兴　海阔天空　水天一色
碧海青天　惊涛拍岸　烟波浩渺　水波不惊　波涛汹涌
波浪滚滚　白浪滔天　波峰浪谷　翻江倒海　巨浪滔天
狂风巨浪　波澜不惊　千山万水　水天相接　百川归海
粼粼碧波　一泻千里　碧江盈盈　流水潺潺　波光荡漾
大浪淘沙　山高水长　水趣盎然　清澈见底　溪流淙淙
悠悠烟水　碧水微澜　金波闪烁　海纳百川　海立云垂
海沸山摇　海沸波翻　沧海桑田　一碧万顷　水声淙淙

2 精彩开头

【对比式】我喜欢百花齐放的春天，喜欢色彩缤纷的夏天，喜欢天高气爽的秋天；不过，我更喜欢白雪皑皑的冬天。

【引用式】人说：“五岳归来不看山，黄山归来不看岳。”10月，爸爸带着我来到了我日思夜想的黄山。

【开门见山式】一进校园，就看到一棵参天大树——梧桐树。听老师说，这棵树已经一百多岁了，像一个饱经沧桑的老人。我喜欢这棵梧桐树。

【提问式】萝卜青菜，各有所爱。你知道我为什么特别喜欢家乡的那一汪清潭吗？

【抒情式】第一次看到大海，天空那么蓝，大海那么宽，我多么想唱一首歌来表达我的快乐！

【拟人式】啊！春天来了，人间万物都在笑。

【回忆式】家乡秋天那漫天飘舞的苇絮，一直留在我的脑海里，抹之不去。

【激趣式】春天是怎么来的？被和煦的东风送来的？让叽叽喳喳的燕子吵醒的？还是本来就在这里，只是躲在了冰封的小河里，藏在了棕熊冬眠的洞穴里？

【情景式】晨曦拉开了夜的帷幕，安静了一个晚上的校园重新获得了生机。校门口的大树特别精神，树干越发挺拔，就像保家卫国的战士。门口值班的大爷早早就打开了校门，戴着红袖标，笑容可掬地站在校门口，盼望着可爱的孩子们的到来。

【点明中心式】不论哪个季节来到我们学校，你都会发现我们学校总是绿意盎然、生机勃勃。

【解说式】黄山素以“温泉、云海、怪石、奇松”四绝闻名天下。徐霞客游览黄山后，曾说过“五岳归来不看山，黄山归来不看岳”。

【谜语式】小时候，我在邮票上见过你，你像一颗巨大的纽扣；长大后，爸爸带我一起去看你，我第一次知道你是那么美好、那么神秘。你是我见过最特别的建筑——福建土楼。

【导游式】如果有人问我，去成都最先去哪里玩，我不会推荐你去热闹非凡的锦里，也不会推荐你去闻名遐迩的宽窄巷子，而是毫不犹豫地推荐你去铁像寺水街转一转。那里的游人并不多，但是风景却很美，它还有着“成都第一水街”的美誉呢。

3 精彩结尾

【抒情式】啊！雪花，你带给人们洁白素雅的美。雪花啊！我愿所有人的品格都如你冰清玉洁。

【自然意境式】夕阳献出了最后一丝余晖，笑着离开了。明天，朝霞又会冉冉升起……

【回味式】我时不时留恋地回头望几眼，一不留神，差点摔了个筋斗。故乡的柿子林如此诱人。

【列举总结式】镜头掠过长长的跑道，扫过圆形的操场、格子样式的花坛以及匆匆跑进教学楼的学生，定格在宽敞的教室里。干净的玻璃，纤尘不染的黑板，同学们明亮的眼睛，老师嘴角欣慰的笑……都是校园里最美的风景。

【升华主题式】校园的美，有时不在风景，而在孩子们纯洁的心灵。乐于助人、热爱集体、尊敬师长等美好品德，不也是愉悦身心的景色吗？

【点明中心式】我爱我的学校！这里，就像是一个开心的乐园，也是我们收获知识的殿堂。

【对比式】喜欢日落，是因为夕阳滑落的景象很美，一点也不比日出逊色。

【引人思考式】云雾环绕于山间，耸立的山峰穿透云层，直冲蓝天。薄纱般的云缓缓地在天河中流动。真不知是那风托动那缥缈的云，还是那缥缈的云带动那爽朗的风？这是不是仙境呢？

【哲理式】梅花，迎接它出生的不是和煦的春风，而是凛冽的北风；陪伴它成长的不是温暖的春天，而是寒冷的冬天；滋润它绽放的不是晶莹的甘露，而是肃杀的严霜；衬托它美姿的不是浓浓的绿意，而是寒彻的白雪。花坛暖房里，它不开；冰天雪地里，它怒放。阳春三月，不见它的踪影；寒冬腊月，它迸发出震撼人心的力量。

【余音绕梁式】难忘那民居前成串的红灯，难忘那古屋旁静静流淌的水果摊，难忘那水井旁的两棵参天的古树，难忘那独特的水牛形的村落布局……

4 佳句佳段

【四季美景——春天】

◆ 春气始至，青虫遂伏耳静听，先听见的竟是抽芽的青草血液流动的声音。

◆ 春姑娘姗姗而来，她来到了公园里，来到了树林里，也来到了我家的菜园里，沉睡了一个冬天的菜园顿时焕发出了新的生机。走进菜园，映入眼帘的是一片竹林，一根根竹子高大挺拔，苍翠欲滴。一颗颗小笋芽儿破土而出，笋尖儿是绿的，绿得发光，可爱极了！

◆ 春天，小溪里的冰雪融化了，淙淙的溪水唱着欢快的歌奔向远方。溪边的银杏树抽出了新的枝条，几只翠鸟站在枝头，唱着美妙的歌。果园里的果树们悄悄发了芽，迎着春风，翩翩起舞。

◆ 小区里的春天生机勃勃，空气中弥漫着泥土的芬芳，小草从地下探出头来和小花打招呼，河边的柳树姑娘梳着她又细又长的头发。风轻轻一吹，“头发”就随风飘动起来。天空中，那白白的云朵看上去软绵绵的，像甜甜的棉花糖。

- 南国的春天，空气湿润，呼吸着新鲜的空气，仿佛喝了一杯清香甜蜜的蜂蜜酒，令人陶醉。
- “一年之计在于春。”春天，也是农民伯伯耕种的季节。秧苗整齐地排列在田里，绘成了一幅生机盎然的画卷，给祖国的地图上镶上了一块泛着绿色光芒的大翡翠。
- 春风吹散了寒冬的雪花，小草也睁开了惺忪的睡眼，打量着周围的一切。它迷惑，彷徨，在春天的抚摸下，慢慢成长。
- 小草伸出了头，懒洋洋的，似乎还在梦中遨游，有几分不情愿。丁香树抽出了嫩绿的新枝，而树干依旧是一副老态龙钟的样子。桃树露出了粉红色的花苞，花苞大多紧闭着，也许正在准备于一个好日子百花齐放呢！
- 春光无限好。春风拂面，翠柳依依。柔软的柳枝就着河面这块晶亮的镜子梳妆打扮，一群鸭子在已经变暖的河水里快活地游来游去。
- 花要开了，草要绿了，不大讨人喜欢的小蚜虫也爬上了树梢，盼着叶子快快长大。蜜蜂似乎料定花要开了，绕着花苞转来转去，嗡嗡地叫着，催促花儿早点盛开。
- 春天的夜晚，是那样静谧安详，一切都沉睡在甜美的梦乡。只有可爱的星星还挂在天上，调皮地眨着眼睛。
- 难得这个春天的夜晚，没有淅淅沥沥的春雨，只有柔和的春风轻抚，天上半个月亮轻撒光辉，月光下的翠湖微波荡漾。
- 像昨天一样，绵绵细雨，淅淅沥沥，断断续续，春雨犹如绿色的染料，整个翠湖公园都浸在了绿色的染缸里。
- 立春早已过了，可春雨却姗姗来迟。细雨蒙蒙，滋润着休息了一整个冬天的花草；微风徐徐，吹醒了还在梦中的小生灵。
- 记得每年春节前后，那里就会下起毛毛细雨。近看，细细的，好像一根根牛毛，又像小小的银针；远看，似一层薄雾，又如淡淡的白烟，轻轻地飘动……

◆ 春雨淅淅沥沥地下着，一排排雨点像绣花针，飞快地洒向地面；一串串雨点，又好像无数珍珠，编织着宽大无比的珠帘，整个城市被笼罩在烟雨之中。

◆ 春风十里，晴空万里，正是放风筝的好天气。纸糊的蜻蜓、蝴蝶飞上了天，一根长长的线儿拉近了大地和天空的距离。

◆ 风吹在脸上，痒痒的，酥酥的，仿佛一只无形的手在轻轻地抚摸。那是春姑娘的手啊！

◆ 暖暖的春风吹开了百花；绵绵细雨，每一丝、每一滴都带着百花吐露的芬芳。春风春雨，莺歌燕舞，春天的气息，扑面而来。

◆ 春天，花园有了蝴蝶飞舞，草地有了蜻蜓栖息，树林有了黄鹂在唱歌，风儿轻轻地吹开了孩子们的笑脸。

◆ 在青烟缥缈的山坡上，隐约露出了几棵杉树、桃树的影子，绿中衬着粉红色，粉红色中又配着绿色。那袅袅的烟雾，犹如飘动的白纱巾。来到山坡上，简直如临仙境，使人有一种飘飘欲仙之感。

◆ 春天时，水位低，可以看见一片碧绿的草原。成群的白鹭、野鸭时而飞翔，时而停落在湖中的小岛上，很是悠闲。鱼儿在水里自由地嬉戏，鸟儿轻轻啼唱。再看岸边，到处是盛开的野花，真是美丽极了。

◆ 花坛里，那毛茸茸的嫩叶摇摆着，仿佛无数只热情的小手在向你招手示意。

◆ 拖拉机一刻不停地忙碌着，翻起了棕色的泥土，我仿佛闻到了泥土散发出的芳香。在这翻过的泥土中，我仿佛看到了蕴藏着的一个个绿色的生命。

◆ 那一条条银光闪闪的鲫鱼跳起了优美动人的舞蹈，一会儿在水中畅游，一会儿跃出水面，它们也在感受春天的旋律。

◆ 田埂上，野花开了，知道名字的，不知道名字的，黄的，粉的，白的，黄的，眨呀眨，像星星，像眼睛。

◆ 春天，树木抽出枝条，长出嫩叶，绿得让人心生喜爱。小鸟也感受到了春天的来到，叽叽喳喳地叫着，像是在报信。到处一派生机勃勃的景象。

◆ 春天来临，校园里可谓“花山花海”。五颜六色的花朵争奇斗艳；绿丛中，有几棵外观优美的山茶树，像亭亭玉立的姑娘。

【四季美景——夏天】

◆ 夏天是一年中最热的季节，动植物们已经恢复了生机，开始了旺盛的生命活动。看，荷塘里的小荷已经露出了尖角，恰有一只蜻蜓飞来，美丽的荷角正好为这只飞累了的蜻蜓提供了小憩的场所。这是多么美妙的景色啊！

◆ 夏天，树木郁郁葱葱，枝叶密密层层，挡住了人们的视线，遮住了蓝蓝的天空。天开始下雨了，雨水顺着枝干流了下来，滴进泥土。一棵棵树贪婪地吮吸着雨水，枝叶也长得更茂盛了。

◆ 雨后，一道彩虹挂在天空，对着树林微笑。林间的野花们也来凑热闹，它们穿着红的、橙的、黄的、蓝的、白的、紫的，各种颜色的裙子，欣然怒放。

◆ 那闪电啊，如一把利剑，要把天空劈碎似的；那雷声啊，震耳欲聋，要把天穹震塌似的；那大雨啊，倾盆而下，哗啦啦地停不下来似的。

◆ 初夏的阳光和雨水将这座城市变成了一座绿城，地上的草、树上的叶，在夏日里绿成一片。

◆ 空气中弥漫着夏天成熟的味道，浓浓的，稠稠的，沁人心脾。

◆ 这儿一丛，那儿一簇的深绿肆意地生长着、壮大着，在中午刺眼的阳光下反射出金色的光，心在不经意间活力四射。

◆ 各种各样的花儿这儿一朵，那儿一朵，大片大片地开出无限的美丽，红的、黄的、蓝的、粉的、白的……把夏天装饰得五彩缤纷。

◆ 夏日的午后，天空阴沉沉的，乌云笼罩大地，好像一块黑纱把天空遮挡住了。银色的闪电像一把利剑，劈开了乌云，雷公敲起了大鼓。

◆ 六月的天，说变就变。不知从哪儿游来一团又一团乌云，泼墨似的，把天空一下子全染黑了。

◆ 七月，太阳炙烤着大地，竹林里一片阴凉。大青竹的枝叶遮住了天，笋芽也长得老高了。阳光透过竹叶的缝隙，在地上投下了斑驳的影子。

◆ 暑气还未退去，幽蓝的夜空中已聚集了许许多多的星星。它们若隐若现，忽闪忽闪的，像在寻觅着什么，又像是调皮地眨巴着眼睛。乳白色的月色洒满了大地，给大地铺上了一层银纱，使幽蓝的天空又增加了几分神秘和苍凉。

◆ 中午，太阳火辣辣地照在头顶上。下午，一场雷阵雨过后，天边出现了若隐若现的彩虹。

◆ 烈日高照，每一片树叶都闪耀着耀眼的绿光。为了避暑，大家纷纷搬来小椅子在树荫下乘凉。

◆ 中午，蝉鸣声不绝于耳，无数只蝉儿将它们夏日的演唱会推向了高潮。

◆ 山顶上金碧辉煌的房屋，在烈日的照耀下，反射出刺眼的光。偶尔吹来一阵风，也是滚烫的热风。

◆ 秋日里那“满地都是”的凉风，在夏日里显得十分稀有。好不容易吹过一阵凉风，沁人心脾，可还未来得及“品尝”，风又无影无踪了。

◆ 晴空万里，骄阳似火。高调的蝉鸣、鲜红的夏日玫瑰、早晚的栀子花香、铺满湖面的荷叶、滚圆的落日，浪漫的夏天风情万种。

◆ 这个城市的夏天，几乎每天都有一场雨。早晨还是霞光万丈，午后便开始下雨，好在时间不长，就像是给翠湖公园的花草树木浇了一次水。

◆ 夏日的阳光射在微波荡漾的湖面上，金碧辉煌。阳光透过茂密的叶丛，地上仿佛撒满了金子。

◆ 滚圆深红的落日在一点一点往下沉，沉入田野的地平线，留下满天胭脂红的晚霞，与地上盛开的胭脂花浑然一体。

◆ 只有在初夏的艳阳天，才能见到如此美丽的田园风光。田里那像麻花辫一样的麦穗儿，颗粒饱满。果实累累的田野充满了丰收的希望。

◆ 烈日炎炎的夏天到了。你看，那绿油油的荷叶像一个个碧绿的大圆盘，上面那一颗颗晶莹的露珠正折射出耀眼的光芒，我真想把它捞上来，给自己串一条“水晶”项链。再看看那些荷花，它们粉的似霞，白的如玉，真是美极啦！

◆ 夏天，太阳就像生了一肚子气一样，火辣辣的。池塘里碧绿的荷叶给人一丝清凉；活泼可爱的小青蛙后腿一蹬，使劲儿向前一跳，蹦到了荷叶上，“呱呱呱，呱呱呱”地唱着歌，把荷花的脸都唱红了呢！

◆ 夏天，最美的景色是池塘。夏夜，池塘上空飞舞着许多萤火虫，那闪烁着的点点微光十分动人。荷花千姿百态，看，那粉的、红的正竞相开放呢！荷叶上，活泼的青蛙不停地蹦跳着，它们似乎在召集其他小动物们一起演奏交响曲呢！

◆ 如水的月光静静地洒在湖面上，片片荷叶上似乎有神秘的光影在流动，我看见荷叶间冒出了一个尖尖的角，原来那是刚长出来的小花苞呢！

◆ 阳光下，荷塘里的睡莲一动不动的，睡着了似的。风一吹，便轻轻摆动，似刚睡醒的娃娃。夜晚的萤火虫，更是一道迷人的风景线。看，那在远处提着小灯笼翩翩起舞的，正是萤火虫家族，它们飞来飞去，尾部发出的莹莹的光在水面上跳动着，仿佛传说中的精灵。

◆ 夏天虽然炎热，却是农民伯伯无比喜爱的季节。农作物在夏天疯长，农民伯伯坚信，庄稼没有夏天里的生长，也就没有秋天的丰收。

【四季美景——秋天】

◆ 秋姑娘带着调色盘来到了大地。山间的颜色沉稳起来。金色、橙红、深棕和少许藏青交织在一起，好似绝美的画卷铺在连绵的山峦上。

◆ 秋天是丰收之美。虽然在山上已有落叶，但整个大地洋溢着丰收的喜悦。

◆ 秋意更浓了。阵阵秋风，吹得柳枝不再婀娜，吹得银杏林不再葱茏，吹得湖中的残荷也不见了踪影。

◆ 秋高气爽，郊外的天空格外高远、明净。秋收后的田野里散发着泥土的芬芳。

◆ 秋日的骄阳照耀着大地，大地硕果累累，香飘万里。

◆ 秋天，小树林里的树叶变黄了，秋风一吹，叶子随风飘落，就像黄衣仙子在空中跳舞。叶子落到树妈妈的脚边，化作肥料。

◆ 天空中，大雁排着整齐的队伍向南飞去，仿佛在告诉人们——秋天来了。

◆ 稻谷低下了它高昂的头，每颗麦粒上都长着“锋芒”，叶子又细又长，直直的稻杆被压弯了腰。微风吹过，田里泛起层层微波。

◆ 秋天到了，空气中弥漫着幽幽的桂花香，无比甘甜。

◆ 桂花开了，给色彩斑斓的秋天增添了令人心醉的味道。

◆ 秋天的落叶是金黄的，它们片片落在地上，铺成了一张金色的“地毯”。踩上去，“哗哗”作响，好似一首轻音乐。

◆ 秋天的黄昏是金黄的。黄昏来临，天空、大地等所能看到的一切都变成金黄的了。

◆ 秋天是什么味道？嗅一嗅，那簇拥在一起的团团的桂花儿，散发出沁人心脾的香味，好像喝了一杯饮料。那香味还留在唇齿之间，永不消退。

◆ 秋姑娘，踏着金色的脚步，悄悄地来了。她飞过果园，撒下了累累硕果；她飞过农田，播下丰收的喜悦。

◆ 秋天是一位魔法师。他将魔术棒一挥，便把我们的校园打扮得分外美丽。

◆ 一步一片金秋，一步一片收获，你将自己奉献给大地，你将沉甸甸的收获吹进了农民的心窝，醉红了农家的笑靥。

◆ 果园门旁还有两棵枣树。这时正是枣子成熟的时候，有红的，也有半青半红的……颗颗圆润饱满的枣子在树叶间露出了笑脸，压得树枝弯弯的。

◆ 秋天，来到果园。那一个个红苹果面带笑容地挂在枝头；你看那一串串紫宝石似的葡萄，在阳光的照射下更加闪亮；石榴也咧嘴大笑，露出了晶莹剔透的果肉。

◆ 秋天像吹泡泡一样，吹出了一个个甘甜可口的果实。

◆ 秋天有成熟的果子，各种各样的果实缀满枝头，唱响了秋的赞歌；枫树穿着红色的晚礼服，好像在迎接秋天的到来。

◆ 菊花迎着灿烂的阳光盛放，有黄色的、白色的、紫色的……像龙飞，像凤舞，像节日的焰火，五彩缤纷。

◆ 秋天的步伐多么轻盈，她悄悄地来到田间。你瞧，田里的水稻都脱去了绿色的外衣，换上了金色的新装，沉甸甸的穗子压得稻杆抬不起头来。

◆ 那可爱的秋天终于来了：硕果累累的秋天透着丰收的喜悦；金叶满树的秋色清爽宜人；瓜果飘香的金秋富有灿烂绚丽的色彩。

◆ 动物们正在准备过冬：瞧，小青蛙正在挖洞准备冬眠，小松鼠正在摘松果准备过冬……

◆ 秋天的颜色有很多，苹果的脸颊变红了，稻子的皮肤变黄了，柏树的衣裳依旧是那么翠绿……农民伯伯的脸上露出了丰收的喜悦。

◆ 秋风劲吹，吹散了天上的云，吹得天空如同晶莹剔透的蓝水晶；秋风吹落了一朵朵桂花，金桂树下铺了一层黄金，银桂树下铺了一层白银。

◆ 秋风吹斜了细密的雨丝，纵横交错如蜘蛛网般的铁轨在秋雨中闪着乌黑的亮光。

◆ 金色的秋天里，枫树的叶子渐渐变红了。在这个时候，许多树的叶子都掉落了，只剩下那些四季常绿的树木还坚守着自己的岗位。

◆ 稻谷低下了它高昂的头，一颗颗饱满的谷粒里藏着一粒粒白白的大米。

◆ 漫步在秋雨中，我看着眼前这属于秋的景色，嗅着属于秋的味道，想着：秋的颜色应该是五彩斑斓的，秋的声音应该是悦耳动人的，秋的味道应该是香喷喷的……

◆ 我爱百花争艳的春天，我爱鸟语蝉鸣的盛夏，我爱粉妆玉琢的严冬，我更爱枫叶似火的金秋。因为秋天给人们带来了丰收和喜悦。

【四季美景——冬天】

◆ 冬天，屋外寒风凛冽，冻得人们直打哆嗦。

◆ 冬天，下雪了。雪花飞到露台上，给植物盖上了雪白的“毛毯”，美丽极了。

◆ 雪，是来自天国的仙子，是圣洁的人间精灵，是大自然馈赠的礼物。

◆ 雪粒一开始只有芝麻大小，渐渐变成米粒，再然后变成了雪花。柳絮一般的雪花落下，似轻烟，如白梅。

◆ 清晨，一颗颗雪粒落下来，淘气地在地上翻着跟头，还发出“沙沙”的声音，不一会儿就消失不见了。

◆ 成团的雪花犹如被狂风扯碎了的花团，纷纷扬扬地飘落下来。它们在大风中扭卷着，翻腾着，迟迟不肯落到地面上来。

◆ 雪花片片，轻轻地飘飞而来，像银色的蝴蝶翩翩起舞。它调皮地落在行人的衣服上、头巾上，沾在行人的眉毛上。

◆ 雪落在地上，软软的，踩上去“咯吱咯吱”地响；雪飞到树上，树枝戴上了晶莹的“王冠”；雪落到田野上，田野披上了一望无垠的地毯。

◆ 最有趣的是那些房屋，它们可能是被昨天那场大雪吹感冒了吧，所以一夜之间便都戴上了白帽子。

◆ 你看，屋檐下那一条条银柱般的冰往下垂着，像一只只号角。

◆ 冬天是一位雕刻家。你瞧，屋外那漫天飞舞的雪花，那倒挂在屋檐下的根根冰柱，正是他的杰作。

◆ 冬天是一位魔术师，它乘着特快列车——西北风，呼啸着来到人间。他将魔法棒一挥，一片片像蝴蝶似的雪花飘了下来。

◆ 越是冬天，冬青树越是绿得精神；高大的雪松伴着积雪更显出自己的苍翠；热烈的红梅用那火红的颜色吸取着冬日的寒冷。

◆ 杨树的枝丫上，一道道的雪条是不是小雪花在排队操练？

◆ 冬天，小树林里一派白雪皑皑的景象。树木积满了厚厚的雪，沉甸甸的，但它依然笔直地站在那里。

◆ 冬天，水杉红得耀眼。暖阳像一道道金光穿过树梢，照射在湖面上，构成了冬日最美的风景。

◆ 冬天，大雪纷飞，屋前屋后到处都是白茫茫的一片，只有梅花独自开放。寒风中，梅花越来越红，越来越红。

◆ 整个湖面已经被冻住了，那洁白的、光滑的湖面，一直延伸到很远的灰蒙蒙的天际。

◆ 冬天，大雪纷纷扬扬，像漫天飞舞的柳絮，覆盖了大地、小河和山村，到处是诗一般的境界。难怪古今中外有那么多诗人来赞颂雪的妩媚和壮美，有那么多的画家来描绘冬天这美丽的雪景。

◆ 冬雨如细细的银针，潇潇洒洒地飘落下来，落在枯黄的草地上，仿佛要将一切都冻结。

◆ 在空气湿润的湖边，小草上、树叶上，都开满了亮晶晶的霜花。这份美丽虽不被人发现，却开出了自己的价值。

◆ 难得冬日的阳光金灿灿地耀眼，阳光下，城市里那些冰冷的建筑仿佛变得温暖起来，那些干枯的树枝也变得柔和起来。

◆ 雪停了，风还在吹，积雪白得耀眼。在这银装素裹的白色世界里，二十四节气中一个重要的节气——冬至，隆重登场。

◆ 在冰天雪地里，我嘴里哈出的每一口气都是白的。道路上那些来不及被清理掉的积雪变成了冰，走在上面，就像走在溜冰场上一样。

◆ 下雪过后，空气纯净得没有一点杂质。夜晚星光闪烁，夜空中那最明亮的两颗星星就像妈妈温柔的眼睛。

◆ 踏着霜打的枯草，站在野外，只见满眼荒寒，凄清萧条。枯芦花迎风颤抖，沙沙作响；河边的杨柳没有一片叶子，鸟儿在树上啼叫。

◆ 清晨起来，大雾笼罩着田野，羽毛般的轻雾缓慢地流动，轻盈地飘荡。

◆ 冬，虽然比不上春日的百花齐放，但它那冰清玉洁的神韵却是春天没有的；冬，虽然比不上夏日的枝繁叶茂，但它那寒气逼人的气势却让人无比敬畏；冬，虽然比不上秋天的果实累累，但它给孩子们带来了无限的快乐。

◆ 过不了多久，雪融化的地方就会长出红红的花、绿绿的草、翠翠的藤。雪的痕迹就会化成一幅五彩的春光图。

◆ 天上下起了小雨点儿，落在身上，冰凉冰凉的。人们穿上了色彩鲜艳的防寒服，给这寒风萧瑟的季节增添了几分亮色。

◆ 一片晶莹剔透的小雪花落在我的手掌心，轻轻的、柔柔的、凉凉的。刚想欣赏一下这美丽的小白花，可它却消失不见了，好似在跟我玩捉迷藏。一片雪花落到我的唇齿间，我仿佛尝到了冰淇淋的味道，清新、冰凉。

◆ 冬天最美的是雪景。看，那一片银装素裹的世界多么迷人！大奶油蛋糕似的小汽车，还有一群绵羊似的人群，一切都是那么美丽、动人。

◆ 窗外，北风呼啸，犹如一个调皮的孩子吹着口哨在奔跑。我坐在火炉旁，身上紧裹棉衣，仔细聆听着这冬天的旋律。

【美丽的校园】

◆ 在学校的中院有一个菱形的金鱼池，里面有许多红色的小金鱼，它们在清清的水里追逐着、嬉戏着。

◆ 周围是那么宁静，薄薄的晨雾如轻纱般笼罩着校园，雄伟壮观的教学楼隐没在淡淡的晨雾中，整个校园的黎明是那么温馨而美丽。

◆ 深秋的黄昏，我漫步在静静的校园，只见花儿凋谢了，树叶干枯了，光秃秃的树丫没精打采地垂在树干上，昔日绿茸茸的草地如今只是一片枯黄。

◆ 眼前是一片碧绿的草坪，足球场、篮球场、跑道、沙坑以及几栋红色的楼房，在明亮的阳光照耀下，组成了一幅色彩绚丽的图景。

◆ 校园北边是个大操场，每当下课时，大家就涌到操场上玩丢沙包、“老鹰抓小鸡”等游戏。

◆ 粉刷一新的教学大楼矗立在南侧，大楼下边是一个人工喷水池，清澈透明的泉水不时向四面八方喷洒，腾起一朵朵水花。

◆ 阳光透过树枝的空隙照在操场上，嗬！这儿真热闹！有的同学在跳绳，有的同学在踢毽子。瞧！那儿的拉拉队手舞足蹈，喊得多欢啊！哦，原来是在进行一场激烈的足球赛。花坛边，有个小女孩正在背诵英语单词，声声细语谱成了一支美妙而动听的乐曲。

◆ 那是一个夏日的中午，校园里静悄悄的，荷花池畔只有我一个人在散步。池中铺满了荷叶，一眼望去，满眼的碧绿，中间夹杂着星星点点的粉红，真是美不胜收。

◆ 那时正是荷花的生长旺季。校园池塘里的荷叶像一张张大大的草帽，它们一叶搭着一叶，连成了片，也遮住了水的墨绿。荷花都十分饱满，不管是含苞欲放的花蕾，还是开得正盛的花朵，都是那么风姿绰约。白色的、浅红的，大大小小的荷花点缀着一池荷叶，使那绿色更加动人了。

◆ 操场上，阳光普照着大地，温暖着刚刚吐绿的树木花草。整齐的广播操队伍、跑道上的单行纵队，还有道路旁、小树下、围墙边低声吟诵的单独活动者，到处一派生机，融在大自然的春光里。

◆ 雪后的校园又美丽，又欢乐。教室的屋顶上，雪姑娘大方地送给它一床厚厚的白棉被。教室的前面，一棵棵小松树上挂满了毛茸茸的雪球。微风吹过，树枝一颤一颤的，仿佛在向我们点头问好。操场上更美，柳树下的水泥乒乓球台，操场中央高大的篮球架，全都银装素裹。广阔的操场上，像是铺上了一个奇大无比的“席梦思”，白而轻软。

◆ 这里的草地上盛开着牵牛花，它每天迎着太阳吹响小喇叭；野朱槿像一个吃了辣椒被辣红了脸的小姑娘；三角梅也绽开了美丽的笑容；爬山虎顺着墙爬，整个墙都被占满了，满眼都是绿色。在这片绿色里，时而点缀着紫红色的牵牛花，真可谓：“万绿丛中点点红。”

◆ 校园一年四季各有特色。春天，迎春花开了，花坛里一片金黄，把百花唤醒，个个争艳，玉珠般的槐花、火红火红的石榴花，引来无数的蝴蝶、蜜蜂翩翩起舞；夏天，一串红竞相开放，红得如同奥运火把；秋天，菊花满园，五颜六色，如同一幅色彩斑斓的水彩画，石榴树上硕果累累，桂花十里飘香，似乎要把喜讯传送到四方；冬天，市花腊梅开了，黄的、红的、粉红的……顶风冒雪，不畏严寒，勇往直前。

◆ 听，教室里传出来了朗朗的读书声。同学们正在专心致志地朗读着，那声音整齐而嘹亮，抑扬顿挫，给春天增添了无限的色彩。小草听见了，长得更绿了；花儿听见了，开得更艳了；小树听见了，长得更茂盛了。这朗朗的读书声飞出了校园，传到正在播种的农民伯伯耳里，他们听着这熟悉的声音，望着被树木环抱的学校，若有所思地笑了。

◆ 树枝上的小鸟们在欢乐、兴奋地高歌，那歌声令人陶醉，令人心动，好像正在赞美着焕然一新的校园，为校园的变化而感到无比骄傲。四周的树木都争先恐后地长出了新枝绿叶，和煦的春风正在轻轻地抚摸着我的面庞。啊！大地万物都苏醒了，它们都在争着更换翠绿的新装，为大地描绘出更美丽的色彩！

◆ 傍晚，太阳下山的时候，金黄色的晚霞热情地为整个校园镀上了一层金色。忽然，几个耀眼的小红点映入我的眼帘。走近一看，原来是绿色丛中几朵含苞待放的小红花，正在向人们展示它那可爱的笑容；近旁有一丛迎春花，一朵朵金花争相怒放，开满枝头。在落日的余晖中，我深深地呼吸着春天的气息，陶醉在这美好的春色之中。

◆ 春天的校园，富有生机；夏天的校园，充满活力；秋天的校园，挂满笑意；冬天的校园则是另有一番情趣！看，校园四周梧桐树的叶子虽然落光了，只剩下树杈，可瞧着仍然十分威风。它们凝神伫立在寒风中，好像一位位坚守哨位的战士。

◆ 夏天，校园是一片浓绿。悬铃木伸出宽大的叶子，在校园上空撑开了一把巨伞，遮住了直射的太阳，整个校园绿阴阴的。抬头往上看，仿佛进入了神话世界；阳光透过茂密的叶片，变成了一片青雾，微风一吹，青雾缭绕，令人神清气爽，飘然欲飞。

◆ 欢迎在美丽的秋天来到我们的校园。此时，校园里有的树木的叶子变成了黄色，有的树木的叶子变成了红色，还有的树木的叶子变成了半黄半绿的颜色。它们经不住秋风的吹袭，从树上纷纷落下，像美丽的蝴蝶在校园里翩翩起舞。落在地上的树叶厚厚的，就像铺了一层美丽的地毯。你瞅那里，不怕寒冷的松柏和冬青依然那么葱郁。学校的花坛里，许多花已经凋谢了，只有那坚强的菊花正在努力绽放，开得茂盛。你看那黄色的菊花开得那么圆，像一个个黄色绣球，那叶子绿绿的，一点儿也不怕秋风的袭击。

◆ 沿着阶梯教室向前走，便来到了小鱼池。鱼池的水真清啊！清得可以看见小鱼儿在水中嬉戏。鱼池的水真绿啊！绿得仿佛那是一块无瑕的翡翠。水池上横卧着的“走廊”，犹如一条蛟龙盘卧在水上面。下课铃一响，“走廊”里顿时沸腾起来，同学们三个一堆、五个一群地聚在那里，有的一边谈天说笑，一边喂鱼、逗鱼儿；有的围坐在石桌边下棋；也有的安静地坐在石椅上看书、看报；还有的……

◆ 花园中最奇特的要数餐厅门前的那三株山茶树了：第一株山茶树上的花朵全开了，红红的一大片，再配上翠绿的叶子，真称得上是“绿树红花”；第二株山茶树上的花还没有完全开放，像一位位害羞的小姑娘；第三株山茶树还没有开花，不过已经长了许多白白胖胖的花骨朵儿。

【祖国雄伟之山】

◆ 一座座山峰好像一个个亭亭玉立的绿衣仙子，手拉着手站在那儿，笑着向游人致意。

◆ 山很博大，很有气魄，而山中的人很小，须仰视才能看到山顶。

◆ 瞧，那层层叠叠的山峰，像一把锋利的宝剑，高耸入云，直刺蓝天；那嶙峋的泰山石，有的突兀横生，有的陡峭林立，有的状如屏障……

◆ 我喜欢那山上挺拔笔直的松树，能印证它正直刚强的品格，让人敬仰；我喜欢那山上奇形怪状的石头，每一块都似精美的艺术品。

◆ 当你走进深山，会忘却人世间的一切喧嚣纷扰，惊叹于这天造地设的自然景观。

◆ 站在黄山脚下，凝神抬头远视，但见峰峦起伏，重叠环绕，山路蜿蜒深邃……漫山红叶，织就了深秋的彩锦。静立半坡，倚在古老的松下，只觉大自然造物博大，人是那样低矮渺小。

◆ 清晨，我们泛着竹筏畅游漓江。一路上只见漓江两边有数不尽的奇峰异岭，它们一座座拔地而起，各自独立，形态万千。在朝阳的衬托下，有的犹如一个巨人，威武雄壮；有的犹如一只手掌，撑起整个天空；有的犹如一轮明月，在天空半隐半现；有的犹如一根巨棒，直插在天地间。

◆ 忽见前方奇峰异峦在云雾中若隐若现，如仙女们秀颜上裹着轻纱，美极了！

◆ 石壁上的景色十分迷人，有的如猛虎下山，只见它高昂着头，张大了嘴巴，怒吼了一声；有的仿佛是蛟龙入海，气势庞大，活灵活现。

◆ 远望天山，那常年积雪、高插云霄的群峰，像集体起舞的维吾尔族少女的珠冠，银光闪闪；那富于色彩、连绵不断的山峦，像孔雀正在开屏，艳丽迷人。

◆ 山上怪石嶙峋，薄薄的云雾缭绕在连绵不断的山峰间，仿佛把我带入了童话中的仙境，令人心旷神怡。

◆ 站在峰顶，我举目四望，那云雾好似香炉中飘出的青烟，浓浓的，在我四周缭绕，包围着我，挥散不去。

◆ 下山时，我的眼前出现了一座高大挺拔的山，好似一把剪刀，这就是著名的剪刀峰。它又像一朵盛开的白玉兰，换一个角度，又变成了一根桅杆、一只狗熊、一只啄木鸟……

◆ 在这里环顾四周，但见莽莽苍苍，九华群峰犹如朵朵莲花在云海中若隐若现。

◆ 放眼望去，群山悠悠，云雾迷蒙，那青色的松柏、黄色的梧桐、淙淙的小溪构成了连绵不断的画卷，延伸到远方。

◆ 环顾四周，群峰兀立，怪石嶙峋，有的像骆驼，有的像狮子，有的像老人……形态各异。

◆ 仰望天台，峰顶云雾缭绕，山径蜿蜒曲折，像一条彩带从云间飘落下来。游人似一个个小白点，零零星星散布在彩带上，缓缓向上移动着。

◆ 天都峰似一堵巍峨的飞墙，直耸青山，山脊与天际相连，在皎洁的月光下勾勒出一组剪影，如骏马奋蹄奔驰，又似群仙欢聚，或立、或坐、或卧，好个超凡脱俗的人间盛会。

◆ 顺着蜿蜒曲折的山间小道缓缓前行，两旁密集挺拔的翠竹毫无顾忌地直入云霄，将整条山路遮挡得严严实实。

◆ 这座山虽然不高，只不过是一个小小的丘陵，可是怪石嶙峋，处处奇景。更加值得一提的是，这儿到处布满草木和青苔，全山上下一派碧绿，配着林立的奇石，活像一个天然的大盆景。

◆ 千山一年四季的景色都很美丽，春天的梨花、夏天的浓阴、秋天的红叶、冬天的银装素裹，没有一个季节不使人迷醉。

◆ 连绵不断的山脉上长着许多苍翠挺拔的大树，远远望去，像是给大山披上了一件绿衣裳。

◆ 红叶似火的香山，以它特有的风景吸引住了我。站在山下向山上一望，恰似一朵朵晚霞飘浮在山腰间，到处红艳艳一片。

【祖国秀丽湖泊】

◆ 西湖的水，碧蓝碧蓝的，比宝石还蓝，蓝中又带了点微微的绿色，美得那么纯净，让人一眼就喜欢上了它。

◆ 太湖的水真清啊，清得可以看见水里的小鱼、小虾在自由自在地游动。不远处，那一望无垠的湖面上，被大网分隔成了好几块，这大概是太湖蟹的养殖基地吧。

- 像宝镜一样的湖水映出了蓝天白云的倒影，映出了小草那绿油油的身影，映出了牛羊喝水的身影。
- 这一弯清澈的湖水，湖面水平如镜，倒映着蓝天白云、青山绿树，一切美不胜收，让人仿佛走进了画卷。
- 远远望去，湖水被天空映得碧蓝，衬着几座远近不同的青山，恰如一颗遗落在绿色丝绸之中的蓝宝石。荡舟湖上，不时地飘来几朵嫩白的小花，为这青山绿水作点缀。远山之间绕着雾丝，如同神秘的幻境。
- 千岛湖是一个美丽的湖泊，岛屿众多，星罗棋布，湖水碧波荡漾，既有太湖的烟波浩渺，也有西湖的乖巧灵韵。
- 走在石桥上，低头看平静的湖水，不由得大吃一惊。莲花湖的水真清啊！清得可以看见水里的小鱼。莲花湖的水真绿啊！绿得仿佛是一块无瑕的翡翠。莲花湖的水真静啊！静得让你感觉不到它在流动。
- 来到湖边，只见湖面波光粼粼，迎面而来的风带着初夏特有的气息，吹进人的心扉，令人神清气爽、心旷神怡。
- 风儿吹动湖面，湖水荡漾，闪着耀眼的光。抬眼望去，湖对面的摩天轮在腾起的水雾中显得朦朦胧胧。
- 清晨，湖面上弥漫着青烟似的薄雾，远处的青山若隐若现。
- 微风轻拂，湖水荡漾，在阳光里，闪耀着点点金光。
- 风儿轻拂，湖面上生出一圈又一圈的涟漪。叫不出名字的鸟儿在空中展翅飞舞，有些鸟儿会突然俯冲下来，点一点水，又飞上蓝天。
- 湖是活的，层层波浪随风而起，伴着跳跃的阳光，伴着我的心，在追逐，在嬉戏。
- 这湖水，乍看，犹似一潭诱人的陈酒，静静的、清盈盈的；细看，宛如一面翡翠宝镜，亮亮的、蓝湛湛的。
- 湖平似镜，那船桨激起涟漪，摇晃到不远的地方，也悄悄消失，湖面一抹而平。

- 这湖水是那样轻盈、那样透明，让你忍不住怀疑它是不是披着一层薄薄的绿纱，还是仙女无意间把绿色的夜明珠撒落在人间。
- 湖水碧绿，和煦的阳光照在湖面上，闪烁着碎金子似的光彩，好像无数条小金鱼在游动。
- 在柔柔的春风里，悠悠的蓝天下，我愿变成一颗水珠，永远徜徉在美丽的湖水里。

【波澜壮阔之海】

- 夜里的大海是安详的，波涛亲吻着海岸，发出轻微的“唰唰”声，白天那调皮的浪花早已不见，大概是已经安睡了吧。
- 夏日，阳光洒在静静的海面上，泛起点点金光，像一颗颗闪闪的星星，顽皮地向人们眨着眼睛。
- 海浪像一群顽皮的孩子，你追我一段，我追你一程，你推我一把，我踹你一脚……向海面望去，黑黢黢一片，只能看见一些萤火虫似的星星。
- 站在岸边的沙滩上，向远处望去，只看见白茫茫的一片。海水和天空合为一体，分不清哪是水哪是天。
- 海水涨潮了，海水中的波浪一个连着一个向岸边涌来。有的升上来，像一座座滚动的小山，有的撞在海边的礁石上，溅起好几米高的浪花，发出“哗哗哗”的声响。
- 海浪汹涌澎湃，掀起的浪花有一米多高，让人们既爱它又怕它，连大人们都站在海边，不敢靠近它，生怕被吞进大海。
- 海水波光粼粼，太阳照向大海，向大海撒下了数不清的碎金，无比美丽！
- 刚才还热闹非凡的海面一下子就变得安静起来，仿佛在积蓄力量，准备发起下一轮的冲击。
- 晚上的大海是深蓝色的，月光照在海面上，就像给大海披上了一层银纱。

◆ 这广阔无垠的天空和这浩瀚无垠的大海，完全被粉红色的霞光融合在一起了，分不清它们的界限，也看不见它们的轮廓，只感到一种柔和而明快的美。

◆ 每当火红的太阳露出水面，撒下金色的光辉时，大海就被染得一片金红，好像涂上了一层美丽的颜色。

◆ 我步行在沙滩上，脚下时不时传来“咯咯”的声音，猛然回头，背后留下了一串小脚印，突然，一排海浪冲来，小脚印顿时消失得无影无踪。

◆ 傍晚，夕阳落下，我站在海边，遥望着这如仙境般的美景。太阳的余光照射在海上，仿佛给大海披上了一层纱衣。

◆ 海水荡漾着翻起一个个浪花，慈母般地抚摸着柔和的沙滩。

◆ 大海似乎发怒了，像一双巨大的手，咆哮着拍打海面，卷起一排排浪花；又像万马奔腾，以迅雷不及掩耳之势冲上沙滩，沙滩一瞬间被海水吞没。

【镜头大片】

◆ 一片树林生长在海水之中。这片树林聚集了不同品种的红树科植物。它们或许是自然界最名不副实的树木，明明是绿色，却叫作红树林。红树林是最好的海岸卫士，当台风来袭，它们可以消解风浪的力量，从而保护身后的农田和村庄。（红树林）

◆ 天台山，唐代诗人心中圣地一样的地方。他们一次次来到这里，吟诵并流传下来了数百首关于天台山的诗歌。溪水经过数次跌宕，经年累月穿过这块巨大的石梁，石梁飞瀑几乎是每个诗人必到的地方。天台山有美景，有宗教，吸引着诗人们接踵而至，这里成为他们

向往的远方。（天台山）

◆ 舟山群岛，中国最大的群岛，1300多个岛屿汇聚在这里。距今1万多年前，这里还是起伏的滨海丘陵。随着海平面的上升，山峰成为一个个海岛。（舟山群岛）

◆ 九寨沟，因坐落在沟内的九个藏族村寨而得名。三条主沟，单程全长49公里，在这里，从色彩缤纷到银装素裹，常常只需转瞬之间。长达五公里，全靠融雪和降雨补给的长海，又被藏民称为永远装不满，永远漏不干的“宝葫芦”。（九寨沟）

◆ 金沙江是长江上游的干流，它在云南的旅程原本是一路向南，不料却遇上了大山挡道，让它不得不调转方向，做出一个超过100度的大拐弯。幸好有这个大拐弯，金沙江得以转而向着北方返回，否则它很有可能像怒江和澜沧江那样，流出国境，远走他乡。（金沙江）

◆ 太白山是秦岭的最高峰，这里曾经是一片冰封地带。它参与了12万年前的全球性冰川活动，当时的灾难让许多地区的生物大量死亡，但秦岭地区却幸运地保存了一些古老的物种。（太白山）

◆ 新疆的天格尔峰，海拔4562米，因为攀登难度较小，很多登山者的雪山之旅都从这里开始。（天格尔峰）

◆ 赛里木湖，是喜马拉雅造山运动的结果。当时众多山脉隆起，在高山之间形成了许多断陷的盆地。赛里木湖作为其中之一，逐渐演变成高山封闭湖。除了少量微生物，没有鱼类能在这里生存。后来人们在湖里成功投养了冷水鱼，鱼类的增多吸引来了鸟。它们追寻着食物的气息而来。（赛里木湖）

◆ 如果说冬天也有故乡，那么它回家的路一定会向北来到黑龙江。这是位于中国最北区域的一个村庄，虽然人们称呼它为“北极村”，但实际上它距离北极圈还有1500公里。拥有这个名字，或许是因为它契合了人们对北极的印象。这片区域是中国最寒冷的地方之一。（北极村）

- 鄱阳湖是我国四大淡水湖中容量最大的湖泊，它就像长江的肺叶，在枯水期为长江提供水量补给。当洪水到来时，鄱阳湖吸纳江河里多余的水，这么一吞一吐，帮助长江维持水势的相对稳定。洪水期，在鄱阳湖上，人们可以看到几座古建筑露出水面。枯水期，水位下降，湖底裸露，茫茫草原便出现了。（鄱阳湖）
- 东方明珠，是浦东资格最老的前卫建筑，它的本职工作是向全上海传播电视信号。建成时，它的高度在全球电视塔中排行第三。夜晚的东方明珠会变幻不同的色彩，蓝白灯光最为常见，粉色一般出现在节假日。北京奥运会期间，东方明珠亮起了国旗红。2015年，巴黎遭遇恐怖袭击，它则换上了法国国旗色，为巴黎默哀。东方明珠，呈现了一个有态度的上海。（东方明珠）

【古诗词里的景物】

- 天街小雨润如酥，草色遥看近却无。
- 胜日寻芳泗水滨，无边光景一时新。
- 等闲识得东风面，万紫千红总是春。
- 不知细叶谁裁出，二月春风似剪刀。
- 碧玉妆成一树高，万条垂下绿丝绦。

◆ 乱花渐欲迷人眼，浅草才能没马蹄。
◆ 几处早莺争暖树，谁家新燕啄春泥。
◆ 两个黄鹂鸣翠柳，一行白鹭上青天。
◆ 今夜偏知春气暖，虫声新透绿窗纱。
◆ 沉舟侧畔千帆过，病树前头万木春。
◆ 千里莺啼绿映红，水村山郭酒旗风。
◆ 竹外桃花三两枝，春江水暖鸭先知。
◆ 黄四娘家花满蹊，千朵万朵压枝低。
◆ 渭城朝雨浥轻尘，客舍青青柳色新。
◆ 春色满园关不住，一枝红杏出墙来。
◆ 日出江花红似火，春来江水绿如蓝。
◆ 小荷才露尖尖角，早有蜻蜓立上头。
◆ 接天莲叶无穷碧，映日荷花别样红。
◆ 水光潋滟晴方好，山色空蒙雨亦奇。
◆ 黄梅时节家家雨，青草池塘处处蛙。
◆ 绿阴不减来时路，添得黄鹂四五声。
◆ 黑云翻墨未遮山，白雨跳珠乱入船。
◆ 泉眼无声惜细流，树阴照水爱晴柔。
◆ 昼出耘田夜绩麻，村庄儿女各当家。
◆ 明月别枝惊鹊，清风半夜鸣蝉。
◆ 梅子黄时日日晴，小溪泛尽却山行。
◆ 荷叶罗裙一色裁，芙蓉向脸两边开。
◆ 小扇引微凉，悠悠夏日长。
◆ 绿遍山原白满川，子规声里雨如烟。
◆ 卷地风来忽吹散，望湖楼下水如天。
◆ 银烛秋光冷画屏，轻罗小扇扑流萤。
◆ 空山新雨后，天气晚来秋。
◆ 晴空一鹤排云上，便引诗情到碧霄。

◆ 风急天高猿啸哀，渚清沙白鸟飞回。
◆ 月落乌啼霜满天，江枫渔火对愁眠。
◆ 停车坐爱枫林晚，霜叶红于二月花。
◆ 秋风萧瑟天气凉，草木摇落露为霜。
◆ 最爱芦花经雨后，一蓬烟火饭鱼船。
◆ 满塘秋水碧泓澄，十亩菱花晚镜清。
◆ 枯藤老树昏鸦，小桥流水人家。
◆ 千里黄云白日曛，北风吹雁雪纷纷。
◆ 日暮苍山远，天寒白屋贫。
◆ 千山鸟飞绝，万径人踪灭。
◆ 墙角数枝梅，凌寒独自开。
◆ 忽如一夜春风来，千树万树梨花开。
◆ 窗含西岭千秋雪，门泊东吴万里船。
◆ 山回路转不见君，雪上空留马行处。
◆ 大雪压青松，青松挺且直。
◆ 前村深雪里，昨夜一枝开。
◆ 晨起开门雪满山，雪晴云淡日光寒。
◆ 北风卷地白草折，胡天八月即飞雪。

◆ 燕山雪花大如席，纷纷吹落轩辕台。
◆ 横看成岭侧成峰，远近高低各不同。
◆ 日照香炉生紫烟，遥看瀑布挂前川。
◆ 远上寒山石径斜，白云生处有人家。
◆ 遥看洞庭山水翠，白银盘里一青螺。
◆ 天门中断楚江开，碧水东流至此回。
◆ 两岸猿声啼不住，轻舟已过万重山。
◆ 孤帆远影碧空尽，唯见长江天际流。
◆ 相看两不厌，只有敬亭山。
◆ 两岸青山相对出，孤帆一片日边来。
◆ 白日依山尽，黄河入海流。
◆ 九曲黄河万里沙，浪淘风簸自天涯。
◆ 黄河远上白云间，一片孤城万仞山。
◆ 最爱湖东行不足，绿杨阴里白沙堤。
◆ 一道残阳铺水中，半江瑟瑟半江红。
◆ 无边落木萧萧下，不尽长江滚滚来。
◆ 毕竟西湖六月中，风光不与四时同。
◆ 金沙水拍云崖暖，大渡桥横铁索寒。

【古文里的风光】

时芳草鲜美，儿童放纸鸢（yuān）于村外；春花绚烂，妇女戏秋千于杏院。小姊（zǐ）妹或三三五五踏青陌（mò）上，寻芳水滨。桃红柳绿，日丽风和，一年节令，此为最佳时也。

——选自《春日寻芳》

译文：春天，绿草如茵。村外的草地上，孩子们正在放风筝；杏园里，处处开满了鲜花，有一群女子正在荡秋千。还有那外出游玩的，三个一群，五个一伙，走在青青的小路上，到水边去赏花。这个桃红柳绿、风和日丽的春天，正是一年之中，最美、最动人心

弦的好时光。

天公翦（jiǎn）水，宇宙飘花，品之，有四美焉：落地无声，静也；沾衣不染，洁也；高下平均，匀也；洞窗掩映，明也。宜长松修竹，老梅片石；怪石崚（léng）嶒（céng），深林窈（yǎo）窕（tiǎo）；寒江远浦，断岸小桥；古刹（chà）层峦，疏篱幽径；老叟（sǒu）披簑（suō）垂钓，骚人跨蹇（jiǎn）寻诗；小酌（zhuó）清谈，高楼长啸；船头茶灶飘烟，座上黛（dài）眉把盏，老僧对坐，韵士闲评；披鹤氅（chǎng），纵步园林；御貂（diāo）裘（qiú），登临山水。如此景况，何必峨嵋千尺？

——选自《闲赏·雪》

译文：天公挥动巨剪，宇宙瞬间处处飞花，细细品味，这雪花有四种美：悄然落地，寂静无声，这是静；轻轻沾衣，纤毫不染，这是洁；高下平均，不多不少，这是匀；茫茫一片，相互掩映，这是明。这时以雪为背景，再看那苍翠的松柏、修长的竹子、嶙峋怪石、傲雪寒梅，真是好景致！高山之上，悬崖壁立，深林之中，幽远深邃，又是一番好景象。在苍茫大江之上，寒气袅袅，配上起伏的堤岸和宁静的小桥，是一幅绝美画卷；在群山之中，古寺肃穆，小径幽幽，又是另一幅人间图画。老人披着蓑衣，独自垂钓，文人墨客骑着毛驴，踏雪寻诗。或者喝几杯酒，约三五好友闲谈，或者独据高楼，仰天长啸。寒江之上，有一小船，船头茶灶飘烟，船舱中有女子把酒，老僧对坐，韵士闲谈，这是何等雅事！披上鹤氅，去园林赏雪；穿上貂裘，流连于山水之间。如此美景，如此兴致，何必要去峨眉山！

第四章

新奇独特的物件

新奇独特的物件

- 题材
  - 植物
    - 奇花异果
    - 常见植物
    - 农作物
  - 动物
    - 实物
    - 动物园
    - 野生
  - 器物
    - 文具
    - 玩具
    - 用具
    - 科技产品
- 写法
  - 有中心
    - 情感
    - 感悟
  - 有重点
    - 描写
    - 事例
  - 抓特点
    - 外（形）
    - 内（习性、用途与作用）
  - 有条理
    - 顺序
    - 层次

一、题目库

1 可爱的动物

《骆驼》
《我那丑狗》
《小乌龟的趣事》
《恋狗千千结》
《我喜欢的一种动物》
《骄傲的小白兔》
《可爱的小狗》
《“大力士”小白兔》
《绿毛龟》
《歪尾巴的小金鱼》
《邻居家的小猫》
《大熊猫的自述》
《勇敢的小鲤鱼》
《百兽之王——虎》
《猫》
《猫的自述》
《我的宝贝》
《我的动物朋友》
《老母鸡》
《小鸭子》
《可爱的小乌龟》
《小龙虾》
《有趣的蜗牛》
《雪中的流浪猫》
《老家的看门狗》
《想做云的鱼》

2 有趣的植物

《咏梅》
《山菊花》
《牵牛花》
《树木——人类的忠实朋友》
《我爱荷花》
《咏竹》
《生如葱花》
《老丝瓜的故事》
《三月桃花》
《傲骨的秋菊》

《松树》
《我爱西红柿》
《桃花》
《我家门口的无花果树》
《迎春花》
《我爱梨花》
《吊兰》
《我爱竹子》
《自由的蒲公英》
《赞美竹子》
《松树赞》
《特别的银杏叶》
《桂花树》
《荷花赞》
《茶花》
《豌豆》
《我喜爱的水果》
《向日葵花开》
《牡丹花》
《文竹》
《柳树》
《那盆花的芬芳》
《我们学校的榕树》
《神奇的多肉》
《沙漠中的胡杨》
《我是一株含羞草》
《神奇的银杏叶》
《坚强的小草》
《校园的海棠花》
《枫叶林》

3 奇特的物品

《我的玩具车》
《变形金刚》
《我的小闹钟》
《电子狗》
《心爱的手枪》
《台灯》
《多功能书包》
《一串风铃》
《群猫图》
《眼镜》
《拼装玩具》
《毛绒玩具》
《小猪储蓄罐》
《机器小熊》
《我的陀螺》
《小橘灯》
《盲盒》
《我的八音盒》
《弥勒佛》
《火柴》

《快乐的乐器》
《我家的新烤箱》
《风车》
《待在角落的水桶》
《我的心爱之物》
《布娃娃》
《电话手表》
《音乐盒》
《手风琴》
《我的笔筒》
《溪边的水车》
《我的小水杯》
《你的样子真好看》
《我的恐龙枪》
《玩具警车》
《迷你公交车》
《我的书架》
《神奇收纳箱》

二、启示录

写物作文如何写得栩栩如生？

1 言之有情，言之有“悟”

有一天，我伏案写作时，它居然落到我的肩上。我手中的笔不觉停了，生怕惊跑它。待一会儿，扭头看，这小家伙竟趴在我的肩头睡着了，银灰色的眼睑盖住眸子，小红爪子刚好被胸脯上长长的绒毛盖住。我轻轻抬一抬肩，它没醒，睡得好熟！还咂咂嘴，难道在做梦？

我笔尖一动，流泻下一时的感受：

信赖，往往创造出美好的境界。

——选自《珍珠鸟》

点拨

“这小家伙竟趴在我的肩头睡着了。”一个“竟”字，写出了鸟异乎寻常的表现。接下来仔细描写了珍珠鸟熟睡的样子，令读者感到非常惊奇。再读到结尾作者的感悟时，就感觉顺理成章，这就是为表达中心思想蓄势。

启示

状物类的作文一定要有一个中心，就是你怎么看这个物，可以是一种情感，比如《猫》这篇文章；也可以是一种感悟，比如《珍珠鸟》这篇文章。有中心的状物文章，才是“言之有物”，否则写得再好，也只是漂亮的废话。

2 言之有“点”，言之有“性”

一身乌黑的羽毛，一对轻快有力的翅膀，加上剪刀似的尾巴，凑成了那样可爱的活泼的小燕子。

二三月的春日里，轻风微微地吹拂着，如毛的细雨由天上洒落着，千条万条的柔柳，红的白的黄的花，青的草，绿的叶，都像赶集似的聚拢来，形成了烂漫无比的春天。这时候，那些小燕子，那么伶俐可爱的小燕子，也由南方飞来，加入这光彩夺目的图画中，为春光平添了许多生趣。

——选自《燕子》

点拨

“乌黑的羽毛”“轻快有力的翅膀”“剪刀似的尾巴”三个短语写活了燕子的外形，画面感强，形象生动，不啰唆。

“那么伶俐可爱的小燕子，也由南方飞来，加入这光彩夺目的图画中，为春光平添了许多生趣。”这一句写出了燕子迁徙的习性。

启示

状物作文，抓住“物”的特点来写非常重要。特点包括外在的，如动物的外形、植物的样子、器物的形状等，还包括内在的，如动物的习性、植物的生长规律、器物的用途等。

3 言之有序，言之有理

那雪白的蓑毛，那全身的流线型结构，那铁色的长喙，那青色的脚，增之一分则嫌长，减之一分则嫌短，素之一忽则嫌白，黛之一忽则嫌黑。

在清水田里，时有一只两只白鹭站着钓鱼，整个的田便成了一幅嵌在玻璃框里的画。田的大小好像是有心人为白鹭设计的镜匣。

晴天的清晨，每每看见它孤独地站立于小树的绝顶，看来像是不安稳，而它却很悠然。这是别的鸟很难表现的一种嗜好。人们说它是在望哨，可它真是在望哨吗？

黄昏的空中偶见白鹭的低飞，更是乡居生活中的一种恩惠。那是清澄的形象化，而且具有生命了。

——选自《白鹭》

点拨

“那雪白的蓑毛，那全身的流线型结构，那铁色的长喙，那青色的脚，增之一分则嫌长，减之一分则嫌短，素之一忽则嫌白，黛之一忽则嫌黑”写出了白鹭的外形美。

“在清水田里，时有一只两只白鹭站着钓鱼，整个的田便成了一幅嵌在玻璃框里的画。田的大小好像是有心人为白鹭设计的镜匣”写静态美，白鹭融入了美丽的山水之间。

“晴天的清晨，每每看见它孤独地站立在小树的绝顶”“黄昏的空中偶见白鹭的低飞”，再写动态美，一个是清晨，一个是黄昏，写出了白鹭的生命之美。

启示

状物作文要有条理，有层次，就是要考虑好先说什么再说什么，方便读者更好地了解你所介绍的事物。

4 言之重点突出，言之主次分明

鹅的高傲，更表现在它的叫声、步态和吃相中。

鹅的叫声，音调严肃郑重，似厉声呵斥。它的旧主人告诉我：养鹅等于养狗，它也能看守门户。后来我看到果然如此：凡有生客进来，鹅必然厉声叫嚣；甚至篱笆外有人走路，它也要引吭大叫，不亚于狗的狂吠。

鹅的步态，更是傲慢了。大体上与鸭相似，但鸭的步调急速，有局促不安之相；鹅的步调从容，大模大样的，颇像京剧里的净角出场。它常傲然地站着，看见人走来也毫不相让；有时非但不让，竟伸过颈子来咬你一口。

——选自《白鹅》

点拨

“鹅的高傲，更表现在它的叫声、步态和吃相中。”“高傲”是特点，这个特点主要从叫声、步态和吃相三个方面来表现，这就是作者选择的重点。

“鹅的叫声，音调严肃郑重，似厉声呵斥”详写鹅的叫声。

“鹅的步态，更是傲慢了。”“更”字说明作者在写的时候是按照递进的层次安排的。

启示

状物作文跟其他类的作文一样，也要详略得当，详写重点部分。需要重点介绍的地方，一定要仔细描写，可以恰当地使用修辞手法，使描写更加形象。

5 言之有例，言之有据

渐渐它胆子大了，就落在我的书桌上。它先是离我较远，见我不去伤害它，便一点点挨近，然后蹦到我的杯子上，俯下头来喝茶，再偏过脸瞧瞧我的反应。我只是微微一笑，依旧写东西。它就放开胆子跑到稿纸上，绕着我的笔尖蹦来蹦去，跳动的小红爪子在纸上发出嚓嚓的响声。

——选自《珍珠鸟》

点拨

“渐渐它胆子大了”，胆子怎么大了？是怎样渐渐大了？这是读者的疑问，需要用事例来说明。

“放开胆子”写珍珠鸟对“我”放松了戒备，描写珍珠鸟“跑到稿纸上，绕着我的笔尖蹦来蹦去，跳动的小红爪子在纸上发出嚓嚓的响声”的落脚点就是“放开胆子”。

启示

状物作文也要有事例，用事例来介绍动物的习性、植物的特性、器物的特殊功能等。这样可以让读者印象更深刻。

三、素材帮

1 好词积累

【动物】

四蹄生风	活蹦乱跳	摇头晃脑	摇头摆尾	古灵精怪
生龙活虎	抓耳挠腮	憨态可掬	张牙舞爪	龇牙咧嘴
乖巧伶俐	顽皮好动	凶猛无比	血盆大口	炯炯有神
肥头大耳	娇小玲珑	活泼可爱	迎风飞舞	威风凛凛
古灵精怪	调皮捣蛋	惹人喜爱	生龙活虎	冰雪聪明
顽皮好动	天真无邪	活蹦乱跳	天真烂漫	小鸟依人
娇小玲珑	楚楚可怜	聪明伶俐	人见人爱	目露凶光

【植物】

姹紫嫣红	绿草如茵	郁郁葱葱	苍翠挺拔	亭亭玉立
山花烂漫	百花怒放	争奇斗艳	枝繁叶茂	枯树逢春
金枝玉叶	出水芙蓉	含苞欲放	岁寒松柏	万木争荣
根深叶茂	枝折花落	奇花异草	古木参天	花团锦簇
叶落归根	杂草丛生	草长莺飞	桃红柳绿	万木竞秀
芳草如茵	鸟语花香	春暖花开	翠色欲流	孤芳自赏
芬芳馥郁	国色天香	落英缤纷	沁人心脾	繁茂密实
层层叠叠	浓密疏淡	参天大树	铁树开花	欣欣向荣
千娇百态	婀娜多姿	暗香浮动	清丽隽永	春色满园
生气勃勃	晶莹剔透	密密匝匝	千娇百媚	生机盎然

芬芳扑鼻　昙花一现　色彩斑斓　蓊蓊郁郁　遮天蔽日

【器物】

造型美观　线条流畅　四脚朝天　乱七八糟　千姿百态
心仪已久　无处可逃　小心翼翼　五光十色　美中不足
精美图案　各种各样　迷迷糊糊　闪闪发亮　聚精会神
琳琅满目　不可枚举　栩栩如生　惹人喜爱　爱不释手
小巧玲珑　方方正正　朝夕相处　妙不可言　精雕细刻
精巧细密　造型生动　别具一格　别出心裁　亲手制作
姿态迷人　经济实用　形影不离　精致可爱　清凉爽快
凉爽宜人　舒服安逸　色彩逼真　众目共视　巧夺天工
独一无二　精妙绝伦　妙不可言　瑕不掩瑜　无价之宝
独具匠心　神来之笔　憨态可掬　活灵活现　惟妙惟肖

2 精彩开头

【开门见山式】这只“鱼王”来我家已经一年多了，是我家鱼缸里举足轻重的角色。

【提问式】它全身都是雪白的，毛茸茸的，两只大耳朵又长又大，两只眼睛好像两颗晶莹剔透的宝石，胡须长长的。它的尾巴像个小圆球，如果不仔细看，还以为它没有尾巴呢。你猜这是什么动物？

【对比式】有的人喜欢乖巧的猫，有的人喜欢可爱的白兔，有的人喜欢美丽的金鱼……而我，最喜欢的就是我家可爱的小狗。

【描写式】我很喜欢奶奶家那只每天都会“喔喔”叫的小公鸡。它的头上长着像火把一样的鸡冠，背上的羽毛深红闪亮，腹部的羽毛金黄金黄。一双透亮灵活的眼睛和一张尖尖的嘴，再配上引人注目的五颜六色的大尾巴，显得既美丽又威武。

【点明中心式】我家的鱼缸里养着一只小乌龟，因为它整天懒洋洋的，所以我给它起名叫“懒龟龟”。我很喜欢懒龟龟。

【引用式】“桃之夭夭，灼灼其华。”桃花在诗词里从来都是美的象征，它也确实如此。三月里于枝头绽放，它便明媚张扬，只看一眼就满眼的粉红，再也装不下别的颜色。它偏不自知，飞下枝头，牵着行人的衣角，徒惹相思。

【拟人式】最后一片叶子从树上跌落，冬天终于来了。杨树、柳树、桦树，几乎叫得出名字的树，都被冬的严酷征服了。只有松树，仍然保持着绿意，仍然挺拔屹立。

【比喻式】在我家客厅里，摆放着一盆很旺盛的绿萝。远远望去，它就像一道绿色的瀑布。每当我放学回家看见它时，心情总会变得无比愉悦。

【悬念式】星期天，爸爸从花卉市场买了一盆仙人掌回家。它真是难看至极，绿绿的“小巴掌”上长满了尖尖的小刺，让人望而生畏。我就纳闷儿，众多花草，爸爸怎么就选了它呢？

【解说式】“芝兰生于幽谷，不以无人而不芳。”兰花历来都是高洁典雅的象征，并且与梅、竹、菊并称为“花中四君子”。

【情景式】“夏日炎炎，岂不是享受水果大餐的最佳时机呢？……”看着电视节目中一盘盘鲜美明艳的水果沙拉，我不禁垂涎三尺。众多水果中，我只对樱桃情有独钟。

【自述式】我是一种水果，外形像火炬，颜色是粉红色的，人类给我取了一个非常有趣的名字——火龙果。我对这个名字很满意，确切地说是非常满意。所以，我决定用完美的味道和丰富的营养来回报人类。

【谜语式】“身穿一件黄衣裳，头戴一顶绿礼帽，又圆又胖营养好。”你猜到它是什么了吗？哈哈，它就是我的最爱之一——南瓜。

3 精彩结尾

【怀念式】后来，小白失踪了，我少了一个好朋友，我所生活的

院子也少了不少欢笑。我永远也忘不了小白这个既调皮又可爱的好朋友。

【总结式】小黄黄精致活泼，坚守职责，我们全家都很喜欢它。

【期待式】好久没有见到赛虎了。爸爸说下周带我去张爷爷家，这样我就又可以见到赛虎了。好期待呀！赛虎，等着我哦！

【赞叹式】这时，我才相信了爷爷的话。“乌龟出汗”果真是要下雨，大自然真是奇妙！

【揭秘式】这只气质高贵，骄傲得不可一世的“霸王猫”的克星竟然是小绵羊呀！

【升华主题式】作为“花中君子”，兰花果真不负盛名。我喜爱兰花，更使我沉迷的是蕴藏在兰花背后深厚的中国文化，它源远流长，博大精深。我愿做像兰花般的人，悄然绽放，也默默散发着清香。

【祝福式】蒲公英啊，飞吧，飞吧，飞到你想去的地方，在那里生根发芽；蒲公英啊，飞吧，飞吧，带着我的期待和幻想，飞到世界的每一个角落。

【议论式】银杏树经过一万年的磨砺，仍然屹立不倒，见证了历史的变迁，见证了人类一次又一次的蜕变。如今，它在我家落地生根，又将见证我的成长。我衷心希望，它能永远繁盛。

【引用式】“去年今日此门中，人面桃花相映红。”桃花因为诗人而有了诗意，有了淡淡的遗憾和惆怅。

【变换人称式】菊花啊，你用颜色点缀秋色，你用蓬勃的生命力抵挡着秋意。你奏响收获的序曲，让人们对秋天充满期待，然后功成身退，把喜悦、胜利、幸福留在人间。

【谈话式】这种糖醋桃是我们家乡的特产。亲爱的朋友，你一定会喜欢上这种桃子的，欢迎来到我的家乡尝一尝。

【联想赞美式】我赞美凌寒独自开的梅花，更赞美坚贞不屈、纯朴高洁的人。

【随想式】望着眼前这棵高大的无私奉献的梧桐树，我不禁想到：我什么时候也能像它一样呢？

【倡议式】“苦瓜歪歪”，你可一定要去尝尝哦！妈妈说，常吃苦瓜，可以消火，夏天不长痱子呢！

【直抒胸臆式】胡萝卜先生，我的最爱！

【点明中心式】我喜欢这个笔袋，它不仅是我最好的朋友，也是我最忠诚的伙伴，它就像一个勤勤恳恳的志愿者，默默无闻地帮助我。

【抒情式】我爱我的地球仪，它造型别致，让我的目光看得更高、更远；我爱我的地球仪，它让我感觉到，世界就在我的心中。

【排比式】你是空中最别致的一抹红，你是轻盈的，你是难以琢磨的，你就是我最爱的玩具——小鱼风筝。

4 佳句佳段

【动物——鸟类】

- 那只年轻的雌天鹅全身洁白，没有一根杂毛，脖颈细柔，弯曲扭动时自有一种迷人的风情；两只翅膀耸吊起来时，从翼根到翼尖的那道弧线显得特别优美。（天鹅）
- 小燕子又黑又亮的羽毛像抹了油，白肚皮就像是穿着一件白衬衣，红胸脯，黄嘴角，圆圆的眼睛不安地看着我。（小燕子）
- 鸽子脖子上的羽毛特别好看，亮晃晃的，好像能变换各种颜色，时而变成金黄色，时而变成翠绿色，时而又变成天蓝色。（鸽子）
- 这只犀牛鸟有着玛瑙般红色的眼睛，大大的眼圈是紫蓝色的，长着一张犀牛角状的大嘴，模样美丽而奇特。（犀牛鸟）
- 这家伙的嘴喙呈半透明琥珀色，脚杆是粉色的，翅膀上那层蛋黄的毫毛还未褪尽，一看就知道是一只初出茅庐的年轻雄鹰。（老鹰）

◆ 啄木鸟的舌头非常长，可以轻而易举地将藏在树皮中的虫子卷出来吃掉。啄木鸟的爪子前后各有两根脚趾，所以能紧紧地抓住树干。它的尾羽又硬又挺，能够支撑身体，防止打滑。（啄木鸟）

◆ 黄鹂的鸣叫声悦耳动听，在草木茂盛的夏天都能听到它们的叫声，清脆婉转，并时常变换腔调。（黄鹂）

◆ 那只跳下去练习飞行的小雏鸟在风力的托举下滑行了一小段距离，在空中划出了一道优美的弧线，并用肚子成功地着陆。虽然有一点惊险，但至少安全下来了。（小雏鸟）

◆ 这林子里的鸟什么颜色都有，什么声调都有。你听，高音的、中音的、粗嗓的、细嗓的，简直是各种流派的、各种声调的歌唱家，在这里举行着歌唱大比赛。（林中鸟）

◆ 一只翠鸟忽地从柳树间飞出，掠过水面往另一个树丛中去了，它那美丽的羽毛带走了众人的目光。（翠鸟）

◆ 雁群排成整整齐齐的人字形，目标一致地向前飞着，它们在天空嘹亮地叫着，好像在庄严地宣告：它们的队伍是整齐的，它们的目标是明确的。（大雁）

◆ 野鸭悠闲自在地浮着，一会儿跌入水底，一会儿又立在浪尖上，像孩子在打秋千。（野鸭）

【动物——陆生】

◆ 它全身的毛棕色和黄色相间，耳朵像两个小三角，虽然身子比较小，但是非常灵巧。对了，它的小尾巴可长了。（小猫）

◆ 它有一双葡萄似的大眼睛，大大的耳朵耷拉在小脑袋上，一身软软的灰色卷毛，还有四只粗粗的小短腿。（小狗）

◆ 它有两只尖尖的大耳朵，一遇到情况便警觉地竖着，平时则总爱懒洋洋地趴在地上打瞌睡。（小狗）

◆ 兔子的皮毛颜色不一，眼睛大多都是红色的，像一颗颗闪闪发光的红宝石。兔子的耳朵又大又长，只要听见一点儿轻微的声音，这双耳朵就会“唰”的一下竖起来，灵巧地四面转动，从而躲过天敌的追捕。从远处看，兔子好似一团毛茸茸的绒球，靠近一瞧，又恍若一个可爱的精灵。（兔子）

◆ 这只小猫身上的皮毛黑白相间，犹如雪白的棉花上不小心滴了几滴墨汁，又像裹着一件奶牛皮衣，有趣极了。（小猫）

◆ 小鸡披着一件鹅黄色的绒毛外套，光滑漂亮，让人一看就想伸手去摸一摸。（小鸡）

◆ 小狗长着两排洁白而又锋利的牙齿，长长的尾巴总是不停地摇摆着。（小狗）

◆ 猴子的脸总是红扑扑的，好像桃子一样；两只大眼睛闪着金光，总是骨碌骨碌地直转。（猴子）

◆ 大象皮厚毛少，皮肤几乎都裸露着，瓦灰瓦灰的。阳光下，它的身体轮廓分明，线条清晰。大象用鼻子捡起狒狒们扔下来的果实，然后用强有力的牙齿咬碎果实外壳，食用里面柔软的果实。（大象）

◆ 这头牛煞是威风：肩高足足有两米，耳大头大，背脊肌肉暴突，长长的尾端有一束长毛，像拂尘一样。（牛）

◆ 那圆圆的小脑袋上镶嵌着一双玲珑剔透的眼睛，尖尖的小嘴和小爪子非常可爱。（小鸡）

◆ 这只美洲豹足有五英尺多长，金黄的毛皮上有许多黛眉似的条纹，与腹部的白色毛皮形成极大的反差。（豹子）

◆ 骆驼是一种性格温驯的动物，因为能够适应沙漠环境，可以作为沙漠中的交通工具，所以被人类喻为“沙漠之舟”。它们满脸安详，半闭着大大的眼睛，伸着长脖子眺望远方。那大大的圆锥形的驼峰格外引人注目，粗壮的四肢支撑着庞大的身体，一切都显得那么稳重。（骆驼）

◆ 世界上的九种老虎中，有四种已经灭绝了。仅剩下的五种中，好几种的数量仅剩两位数了。目前，美洲虎、东北虎的踪迹还是可

以在森林中找到的，它们如往日一般威风。（老虎）

◆ 东北虎的毛色非常美丽，额前有一个“王”字形的斑纹，一身淡黄色的长毛上夹杂着黑色的条纹，显得十分漂亮；它那强健、粗壮的四肢和一对炯炯有神的眼睛，又使它看起来威风凛凛。（老虎）

◆ 一只雄壮的年轻雄狮正伏在地上准备捕食，它是一个优秀的捕食者，从小就是。不远处正在觅食的猎物警惕地环顾四周，雄狮缓慢爬行，接近目标……突然，它以惊人的爆发力猛然发起进攻并狠狠地咬断了对方的颈椎！这次狩猎，雄狮再次获得了成功。（狮子）

◆ 一群迁徙的非洲草原象正在河边喝水，它们中有许多小象，还有一只刚出生不久的雄性幼崽，正欢快地玩着自己还不会使用的鼻子。（大象）

【动物——水生】

◆ 小金鱼的眼睛大大的、圆圆的，像一对黑珍珠，身穿橙色的外衣，形状像橙色的火箭。它的嘴巴一张一合，就像没有牙齿的老奶奶吃东西，可爱极了。冬天的时候，它很少活动，静静地趴在缸底，仿佛水底放着一颗橙色的宝石。它一会儿在缸底转转，一会儿浮出水面偷偷地观察。（小金鱼）

◆ 这是一条个头很大的鲨鱼，身长约有10米，它斜向冲了过来，虎视眈眈，目露凶光，它那满嘴尖牙，可怕极了。（鲨鱼）

◆ 一条大鲨鱼混在鱼群中，贪婪地吞吃着小鱼，像一只狼冲进了羊

群，这家伙所到之处，立即混乱起来。（鲨鱼）

- 虎鲸的食谱相当丰富，其中之一就是鱼类。虎鲸捕鱼时，它们会先用超声波定位鱼群的大小和方向，等找到鱼群时就会发出分贝很低的声音。鱼群听到这种声音后，就会聚在一起。虎鲸就是利用鱼类的这一特性进行捕猎的。（虎鲸）
- 海马妈妈把卵产在了海马爸爸的腹囊中，经过一段时间，小宝宝就会从海马爸爸的育儿袋中生出来。海马爸爸的腹囊只是起到孵化器的作用，卵还是来源于海马妈妈。（海马）
- 蓝鲸是海洋中的几种大型动物之一。别看它个头大，性格可温顺呢。它属于须鲸属的一种，靠滤食法捕食。捕食的时候，它先猛吸一口，吸进很多水，再把水吐出来，通过滤板把那些小鱼小虾挡在嘴里。最后，那些小东西们只得乖乖当了蓝鲸的食物。这种捕食的方法真是“温文尔雅”。（蓝鲸）
- 抹香鲸体形巨大，属于齿鲸类，生性凶猛，是海中的“巨型搏斗王”。虽然它体形庞大，显得很笨拙，但是一旦发起威来，它的力量是很可怕的。（抹香鲸）
- 凤尾鱼瞪着双乌溜溜的眼睛，好奇地打量着这个神奇而美丽的世界。（凤尾鱼）
- 别看它样子笨拙，活动起来可灵活了。螃蟹是横着走路的，走起路来像个横冲直撞的醉汉，难怪有句歌谣“横冲直撞真糟糕”呢！那些家伙还做起了自己的“热身运动”。有的竟当起了“运动员”，学起了“举重”，大钳子一张一合。它们的运动“神经”可真够活跃的。（螃蟹）

【植物】

- 在娇嫩的绿叶中，一簇簇洁白如玉、薄如轻纱的海棠花盛开了。花儿们挨挨挤挤、密密层层，开满了枝头。（海棠花）
- 山茶花红的像一团烈焰，粉的如同天上的彩霞，白的像冬日里那

鹅毛般的大雪。（山茶花）

◆ 梅花千姿百态，婀娜多姿，它们有的含苞待放，还是花骨朵儿；有的呈半开状态，给人犹抱琵琶半遮面的感觉；还有的已经完全绽放了，就像一位美丽的女子在对你微笑呢！（梅花）

◆ 远远望去，油菜花田就像一片金色的海洋，我再走近一点看，油菜花又像一个个金黄的小球。（油菜花）

◆ 玉兰花的花瓣像一只只弯弯的小船，摸上去如丝绒一样光滑。（玉兰花）

◆ 菊花的花瓣一条条垂荡下来，一层一层，都向里卷曲着，看上去有点儿像翻滚的金色浪花。（菊花）

◆ 杯口粗细的茎秆上顶着一个金灿灿、沉甸甸的大花盘，在肥大的葵叶衬托下，真有气魄，真威风呀，这就是向日葵。（向日葵）

◆ 一阵幽香扑鼻而来，这是藤萝架下盛开的藤萝花，翠绿的树叶与鲜艳的紫藤萝花交相辉映，十分美丽。（藤萝花）

◆ 莲叶上的水珠滚来滚去，熠熠生辉，如断线的珍珠。花苞上清水滴滴，乍开的白莲出脱得更加晶莹可爱。（莲花）

◆ 太阳花的颜色多种多样，有红色、橙色、蓝色、黄色、白色等。它的花瓣远看像人的一头卷发，近看像一团绽放的烟花。太阳花一见阳光就争先恐后地开放，每朵太阳花都有五片花瓣。它的叶子是细圆柱形的，几片叶子组合在一起像一只振翅欲飞的蝴蝶。（太阳花）

◆ 芦花开的时候，远远望去，碧绿的芦苇上像盖了一层厚厚的白雪。风一吹，鹅毛般的苇絮就飘飘悠悠地飞了起来，把周围的几十家小房屋都罩在柔软的芦花里。（芦花）

◆ 桃园里，粉嫩嫩的桃花层层叠叠，它们有的才展开两三片花瓣，像美丽的姑娘眯着眼在沉思；有的已经全部盛开，散发出阵阵迷人的清香；有的还是花骨朵儿，像可爱的小宝宝睡在舒适的摇篮里。（桃花）

◆ 它长得很快，藤蔓绕着栏杆努力地向上爬。渐渐地，它长出了绿绿的叶子，茂盛极了。后来有一天，小小的花骨朵儿冒了出来，渐渐开出了喇叭似的花，花是淡蓝色的，美丽极了！（牵牛花）

◆ 它的叶子是椭圆形的，有墨绿色的，有嫩绿色的，摸上去滑溜溜的。中秋前后，桂花盛开了，嫩黄的小花一簇一簇地躲在树叶中，有的仰着小脸，有的张着小嘴，尽情地向世界奉献清香。（桂花）

◆ 那架子上挂满了秋黄瓜，一个个长着刺儿，顶着黄花儿，粘着露珠儿，被艳红的霞光一照，显得格外水灵。（黄瓜）

◆ 南瓜的形状十分奇特，有的像轮胎，有的像灯泡。（南瓜）

◆ 梧桐树开始冒出许多棕黄色的芽苞，大的像龙眼，小的像黄豆。（梧桐树）

◆ 在美丽的校园里有一位快满一百岁的“老爷爷”。自从学校建立以来，他就一直像一个士兵一样矗立在那儿。要问他是谁？他就是四季松。（松树）

◆ 竹的干，是笔直的，当然也有略弯的。干，是空心的，轻轻敲打，会发出清脆而深沉的声音。竹的干，很青，青得纯；很清，清得亮。竹的干，是一节连着一节的，有点像甘蔗，但甘蔗不能与它相提并论。（竹子）

◆ 一阵秋风迎面吹来，中间还夹杂着一股花的清香。香气绵延，让我感到一种心灵的洗涤，一种精神的沐浴。我环望四周，想找出花的源头，原来那里正盛开着漫山遍野的小雏菊。（雏菊）

◆ 一朵朵小喇叭在那绿叶中开放，层层叠叠，红的、紫的、白的、蓝的，简直就是掩映在浓密绿叶丛中的彩色乐队。我喜欢牵牛花，更喜欢它不断向上攀登的精神。（牵牛花）

◆ 梅花很好看。从远处看，梅花就像一颗颗美丽的粉水晶；从近处看，它是一张张甜甜的笑脸。（梅花）

◆ 仙人球的身上长着密密麻麻的刺，那刺真锋利！如果你认为仙人球的刺并不尖锐，那可就大错特错了！不信你用手去碰一下，保

证你会急忙收回来！（仙人球）

◆ 淅沥沥的春雨下过，桃花上挂着雨珠，就好似大哭过的娃娃脸上的泪珠，十分可爱。（桃花）

◆ 荷花，它没有桂花那样香气扑鼻，没有牡丹那样艳丽芬芳，也没有桃花那样婀娜多姿。但是，她“出淤泥而不染，濯清涟而不妖”的高洁品质却让我尤为喜爱。（荷花）

◆ 落叶，有的像只船正乘风行驶，有的像杂技演员翻着跟头落下，有的像滑翔机平平地兜着圈子盘旋而下。（落叶）

◆ 樱花园内春风徐徐，落英缤纷，谢落的花瓣随风飘扬，像是翩翩起舞的蝴蝶，又似天女撒下的仙花。（樱花）

◆ 雨后的白莲却另有一种风采。莲叶上水珠滚来滚去，闪闪熠熠，如断线的珍珠。苞子上清水滴滴，乍开的白莲，更出脱得晶莹可爱，光明似月。（荷花）

◆ 到了秋天，向日葵黄色的花瓣凋谢了，叶子变黄了，但花盘里的花蕊却结出了果实，葵花籽挤挤挨挨的，热闹极了。（向日葵）

【器物】

◆ 跑车全身金灿灿的，造型美观，线条流畅，看上去特别酷的样子，我赶紧爱不释手地抱回了家。（玩具车）

◆ 自从小闹钟和我结成了亲密的小伙伴，懒觉再也不会来缠我了。（小闹钟）

◆ 我有一支心爱的钢笔，它像一个威武的将军，头上戴着金色的头盔，身上穿着金色的铠甲。摘掉“帽子”，就露出它的武器：尖尖的笔芯和圆滚滚的墨囊。（钢笔）

◆ 我有一个可爱的小猪储蓄罐。这只小猪储钱罐十分惹人喜爱，我给它取名叫“嘟嘟”。自从有了这个储蓄罐，我都会将零用钱都节省下来换成硬币装进储蓄罐。（储蓄罐）

◆ 电子小狗的本领真多，不仅会叫，会走路，还会后空翻呢！（电

子狗）

◆ 顽皮可爱的小狗、千姿百态的多肉、呆萌可爱的毛绒玩具，都令我心动，但我最钟爱的还是我的盲盒玩具。（盲盒玩具）

◆ 眼镜家族的成员很多，具体数字我已经记不清楚了。也正因为成员太多，我们这个大家族又被分成了几个小家族，如：近视眼镜家族、远视眼睛家族、太阳眼镜家族、变色眼镜家族……（眼镜）

◆ 我家小客厅的墙上挂着一幅《群猫图》，图画上有八只小猫正活动在一个花篮的四周，它们的神态、动作各不相同，看起来妙趣横生。（群猫图）

◆ 那串风铃漂亮而且别致。它是由不同的“铃”组合而成的：一种是塑料的“花铃”，而另一种则是金黄色的铁铃。（风铃）

◆ 我终于知道八音盒是怎样发出美妙音乐的了。小小的八音盒真是太神奇了！我把它捧在手里反复地看着，快到吃午饭的时候，才恋恋不舍地把它放回我的钢琴上，让它继续唱着美妙的音乐。（八音盒）

◆ 地球仪是由球体、地轴和底座组成的。它的球体有一个小皮球那么大，球面上的图形标示着世界各国在地球上所处的位置，以及海洋、河流、平原、山脉、沙漠的分布情况。（地球仪）

◆ 我的好伙伴钢笔，头戴金黄的帽子，身穿红艳艳的外衣，尖尖的小嘴常流“口水”。它对我的帮助可大了！（钢笔）

◆ 铅笔的外观基本上是圆柱形，可铅芯却不尽相同，有的铅芯细，有的铅芯粗，有的铅芯硬，有的铅芯软，这是因为它们的用途不一样，有的是用来做木工活儿的，有的是用来画画的，有的是用来写字的。（铅笔）

◆ 毛笔的笔头就是一些毛，呈圆锥形，总体上看去就像一杆倒提的红缨枪。（毛笔）

◆ 每当夕阳西下，暮色悄悄降临的时候，我就打开小台灯，在明亮的灯光下学习。这盏小台灯已经陪伴我走过了三年的时光。我喜

爱我的小台灯。（台灯）

◆ 不倒翁呀不倒翁，我喜欢你那逗人发笑的模样，更喜欢你那不屈不挠的品格。（不倒翁）

◆ 日积月累，我收集的橡皮可多了，有长的、圆的、方的、菱形的、三角形的……白色的、粉红色的、绿色的、彩条的……它们各具特色，使我爱不释手。（橡皮）

◆ 圆规的上面有一根起固定作用的短而圆的柱子，下面是两条“长腿”，尖尖的“脚”上下比例失调。若真有这样的人，必定可以称为世界奇人。（圆规）

◆ 这只小熊胳膊胖胖的，腿又短又粗，毛茸茸的，真可爱。小熊那又黑又亮的圆眼睛下面长着一个三角鼻子，鼻子上有两个黑黑的鼻孔，像两颗豆子，滑稽得很。（玩具熊）

◆ 在我的书桌上，有两匹“奔马”，两匹马在一个底座上，其中一匹马白得像雪，另一匹马黑里透青，两匹马呈奔跑之势。（玩具马）

◆ 苍穹下，一只只风筝飘荡在云端，一条条银线纵横于蓝天！成对嬉戏的彩燕，展翅翱翔的雄鹰，翻飞追逐的蝴蝶，栩栩如生的哪吒闹海，神态逼真的梁山好汉，楚楚动人的嫦娥奔月，活灵活现的齐天大圣……（风筝）

◆ 我最喜欢那张漓江月夜的邮票了。在这张小小的邮票上，可以欣赏到祖国美丽的河山。看到这张邮票，我更爱我们伟大的祖国。（邮票）

◆ 这辆小汽车是用塑料做成的。它的外壳是红色的，车身有7个天蓝色的窗口。小汽车的底部和轮子是黑色的，共有4个轮子，后轮大，前轮小。小汽车的尾部还有4个尾灯，每边两个，看起来很讨人喜欢。（玩具车）

◆ 我有一个好朋友——镜子。它每天都督促我把红领巾系好，把衣服穿整齐，我非常感谢它。（镜子）

◆ 我非常珍爱我的扇子，把它视为掌上明珠，因为在炎热的夏天，

是它给我带来凉爽并给人以美的享受。（扇子）

◆ 我的那辆新自行车真漂亮：车身乌黑闪亮；轮圈、车条明晃晃，耀人眼目。蹬一蹬，一个劲儿地向前蹿，轻松而又飞快。（自行车）

◆ 我最心爱的是这架珍贵的天文望远镜。它给我装上了“千里眼”，使我懂得了更多的知识，给了我欢乐和美好的理想。（望远镜）

◆ 一次期末考试，我考得很差。回到家里，趴在书桌上，我难过得直掉眼泪。这时，我看到笔筒静静地站在桌上，似乎在鼓励我：“别害怕失败，要勇敢地面对困难与挫折，快从我这里拿起笔去解决困难。”我深受鼓舞，擦干眼泪，拿起笔，把错题认真地做了一遍，沮丧的心情随之烟消云散了。（笔筒）

◆ 水车的样子非常有趣，远远望去就像一个大车轮，中间分成一格一格的。走近一看，水车大概有十多米高，在“大轮子”的中间是一根五米长、半米粗的车轴，这个车轴支撑着二十多根木头横条，样子就像太阳光线一样以放射状向四周展开。每根横条的顶端都有一组叫作刮板和水斗的东西，刮板用来传导水的推力，水斗用来装水。（水车）

◆ 在接通电源的一刹那，我惊喜地发现，烤箱里面还有一盏灯亮着，透过玻璃门，烤箱里面的情况看得一清二楚。（烤箱）

◆ 这个文具盒的底色是鲜红色的，在视觉上给人一种美的享受，让人觉得无比鲜艳靓丽。在文具盒的盒盖正中央，有一幅可爱的图画。（文具盒）

◆ 我的书包像个“大宅院”，共有五个“房间”。中间是个“大书房”，各种书本会在这里开大会。在“大书房”的前后，又有两个“小书房”，各种各样的练习本便会在这里聚会。（书包）

◆ 它头小身子大，像个葫芦，两头红红的，中间蓝蓝的。它的脸白白的，鼻子红红的，嘴巴大大的，还戴着一顶飞碟似的小帽子。真像马戏团的小丑！这个玩具最有趣的地方，就是无论你怎样碰它，它都不会倒下。（不倒翁）

◆ 虽然我的赛车没有真正的F1赛车那么强大，但却是我心中的最爱。它的车顶和前面两个轮胎都能自由转动，四个水晶似的车轮亮晶晶的。驾驶舱内一共有两个座位，还有两个全身武装的赛车手，酷似真的赛车呢！（玩具车）

◆《三国演义》这本书的书皮是亮棕色的，封面上有一幅栩栩如生的图片和四个金色大字——三国演义。《三国演义》带给我喜怒哀乐，教给我众多为人处事的道理。每当我闲暇时，便会捧起它津津有味地读起来。（书本）

◆ 小台灯每天陪伴着我学习，从夜幕降临，华灯初上到夜深人静，它一直默默地给我照亮，我早已习惯了它的陪伴。（小台灯）

◆ 那里的人民能歌善舞。每逢节日，男女老少都精神焕发，尤其引人注目的是那顶珠光宝气的小花帽。做小花帽的主要原料是丝线、金丝绒、珍珠和彩片等。民间艺人们用灵巧的双手一针一线地缝制着精美别致的小花帽。（小花帽）

【古文里的状物】

舟首尾长约八分有奇（jī），高可二黍（shǔ）许。中轩敞者为舱，箬（ruò）篷覆之。旁开小窗，左右各四，共八扇。启窗而观，雕栏相望焉。闭之，则右刻“山高月小，水落石出”，左刻“清风徐来，水波不兴”，石青糁（sǎn）之。

——选自《核舟记》

译文：船头到船尾大约长八分多一点，大约有两个黄米粒那么高。中间高起而开敞的部分是船舱，用箬竹叶做的船篷覆盖着它。旁边有小窗，左右各四扇，一共八扇。打开窗户来看，雕刻着花纹的栏杆左右相对。关上窗户，就能看到右边刻着“山高月小，水落石出”八个字，左边刻着“清风徐来，水波不兴”八个字，用石青涂在刻着字的凹处。

钱氏据两浙时，于杭州梵天寺建一木塔，方两三级，钱帅登之，患其塔动。匠师云：“未布瓦，上轻，故如此。”乃以瓦布之，而动如初。无可奈何，密使其妻见喻皓之妻，赂（lù）以金钗，问塔动之因。皓笑曰：“此易耳。但逐层布板讫（qì），便实钉之，则不动矣。”匠师如其言，塔遂定。盖钉板上下弥束，六幕相联如胠（qū）箧（qiè）。人履其板，六幕相持，自不能动。人皆伏其精练。

——《梦溪笔谈·梵天寺木塔》

译文：钱氏占据两浙时，在杭州梵天寺修建了一座木塔，才建了两三级，钱帅登上去，担心塔在晃动。工匠说：“没布上瓦，上面太轻，所以会这样。”于是把瓦布上，但晃动如初。无可奈何，私下派自己的妻子去见喻皓的妻子，拿金钗送给她，问塔晃动的原因。喻皓笑着说：“这个简单。只要每层搭上木板时，都用钉子钉牢，就不动了。”工匠依照他说的去做，塔便稳固了。这是因为钉板上下支撑约束，六面相连像是箱子。人走在木板上，六面互相支撑，自然就不晃动了。人们都佩服喻皓的办法精简干练。

第五章

天马行空的想象

- 想象作文
  - 类型
    - 童话
      - 儿童视角
      - 美好结局
    - 寓言
      - 短小
      - 说理
    - 未来
      - 变化
      - 场景
    - 科幻
      - 科学
      - 畅想
    - 漫画
      - 看图
      - 脑补
      - 合理
  - 写法
    - 主题
      - 体悟
      - 道理
    - 找重点
      - 细节
      - 详略
    - 故事
      - 完整
      - 合乎要求
      - 可能发生

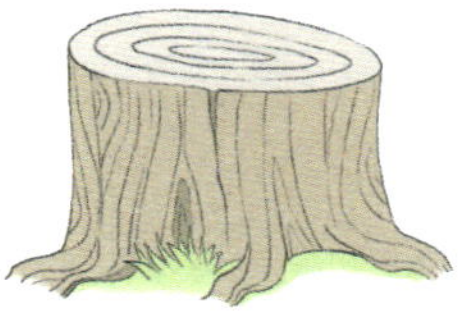

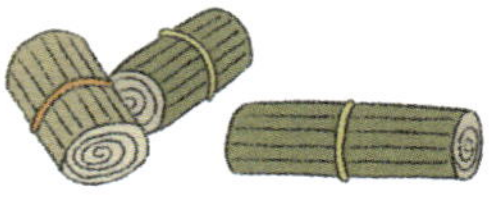

一、题目库

1 童话寓言

《动物王国》
《狗乐园》
《小雪人》
《可爱的木偶》
《守塔的人》
《骑着小鸟去旅行》
《经纪人小熊》
《会唱歌的玫瑰》
《米老鼠改行记》
《热心的蚂蚁》
《眼镜找朋友》
《动物职业介绍所》
《一只小青果的梦想》
《魔法师》
《骄傲的驴》
《美妙的歌声》
《五个指头的对话》
《兔子的画笔》
《听懂兽语的人》
《可怕的怪兽》
《动物小学》
《可怕的河》
《猫国》
《我成了巨人》
《塔尖上的小男孩》
《逃离大森林》
《太阳上的人》
《森林才艺比赛》
《小王子》
《唐老鸭望子成“鹅”》
《梅花诉苦》
《风的女儿》
《小猪出嫁》
《童话城堡》
《彩虹与草》
《选万兽之王》
《宇宙评论日》
《孤独的公主》
《蚂蚁教授》
《终生不笑的人》

2 神奇科幻

《小孩子的星球》
《克隆地球》
《移动城堡》
《克隆蝴蝶》
《奇怪的手》
《动物能说话》
《人工智能，星际时代》
《机械装甲》
《二维空间》
《创意世界》
《星空走廊》
《长翅膀的人类》
《感受科幻》
《万能的机器人》
《智能机器人》
《星空》
《百变书》
《飞房》
《超能桌子》
《克隆人》
《超能门》
《魔法世界》
《地球推进器》
《星球大战》
《四维空间》
《黑洞里的世界》
《消失术》
《闪电小鸟》
《万能的书包》
《多功能家具》
《穿梭车》
《飞船》

3 未来世界

《穿越时光》
《未来的衣服》
《未来的我们》
《未来的地球》
《去到未来》
《未来悬空房》
《瞧，他多专注》
《2050年的今天》
《时空隧道》
《未来的汽车》
《未来的校园》
《未来的海》
《未来的语言》
《二十年后的母校》
《二十二世纪畅想曲》
《我的博士生活》

二、启示录

想象作文如何神奇有趣?

1 中心思想明确

鹿不敢犹豫，撒开长腿就跑。有力的长腿在灌木丛中蹦来跳去，不一会儿，就把凶猛的狮子远远地甩在了后面。就在狮子灰心丧气不想再追的时候，鹿的角却被树枝挂住了。狮子赶紧抓住这个机会，猛扑过来。眼看就要追上了，鹿用尽全身力气，使劲一扯，才把两只角从树枝中挣脱出来，然后又拼命向前奔去。这次，狮子再也没有追上。

鹿跑到一条小溪边，停下脚步，一边喘气，一边休息。他叹了口气，说:“两只美丽的角差点儿送了我的命，可四条难看的腿却让我狮口逃生！”

——选自《鹿角和鹿腿》

点拨

“鹿不敢犹豫，撒开长腿就跑。有力的长腿在灌木丛中蹦来跳去，不一会儿，就把凶猛的狮子远远地甩在了后面。”这一刻，难看的长腿变成了有力的长腿，助力鹿狮口逃生。这说明，每一个事物都具有两面性，有优点也伴随着缺点。

“两只美丽的角差点儿送了我的命，可四条难看的腿却让我狮口逃生！”这就是作者的体悟，不过是借着鹿的口说出来了，你听懂了吗?

启示

在想象类的作文中，我们可以天马行空地大胆想象，不过一定要围绕一个中心意思来表达，因为写文章是要表达想法的，我们要表达的想法就是中心思想。中心观点可以直接表达出来，也可以借故事情节让读者去体味。

2 故事完整具体

一只乌鸦口渴了，它在低空盘旋着找水喝。找了很久，它才发现不远处有一个水瓶，便高兴地飞了过去，稳稳地停在水瓶口，准备痛快地喝水。可是，水瓶里的水太少了，瓶口又小，瓶颈又长，乌鸦的嘴无论如何也够不着水。这可怎么办呢？

乌鸦想，把水瓶撞倒，就可以喝到水了。于是，它从高空往下冲，猛烈撞击水瓶。可是水瓶太重了，乌鸦用尽全身的力气，水瓶仍然纹丝不动。

乌鸦一气之下，从不远处叼来一块石子，朝着水瓶砸下去。它本想把水瓶砸坏之后饮水，没想到石子不偏不倚，“扑通”一声正好落进了水瓶。

乌鸦飞下去，看到水瓶一点儿都没破。细心的乌鸦发现，石子沉入瓶底，里面的水好像比原来高了一些。

“有办法了，这下我能喝到水了。”乌鸦非常高兴，它“哇哇”大叫着开始行动起来。它叼来许多石子，把它们一块一块地投到水瓶里。随着石子的增多，水瓶里的水也一点儿一点儿地慢慢向上升……

终于，水瓶里的水快升到瓶口了，乌鸦总算可以喝到水了。它站在水瓶口，喝着甘甜可口的水，心里是那么痛快、舒畅。

——选自《乌鸦喝水》

点拨

“一只乌鸦口渴了，它在低空盘旋着找水喝”交代了故事的主角以及起因。

“可是，水瓶里水太少了，瓶口又小，瓶颈又长，乌鸦的嘴无论如何也够不着水。这可怎么办呢？”通过设置困难，推动情节发展。

“可是水瓶太重了，乌鸦用尽全身的力气，水瓶仍然纹丝不动。”乌鸦再一次失败。既然失败了，那就要想新的办法，情节有波折的故事才精彩。

“乌鸦一气之下，从不远处叼来一块石子，朝着水瓶砸下去。”无心插柳，“一气之下”这一心理描写非常真实。

“细心的乌鸦发现，石子沉入瓶底，里面的水好像比原来高了一些。”乌鸦沉下心来，深入思考，发现了解决问题的办法。

启示

想象作文不能是空想作文，一定要有完整的故事，具体的情节。故事完整，读者才看得明白；情节具体，读者才会有身临其境的感觉。

3 想象合理恰当

池塘里有一群小蝌蚪，大大的脑袋，黑灰色的身子，甩着长长的尾巴，快活地游来游去。

小蝌蚪游哇游，过了几天，长出了两条后腿。他们看见鲤鱼妈妈在教小鲤鱼捕食，就迎上去，问：“鲤鱼阿姨，我们的妈妈在哪里？”鲤鱼妈妈说：“你们的妈妈四条腿，宽嘴巴。你们到那边去找吧！”

——选自《小蝌蚪找妈妈》

点拨

“小蝌蚪游哇游，过了几天，长出了两条后腿。”为什么要在长出两条腿后再去找妈妈呢？文章的目的是要展示小蝌蚪成长的过程，长出两条腿是它成长的开始。

启示

无论多么奇特的想象，都可以写出来，但是切记对于所想象的事，我们一定要给出一个合理的解释，这样故事情节就会发展得更加自然。

4 情节重点突出

有一天，巨人回来了。之前，他离家去看朋友，在那里一住就是七年。现在他回到家，看见孩子们正在花园里玩。

“你们在这儿做什么？”他叱责道。孩子们吓得跑开了。

“我自己的花园就是我自己的花园，”巨人自言自语道，“这是随便什么人都懂得的。除了我自己以外，我不允许任何人在里面玩。”于是他在花园的四周砌了一道高墙，挂出一块布告牌：

禁止入内

违者重惩

……

春天来了，乡下到处开着小花，到处有小鸟歌唱。单单在巨人的花园里，仍旧是冬天的景象。小鸟不肯在他的花园里唱歌，因为那里没有孩子们的踪迹；桃树也忘了开花；偶尔有一朵美丽的花从草丛中伸出头来，可是一看见那块布告牌，就马上缩回到地里睡觉去了。高兴的只有雪和霜两位。他们嚷道：“春天把这个花园忘记了，我们一年到头都可以住在这儿啦！”雪用他的白色大衣覆盖着青草，霜把所有的树枝涂成了银色。他们还请来北风同住。北风身上裹着皮衣，整天在花园里呼啸着。他说：“这是个好地方，我们一定要请雹来玩一玩。”于是雹也来了。他每天总要在屋顶上闹三个钟头，然后又在花园里绕着圈子用力跑。

“我不懂为什么春天来得这样迟，”巨人坐在窗前，望着窗外那凄凉的花园，“我盼望天气快点儿变好。”

——选自《巨人的花园》

点拨

“孩子们吓得跑开了。”孩子们是怎么跑的？为什么作者不写得仔细一点？因为这跟中心思想无关，跟主要情节无关，可以略写。

“‘我不懂为什么春天来得这样迟，’巨人坐在窗前，望着窗外那凄凉的花园，‘我盼望天气快点儿变好。’”这是对巨人的动作和心理描写，写得非常具体，为什么这里要详细描写呢？因为这跟中心思想有关，是主要情节，所以要详写。

启示

讲故事一定要有重点，重点就是跟中心思想相关的情节。重要情节中，跟故事发展相关的细节，也需要详细地写。其他的部分，关联性不强的应该略写，没有关联的就不写。

5 细节生动细致

春天又来了。原野上、森林里的雪都融化了。鸟儿又回到这里，找她的好朋友树来了。

可是，发生了什么事情呢？树，不见了，只剩下树根留在那里。

“立在这儿的那棵树，到什么地方去了呀？”鸟儿问树根。

树根回答：“伐木人用斧子把他砍倒，拉到山谷里去了。”

鸟儿向山谷里飞去。

山谷里有个很大的工厂，锯木头的声音沙沙地响着。

鸟儿落在工厂的大门上。她问大门：“门先生，我的好朋友树在哪儿，您知道吗？”

大门回答说：“树嘛，在厂子里给切成细条条，做成火柴，运到那边的村子里卖掉了。”

鸟儿向村子里飞去。

在一盏煤油灯旁，坐着一个小女孩。鸟儿问女孩：“小姑娘，请告诉我，你知道火柴在哪儿吗？”

小女孩回答说：“火柴已经用光了。可是，火柴点燃的火，还在这盏灯里亮着。”

鸟儿睁大眼睛，盯着灯火看了一会儿。

接着，她就唱起去年唱过的歌，给灯火听。

唱完了歌，鸟儿又盯着灯火看了一会儿，就飞走了。

——选自《去年的树》

点拨

“伐木人用斧子把他砍倒，拉到山谷里去了。”语言描写简洁，写出了树惨遭砍伐的命运。“鸟儿睁大眼睛，盯着灯火看了一会儿。”动作描写，写出了小鸟对朋友的思念。“唱完了歌，鸟儿又盯着灯火看了一会儿，就飞走了。”动作描写，写小鸟完成了自己的诺言。

启示

想象作文，一定要在细节描写上下功夫，有细节的故事，读者才能进入故事中。走进故事情节，和你一起想象，读者才能理解你的想法，才能读懂你的独特。

三、素材帮

1 好词积累

【童话寓言】

水晶宫　仙女棒　夜明珠　小人国　巨人国　魔法师
小飞侠　移动城堡　不翼而飞　腾云驾雾　飞沙走石
电闪雷鸣　金碧辉煌　冲天直上　傲慢无礼　手舞足蹈
活蹦乱跳　妖魔鬼怪　抱头鼠窜　一步登天　三头六臂
气吞山河　一日千里　地动山摇　摇身一变　引人入胜
扣人心弦　韵味无穷　精妙绝伦　困难重重　心神不宁
美丽善良　心肠歹毒　面目狰狞　形形色色　谢天谢地
天塌地陷　狂风暴雨　暴跳如雷　不慌不忙　誓死不二
肝胆相照　豁达大度　兢兢业业　威武不屈　顶天立地
日月如梭　物是人非　美梦成真　六神无主　脱胎换骨
落荒而逃　灵机一动　虎虎生威　穿云破雾　无懈可击
见势不妙　点石成金　扬扬得意　晃晃悠悠　自我陶醉
精神饱满　一往无前　因祸得福　标新立异　一本正经

【科幻故事】

纵横驰骋　上天入地　浮想联翩　不可思议　天马行空
广阔无垠　时光隧道　纳米技术　微型武器　星际联合
基因变异　遗传密码　动力中心　光能驱动　冰晶导弹
病毒军团　生化危险　奇妙无穷　返老还童　瞬息万变

扭转乾坤　药到病除　千变万化　铁树开花　结实耐用
柔软舒适　纳米面料　防水防火　设计新颖　自动驾驶
道貌岸然　独具一格　装模作样　濒临绝境　古为今用
海阔天空　追风逐浪　设身处地　不言而喻　瞻前顾后
永不懈怠　包罗万象　出奇制胜　饥寒交迫　独辟蹊径
不拘一格　没精打采　泪流满面　心花怒放　满心欢喜
归心似箭　心旷神怡　心潮起伏　心悦诚服　无法预料
忧心忡忡　心如刀绞　天崩地裂　日思夜想　善罢甘休
转瞬即逝　学无止境　沧海一粟　目瞪口呆　骇人听闻
精益求精　跌宕起伏　广袤无垠　扑朔迷离　眼花缭乱
虚无缥缈　心血来潮　薄如蝉翼　神通广大　华美无比

【未来世界】

浮想联翩　心驰神往　光怪陆离　怪模怪样　六神无主
乐不可支　七窍生烟　魂飞魄散　突发奇想　神游天外
庞然大物　一跃而起　灵光一闪　杀机四伏　海市蜃楼
绘声绘色　耀武扬威　津津有味　天马行空　时光隧道
半信半疑　突发奇想　智能芯片　万象更新　败兴而归
匪夷所思　跨越时空　遨游探索　斗转星移　如梦初醒
神魂颠倒　疑惑不解　濒临灭绝　大惊小怪　料事如神
扭转乾坤　变化莫测　出神入化　鳞次栉比　扶摇直上
瞬息万变　不毛之地　不可思议　高深莫测　日新月异

【漫画故事】

争先恐后　糊里糊涂　齐心协力　一模一样　傻里傻气
一动不动　无精打采　又吵又闹　机灵精明　急急忙忙
哈哈大笑　四面八方　回心转意　大吃一惊　老老实实
无影无踪　风采动人　闷闷不乐　称心满意　心肝俱裂

嘟嘟囔囔	怒发冲冠	束手无策	爽爽快快	火冒三丈
鹦鹉学舌	坚强不屈	不屈不挠	忠贞不渝	威风凛凛
赤胆忠心	龙行虎步	蜻蜓点水	蚕食鲸吞	神采奕奕
昂首挺胸	惊慌失措	漫不经心	垂头丧气	炯炯有神
愁眉苦脸	忐忑不安	焦头烂额	心急火燎	坐立不安
胆战心惊	心猿意马	惴惴不安	奋不顾身	不明所以

2 精彩开头

【开门见山式】在一片美丽的大森林里，居住着动物王国的成员。小公鸡和小狗是一对十分要好的朋友，他们俩经常一起游戏，有难同当，有福同享。

【悬念式】在那里，一个荒凉的地方，没有花，也没有草，仅有一块贫瘠的土地，谁也不愿意在那里开花，直到有一天……

【对话开头式】“屎壳郎兄弟，我有一个小小的建议，你能不能不玩粪球了？草原上有很多玩具，粪球是最臭、最难看的！”小蝴蝶公主扑扇着美丽的翅膀，一脸嫌弃地说。

【经典故事式】从前，有一只狮子，自从它当上森林之王，就变得无比傲慢。走路的时候，它的鼻孔都是朝上的，看到不顺眼的小动物，就嘲笑它、欺负它。

【矛盾式】每年的8月8日，神仙们都要开一次派对，每位神仙都要去参加派对。猪八戒一想到他的嫦娥姐姐也会去参加派对，就高兴得不得了。可他看了看自己肥胖的身材，不免有些难过，于是下了一个很大的决心——减肥。

【议论式】“悬浮车是30世纪最伟大的发明。”

“悬浮车算什么？永动机的发明才叫厉害呢！”

“依我看，记忆储存卡的发明深得人心，至少不用担心背不出古诗词了。”

…………

这是一堂讨论课，讨论的内容是科技给人带来的影响。

【推销式】你写作业的时候会不会遇到因为老是写错字，气得想把作业本撕了的情况？假如用上我的纠错钢笔，就能避免这种情况了。

【激趣式】2030年，我已经成为一名著名的发明家，而使我一举成名的却是一张小小的墙纸。没想到吧！可别小看了这种墙纸，下面就让我来给你介绍介绍吧。

【解说式】现在已经是公元2080年了，我也成了世界上最著名的发明家，像神奇伞、时间车、水上城市、长生不老药等都是我发明的。今天我就来给你们讲一讲神奇伞“彩云子”吧！

【直奔主题式】甜甜只想安安静静做一个优雅的机器人，但是今天机器人协会的主席一台智能光脑，给它发了一条信息：请务必去第三小学担任体育老师，那里的孩子需要你。于是，甜甜只得心不甘情不愿地上任了。

【描绘场景式】当地球的第一百二十八个春天来临之后，新世界也紧跟着春天的脚步，大张旗鼓地来了。机器人、地球原住民、外星人等，所有能够直立行走，说一口流利的星际普通话的生物，都可以在地球上自由行走了。

【续写式】话说农夫打死了狼以后就走了。东郭先生把书整理好放进袋子里，就到学校给学生们上课去了。可万万没想到，狼竟然没死，只是暂时昏了过去。

【交代角色式】变成云朵的我，千变万化，神秘而又迷人。我遨游于天际，为空荡荡的蓝天增添了一道靓丽的风景……

【假想式】梅花，自古以来就不平凡。迎寒绽放，逢暖凋零。假如我变成了一朵傲骨的梅花，我也要绽放出自己的风采，变得不平凡。

3 精彩结尾

【点明主题式】看来，如果不经过思考就效仿他人做事，不仅得不到益处，还会给自己带来不幸。

【升华主题式】甜甜在这贫瘠的土地上开花、结果，最终成了一片花园，一片适宜人们生存的地方。花儿们一边开花，一边想：我们要在这片土地上开花。花开不只是为了花落，而是为了给土地带来生机。

【交代结果式】当空军把鼻子们接回来时，鼻子们高高兴兴地回到了各自主人的脸上，并且纷纷说再也不会出走了。

【留下悬念式】他拖着疲惫的步伐，回到了安全区。拉链终于被拉开了，我感觉整个世界无比清新。他把我送进了高温灭菌机，笑着对我说："再见小兄弟，明天继续战斗！"

【忏悔式】蚊子躺在地上，有气无力地说："我不该被夜来香的外表和浓郁的花香吸引，越美丽的东西危险越大呀！"说完，它静静地闭上了眼睛。

【谈话式】哈哈！多功能电视是不是很神奇呢？我想，凭借现在科技迅猛发展的速度，它迟早会出现在千家万户的客厅里。

【展望式】如果可以发明出这种橡皮，那该多好啊！这样，就可以为人类文明发展的道路扫除更多无名的"拦路虎"了！

【议论式】事实证明，再伟大的发明都只是人类的辅助工具。要想顺利地完成学业，取得想要的成就，不管哪个时代的孩子，都只有一个办法——那就是踏实进取，努力学习啊！

【留有余地式】是不是很神奇？我还有很多神奇的小发明，下次再给大家详细道来。

【畅想式】最后一个就是彩色的了，这是最神奇的按钮。当你想要去天上的时候，按一下这个按钮，它就会长出翅膀，带你在天空翱翔……想想这多么奇妙啊！

【总结式】经历了一次磨难，经历了一次毁灭，保护环境的火种早已在人类心中重燃。此后，地球永葆青春。

【表决心式】未来的世界多么神奇美妙，我一定要努力学习科学知识，将来当一名发明家，为人类发明更多的房屋。

【首尾呼应式】我是从风婆婆口袋里溜出来的一阵小风，只要是我到过的地方，空气里都是快乐的味道……

【美梦结束式】春，悄悄地来了。我，悄悄地凋谢了。我闭着眼睛和这个世界说再见。然后，我，又变回了少年。

【抒情式】妈妈，假如我变成了清风，你会猜得出这一阵阵向你吹拂而来的清风是你的孩子吗？要是你猜不出来，我也不生气。我愿默默地待在你的身边，守护着你，我亲爱的妈妈。

4 佳句佳段

【童话寓言】

◆ 月亮公主就站在我前面，她正在向我招手，朝我微笑。她的笑容是如此甜蜜，好似盛开的牡丹花。

◆ 如果你做了一个好梦，记得赶紧存到“好梦银行”里。等你老了再取出来，重温这个美丽的梦，那该有多么温馨啊！

◆ 发现大豆在看自己，玉米不好意思地说：“真对不起，侵占了你的地盘，这根不知道怎么搞的，不往深处长，尽往旁边伸。”

◆ 野兔再也跑不动了，终于倒在了地上，嘴角流着血，死了。这时，刺猬拿走了野兔赢来的白兰地和金路易。

◆ 十一只枯叶蝶已经躺在树下的落叶里了。最后一只枯叶蝶呢，动作慢了点，还留在最高的树枝上。

◆ 几朵几十米高的浪花翻滚着向村庄扑去……我们拿出魔杖，对着海浪挥舞了几下，海浪便慢慢退了回去。过了一会儿，海啸停了，大海又恢复了昔日的平静。

◆ 后来，我们又将树苗的种子撒在沙漠中，用魔法引来海水，淡化后，浇向沙漠，然后对着沙漠念了几句催生咒语，沙漠即刻变成了森林。

◆ 老神仙随手将自己披肩上的一条彩带向天空一丢，彩带变成了一只金色的凤凰，载着他回到了天宫。

◆ 蚂蚁一心想成为巨型蚂蚁。有一次，它撞上了一棵大树，啊！蚂蚁真的变成了一只巨型蚂蚁。

◆ 最近，唐老鸭可发愁了！愁什么呢？原来在看了丑小鸭变成白天鹅的故事之后，唐老鸭知道自己这辈子都不可能变成天鹅了。于是，他把所有的精力一门心思地倾注在自己的儿子唐小鸭身上，希望唐小鸭能变成白天鹅。

◆ 很久很久以前，水与土是一对冤家，它们常常在一起比本领，可是每次都分不出高下。

◆ 眼镜在路上走着走着，不知不觉就来到了斑马家，只见斑马正端端正正地坐在桌子旁写字。

◆ 过了一会儿，蜻蜓回来了。他给汤姆讲他见到的新奇又好玩的事情，给他描述他看到的美景。汤姆听得十分入迷，他很喜欢听蜻蜓说这些。他非常喜欢蜻蜓这个好朋友。

◆ 红狐狸在漂亮的大森林花园小区开了一家餐厅，并且还立了一块引人注目的牌子："红狐狸饭店"。饭店的装潢很漂亮，吸引了不少动物的光临。

◆ 有一头骄傲的小毛驴，它昂着头，挺着胸，翘着尾巴，整天嚷道："看啊，我多能干，谁敢和我比试比试？"

◆ 彩虹有意要显摆自己的美丽，于是她来到小草身边，轻蔑地看了小草一眼，傲慢地说："丑小草，咱们比比谁更美！"

◆ 顷刻间，海面上升腾起一个体格壮硕、脑袋庞大、肩阔如山的妖魔。只见他头上顶着一个箱子，缓缓地飞到了陆地上。

◆ 过了一会儿，一股青烟从瓶中冒出，慢慢地升到空中，并逐渐聚成一团烟雾，最后竟变成了一个披头散发、身材高大的魔鬼。

◆ 胖小猪在田间的小路上见到了一个大萝卜。大萝卜很大很大，够胖小猪吃上三天三夜了。

◆ 这是一次多么香甜的经历啊。小鼠妈妈从没有躺过这样松软的床，柔软的弹性叫她再也不想离开这里。奶黄色的穹顶全是气孔，散发着麦子和酵母特有的浓郁香气。小鼠宝宝们在这样一个甜蜜的面包房子里降生了。

◆ 牛棚里，老牛和小牛睡得正香。老牛听见鸡叫声，立刻翻身站起来，用舌头舔舔躺在身旁的小牛，说："小牛，快醒醒，今天爸爸带你去耕地。"

◆ 在一个阳光明媚的早晨，大树醒来后正在伸懒腰，一只啄木鸟飞了过来，站在大树的身上"咚咚咚"地啄了起来。

◆ 翠绿的树枝上点着几千支明晃晃的蜡烛，许多幅美丽的彩色画片，跟挂在商店橱窗里的一个样，在向她眨眼睛。

◆ 没过多久，小草的叶子变黄了，身子也变得瘦弱了，小松树在旁边急得向它招手说："小草，小草，快快绿起来吧！"

◆ 梦中我化作一条淙淙的小河，流过高山，流过深谷，最终和我的小伙伴们一同汇入一条地下河流中。

【科幻故事】

◆ 所有的乘客都下车了，我就按了按绿电钮，车子变得只有一个食指那么大，我赶紧把它装进口袋，高高兴兴地去上学了。

◆ 转眼间，丰富的午餐就摆在了餐桌上，有月亮蛋、珍珠汤、星星炒太阳等一些美味佳肴。

◆ 这种墙纸奇妙无穷：可以随着季节的变化而变化颜色和图案；可以根据你的心情播放不同风格的乐曲；还可以驱赶你心中的不悦，

消除你的烦恼。

◆ 前段时间，科学家们发明了一种高科技的汽车。这种汽车十分智能，按下黄色的按钮，车就能自动开动、自动转弯；要是看见红灯，你就按下蓝色的按钮，它就会自动停下来。

◆ 环保局的局长拿出一套工具，东转转，西拧拧，不一会儿，声音收集器便变成了噪声收集器。当再次工作时，原先消失的声音就都回来了：铃声、歌声、笑声、笛声……唯独少了噪声。

◆ 刚刚走出家门，我就看到有几个人骑着扫帚在天上飞。

◆ 孔荣这才开始仔细地观察课桌上的按钮，有红、黄、蓝、绿、白、黑几种颜色，分别对应的是调节开关、升降、方向轮、抢答器、娱乐、资料等功能。

◆ 智能汽车还能做饭。你只要对智能屏说出你要吃什么，车内的机械臂就会给你加热送来，要知道汽车后备箱的储藏柜里囤有很多很多真空包装食品。

◆ 书包上有一个可爱的小挂件，你可别小看这个挂件，它可是装载着整个书包运行的程序。放学的时候，它会帮助你检查书包里的物品是否齐全。如果有物品遗漏，它会报警来提醒你。

◆ 这种书包是由一种神奇而精致的纳米布料制成的，既能防火又能防水。

◆ 桥面上有很多长椅，当人们觉得有些疲惫，就可以坐在椅子上收看最新的消息；第二层是小汽车的天地。也许你会奇怪，公共汽车、面包车都去哪儿了呢？原来，随着科学的发展，这些车都被人们淘汰了。

◆ 阳光处理器直接连接着地面，可以吸收陆地上的阳光，过滤掉有害的紫外线，再通过传输管道运输到各个房屋，人们就能享受无害而温和的日光浴了。

◆ 多变的智能汽车还能飞向浩瀚的太空呢。当你想去火星的时候，只要说一声：“我要去火星！”智能汽车就会变成宇宙飞船，同时开启火箭发射模式，让车子飞上太空，载着你遨游宇宙。

◆ 多功能书包还有变换功能！它会根据里面书本的多少来变换：书本很少时，它就会变成挎包，可以让你斜挎在肩上；书本较多时，它就变成双肩包，可以让你背在背上；书本非常多时，它又会变成电动旅行箱，可以让你拉着去学校，方便极了！

◆ “1，2，3，穿越——”机器人一声令下，时光穿越机“嗖”的一下把我们送到了二十年后的家乡。

◆ 在生活中，时常能见到超能衣的影子。每当我感到疲劳时，只要将超能衣往身上一披，整个人顿时精神抖擞，充满活力；每当爸爸眉头紧锁时，超能衣可以让他开怀大笑；每当爷爷头疼得厉害时，超能衣可以快速缓解他的痛苦……

◆ 遥控沙发的外形和一般沙发差不多，只是在装轮子的地方装了四个金属的小汽车模型。遥控器是手表模样的，上面的按钮是最先进的感应按钮，只需用手指轻轻一碰就行了。一推开家门，我就操控着沙发来到我的面前，然后蹦到沙发上以最舒服的姿势躺着。

◆ 启动机器，我走进了“贞观之治”时期，降落在唐太宗的皇宫里。当我正沉醉于美轮美奂的宫殿气氛时，忽闻远处有隐隐的哭声。

◆ 喝完爱因斯坦带来的神奇药水，一股热流在我五脏六腑里直窜，突然，我腋窝长出了两只翅膀。

◆ 我立即穿好外衣，开着一辆时速可达3000公里的多功能无污染智能微型轿车，一会儿便来到了别墅。

◆ 想想怪可笑的，那些我亲手设计的机器人正在追赶我，确切地说是想抓住我。

◆ 科技馆会举办一年一度的科技展，在科技展的时候，会有两艘太空船，轮流着把旅客载向太空，等他们观赏完毕之时，太空船便会载他们回来。

【未来世界】

- 小风回到家，像往常一样打开电脑。突然，一道白光闪过，小风就什么也不知道了。他醒来时，发现自己正躺在一条小溪旁，旁边还立了一块牌子，上面写着：通往学习城。
- 当垃圾倒入超级垃圾桶之后，这两个“压缩机”就开始工作了。它不断伸缩，把垃圾桶内的垃圾压紧，使垃圾占据的空间变得极小。
- 海底世界是一个崇尚环保的世界。在这里居住的人们为了保护环境，把汽车等对环境有污染的交通工具都淘汰了，取而代之的是一只只训练有素的海豚。
- 话说唐僧取经回来，发现如今信息传递非常快捷，就决定先让聪明的孙悟空学习用电脑传递信息。
- 大街上走来了一个衣着古怪的神秘人，只见他头戴一顶旧礼帽，遮住了半边脸，身穿一件满是补丁的衣服，推着的小车上放着一台类似吸尘器的机器，旁边那块“收购想象力”的招牌格外引人注目，吸引了很多人围观。
- 你知道时间压缩机吗？它可以把你感到痛苦、紧张、烦恼、无聊以及所有你不想要的时间通通压缩掉，那样你的生活就只剩下快乐了。
- 人们的房子都是用各种各样的水果做成的；学校建在空中，有八层楼，是按照年级来分层的，还有白色的云朵做的电梯，让人站在上面有飞一样的感觉，十分惬意。
- 我这才想起了那件事——那次玩电脑时，我不小心触碰到了克隆键，没想到竟惹出了这样的麻烦来。唉，当我遇到“我”，简直要被吓死了。
- 八戒昏睡了三天三夜，醒来后，突发奇想要去整容。他来到酷儿美容中心，诚心诚意地对整容师说：“我要一张明星脸。”

- 我顿时觉得天旋地转，失去了知觉。等醒来时，我发现自己就在刚才的麻袋里。我大声叫了起来：“救命！”没想到，我的喉咙里只能发出“喵呜”的声音——我变成了小花猫。
- 等蓝色的火舌从火锅里蹿出来时，他凑近火锅，伸出舌头，嗬！一朵火花卷进了嘴里。他的舌头比火钳还灵活一百倍。他一边伸舌，一边吞火，越吃越香，渐渐地全身都在冒汗，接着头发开始冒烟。
- 这个飞翔书包的好处就是方便人们飞快地去往自己想去的地方。我会背着我的飞翔书包上学、放学，还可以去看万里长城。
- 我们来自遥远的太阳系外的SM智慧星球，我们研究你们人类已经很久了。我们不仅已经破译了你们的语言，而且还时刻关注着你们星球的变化。
- 我设计的新式房屋像城堡一样，它是由许多小房子组成的。每个小房子的顶都是圆锥形的，这种小房子冬暖夏凉，人们住在里面会很舒服。
- 31世纪的人，就爱穿我设计的超级飞鞋。这不，我正把材料放进“新世纪”牌大熔炉里。材料是两颗红枣、一个椰子、一颗草莓、四个黑棋子和白棋子、一包闪光粉，再加上一个紫色浆果。将它们放进大熔炉里炼上七七四十九小时，一双晶莹剔透、小巧玲珑的飞鞋就制成了。
- 假如我是曹操，我不仅不会杀神医华佗，而且要鼓励他去为人民大众解除痛苦。我要让所有人都知道，我是一个光明磊落的正人君子。
- 变成魔法师后，我要做的第一件事就是让所有的学校都没有作业，让小朋友可以利用假期快快乐乐地玩耍，放松放松，不再受作业困扰。我还要让世界上所有的人都变成亿万富翁，不再饱受饥寒的折磨。
- 假如地球没有了吸引力，整个世界都会乱套，无数的人、自行车和汽车都会在空中无序地漂浮着，稍不留神，就会撞在一起，简直太可怕了。

◆ 假如世界颠倒了，比如火和水颠倒过来了，那就太有意思了：你去别人家里做客，主人端上一杯火，说："请喝火。"如果有地方着火了，那么大家都会大喊："着水啦，着水啦，快拿火来救水吧！"是不是很有意思啊？

◆ 我爸爸原来和别人的爸爸一样，是一个一米八、五大三粗的大高个儿。他之所以会变矮，是因为我妈妈老是骂他。骂一次，他就变矮一厘米，再骂一次，又变矮一厘米……久而久之，他只有拇指那般高了，整天待在我的口袋里，随时随地监视我的一举一动。

◆ 未来是一个未知的世界，有着无穷的梦想和无尽的遐思；未来是一个神秘的世界，有着朦胧的脸庞和依稀的五官；未来是一个不可探求的世界，只有时间能猜透它的心思。

◆ 一出机场，我就惊呆了。一幢幢高楼大厦代替了一座座小平房；一辆辆太阳能全自动汽车代替了喝汽油冒尾气的汽车……这和二十年前的运城比起来，简直是一个天上一个地下！

◆ 我是只普通的啄木鸟，跟森林里所有的啄木鸟一样，每天替生了虫的树木看病。今天也像往常一样，我在林子里低低地飞着，"轰隆"，这是什么声音？我赶紧寻声飞过去，却看到了令我心痛的一幕：一个男子手拿斧子正在砍树，他的身旁有好几棵树已经倒下了！

◆ 我看了一幅漫画，漫画的内容是：一只小狗来到了一面镜子前，镜子里出现的是一只高大威武的、粗壮的，肌肉发达四肢强壮的狗。小狗看着镜子中的自己，飘飘欲仙，得意洋洋，它非常高兴地摆出各种动作，尾巴翘得高高的，头也抬得高高的，鼻子都翘到天上去了。当它又大摇大摆地走到第二面镜子前，它惊呆了，因为第二面镜子中的狗与第一面镜子的狗截然不同，里面的狗瘦骨嶙峋、无精打采，像放了气的气球一样，身子又细又长，耳朵耷拉着，四肢跟麻杆一样细，它顿时萎靡不振，垂头丧气，怎么也提不起精神来。

◆ 两个学生走在放学回家的路上，经过一个垃圾桶时，他们吓呆了——这条路本来是那么的干净，现在却变得脏兮兮的，臭气熏天！而垃圾桶内空空如也，垃圾全堆在垃圾桶外了。想必，这一定是那些人因怕麻烦而老远就把垃圾往桶里扔的结果吧！两个学生实在是看不过眼了。女学生连忙弯下腰去捡地上的垃圾，另一个学生则趴在地上用笔不知道在写些什么。待那名女学生把所有的垃圾都送进垃圾桶里时，趴在地上写东西的那名学生也写好了。他把那张写着字的纸贴在了垃圾桶上。纸上玲珑清楚地写着六个大字："文明——只差一步"。

◆ 两个猎人出去打猎。他们看见一只大雁正从远处飞过来，高兴极了。其中的高个子猎人马上举起手中的弓箭，瞄准大雁，准备射击。他刚想拉弦放箭，忽然想到大雁肉美味可口，不禁口中生津，恨不得马上吃到那鲜美的肉。他扭头对同伴说："大雁肉应该炖着吃吧！"同伴听了，瞪了他一眼说："什么啊？当然是烤着吃，那才叫香呢！"正当他们争得面红耳赤时，大雁从他们头上悄悄飞了过去。当两个猎人再次抬头准备射击时，大雁已飞远，弓箭已不能及。他们懊悔莫及，只好垂头丧气两手空空地回去了。

◆ 当第一缕金色的阳光洒满大地，世间万物便从沉睡中醒来。鸟儿开始放声歌唱，蝴蝶开始展现自己优美的舞姿。森林是多么美好啊！"嘟、嘟、嘟"一辆卡车的声音打破了森林的和谐。车上跳下来一个人，只见他身穿蓝色工作服，头戴一顶鸭舌帽，嘴里叼着香烟，肩上扛着一柄利斧，向森林里走来。他走到一棵大树前，高挽起袖子，抡起了他那散发着银光的斧头，身体向前一倾，使劲向树干劈去。大树当场就因为"失血过多"而倒地身亡了。随后，树木在他的利斧下一个接一个地倒下，那"轰轰"的声音，不正是树木在临死前的痛苦的呻吟吗？可不管树木有多疼，那伐木工也不会知道。他悠然自得地笑着，依然在砍伐树木。随着森林的消失，动物们开始争先恐后地逃走了。鸟儿们匆匆离去，蝴蝶也不再飞舞。它们好似悲痛地在诉说着：我们的家！这时，一只啄木鸟实在是忍无可忍了。它飞到伐木工的肩上，狠狠地啄了一下伐木工的脑袋，并发出一声愤怒的鸟鸣：这木头里一定有虫。

◆ 在一个寒风呼啸的早晨，车站里早早便有六个人在等候——四个身强力壮的男子，和一个怀抱婴儿的，衣着单薄的母亲形成了鲜明的对比。四个穿着皮袄的男子，竟粗鲁地将那位瘦弱的母亲挤到了一边，面不改色地站在了写有“母子上车处”的过道上，对那一人高的牌子视而不见，或目视前方，或闭目养神，任凭那位母亲在寒风中瑟瑟发抖，无奈又惊诧地看着他们。绅士般衣冠楚楚的四个男子，难道真的不识字？！或者说，是视而不见，是故意忽略？盯着“假文盲”这几个字，我陷入了沉思……

◆ 在这片美丽的森林中，住着可爱的动物们和郁郁葱葱的植物，它们快快乐乐地生活着，可是，一辆卡车的来临打破了森林中的寂静。那天天气很好，阳光明媚。小动物们在树上河堤上玩耍。忽然，来了一辆大卡车，动物们纷纷躲了起来，这时车上下来一个穿工作服的人，拿着一把尖锐的斧头，就向树木砍去，树木一个个“流血倒地身亡”，小动物们纷纷背井离乡，逃离了这片森林。一只啄木鸟愤怒地站在工作人员的肩上，对着他的脑袋说：“这里面一定有虫。”这则漫画很深刻地反映了我们人类对森林的破坏。

【古人的想象】

又北二百里，曰发鸠之山，其上多柘木，有鸟焉，其状如乌，文首，白喙，赤足，名曰“精卫”，其鸣自詨（xiào）。是炎帝之少女，名曰女娃。女娃游于东海，溺而不返，故为精卫，常衔西山之木石，以堙（yīn）于东海。

——选自《山海经》

译文：再向北走二百里，有座山叫发鸠山，山上长了很多柘树。树林里有一种鸟，它的形状像乌鸦，头上羽毛有花纹，白色的嘴，红色的脚，名叫精卫，它的叫声像在呼唤自己的名字。这其实是炎帝的小女儿，名叫女娃。有一次，女娃去东海游玩，溺水身亡，再也没有回来，所以化为精卫鸟。它经常叼着西山上的树枝和石块，用来填塞东海。

盖自开辟以来，每受天真地秀，日精月华，感之既久，遂有灵通之意。内育仙胞，一日迸裂，产一石卵，似圆球样大。因见风，化作一个石猴。五官俱备，四肢皆全。便就学爬学走，拜了四方。目运两道金光，射冲斗府。惊动高天上圣大慈仁者玉皇大天尊玄穹高上帝，驾座金阙云宫灵霄宝殿，聚集仙卿，见有金光焰焰，即命千里眼、顺风耳开南天门观看。二将果奉旨出门外，看的真，听的明，须臾回报道：“臣奉旨观听金光之处，乃东胜神洲海东傲来小国之界，有一座花果山，山上有一仙石，石产一卵，见风化一石猴，在那里拜四方，眼运金光，射冲斗府。如今服饵水食，金光将潜息矣。”玉帝垂赐恩慈曰：“下方之物，乃天地精华所生，不足为异。”

那猴在山中，却会行走跳跃，食草木，饮涧泉，采山花，觅树果；与狼虫为伴，虎豹为群，獐鹿为友，猕猿为亲；夜宿石崖之下，朝游峰洞之中。真是“山中无甲子，寒尽不知年”。

——选自《西游记·第一回：猴王出世》

三人听了，忙躲桐林深处，细细偷看：原来是群野兽从东奔来。为首其状如虎，一身青毛，钩爪锯牙，弭耳昂鼻，目光如电，声吼如雷，一条长尾，尾上茸毛其大如斗。走到凤凰所栖林内，吼了两声，带着许多怪兽，浑身血迹，撺了进去。

——选自《镜花缘·第二十一回：逢恶兽唐生被难 施神枪魏女解围》

南山经之首曰䧿（què）山。其首曰招摇之山，临于西海之上，多桂，多金玉。有草焉，其状如韭而青华，其名曰祝馀（yú），食之不饥。有木焉，其状如榖（gǔ）而黑理，其华四照。其名曰迷榖，佩之不迷。有兽焉，其状如禺（yú）而白耳，伏行人走，其名曰狌（xīng）狌，食之善走。丽麂（jǐ）之水出焉，而西流注于海，其中多育沛，佩之无瘕（jiǎ）疾。

——选自《山海经·南山经》

译文：南山经中的第一列山系叫作䧿山，䧿山之首叫招摇山，它耸立在西海岸边，山上多长桂树，山中蕴藏着许多金属矿产和玉石。山上生长着一种草，叶子的形状就像韭菜，花呈青色，它的名字叫祝余，吃了它不饥饿。有一种树木，形状像构树，有着黑色的纹理，它的光华照耀四方，这种树木的名字叫迷榖，把它佩带在身上就不会迷失方向。有一种兽，它的形状像猿猴，双耳是白色的，既能匍匐前行，又能像人一样直立行走，它的名字叫狌狌，吃了它的肉就会使人走得飞快。丽麂水发源于这里，向西流去，注入大海，水中多产一种称为育沛的动物，佩带它可以不生由寄生虫引起的病。

玩转大语文

口语表达训练营

主　　编　胡良君　李娟萍

绘　　者　皮欢欢

本册主编　付珍妮

本册副主编　徐　艳　刘世佳

本册编委　刘　洋　陈　文　唐文茹　黄尚凤

人民东方出版传媒

People's Oriental Publishing & Media

東方出版社

The Oriental Press

图书在版编目（CIP）数据

玩转大语文．口语表达训练营 / 胡良君，李娟萍主编；皮欢欢绘．—北京：东方出版社，2023.1

ISBN 978-7-5207-2938-3

Ⅰ．①玩… Ⅱ．①胡… ②李… ③皮… Ⅲ．①汉语—口语—小学—教学参考资料 Ⅳ．① G624.203

中国版本图书馆 CIP 数据核字（2022）第 143493 号

玩转大语文：口语表达训练营

（WANZHUAN DA YUWEN：KOUYU BIAODA XUNLIANYING）

胡良君　李娟萍 主编　皮欢欢 绘

策划编辑：鲁艳芳

责任编辑：金　琪　鲁艳芳

特邀编辑：陈雨姣

出　　版：東方出版社

发　　行：人民东方出版传媒有限公司

地　　址：北京市东城区朝阳门内大街166号

邮　　编：100010

印　　刷：北京尚唐印刷包装有限公司

版　　次：2023年1月第1版

印　　次：2023年1月北京第1次印刷

开　　本：710毫米×1000毫米　1/16

印　　张：9

字　　数：119千字

书　　号：ISBN 978-7-5207-2938-3

定　　价：210.00元（全6册）

发行电话：（010）85924663　85924644　85924641

前言

“使狗国者从狗门入”“橘生淮南则为橘，生于淮北则为枳”，你一定记得《晏子使楚》的故事。齐国的晏子虽然身材矮小，但屡次击败楚国的刁难，赢得楚王的尊重。靠的什么？除了过人的胆识、智慧外，应该是非凡的口才。

读过《三国演义》的同学一定记得第43回——“诸葛亮舌战群儒，鲁子敬力排众议”。故事中，诸葛亮为联盟孙权抵抗曹操，遭到东吴诸谋士的责难，最后诸葛亮一一反驳，使诸谋士哑口无言，成就了一段震古烁今的“火烧赤壁”的佳话。

可见，口者，心之门户，智谋皆从之出。现代语言学认为，口语交际是培养口语表达能力的一种非常有效的语言活动。口语交际不仅是观察、聆听、表达、合作、收集信息、处理信息等能力的综合训练，还是体现自己的修养和素质，认识世界，认识自我，进行创造性表述的过程。

当然，好口才从来都不是靠天赋的，是需要有序训练和勤学苦练才能达到的。正因为如此，我们为同学们编辑了这本《口语表达训练营》。在这里，你会发现：

口语交际，原来可以这样学。《口语表达训练营》参考义务教育语文课程标准，遵循了同学们的身心发展特点和认知规律，按照口语交际“实用、适用”的原则，精选部编教材三至六年级课本中具有代表性的口语交际主题进行解析和拓展。按照不同的主题，全书分为“学会分享，快乐加倍”“学会建议，自信表达”“学会演说，交际达人”三大章，每章有六个小节，每小节分为“情景导入”“一起来帮忙”“原来很简单”“大家来展示”“我也行”五个模块，结构紧凑系统、内容科学实用，让同学们在快乐学习中学会表达，乐于表达，善于表达。

口语交际，原来很有趣。在成长营中，小伙伴诗诗、淘淘和杰杰将陪伴我们一起成长。他们将通过我们日常生活中的情景导入话题，给我们出谋划策，帮助我们突破口语交际中的难点。丰富的卡通插图、生动的故事情境、真实的对话交流、条理清晰的重点标记，都会让我们的口语交际训练变得更有趣。

口语交际，原来很简单。成长营中小伙伴们生活化的对话情景能够调动同学们内在真实的情感体验，使他们积极主动地融入角色，交际情境变得“具体”，交际任务更具“现实意义”。由浅入深、由易到难的组排顺序，能帮助小朋友们更好地在自由、和谐、愉悦的氛围中融会贯通，表现自我，进入角色，打开话闸，从而更好地进行口语交际。

我们旨在以《口语表达训练营》为蓝本，进行系统的训练，提高你的表达能力。期待你学会分享，在分享中体会快乐；学会给他人建议，自信地表达自己的想法；学会演说，成为侃侃而谈的交际达人。怎么样？心动不如行动，让我们一起走进《口语表达训练营》，敢说、能说、会说，让口语表达为我们的交际助力，为我们的成长添彩！

目 录

第一章 学会分享，快乐加倍

第二章 学会建议，自信表达

第三章 学会演说，交际达人

第一章

学会分享，快乐加倍

培根说：“如果你将快乐告诉一个朋友，你将会得到两个快乐。”

独自享用美味佳肴索然无味；取得一次成功，如果无人知晓，无人关注，也就黯然失色。分享会使甜的更甜，香的更香，快乐的更加快乐。

1 暑假真快乐

情景导入

暑假里，你是去攀登了宏伟的万里长城，还是走向了巍峨的泰山，抑或是奔赴了无边无际的沙滩？你是随着父母回了趟老家，还是与好友相聚，抑或是与星夜重逢呢？在我们眼里，暑假就是忧愁烦恼都赶跑，快乐开心得冒泡，幸福已然发酵，和大自然亲密拥抱，和小狗比赛奔跑，生活乐逍遥呀，乐逍遥！

这天，愉快的暑假结束啦，杰杰、淘淘如期返回校园，他们在校门口相遇了。

杰杰

淘淘，好久不见，暑假过得开心吗？

淘淘

当然开心。暑假里，我去了爷爷家、外婆家、姑姑家、小姨家、表叔家……

杰杰

你们家亲戚可真多呀！

淘淘

那当然，我们家亲戚还有舅舅、伯伯……

杰杰：不说了，我们还是先去教室吧！

淘淘：别呀，你听我说，我们家还有……

一起来帮忙

淘淘：春雨老师，为什么杰杰不愿意听我说呢？我的暑假可丰富了！我去了爷爷家、外婆家、姑姑家、小姨家、表叔家……

春雨老师：淘淘，老师知道你的暑假生活一定很丰富，但是我们在分享的时候要想一想他人对你说的话题是否感兴趣。

淘淘：是否感兴趣？噢，我知道了！杰杰对我去了多少亲戚家不感兴趣。那我去跟他讲讲我在爷爷奶奶家时发生的好玩的事，他一定感兴趣。我到现在还回味无穷呢！

春雨老师：什么好玩的事，你先说给老师听听吧！

淘淘

那我可就说了！我在爷爷奶奶家学会了干许多农活，收麦子、割胡麻、摘茄子……那茄子比我的手臂还粗！我还会给菜地锄草，虽然一开始我把杂草当成了菜苗，把菜苗当成了杂草，但最后的收获还是很大的，我因此认识了许多菜苗。更新奇的是，我在锄草时发现了一只“背着箱子”造型奇特的虫。刚开始，我被吓了一跳，仔细观察后竟然觉得这只虫很可爱。

实在是太有意思了！

春雨老师

淘淘，真的有手臂那么粗的茄子吗？

杰杰

真的，不信我可以给你看照片。

淘淘

真聪明，有图片或者实物说明就更有说服力啦。

春雨老师

你能再说一下那只虫子吗？我还没见过这样的虫子呢……

诗诗

我怕你会害怕哟！

淘淘

大家都这么感兴趣，不如请淘淘明天给全班同学讲讲吧。淘淘，记得回家后先讲给爸爸妈妈听一听，让他们帮忙提建议哦。

春雨老师

淘淘

好的，谢谢老师，我一定好好准备。

原来很简单

口语交际的要点

★话题内容有趣味，要丰富，讲清楚。

★图文结合，借助图片或实物讲。

★想好内容后，讲给家人听，让他们提建议。

大家来展示

杰杰

暑假里，我也去了爷爷奶奶家，他们住在青岛，我们每天都可以去海边玩，去赶海。

什么是赶海？

淘淘

春雨老师：淘淘听得口水都流出来了，看来杰杰讲的暑假经历大家都很感兴趣。他的讲述真是生动又“美味”呀！

诗诗：暑假里，我们全家都去了黄山。俗话说“五岳归来不看山，黄山归来不看岳”，今年暑假的黄山之行，可真是让我大饱眼福。

杰杰：你游览黄山都有哪些有趣的见闻呢？

诗诗：来到黄山，不能不说的就是那些形态各异的松树了，“四绝”之首真是非“奇松”莫属。山顶上，陡崖边，处处都有它们潇洒、挺秀的身影。黄山最妙的观松处，当然是玉屏楼了。楼前悬崖上有“迎客”“陪客”“送客”三大名松。迎客松一半有枝一半没枝，有枝干的那边就像一个长长的手臂，在和游客招手表示欢迎，这也是它名字的由来。陪客松就像一个绿色的巨人一样，守护着整个黄山。就算来黄山的人再多，爬山爬得再累，有陪客松的陪伴和山上的美景，所有的忧愁和疲劳都会被游客们瞬间抛之脑后。送客松姿态独特，它向山下伸出长长的“手臂”，好像在跟游客依依不舍地告别。送客松和迎客松遥遥相望，日日夜夜地迎来送往。

我也行

一、明确交际话题。

1．这次口语交际的话题是（　）。

A. 快乐生活　　B. 校园生活

C. 暑假生活　　D. 快乐周末

2．暑假生活是丰富多彩的，是快乐的，是令人难忘的。下面这些内容你认为可以出现在这次口语交际中的打“√”，反之打“×”。

（1）跟爷爷学会了做简单的农活。（　）

（2）参加夏令营活动。（　）

（3）和爸爸妈妈去旅游。（　　）

（4）在家里睡大觉。（　　）

（5）和朋友去游乐园玩耍。（　　）

二、学习交际要求。

在你认为正确的说法后打“√”。

1. 口语交际要做好充分的准备工作。（　　）

2. 别人说别人的，我准备我自己的。（　　）

3. 口语表达前要积极参与讨论，多与他人交流。（　　）

4. 别人交流时，我们要认真听，当文明听众。（　　）

三、实践交际活动。

1．交流形式。（多选）

为更好地展示，更好地和同学分享暑假新鲜事，我们可以（　　　）。

A. 借助实物讲　　　　B. 借助图片讲

C. 让老师来讲　　　　D. 让父母来讲

2．我的分享。

在“暑假真快乐”分享中，你认为最吸引你的内容是什么？写下来。

____

____

参考答案

一、1.C　2.（1）√（2）√（3）√（4）×（5）√

二、1.√　3.√　4.√

三、1.AB　2.略

2 身边的“小事”

情景导入

古语有云：不以善小而不为，不以恶小而为之。大千世界，聚沙成塔，你曾经历过、目睹过哪些小事，让你至今难以忘怀，值得回味？或是哪些小事，让你有所启发，在脑海中挥之不去呢？公交车上，有无数给老人、孕妇、小孩让座的人，串联起陌生人之间的温情，“让座”这件小事，折射出人们的善良；反之，公园里随意踩踏花草留下的脚印、随地吐痰产生的污渍，则反映出了不文明现象……不论是令人感到温暖的行为，还是不文明的瞬间，或多或少都在影响着我们的生活。

周末，春雨老师布置了一项有趣的实践作业，让同学们用相机拍下生活中经历或目睹的“小事”，下周一起分享。

杰杰：我今天早上跟妈妈坐公交车来学校时，看到有一个人上公交时不排队，抢着上车。

诗诗：这样真是不守规则的行为。

淘淘：是啊，如果人人都这样，那太危险了！

杰杰：淘淘，你拍下了什么“小事”？

淘淘：我拍的可有意思啦！请看下图。

诗诗：淘淘，你拍的是什么呀？怎么这么恶心呀？

一起来帮忙

春雨老师

淘淘，如果同学们误会了，可能是他们没有弄明白你为什么要拍这张照片。你把原因讲给同学们听听。

淘淘

老师，怎样才能讲清楚呢？

春雨老师

照片里面有谁，他在干什么。注意讲清事情的重点，还要把我们对这件“小事”的看法说明白。

淘淘

谢谢老师，我明白了。

春雨老师

那你有勇气去讲台上面讲一讲吗？

淘淘

同学们，昨天晚上散步时，我看到一个小孩在清理地上宠物狗拉的便便。平时我总会在花坛边、草地里看到宠物便便，因为气味十分难闻，我总是敬而远之。但照片中的这个小孩，他不怕脏，主动清理。如果我们每个人都可以这么做，那我们的环境一定会更加美好。举手之劳的一件小事，在美化了环境的同时，也让我学习到了很多，令人称赞。

春雨老师

淘淘真棒！既把事情讲清楚了，又说出了自己的观点。相信同学们都学会了如何表达，快去和同组的小伙伴分享你看到的“小事”吧！每组派一位代表，来一场“小事不小”故事会吧！

原来很简单

划重点

★简洁地讲述故事内容，并表达自己的看法。

★汇总小组意见时，尽可能反映每个人的想法。

大家来展示

杰杰

周末，我们一家人去公园玩，我看到有人骑在公园里的塑像上，摆出各种姿势拍照。我觉得这种行为非常不文明——不仅会对塑像造成损坏，而且影响了其他游客的观赏！

我家不远处是一所大学，我经常可以看到献血车旁有大哥哥大姐姐积极献血。“只要人人都献出一点爱，世界将变成美好的人间！”我长大了也要像他们一样。

淘淘

同学们，这些“小事”虽小，但是意义却很大，因为每件事都以不同的方式影响着我们的生活。希望同学们杜绝那些不文明的行为，而将这些美好传递给他人。让我们携起手来，让生活变得越来越美好！

我也行

一、明确交际话题。

1．本单元口语交际的话题是＿＿＿＿＿＿＿＿＿＿。

2．“小事”指的是（　　）

A. 不重要的、琐碎的事情。

B. 随处可见，跟我们的生活息息相关的事情。

C. 体积非常小的事物。

二、提出交际要求。

1．面对同学不文明的行为，我们在劝说时要做到（　　）

A. 大声呵斥，这样才能警示他们。

B. 尽量轻描淡写，避免伤害他们的自尊心，得罪人。

C. 态度热情、真诚，尊重对方，力求以理服人。

2．当你看到令你感到温暖的行为时，正确的做法是（　　）

A. 不好意思当面表扬别人，记在心中，默默离开。

B. 当面表达自己的感激和赞美之情。

C. 什么都不做，默默地离开。

三、学习交际方法。

1．看清图意，表达看法：排列顺序。

（　　）弄清图中人物在干什么，想想他们的做法对不对。

（　　）观察图画，说说图中有些什么。

（　　）就图中人物的行为说说自己的看法。

2．结合实际，收集素材：判断对错。

（1）我可以和小组的同学一起讨论、交流我们平时看到的文明和不文明的行为。（　　）

（2）在交流的时候，我们要用简洁的语言表达自己的观点，这样可以节约时间，提高效率。（　　）

（3）对于令人感到温暖的行为，我们可以从自己班级的同学身上找例子，但是不文明的行为我们最好从别的班级的同学身上找例子，这样有利于我们班同学的团结友爱。（　　）

四、实践交际活动。

1．仔细观察图片，看看图中都有哪些人，他们在干什么，补全句子。

小刚和弟弟走在上学的路上，忽然，弟弟的帽子__________，弟弟要____________________，小刚连忙劝阻。

2．观察图片，想象人物对话。

小刚连忙对弟弟说：“____________________”弟弟听了

哥哥的话，知道自己做得不对，不好意思地说：“______________________________”

3．你想对图中的弟弟说些什么？

____

4．就我们身边的“小事”的处理方法，判断对错。

（1）我们不要乱丢垃圾，而要把它们丢到垃圾箱里。（　　）

（2）如果我们发现身边的人有破坏环境的行为，要提醒他们，说服他们不要这样做。（　　）

（3）为了让别人感受到人间的温暖，我们可以竭尽一切，甚至不顾惜自己的生命。（　　）

参考答案

一、1.身边的“小事”　2.B

二、1.C　2.B

三、1.2　1　3　2.（1）√（2）√（3）×

四、1.被风刮掉了　去马路上捡帽子　2.不要横穿马路，危险！　我错了。

3.示例：请遵守交通规则，珍爱生命。　4.（1）√（2）√（3）×

3 猜猜我是谁

情景导入

同学们，有位作家曾说过："在广瀚的宇宙中，只有一个你。以前不曾出现，以后也不会重复。你绝对是唯一的、独特的。"是啊，每个人都是特别的，每个人身上都有闪光之处。我们应该如何让大家了解我们，熟悉我们呢？

"丁零零……"上课铃声响了，同学们争先恐后地回到座位上，做着课前准备，春雨老师带着一名新同学走进了教室。

一起来帮忙

春雨老师

看来小棋同学在自我介绍中遇到了一个小难题哦，有哪位热心的同学可以帮帮他吗？

老师，我想帮助小棋！我想提示小棋，做自我介绍之前，要想一想说些什么才能让大家快速了解你。

杰杰

春雨老师

谢谢杰杰，还有同学想帮助小棋吗？

我想告诉小棋，自我介绍的时候，声音要洪亮，让每个同学都听得见；要抬头挺胸，自信、大方。

诗诗

划重点

自我介绍的基本要求：

1. 内容：客观真实，语言生动。
2. 态度：声音洪亮，自信大方。

春雨老师、同学们，大家好。我叫张小棋，来自浙江杭州，今年10岁了，热爱踢足球和画画。由于这学期爸爸妈妈的工作变动，我转入了这个新的班集体。我的内在就如同我的外表一样，诚实、严谨。我是一个十分内向的男孩，但我有一颗执着的心，只要是我选择的事情，我就会坚持下去。希望我能和大家成为好朋友！

春雨老师

小棋同学的自我介绍非常精彩！我们每个人都有与别人不同的地方。同学之间，有人可能了解你的外貌特点，但不一定了解你的个性。不如这节课我们就敞开心扉，把自己介绍清楚，好吗？

春雨老师转身在黑板上写出：____________的我，接着出示了两条小谜语——

________的我

（1）小小男孩脑瓜大，眼睛大大嘴多话。爱运动来爱玩耍，可惜学习没人夸。

（2）个子高高的女孩，皮肤白白头发长，爱学习来爱劳动，成绩优异人人夸。

春雨老师：今天老师给你们带来了两条谜语，都是猜我们班里的同学的，看谁猜得又快又准。

杰杰：第一个是淘淘，第二个是诗诗！欧耶！

春雨老师：你为什么能这么快猜中是这两位同学呢？

杰杰：谜语里面全都有！外貌、性格和爱好，根据这些很快就能猜出来！

春雨老师：是啊，大家的外貌、性格和爱好都不同，那你们能告诉大家自己与别人的不同之处是什么吗？先想想，自己性格中最突出的特点是什么，自己最喜欢做的事情是什么，可以用什么词来形容自己；然后把咱们交际的话题“________的我”补充完整。

春雨老师

用事例说话，就可以把自己介绍得更具体、更生动。

诗诗

原来是这样，我明白了，谢谢老师！

春雨老师

同学们，我校将于六一儿童节当天举办“校园雏鹰起飞”活动，凡本校学生都可以报名参赛。首先在班内进行海选，然后每个班推选10名同学参加校内选拔，从而让大家了解你、喜欢你、欣赏你，成为校园之星！有兴趣的同学可以准备一下。

原来很简单

口语交际的要素

★要明确说话对象。

★要把握语言中心。

★要讲究说话态度。

大家来展示

诗诗

夸夸我自己

我是一个天真可爱的小女孩，长着大大的眼睛、长长的头发、小小的嘴巴。

在校园的学习生活中，我学会了许多的知识，懂得了许多做人的道理，取得了很大的进步。在班里，我是老师的好帮手，与同学们和睦相处；上课时，我认真听讲，积极举手发言；课后，我积极完成各项作业，做到书写整洁。各个方面认真的我，曾多次被评为“三好学生”。在老师和父母的教育下，我学会了保护比自己弱小的人，成长为一个热心助人、尊老爱幼、有爱心的好学生。

春雨老师常说：要表现自己优秀的一面给别人看，不要给自己丢人。我要争取更大的进步，争取成为校园“维鹰之星”！

杰杰

努力的我

我是一个学习非常努力的孩子。每次考试结束后，我都要进行总结，找出回答错误的原因，找出自己的不足，然后在以后的学习里多加注意。

妈妈经常对我说：“杰杰，对待考试，考好了不要骄傲，没考好也不要灰心，只要平时学习时全力以赴就好。还有就是你要经常找自己的缺点与不足，然后进行改正完善。只有这样，你才能在将来的道路上立于不败之地！”妈妈的话经常在我耳畔响起，作业做错了，我会找原因；课堂上老师的提问回答错了，我会找原因；因为一道错题，我经常会花费很长时间，但我从未因为没有把错题弄懂而气馁。遇到实在不明白的题目，我会将不懂的地方一一罗列出来，积极主动地向老师请教，直到弄懂了为止。

上学期期末考试，我只考了我们班第十名！我并不灰心，我觉得自己有能力赶上排名在我前面的同学。新学期开始以后，我就采取实际行动去面对我的竞争对手。由于我的努力，每次考试我都会前进一步。这一学期，我终于画上了一个完美的句号！

自我介绍

淘淘

我叫淘淘，今年十岁，微高的鼻子、不大不小的眼睛、一对招风耳，爱留一个小平头，看起来特别精神。

我的爱好十分广泛，喜欢画画，还会拉二胡。后来，我还渐渐喜欢上了唱歌。其实，我最大的爱好是搞一些小发明、小创造什么的，因此我的机器人、小汽车常常被我拆得七零八落。

我还爱养一些小动物。有一次爸爸出差了，把喂鱼的任务交给了我。爸爸刚走，我就把所有的鱼食都给鱼吃了。鱼儿们吃得胀着肚皮浮出水面，吓得我连忙给爸爸打电话。爸爸告诉我，这是因为投食太多了，并且水质变坏引起的，我连忙给鱼缸换水，这才救活了小金鱼。

这就是我！如果你和我志趣相投，就和我做好朋友吧！

我也行

请你根据下面三个情境，进行情境模拟练习。

1. 开学伊始，407 班举行以“趣说自己”为主题的班会，请你做一番自我介绍。

2. 校学生会干部竞聘会上，你为竞选学生会干部（职务自拟）做自我介绍。

3. 你的班级与隔壁班级结成了联谊班级，在两个班级的首次联谊会上，你做了自我介绍。

参考答案 略

4 猜猜他是谁

情景导入

在浩如烟海的文学作品中，有众多性格鲜明的人物，例如：足智多谋的诸葛亮、疾恶如仇的鲁智深、神通广大的孙悟空……这么多人物中，你喜欢哪一个呢？他又出自哪部作品呢？你喜欢的理由又是什么呢？

杰杰

嗨！淘淘，你怎么了？看起来不开心呀！

淘淘

哎呀，别提了。昨天晚上，我们家召开周末联欢大会，我表演孙悟空。正当我把孙悟空的七十二变表演得淋漓尽致的时候，我的小表弟突然大笑起来，还说我演得压根不像孙悟空，倒像活灵活现的猪八戒！可把我给气坏了啊！

杰杰

哈哈哈哈……笑死我了！淘淘啊，孙悟空和猪八戒可完全不一样，你是怎么把孙悟空表演成猪八戒的呀？莫非……

淘淘

好你个杰杰，你也要取笑我，我和你没完！

春雨老师：杰杰、淘淘，你们俩在干什么呢?

淘淘：报告老师，杰杰取笑我!

春雨老师：杰杰，这就是你的不对了，请你和淘淘道歉，同学之间要友好相处。

杰杰：对不起，淘淘!

春雨老师：淘淘，杰杰为什么取笑你?

淘淘：杰杰取笑我表演的孙悟空像猪八戒!

春雨老师：孙悟空和猪八戒都是《西游记》里经典的人物，他们的形象可是大相径庭! 淘淘，你是否愿意给大家表演一下你是怎么演孙悟空的?

淘淘：老师，我愿意!

春雨老师：同学们，我们阅读文学书籍或观看影视作品时，常常会被其中的一些人物吸引或感动。这些人物个性鲜明，充满人格魅力，让人由衷地欣赏和喜爱。今天，淘淘同学准备为大家表演一个他最喜欢的人物，大家一起猜一猜这个人物是谁。

淘淘拿着一根扫把上台了，只见他挥动着手中的扫把，左边挥挥，右边挥挥。不一会儿，全部同学哄堂大笑起来。

一起来帮忙

春雨老师

同学们，看完了淘淘的表演，大家觉得他演的孙悟空像吗？

诗诗

不像！

春雨老师

那如果想要演得像，应该怎么做呢？

诗诗

必须要抓住人物的特点，比如要想将孙悟空演得像，可以抓住他惯用的手势、口头禅，再通过展现他的经典事例来表现。

春雨老师

诗诗同学说得非常好。今天我们就来说一说你最喜欢的人物形象吧！把你最喜欢的人物形象推荐给你的同桌，同时要告诉他你的推荐理由哦，大家可以参考表格中的例子。

人物	出处	喜欢的理由
哪吒	动画片 《哪吒闹海》	1. 年纪小但武功高强，能变出三头六臂…… 2. 见义勇为，敢于担当。有一次，他救了被龙王欺负的老百姓……

划 重 点

说之前我们要想清楚：

1. 人物形象的出处。
2. 喜欢他的理由。
3. 人物最明显的特性或特征。

我明白了，说自己最喜欢的人物形象时，既要说清楚人物形象的出处和他的特点，还要告诉大家你喜欢这个人物的理由。但是我喜欢一个人物的理由有很多，一时半会儿也说不完呀！

淘淘

春雨老师

当喜欢一个人物的理由有很多的时候，你就需要分条讲，说清楚。这时候，听的同学就需要仔细听，抓重点。

划 重 点

当喜欢的理由有很多时，

说：分条讲，说清楚；

听：仔细听，抓重点。

怎样才能做到分条讲述，把理由说清楚呢？

杰杰

春雨老师：分条讲述是指要说得有条理。喜欢的理由可以有很多，要一个一个讲。不能重复，要体现出人物多方面的特点哦。

杰杰：讲话的学问可真大！别人常说，听也是一门艺术，那怎样才能认真听别人讲述，并且有效抓住重点呢？

春雨老师：听人说话的时候，要做到不打断别人、不插话，能听出其优点和不足。听的过程中，我们要对别人的发言给予积极的回应，比如眼神或者语言的回应。听完后，能指出讲述的人的表达是否有条理，可以针对不清楚的地方进行追问。

杰杰：我明白了，做一个善于倾听的好听众，也是很重要的！

春雨老师：是呀，在交际的时候不仅要会说，还要会听，并能够积极地回应，这才是真实有效的交际！

原来很简单

口语交际的要素

★会说：1. 说话有条理。

2. 理由不重复。

3. 体现人物多方面的特点。

★会听：1. 不打断、不插话。

2. 对别人的发言给予积极的回应。

3. 针对理由不清楚的地方可追问。

大家来展示

淘淘

我最喜欢的人物形象是孙悟空，他出自我国四大名著之一的《西游记》。我喜欢他的原因有三点：一是他神通广大，会七十二变，一个筋斗十万八千里；二是他爱憎分明，对师傅唐僧很忠诚，誓死保护唐僧去往西天取经；三是他乐于助人，西天取经路上，只要碰到降魔捉妖，不管费多大的功夫，孙悟空都会伸出援手。

诗诗

我最喜欢的人物形象是安娜公主，她出自电影《冰雪奇缘》。我喜欢她的原因：一是她性格可爱，对朋友和家人非常热情和温暖；二是她虽然没有姐姐那样强大的魔力，但她乐观坚强，勇敢无畏，为拯救王国和姐姐艾莎而努力地破解诅咒。

杰杰

我最喜欢的人物形象是郭靖，他出自电视剧《射雕英雄传》。我喜欢他的原因有两点：一是因为他武功高强，有盖世奇功——降龙十八掌；二是因为他老实厚道，忠诚正直，是一个为国为民的真正的大侠。

我也行

一、选一选。

1. 王允通过（　　）使董卓与吕布反目。

A. 曹操　　B. 袁绍　　C. 貂蝉　　D. 孙尚香

2. (　　)向刘备推荐了诸葛亮。

A. 徐庶　　B. 赵云　　C. 曹仁　　D. 蔡瑁

二、说一说。

1.《三国演义》第二十一回中“青梅煮酒论英雄”的情节历来为人们所称道。请结合具体内容说一说该情节中的两位人物各自有着怎样的性格特征。

____

____

____

2. 说一说《三国演义》中体现关羽“勇”的一个故事。

____

____

____

参考答案

一、1. C　2. A

二、1. 曹操用手一指刘备，再指自己，说：“今天下英雄，惟使君与操耳！”这一话语展现了他的踌躇满志与骄横霸气。刘备听了曹操的话吓得变了脸色，筷子掉到地上，急忙借惊雷之声掩饰过去，体现了他小心谨慎、机智从容。

2. 例1：温酒斩华雄：董卓当权，把持朝政，十八路诸侯兴兵声讨。交战中，先后有四位各诸侯中的悍将被董卓的部将华雄斩杀。此时，关羽自告奋勇，愿与华雄交锋。袁绍嫌他地位低微，称其“安敢乱言”，喝令将其打出。曹操上前阻止，关羽才有了出战的机会。曹操端了杯热酒为关羽壮行，而关羽愿先去斩华雄，回来再喝酒。果然在温酒未凉之际提来了华雄首级，令众诸侯惊讶不已。

例2：过五关斩六将：关羽与刘备失散，暂居曹营。曹操欲收服关羽，热情款待，赐美女、金银、官职。后来关羽挂印封金，只收下赤兔马，护送两位嫂子千里投奔刘备。在五个关口受到阻拦，关羽斩杀六将，最终完成使命。

例3：单刀赴会：东吴屡次讨要荆州未果。遂采用鲁肃之计，设下鸿门宴，埋伏好刀斧手邀关羽来吴国赴宴。关羽轻驾小舟、单刀赴会，只带领十几个随从人员。席间关羽借与鲁子敬多年未见叙旧为由，拉着鲁肃不放手，互相敬酒，实则以鲁肃为人质。埋伏的刀斧手见鲁肃被困，不敢轻易下手。关羽因此安全脱身。

5 走进他们的童年岁月

情景导入

童年，是一首欢乐的歌，是一幅多彩的画，是一段充满童真、难忘的岁月。

每个人都有自己的童年，你知道大人们的童年是什么样的吗？让我们走进不同的童年岁月，感受童年的别样快乐吧！

杰杰

哇哦，今天我的战绩比昨天还要厉害，你看我的分数已经在排行榜的前十了！

看了这么久的屏幕，让眼睛休息一下吧。

淘淘

杰杰：怎么休息呢？

淘淘：我们去室外转转吧，不能长时间使用电子产品。

杰杰：行。

淘淘：杰杰，我突然想到，现在我们可以玩电子游戏；以前，我们的爸爸妈妈、爷爷奶奶，他们玩什么呢？

杰杰：对哦，他们会玩些什么好玩的游戏呢？我回去翻翻相册，看看能不能找到一些线索。

杰杰

唉，没意思，他们的照片都没有几张，更别提小时候的了。

淘淘

对啊，以前照相可没有我们现在这么方便，很多有趣的瞬间都没能被及时记录下来。

杰杰

那我们怎样才能知道大人们的童年故事呢？

一起来帮忙

杰杰

春雨老师，我们想知道大人们的童年故事，应该怎样才能去了解呢？之前我们还想着可以翻阅照片，可是家里并没有相关的照片。

春雨老师

你们可以直接去询问他们呀！在询问之前，先选好你想要了解的对象，也就是你想了解谁的童年故事。

淘淘

好的，那我们现在就去问他们。杰杰，走吧！

不要着急哦，在问之前，你们还要拟好恰当合理的问题。

春雨老师

杰杰

老师，那什么是恰当合理的问题？

我们选择的对象是大人，问题必须围绕“大人的童年生活”展开，不能偏离主题。

春雨老师

别着急，这里有两个问题清单供你们参考。聪明的你们，有没有发现这两个清单的区别？

春雨老师

问题清单一	问题清单二
◎还记得小时候学过的哪几篇课文？	◎小时候玩过哪些玩具？
◎做过的最勇敢的事是什么？	◎最喜欢哪个玩具？为什么最喜欢它？
◎课后最喜欢玩什么游戏？	◎这个玩具是怎么玩的？
……	……

杰杰

发现了，“问题清单一”是从不同方面提问的。

淘淘

我也发现了，“问题清单二”是围绕玩具这一个话题列出来的，就是“具体展开”说，对吧？

真棒，老师相信你们还能提出更多的问题。再次提醒大家哦，大人们在回答问题的时候，我们一定要认真倾听，做好记录。整理记录时，要选出大人童年生活中让你感兴趣的典型事例。

春雨老师

原来很简单

口语交际的要素

★选择对象，提出恰当的问题。

★做好记录，选择有趣的事例。

★讨论交流，说出自己的感悟。

大家来展示

杰杰

淘淘，我们一起去采访我爷爷吧，真想知道他的童年生活是什么样的！

淘淘

好呀，那我们赶紧出发吧。

杰杰

爷爷，我想问问您小时候都玩儿些什么呀？也是练习书法吗？请您给我讲一讲您的童年生活吧！

爷爷

我小时候啊，上学的地方离家很远，需要走10里地，到邻村的小学读书，每天都是五点起床，天没亮就要出门赶去学校，回来还要帮忙做农活，哪里还有时间练习书法呀！我那时候可不像你们现在这么幸福哟！

淘淘：爷爷，您上学时学校的桌椅板凳是什么样的啊？

爷爷：当时学校里的桌子是用水泥板做的，板凳是从家里带去的自制的木凳，所以当时班里每个人的凳子都不一样。

杰杰：爷爷，您在学校主要学习什么呢？

爷爷：在学校里，我们主要学习数学、语文、自然常识、劳动技术等一些课程。手工课上，我们常常自己动手做一些好玩的物品，比如女孩做毽子、男孩做木头手枪等。我们课后玩的玩具都是自己动手制作的。

淘淘：爷爷，您下课后玩什么游戏呢？

爷爷：下课了，我们会约在一起踢毽子、挑棍儿、跳绳、玩石头等。这些游戏可有趣了，我现在还忘不掉呢！

杰杰：爷爷，您最喜欢的故事是什么呢？

爷爷：小时候，我最喜欢听《王二小》的故事，这个故事我现在还能倒背如流哩！

杰杰：谢谢爷爷的讲解。

杰杰和淘淘整理好交流的记录，在班上和同学分享他们了解到的情况和感受。

对象：爷爷

问题	了解情况	感受
在学校主要学习什么课程?	主要学习数学、语文、自然常识、劳动技术等课程	爷爷童年时期的学习生活条件很艰苦，可是他们依然克服困难学习。跟爷爷比起来，我们的生活和学习条件多么优越！所以我们一定要珍惜现在的幸福生活，好好学习，努力进取。
下课后玩什么游戏?	踢毽子、挑棍儿、跳绳、玩石头等	
最喜欢什么故事?	《王二小》	

我也行

一、交际话题。

1. 这次口语交际的内容是走进大人们的____________，了解他们________的故事。

2. 这次口语交际了解的对象可以是（　　）。（多选）

A. 祖父母　　B. 同学　　C. 父母　　D. 邻居的叔叔、阿姨

3. 根据本次口语交际话题，下列问题不恰当的一项是（　　）

A. 你小时候家里发生过哪些难忘的事？

B. 你小时候在学校里发生过哪些有趣的事？

C. 你将来打算做什么？

D. 你小时候做过什么勇敢的事？

二、交际方法。

判断，对的打“√”，错的打“×”。

1. 提问的时候，注意使用礼貌用语。(　　)

2. 面对提问对象，你想问什么就可以问什么，以前和将来的事情都可以随便问。(　　)

3. 要认真、耐心地听别人讲话，一边听一边做简单的记录。(　　)

4. 在倾听的过程中，可以随意打断别人。(　　)

5. 要针对不同的对象，提出恰当的问题。(　　)

三、交际活动。

按要求填写表格，把提问对象和问题写下来。

提问对象	问题1	问题2	问题3

参考答案

一、1. 童年岁月　小时候　2. ACD　3. C

二、1. √　2. ×　3. √　4. ×　5. √

三、示例：

提问对象	问题1	问题2	问题3
邻居阿姨	还记得小时候学过的哪几篇课文？	小时候放假去哪里玩？	……
爸爸	做过的最勇敢的事是什么？	下课后最喜欢玩什么游戏？	……

6 同读一本书

情景导入

阅读往往能唤起读者独特的感受和理解，即使读同一本书，不同的读者，心得体会也可能不一样。让我们一起开展读书会，围绕同一本书交流读书心得，分享阅读的收获，分享读书带来的快乐与幸福。

马克·吐温

杰杰

淘淘，我最近读了一本书，讲的是美国一个调皮的孩子勇敢探险的故事。

淘淘

我知道，你说的是《汤姆·索亚历险记》，我也看过！

诗诗

我还知道这本书是美国作家马克·吐温写的。

春雨老师

看来大家都读过这本书，但我想你们每个人了解的内容应该会有所不同，不如我们一起来交流交流吧，看看你们都有哪些有趣的发现和收获。

杰杰

老师，我们每个人都是七嘴八舌地说，这样太乱了，该怎么办呢？

一起来帮忙

春雨老师

交流之前，我们要确定交流的话题。下面，我给大家带来了一些交流话题：

★这本书讲了一个什么样的故事？

★你怎样评价主人公？你对哪个人物印象最深？为什么？

★有没有什么地方让你觉得困惑，或是感到奇怪？有没有完全出乎意料、令人感到不可思议的情节？

★读这本书的时候，你想到了哪些相似的书，或是想到了生活中的哪些人？

★故事的结局你喜欢吗？如果你来写这个故事，你会怎么写？

……

我选择第二个话题，我印象最深刻的是汤姆·索亚，他勇敢机智。

杰杰

淘淘

我不同意，我认为他不太诚实，也不勇敢。

春雨老师

你们俩说得都没错，但是老师建议你们引用原文来进行说明，从而使自己的观点更有说服力。

好的，谢谢老师。汤姆深夜去鬼屋寻宝，去印第安人乔居住的酒店打探消息，挺身而出，冒着被杀害的风险伸张正义，在法庭上为波特洗清罪名，从这些地方都能看出他是一个勇敢机智的人。

杰杰

淘淘

乔把医生杀死，又嫁祸给被打昏的波特。汤姆和哈克因为害怕而立誓绝不泄密。从这里可以看出汤姆一点都不诚实、勇敢，甚至有些懦弱。

淘淘，我不太同意你的观点。汤姆还小，遇到这种事情会害怕是很自然的，但是读到后面便可以知道他战胜了恐惧，最终指证乔就是杀人凶手。由此，我们可以看出汤姆并不是一个胆小的人。阅读时，我们要联系整本书来评价人物。

杰杰说得有道理。但是淘淘勇敢表达跟别人不一样的观点，也值得我们学习！

杰杰在听别人交流时，能分辨别人的观点是否有道理，讲的理由是否充分，这正是我们在交流时要思考的。看来大家已经学会了交流《同读一本书》，那就快去在小组里交流其他你们感兴趣的书吧。

原来很简单

口语交际的要素

★引用原文说明观点，使观点更有说服力。

★分辨别人的观点是否有道理，讲的理由是否充分。

大家来展示

诗诗：读了《鲁滨孙漂流记》，鲁滨孙给我留下了深刻的印象。我觉得他很乐观。他说："在最不幸的处境之中，我们也可以把好处和坏处对照起来看，从而找到面对困难的勇气，遇到挫折时不退缩。"

杰杰：说得有道理，乐观——是他能在荒岛上生存下来的一个重要因素。我觉得会动脑筋解决问题，也是他能在危机重重中生存下来的重要原因，例如他用刀子在柱子上刻痕迹来做日历就体现了这一点。

淘淘：读《鲁滨孙漂流记》这本书，我想到了我自己。跟鲁滨孙相比，我是多么渺小啊。有一次爸爸妈妈不在家，尽管冰箱里满是食物，但我还是饿着肚子等爸爸妈妈回家弄吃的。我独立生活的能力太差了。

春雨老师：看来大家通过交流，有了不少新的收获。

杰杰：通过交流，我知道了鲁滨孙是一个勇敢、坚强、乐观，遇到困难善于动脑筋的人。正因为这些优秀品质，他才在困难面前不断磨炼自己，展现出了超强的生存能力。

通过交流，我领悟到，每个人的人生都有荒岛存在，在荒岛面前有人深感绝望，有人勇敢、乐观、独立、坚强。我们应该像鲁滨孙一样勇敢面对人生的荒岛，努力从绝望的缝隙中寻求生的希望，开拓荒野，才能绝处逢生。

淘淘

春雨老师

阅读往往能唤起读者独特的感受和理解，即使读同一本书，不同的读者，其心得体会也可能不一样。从书中读懂什么是善良，什么是友谊，什么是生活，跟故事中人物一起喜悦、一起感伤、一起成长，是多么幸福！读了一本好书，跟同学交流分享阅读的收获，是多么快乐！

我也行

一、交际话题。

1. 和大家分享一下你最近读的书。（最少写三本）

____

2. 可以围绕哪些话题交流读书心得呢？在你认为正确的话题后面打“√”。

（1）这本书讲了一个什么样的故事？（　　）

（2）你对哪个人物印象最深？为什么？（　　）

（3）故事的结局你喜欢吗？如果你来写这个故事，你会怎么写？（　　）

（4）书中有没有令人感到不可思议的情节？有没有什么地方让你觉得困惑，或是感到奇怪？（　　）

（5）这本书的价格贵不贵？（　　）

二、交际要求。

在和同学交流读书心得时，必须做到（　　　）（多选）

A. 表达观点时要以内容为依据，从书中找出例子来说明自己的观点。

B. 要勇于表达自己的真实想法，哪怕你的想法与大多数人不一样。

C. 认真听别人的发言，准确地理解别人的想法。

D. 对于不同的想法，我们要大胆质疑。

三、推荐会。

推荐一本你最喜欢的书给同学们，并说明理由。

____

____

参考答案

一、1. 略　2.（1）√（2）√（3）√（4）√　二、ABC　三、略

第二章

学会建议，自信表达

爱因斯坦曾经说过：“提出一个问题比解决一个问题更重要。”可以说“提出建议”是人们素质的一个重要组成部分，“建议”会让我们的生活更加美好，让我们的表达更加自信。

1 春游去哪儿玩

情景导入

春天来了，小草纷纷探出头来，柳枝抽出点点嫩芽……多美的景色呀！我们的祖国地大物博，风景优美，有许多风景名胜吸引着我们，真想去春游！

春雨老师：同学们，阳春三月好时节。春天如此美好，在这样一个春意盎然的光景里，你们最想去做什么？

杰杰：当然是春游啦！

春雨老师：和我想的一样！今天我们就来讨论讨论，选一个你最想去的地方推荐给大家，与大家交流交流自己的想法和理由。到时候我们来投票，选出最佳推荐官，并制订春游计划，再把我们的意见推荐给学校吧！

我最想去植物园玩。长大了，我想当植物学家。

杰杰

淘淘

植物园里都是植物，一点都不好玩。依我看，我们去动物园吧！

诗诗

还是去博物馆吧，我想去博物馆！

春雨老师的话音刚落，孩子们就七嘴八舌地提出了自己的建议，谁也说服不了谁，讨论得热火朝天。

杰杰发现想去植物园的呼声渐渐被去博物馆掩盖了，顿时急得直冒汗，他拉大嗓门，大声喊着：去植物园！植物园！植物园！

淘淘也不甘示弱，干脆带着想去动物园的同学从座位上站起来，高声呼喊着：去动物园！动物园！动物园！

班上顿时乱成一锅粥，诗诗紧紧捂住耳朵，大声说：你们都别吵了！

春雨老师压压手，示意大家安静下来。

春雨老师

孩子们，请安静下来！想让别人赞同你的观点，我们可是要以理服人的，而不是按声音和气势的大小来决定。老师想问问杰杰，你为什么想去植物园春游呢？

我……我觉得那里的植物很奇特……

杰杰

大家听完，哈哈大笑。显然，杰杰的这个理由太没有说服力了，杰杰有点沮丧地抓着脑袋。

一起来帮忙

春雨老师

其实“春游去哪儿玩”这个主题并不难，咱们先想想可以从哪些方面来展开介绍。

春雨老师轻轻点击屏幕，屏幕上出现：

讨论要求

（1）选一选：明确自己的选择地点。

（2）想一想：选择的想法和理由。

（3）说一说：文明讨论，礼貌发言；声音响亮，表达清晰。

（4）听一听：别人说话的时候，要耐心倾听，不打断。

杰杰

我明白了。妈妈之前带我去过植物园，那里有很多植物非常奇特，十分有意思，所以我还想再去一趟植物园，而且我以后想当植物学家。可是春雨老师，我还是觉得自己这样说没有吸引力，大家依然对去植物园不感兴趣啊！

春雨老师

既然你去过植物园，那么你可以把在植物园里看到的风景介绍给大家，引起大家的兴趣呀。

杰杰

可是我要怎样介绍才能让大家对植物园里的风景感兴趣呢？

春雨老师

那我们可得仔细思考一下，讲的时候要有一定的顺序，一点一点地讲，要具体且清楚。想象你拿着摄像机，从后门走进植物园，首先你会将镜头对着讲台前面的全景，然后再对着某几株植物。同时，要把植物园你印象深刻的一处多说几句，还要能适当运用比喻句、成语、古诗，也可以说说与景点有关的传说或者历史。

划重点

如何介绍景物：

1. 仔细思考，讲的时候有一定的顺序。
2. 适当运用比喻句、四字词语、古诗。
3. 说说与景点有关的传说或者历史。

杰杰

原来是这样！

春雨老师

没错，杰杰，现在你能再把想去植物园春游的理由告诉大家吗？

杰杰

没问题！我推荐咱们这次春游去植物园，植物园真的很有意思！那里有各种各样的树木、花草，有名字的，没名字的，都充满了生机。不一样的树木，有不一样的姿态；不一样的花草，有不一样的风情。有的树，枝干粗壮，很威武；有的树，树叶细长，很别致。在植物园，我们可以认识很多不同种类的植物，获取知识；可以锻炼身体，增强体质；还可以组织采集标本、照相等活动。

原来很简单

口语交际的要素

★先说去哪儿，然后说理由，最后说在那儿可以组织什么活动。

★说理由的时候，运用“首先……其次……再次……最后……”的句式，显得清楚而有条理。

★介绍要具体清楚，用上搜集到的好词佳句。

★语言响亮生动，引人入胜。

大家来展示

杰杰

我建议大家春游去陆羽公园。我的理由有四点：

首先，公园面积不是很大，不至于迷路，很适合小学生游玩；

其次，公园有小西湖、陆羽井、茶经楼、音乐喷泉等，景点十分丰富，而且芳草遍地，垂柳依依，景色优美怡人；

再次，公园离我们的学校并不远，交通方便，在园内游玩的时间充足；

最后，“茶圣”陆羽是历史上有名的人物，公园的一些景点设计具有十分丰富的文化意味，我们可以一边游玩一边请工作人员帮我们解说，多了解一些我们家乡的传统文化。

诗诗

我推荐科技馆。那是一个神奇的地方！

科技馆一楼有个太空厅。一进门，星空长廊特别吸引人眼球，一个个千奇百怪而璀璨夺目的宇宙天体，被专业摄影师一一捕捉。再往里走，大大小小的天体模型呈环形排开，仿佛将游客置身于太空之中。

科技馆二楼是水利水电厅。整个大厅分布着许多场景，最有意思的是三峡大坝水利枢纽工程的模型，可以模拟船长掌舵行驶、游览于整个三峡之中，从历史、科技、地理等方面见证三峡大坝的宏伟。

科技馆还有一个神奇的儿童区域，在负一楼。在那里，有声光电展示、机器人手臂操作、传统九连环……最好玩的是魔幻屋：小屋整体倾斜，内部的墙壁上有一面奇特的镜子。在镜子外，人明明站得端端正正；在镜子里，人却是倾斜的。

怎么样，是不是很有意思？科技馆是一个充满神奇，却又体验感十足的好地方，我推荐大家去看一看。

淘淘

我推荐的是东湖风景区。自古以来，东湖就是游览胜地。屈原在东湖“泽畔行吟”，楚庄王在东湖击鼓督战；三国时期，刘备在东湖磨山设坛祭天；南宋诗人袁说友用“只说西湖在帝都，武昌新又说东湖”赞美东湖；不仅如此，东湖风景区湖光山色，绿荫鸟鸣，风景十分优美。

在春天，东湖的牡丹园是一个好去处，我们在那儿可以欣赏雍容华贵的牡丹，想必在波光粼粼的湖水映衬下，那些花儿会更加娇艳。景区内还有鸟语林，也有儿童乐园，很适合休闲放松。我觉得我们可以找一个比较开阔的草坪放风筝，肯定特别有意思。

我也行

一、阅读：朗读下面的发言稿，完成练习。

3月是川西平原油菜花盛开的季节，3月的17和18日前后更是油菜花绽放得最灿烂的日子。川西坝子的油菜花是颇有名气的。曾有首歌唱道："麦苗儿青青，菜花儿黄……"这便是对川西坝子那织锦般的图景——块块麦地、田田菜花纵横交错景象的记录和写照。而成都的新都区恐怕是其中的佼佼者，在新都区西北村（新都区城郊）有成片壮观的油菜花，另外一处便是新都区白鹤岛，沿河两岸都是油菜花。每当阳春三月到来，城里的人们就纷纷来到这里观赏油菜花胜景。

（1）按要求摘录相关的词句。

春游地点：________________

景色特点：________________

开展的活动：________________

（2）谈谈自己的看法：你喜欢这样的地方吗？

____

二、我的交际。

确定地点，查找相关的资料，准备自己的发言稿。

春游地点：________________

景色特点：________________

开展的活动：________________

参考答案

一、（1）成都新都区西北村或白鹤岛　油菜花盛开　赏花

（2）示例：我喜欢这样的地方。看着一大片油菜花，会有心旷神怡的感觉。

二、略

2 班干部轮流制

情景导入

“班干部”，众所周知，是老师管理班级的好助手，是班级管理的核心力量！那班干部是竞选产生好，还是同学轮流担任好呢？我的班级我做主，同学们快来说说你的看法！

终于迎来新的学期，同学们许久没见，三三两两围在座位上交流着假期的趣闻。春雨老师走上了讲台，微笑着清了清嗓子，一瞬间，同学们全部安静下来。

春雨老师

孩子们，想必大家都听过“不想当将军的士兵不是好士兵”这句话吧！我们都是班级的主人，下午的班会课，咱们好好商议商议选举班干部的事情，更好地建设我们的班集体！大家课间的时候先讨论一下吧！

杰杰：上学期，我是班长，我有经验。这次竞选，我志在必得！

淘淘：凭什么你一直当班长，我的能力可不比你差！

杰杰：我的能力大家可是有目共睹的。你？你上课喜欢讲悄悄话，先把自己管好吧！

诗诗：你们俩都别吵了！依我看，咱们这次不竞选班干部了，采取班干部轮流制吧！每个同学都能当一天的班长，这样最公平！

一起来帮忙

“丁零零——”上课铃响了！春雨老师走进班级，已经耳闻同学们的想法。

春雨老师：其实啊，不管是竞选制，还是轮流制，都行。班干部要为班级服务，只要你有为班级服务的心，就可以成为一名优秀的班干部！以前是竞选制，现在诗诗提出的班干部轮流制，大家觉得怎么样？

杰杰：我可不同意！

春雨老师

那你说说为什么不同意。

杰杰

我……我……

春雨老师

这个话题其实很好表达。秘诀来了！首先要明确自己的观点——应该实行，还是不应该实行；其次，想一想班干部轮流制的利与弊，说清楚自己持有这种观点的理由。

划 重 点

该不该实行班干部轮流制度：

1. 明确观点。
2. 说清楚班干部轮流制的利与弊。
3. 总结自己观点的理由。

淘淘

这还不简单，观点＋理由＋总结，对吧，春雨老师？一句话的事儿！哈哈……

春雨老师

不用着急，说话要有条理。当我们准备说多条理由时，可以用上“首先、其次、最后”等表示顺序的词语，使自己说的话更有条理；也可以举几个例子来证明自己的观点；最后总结发言，就OK了！

划 重 点

如何说得更有条理：

1. 用上“首先、其次、最后”等表示顺序的词。
2. 举几个例子作为支撑，并总结。

杰杰

这样一来表达就容易多了，观点明确，理由充分，我们的表述才能更清楚、更有逻辑！

春雨老师

没错！杰杰，现在你再试试，把你的观点完整地表达一遍吧？

杰杰

没问题！我认为不应该实行班干部轮流制。同学们想想，如果每个同学轮流担任班干部，那些没有经验的同学可能会处理不好班级事务，给班级带来不必要的麻烦。这样的话，不如让最合适、最有经验的同学长期担任班干部，不仅稳定，还不易出错，长治久安呀！

春雨老师

任何事情都有两面性，实行轮流担任班干部制，能调动全班每个同学的积极性；而实行竞选上岗班干部制，比较稳定。其实，是否实行班干部轮流制，要根据班级以及同学们的实际情况而定。只有适合我们的，才是最好的！

原来很简单

口语交际的要素

★阐明观点，表明态度。

★阐述理由，举出例子。

★总结发言，增强说服力。

大家来展示

诗诗

我建议实行班干部轮流制！轮流担任班干部，可以调动我们的积极性，让每个班级成员都能参与班级事务之中，把班级建设成一个和谐的大家庭。而且平常不太注意纪律的同学，在担任班干部期间会自觉、严格地管理自己，这对他们也是一种锻炼。

淘淘

我支持实行班干部轮流制。有一些同学确实没有担任班干部的经验，可能在处理班级事务的能力上有所不足；但正因如此，他们才更需要一个机会来锻炼自己，培养并提高自己的能力。如果连证明自己的机会都不能给他们，又怎么知道他们无法做得更好呢？通过担任班干部，大家还可以提高自己在统筹等各方面的能力。另外，如果大家把这些能力用在学习上，不仅不会妨碍学习，还会对学习成绩的提高起到积极作用。

杰杰

我不同意实行班干部轮流制。如果班级内的所有同学都轮流做班干部，就会出现一些同学还没有完全适应某个岗位，就面临着轮换到其他岗位的情形。这不仅不能帮助班级工作的有序展开，还会影响班级的有效管理。而且班干部总是轮换，不利于班级的稳定发展，有可能会出现有些同学在承担岗位的过程中应付了事的局面，反正无论干得好与坏，时间一到就会换人。班干部轮流制虽然可以让每个人都有参与的机会，但是这种公平会削弱竞争性。

我也行

一、判断，正确的打“√”，错误的打“×”。

（1）当班干部是一个服务班级、服务同学、协助老师的机会。（　）

（2）当班干部是一个锻炼的机会，可以提高自己的表达、交际和与人相处等能力。（　）

（3）当班干部可以利用手中的权力来实现自己的愿望。（　）

（4）当班干部可以更好地处理与同学之间的恩恩怨怨。（　）

（5）班干部这个角色对人没有什么特殊的要求，任何人都适宜当班干部。（　）

（6）性格太内向的人是不宜当班干部的，无法正常与人交流的人是不宜当班干部的。（　）

二、我的交际。

集思广益，请大家想一想，按照自己班级的实际情况，哪种班干部任用制度更合理？

1. 确定自己的观点：

____

2. 准备自己的发言提纲：

____

____

____

____

参考答案

一、(1)√ (2)√ (3)× (4)× (5)× (6)√

二、略

3 我们生活的地球

情景导入

在浩瀚的宇宙中，有一颗蓝色的星球，她无私地奉献着，孕育了亿万个生灵。同学们，你们知道她是谁吗？没错，就是地球！我们生活在一个共同的地球上，她非常漂亮，山川河流，风景如画；蓝天白云，鸟语花香；新鲜的空气，清澈的河水……可是，我们的地球妈妈生病了，你们知道是什么原因吗？

周五放学的时候，春雨老师给大家布置了一项实践作业：给自己生活的环境拍张照，给地球妈妈“把把脉”，看看有没有什么发现！这不，周一一大早，杰杰和小伙伴们边走边讨论着。

淘淘

这哪里是“树”！诗诗，你这个作业不合格！

我这个树可比你们的有意义多了！

诗诗

三个小伙伴争执起来，诗诗不服气，拉着杰杰和淘淘去找春雨老师。

一起来帮忙

诗诗

春雨老师，您要帮我评评理，他们觉得我的作业不合格。

春雨老师

别着急，让我看看！这棵“筷子树”的新闻我听说过！整个树干使用的全部都是一次性筷子，多达十万支。这些筷子，也都是学校里的师生在平日里从学校食堂、校园周边的饭店里“捡”回来的。

淘淘

天啊！原来我们平时经常使用的一次性筷子居然可以堆成一棵大树！

春雨老师

是啊，其实一棵生长了20年的大树，仅仅只能制成6000~8000双这样的筷子。这棵“筷子树”的制作者，是想通过这样的方式，告诉大家要保护环境，减少一次性筷子的使用！孩子们，看完这张照片，你们能说说地球妈妈怎么了吗?

淘淘

难道地球妈妈生病了?

杰杰

天啊，太不可思议了，我们……我们要保护环境！

春雨老师

如何结合自己的生活环境，说出自己的想法，有点难度。跟着春雨老师来看看“魔力板”吧！

划 重 点

理解口语交际的内容和要求：

1. 结合图片内容，说说你的发现，并详细介绍有关环境问题。
2. 讲述图片背后的故事，说出你的思考。

淘淘

我明白了，我们要先描述图片，再把所展现的环境问题的背景说出来。

春雨老师

没错！这周给大家布置的实践作业，就是想引导大家关注周围的环境，发现人类的一些破坏环境的行为，同时学会在与他人发生意见分歧时，正确沟通，锻炼口语表达能力。

杰杰

那我们在讨论环境问题时，有什么具体的方法吗？

春雨老师

说好“环境话题”其实很简单，记住下面这三点，你就是一个“环保小达人”了。

划 重 点

交流内容：

①在我们身边存在哪些环境问题？

②这些问题有什么好的解决办法？

③为了保护环境，我们可以做些什么事？

春雨老师

学习了本期口语交际的方法，咱们再来看看诗诗带来的这幅图片吧！谁再来试一试？

杰杰

图片上的筷子树由一根根一次性木筷组成，而一次性筷子的制作加工程序繁复，要经过树木的砍伐、切断等十几道工序；而且为了让筷子看起来洁白干净，有些成型的筷子还要经过硫黄熏蒸，不仅不环保，而且对人体有害！

淘淘

因此，我们要减少使用一次性筷子，出外就餐时尽量自备筷子。

春雨老师

一张图片的背后竟然隐藏着重大的环保问题！我们不仅要认识到得爱护环境，更要亲身去践行。接下来，我们能不能把刚才交流的内容进行梳理，总结出几条简单易行的保护环境的做法，制作成“保护环境小建议”呢？

保护环境小建议

（1）不乱扔垃圾，看见垃圾，主动捡起丢进垃圾桶内。

（2）珍惜水资源。可以将淘米水、洗菜水等用来浇灌树木。洗完手后一定要把水龙头拧紧。

（3）如果教室里没有人，就要把电灯关上。

（4）使用无磷洗涤用品，不烧散煤，拒绝食用野生动物。

（5）随身携带环保袋，减少塑料袋的使用；自备餐具，减少使用一次性碗筷。

（6）在学校的路边及其他地方多设置一些造型各异的垃圾桶，最好是分类垃圾桶。

（7）多植树造林，不乱砍滥伐，不践踏草坪。

（8）不随地吐痰，不乱扔废旧电池。

（9）少开车，多骑车。

原来很简单

口语交际的要素

★结合生活实际，关注环境问题。
★讲述背后故事，说出你的思考。
★学会有效沟通，锻炼表达能力。

大家来展示

诗诗

走近月影湖，我们看到水虽然是流动的，但是水底却沉积着许多垃圾。水面是灰绿色的，看起来非常不干净。湖还向周围散发着臭气。我仔细地看了看，垃圾主要有：一次性快餐盒、饮料瓶、塑料袋等。我想这些生活垃圾一定是周围的小区居民扔的，有的居民图方便，把垃圾随手一丢，就丢到湖里去了，虽然方便了自己，但是却污染了环境。我倡议，垃圾入箱，并且分类投放；减少塑料袋的使用，减少环境污染！保护水资源，就是保护我们的家园。我们赶紧一起行动起来吧！

淘淘

清晨，走出家门，天空雾蒙蒙的，雾霾很严重。尽管每个人都戴着口罩，但依然觉得空气中仿佛弥漫着“毒气”一般。

其实，这雾霾是我们人类自己造成的。像汽车排放出来的尾气、燃放烟花的烟尘，都是造成雾霾天气的因素之一。所以，我们大家应该意识到自己的错误，携起手来共同把雾霾赶走，创造一个美好的明天。

该如何去做呢？我们可以少坐私家车，多乘坐公交车；可以让大人戒烟；可以不放或少放烟花爆竹；可以保护森林，植树造林，多种绿色植物；可以监控排气排烟企业，减少工厂排放的废气……总而言之，我们应该绿色环保，低碳生活。

我也行

一、案例分析。

我们村的村民总是把废旧电池直接扔到村边的水塘里。上大学的哥哥姐姐们回到村里，知道了这件事情后，他们就上门宣传，告诉村民们这样做会污染生活用水。废旧电池中含有多种对人体健康有害的化学元素，直接将废旧电池丢弃到水塘里，会导致这些元素进入水中，污染水资源。

1. 上述案例存在的环境问题：________________

2. 针对上述环境问题采取的措施：________________

二、我发现的环境问题。

A. 学校一些低年级的学生经常在操场上乱扔果皮纸屑，我们学生会多次抓到他们，但他们就是屡教不改。

B. 居民区附近的药厂排放的烟雾非常难闻，时间长了，生活在周边的人总是患上各种奇怪的皮肤病。

同学们讨论后得出的解决问题的办法分别是：

A. ________________

B. ________________

参考答案

一、1. 村民们将含有害化学物质的废旧电池直接扔到村边的水塘里，污染了水资源。

2. 大学生哥哥姐姐们积极宣传，告诉村民们这样做的危害。

二、示例：A. 学生会的同学要加强监督力度，抓到乱扔果皮纸屑的同学要及时通报批评，还要向他们的班主任反映情况。

B. 向市领导反映情况，建议毒性很大的工厂改换位置，不要建在居民区附近。

4 保护心灵的窗口

情景导入

谜语猜猜猜

两颗黑葡萄，长在人脸上，白天开窗望，晚上关紧窗。（打一人体器官）　　谜底：（　　　　）

小科普

人或动物眼睛内虹膜中心的小圆孔就是瞳孔，来自物体的光通过瞳孔进入眼睛后，会在视网膜上形成物体的像，最后眼球神经把这些光信号报告给大脑，我们就看到物体了。

杰杰

淘淘，你的眼睛怎么啦？

我的眼睛很不舒服，坐在这一排，黑板上的字都看不清了。

淘淘

诗诗

我的眼睛也是！最近看书的时候，我经常感觉视线有点模糊。

杰杰

我想，不仅仅是你们，咱们班应该有很多同学都出现了你们这样的视力问题。不如我们做个调查，了解一下咱们班同学的视力情况？

诗诗

好呀，好呀，看看有哪些同学出现了视力问题。

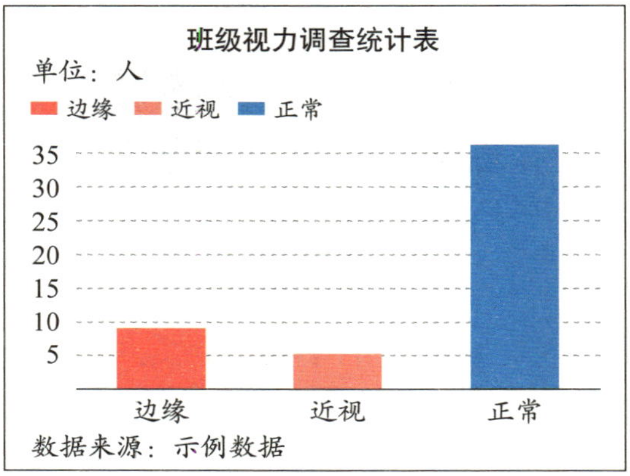

杰杰

调查结束了，你们有什么发现吗？

诗诗

根据调查，可以发现咱们班视力有问题的同学越来越多，这说明有些同学爱护眼睛的意识非常淡薄。

淘淘

是什么影响了我们的视力呢？我们该如何保护视力呢？

一起来帮忙

春雨老师

别着急，影响视力的原因有许多，你们可以分组进行分析。仔细观察下边的图，你们觉得图上这些人物的行为对视力有没有影响呢？

淘淘

看，左边这个穿黄色衣服的小男孩，竟然趴在床上玩平板电脑；第三个穿红色衣服的小女孩也是，竟然趴着写字，眼睛距离书本太近了。这些姿势都不正确，会导致视力下降的。

杰杰

是的，只有第二位和第四位同学的行为是对的。一个在认真地做眼保健操；一个在姿势端正地看书，这样的行为才是在爱护眼睛、保护视力！

诗诗

我还看见过有同学坐在太阳底下看书、写字，这也是不对的。

杰杰

通过查资料，我知道了好的饮食习惯也是良好视力的保障，比如身体内缺乏维生素A，就会导致夜盲症、干眼症。

淘淘

通过观察，我发现有的同学近视是因为平常看书、写字离书本太近，或者在太阳底下读书。

春雨老师

有没有发现你们的讨论有什么问题?

诗诗

我们小组内有重复的观点。

春雨老师

是什么导致你们重复了他人的观点呢?

淘淘

班里每个小组都在讨论，声音比较大，所以我没听清前面同学的发言。

春雨老师

所以啊，在讨论的时候，我们的声音不能过大，保证组内同学可以听到就行了，避免影响到其他小组同学的讨论。当大家的意见相同时，我们可以先表示同意，再说说自己看法。
老师给大家两个小妙招：
1. 我赞成你的想法，我也认为……
2. 我和你的想法一样，我还可以补充……

原来很简单

口语交际的要素

★小组讨论时，注意说话的音量，避免干扰其他小组。

★说话有侧重点，一人一次一观点，并充分说明理由。

★不重复别人说过的观点。如果想法接近，可以先表示认同，再继续补充。

音量适合 √　会倾听 √　懂尊重 √　不重复 √　会补充 √

大家来展示

春雨老师

知道了产生视力问题的原因，我们一起来讨论讨论如何保护视力吧。

淘淘

读写做到“三个一”。有的同学近视是因为平常看书、写字离书本太近，所以我建议我们平时写作业的时候一定要做到“三个一”：眼离书本一尺，胸离桌子一拳，手离笔尖一寸。平时还要坚持认真地做眼保健操。

杰杰

营养补给要到位。为了预防视力下降，平时可以多吃一些富含维生素 A 的食物，如鸡蛋、猪肝等；还有一些蔬菜和水果，如胡萝卜、橘子、豆芽等。这对保护视力有一定的作用。

诗诗

用眼“四不要”。通过观察和调查，我了解到同学们之所以会近视，是因为养成了不良的用眼习惯。针对这种情况，我总结出了用眼“四不要”：一、不要躺在床上或趴在桌子上看书。二、不要在走路或乘车时看书。三、不要在光线特别弱或特别强的地方看书。四、不要长时间近距离看电视、手机等电子产品。

杰杰

我同意诗诗的观点。经视防中心专业推荐，我有一个“20—20—20”科学视力防护法，即用眼20分钟后，休息20秒，望远处20米。建议大家长时间用眼后多去户外活动，多看看远处，或闭上眼睛休息。

请你来当小老师，评一评他们小组的讨论情况吧。

小组讨论评价标准				
发言人	音量适合	会倾听，懂尊重	不重复，会补充	根据问题提出解决方案
A				
B				
C				
D				

护眼歌

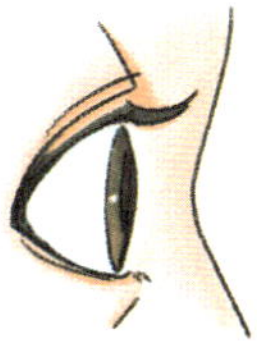

保护视力很重要，用眼习惯要记牢。
读写姿势要正确，眼离书本一尺遥。
看书光线要适宜，连续用眼要休息。
眼保健操要坚持，勤于锻炼是法宝。
营养饮食要均衡，心明眼亮多美妙！

我也行

一、调查发现，明确话题。

1. 我发现到目前为止，我们班已经有将近________人近视了。同学们陆陆续续戴上了________________，这使他们的生活非常不方便，也为老师调动座位带来了苦恼。

2. 本次我们交际的话题是：________________________________。

二、根据交流结果，判断下面说法的正误，对的打“√”，错的打“X”。

（1）在光线暗的地方看书容易导致近视。（　）

（2）走路的时候看书对眼睛不好。（　）

（3）车开动的时候，我们坐在车上如果觉得无聊，可以看看书、玩玩手机，不会对眼睛造成伤害。（　）

（4）看电视、用电脑时间太久，只会使眼睛疲劳，晚上睡一觉就会好的。（　）

（5）看书、写字的姿势不正确或时间太久，对视力不利。（　）

三、根据以下思维导图，和小组的同学说一说该如何保护视力吧。

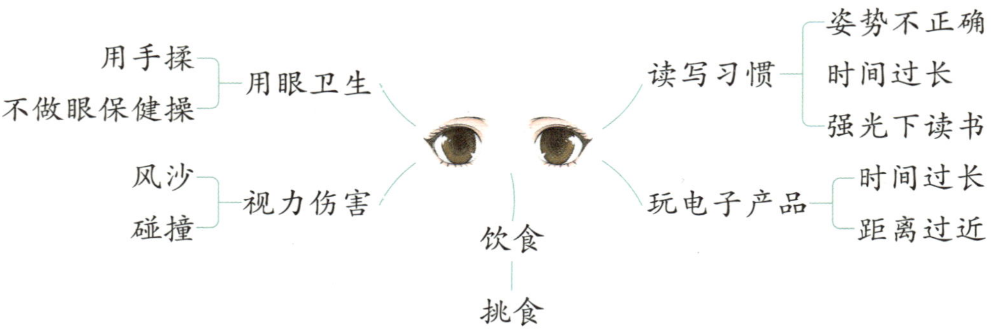

诗诗：____

杰杰：____

淘淘：____

四、考考眼力，下面的两幅图一共有4处不同，请找出来吧。

参考答案

一、1.示例：20 眼镜 2.爱护眼睛 保护视力

二、(1)√(2)√(3)×(4)×(5)√

三、示例：(1)不在光线暗的地方看书。(2)走路的时候不看书。(3)当车开动的时候不看书、玩手机。(4)用眼20分钟左右，眼睛就要做适当的休息。

四、略

5 我们都是班级小主人

情景导入

社会是由很多的人组成的大集体，班级是由很多个学生组成的大家庭，我们每个人都是班级的小主人。但是人与人在习惯、性格方面都不尽相同，班级中总会有一些比较调皮的学生，当他们捣乱的时候就会出现一些不和谐的因素，甚至可能会对身边同学造成影响。

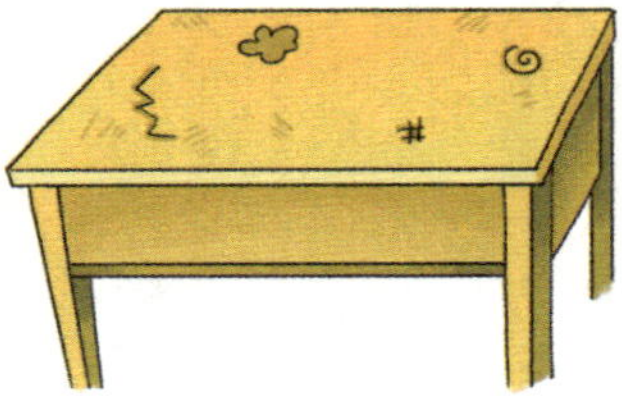

淘淘

这么好的桌椅都被划伤了，真可惜！

是呀，地上散落的垃圾也破坏了教室的环境卫生。

杰杰

诗诗：破坏班级环境，扰乱班级秩序，这些都是咱们班同学的“杰作”，我们得想想办法了。

一起来帮忙

春雨老师：同学们，相信图片中的情景，大家都不愿意再看到！俗话说：“没有规矩，不成方圆。”当这些不和谐现象出现时，只能用规矩来管束才会有用。这些规矩可以称为公约。公约是一些经过集体协商形成，每个人都同意遵守的条约。

杰杰：老师，在生活中，我们听说过“文明公约”“读书公约”“环境保护公约”等。那么班级里制定的条约是不是“班级公约”呢?

春雨老师：非常聪明！为了敦促大家纠正不良行为，可以制定“文明公约”，使社会文明；为了督促大家形成良好的阅读氛围，可以制定“读书公约”。同样，根据班级实际情况可以制定“班级公约”。有了班级公约，同学们一同遵守，营造良好的学习环境，可以把我们的班集体建设得更加团结友爱，让我们班呈现出崭新的面貌。

淘淘：那还等什么，我们赶紧来制定一个班级公约吧！

杰杰：别着急，听听春雨老师还有什么好的建议。再说，我们还不知道怎么制定班级公约呢。

诗诗：没错，淘淘，你可真心急！

春雨老师：制定班级公约呀，老师有几个小技巧要教给大家。首先，根据班上的实际情况，我们要提出班级建设的目标，就是讨论一下把我们班建设成什么样子。

淘淘：我们的目标是建设团结友爱的班集体。

诗诗：团结友爱这个目标太大了，怎么团结呢？怎么样才算团结呢？我们还是先想一想怎么把它变成好操作的具体的小目标吧。

春雨老师：诗诗说得对！第二步，就是将我们的目标进行分类细化。我们可以从学习、纪律、卫生等几个方面来考虑，如何达成班级总目标。

杰杰：哦哦，原来是这样呀。先确定一个大目标，然后将大目标细化分解成一个个小目标。

春雨老师：是的。现在呢，首要任务就是收集同学们的意见。请每位同学在纸条上写出两三条你认为比较重要的公约内容。

小贴士

目标的分类多种多样，可按出现的问题分、可按上课下课的时间分、可按学习生活锻炼的场景分……

淘淘

准时到校，注重个人形象。

杰杰

铃声一响即安静，课间午休不追逐、不打闹。

诗诗

学好各门功课，上好每一节课，做好每一次作业。

春雨老师

大家提出了很多建议，下面我们分组讨论，去除不合理的、重复的部分，形成小组的统一意见。

诗诗

我认为大家的建议都非常好，都是根据我们班实际出现的问题而制定的公约。但是淘淘说得还不够具体，“注重个人形象”具体该怎么做呢？

淘淘

是哦，那我得改改，进入学校需要穿校服、佩戴红领巾，头发整洁干净。

诗诗

真棒！有这样具体的要求，同学们就知道该怎么做了。

春雨老师

各小组达成共识，总结出统一的公约内容；再全班汇报讨论结果，集体表决。

小贴士

公约内容要具体，便于落实。

原来很简单

口语交际的要素

★提出班级建设的目标。

★目标分好类，内容说具体。

★分组讨论，形成意见。

★全班表决，形成公约。

大家来展示

诗诗

五（2）班班级公约

班级建设目标：

将五（2）班建设为：班风正，学风浓，成果丰，且同学喜欢、家长放心、老师开心、班主任少操心的优秀班集体。特制定班级公约。

内容如下：

一、纪律考勤类。

1. 按时上学不迟到，有病有事要请假，放学按时回家。

2. 课间注意安全，不做危险游戏。

3. 认真对待每节法律宣讲课和安全演练活动，遵守法律法规，遵守社会公德。

二、学习类。

1. 课前准备好学习用品，上课铃响后教室保持安静。

2. 上课时要专心听讲，大胆举手发言。

3. 课后主动复习，认真完成各科作业，努力提高自己的学习成绩。

4. 多读课外书，开阔眼界。

三、生活类。

1. 进入学校需要穿校服、佩戴红领巾，头发整洁干净。

2. 坚持锻炼身体，认真做好早操、课间操和眼保健操，积极参加有意义的活动。

3. 爱惜文具，不浪费铅笔、橡皮。

4. 书面、桌面、地面保持干净。

四、文明有礼类。

1. 爱护公物，不在桌椅上涂抹刻画，劳动工具及时收回摆放整齐，损害公物要赔偿。

2. 诚实守信，言行一致，知错就改，有责任心。

3. 尊敬师长，有礼貌，团结同学，不欺负小同学。

4. 热爱劳动，自己能做的事情自己做。

淘淘

五（2）班班级公约

为了加强班级管理，建立良好的班风，培养同学热爱集体，团结互助的良好品质，努力争创文明班级，五年级（2）班特制定如下班级公约。有奖有罚，望全体同学互相督促，共同遵守。

1. 上学不迟到。迟到一次，减1颗星；连续三天迟到，应接受相应天数的减星和劳动惩罚。

2. 上课要专心。上课专心听讲，积极发言。积极发言的同学，每周给予1颗星奖励；上课不讲话，组内同学互相监督，组长和组员都有提醒义务，提醒2次不改者，减1颗星。

3. 下课文明，不疯追打闹。课间休息要文明，不疯跑、追逐、打闹。轻微的触碰和撞击，要学会互相原谅；如有打闹严重或受伤者，减1~3颗星，严重的要减4~5颗星。

4.课间文明有礼。见到老师要说：老师好；有事需进办公室的时候要喊报告；使用文明用语，不说脏话。每月评选文明之星，奖励2颗星；发现讲脏话一次减1颗星。

5.课后作业按时提交。每月作业全交，奖励1颗星；作业每周全对，奖励1颗星；迟交一次作业减1颗星。

以上就是我们组的班级公约，希望大家遵守公约内容，互相原谅，互相团结，学习要努力，共同进步，成为五年级最好的班级。

我也行

一、明确交际话题。

1. 我们的生活离不开“规则”二字。如：过马路，我们就要遵守__________规则；做游戏，我们就要遵守__________规则。同样，在班级里，我们就要遵守__________规则。

2. 俗话说：“没有规矩，____________。”班级公约是____________共同制定、认可的规则。制定班级公约，可以营造____________，建设____________的班集体。

二、下列行为正确吗？对的打“√”，错的打“×”。

1. 不是班主任的课，我可以随意离开座位，找同学说话。(　　)

2. 老师安排同学们做手抄报，学校要求只上交几份，我不会做，少我一份也没关系。(　　)

3. 我看到教室走廊里有纸屑，主动把纸屑捡起来丢进垃圾桶。(　　)

4. 我主动帮老师擦黑板，把讲桌收拾干净。(　　)

5. 这个同学成绩差，我不让朋友和她一起玩。(　　)

6. 放学站好路队，我们再一起出发。(　　)

三、下面是某小学五（3）班的班级公约，你做到了吗？在做到的公约后为自己画一朵小花吧！

1. 尊敬师长，见到老师主动问好。(　　)

2. 爱学校，爱班级，自觉维护学校及班级荣誉。(　　)

3. 不迟到，不早退，不旷课，有事先请假。(　　)

4. 学习主动、积极、独立，能认真完成各项学习任务，及时上交作业，不抄袭，有错及时改正。(　　)

5. 团结同学，礼貌待人，谦虚诚实，乐于助人。(　　)

6. 文明用餐，不挑食，不浪费，打饭不插队。(　　)

四、讨论你们班在下面这些方面是否存在着问题，并针对你们班上目前的状况，制定适合的班级公约吧！

学习　纪律　卫生　早操

____

____

____

____

参考答案

一、1.交通　游戏　班级　2.不成方圆　同学们　良好的学习氛围　团结友爱

二、1.×　2.×　3.√　4.√　5.×　6.√

三、略

四、示例：1.上课时有的同学听讲不专心。2.上课铃响了半天，教室里不能安静下来。3.有的同学随手乱扔果皮纸屑。4.有的同学做早操时说话，做操不认真。

6 听谁的?

情景导入

人与人之间由于生活环境、自身经历、社会阅历等方面的不同，必然容易产生不一样的想法，在交际中产生不同观点与意见分歧，这是很正常的现象，我们要学会以平常心看待这些分歧哟!

淘淘：小杰，你快来看，图上的同学可真浪费啊！粒粒皆辛苦呀！

杰杰：是啊，而且保洁阿姨清理起来也很辛苦。

诗诗：可是营养学家建议不要吃得太撑呀，吃得过饱对身体不好，而且也不建议吃剩菜剩饭呢。

春雨老师：由此可见，针对生活中的很多事情，大家的意见会产生分歧，我们需要协商才能解决。

诗诗：老师，我们每个人都有不同的意见，该怎么协商呢?

一起来帮忙

春雨老师

别着急，我们之所以会产生不同的意见，是因为每个人看事情的角度不一样。我们先来玩个游戏吧！大家分别扮演不同的角色，而这些角色就是刚才话题讨论中谈到的相关人物，以他们的身份说一说理由。大家想一想，有哪些角色，你想扮演什么？

我扮演农民，因为粮食是他们种植出来的。

淘淘

杰杰

我来扮演环卫工人，负责对剩菜剩饭进行清理。

我是营养学家，时刻关注人们的饮食健康。

诗诗

春雨老师

好，这些都是与话题有关的人物，那我们就从这几个角色出发，好好说说你的看法。注意观点要明确，理由要充分，做到有理有据！

我是辛辛苦苦种庄稼的农民，每天辛勤耕地，才有了秋天的收获。浪费粮食就是不尊重我们的劳动成果，要知道粒粒皆辛苦呀！

淘淘

杰杰

我是任劳任怨的环卫工人，为了给大家创造干净舒适的环境，每天在城市里忙碌着。剩菜剩饭的倾倒会大大增加我们的工作量，也不利于垃圾的合理分类及再利用。

诗诗

我是营养学家。人们身体每天摄入的营养是有限的，如果吃得过多，有可能会导致肠胃问题。所以，尽管饭菜吃不完，那也不能再吃了，否则会使身体产生负担，还不如把它们倒掉。

淘淘

你这样会造成大量食物资源的浪费，白白浪费了我们这些农民的辛苦付出。

诗诗

你讲不讲理，我只是在说明我的观点。

春雨老师

好了好了，大家先停一下。你们有没有发现这次交流讨论有什么问题?

诗诗

我们发表了各自的观点，不但没有解决问题，反而还使场面变得更加糟糕。

杰杰

是呀，我们讨论的火药味越来越浓了。再说下去，我们恐怕就会吵起来。

春雨老师

大家的观点都很明确，但是只站在了自己的角度思考问题，没有为其他人考虑。所以，你们都觉得自己最有理，对别人的发言越来越不服气。

小贴士

要做到换位思考，积极沟通，尊重不同的意见。

春雨老师

当我们发生分歧时，激烈的争吵只会让事情越来越糟糕。“换位思考”，理由充分，语气和缓，再好好商量商量，怎么样做才是解决问题的好方法。好了，你们再心平气和地讨论讨论吧。

小贴士

准确把握别人的观点，不歪曲，不断章取义。
讨论问题时，态度要平和，以理服人。

我是种庄稼的农民，每天辛勤耕地，才有了秋天的收获，浪费粮食是不尊重我们的劳动成果的表现，要知道粒粒皆辛苦呀。所以请大家一定要尽量减少剩菜剩饭；如果有剩菜剩饭，一定要注意分类倾倒，减轻环保人员的工作量，实现资源的再利用。

淘淘

杰杰

我是环卫工人，清扫城市是我的职责，我很愿意与大家一起共同创造干净舒适的环境。剩菜剩饭的倾倒，使得苍蝇乱飞，既影响了环境的整洁和美观，又会对大家的身体健康产生影响，还是不珍惜粮食的表现，希望大家珍爱粮食，并养成垃圾分类的习惯。

我是营养师，人们每天需要摄入的营养是有限的，如果吃得过多可能会导致消化不良等肠胃问题，所以尽量吃多少盛多少，或是盛饭的时候少盛一点，不够再去加，避免浪费。毕竟粮食是农民辛辛苦苦生产出来的，应该珍惜。

诗诗

春雨老师

真好！当我们学会了换位思考，站在别人的角度考虑问题时，解决分歧就变得很容易了。

原来很简单

口语交际的要素

★选一选：明确自己的定位，为自己选一个有关方面的人员角色。

★想一想：在这个立场上，你最关注什么？

★列一列：你有哪些理由来证明自己的观点？

★做到：换位思考、积极沟通、态度平和地表达观点。

★通过协商解决问题。

大家来展示

爆竹声声辞旧岁，银花朵朵贺新年。噼里啪啦的爆竹、五彩缤纷的烟花，给人们带来浓浓的年味和喜庆气氛，但也在环保、安全等方面带来很多问题。那么，春节到底该不该燃放烟花爆竹呢？

淘淘

大家好，作为环保局局长，我认为春节不应该燃放烟花爆竹。首先，燃放烟花爆竹会污染环境，导致空气质量下降。空气中弥漫的那股硫黄味极其浓重，其刺鼻的气味，一连好几天都难以消散，大大影响了人们的身体健康。其次，燃放烟花爆竹的声音非常大，是一种噪声污染。所以，我认为春节不应该在市内燃放烟花爆竹。

杰杰

大家好，作为环卫工人代表，我赞同环保局局长的观点，春节不应该燃放烟花爆竹。我们是不是都期盼在大年初一太阳升起时，干净整洁的大街上，男女老少露出灿烂的笑容？而我们看到的场景往往都是燃放后的烟花爆竹残余物，散落在各个角落：马路上的、树木上的、绿化带里的……特别难清理，有时候刚刚扫干净一片，风一吹，就得重新扫；夜里扫干净的区域，清晨又出现了新燃放的爆竹碎片，反反复复，让人腰酸背痛。大过年的，我也想和家人团团圆圆，可每年这个时候反而更加忙碌，还要加班加点，唉！

诗诗

大家好，我是一个普通市民，春节燃放烟花爆竹，是咱们中国几千年的民俗，爆竹声声，给新春佳节带来了喜庆的气氛，古语就有“爆竹声声辞旧岁”一说，人们在爆竹声中送走了过去的一年，在焰火斑斓之时憧憬新的一年。春节不放烟花爆竹，年的味道就淡了许多，缺少了喜庆的气氛。不过，刚才环保局局长和环卫工人说得有道理，我们可以限定在空旷无人的郊外燃放，这样就避免了许多问题。

我也行

一、调查发现，明确话题。

十几年前，我国南方某市为了拓宽城市道路，不顾很多人反对，砍掉了道路两边生长了几十年的大树。这件事在当地引起了热议。有人认为，为拓宽城市道路，促进经济繁荣，砍树是值得的；有人认为，砍树容易栽树难，政府应该另想办法发展交通，不应该砍树——到底是该要路还是要树呢？

你的看法是什么？简单说一说。

____

____

二、提出交际要求。

1.分小组，选择一则材料进行讨论。讨论时，小组成员分别选择一个角色，从这个角色出发阐述对这个问题的看法。

2.讨论时，尊重不同意见，要换位思考，积极沟通。关于倾听的要求，以下是几位同学的想法，你觉得好的有（　　）。（多选）

A.我认为对就是对，错就是错，不需要参与讨论，不需要倾听。

B.认真倾听他人的话，站在别人的角度想一想。然后思考，表达清楚自己的观点。

C.尊重不同意见，倾听时要有耐心，不能心不在焉。

三、根据人物语言，猜人物身份。

1.很多人因为燃放烟花爆竹炸伤眼睛而导致失明。（　）

2.过年期间119电话忙个不停，很多都是燃放烟花爆竹造成的，给国家和个人财产造成严重损失。（　）

3.如果大家不燃放烟花爆竹，我们工厂就会停工，我们就会失业。（　）

参考答案

一、要拓宽道路，促进经济繁荣，但也不应该砍树，可以把树移栽，这样既不影响拓宽道路，还保证了城市环境的绿化，多好啊！

二、1.略　2.BC　三、1.眼科医生　2.消防员　3.鞭炮厂工人

第三章

学会演说，交际达人

《周易·系辞上》有言：“鼓天下之动者，存乎辞。”意思是说，推动社会进步和国家前进都需要依靠演说的力量。这一章让我们来学一学演说的方法，做一名演说家、当一名优秀的辩手、成为“临时发言人”先锋，让当众演说、演讲变得简单！

1 趣味故事会

情景导入

“坡上有只大老虎，坡下有只小灰兔，老虎饿肚肚，想吃灰兔兔。虎追兔，兔躲虎，老虎满坡找灰兔。兔钻窝，虎扑兔，刺儿扎痛虎屁股。气坏了虎，乐坏了兔。”这段绕口令，其实是一个有趣的故事。有趣的故事大家都爱听，那么你会讲吗？

太阳当空，阳光洒满校园的小路，四周弥漫着花草的清香。可是杰杰背着书包，满脸沮丧，耷拉着脑袋朝教室走去。这时，诗诗从他面前走了过来，见他这副失魂落魄的样子不明所以。

诗诗：杰杰，你怎么啦？看起来很不高兴的样子？

杰杰：哎……我和淘淘打赌输了。今天去学校，他一定会笑我的！

诗诗：打的什么赌呢？能说给我听听吗？

杰杰：这……说出来有些难为情……上周末我们小区举行小学生“趣味故事大赛”，我妈妈知道后立马就给我报名了！

诗诗：听起来非常有意思，我觉得你肯定能行。

杰杰：是吧，你也知道的，我最爱看书了，古今中外的故事知道得也不少！于是我就和淘淘打赌，我一定可以得第一名，谁输了谁就请对方喝一周的可乐！

诗诗：哈哈哈，一周的可乐可太诱人了。然后呢，你得了第几名？

杰杰：我……我……第五名……

诗诗：第五名，这个成绩也很不错啊。

杰杰：可问题是参加的人只有五个啊……

诗诗：那不就是……倒数第一吗？哈哈哈，杰杰，其实你没有输啊，你是倒数第一名，也是第一嘛！

杰杰一听，心里更加委屈，大哭起来。

春雨老师：快上课了，杰杰，你怎么哭起来了？

诗诗：春雨老师，我知道，杰杰上周末参加“趣味故事大赛”得了倒数第一名，导致他和淘淘打赌输了，得请淘淘喝一周的可乐呢！

春雨老师：杰杰别难过，老师知道你很爱看书、听故事，但是如何将看过、听过的故事给大家绘声绘色地讲出来，是有小妙招的。来吧，让我们今天一起看看如何把故事讲好吧！

一起来帮忙

春雨老师：今天，我们班要举行一场“趣味故事会”，谁讲的故事获得好评，谁将被评选为班级年度“故事大王”！

春雨老师轻轻用眼神向杰杰示意，杰杰心领神会地举起了手。

春雨老师：有请杰杰上台为大家讲故事！

杰杰：周末在家，最快乐的事情莫过于看书了！大家都知道我爱看书，而这本书，我看了不下5遍，百看不厌。它就是《猫猫日记》系列中的《小白的选择》。我正看着书呢，妈妈走过来对我说：“宝贝，我去超市买点东西，厨房里正烧着一壶水，水开了可不要忘记关煤气灶哦！”妈妈走了，我又捧起书看了起来。过了一阵，妈妈从超市回来了，她放下手中的东西，走向厨房，惊讶地发现水壶里的水早就烧开了，可火还没有关掉，便对我说：“宝贝，你在干什么呢？不是叫你等水开了就把火关掉吗？你这样非常危险知道吗？”“对不起，我忘记了。”我不好意思地说。

台上的杰杰有些紧张的，两只小手在讲故事的时候不安地搅在一起。此时，教室里一片寂静，大家不解地看着杰杰。

杰杰抓了抓头发，做了补充。

这真是一个有趣的事情，看来我太爱看书了。我……我的故事讲完了。

杰杰

台下的同学依然是一片寂静，大家面面相觑……

春雨老师

同学们，杰杰这个故事讲得怎么样？大家有什么想说的吗？

春雨老师，杰杰讲的也不是趣味故事呀？

淘淘

诗诗

是呀，我也觉得杰杰的故事讲得很平淡无趣，没有体现“趣味”故事中的“趣”。

杰杰站在台上，脸一阵青，一阵红。

春雨老师：杰杰，没关系！那么有没有同学想帮助杰杰，告诉他应该如何讲趣味故事？

淘淘：讲趣味故事的时候，讲的故事首先应该是“有趣”的，而不是生活中琐碎的小事情，可以先交代故事的名字。

诗诗：为了体现故事的趣味性，我认为还应该在最开始的时候用一句简短的话概括故事的主要内容。但是不要把所有具体的内容都讲出来，那样就没神秘感啦！

杰杰：我……我……我还有一个问题想问，虽然我很想讲自己看过的、听过的有趣故事，可总是记不住故事的内容！

春雨老师：同学们，还记得我们之前学过的叙述故事的方法吗？

划 重 点

记住故事的方法：

1. 借助插图。
2. 借助关键词和关键句子。
3. 借助表示时间的短语。
4. 注重细节，可穿插人物语言、动作、神态等描写。

春雨老师

恰当使用叙述故事的方法，能帮助我们把主要内容讲清楚。更重要的是，讲故事不是背诵文章，而是用自己的话把故事的内容讲出来。

那记住故事后，讲故事时还有什么秘诀吗？

杰杰

春雨老师

当然有！掌握“秘诀”，你就是一个非常出色的小小故事家了。

划重点

讲故事的要求：

1. 注意语气、表情的变化，加上适当的手势。
2. 故事情节紧凑，突出必要细节，讲述要生动、有趣。
3. 声音洪亮，表情要自然、大方。

春雨老师

杰杰，刚刚讲故事的时候，你很紧张。记住，讲故事的时候需要仪态落落大方，手势自然恰当！

谢谢大家！春雨老师，听您一讲，我深受启发。我可以试着再讲一次吗？

杰杰

春雨老师

那真是太好了！请吧！

这次我要讲的故事是《水浒传》中的《真假李逵》。我选择用关键词帮助记住故事，我选择的关键词是：路遇、拆穿、求饶、放人。

杰杰

春雨老师点头示意。杰杰便自信满满地继续往下讲。

杰杰

李逵回乡探望母亲，可是路上遇到一个贼。贼人自称是黑旋风李逵，李逵一惊，见那人面黑如炭，手持两柄大斧，心想天下或有同名同姓之人，怎么有绰号、兵刃都相同的？可见此人是冒我之名，坏我的名声了。他怒发冲冠，怒喝一声：“何处小贼，敢冒俺的大名，在此拦路抢劫！”于是拿着手中斧子直冲过去。李逵原想这家伙既敢单独劫道，必然有些武艺，谁想刚一交手，那人便手忙脚乱，转身逃走时，被李逵一刀砍翻在地。李逵逃走时大声喝问：“你这毛贼可认得爷？俺便是江湖上黑旋风李逵！你冒名打劫，罪实难容。俺今要为此地除害！”说罢举刀便要砍。

那假李逵连连求饶：“好汉饶命，若杀我一人便是杀我两人。”李逵听他说得蹊跷，便住了手，问：“你快实说，是怎么回事？”

这人贼眉贼眼看了看李逵，便花言巧语哄骗着说：“小人名叫李鬼，只因家境贫寒，上有九十几岁的老母，无力赡养，没办法才脸涂黑墨，出来干这短命的事儿。因黑旋风在江湖上名头厉害，神鬼皆怕，小人百无一能，想借此名号吓人，得些财物，孝养老母，实不曾杀害一人。如今老爷要是杀了小人，家中老母定然饿死。”

李鬼的一席话，连骗带哄，说得李逵既舒服又心酸，寻思着，听此人之言，倒是一个孝顺的人。想到这里，顿生恻隐之心，说：“我看你是一个孝子，今天饶你性命。我再给你十两纹银，速去改做别样营生，赚钱赡养老母，再不可如此伤天害理，败坏俺的名声。”李鬼喜出望外，接过银两，千恩万谢地走了。

同学们听完杰杰的故事，都情不自禁地鼓起掌来。

春雨老师：看来，我们班今天的故事大王就是杰杰了！

杰杰：谢谢老师和同学们！

淘淘：杰杰，你真厉害！你是讲故事的第一名，可乐我来请！

原来很简单

口语交际的要素

★讲出故事出处，记住故事的主要内容。

★讲出故事哪里有趣。

★讲的时候注意语气、表情的变化，加上适当的手势。

大家来展示

诗诗

格列佛游小人国

我给大家讲的是《格列佛游记》之小人国，书中讲了一个英国水手的冒险经历，故事很有趣。在一次大风暴中，大船沉没了，格列佛漂到一个不知名的小岛上。当他从昏睡中醒来时，发现自己的手脚被绑住了，有很多几英寸高的小人围着他。小人们从没见过这样大的人，出于好奇，将他运回了国都，让小人国的皇帝和大臣们都来参观。皇帝让格列佛学习小人国的语言，并供给他足够的食物。经过各方面考查，几度表示友好，格列佛终于获得自由。在他的帮助下，小人国轻易地战胜了邻国的舰队。格列佛也因此得到了皇帝优厚的封赏，但后面却因为不肯继续消灭邻国而得罪了皇帝。

有一次皇宫失火，格列佛急中生智，用尿浇灭皇后寝宫的大火，却招来了皇后及一些大臣不满。海军大臣因为妻子与格列佛有接触而嫉妒，财政大臣则认为格列佛食量太大，长此以往，将引起国库空虚。皇帝心中隐藏的不满被皇后和大臣们激发出来，终于秘密决定刺瞎格列佛的双眼，然后慢慢减少他的饮食供应，直到将他饿死。格列佛得到消息后，左右寻思，既害怕又觉得不可思议，于是迅速逃往邻国。他奇迹般得到一艘小船，并在邻国皇帝的帮助下修好小船，离开了这个小人国。

淘淘

小兔子遇险记

这天，小白兔一大早就起床了，因为它要去森林里采蘑菇。小白兔赶紧刷牙洗脸，早餐都来不及吃就挎着篮子出门了。它一边跳着，一边笑着朝森林走去。很快就到达了森林，小白兔俯下身来寻找蘑菇。不知不觉一个上午过去了，它已采了满满的一篮子蘑菇。

小白兔心想：都采了一篮子蘑菇了，该回家了。它走到铁道旁，晃着两只长耳朵，左看看、右瞧瞧，张望着有没有火车。只见不远处，有列火红色的双层旅游列车正朝着这边开过来。

“真漂亮！”小白兔的话刚出口，呜的一声，一列火车开了过来。同时，就像谁在背后推了它一把，小白兔站不住脚，像皮球似的向铁轨滚去。“危险！”随着一声惊叫，一只有力的手猛地抓住了小白兔。说时迟，那时快，火车擦着小白兔的耳朵过去了。原来是放学回家的小学生庆庆救了它。

“有人在背后推我，我要找到凶手！”小白兔愤愤地说。“没有人推你呀，我是看你有危险才跑来的。我来告诉你吧。火车在飞奔的时候，会把贴身的空气带着一起跑。这时，如果你离开火车太近，空气会不由自主地推着你往火车身上靠。以后千万不能站得离火车太近啊！”

小白兔听了庆庆的话才明白其中缘由，不由得吓出了一身冷汗，连忙谢过庆庆，并表示自己以后一定不会离火车这么近了。

我也行

一、明确交际话题。

本次口语交际是讲____________的故事。

二、提出交际要求。

1. 判断正误：讲故事的正确做法。

（1）讲故事的时候尽量运用合适的方法，语言风趣，表情丰富，手势适当，把故事讲得吸引人。（　）

（2）讲故事只需要把故事情节背出来就行。（　）

（3）讲故事时尽量抓住故事的主要内容，用自己的话来讲述。（　）

（4）讲故事时要自然、大方。（　）

2. 填空：听故事的同学要做到___________，集中___________，记住故事的____________，听后说说故事中哪里____________。

3. 评价的同学应该做到（　）（多选）

A. 评价自己最喜欢的有趣的故事，要说出充分的理由。

B. 还可以对讲故事的同学的仪态和语气等方面进行评价。

C. 不是自己喜欢的故事，就给予不好的评价。

三、学习交际方法。

1. 故事的选择要做到（　）（多选）

A. 选材要新颖，要对故事有所提炼，这样才能吸引人。

B. 故事只要有趣，可以胡编乱造。

C. 故事的主题不能太复杂，要清楚、正面、积极向上。

2. 判断正误。

（1）故事一定要完整，有起因、发展、高潮、结局几个部分。（　）

（2）在故事的发展和高潮部分，要合理地设置悬念、转折、变化等，一波三折才能使故事生动有趣、吸引人。（　）

（3）为了吸引听众，要把故事中人物的每一个动作都做出来。（　）

（4）在准备阶段，可以先借助表格、示意图等梳理故事内容，以免遗漏。（　）

四、练习交际活动。

1. 我准备讲的故事的题目是：

____

2. 故事中的主要人物有：

____

3. 故事中最吸引人的情节是：

____

____

____

4. 我最喜欢__________同学讲的__________故事，因为他（她）______________________________。

参考答案

一、有趣

二、1.（1）√（2）×（3）√（4）√

2.认真听　注意力　主要内容　最有趣　3.AB

三、1.AC　2.（1）√（2）√（3）×（4）√

四、略

2 新闻直播间

情景导入

新闻，是全体公民共享的消息，被公开报道，广泛传播；

新闻，是现实社会中真实发生的事件，令人信服；

新闻，与人们生活息息相关……

我们生活在这个信息爆炸的社会里，生活中无时无刻不产生新闻，时时处处我们都能感受到新闻的存在！

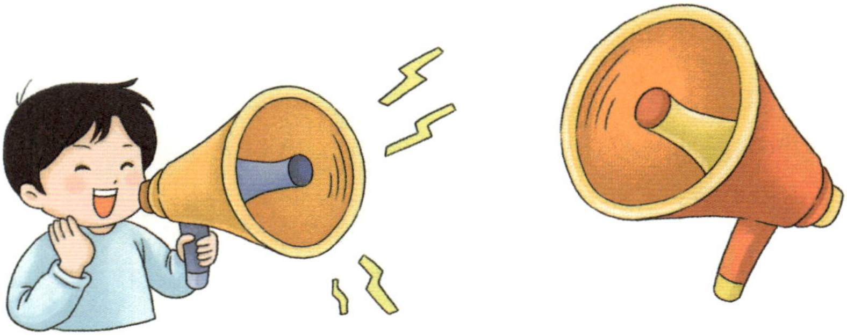

又是一个美好的中午，同学们吃完美味的午餐，三三两两地聚在一起说新鲜事。

淘淘

特大消息，特大消息！我有一个特大新闻，大家快过来！

同学们好奇地走过来，众星捧月般地把淘淘围在中间。

淘淘

你们都听说了吗？昨天运动会的时候，隔壁班的小萝卜头，就是个子最矮的那个同学，他跳高跳了80厘米呢！可把他们班班主任新竹老师乐坏了，开心地抱着小萝卜头在校园里狂奔了好几圈呢！

真的吗？小萝卜头什么时候变得这么厉害了！

杰杰

千真万确啊！好多人都看到新竹老师抱着小萝卜头狂奔呢！

淘淘

哎……看来这次运动会我们班又拿不到第一名了！

杰杰

这时，诗诗推开人群挤到了前面，她皱着眉头质疑淘淘。

淘淘！你发布虚假新闻，我要告诉春雨老师！

诗诗

谁说是虚假新闻？我可是亲耳听隔壁班的同学说的！

淘淘

我当时就在现场，难道还不知道吗？

诗诗

说完，诗诗转过身，面向着同学们。此刻，同学们你看看我，我看看你，脸上都是一副“吃瓜”表情。

事情是这样的，昨天小萝卜头并没有参加跳高比赛，他和我一样，是在跳高区围观比赛。比赛结束后，小萝卜头也想去试一试，看看自己能跳多高，结果一个不小心，绊了一跤，撞到了80厘米高的跳高杆上，脑袋上起了一个大包！他们班的新竹老师看到了，着急地一把抱起小萝卜头，朝医务室飞奔……

诗诗

哦，原来是这样！淘淘啊，你发布的这个大新闻也太不真实了。

杰杰

同学们不约而同地点点头，然后一并看向旁边的淘淘，附和着说淘淘的新闻完全颠倒了黑白。淘淘红了脸，非常不好意思。

可是，隔壁班同学告诉我的时候，明明就是我说的那样呀！发布个新闻可真难啊！

淘淘

一起来帮忙

同学们，听说刚刚午休时，咱们班发布了一个“特大新闻”。

春雨老师

才不是什么特大新闻呢，是淘淘发布的虚假新闻！

杰杰

看来新闻的来源很重要，发布新闻前要求证。同学们，你们平时都是通过什么方式来了解新闻的？

春雨老师

我通过听广播、看电视、读报纸、上网等方式来了解新闻。

杰杰

是啊，这些方便、快捷的途径让我们随时都能了解到各种新闻，让地球变得越来越小。今天就让我们一起来说说自己知道的新闻，召开一次新闻发布会吧！

春雨老师

春雨老师，我想知道，在发布新闻时应该注意什么呢？怎样才能避免传播虚假新闻呢？

淘淘

春雨老师

发布新闻最重要的是要说明新闻的来源，把新闻讲清楚，不要随意更改新闻的内容，另外可以在此基础上说说自己对这则新闻的看法。

划 重 点

发布新闻之前我们要想清楚：

1. 新闻的来源。
2. 不要随意更改新闻的内容。
3. 说说自己对这则新闻的看法。

杰杰

新闻最重要的就是它的真实性！

春雨老师

没错，同学们，要完成一次成功的新闻发布会，你们认为要做哪些准备工作?

诗诗

要选一个全能的新闻发布会主持人，他要灵活、机智、知识丰富、口才突出。

杰杰

不仅如此，这个新闻发布人发布新闻时要大方自然、声音洪亮、吐字清晰，富有感染力。

淘淘

发布的新闻要有意义，不能像我这样，没搞清楚具体的情况就发布了虚假新闻。

杰杰

还有，新闻稿要结构完整、简洁明了，能够吸引人。

春雨老师

大家说得太棒了！作为新闻发布人，一定要对自己所发布的新闻有比较全面的了解，能够回答别人提出的问题。同学们刚才交流的这几点，对于开好一次新闻发布会很重要。待会儿，我们的“小小新闻发布会”就以上述这五点来作为评比标准，看看在今天的新闻发布会中，哪些同学表现最突出，就评他为“最佳新闻发布人”；同时，我们还要评出今天的“头条新闻”“热点新闻”“最佳新闻”等。

杰杰

那么我们应该按照什么板块来整理新闻呢?

春雨老师

可以按照“时事”“经济”“文化”“教育”“体育”“日常生活”“其他”这几大板块自由组合，交流、讨论、整理新闻哦!

原来很简单

口语交际的要素

★发言人：灵活、机智、口才突出。

★新闻发布人发布新闻时要大方自然，声音洪亮，吐字清晰，富有感染力。

★发布的新闻要有意义。

★新闻稿要结构完整，简洁明了，能够吸引人。

★作为发布人要对自己所发布的新闻有比较全面的了解，能够回答别人提出的问题。

大家来展示

淘淘

昨天我从电视上看到这样一则新闻：

在新疆的一所小学，“阳光大课间”全校整队下楼做操，可有个别同学不走寻常路，顺着楼梯栏杆往下滑。结果栏杆倒塌了，这几个同学就从楼梯上摔了下来。最可怕的是，后面的同学不知道前面的情形，硬是往前挤，还你推我、我推他的，踩到前面摔倒同学的身上，造成了严重的后果。

看到这则新闻，我就在想，这样的行为不仅不文明，还反映出那些滑楼梯栏的同学完全没有安全自护意识。难道他们就不知道滑栏杆是有一定的危险的吗？而且这样做还会严重破坏学校规定的队伍秩序，假设遇到了紧急情况，那大家还怎么逃生呢？这些同学不管不顾，只求自己一时的快乐，不仅自己受到了伤害，还给他人和集体都造成了危害。

所以，我号召大家都行动起来，不要再去滑栏杆了，走路尤其是上下楼梯时不要再推推挤挤了！如果发现有此情况，请及时制止，防止踩踏事件的悲剧再次发生！

诗诗

随着冬奥会的临近，相关的新闻可真不少！据网络新闻报告，元旦假期不少人选择来一场酣畅淋漓的冰雪运动，以“冰雪”为主题的本地游、周边游持续升温。

这两天，湖北神农架国际滑雪场前来体验冰雪运动的全国各地雪友络绎不绝。为了满足不同人群的冰雪运动需求，元旦假期期间，当地增设了三个练习场

和两个冰雪乐园，开辟了夜滑场所，预定率目前已经超八成。随着冰雪运动普及率的提高，武汉等地的商场超市也开通冰球、室内滑雪、滑冰等冰雪运动，吸引了不少市民体验。

出行平台数据显示，元旦假期，长白山、张家口等传统冰雪旅游风景区热度不减；吉林、长白山等地迎来不少举家同游的旅客；北大湖、松花湖等雪场附近的度假型民宿、酒店预订量同期增长一倍多。

一场盛会，将人们的休闲娱乐的方式变得丰富起来，全民运动，提高身体素质，发扬奥运精神，这就是奥林匹克运动会精神的力量！

我也行

一、搜集途径。

我们可以通过__________、__________、__________、__________等搜集新闻。

二、关于新闻。（判断正误）

1. 新闻一定要体现“新”，所以只要是自己在第一时间获取的信息，不管来源是否可靠，都可以作为新闻传播出去。（　）

2. 家喻户晓的事情就不能作为新闻了。（　）

3. 为了寻找身边的新闻，我们只有挨家挨户去打听收集了。（　）

4. 身边的新闻一定要真实，不能胡乱传播出去。（　）

5. 说新闻时只能说好事，不能说坏事。（　）

三、说新闻的方式。

1. 说新闻的要求有（　　）。（多选）

A. 要穿身正装　　B. 不能随意更改内容

C. 言语要清晰　　D. 准确表达

2. 关于说新闻，你觉得哪种最好？请选择：（　　）

A. 在规定的时间内，为了让每个人都有说的机会，先采取小组内交流，然后小组推荐说的新闻最有趣、最有新意的人到班上说。

B. 每个人都希望自己搜集到的新闻能够在全班同学面前发布。为了体现公平性，可随机点名上台发布。

四、评奖标准。

新闻发布会快结束的时候，我们要评出“最佳新闻发言人”，在正确的做法后打“√”。

1. 新闻又不是自己写的，都是搜集来的，不好判断谁的好，谁的不好。所以每个小组都可以评一个“最佳新闻发言人”。（　　）

2. 我们可以采用举手表决的方式，看谁得票最多就把这个称号给他。（　　）

3. 说新闻时，按“搜集途径—新闻—看法”的思路进行播报。（　　）

4. 评“最佳新闻发言人”，一定要看他（她）是不是讲得最清楚、最明白，是不是还有一定的感情和一些自己的感悟。（　　）

5. 作为听众，我们对于喜欢的新闻就认真听，不喜欢的新闻就不听。（　　）

五、班级的新闻。

把班级中最新的消息发布出去。我发布的新闻：____________

参考答案

一、电视　报纸　网络　广播

二、1. ×　2. √　3. ×　4. √　5. ×

三、1. BCD　2. A

四、2. √　3. √　4. √

五、示例：我们班的数学老师在市级讲课比赛中获得一等奖。

3 小演员的诞生

情景导入

漫长悠远的岁月、大千世界的风景、性格迥异的人物，都可以浓缩在小小的舞台上。同学们，你们看过课本剧吗？你最喜欢的课本剧是什么呢？

“丁零零……”下课铃声响起来了，可是却没有看到一个人走出教室门，大家都在教室里干什么呢？

原来，上周春雨老师通知本周班上要进行课本剧表演比赛，大家都在热火朝天地准备呢！

诗诗

淘淘、杰杰，咱们小组课本剧演什么？

依我看，咱们小组就表演一场孙悟空大闹天宫吧！这个最容易，而且我有经验，我表演的孙悟空可是活灵活现的！

淘淘

杰杰

算了吧，上次你在班上表演的孙悟空可是一点都不像，挥动扫把的样子倒和猪八戒有几分相似。

淘淘听完杰杰的话，想起那次不成功的“孙悟空”形象表演，不禁生气了。

杰杰你真讨厌，我不想和你一组了。我要和春雨老师说，换到别的组去！

淘淘

一起来帮忙

淘淘一肚子的委屈，不停地向春雨老师数落杰杰的不是！春雨老师摸了摸淘淘的头，安慰他的同时把他拉到了杰杰和诗诗身边，三个好朋友又重新组在了一起。

春雨老师

看来你们小组在课本剧的选择方面遇到难题了，来，我们一起看看吧！

是呀，万事开头难，选剧本非常关键！

杰杰

春雨老师

要不从学过的课文中，选择最感兴趣的故事来表演？

我们喜欢的课文可太多了，所以大家商量来商量去，还是不知道选哪一个。

淘淘

春雨老师：那是不是每一篇课文都适合改编为课本剧呢？

淘淘：啊！老师，我知道了，我们得挑选适宜的课文来进行表演对吧？那什么样的课文才适宜改编为剧本呢？

春雨老师：不着急，我们一起来看看。

划 重 点

适宜改编为剧本的课文特点：

1. 故事情节波澜起伏。
2. 人物不在多，个性鲜明是关键。
3. 时空较集中，矛盾冲突尖锐。
4. 主要通过对话刻画人物。

诗诗：哦，原来选剧本也是大有学问的啊。得符合故事性强、人物鲜明、时空集中、对话风趣这几个重要的特点。那咱们学过的课文中，《皇帝的新装》最合适了！

杰杰：同意！同意！剧本终于定下来了，可以开始演了吧？

春雨老师：别着急！分好工，分好场！

淘淘：什么意思？

春雨老师：表演课本剧是分幕、分场的。选定剧本素材后，要划分出场次，想想每一场安排哪些人物、哪些情节。

第一，定场次：把主要事件发生地作为戏剧场景，把次要事件推到幕后，使时空集中。
第二，定脉络：通盘考虑戏剧冲突的开端、发展、高潮和结局在整个剧本各场次中如何排布。
最后，定人物：根据剧本的情节和结构确定全剧及每场剧的出场人物及其上下场情况。

划 重 点

剧本改编的要点：
时空集中
层次分明
人物有序

诗诗

把这些要点抓住，剧本结构一下子就清晰多了。那么人物语言不能直接照着课本读吧，是不是需要改编呀？

春雨老师

对！台词要以课文中的人物语言为基础，进行必要的调整、充实和完善，表现人物的性格、身份及思想感情，要通俗自然，简练明确，要口语化，适合舞台表演。人物的心理活动、相互关系，以及幕后发生的情节，也应通过人物的台词自然地显示出来。

杰杰

我明白了，台词要推动情节发展和表现人物性格。

划 重 点

剧本台词编写要点：
语言通俗
突出心理
独白旁白

诗诗

谢谢老师！剧本选定、剧本改编、台词编写，这三点我们都掌握了。现在我们可以开始排练节目了吗？排练时我们还需要注意什么呢？

春雨老师

排练时，要注意深入挖掘人物的内心世界，栩栩如生地塑造人物形象哦。

杰杰

明白了，那我们现在就开始排练了！

原来很简单

“我是小演员”演出要点：

精选演员→布景设计→安排场次→塑造形象→改进细节

大家来展示

皇帝的新装

人物：

皇帝　骗子甲　骗子乙　侍从　老大臣　观众甲　观众乙　小孩

场景：台右角放一个报架作织机，台正中置一把坐椅，台左角立一个衣架，架上挂满各式衣服。立一面镜子，皇帝正对镜试衣，镜边立一位侍从。

第一场

侍从：两个裁缝求见！

皇帝：快快宣见！（离开更衣处，坐上椅子）

骗子甲、乙：参见陛下！（行礼）

皇帝：你们有什么特殊的本事吗？

骗子甲：我们是从遥远的东方专程赶来为陛下效劳的。

骗子乙：我们能够织出人类所能想到的最美丽的布料来。

骗子甲：这布不仅色彩和图案都分外美丽，而且，缝出来的衣服还有一种奇怪的特性。

皇帝：哦？什么特性？

骗子乙：任何不称职的，或者是愚蠢得不可救药的人，都看不见这衣服。

皇帝：那可真是理想的衣服！我要有了这样的衣服，就可以看出哪些人愚蠢，哪些人不称职了。来人呀！多多地给他们金子，让他们马上开工！

老大臣：遵旨！（众人退场，皇帝回更衣室继续试衣）

第二场

（两个骗子上场，来到织机前，做织布的动作。老大臣上场）

老大臣：啊？（吃惊地，用手扶眼镜）我怎么什么也没看见？

骗子甲：哎呀，老大臣来了！请进！请走近一点，仔细地看。

骗子乙：这花纹美丽不美丽？这色彩漂亮不漂亮？

老大臣：我的老天爷！难道我愚蠢吗？难道我不称职吗？我可决不能让人知道这一点！

骗子甲：您还满意吗？

老大臣：满意满意，非常满意！

骗子乙：您一点儿意见也没有吗？

老大臣：没有没有。我一定呈报皇上！我对这布料实在太满意了。（大臣下）

骗子甲、乙：我们非常高兴！您老慢走！

第三场

（听了老大臣的汇报，皇帝迫不及待地来看这奇特的布料）

老大臣：陛下您看，瞧瞧，多美的花纹！多美的色彩！

皇帝：难道我愚蠢吗？我不够资格做一个皇帝吗？这可太骇人听闻了！

骗子甲、乙：皇上，您还满意吗？

皇帝：我十二万分的满意。我要封你们为御聘织工，我要重重地奖赏你们！

骗子甲、乙：谢陛下。（退场）

第四场

（新衣服做好了，皇上决定穿上它举行一次游行庆典）

老大臣：皇上赶快更衣吧！

皇帝：好！好！（众人来到镜前为皇帝脱下外套，穿上“新衣”）

侍从：游行大典现在开始！

（士兵持刀在前，大臣举华盖在侧，侍从托“后裙”在后，绕场慢行）

（观众甲、乙，小孩上场）

观众甲：乖乖，皇上的新装真漂亮呀！

观众乙：看！他的后裙多美丽呀！

小孩：咦？他什么衣服也没有穿呀！

观众甲：上帝哟！你听听这个天真的声音，有个小孩说他并没有穿什么衣服！

观众乙：他确实是没有穿什么衣服呀！

皇帝：（惊恐，颤抖）我一定要把这游行大典举行完毕！（摆出更骄傲的神气，下场）

我也行

一、交际话题。

下面关于课本剧的说法，正确的打“√”。

1. 课本剧是用戏剧语言来表达课文的主题的。(　　)
2. 课本剧改编的时候注意保持原意。(　　)
3. 课本剧就是在学校里表演的戏剧。(　　)
4. 表演课本剧，就是把课文内容一字不差地搬到舞台上。(　　)

二、交际要求。

演一部成功的课本剧，应选择（　　　）（多选）

A. 情节曲折、生动的课文。

B. 情节简单好背的课文。

C. 内容比较完整的课文。

D. 人物性格鲜明，人物的动作、语言相对集中的课文。

三、交际活动。

为了塑造鲜活的人物形象，表演时要入情入境，细心体会，揣摩人物的＿＿＿＿＿＿、＿＿＿＿＿＿、＿＿＿＿＿＿等。只有进入角色，才能塑造好人物的形象。

四、交际训练。

你最喜欢哪篇课文呢？可以和同学从学过的课文中选择一个精彩情节，一起表演一个课本剧吗？

参考答案

一、1.√　2.√　二、ACD　三、语言　动作　表情　四、略

4 小小演讲家

情景导入

中国历史长河中，诸葛亮、苏秦、张仪等都是演说、沟通和说服的高手，他们公众演讲表达思想观念的力量，一直影响着今天人们的学习、生活和工作。我们可以来一场演讲，用灵活的语言方式，将我们的思想、感情进行传递。

淘淘：杰杰，你做过演讲吗？

杰杰：我竞选班干部的时候做过演讲。

淘淘：演讲的时候是什么心情呀？

杰杰：演讲的时候，我紧张得要命，心扑通扑通地跳……

淘淘：我没做过演讲，不过很想试试。

春雨老师：那我们今天就在班上开展一次演讲活动，让所有的同学都体会一下演讲的滋味。

淘淘：我可不敢，也不会。一上台，我又会被大家笑话的。

一起来帮忙

杰杰：别着急！周一升旗仪式上，诗诗的《在国旗下的讲话》演讲很精彩，我们去向她请教一下吧。

淘淘：诗诗，你周一升旗仪式上的演讲太精彩了！我也想参加班上的演讲活动，你能教教我经验吗？

诗诗：当然可以，演讲其实很简单，首先要确定演讲的话题范围，比如读书、家乡新貌、健康饮食，等等。

淘淘：我知道了，我演讲的题目是读书，我最喜欢看书了。

诗诗：“读书”作为题目可不行。我们的演讲题目不仅要能概括主题，表达自己的观点，还要新颖，能够吸引到观众。

小贴士

拟定题目要求：

1. 能概括主题。 2. 表达观点。 3. 新颖，吸引观众。

杰杰：我想到两个题目：《书香伴我行》《生命有限 读书无涯》，你们看行不行？

淘淘：太棒了！这两个题目就送给我吧，既符合我的主要观点，又新颖。

诗诗：题目有了，现在就到了演讲稿的主体部分。要做好演讲，首先要写好演讲稿。

淘淘：什么样的演讲稿才有说服力呢？

诗诗：首先，你的观点要鲜明，演讲稿得围绕你的观点来讲述。

淘淘：我的观点就是读书有很多益处，特别能磨炼人的意志。

杰杰：这个观点非常明确，那怎么说才能让大家认可这个观点呢？

诗诗：我们要选择合适的材料说明观点，如，列举有代表性的事例，引用名言警句。

淘淘：这个我擅长，我知道很多有关刻苦读书的故事和名言警句。

诗诗：对于演讲稿中的材料，我们也要进行筛选。看这四则材料，你认为哪些能够说明你的观点？

材料一：读书，让我的生活变得丰富！因为有了书，我才知道了神机妙算的诸葛亮、豪放勇敢的武松，我才发现生活之外的世界精彩纷呈。

材料二：在书中，我看到过有关中国女排的事迹。在追求冠军的路上，面对轻视与挫折，她们依然倔强地昂起头，反复进行训练，直至得冠。

材料三：读《老人与海》，我走进了那位老人顽强的内心世界。读《鲁滨孙漂流记》，我看到了鲁滨孙顽强的生存意志。

材料四：讲到这里，人们不禁要问，我们也读过很多书，可为什么没有一点进步呢？其实读书也要讲究方法，就像南宋的大文学家朱熹曾说过的，读书有三到：谓心到，眼到，口到。

我明白了，我们要对材料进行筛选，选择最能说明自己观点的材料，比如这里的材料二和材料三，讲的是读书锻炼人的意志。

淘淘

诗诗

真聪明！为了让演讲更有感染力，还可以引用生动的故事，可以是自己的故事，也可以是别人的故事。

真实的故事最感人，我可以给大家讲讲我自己经历过的故事。谢谢你，诗诗，我知道该怎么演讲啦。

淘淘

诗诗

淘淘，你可真心急，演讲稿写好了，可不代表能做好演讲哟。

那还要做什么？

淘淘

诗诗

演讲不比写作，你得和观众面对面交流，这个时候就需要运用语言上的技巧了。

杰杰

演讲还有什么技巧？诗诗，你就别卖关子了。

诗诗

演讲稿写好后，可以自己先练习一下，试试怎样演讲效果更好。演讲结束后，听听大家的建议，下次演讲的时候注意改正，不断提高自己的演讲水平。

小贴士

语气、语调适当，姿态大方。

演讲时利用停顿、重复或者辅以动作强调要点，增强表现力。

原来很简单

口语交际的要素

★选择话题范围，拟定题目。

★写好演讲稿，观点鲜明，富有感染力、说服力。

★反复练习，听取建议。

大家来展示

淘淘

各位老师，各位同学：

你们好！非常高兴站在这里同大家探讨读书的话题，今天我为大家演讲的题目是《读书使人进步，求知使人成长》。

亲爱的同学们，你还记得我们第一次背上书包高高兴兴地走进学校时的情景吗？你还记得我们打开第一本课本、学写第一个字的喜悦与新奇吗？踏进校门的一小步，我们的人生跨进了一大步，人生的探索之旅由此启航。我们以智慧为帆、勤奋作桨，开始驶向那无比浩瀚的知识海洋！

我们的学校，是知识的宝库，是文化的走廊，是师生的乐府，更是人才的摇篮。在这里，没有束缚、没有权威、没有功利，有的是可爱的同学们，有的是良师益友。除此之外，还有鲜活的课程与思想、创造的冲动与执着、不倦的探寻与思考……同学们，在如此的宝库中、走廊上、乐府里，沐浴着早晨的阳光时，你是否想过，今天该干些什么呢？晚上睡觉前，你是否又问过自己，今天收获了什么呢？

伟大的英国作家狄更斯说过："我所收获的，是我种下的。"每个人都有机会成为有才能的人，就看你去不去争取这个机会。常用的钥匙最光亮，才能来自勤奋的学习。翻阅大量的书籍，我们看到了牛顿、爱因斯坦、爱迪生、郑板桥、白居易、李时珍等人的故事，他们的成功之路是我们学习的榜样和路径。读书，让我们拥有很大的启发和收获，这就是阅读给我们的力量！

你是否也渴望像他们一样，以勤奋去获取知识，提高你的才能，改变你的人生？在这里，我且用一首诗与各位共勉："成功的花儿，人们只惊羡它开时的明艳，却不知当初它的芽儿，曾浸透了奋斗的泪泉，洒遍了牺牲的血雨！"的确，不经一番寒彻骨，哪得梅花扑鼻香？我们正处于学习的黄金时代，大好韶华，岂能让光阴虚度？"攻书山渡学海因拼搏放飞梦想，掘潜能彰雅趣凭竞争谱写人生。"读书使人进步，求知使人成长，只有勤奋求知、拼搏进取，我们才能奏响青春之歌的最强音！

大众点评卡（满分5颗星）			
题目新颖	观点明确	有感染力	有说服力

诗诗

尊敬的老师，亲爱的同学们：

大家早上好！今天我国旗下讲话的题目是——《做文明小学生》。

同学们，明礼守信，是中华民族的传统美德，也是我们每个人立身处世的标准。

明礼，即懂得礼仪，也就是讲文明礼貌。礼仪，是一个国家和民族的道德风貌，是社会进步的反映。每个人是否具有良好的礼仪风范，对个人而言是一种外在的美，表现为一个人是否具有高雅的气质；对一个民族而言，他是构成整个民族风貌的不可缺少的组成部分。

诚信是我们每个人的第二张“身份证”，既包括我们日常行为的诚实，也包括与他人交流，合作时的言而有信。我们待人处事时言必信，行必果，做到真实、可信。

在我们学校生活中，明礼守信不仅能给他人带来愉快和谐，也能创造充满爱心的环境，给自己带来快乐，带来温馨。平时有的人说脏话、随地吐痰、随手乱扔废纸脏物，表面上看是小事，仅仅影响了自己个人的文明形象，实际上，它会影响我们整个家庭、整个学校、整个城市、整个民族，甚至国家的形象。我们爱这片生我们养我们的家园，我们怎么忍心伤害它呢？

同学们，文明礼貌是阳光，诚实守信就是清泉。让我们携起手来一起成为明礼守信的小学生，让我们的心灵充满灿烂与芬芳吧！

谢谢大家！

大众点评卡（满分5颗星）			
题目新颖	观点明确	有感染力	有说服力

我也行

一、明确交际话题。

1. 下面这些情境需要演讲吗？需要的打“√”，不需要的打“×”。

（1）班上要竞选班干部。（　　）

（2）班级召开植树活动的动员会。（　　）

（3）受到老师批评，老师要我在全班做检讨。（　　）

（4）学校环境遭到破坏，班会活动课开展以“保护环境，从我做起”为主题的演讲比赛。（　　）

（5）毕业前，同学们给校长一封建议书。（　　）

2.演讲是在较为隆重的仪式上或某些公共场所发表讲话。某班打算开展一次演讲活动。下面是同学们根据指定内容拟写的题目，在合适的题目后面画“√”。

（1）科学

A.科学就在我身边（　　）

B.爱科学，学科学，用科学（　　）

（2）读书

A.走进四季，浸润书香（　　）

B.开卷无益（　　）

（3）家乡新貌

A.家乡旧貌换新颜（　　）

B.我看家乡新面貌（　　）

（4）健康饮食

A.健康饮食，快乐成长（　　）

B.蔬菜生吃才健康（　　）

二、提出交际要求。

1.什么样的演讲稿才有说服力呢？（　　　）（多选）

A.观点要鲜明。

B.选择合适的材料说明观点。

C.要有感染力，可以引用生动的故事。

D.使用一些恰当的修辞手法。

2.下面的演讲稿中的内容运用了什么方法来说明观点？选一选。

A.列举有代表性的事例　　B.引用名言警句

（1）“读书破万卷，下笔如有神。”是啊，书是人类进步的阶梯，今天的社会是高科技的社会，一切都离不开书。（　　）

（2）学校里举办了许许多多庆祝读书节的活动。古诗文背诵比赛让我领略到了古诗文的无限魅力以及作者的丰富情感；读书手抄

报让我学到了许多读书方法；“课本剧”表演活动让我徜徉在文学的海洋中，感受到了名著的魅力。（　　）

3.下列不适合作为“美好生活劳动创造”演讲比赛的材料的一项是（　　）

A.中华文学艺术、名胜古迹、科技发明等，都是中国人民劳动的成果。

B.批评生活中一些不尊重劳动、不以劳动为荣的现象。

C.2020年新型冠状病毒肆虐，一线医务工作者辛勤劳动，抗击疫情的事例。

D.澳大利亚山火肆虐，暴风雨雪“格洛丽亚”袭击了西班牙。

三、学习交际方法，学会评价他人，互帮互助促提高。

下面是某班两位同学演讲时的表现，你想对谁提什么建议？

小花讲得很好，但面无表情，从头到尾没有优美动人的手势，只是讲完的时候，双手一举。

小刚演讲时低着头，说话结结巴巴，声音小得跟蚊子声似的。

参考答案

一、1.（1）√（2）√（3）×（4）√（5）×

2.（1）A.√ B.√（2）A.√（3）A.√ B.√（4）A.√

二、1.ABCD　2.（1）B（2）A　3.D

三、示例：我想对小花提建议。小花：如果你能在演讲的过程中加入一些动作和表情，你的演讲会更精彩的。

5 糟糕！没准备怎么办？

情景导入

生活中有些场合，需要我们作即兴发言。如：

◎班里来了新同学，班主任让你代表全班同学向他表示欢迎。

◎学校作文比赛获奖，老师临时让你发表获奖感言。

◎参加爷爷的寿宴，宴席上向爷爷说几句祝福的话。

◎在街上玩耍，路遇电视台采访，记者让你谈谈对“小学生带手机去学校”的看法。

小贴士

即兴发言，是指在时间紧迫、事先无准备的情况下，就某个问题发表见解、提出主张，或表达某种情感、某种愿望。它既能培养我们的快速构思能力，又能锻炼我们的心理素质和口语表达能力。

春雨老师

淘淘，班里来了一位新同学，平时你最热情，就请你代表全班同学向他表示欢迎吧。

淘淘

老师，不好意思，这太突然了，我没有准备，还没想好怎么说呢。

一起来帮忙

春雨老师：别着急，我们一起来想一想，遇到这种由于时间紧迫，事先没有太多准备的情况，我们该如何快速组织语言，临场发挥，即兴演讲。

杰杰：淘淘，虽然没有时间写讲稿，但是你可以快速打个腹稿，即根据场合、对象等，在脑海中先想想要讲哪几点。

淘淘：我在教室里，要向新转来的同学表示欢迎。我想向他介绍一下学校和班级的基本情况，表达对他的期待以及会帮助他的愿望。

诗诗：你要讲的内容比较多，得想好先讲什么，后讲什么，哪一点需要重点讲，要把自己想表达的意思逐条说清楚。

淘淘：第一，向他表示欢迎；第二，向他介绍一下学校和班级的基本情况；第三，表达对他的期待；第四，表示如果有困难，我们会帮助他。

春雨老师：杰杰和诗诗的建议非常棒，能帮助淘淘迅速打好腹稿。淘淘，准备好了就上来欢迎新同学吧！

春雨老师

欢迎新同学，谢谢淘淘的发言，不仅有条理，而且语气自然，态度大方。看来淘淘已经学会了即兴发言。

原来很简单

口语交际的要素

★注意说话的场合和对象。

★提前打腹稿，想清楚先说什么，后说什么，重点说什么。

★语气要自然，态度要大方。

春雨老师

老师还告诉大家两个即兴发言小技巧，即“感谢—回顾—愿景”的公式，可以在各种聚会场合的即兴演讲中使用。

小贴士

感谢：常常用作开头，表示一定的礼节性，比如感谢主持人邀请你上台发言、感谢主人邀请你来参加聚会等；

回顾：简单回顾一下以往发生的事情，如果你有跟会场主人或者在场的其他人之间的情谊往事会更好；

愿景：表示祝愿、畅想、祝贺、决心等。

大家来展示

杰杰

非常感谢大家参加我的十岁生日庆祝宴会。感谢爸爸妈妈，你们给了我生命，给了我幸福的生活；感谢各位叔叔阿姨，你们给了我无数关心和爱护；感谢哥哥姐姐弟弟妹妹，你们给我带来了无穷的欢乐。

今天，我十岁了，已经懂事了。我要好好学习，不断完善自己，做一个热爱生活、有益于社会的人，来回报所有关心、爱护我的亲朋好友。

诗诗

大家好，今天我荣获了省航模比赛的银奖，虽然不是十分满意，但仍然感到高兴。这次经历于我而言是一次成长的机会，我十分珍惜，也十分荣幸可以获得这份荣誉。

首先，我要感谢航模教练一直以来对我的关心和指导；其次，感谢爸妈妈对我的支持和鼓励，通过这六年来我对航模的学习和认知，我懂得了无论在生活还是学习上，都要做到坚持、坚韧和坚强，不断尝试，不断创新，打开新世界！最后，谢谢大家！少年强则国强，我将继续努力，为自己的梦想奋斗！

尊敬的老师、亲爱的同学们：

大家好！爆竹声声辞旧岁，载歌载舞贺新年，在这样一个美好的夜晚，我们欢聚一堂，庆“元旦”、贺“新年”。辞旧迎新之际，我们总是百感交集、思绪万千。在新的一年，我们有许许多多的事情要做，有许许多多的任务要去完成，我们将面临新的挑战，但是我们会无畏无惧勇敢前行。在这里，我代表全体班级成员以一颗真诚的心、浓厚的深情，给大家拜个早年，并致以诚挚的祝愿：

祝同学们新年学习进步，梦想成真；祝老师们身体健康，工作顺利！

谢谢大家！

我也行

一、了解什么是“即兴发言”。下面关于“即兴发言”的理解正确吗？对的打“√”，错的打“×”。

1. 即兴发言是指在特定的场合因有必要而临时进行的发言。(　　)

2. 即兴发言要提前写好稿子，免得讲时不知说什么。(　　)

3. 即兴发言事先没有太多准备的时间，需要我们快速组织语言，临场发挥。(　　)

4. 即兴发言最少要讲三十分钟，为的是把自己想要表达的意思全部表达出来。(　　)

5. 即兴发言要提前打好“腹稿”，想清楚重点讲什么，先讲什么，后讲什么。(　　)

二、下面哪些场合需要即兴发言？把相应的字母填在括号里。

需要即兴发言的场合有（　　　）（多选）

A. 开学典礼时优秀学生代表上台讲对新学期的展望。

B. 参加新学期班干部竞选活动。

C. 在街上玩耍，路遇电视台采访，记者让你谈谈对“小学生带手机去学校”的看法。

D. 运动会上运动员夺得冠军，接受记者采访。

三、即兴发言准备。

1. 选择话题。

A. 班里来了新同学，班主任让你代表全班同学表示欢迎。

B. 学校数学竞赛获奖，老师临时让你发表获奖感言。

C. 爷爷七十大寿，向爷爷说几句祝福的话。

我选择的即兴发言的话题是（　　）。

2. 提前构思，打好腹稿。

根据场合、对象、气氛等，想清楚先讲什么，再讲什么，最后讲什么。

（1）____

（2）____

（3）____

四、尝试上台即兴发言。

发言时要做到（　　　）（多选）

A. 站立姿势要端正，目视前方，态度自然。

B. 发言声音响亮，语速不紧不慢，能让人听明白。

C. 想到什么就说什么，不用考虑那么多。

D. 讲话要有条理，充满感情。

E. 眼睛四处看，看谁没有听我发言。

参考答案

一、1.√ 2.× 3.√ 4.× 5.√ 二、CD 三、略 四、ABD

6 这不是吵架

情景导入

在日常生活中，我们常常会遇到一些容易产生分歧的问题，如：电脑时代需不需要认真练字；互联网是增进还是疏远了人们的感情；我们是不可以说谎还是可以讲善意的谎言……对于这样的问题，可以展开辩论，通过摆事实、讲道理来丰富认识，帮助我们全面地看待事情、处理问题。

诗诗：你们别吵啦，我们去请教春雨老师吧，看看谁说得更有道理。

春雨老师：虽然一件事往往是“公说公有理，婆说婆有理”，但是“事不说不清，理不辩不明”。为了更好地解决问题，找出真理，往往要用到辩论。

淘淘：那怎样辩论呢？老师快告诉我们吧。

一起来帮忙

春雨老师：辩论前，要作充分的准备——有针对性地搜集材料。

淘淘：那我去搜集“电脑打字”的相关材料。

春雨老师：我们在准备时，既要搜集能证明自己观点的材料，也要搜集能反驳对方观点的材料，以备在辩论的过程中快速反驳对方。

杰杰：那我要找找著名书法家的故事来说明我的观点。

春雨老师：选择的事例要有说服力，可以引用名人名言。

杰杰：关于书法的故事太多了，该如何挑选呢？

春雨老师：你可以根据观点对材料进行梳理、归纳。如果材料很多，可以把要点记在卡片上。

诗诗：谢谢老师。淘淘、杰杰，我们一起去图书馆查阅资料，为辩论做好准备工作吧。

淘淘

哈哈，明天我要和杰杰开展一场辩论，就“电脑打字可不可以代替手写”这个问题好好地辩一辩。

杰杰

辩就辩，谁怕谁！哼！

诗诗

好啦，你们别吵了。辩论可不仅仅只用准备资料就好，是吧，春雨老师？

春雨老师

没错，我们还需要了解更多关于辩论会的知识点。辩论会一般是双方各四名辩手，每个人各司其职。

杰杰

谢谢老师，我听明白了！

原来很简单

口语交际的要素

★我方陈述时，要充分利用时间，清晰表达自己的观点。

★对方陈述时，要注意倾听，抓住对方的漏洞，适当反驳、补充。

★自由辩论时，进一步强调我方观点，并针对对方观点进行有效的反驳。

小贴士

1. 辩论最基本的原则是摆事实，讲道理。
2. 辩论时注意用语文明。

大家来展示

分条陈述，观点清晰哦！

正方一辩：我方认为，信息时代需要练字。

首先，练字可以提高个人素质。写字是人特有的功能，是大脑思维的延伸和表述，练字能锻炼大脑。其次，书法是一门艺术。俗话说：字如其人。一手好字能给别人留下出手不凡的深刻印象。再次，练字还可以延续中国的文化。作为炎黄子孙，我们一定要继承并发扬中国传统文化，不能让它流失。

反方一辩：如今，工作简历通过电脑制作完成；老师上课用多媒体课件；有了手机短信和电子邮件，书信都不用手写了；就连最为隐私的个人日记，也逐渐被“博客”等取代了。因此，我方认为信息时代不需要练字。

正方二辩：虽然说以后我们写字的情况会减少一些，但是它肯定还是要存在的，更何况练字的过程能培养人的观察力、模仿力、专注力等许多能力，陶冶人的情操，磨炼人的意志！

反方二辩：写字用的是右手，只能使左脑发达，而“敲字”是两手开工，可以同时开发左右脑，使脑筋更灵活。

正方三辩：和电脑打字相比，练字主要也是动手，可以训练手指、手腕和手臂的动作，提高协调性和灵活性。这些动作靠大脑指挥，经常训练，对促进青少年大脑的生长发育十分有益。

反方三辩：使用电脑，不仅能提高效率，还能节约资源。现在是科技时代，写字速度慢，且消耗时间。作为21世纪的学生，我们应该争分夺秒地学习。就像现在有了电风扇和空调，谁还用扇子啊？有了汽车、火车等交通工具，谁还会从北京跑着去拉萨？因此，我方认为，信息时代我们不需要练字。

正方四辩：认真练字对提高成绩很有用。老师在作文阅卷的时候，因为字迹原因，感情分是非常明显的，在同样写作水平的情况下，字体美观、大方的作文，得分要高出一两分。

反方四辩：对于中国的传统文化，我们要采取扬弃态度，好的要继承，落后的就要舍弃。汉字已经不适应形式的发展、经济的变化、社会的要求。现在，外国的孩子的作业，几乎全是电脑完成的。而我们也应该适应潮流，不用花功夫在写字上面了。

我也行

一、辩论前的准备。

判断正误，对的打“√”，错的打“×”。

1. 全班一起确定辩论话题，依据自己的认识选择正方或反方，也可以抽签决定。（　　）

2. 确定好正反方后，马上就可以开始辩论，无须准备。（　　）

3. 辩论前要有针对性地收集材料，既要收集能证明自己观点的材料，也要收集能反驳对方观点的材料。（　　）

4. 可以引用名人名言，也可以搜集相关的事例。（　　）

二、辩论时应注意的事项。

下面关于辩论时应注意的事项表述有误的一项是（　　）

A. 我方陈述时，要充分利用时间，清晰表达自己的观点。

B. 对方陈述时，要注意倾听，抓住对方的漏洞。

C. 自由辩论时，语速要快，情绪要激昂，要在气势上压倒对方。

D. 自由辩论时，进一步强调我方观点，并针对对方观点进行有效的反驳。

三、尝试辩论。

辩题：互联网增进/疏远人们的感情

正方：互联网拉近了人与人之间的距离，使“海内存知己，天涯若比邻”的美好愿望成为现实。

反方：________________________________

参考答案

一、1. √　2. ×　3. √　4. √　　二、C

三、示例：首先，互联网具有虚假性，影响人与人之间的信任。其次，越来越多的“低头族”的出现，使得亲人、朋友的关系变得疏远。

玩转大语文

情志小古文

主　　编　胡良君　李娟萍
绘　　者　皮欢欢
本册主编　彭安君
本册副主编　倪建松
本册编委　胡良芳　张星赟　谢　军　李　刚

人民东方出版传媒
People's Oriental Publishing & Media
東方出版社
The Oriental Press

图书在版编目（CIP）数据

玩转大语文．情志小古文 / 胡良君，李娟萍主编；皮欢欢绘．—北京：东方出版社，2023.1
ISBN 978-7-5207-2938-3

Ⅰ．①玩… Ⅱ．①胡… ②李… ③皮… Ⅲ．①文言文—小学—教学参考资料 Ⅳ．① G624.203

中国版本图书馆 CIP 数据核字（2022）第 143490 号

玩转大语文：情志小古文
（WANZHUAN DA YUWEN：QINGZHI XIAO GUWEN）
胡良君　李娟萍 主编　皮欢欢 绘

策划编辑：鲁艳芳
责任编辑：金　琪　鲁艳芳
特邀编辑：陈雨姣
出　　版：東方出版社
发　　行：人民东方出版传媒有限公司
地　　址：北京市东城区朝阳门内大街166号
邮　　编：100010
印　　刷：北京尚唐印刷包装有限公司
版　　次：2023年1月第1版
印　　次：2023年1月北京第1次印刷
开　　本：710毫米×1000毫米　1/16
印　　张：10
字　　数：132千字
书　　号：ISBN 978-7-5207-2938-3
定　　价：210.00元（全6册）
发行电话：（010）85924663　85924644　85924641

前　言

回望中华上下五千年，每一个节点都荡气回肠；沿着时光的隧道追溯，每一个经典都值得咀嚼反刍。古文，就像一束耀眼的光，映照华夏历史熠熠生辉；又像一位智者，从历史深处走来，自带岁月的厚重和温度。

短小精悍的“小古文”，聚焦于“小”，着眼于“小”，但映射的智慧和经典何其大？古文，是中华灿烂文化的载体，承载着中华五千年的文明，孕育出许许多多伟大的文学家、思想家、军事家……闪烁着人类文明与进步的熠熠光辉！记录孔子与弟子言行的《论语》，是华夏乃至人类最伟大的教育著作；老子的《道德经》是人类文化史上最精华的人生哲思；《孙子兵法》孕育着最伟大的军事思想……

我们精心编辑的《情志小古文》，以不同主题串联起小学阶段的古诗文，以原文再现、延伸拓展、故事漫画、智慧挑战等板块呈现。纵观全册，既对小学三至六年级所有的古诗文进行融整，又对每个篇章进行丰富拓展。从课堂教学的角度讲，融整的逻辑起点是让教材更具结构性、系统性、丰富性；从课程体系的角度讲，又是国家课程的二次开发或国家课程的校本化实施。

每一个章节精选的小古文，都围绕着中国人的精气神和智慧展开：有知音交友的，有志向高远的，有少年多智的，更有励志勤学的。是“未闻孔雀是夫子家禽”的狡黠辩驳；是“孔子不能决也”的坦率实诚……一个个故事，生动而激励人心，一篇篇小古文令人印象深刻。

《情志小古文》收录了部编版三到六年级的所有小古文。一册在手，全书拥有。丰富的拓展，加上智慧习题，让小古文充满挑战，对于热爱阅读的同学来说，一定会爱不释手的。同时，生动的四格故事漫画，让小古文生动活泼起来。一个个有趣的故事和鲜明的人物形象，在漫画里栩栩如生。点睛之笔的对话，让小古文不再高冷，看图知故事，看图知文章，小古文的理解一下变得不那么难了。

每一篇小古文的章节布局，既体现了对儿童的关照，又能提升学生的能力。重难点字的注音充分考虑尽可能扫清阅读障碍，又留有余地。快乐小课堂通过师生对话，让孩子了解更多有趣的古文小知识。

《情志小古文》既是一本有趣的、可看可读、可做可积累的全方位的古文阅读启蒙读本，又是一本可以提升能力、启迪思想的有情有志的儿童读物，值得你拥有！

目录

第一单元 善哉古文（友谊篇）

第二单元 智哉古文（智慧篇）

第三单元 勤哉古文（勤学篇）

第四单元 美哉古文（美文篇）

第五单元 悟哉古文（明理篇）

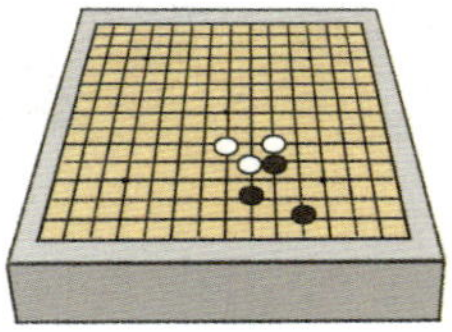

第六单元 壮哉古文（志向篇）

小古文 知识点梳理

第一单元

善哉古文

（友谊篇）

有朋自远方来，不亦乐乎？
珍惜友谊，学会交友。

1

bó yá gǔ qín

伯牙鼓[1]琴

“伯牙鼓琴”是交结朋友的千古楷模故事，它流传至今并给人历久弥新的启迪。

伯牙鼓琴，锺(zhōng)子期听[2]之。方鼓琴而志在太山[3]，锺子期曰[4]：“善哉(zāi)[5]乎鼓琴，巍巍(wēi)[6]乎[7]若[8]太山。”少(shǎo)选[9]之间而志在流水[10]，锺子期又曰：“善哉乎鼓琴，汤(shāng)汤乎若流水[11]。”锺子期死，伯牙破琴绝弦，终身不复鼓琴，以为(wéi)世无足复为(wèi)鼓琴者。

（选自《吕氏春秋·本味》）

注释

① 鼓：弹奏。
② 听：倾听。
③ 志在太山：心中想到高山。太山，泛指大山，高山。一说指东岳泰山。
④ 曰：说。
⑤ 善哉：赞美之词，有夸奖的意思，即“好啊”、“妙啊”或“太棒了”。善：好。哉，语气词，表示感叹。
⑥ 巍巍：高大的样子。
⑦ 乎：语气词。
⑧ 若：像。
⑨ 少选：一会儿，不久。
⑩ 志在流水：心里想到河流。
⑪ 汤汤乎若流水：像流水一样浩荡。汤汤，水流大而急的样子。

译文

伯牙弹琴，锺子期听他弹琴。伯牙在弹琴时心里想着高山，锺子期说：“你弹得真好呀，就像那巍峨的泰山。”不一会儿，伯牙心里又想到流水，锺子期又说：“你弹得真好呀，就像那奔腾不息的流水。”锺子期死后，伯牙摔琴断弦，终生不再弹琴，认为世上再没有值得他为之弹琴的人了。

龟山望大江，抚琴心飞翔！
哇，我好像看到了巍峨的泰山！
哇，我仿佛看到了大江奔涌，壮阔无边啊！
知音已去，我还弹琴给谁听呢？

知识链接

《高山流水》，中国古琴曲，属于中国十大古曲之一。人们现用“高山流水”比喻知音难觅或乐曲高妙，把“知音”比作理解自己的知心朋友，同自己有共同语言的人。“伯牙绝弦”一词也渐渐演变出一种意思：由于知音逝世，从而弃绝某种特长或爱好，表示悼念。

古琴台：国家AAA级景区，古曲《高山流水》的发源之处，与黄鹤楼、晴川阁并称为“武汉三大名胜”。

古代的尊称

尊：尊府、尊兄、尊驾、尊夫人

贵：贵体（有问候意）、贵姓、贵庚

高：高朋、高亲、高邻、高见

大：大礼、大作、大驾

青年男子：公子

青年女子：小姐

年长男子：老爷

年长女子：夫人

智慧积累

方鼓琴而□□□□，锺子期曰：“□□□□□，巍巍乎若太山。”□□□□而志在流水，锺子期又曰：“善哉乎鼓琴，汤汤乎□□□。”

参考答案：志在太山　善哉乎鼓琴　少选之间　若流水

快乐小课堂

我和你

诗诗：“我和你，心连心，同住地球村……”“我”和“你”都是人称代词。淘淘，那你知道古代是怎么称呼“我”的吗？

淘淘：这有什么难的？听好啦！自称一般用：吾、予（余）。不过，也有用“我”的，如“三人行，必有我师焉”。

诗诗：不错不错！那第二人称“你”，你能说出6个古代说法吗？

淘淘：6个？你能吗？

诗诗：记好了啊！“你”在古文里的用法有：汝、尔、若、乃、公、君。

淘淘：我想起诗句“家祭无忘告乃翁”，用的就是“乃”。还有“君不见，黄河之水天上来”，“君”应该就是“你”的意思吧？

诗诗：孺子可教也！再考你一下：“吾乃常山赵子龙！”这句话中的“吾”“乃”各是什么意思？

淘淘：咱们问问读者小朋友吧！

吾：__________。

乃：__________。

2

guǎn níng gē xí

管宁割席

古人云："路遥知马力，日久见人心。""管宁割席"告诉我们朋友德行的重要性——"道不同，不相为谋"。

管宁、华歆（huà xīn）①共园中锄菜。见地有片金，管挥锄与瓦石不异，华捉（zhì）②而掷去之。又尝③同席读书，有乘轩冕（xuān miǎn）④过门者，宁读如故⑤，歆废书⑥出看。宁割席⑦分坐，曰："子非吾友也。"

（选自《世说新语·德行》）

注释

① 管宁、华歆：人物名。管宁，字幼安，汉末魏人，不仕而终。华歆，字子鱼，东汉灵帝时任尚书令，入魏后官至司徒，封博平侯，依附曹操父子。

② 捉：拿起来，举起，握。

③ 尝：曾经，以前。

④ 轩冕：指古代士大夫所乘的华贵车辆。轩，古代的一种有围棚的车。冕，古代地位在大夫以上的官戴的帽。这里指贵官。

⑤ 如故：像原来一样。如，如同，好像。故，原来。

⑥ 废书：放下书。废，停止。

⑦ 割席：割开草席，分清界限，断绝关系。席，坐具，坐垫。古代人常铺席于地，坐在席子上面。

译文

管宁和华歆同在园中锄草。看见地上有一片金，管宁依旧挥动着锄头，像看到瓦片、石头一样没有区别，华歆则高兴地拾起金片，然后看到管宁的神色后又扔了它。曾经，两人坐在同一张席子上读书，有个穿着礼服的人坐着有围棚的车刚好从门前经过，管宁还像原来一样读书，华歆却放下书出去观看。管宁割断席子和华歆分开坐，说："你不是我的朋友了。"

晨起读书
早锄草。
学习劳动
哥俩好。
君子要视钱
财如粪土！
哇，有金子！
管兄，快看，
华服车队好大
的排场！
管兄，你把
席子割开做
什么？
志不同，道
不合，各自
安好。

知识链接

割席断交，也作割席分坐，指把席割断分开坐。比喻朋友之间因志不同道不合而绝交。

“管宁割席”的故事传颂至今，告诉我们应该选择志同道合的朋友，选择学习专注、有修养的朋友，谨慎交友。历史上，还有一个非常著名的绝交故事：嵇康与山涛彼此政见不同，嵇康曾写下著名的《与山巨源绝交书》，声称与山涛因道不同而绝交。

不一样的“我”

电视剧里经常看到：帝王自称朕、孤、寡人；太后自称哀家；皇后自称本宫，面对皇上时又谦称“臣妾”；官员对上自称臣、微臣、下官，对下自称本官、本座。

戏曲小说里经常看到：审案的官员自称本官，报案的人自称草民；女人自称奴家、小女子、民女；老汉自称老朽；《三国演义》里董卓自称“咱家”，而《水浒传》里，鲁智深自称“洒家”……

武侠小说里经常看到“正是在下”“晚辈不才”。“在下”“晚辈”都是“我”的谦称。

当然，更有自降身份的谦称，比如“愚兄”“愚弟”。还有更夸张的，父亲介绍自己的儿子，往往用“犬子”。

智慧积累

一个人对待事物的态度和行为，往往表现出内心最真实的想法。管宁视金钱如石块，见地有片金，“_______________”，而华歆却不然，“_______________”，恋恋不舍。当看到达官显贵的华贵仪仗，管宁“__________”，不为所动，而华歆却“______________”。

参考答案： 挥锄与瓦石不异　捉而掷去之　读如故　废书出看

快乐小课堂

管宁为什么要割席断交？

淘淘：华歆本是管宁的好朋友，管宁怎么就轻易与他绝交了呢？

诗诗：好朋友应该互相包容，互相理解对方才是，而不是轻易绝交。管宁的行为确实令人费解。

春雨老师：管宁、华歆都是饱学之士，他们读书养性，就是为摒除人性中的贪念。孔子曾说，“不义而富且贵，于我如浮云”，还说过“君子固穷”。你们都应该有所了解吧？

淘淘：春雨老师，这么说来，古人学习做学问，是在向孔子等人学习，以圣人之道要求自己？

春雨老师：你的悟性很高！面对金子和权势地位，管宁真正做到了“心无旁骛”，不慕富贵，坚守住了自己的理想——淡泊名利。而华歆对富贵名利心心念念。这么一比，管宁的境界要比华歆高一大截呢！

诗诗：华歆追求的成功是成为淡泊名利的高人，不慕富贵，安贫乐道。而华歆潜意识里追求的是入仕做官。是这样吗，春雨老师？

春雨老师：你的理解很正确。

淘淘：原来如此。这就叫“道不同不相为谋”啊！

3

xún jù bó yuǎn kàn yǒu rén jí

荀巨伯远看友人疾

患难见真情。古希腊有位哲学家曾说过：我们交朋友，应当选择那些在危难时能挺身而出的人。本文中的荀巨伯就是这样的人。

荀巨伯[1]远[2]看友人疾，值[3]胡[4]贼攻郡。友人语[5]巨伯曰：“吾今死矣，子可去[6]！”巨伯曰：“远来相视，子令吾去，败义以求生[7]，岂荀巨伯所行邪[8]？”贼既至，谓巨伯曰：“大军至，一郡[9]尽空，汝何男子，而敢独止？”巨伯曰：“友人有疾，不忍委之，宁以吾身代友人命。”贼相谓曰：“我辈无义之人[10]，而入有义之国！”遂班军而还，一郡并获全[11]。

（选自《世说新语·德行》）

注释

① 荀巨伯：东汉颍州（今属河南）人，生平不详，汉桓帝的义士。
② 远：从远方。
③ 值：恰逢，赶上。
④ 胡：中国古代泛指居住在北部和西北部的少数民族，秦汉时一般指匈奴。
⑤ 语：动词，对……说，告诉。
⑥ 子可去：您可以离开这里。子，第二人称代词“您”的尊称。去，离开。
⑦ 败义以求生：败坏道义而苟且偷生。
⑧ 邪：句末语气词，表疑问，相当于“吗”“呢”。
⑨ 郡：古代的行政区划，这里指城。
⑩ 无义之人：不懂道义的人。
⑪ 获全：得到保全。

译文

荀巨伯从远方来探望重病的朋友，正好赶上胡人攻打城池。朋友对荀巨伯说：“我如今就快死去了，你赶紧离开！”荀巨伯说：“我从远方来探望你，你却让我离开，为了苟且偷生而毁掉道义，这难道是我荀巨伯应该做的吗？”这时胡人已经到了，问荀巨伯：“大军到了，整个城都空了，你是什么人，竟敢独自留在城中？”荀巨伯说：“我的朋友身患重病，我不忍心舍弃他而离开，我宁愿用我的性命来换取朋友的性命。”胡人相互议论说：“我们这些不懂道义的人，却侵入了这么有仁义的国家！”于是就撤军而回了，整个城因此得以保全。

知识链接

《世说新语》是南朝刘义庆所编写的文言志人小说集，是魏晋南北朝时期“笔记小说”的代表作。其内容主要是记载东汉后期到魏晋间一些名士的言行与逸事。

荀巨伯冒着生命危险也要保护他生病的朋友，是因为他十分讲义气，这样的友谊，才是君子之交。义气，不会因富贵贫贱或生死祸福而改变立场与做法；义气，是为了正当的事情，而愿意主动替别人承担危险，甚至不惜舍弃自我，成全他人的气度，这也是“真”“诚”的一种体现。一个舍生取义的举动，不仅救了朋友的性命，更让敌军自惭而退，可见“义”以及道德的强大感化力量。

“君子”与“小人”

高尚君子，卑鄙小人。

“君子”在先秦典籍中多指“君王之子”，国君之意。而后君子泛指品德高尚的人。历代儒客文人常以君子自勉，将君子之道作为行为规范。小人则被君子所不齿。

君子道者三，我无能焉：仁者不忧，知者不惑，勇者不惧。

君子喻于义，小人喻于利。

君子成人之美，不成人之恶；小人反是。

君子坦荡荡，小人长戚戚。

智慧积累

你知道下面句子的意思吗？

远来相视，子令吾去，败义以求生，岂荀巨伯所行邪？

参考答案：我从远方来探望你，你却让我离开，为了苟且偷生而毁掉道义，这难道是我荀巨伯应该做的吗？

快乐小课堂

我是一个兵

诗诗：淘淘，今天我们跟大家分享什么啊?

淘淘：分享理想吧，我长大了要去当兵，保家卫国!

诗诗：志气不小啊。那今天咱们就以“兵”字来对成语，成语中必须要有“兵”字，还要解释“兵”的含义，来看看你这未来的将军文化如何。可别被我将军了哦。

淘淘：好难啊！不过大丈夫从不怯场。放马过来吧。

诗诗：我出“短兵相接”。我这“兵”是兵器。

淘淘：我接“百万雄兵”。我这“兵”是士兵。手拿你这兵器。

诗诗：我出“兵临城下”。我这“兵”是军队，统管你这小兵!

淘淘：我接“兵贵神速”，我这“兵”是用兵，你的军队都归我管。

诗诗：只怕你是“纸上谈兵”，你这兵法，都是花架子。别到时候，“兵败如山倒”，打一场败仗。

淘淘：我……我是一个兵，来自老百姓……我这个兵，是人民子弟兵!

诗诗：哈哈，愿赌服输哦！看来古代词语在不同的语境中，有不同的意思。一词多义是汉语的重要特点。建议大家多学多记，活学活用。

4

wáng zhòng xuān hào lǘ míng

王仲宣好驴鸣

真的朋友，一定是志趣相投，知其所好，坦率而真诚！

王仲宣①好②驴鸣。既葬，文帝③临其丧（sāng），顾④语同游曰："王好驴鸣，可各作⑤一声以送之。"赴客⑥皆一作驴鸣。

（选自《世说新语·伤逝》）

注释

① 王仲宣：即王粲（càn），字仲宣。三国时曹魏名臣，也是著名文学家。与鲁国孔融、北海徐干、广陵陈琳、陈留阮瑀、汝南应玚、东平刘桢，合称"建安七子"。王粲为七子之冠冕，代表作品为《登楼赋》。

② 好：喜好，喜欢。

③ 文帝：魏文帝曹丕。

④ 顾：回头，回头看。

⑤ 作：学。

⑥ 赴客：去吊丧的客人。

译文

王仲宣生前喜欢听驴叫。死后安葬时，魏文帝曹丕去参加他的葬礼，回头对往日同游的人说："王仲宣喜欢听驴鸣，我们每个人应该学一声驴叫来为他送行。"于是去吊丧的客人都学了一声驴鸣。

王兄千古，
一路走好！
王兄昔日最
喜欢什么？
听驴叫。
挺别致！那各
作一声驴鸣相
送，如何？
如此甚好！
嗷
嗷

知识链接

“王仲宣好驴鸣”这个典故衍生出一个词语——“驴鸣一声”，指的是伤悼故友。

文人雅士好琴棋书画，而仲宣之“好驴鸣”则显得有些怪异，究其根本是因其胸怀大志终不得重用而发出的不平之鸣。而曹丕和众人看似荒诞的悼念方式，恰恰反映了朋友之间最难能可贵的真情——率真，没有半点掩饰，没有半点虚情假意。这才是真朋友。

唐代诗人刘言史有诗云：“尘满空床屋见天，独作驴鸣一声去。”就是引用了这个典故，表达对故友的伤悼。

八大著名古代友谊之交

伯牙子期的知音之交；廉颇相如的刎颈之交。
陈重雷义的胶膝之交；元伯巨卿的鸡黍之交。
角哀伯桃的舍命之交；桃园三结义生死之交。
夷吾叔牙的管鲍之交；孔融祢衡的忘年之交。

智慧积累

下列句子中加点词的解释有误的一项是（　　）。

A. 王仲宣好驴鸣（叫）

B. 文帝临其丧（从上往下看）

C. 顾语同游曰（对……说）

D. 赴客皆一作驴鸣（都）

参考答案：B

快乐小课堂

生死之交

新竹老师

今天我们讲“生死之交”。

淘淘

我知道，《三国演义》中桃园三结义的故事就跟这个成语有关。

诗诗

看把你能的！考考你：“刘关张”是谁？

淘淘

这有何难！刘备、关羽、张飞。

新竹老师

桃园三结义，大家对他们的结义誓词有印象吗？

诗诗

新竹老师，是不是这样说：“念刘备、关羽、张飞，虽然异姓，既结为兄弟，则同心协力，救困扶危；上报国家，下安黎庶……”

淘淘

“不求同年同月同日生，只愿同年同月同日死。皇天后土，实鉴此心，背义忘恩，天人共戮！”嘿嘿，我也会！

新竹老师

不错！生死之交，就是“不求同生，但求共死”的友谊。梁山好汉结拜之时，都会把“不求同年同月同日生，只愿同年同月同日死”当成自己的誓言。

淘淘

鲁智深和林冲，不是势利之交，不是血缘同胞，偶遇而相互欣赏，结成生死之交。

新竹老师

看来，你们真的明白了。正在阅读的小朋友们，你们明白了吗？

5

guǎn bào zhī jiāo

管鲍之交

春秋时，齐人管仲和鲍叔牙相知最深。后常以“管鲍之交”比喻交谊深厚的朋友。

管仲夷(zhòng yí wú)吾①者，颍(yǐng)②上人也。少(shào)时常与鲍叔牙游③，鲍叔知其贤(xián)。管仲贫困，常欺(qī)④鲍叔，鲍叔终善遇之，不以为言。已而鲍叔事⑤齐公子小白⑥，管仲事公子纠(jiū)。及小白立为桓(huán)公，公子纠死，管仲囚⑦焉(yān)。鲍叔遂(suì)进⑧管仲。管仲既用，任政⑨于齐。齐桓公以霸(bà)，九⑩合诸侯，一匡天下，管仲之谋也。

注释

① 管仲夷吾：管仲（前723—前645），名夷吾，字仲，春秋时政治家。

② 颍：颍河，发源于河南，流入安徽。

③ 游：交往。

④ 欺：这里是钱物不平均分而多占的意思。

⑤ 事：侍奉。

⑥ 小白：齐襄公的弟弟，姓姜，名小白。即位为齐桓公。

⑦ 囚：被拘禁。

⑧ 进：荐进，推举。

⑨ 任政：执政。

⑩ 九：指多次，非实指。

译文

管仲，名夷吾，是颍上人。他年轻的时候，常和鲍叔牙交往，鲍叔牙知道他贤明、有才干。管仲家贫，经常占鲍叔牙的便宜，但鲍叔牙始终很好地对待他，不因为这些事而有什么怨言。不久，鲍叔牙侍奉齐国公子小白，管仲侍奉公子纠。等到小白即位，立为齐桓公以后，齐桓公让鲁国杀了公子纠，管仲被囚禁。于是鲍叔牙向齐桓公推荐管仲。管仲被任用以后，在齐国执政，齐桓公凭借着管仲而称霸，并以霸主的身份，多次会合诸侯，使天下归正于一，这都是管仲的智谋。

管仲曰："吾始困时，尝与鲍叔贾(gǔ)[11]，分财利多自与，鲍叔不以我为贪，知我贫也。吾尝为鲍叔谋事而更穷困，鲍叔不以我为愚(yú)，知时有利不利也。吾尝三仕(shì)三见逐(zhú)于君，鲍叔不以我为不肖(xiào)[12]，知我不遭(zāo)[13]时也。吾尝三战三走，鲍叔不以我为怯(qiè)，知我有老母也。公子纠败，召忽[14]死之，吾幽囚受辱，鲍叔不以我为无耻，知我不羞小节，而耻功名不显于天下也。生我者父母，知我者鲍子也。"

鲍叔既进管仲，以身下之。子孙世禄于齐，有封邑者十余世，常为名大夫。天下不多[15]管仲之贤而多鲍叔能知人也。

（选自《史记·管晏(yàn)列传》）

注释

⑪ 贾：做生意，经商。

⑫ 不肖：不贤，无能。

⑬ 遭：遇。

⑭ 召忽：当初与管仲都是公子纠的手下。

⑮ 多：称赞。

译文

管仲说："我当初贫困时，曾经和鲍叔一起做生意，分财利时自己总是多要一些，鲍叔并不认为我贪财，而是知道我家里贫穷。我曾经替鲍叔谋划事情，反而使他更加困顿不堪，陷于窘境，鲍叔不认为我愚笨，他知道时运有时顺利，有时不顺利。我曾经多次做官多次都被国君驱逐，鲍叔不认为我不成器，他知道我没遇上好时机。我曾经多次打仗多次逃跑，鲍叔不认为我胆小，他知道我家里有老母需要赡养。公子纠失败，召忽为之殉难，我被囚禁遭受屈辱，鲍叔不认为我没有廉耻，知道我不因小的过失而感到羞愧，却以功名不显扬于天下而感到耻辱。生养我的是父母，真正了解我的是鲍叔啊。"

鲍叔牙推荐了管仲以后，情愿把自身置于管仲之下。他的子孙世世代代在齐国享有俸禄，得到封地的有十几代，多数是著名的大夫。因此，天下的人不称赞管仲的才干，反而赞美鲍叔牙能够识别人才。

他不出本钱，获利却分大头？
他家穷，要赡养母亲，多拿点没事！
冲啊！管仲，你个怕死鬼！快跟上！
你误会了！他不是怕死，他要活着照顾老母亲。
臣让贤，推举相国之位由管仲担任，辅佐大王！
这，这，这……
成就我的人是鲍叔啊！
齐国能成为春秋第一霸，功劳归于相国啊！

知识链接

管仲（前723—前645），名夷吾，又名敬仲，字仲，春秋时期齐国著名的政治家、军事家，颍上（今安徽颍上）人，史称管子。管仲少时丧父，老母在堂，生活贫苦，不得不过早地挑起家庭重担，为维持生计，与鲍叔牙合伙经商后从军。管仲到齐国后，几经曲折，经鲍叔牙力荐，为齐国上卿（即丞相），辅佐齐桓公九合诸侯，被称为“春秋第一相”。

礼貌用语

初次见面说“久仰”，分别重逢说“久违”。
征求意见说“指教”，请人指点说“赐教”。
求人帮忙说“劳驾”，麻烦别人说“打扰”。
托人办事用“拜托”，赞人见解用“高见”。
看望别人用“拜访”，宾客来至用“光临”。
送客出门说“慢走”，与客道别说“再来”。
陪伴朋友用“奉陪”，中途先走用“失陪”。
等候客人用“恭候”，请人勿送用“留步”。
对方来信叫“惠书”，老人年龄叫“高寿”。
自称礼轻说“薄礼”，不受馈赠说“返璧”。
对方家庭叫“府上”，自己家庭叫“寒舍”。

智慧积累

鲍叔牙对管仲有知遇之恩，主动让贤，成全管仲的人生理想。管仲也确实大才，他辅佐齐桓公“________，________”，成为春秋第一贤相。他功成名就却不忘恩，“________，________”，发自肺腑地表达了对鲍叔牙的感激之情。

参考答案：九合诸侯　一匡天下　生我者父母　知我者鲍子也

快乐小课堂

忘年之交

春雨老师：今天咱们来说一说忘年之交。忘年之交是一个成语，用来指不拘年岁行辈而结交为友。

淘淘：我以前看过一篇文章叫《爱因斯坦与小女孩》，我觉得他们俩就是忘年之交。金庸爷爷笔下的英雄郭靖与老顽童周伯通，他们也是忘年之交！

春雨老师：知识挺丰富呢！“忘年之交”这个故事的原主角，就是那个著名的从小让梨的小孩——

淘淘：孔融！我记得他是孔子的后代，文化名人，跟曹操同一个时代。

春雨老师：说得没错！让梨的时候，孔融是个小孩。和祢衡结交为好友的时候，孔融已是不惑之年，而祢衡未满二十岁。

淘淘：那祢衡一定有被孔融欣赏的地方吧，不然他们怎么能成为朋友呢？

春雨老师：还真是。他们都恃才傲物，敢于挑战权势，嘲讽权贵，因此互相欣赏。祢衡，谁都看不起，甚至敢辱骂曹操，却唯独佩服孔融。正是因为孔融看重祢衡的才华，所以愿意与祢衡成为忘年之交，把祢衡推荐给曹操。

诗诗：真是君子之交淡如水，忘年之交真性情！

第二单元

智哉古文

（智慧篇）

知之为知之，不知为不知，是知也。
辨别是非的能力就是智慧。

1

liǎng xiǎo ér biàn rì

两小儿辩日

孔子路遇两个小孩争辩太阳远近的问题而无法决断，这告诉我们知识无穷，学无止境。

孔子东游[①]，见两小儿辩斗[②]，问其故。

一儿曰："我以[③]日始出时去人近，而日中[④]时远也。"

一儿曰："我以日初出远，而日中时近也。"

一儿曰："日初出大如车盖[⑤]，及[⑥]日中则如盘盂(yú)[⑦]，此不为远者小而近者大乎？"

一儿曰："日初出沧(cāng)沧凉凉[⑧]，及其日中如探汤[⑨]，此不为近者热而远者凉乎？"

孔子不能决也。

两小儿笑曰："孰[⑩]为(wèi)[⑪]汝[⑫]多知(zhì)[⑬]乎？"

（选自《列子·汤问》）

注释

① 游：游学，游历。

② 辩斗：辩论，争论。

③ 以：认为。

④ 日中：正午。

⑤ 车盖：古时车上的圆形篷盖，像雨伞一样。

⑥ 及：到，到了。

⑦ 盘盂：盛物的器皿。圆的为盘，方的为盂。

⑧ 沧沧凉凉：清凉而略带寒意。

⑨ 探汤：把手伸到热水里去。这里指天气很热。

⑩ 孰：谁。

⑪ 为：同"谓"，说。

⑫ 汝：你。

⑬ 知：同"智"，智慧。

译文

一天，孔子向东游历，看到两个小孩在争辩，便问是什么原因。

一个小孩说："我认为太阳刚刚升起时离人近一些，正午的时候离人远一些。"

另一个小孩说："我认为太阳刚刚升起时离人远些，而正午时离人近些。"

一个小孩说："太阳刚出来时像车盖一样大，到了正午却像个盘子，这不是远时看起来小而近时看起来大吗？"

另一个小孩说："太阳刚出来时有清凉的感觉，到了正午却像把手伸进热水里一样烫，这不是近时感觉热而远时感觉凉吗？"

孔子也无法判断谁是谁非。

两个小孩笑着说："谁说您十分有智慧呢？"

知识链接

中国社会科学院教授谭家健在《中国古代散文史稿》中指出：“《列子》的文章以寓言故事最为出色……科学技术幻想类故事如《两小儿辩日》，是关于太阳何时距地球最近的辩论，这是天文学上一个有趣的课题，引发后人不断的思考。这些都是中国寓言史上的精品。”

华南师范大学中文系副教授王小莘在《先秦寓言赏析》中对《两小儿辩日》作出评价：“寓言涉及历史人物，以孔子东游为背景，增添了真实感和吸引力。两小儿的言语既认真又体现年龄特征，语言的性格化，使人物形象显得清晰可见，栩栩如生。”

不耻下问

子贡问曰：“孔文子何以谓之文也？”

子曰：“敏而好学，不耻下问，是以谓之文也。”（《论语·公冶长》）

“不耻下问”这个成语即由此提取而来。原意是不把向学问、地位等不如自己的人请教当成可耻的事。形容谦虚、好学。

智慧积累

你知道为什么“日初出大如车盖，及日中则如盘盂”吗？

____

____

参考答案： 早晨的太阳看起来比中午时大，这是由于大气层的折射原理和视角的变化引起的人的视觉错误。其实太阳一样大。

快乐小课堂

孔子为什么“不能决也”？

淘淘

像孔子先生这样学识渊博的人，在人们心中的威信是很高的，他可以随便找一个理由糊弄两个小孩子，这样就不会被嘲笑啦！

诗诗

淘淘，你的想法不对哦！“知之为知之，不知为不知，是知也。”孔子先生对待学问实事求是的态度值得我们学习。

淘淘

我错了！上次一个学弟问我刘邦是哪个朝代的人，我不知道，但又怕学弟笑话我，就随口说是三国时期的。回家后我寝食难安，一直想着这件事。

诗诗

刘邦应该是西汉的开国皇帝。学习要实事求是，你应该鼓起勇气跟向你请教的人解释清楚哦！

淘淘

嗯，我会的！

春雨老师

诗诗同学说得对！淘淘同学也是一位知错就改的好孩子。

淘淘

学习了这篇文章，我知道了实事求是多么重要和难得。我一定会永远记住“知之为知之，不知为不知，是知也”这句传世名言！

2

sī mǎ guāng

司马光

司马光在情急之下能够沉着冷静，用最快的方式解救落水小孩，可见其过人之处。

群儿戏于庭[1]，一儿登瓮[2]，足跌没水中，众皆[3]弃去[4]。光[5]持石击瓮破[6]之，水迸[7]，儿得活。

（选自《宋史·司马光传》）

注释

① 庭：庭院。
② 瓮：口小腹大的一种容器。
③ 皆：全，都。
④ 弃去：逃走。
⑤ 光：指司马光。
⑥ 破：打开，打破。
⑦ 迸：涌出。

译文

司马光和一群小孩在庭院里玩，一个小孩站在大缸上面，失足跌落缸中被水淹没，其他的小孩都吓跑了，只有司马光拿石头砸开了缸，水从缸里涌出，落水的小孩得以活命。

你们看我多厉害！
啊！
啊！
啊！
啊！有人落水啦！
还好来得及！

知识链接

司马光，北宋政治家、史学家、文学家，主持编纂了编年体通史《资治通鉴》。

水瓮的消防作用：我国古代房屋多为木结构，容易起火，所以院子里放水瓮存水以备起火后消防所用。

资治通鉴

《资治通鉴》是一部多卷本编年体史书，共294卷，历时十九年完成。在这部书里，编者总结出许多经验教训，供统治者借鉴，宋神宗认为此书“鉴于往事，有资于治道”，即以历史的得失作为鉴诫来加强统治，所以定名为《资治通鉴》。

智慧积累

光持石击瓮破之，水迸，儿得活。

请你用自己的话说说这句话的意思。

参考答案：司马光拿石头砸开了缸，水从缸里涌出，落水的小孩得以活命。

快乐小课堂

史书体裁知多少

杰杰：诗诗，你知道司马光小时候喜欢看哪一本书吗？

诗诗：这可难不倒我！“司马光七岁，凛然如成人，闻讲《左氏春秋》，爱之，退为家人讲，即了其大旨。自是手不释书，至不知饥渴寒暑。”从中可知，他很喜欢看《左氏春秋》这本书。

杰杰：佩服啊！居然记得这么清楚，那你知道《左氏春秋》是什么体裁的史书吗？

诗诗：编年体。编年体是中国传统史书的一种体裁，它是以年代为线索编排有关历史事件的史书体例。换我来考考你，我国现存编年体通史中影响最大的是哪一部书？

杰杰：这我知道！就是司马光编纂的《资治通鉴》。

诗诗：你也很厉害啊，那你知道还有哪些史书体裁吗？

杰杰：这个我就不知道了，请你赐教。

诗诗：除了以时间为线索的编年体外，还有以国家为主体的国别体，以人物传记为中心的纪传体呢。

杰杰：那《史记》应该是纪传体！

诗诗：看来你读的书真不少！同学们，你们看过哪些史书呢？

3

tián jì sài mǎ

田忌[1]赛马

马还是那三匹马，只调换一下比赛顺序，却能出奇制胜。思维创新的重要性，不言而喻。

齐使者如[2]梁[3]，孙膑[4]以刑徒阴见[5]，说[6]齐使。齐使以为奇，窃(qiè)[7]载(zài)与之齐。齐将田忌善而客待之。忌数(shù)[8]与齐诸公子驰逐重(zhòng)射[9]。孙子见其马足[10]不甚相远，马有上、中、下辈[11]。于是孙子谓田忌曰："君弟[12]重射，臣能令君胜。"田忌信然之，与王及诸公子逐射千金。及临质[13]，孙子曰："今以君之下驷(sì)[14]与彼上驷，取君上驷与彼中驷，取君中驷与彼下驷。"既驰三辈毕，而田忌一不胜而再[15]胜，卒得王千金。于是忌进孙子于威王。威王问兵法，遂以为师。

（选自《史记·孙子吴起列传》）

注释

① 田忌：田氏，名忌，字子期，战国时期齐国名将。
② 如：往，到……去。
③ 梁：魏国的都城。
④ 孙膑：战国时著名军事家。
⑤ 阴见：秘密拜见。
⑥ 说：劝说。
⑦ 窃：偷偷地。
⑧ 数：屡次，多次。
⑨ 驰逐重射：赛马赌博。重射，赌注很大。射，打赌。
⑩ 马足：指马的足力，马奔跑的速度。
⑪ 辈：类，这里指马的不同等级。
⑫ 弟：只管。
⑬ 临质：临近比赛，将要比赛的时候。质，评判，这里指比赛。
⑭ 驷：古代驾车，一车四马，同驾一辆车的马叫作驷。
⑮ 再：两次。

译文

齐国使者到大梁来，孙膑以犯人的身份秘密拜见，劝说齐国使者。齐国使者觉得此人是个难得的人才，就偷偷地把他载回齐国。齐国将军田忌非常赏识他，并且待他如上宾。

田忌经常与齐国众公子赛马，设重金赌注。孙膑发现他们的马脚力都差不多，马分为上、中、下三等，于是对田忌说："您只管下大赌注，我能让您取胜。"田忌相信并答应了他，与齐王和诸公子用千金来赌注。比赛即将开始，孙膑说："现在用您的下等马对付他们的上等马，拿您的上等马对付他们的中等马，拿您的中等马对付他们的下等马。"已经比了三场比赛，田忌一场败而两场胜，最终赢得齐王的千金赌注。于是田忌推荐孙膑给齐威王。齐威王向孙膑请教兵法，把孙膑当作军师。

田忌，你又输了，就问你服不服！

你想要我破产吗？
将军可再赌一局，尽管下重注，我包你赢！

这办法好！妙啊！
下对上，上对中，中对下，稳赢！

比赛得讲策略，拿长处比别人短处，能不赢吗？

知识链接

田忌赛马，经过孙膑的指点，只是调换一下马的出场比赛的顺序，却能出奇制胜。《田忌赛马》的故事告诉我们，要善于从一成不变的事物中，寻找新的方法和思路，不拘泥于形式，大胆创新，这样也许会达到意想不到的效果。

孙膑是战国时期著名军事家。在齐、魏争雄具有决定意义的桂陵之战、马陵之战中，孙膑指挥齐军两次击败魏军，使齐国成为强国之一。他在作战中运用避实击虚、攻其必救的原则，创造了著名的“围魏救赵”战法，为古往今来兵家所效。孙膑及其弟子所撰《孙膑兵法》继承了孙武的军事思想，总结战国中期以前的战争经验，具有鲜明的时代特色，给后世留下了宝贵的军事理论遗产。

鱼雁传书

古人对信件有很多别称，有约定俗成的，如尺素、尺牍、书札、书牍、简札；也有不同时代所独创的，如鱼书、雁帛、锦书、双鲤、素书、华翰……各种说法举不胜举，新奇比喻层出不穷。但有两个意象最深入人心，就是鱼和雁。

智慧积累

田忌赛马，赢是因为：用下等马有意输给对方的（　　），用（　　）赢对方的（　　），用上等马赢对方的（　　），两胜一负，从而取得胜利。

参考答案：上等马　中等马　下等马　中等马

快乐小课堂

说“穷”

淘淘：世界多么美好，有钱快活逍遥。奶茶可乐鸡翅，旅游平板电脑……生在当下，真幸福啊！

春雨老师：是的，但是古代的很多读书人生活条件极差，常常食不果腹。大家想一想，现在有哪些表示“穷”的词语呢？别让“富裕限制了你们的想象力”哦！

诗诗：钱不够花，生活困顿叫“拮据”。

淘淘：穷得没有像样的衣服，很寒酸，叫“捉襟见肘”。

诗诗：出门想买东西，却发现口袋里没钱……

淘淘：那叫“囊中羞涩”！这还算好的，家里穷得家具、衣服什么都没有，叫……

诗诗：一贫如洗！

淘淘：我想说的是“家徒四壁”，没猜到吧！

春雨老师：大家都很棒！孔子说“君子固穷”，德行高尚的人，能够安贫乐道，知足常乐。古人在艰苦的条件下仍能守住本心，追求学问，何况我们呢？

诗诗：春雨老师，我明白了，我们应感恩并珍惜现在的幸福生活，好好学习。

4

wáng róng bù qǔ dào páng lǐ

王戎[1]不取道旁李

会观察生活、善于发现的人，才能让生活的纸页丰富多彩，才能让他的人生不至于苍白平淡、黯然失色。

王戎七岁，尝[2]与诸(zhū)小儿游。看道边李树多子折枝，诸儿竞(jìng)走[3]取之，唯[4]戎不动。人问之，答曰："树在道边而多子，此必苦李。"取之，信然[5]。

（选自《世说新语·雅量》）

注释

① 王戎：晋朝人，"竹林七贤"之一，自幼聪慧。
② 尝：曾经。
③ 竞走：争相跑过去。
④ 唯：只有。
⑤ 信然：的确如此。

译文

王戎七岁的时候，曾经和许多小孩一起嬉戏玩耍。他们看见路边李子树上果实累累，把树枝都压弯了。许多孩子都争相跑过去摘李子，只有王戎没有动。有人问他为什么不去摘李子，王戎回答说："李树在路边竟然还有这么多李子，这一定是苦李子。"摘来一尝，的确如此。

哇，好多李子！
这一定是
苦李子！
果然是苦李子！

知识链接

王戎少年时代非常聪明。《晋书·王戎传》说他“幼而颖悟，神采秀彻”。裴楷说他“眼烂烂如岩下电”。他幼年时卓然不群，确有惊人之处，史传他六七岁时，与群童一起到宣武场看戏，关在槛中的猛兽大吼一声，山摇地动，众人闻之无不惊慌失措，四处奔突，唯有王戎神色自若，站立不动。坐在阁上的魏明帝见了，甚为赞赏。

“竹林七贤”

“竹林七贤”是指魏末晋初的七位名士：阮籍、嵇康、山涛、刘伶、阮咸、向秀、王戎。

智慧积累

王戎七岁，____________。看道边李树____________，诸儿____________，唯戎不动。人问之，答曰：“____________，此必苦李。”取之，信然。

古文学习法

- 字词积累
- 熟读成诵
- 语法归纳

参考答案：尝与诸小儿游　多子折枝　竞走取之　树在道边而多子

快乐小课堂

古今异义知多少

春雨老师：文言文中有一种现象叫作“古今异义”，你们知道是怎么回事吗？

诗诗：我知道，古今异义是一个词的意义由于某种情况从古代到现在发生了变化。比如“诸儿竞走取之”中“走”在现代是“行走”的意思，但在古代是“跑”的意思。

春雨老师：不错，会学以致用了！其实古今异义常见的有四种类型，你所说的是其中一种——词义转移，即一词由表示甲事物转为表示乙事物，词义有所变化。例：“涕”古代指眼泪，现在指鼻涕。

诗诗：那其他三种类型呢？

春雨老师：第二种是词义扩大。随着社会生活的发展，很多词语后来的意义扩大了，应用范围也广了。例：“江”古代专指长江，现在指一切大的河流。

诗诗：有词义扩大，是不是就有词义缩小呢？

春雨老师：没错，第三类是词义缩小。例：“妻子”古代指妻子和儿女，现在指男子的配偶。还有一类词，在发展的过程中感情色彩发生了变化，例：“卑鄙”古时表示地位低下，见识浅陋，并无贬义；现在则指品质恶劣，成了贬义词。

诗诗：哦，我明白了，谢谢老师！

5

yáng shì zhī zǐ

杨氏之子

遭人讽刺如何巧妙回击？一个九岁孩子用智慧做“文字游戏”，以子之矛攻子之盾，化矛盾于无形。

梁国杨氏子九岁，甚聪惠①。孔君平诣(yì)②其父，父不在，乃③呼儿出。为(wèi)设果，果有杨梅。孔指以示④儿曰：“此是君家果。”儿应声答曰：“未闻孔雀是夫子⑤家禽(qín)。”

（选自《世说新语·言语》）

注释

① 惠：同“慧”。
② 诣：拜访。
③ 乃：就，于是。
④ 示：给……看。
⑤ 夫子：古时对男子的尊称，这里指孔君平。

译文

在梁国，有一户姓杨的人家，家里有一个九岁的儿子，非常聪明。有一天，孔君平来拜见孩子的父亲，恰巧孩子的父亲不在家，孔君平就把这个孩子叫了出来。孩子给孔君平端来了水果，其中就有杨梅。孔君平指着杨梅给孩子看，说：“这是你家的水果。”孩子马上回答：“我可没听说过孔雀是先生您家的鸟。”

家父外出，请您屋内稍坐。
请您尝尝这些果子。
这是你家的果子。
我可没听说过孔雀是先生您家的鸟。

知识链接

《杨氏之子》讲述了梁国姓杨的一家中的九岁男孩的故事，故事把杨氏子巧妙的回答描写得惟妙惟肖，表现了杨氏子的聪慧。杨氏子是从姓氏上下功夫，机智对答，语气委婉，语言幽默风趣，体现了孩子应有的礼貌和敏捷的思维，教导我们要学会随机应变，用智慧和勇气解决问题。

古代的行为举止礼仪

我国素有“文明古国”“礼仪之邦”的美称。中国人也以彬彬有礼、和睦谦逊的风貌著称于世。我国古代的礼仪正体现了这种文明风貌。

一、站

古人对站立的要求十分严格，如站立时必须不跛不倚，呈立正姿势；在接受别人的行礼时，必须站立而不可坐，以表示尊重；不能站在门的中央，妨碍他人的出入；等等。

二、坐

古人的坐相大概有三种：第一种是标准的坐相，即两膝跪在席上，两脚背朝下，臀部落在脚踵上。第二种是跽，也称为长跪，具体姿势是：在席地而坐的基础上，让臀部抬起离开脚后跟，上身挺直。第三种是箕踞，这是一种极为随便、不恭敬的坐法，往往臀部贴地，两腿分开平伸，上身与腿成直角，形似簸箕。

三、行

古代的“行”即走路，“走”即跑，“步”即徐行，“奔”则是跑，“趋”就是小步快跑。其中“趋”是表示恭敬的动作，尤其是在尊者、长者面前要“趋”，在君王面前更是要“趋”了。

智慧积累

为设果，________。孔指以示儿曰：“__________。”儿应声答曰：“____________________。”

参考答案：果有杨梅　此是君家果　未闻孔雀是夫子家禽

快乐小课堂

你会打招呼吗？

嗨，好久不见，你怎么穿起汉服了？

淘淘

你out了，现在流行国风，穿汉服、行汉礼再正常不过了。

诗诗

你穿汉服真好看，再配上你刚刚跟我打招呼的姿势，真像个知书达理的古代千金大小姐。

淘淘

教教你！先站直，两臂合拢向前伸直，右手微曲，左手附在右手上面，双臂从额头下移至胸前，上身鞠躬四十五度。

诗诗

这个我知道，一般朋友见面就这样打招呼。你还会别的行礼方式吗?

淘淘

我再教你个正式一点的揖礼。女孩子用右手压左手，男孩子就用左手压右手，手藏在袖子里，举手到额前，鞠躬九十度，然后起身，同时手随着再次齐眉，然后放下。举案齐眉的说法，用的就是这个揖礼。

诗诗

哦，原来如此。

淘淘

还有一种叫拱手礼，很像揖手，只是身子和胳膊不用动。这种行礼，用的场合比较多，行礼比较随意。

诗诗

哎呀，不同场合还要用不同的行礼方式呢！这下我可算明白我国为什么被誉为礼仪之邦了，光打招呼就这么多学问。

淘淘

哈哈，这只是些皮毛，传统礼仪够咱们学很久呢！

诗诗

第三单元

勤哉古文

（勤学篇）

业精于勤荒于嬉，行成于思毁于随。

勤能补拙，天道酬勤。

1

náng yíng yè dú

囊萤①夜读

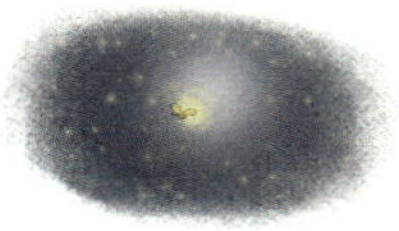

“囊萤夜读”讲的是车胤在条件艰苦的情况下依然坚持读书，这种精神值得我们学习。

胤（yìn）恭②勤不倦，博学③多通④。家贫不常得油，夏月则练囊⑤盛（chéng）数（shù）十萤火以照书，以夜继日⑥焉。

（选自《晋书·车胤传》）

注释

① 囊萤：用袋子装萤火虫。囊，文中作动词用，意思是“用袋子装”。

② 恭：谦逊有礼。

③ 博学：学识渊博。

④ 通：通晓，明白。

⑤ 练囊：用白色绢子做袋。练，白绢，文中作动词用，意思是“用白绢做”。

⑥ 以夜继日：用夜晚接着白天（学习）。

译文

晋朝人车胤谦逊勤勉，学习起来不知疲倦，知识渊博，学问精通。他家境贫寒，常常没有灯油。夏天的夜晚，车胤就用白绢做成透光的袋子，装几十只萤火虫照着书本，夜以继日地学习着。

学习古文小诀窍

学习古文，反复读，

联系注释，看插图。

扩充词语，巧选择，

变换顺序，更合适。

家里的油灯又没油了，哎！
我有办法了！
把萤火虫装进袋子里，我就可以看书了！
现在我晚上也可以看书了。

知识链接

车胤，东晋大臣，自幼聪颖好学，因家境贫寒，常无油点灯，夏夜就捕捉萤火虫用以照明，自此学识与日俱增。之后，人们便将他这种刻苦读书的精神用“囊萤夜读”来概括。

萤火虫，俗称火金姑、亮火虫，是美丽的发光昆虫，能够发出黄色、橙色、红色、黄绿色及绿色等多种颜色的荧光。萤火虫幼虫的发光被认为具有警戒、恫吓天敌的作用，而成虫被认为利用闪光进行种的辨认、求偶及诱捕。萤火虫独特的发光行为使之成为一类重要的观赏性昆虫。在中国昆虫文化中，萤火虫与蝴蝶、蟋蟀齐名。

以夜继日：“夜以继日”，形容日夜不停。多指工作或学习等。

如囊萤

“如囊萤，如映雪，家虽贫，学不辍。”

这句话出自《三字经》，讲的就是车胤囊萤映雪，勤学苦读的故事。

智慧积累

家贫不常得油，夏月则练囊__________以照书，以夜继日焉。

参考答案：盛数十萤火

快乐小课堂

萤火之光

走！我们一起去捉萤火虫吧！

淘淘

捉萤火虫干什么？

诗诗

我要学习车胤用萤火虫读书啊！

淘淘

其实，萤火虫照明的效果并不理想。首先，要用很多只萤火虫照明才能勉强照亮书上的字；其次，由于萤火虫的光亮是忽明忽暗的，这样的光照下长时间看书眼睛会产生疲劳；再次，有许多萤火虫感知到危险时会自动关闭灯光；最后，现在萤火虫已经越来越少了，不要说去抓很多萤火虫照明，有时候想看到个萤火虫都不容易。

诗诗

原来是这样啊，那为什么还要学习车胤囊萤的故事呢？

淘淘

车胤囊萤故事的重点并不是要我们用萤火虫看书，而是要告诉我们无论环境有多么恶劣，我们都要勤奋学习。

诗诗

我懂了！我们现在有这么好的学习环境，更应该好好学习。

淘淘

2

tiě chǔ chéng zhēn

铁杵成针

将铁棒磨成细细的绣花针是一件很难办到的事，但是只要坚持，就能做到！学习亦如此，贵在持之以恒！

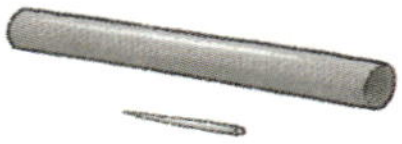

磨针溪，在象耳山下。世传[1]李太白读书山中，未成[2]，弃去[3]。过是溪，逢[4]老媪(ǎo)[5]方[6]磨铁杵[7]。问之，曰："欲[8]作针。"太白感[9]其意，还卒(huán zú)业[10]。

（选自《方舆胜览·眉州》）

注释

① 世传：世世代代相传。
② 成：完成。
③ 去：离开。
④ 逢：碰上。
⑤ 媪：妇女的统称。
⑥ 方：正在。
⑦ 铁杵：铁棍，铁棒。杵，压米或捶衣用的棒，一头粗一头细的圆棒。
⑧ 欲：想要。
⑨ 感：被……感动。
⑩ 还卒业：回去完成学业。还，回去。卒业，完成学业。

译文

磨针溪在象耳山脚下。世世代代相传李白在山中读书的时候，没有完成学业，就放弃学习离开了。他路过这条小溪，遇见一位老妇人在磨铁棒。于是李白问她在干什么，老妇人说："我想把它磨成针。"李白被她的精神感动，就回去完成了学业。

铁杵成针：比喻只要有毅力，肯下苦功，事情就能成功。

这么好的天气，待在屋里读书岂不可惜？
老婆婆，您在做什么？
我要把这根铁棒磨成一根绣花针。
铁棒这么粗，什么时候才能磨成绣花针呢？
只要功夫深，没有什么做不到的事。
我要学习老婆婆坚持不懈的精神。

知识链接

李白，字太白，号青莲居士，又号“谪仙人”，唐代伟大的浪漫主义诗人，被后人誉为“诗仙”，与杜甫合称为“大李杜”（李商隐与杜牧合称为“小李杜”）。李白有《李太白集》传世，诗作多以醉时所写，代表作有《望庐山瀑布》《行路难》《蜀道难》《将进酒》《早发白帝城》等多首。就其开创意义及艺术成就而言，李白诗享有极为崇高的地位。

古代老人称呼

女性：老妪、老媪。

1. 老妪（yù）：年老的妇女。
2. 老媪：年老的妇女。

男性：老朽、老夫、老汉、老翁。

1. 老朽：谦辞，老年人的自称。
2. 老夫：年老男子的自称。
3. 老汉：年老男子的自称，也可作他称。
4. 老翁：年老的男子。

智慧积累

太白感其意，还卒业。

这句话是什么意思？李白当时可能会想些什么？

____

____

参考答案：李白被老妇人的精神感动，就回去完成学业。示例：李白可能会想：老奶奶都能有毅力将铁棒磨成绣花针，我还有什么理由不能完成学业呢？

快乐小课堂

花甲之年

诗诗：杰杰，明天是我奶奶“花甲之年”的生日宴，邀请你来参加。

杰杰：花甲之年是什么意思？

诗诗：这你都不知道，花甲之年是六十岁的意思。

杰杰：哦！原来是六十岁，为什么这么称呼呢？

诗诗：我国古代用天干地支配合来纪年，从甲子起，六十年为一循环，因此称六十岁为花甲。

杰杰：我懂了！难怪我听过“花甲老人”这样的称呼。

诗诗：六十岁除了称为“花甲之年”，还可以称为“耳顺之年”呢？

杰杰：你还知道其他年龄段的称呼吗？

诗诗：我还知道三十岁可称为“而立之年”，四十岁可称为“不惑之年”。也请读者小朋友们来分享分享吧！

3

sī mǎ guāng hào xué
司马光好学

小时候的司马光不仅机智过人，还勤学多思。

司马温公[1]幼时，患[2]记问不若[3]人。群居讲习，众[4]兄弟既[5]成诵，游息矣；独下帷(wéi)[6]绝编，迨(dài)[7]能倍诵[8]乃止。用力多者收功远，其所精诵，乃[9]终身不忘也。温公尝[10]言："书不可不成诵。或[11]在马上，或中夜[12]不寝时，咏[13]其文，思其义，所得多矣。"

（选自《三朝名臣言行录》）

注释

① 司马温公：司马光死后被追赠予温国公的称号，故称温国公。

② 患：担忧，忧虑。

③ 不若：比不上。

④ 众：众多。

⑤ 既：已经。

⑥ 下帷：原指汉代董仲舒下帷讲学，三年不看窗外事。这里借此指专心读书。

⑦ 迨：到；等到。

⑧ 倍诵：背诵。倍，同"背"。

⑨ 乃：于是，就。

⑩ 尝：曾经。

⑪ 或：有时。

⑫ 中夜：半夜。

⑬ 咏：吟咏。

译文

司马光幼年时，担心自己记诵诗书以备应答的能力不如别人。大家在一起学习讨论时，别的兄弟已经会背诵了，就去玩耍休息；司马光却独自留下来，专心刻苦地读书，一直到能够背得烂熟于心为止。因为读书时下的功夫多，收获大，所以他所精读和背诵过的书，就能终身不忘。司马光曾经说："读书不能不背诵。当你在骑马赶路的时候，在半夜睡不着觉的时候，吟咏读过的文章，想想它的意思，收获就会非常大！"

我很怕自己背的内容答不出来啊!
我一定要背熟，这样才能记得牢!
在半夜睡不着的时候，想想文章的意思，也会有收获呢!

知识链接

关于勤学苦读的成语故事还有韦编三绝、凿壁借光、悬梁刺股、闻鸡起舞、牛角挂书、程门立雪等。

韦编三绝：据《史记·孔子世家》记载，孔子晚年很爱读《周易》，翻来覆去地读，使穿连《周易》竹简的皮条断了好几次。后来人们就用“韦编三绝”形容读书勤奋。

我国史学八大家

左丘明，春秋时鲁国人，编著我国第一部完整的编年体史书《左传》。

司马迁，西汉人，创作了我国第一部纪传体通史《史记》。

班固，东汉人，编著《汉书》，开创纪传体断代史体例。

刘知几，唐代人，编著《史通》，对史学理论有卓越贡献。

杜佑，唐代人，著有《通典》，创立史书编纂的新体裁。

司马光，北宋人，主持编纂的《资治通鉴》是我国最大的一部编年体史书。

袁枢，宋代人，著有《通鉴纪事本末》，创立了纪事本末史书体裁。

顾炎武，明清学者，著有《天下郡国利病书》。

智慧积累

温公尝言：“书不可不成诵。或在马上，或中夜不寝时，__________，__________，__________。”

参考答案：咏其文　思其义　所得多矣

快乐小课堂

韦编三绝

诗诗

这么专注，你在干吗呢？

我在看《西游记》啊！

杰杰

诗诗

这本书你看了很多遍吧，封面都翻破了。

我这算什么，你知道“韦编三绝”吗？孔子把编书的皮条读断了好几次，那才是真的勤奋呢！

杰杰

诗诗

那你知道那时候的书是怎么装订的吗？

我知道那时的书不是纸质的书，文字是写在竹简上的。

杰杰

诗诗

没错！春秋时的书，主要是以竹子为材料制造的，把竹子劈成一根根竹签，称为“竹简”，用火烘干后在上面写字。竹简有一定的长度和宽度，一根竹简只能写一行字，多则几十个字，少则八九个字。一部书要用许多竹简，这些竹简必须用牢固的绳子之类的东西编连起来才能阅读。

那一本书可真沉啊！实在是不方便。

杰杰

诗诗

是啊，古人读书一点都不方便，却还能这么刻苦。我们现在随时都可以看书，真的太方便了，更要刻苦读书了！

所言甚是！

杰杰

4

sūn quán quàn xué

孙权劝学

“士别三日，刮目相待。”从吕蒙身上，我们可以看到学习对一个人的改变有多大！

初[1]，权谓[2]吕蒙[3]曰：“卿(qīng)[4]今当涂[5]掌事[6]，不可不学！”蒙辞[7]以军中多务。权曰：“孤[8]岂欲卿治经[9]为博士[10]邪(yé)[11]！但[12]当涉猎[13]，见往事[14]耳[15]。卿言多务，孰若[16]孤？孤常读书，自以为大有所益。”蒙乃始就学[17]。及[18]鲁肃过寻阳[19]，与蒙论议，大惊曰：“卿今者[20]才略[21]，非复[22]吴下阿蒙[23]！”蒙曰：“士别三日[24]，即[25]更(gèng)[26]刮目相待[27]，大兄[28]何见事[29]之晚乎！”肃遂拜蒙母，结友而别。

（选自《资治通鉴》）

注释

① 初：当初，起初，这里是追述往事的习惯用词。
② 谓……曰：连用表示“对……说”。谓，告诉。
③ 吕蒙（178—219）：字子明，东汉末孙权手下的将领。
④ 卿：古代君对臣或朋友之间的爱称。朋友、夫妇间也以“卿”为爱称。
⑤ 当涂：当道，当权。
⑥ 掌事：掌管政事。
⑦ 辞：推托、推辞。
⑧ 孤：古时王侯的自称。
⑨ 治经：研究儒家经典。治，研究。经，指《周易》《诗经》《尚书》《礼记》《春秋》等书籍。
⑩ 博士：古代专门掌管经学传授的学官。

⑪ 邪：后写作“耶”，语气词，表示反问或疑问的语气。
⑫ 但：只，仅。
⑬ 涉猎：粗略地阅读。
⑭ 见往事：了解历史。见，了解。往事，指历史。
⑮ 耳：语气词，表示限止语气，罢了。
⑯ 孰若：与……相比如何；谁像（我）。孰，谁，哪个。若，比得上。
⑰ 就学：指从事学习。
⑱ 及：到了……的时候。
⑲ 寻阳：古县名，在今湖北黄梅西南。
⑳ 者：用在时间词后面，不译。
㉑ 才略：（军事方面或政治方面的）才干和谋略。
㉒ 非复：不再是。复，再，又。
㉓ 吴下阿蒙：指在吴下时的没有才学的吕蒙。吴下，指吴县，如今江苏苏州。阿蒙，吕蒙的小名，名字前加“阿”，有亲昵的意味。
㉔ 士别三日：与读书的人分别几天。
㉕ 即：就。
㉖ 更：另外，重新。
㉗ 刮目相待：拭目相看，用新的眼光看待。刮目，擦拭眼睛。待，对待，看待。
㉘ 大兄：长兄，这里是对同辈年长者的尊称。
㉙ 见事：知晓事情。

译文

当初，孙权对吕蒙说：“你现在当权管事，不可以不学习！”吕蒙用军中事务繁多来推托。孙权说：“我难道想要你研究儒家经典，成为专掌经学传授的学官吗？我只是让你粗略地阅读，了解历史罢了。你说军务繁多，谁比得上我事务多呢？我经常读书，自己觉得获益颇多。”吕蒙于是开始学习。等到鲁肃经过寻阳的时候，和吕蒙一起谈论议事，他十分吃惊地说：“你现在军事方面和政治方面的才能和谋略，不再是吴下时没有才学的阿蒙了！”吕蒙说：“与读书的人分别几天，就应当用新的眼光来看待，长兄你知晓事情怎么这么晚呢？”鲁肃接着敬拜吕蒙的母亲，和吕蒙结为朋友后分别了。

你现在当权管事，不可以不学习！
军中事务繁忙，实在没有时间学习啊！
我只是让你粗略地阅读，了解历史罢了。你说军务繁多，谁比得上我事务多呢？我经常读书，自己觉得获益颇多。
读书果然会有很多收获！
你现在军事方面和政治方面的才能和谋略，不再是没有才学的阿蒙了！
与读书的人分别几天，就应当用新的眼光来看待。

知识链接

刮目相看：用新的眼光来看待。也说“刮目相待”。

博士：古代教授经学的一种官职，一般由博学或具有某种专门知识的人充任。现在指学位的最高一级。

教授：有知识有文化的人，在《水浒传》中吴用被称为教授。

方家：“大方之家”的简称，多指饱学之士或精通某种学问、技艺的人。

“三”“九”之流

古代汉语里的“三”和“九”往往不是实指具体的数字，而是泛指多次。比如“三思”“再三”“三人行”“士别三日”“九死一生”“九江八河”等词中的“三”和“九”都是指虚数。

智慧积累

蒙曰：“士别三日，即更刮目相待。”

这句话的意思：____

参考答案：吕蒙说：“与读书的人分别几天，就应当用新的眼光来看待。”

快乐小课堂

话说“三日”

诗诗：杰杰，最近小古文学得怎么样?

杰杰：刚刚入门，还有很多要学习的知识。

诗诗：什么时候我们一起切磋一下吧？上次你可是我的手下败将呢！

杰杰：不要小看我，要知道士别三日，当刮目相看哦！

诗诗：那好啊！三天后我们再来切磋。

杰杰：哈哈，你已经输了，这里的“三日”可是虚指，是几天的意思，表示时间不长。

诗诗：算你赢一回！这就是“三人行，必有我师焉”。

杰杰：承让了，互相学习，取长补短。

5

fā fèn wàng shí, lè yǐ wàng yōu

发愤忘食，乐以忘忧

众所周知孔子是一个博学的人。那么，他自己是怎么评价自己的呢？且来看看吧！

叶（shè）公①问孔子于子路。子路不对②。子曰："女奚（rǔ xī）③不曰，'其为人也，发愤忘食，乐以忘忧④，不知老之将至云尔⑤。'"

（选自《论语·述而》）

注释

① 叶公：姓沈，名诸梁，字子高，楚国的大夫，封地在叶城（今河南叶县南），所以叫叶公。
② 不对：不回答。
③ 奚：何，为什么，怎么。
④ 发愤忘食，乐以忘忧：发愤用功到忘记了吃饭，快乐得忘记了忧愁。
⑤ 云尔：如此罢了。云，如此。尔，同"耳"，而已，罢了。

译文

叶公问子路，孔子是个怎样的人。子路没有回答。孔子说："你为什么不这样说：'他的为人，发愤用功到忘记了吃饭的程度，沉浸于学有所得的快乐中忘记了忧愁，甚至不知道衰老将要到来，如此而已。'"

子路没有回答，是因为一时很难用几句话概括孔子，所以有了后边的夫子自况。结合整部论语来看，孔子对自己的评价，最多的就是"好学"了。

孔子是一个怎样的人呢？

你为什么不这么说：他用功读书忘记了吃饭。

快乐得忘记了忧愁，不知道衰老将要到来。

如此而已。

知识链接

与发愤忘食意思相近的成语有哪些？

废寝忘食：顾不得睡，忘记了吃。形容非常专心和勤奋。

全神贯注：全副精神高度集中。

目不窥园：形容埋头读书，不问外事。窥，从小孔里或缝隙里看。园，花园，菜园。

《论语》

《论语》是春秋时期思想家、教育家孔子的弟子及再传弟子所编的一本语录体文集，记录了孔子及其弟子的言行，成书于战国前期。全书共20篇492章，较为集中地体现了儒家学派的政治主张、伦理思想、道德观念及教育原则等。作品多为语录，但辞约义富，有些语句、篇章形象生动，其主要特点是语言简练，浅近易懂，而用意深远，有一种雍容和顺、纡徐含蓄的风格，能在简单的对话和行动中展示人物形象。

智慧积累

小朋友，孔子是一个怎样的人呢？孔子是这样来形容自己的：__________，__________，__________。从他的回答中，你觉得孔子是一个怎样的人？

____

参考答案：发愤忘食　乐以忘忧　不知老之将至云尔

示例：勤奋好学

快乐小课堂

关于“子”

诗诗：杰杰，你知道孔丘是谁吗？

杰杰：这可难不倒我！孔丘就是孔子啊。

诗诗：哟，不错啊！那孟子的原名是什么？

杰杰：孟轲！我还知道老子原名李耳。我也考考你，为什么会称他们为“子”呢？

诗诗：“子”是古代对人的尊称，古人称老师或有道德、有学问的人为“子”。比如庄子原名庄周，墨子原名墨翟。

杰杰：你真是见识广博！那等我出名了，是不是可以叫“杰子”了，哈哈。

诗诗：你这可不是尊称，而是昵称了。我们还是好好努力学习吧！

第四单元

美哉古文

（美文篇）

春听鸟声，夏听蝉声，秋听虫声，冬听雪声。白昼听棋声，月下听箫声，山中听松声，水际听唉乃声，方不虚此生耳。

1

xuě

雪

大雪纷飞，大地变成了银装素裹的世界！

冬日严寒，木叶尽脱，阴云四布，弥(mí)漫天空，飞鸦千百成群，未暮(mù)①归林。

夜半，北风起，大雪飞。

清晨，登楼远望，山林屋宇②，一白无际，顿(dùn)③为银世界，真奇观④也。

注释

① 暮：傍晚。
② 屋宇：房屋、房子。
③ 顿：包裹。
④ 奇观：指雄伟美丽而又罕见的景象或出奇少见的事情。

译文

这个冬日非常寒冷，山上的树叶全都落了。天上布满了乌云，阴沉沉地笼罩住了天空。天上飞着成百上千的乌鸦，还没有天黑就回到栖息的树林。

半夜的时候，刮起了北风，大雪纷纷扬扬地下了起来。

第二天早晨起来后，登上楼台向远处眺望，远处的树林和房屋，白茫茫的一片，就仿佛银装素裹的世界，真是好看极了！

冬日严寒，木叶尽脱。

阴云四布，飞鸦千百成群，未暮归林。

夜半，北风起，大雪飞。

山林屋宇，一白无际。

知识链接

阴云密布：浓厚的云层或空气中的大量的烟尘遮蔽天日，比喻形势险恶。

大雪纷飞：雪花大量飘落的样子，形容雪下得大。

银装素裹：比喻户外的雪景素洁美丽。

“雪”的雅称

在咏雪诗文中，雪有很多的雅称和别称。

六出：唐元稹《赋得春雪映早梅》：“一枝方渐秀，六出已同开。”

玉尘：唐白居易《酬皇甫十早春对雪见赠》：“漠漠复雰雰，东风散玉尘。”

玉蝶：元华幼武《春雪》：“剩喜满天飞玉蝶，不嫌幽谷阻黄莺。”

琼花：宋杨万里《观雪》：“落尽琼花天不惜，封它梅蕊玉无香。”

琼妃：元张可久《霜角·新安八景·黄山雪霁》：“云开洞府，按罢琼妃舞。”

瑞叶：宋范成大《雪后雨作》：“瑞叶飞来麦已青，更烦膏雨发欣荣。”

银粟：宋杨万里《雪冻未解散策郡圃》：“独往独来银粟地，一行一步玉沙声。”

智慧积累

清晨，登楼远望，山林屋宇，一白无际，顿为银世界，真奇观也。

读了这段话，你仿佛看到了怎样的画面？

____

____

参考答案：示例：第二天早晨起来后，登上楼台向远处眺望，远处的树林和房屋，白茫茫的一片，就仿佛银装素裹的世界，真是好看极了！

快乐小课堂

古诗中的“雪”

杰杰：哇，下雪啦！

诗诗：真是“忽如一夜春风来，千树万树梨花开”啊！

杰杰：这大雪天的哪里来的梨花啊！要有花，也是“遥知不是雪，为有暗香来”。

诗诗：哈哈，你说的不是“雪”，是“花”，我说的不是“花”，是“雪”。

杰杰：你都把我绕晕了，到底是什么意思呢？

诗诗：“忽如一夜春风来，千树万树梨花开”是写挂在枝头的积雪，在诗人的眼中就像一夜盛开的梨花，似乎是美丽的春天突然到来了一样。

杰杰：哦，我懂了，这是把雪花当梨花来写呢。

诗诗：是的。在古诗中，雪花有很多的比喻或引称，比如六花、玉龙等。

杰杰：我知道琼花和银粟也是指雪呢！

诗诗：这些名字可真美啊，不如我们一起去欣赏这美丽的雪景，再用上雪的别称作诗一首吧！

杰杰：好主意！

2

guān cháo

观潮

钱塘江天下闻名，每年都有很多人前去观潮。
我们也一起来欣赏钱塘江潮壮观的景象吧！

浙江[1]之潮，天下之伟观也。自既望[2]以至十八日为最盛。方其远出海门[3]，仅如银线[4]；既而渐近，则玉城雪岭[5]，际天而来，大声如雷霆，震撼激射，吞天沃日[6]，势极雄豪。杨诚斋[7]诗云“海涌银为郭，江横玉系腰”者是也。

（选自《武林旧事》）

注释

① 浙江：钱塘江。
② 既望：农历十六日。浙江观潮以农历八月十六至十八日为最盛。
③ 方其远出海门：当潮从入海口涌起的时候。
④ 仅如银线：几乎像一条（横画的）银白色的线。仅，几乎，将近。
⑤ 玉城雪岭：形容潮水像白玉似的城墙，像积雪的山岭，极言潮头之高。
⑥ 吞天沃日：遮没天日。
⑦ 杨诚斋：南宋诗人杨万里。

译文

钱塘江的大潮，是天下雄伟的景象。从农历八月十六日到十八日是最盛的时候。当潮远远地从浙江入海口涌起的时候，看上去几乎只有一条横画的银白色的线粗细；不久，潮水渐渐近了，就像玉城雪岭一般的潮水连天涌来，声音大得像雷霆万钧，震撼天地，激扬喷薄，吞没天空，冲荡太阳，来势极其雄伟豪壮。杨万里的诗中说的“海涌银为郭，江横玉系腰”描写的就是这样的景象。

方其远出海门，仅如银线。

既而渐近，则玉城雪岭，际天而来。

大声如雷霆，震撼激射。

吞天沃日，势极雄豪。

知识链接

钱塘江位于我国浙江省，最终注入东海，在它入海口的海潮即为钱塘潮，天下闻名，每年都有不少游客前来观看这一奇景。海潮到来前，远处先呈现出一个细小的白点，转眼间变成了一缕银线，并伴随着一阵阵闷雷般的潮声，白线翻滚而至。几乎不给人们反应的时间，汹涌澎湃的潮水已呼啸而来，潮峰高达3～5米，后浪赶前浪，一层叠一层，大有排山倒海之势。潮头由远而近，飞驰而来，潮头推拥，鸣声如雷，喷珠溅玉，势如万马奔腾。

观潮始于汉魏，盛于唐宋，历经两千余年，已成为当地的习俗。

“中兴四大诗人”与诚斋体

南宋时期，杨万里、陆游、尤袤、范成大合称为“中兴四大诗人”。

杨万里，字廷秀，号诚斋。他的诗歌想象丰富新颖，语言自然明畅，状物写情无不入妙，富于幽默诙谐的风趣，创立了清新活泼，通俗明畅，自成一家的诚斋体。

智慧积累

钱塘江大潮是天下奇观，方其远出海门，仅如银线；既而渐近，则玉城雪岭，际天而来，大声如雷霆，震撼激射，吞天沃日，势极雄豪。杨诚斋诗云“____________，____________”者是也。

参考答案：海涌银为郭　江横玉系腰

快乐小课堂

此日中流自在行

杰杰

诗诗，最近有没有新的绘画作品啊？

诗诗

昨夜江边春水生，艨艟巨舰一毛轻。向来枉费推移力，此日中流自在行。

杰杰

我问你绘画怎么样，你怎么背起古诗了？

诗诗

我已经回答你的问题了呀！

杰杰

这首诗是什么意思呢？

诗诗

昨天夜晚江边的春水大涨，那艘大船就像一片羽毛一般轻盈。以往花费许多力量也不能推动它，今天却能在江水中央自在漂流。

杰杰

所以“艨艟”是大船的意思？

诗诗

是呢！

杰杰

这首诗说的是春水让船行驶得轻松，跟你绘画有什么关系？

诗诗

这首诗是以泛舟为例，说明与学习有关的道理：不仅可以理解为灵感使得艺术创作流畅自如；也可以理解为创作艺术要基本功到家，则熟能生巧，驾驭自如。

杰杰

三日不见，刮目相看！看来你收获很大啊！

3

ài lián shuō

爱莲说

不同的花代表着不同的品性，周敦颐独爱莲花，爱的是它出淤泥而不染的高洁。

水陆草木之花，可[1]爱者甚蕃(fán)[2]。晋陶渊明独爱菊。自李唐[3]来，世人甚爱牡丹。予[4]独[5]爱莲之[6]出淤(yū)泥[7]而不染[8]，濯(zhuó)[9]清涟(lián)[10]而不妖[11]，中通外直[12]，不蔓(màn)不枝[13]，香远益清[14]，亭亭净植[15]，可远观而不可亵(xiè)[16]玩[17]焉[18]。

予谓[19]菊，花之隐逸者[20]也；牡丹，花之富贵者也；莲，花之君子[21]者也。噫(yī)[22]！菊之爱[23]，陶后鲜(xiǎn)[24]有闻[25]。莲之爱，同予者何人[26]？牡丹之爱，宜乎众矣[27]。

（选自《周元公集》）

注释

① 可：值得。
② 蕃：多。
③ 李唐：指唐朝。唐朝的皇帝姓李，所以称为“李唐”。
④ 予：我。
⑤ 独：只，唯独。
⑥ 之：助词，用于主谓之间，取消句子独立性，无实际意义。
⑦ 淤泥：河沟或池塘里积存的污泥。
⑧ 染：沾染（污秽）。
⑨ 濯：洗涤。
⑩ 清涟：水清而有微波，这里指清水。
⑪ 妖：妖艳；美丽而不端庄。
⑫ 中通外直：（它的茎）内部贯通，外部挺直。

⑬ 不蔓不枝：不生枝蔓，不长枝节。蔓，名词用作动词，生枝蔓。枝，名词用作动词，长枝节。
⑭ 香远益清：香气远播，更加清芬。远，形容词作动词，遥远，空间距离大。益，更，更加。
⑮ 亭亭净植：笔直地洁净地立在那里。亭亭，耸立的样子。
⑯ 亵：亲近而不庄重。
⑰ 玩：玩弄。
⑱ 焉：语气词。
⑲ 谓：认为。
⑳ 隐逸者：指隐居的人。在封建社会里，有些人不愿意跟统治者同流合污，就隐居避世。
㉑ 君子：指品德高尚的人。
㉒ 噫：感叹词，相当于“啊”。
㉓ 菊之爱：对于菊花的喜爱。
㉔ 鲜：少。
㉕ 闻：听说。
㉖ 同予者何人：像我一样（喜爱莲花）的还有什么人呢？
㉗ 宜乎众矣：（喜爱牡丹的人）应该是很多了。宜，当，这里与“乎”连用有当然的意思。众，多。

译文

水上、陆地上各种草本木本的花，值得喜爱的非常多。晋代的陶渊明只喜爱菊花。从李氏唐朝以来，世上的人十分喜爱牡丹。而我唯独喜爱莲花从淤泥中长出却不被污染，经过清水的洗涤却不显得妖艳。它的茎中间贯通，外形挺直，不生枝蔓，不长枝节，香气远播更加清香，笔直洁净地立在水中。人们只能远远地观赏而不能靠近赏玩它啊。

我认为菊花，是花中的隐士；牡丹，是花中的富贵者；莲花，是花中品德高尚的君子。唉！对于菊花的喜爱，陶渊明以后就很少听到了。对于莲花的喜爱，像我一样的还有什么人呢？对于牡丹的喜爱，当然就很多人了。

出淤泥而不染，濯清涟而不妖。
中通外直，不蔓不枝。
香远益清，亭亭净植。
可远观而不可亵玩焉。

知识链接

陶渊明，自称五柳先生，世称靖节先生，东晋著名诗人。他独爱菊花，常在诗里咏菊，如《饮酒》诗里的“采菊东篱下，悠然见南山”，向来被称为名句。

从唐朝以来，人们很爱牡丹。唐人爱牡丹，古书里有不少记载，如唐朝李肇的《唐国史补》里说：“京城贵游，尚牡丹……每春暮，车马若狂……种以求利，一本有直数万者。”

人名与花名

花是美好的代名词，古人爱花，其姓名也常常与花有关。比如，《红楼梦》在人物的命名方面也常常与花有关。有直接以花命名的，如：贾蓉、贾蔷、莲花儿；有与花相关的名字，如：贾芬、贾芳、沁香、袭人。作者将人物与花联系在一起，主要是暗示人物的命运。例如宝钗抽得牡丹，正是她想进宫的暗示（多比作杨贵妃），而且暗示她的命运将像杨贵妃一样，最终凄惨。

智慧积累

周敦颐独爱莲花，他是这样描述莲花的：予独爱__________________，濯清涟而不妖，中通外直，不蔓不枝，__________，__________，可远观而不可亵玩焉。

参考答案：莲之出淤泥而不染　香远益清　亭亭净植

快乐小课堂

我喜欢的花

春雨老师：你们都喜欢什么花？喜欢的原因是什么？

淘淘：我喜欢桂花，因为桂花糕很好吃。

杰杰：我喜欢月季，虽然它没有玫瑰那么艳丽，但是它的花期很长，能让大家长时间地欣赏它的美丽。

诗诗：我喜欢太阳花，它的生命力旺盛，只要有太阳，它就会开放。春雨老师喜欢什么花呢？

春雨老师：我喜欢梅花，它不与百花争艳，凌寒而开，一身傲骨，这种品质真的太宝贵了！同学们，你们喜欢什么花呢？

那些花儿

兰花：朴实、淡雅

百合：纯洁、庄严

康乃馨：母爱

向日葵：乐观、热情

玫瑰：爱与美

薰衣草：坚贞，浪漫

4

lòu shì míng

陋室①铭②

房子的华丽不在于装饰，而在于主人的品德。品德高者，陋室不陋。

山不在高，有仙则名③。水不在深，有龙则灵④。斯是陋室，惟⑤吾德馨(xīn)⑥。苔痕上阶绿，草色入帘青。谈笑有鸿儒(hóng rú)⑦，往来无白丁⑧。可以调(tiáo)素琴⑨，阅金经。无丝竹⑩之乱耳，无案牍(dú)⑪之劳形⑫。南阳诸葛庐，西蜀(shǔ)子云亭。孔子云：何陋之有⑬？

（选自《刘禹锡集》）

注释

① 陋室：简陋的屋子。
② 铭：古代刻在器物上用来警戒自己或称述功德的文字，叫“铭”，后来就成为一种文体。
③ 名：出名，著名。
④ 灵：显得有灵气。
⑤ 惟：只。
⑥ 馨：散布很远的香气，这里指（品德）高尚。
⑦ 鸿儒：大儒，这里指博学的人。
⑧ 白丁：这里指没有什么学问的人。
⑨ 调素琴：弹奏不加装饰的琴。
⑩ 丝竹：琴瑟、箫管等乐器的总称。
⑪ 案牍：（官府的）公文，文书。
⑫ 劳形：使身体劳累。
⑬ 何陋之有：即“有何之陋”。

译文

山不在于高，有了神仙就会有名气。水不在于深，有了龙就会有灵气。这是简陋的房子，只是我品德好就感觉不到简陋了。苔痕碧绿，长到台上，草色青葱，映入帘里。到这里谈笑的都是博学之人，交往的没有知识浅薄之人，可以弹奏不加装饰的琴，阅读佛经。没有弦管奏乐的声音扰乱耳朵，没有官府的公文使身体劳累。南阳有诸葛亮的草庐，西蜀有扬子云的亭子。孔子说：有什么简陋的呢？

山不在高，有仙则名。
水不在深，有龙则灵。
苔痕上阶绿，
草色入帘青。
谈笑有鸿儒，
往来无白丁。
斯是陋室，
惟吾德馨。

知识链接

诸葛庐，南阳诸葛庐的简称，是诸葛亮躬耕隐居南阳时的草庐，名胜古迹名。南阳诸葛庐初建于魏晋时代。魏晋时期，后人已在南阳卧龙岗上建庵祭祀。最迟至唐朝时期，南阳卧龙岗诸葛庵已闻名天下，现如今南阳卧龙岗已被国务院列为全国重点文物保护单位，国家二级博物馆，国家AAAA级景区。

子云亭是为了纪念西汉文学家、语言学家、哲学家扬雄而建造，位于绵阳城区的西山风景区内。

金　经

金经：现今学术界仍存在争议，有学者认为是指佛经（《金刚经》），也有人认为是装饰精美的经典（“四书五经”）。

智慧积累

山不在高，____________。水不在深，____________。斯是陋室，____________。

参考答案：有仙则名　有龙则灵　惟吾德馨

快乐小课堂

古人的字和号

杰杰：诗诗，我决定学古人给自己取字、号。

诗诗：你还没成年呢！古代男子一般二十岁成人才取字，而且字大都由父亲或尊长取定。

杰杰：自己不能取吗？

诗诗：古人不可以，你可以呀！

杰杰：那号一般怎么取呢？

诗诗：你可以自由地抒发和标榜自己的志向和情趣。

杰杰：我喜欢李白，他叫“青莲居士”，我能不能叫“杰出居士”？

诗诗：那是因为唐宋时期，佛教在中国盛行，所以许多人便以“居士”为号。

杰杰：不如你给些建议吧？

诗诗：古人起号多用一些特定名词。有称“先生”的，如“五柳先生”陶渊明；有称“子”的，如“幽忧子”卢照邻。

杰杰：那我就叫“杰杰子”吧！

5

tài shān rì chū

泰山日出

登山观看日出，一定会看到在山底看不到的神奇景色！

戊申晦①，五鼓②，与子颍(yǐng)坐日观亭③，待日出。大风扬积雪击面。亭东自足下皆云漫④。稍见云中白若樗蒱(chū pú)⑤数十立者，山也。极天⑥云一线异色，须臾成五采⑦。日上，正赤如丹⑧，下有红光动摇承之。或曰，此东海⑨也。回视日观以西峰，或得日，或否⑩，绛皓驳色⑪，而皆若偻⑫。

（选自《惜抱轩诗文集》）

注释

① 戊申晦：戊申这一天是月底。晦，农历每月最后一天。

② 五鼓：五更。

③ 日观亭：亭名，在日观峰上。

④ 漫：弥漫。

⑤ 樗蒱：又作“樗蒲”，古代的一种赌博游戏，这里指博戏用的“五木”。五木两头尖，中间广平，立起来很像山峰。

⑥ 极天：天边。

⑦ 采：同“彩”。

⑧ 丹：朱砂。

⑨ 东海：泛指东面的海。这里是想象，实际上在泰山顶上看不见东海。

⑩ 或得日，或否：有的被日光照着，有的没有被照着。

⑪ 绛皓驳色：或红或白，颜色错杂。绛，大红。皓：白色。驳，杂。

⑫ 若偻：像脊背弯曲的样子。引申为鞠躬、致敬的样子。日观峰西面诸峰都比日观峰低，所以这样说。偻，驼背。

译文

戊申这一天是月底，五更的时候，我和子颍坐在日观亭里，等待日出。这时大风扬起的积雪扑面打来。日观亭东面从脚底往下一片云雾弥漫，依稀可见云中几十个白色的像五木似的东西，那是山峰。天边的云彩形成一条线呈现出奇异的颜色，一会儿又变成五颜六色的。太阳升上来了，红得像朱砂一样，下面有红光晃动摇荡着、托着它。有人说，这是东海。回头看日观峰以西的山峰，有的被日光照到，有的没有被照到，或红或白，颜色错杂，都像弯腰曲背鞠躬致敬的样子。

知识链接

泰山，又名岱山、岱宗、岱岳、东岳、泰岳，为五岳之一，位于山东省中部，总面积2.42万公顷，主峰玉皇顶海拔1532.7米。

泰山被古人视为“直通帝座”的天堂，成为百姓崇拜，帝王告祭的神山，有“泰山安，四海皆安”的说法。1987年，泰山被列为世界文化与自然双重遗产。2007年，泰山被评为国家AAAAA级旅游景区。

“泰山”在生活中的使用

泰山：古人常以泰山为高山的代表，常用来比喻敬仰的人和重大的、有价值的事物。如：泰山北斗、重于泰山、有眼不识泰山。同时，泰山也是岳父的别称。

泰山北斗：比喻德高望重或有卓越成就而为众人所敬仰的人。《新唐书·韩愈传》中，用“泰山北斗”称颂韩愈：“自愈没，其言大行，学者仰之如泰山北斗云。”

智慧积累

极天云一线异色，须臾成五采。日上，正赤如丹，下有红光动摇承之。

请你用自己的话写一写：你仿佛看到了怎样的画面？

参考答案：示例：天边的云彩形成一条线呈现出奇异的颜色，一会儿又变成五颜六色的。太阳升上来了，红得像朱砂一样，下面有红光晃动摇荡着，托着它。

快乐小课堂

说“泰”

杰杰

今天我们欣赏了泰山日出的美景，不如咱们用“泰”字组词聊天吧？

诗诗

你是想考考我吧，你让我顿时泰山压顶啊。

杰杰

你真是信手拈来啊！你知道肝胆外科的泰斗吴孟超医生吗？

诗诗

那当然！他做手术时可是稳如泰山。

杰杰

不错，即使有一些紧急情况，他也能泰然自若。

诗诗

经历了疫情的我们，更加懂得医护人员的辛苦付出，也正是因为有医护人员的无私奉献，我们才能从疫情中否极泰来！

杰杰

愿国泰民安，大家都健康幸福。

诗诗

是的！同学们，你们还能说出与“泰”有关的词语吗？

第五单元

悟哉古文

（明理篇）

读书为明理，明理为修身，修身即为做人。

1

shǒu zhū dài tù

守株待兔

“守株待兔”是依靠侥幸心理的做法，寄希望于意外之财，结果只能是竹篮打水一场空。

宋人有耕田者。田中有株①。兔走②触③株，折④颈而死。因⑤释⑥其耒(lěi)⑦而守株，冀⑧复⑨得兔。兔不可复得，而身⑩为(wéi)⑪宋国笑⑫。

（选自《韩非子·五蠹(dù)》）

注释

①株：树桩。
②走：跑。
③触：撞到。
④折：折断。
⑤因：于是。
⑥释：放下。
⑦耒：古代用来耕田的一种农具。
⑧冀：希望。
⑨复：再。
⑩身：自己。
⑪为：被，表被动。
⑫笑：笑话，耻笑。

译文

宋国有一个农夫，他的田地中有树桩，一只兔子奔跑时撞在了树桩上，折断脖子死了，这个农夫便放下手里的农具整天守着树桩，希望再捡到撞死的兔子。农夫没有再捡到撞死的兔子，他自己却被宋国人笑话。

天气热来农耕忙，休息休息再插秧。
小兔子哟急慌慌，一头撞在树桩上。
每天收获兔一只，从此不再缺肉吃！
我继续等着傻兔子送上门来。

知识链接

一只野兔撞在树桩上死去，这是非常偶然的事，它并不意味着，别的野兔也一定会撞死在这个树桩上。可是，这个农夫竟然以偶然当作必然，不惜放下农具，任其耕地荒芜，专等偶然的收获。

这个故事告诫我们：不要存有侥幸心理，不要总想着不劳而获，如果不付出努力，而寄希望于意外之财，人生也会和田地一样荒废的。

常见借代词

桑梓：家乡	社稷：国家
桃李：学生	汗青：史册
同窗：同学	三尺：法律
烽烟：战争	膝下：父母
丝竹：音乐	华盖：运气
巾帼：妇女	庙堂：朝廷
须眉：男子	南冠：囚犯
手足：兄弟	伉俪：夫妻
桑麻：农事	婵娟、嫦娥：月亮
伛偻、黄发：老人	提携、垂髫：小孩
白丁、布衣：百姓	

智慧积累

宋人有耕田者。田中有（　　）。兔（　　）触株，折颈而死。因（　　）其耒而守株，（　　　　　）。兔不可复得，而身为宋国笑。

参考答案：株　走　释　冀复得兔

快乐小课堂

跑和走

淘淘：好奇怪呀，“兔走触株……”兔子好好地走着路也会撞到树桩吗？

诗诗：哈哈，这你可就理解错了！这里的“走”，可不是走路的意思，而是快跑呢。

淘淘：啊？文中不是说兔子是“走”吗？怎么就变成跑了呢？你可别忽悠我！

诗诗：早就告诉你平时要多读书，多积累啦。古文中刚开始没有“跑”这个字，想要表达“跑”这个意思时，就用“走”字。

淘淘：原来如此，那古人怎么表示“走”的含义呢？

诗诗：那你可记好了！古文中表示慢走可以用“步”“行”，比如“行百里者半九十”；表示快走可以用“趋”，比如“趋之若鹜”；而表示快跑就用“走”了，比如“走马观花”“不胫而走”。

淘淘：我就说嘛，兔子要是走路也能撞上树，那肯定是只笨兔子啦。

诗诗：不知道同学们记住了吗？在古文中，表示慢走时，用__________；表示快走时，用__________；表示快跑时，用__________。

2

zēng zǐ shā zhì

曾子杀彘

无论古今，不管中外，“言出必行”这四个字的意义从来都是非同寻常，被看得极重。

曾子①之妻之②市，其子随之而泣③。其母曰：“女(rǔ)④还(huán)，顾⑤反⑥为女杀彘(zhì)⑦。”妻适⑧市来，曾子欲捕彘杀之。妻止⑨之曰：“特与婴儿戏⑩耳。”曾子曰：“婴儿非与戏也。婴儿非有知⑪也，待⑫父母而学者也，听父母之教(jiào)。今子⑬欺之，是⑭教(jiào)子欺也。母欺子，子而不信其母，非所以成教(jiào)⑮也！”遂⑯烹(pēng)⑰彘也。

（选自《韩非子·外储说左上》）

注释

① 曾子（前505—前432）：曾参，春秋末年鲁国人。孔子的弟子，字子舆，被尊称为曾子。性情沉静，举止稳重，为人谨慎，待人谦恭，以孝著称。

② 之：作动词“去”。

③ 泣：哭。

④ 女：同“汝”，人称代词，你。

⑤ 顾：等待。

⑥ 反：同“返”，返回。

⑦ 彘：古代意为“猪”。

⑧ 适：往，到，去。

⑨ 止：阻止。

⑩ 戏：玩笑，戏弄。

⑪ 非有知：没有知识，意思是孩子很单纯。

⑫ 待：依赖。

⑬ 子：你，对对方的称呼。

⑭ 是：这。

⑮ 非所以成教：不能把（它）作为教育的方法。

⑯ 遂：于是。

⑰ 烹：煮。

译文

曾子的夫人到集市上去赶集，她的孩子哭着也要跟着去。他的母亲对他说："你先回家待着，待会儿我回来杀猪给你吃。"曾子的夫人到集市上回来，就看见曾子要捉猪去杀。她就劝阻他说："我只不过是跟孩子开玩笑罢了。"曾子说："（夫人）这可不能开玩笑啊！孩子不知道（你）在和他开玩笑。孩子没有思考和判断能力，要向父母亲学习，听从父母亲给予的正确的教导。现在你在欺骗他，这就是教育孩子骗人啊！母亲欺骗孩子，孩子就不会再相信自己的母亲了，这不是教育孩子的正确方法啊。"于是曾子把猪给杀了，煮了之后把肉给孩子吃了。

我也要去集市！
回来杀猪给你吃。
我是在和孩子开玩笑呢！
对孩子要讲诚信。

知识链接

曾子为了不失信于小孩，竟真的把猪杀了煮给孩子吃，目的在于用诚实守信的人生态度去教育后代，体现了儒家“言必信”的道德理念。

百家争鸣

在中国历史上，春秋战国是思想和文化最为辉煌灿烂、群星闪烁的时代。这一时期出现了诸子百家彼此诘难，相互争鸣，盛况空前的学术局面，在中国思想发展史上占有重要的地位，被称为“百家争鸣”。

战国时期百家争鸣主要流派及代表：

儒家：孔子、孟子　　法家：韩非子

道家：庄子、列子　　墨家：墨子

兵家：孙武、孙膑　　阴阳家：邹衍

纵横家：苏秦、张仪　　杂家：吕不韦

智慧积累

《曾子杀彘》这则文言文给我们的启示是什么？（　　）

A. 要懂得知足常乐。

B. 做人要信守承诺，言出必行。

C. 教育孩子是一件又苦又累的事情。

D. 家和万事兴。

参考答案：B

快乐小课堂

曾子为什么一定要杀猪？

淘淘：古代一头猪是很值钱的，曾子可真大方，说杀就杀了。

诗诗：毕竟答应了儿子，曾子肯定是想做个诚实守信的人吧。

淘淘：嘻嘻，要我说，曾子就是傻，小孩懂什么呀，说不定等曾子的妻子回来，儿子都忘记这回事啦。

春雨老师：淘淘，你这么说可就不对了！君子说话向来讲究“一言九鼎”，意思就是一句话的分量可以有九口鼎那么重。想想看，如果曾子和妻子拿“玩笑话”糊弄儿子，儿子以后自然也就不会再相信父母了，这对于孩子的成长是很不利的。

诗诗：我倒是很能理解曾子的妻子，她也不是故意欺骗儿子的吧，只是权宜之计，想要先独自前去集市办完事情而已。等她回来，安慰一下儿子就可以了呀，儿子毕竟年龄还小……

春雨老师：诗诗，古人真的是做到了童叟无欺，纵使是对小孩，也不愿意失信于他们。历史上这样诚实守信的小故事还有很多，比如东汉时期，有个叫郭伋的官员，他在巡视期间答应了一群孩童在某年某月再次返回某地。等他巡视完，再返回这个地方时，比告诉孩子们的时间提前了一天。郭伋就在野外的亭子里过了一夜，第二天才进城，而那些孩子也正在那里等他。

淘淘：我听明白了！不管对方年龄大小，答应了对方的事，我们都要做到言出必行。

3

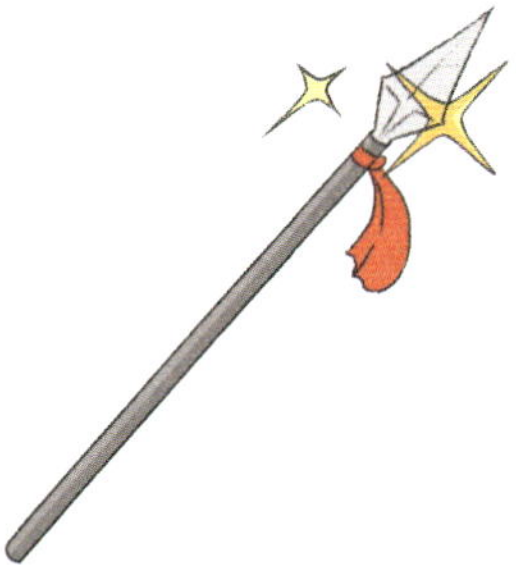

zì xiāng máo dùn

自相矛盾[1]

在生活中，经常会有人出现前言后语自相矛盾的情况，将自己陷入尴尬的境地。

楚人有鬻(yù)[2]盾与矛者，誉[3]之曰[4]：“吾[5]盾之坚，物莫能陷[6]也。”又誉其矛曰：“吾矛之利[7]，于物无不陷也。”或[8]曰：“以[9]子[10]之矛，陷子之盾，何如[11]？”其人弗能[12]应也。夫(fú)[13]不可陷之盾与无不陷之矛，不可同世而立。

（选自《韩非子·难一》）

注释

① 矛：古代用来刺杀敌人的长柄兵器，在长杆的一端装有青铜或铁制的枪头。盾：古代打仗时用来防护身体、遮挡刀箭等的牌形武器。

② 鬻：卖。

③ 誉：赞誉，夸耀。

④ 曰：说，讲。

⑤ 吾：我。

⑥ 陷：穿透、刺穿。

⑦ 利：锋利，锐利。

⑧ 或：有人。

⑨ 以：使用；用。

⑩ 子：您，对人的尊称。

⑪ 何如：怎么样。

⑫ 弗能：不能。弗，不。

⑬ 夫：用在句首，引起议论。

译文

有一个楚国人，既卖盾又卖矛。他夸耀自己的盾，说：“我的盾坚固无比，没有什么东西能够穿透它。”又夸耀自己的矛，说：“我的矛锋利极了，任何坚固的东西都穿得透。”有人问他：“如果用您的矛刺您的盾，结果会怎么样呢？”那人张口结舌，一句话也回答不上来。不能被任何东西刺穿的盾与任何东西都能刺穿的矛，不可能同时存在于这个世界上。

我的盾举世无双！
我的矛天下无敌！
如果用这矛去戳这盾，会怎样呢？
这——
快溜

知识链接

世上不可能同时存在牢不可破的盾和无坚不摧的矛，这个楚国人片面地夸大了矛与盾的作用，结果出现无法自圆其说的局面。自相矛盾的故事告诫人们要讲求实际，恰如其分，切不可言过其实，自吹自擂。这个商人乱吹一气，说话自相矛盾，结果闹出笑话，失信于人，这种不老实的态度是不可取的。该成语还告诉人们，说话、做事都要实事求是，凡事三思而后行。

韩非，战国末期韩国人（今河南新郑），中国古代著名的哲学家、思想家、政治家和散文家，法家思想的集大成者，后世称“韩非子”。

“三纲五常”和“四书五经”

“三纲五常”，泛指封建社会所提倡的伦理道德标准。
“三纲”：父为子纲、君为臣纲、夫为妻纲。
“五常”：仁、义、礼、智、信。
“四书”“五经”是儒家的主要经典。
“四书”即《论语》《孟子》《中庸》《大学》。
“五经”指《诗》《书》《礼》《易》《春秋》。

智慧积累

《自相矛盾》讲的是一个卖盾牌和长矛的人，夸耀他的盾牌“＿＿＿＿＿＿”，又夸耀他的长矛“＿＿＿＿＿＿”，有人说：“＿＿＿＿＿＿＿＿＿＿＿＿？”那个人答不上来了。这个故事告诉我们＿＿＿＿＿＿＿＿＿＿＿＿＿＿＿＿＿＿＿＿＿＿＿＿＿＿。

参考答案：物莫能陷也　于物无不陷也　以子之矛，陷子之盾，何如　说话做事要讲求实际，恰如其分，切不可言过其实

快乐小课堂

有意思的寓言

诗诗：一则短短的小故事，却可以讲出这么深刻的道理来。

淘淘：没错，这就是寓言呀！

诗诗：像这样的寓言小故事，你还了解多少？

淘淘：且听我再说一个！话说楚国一家人祭祀祖宗，仪式完毕后，赏给门客一壶酒。门客们互相商量说：“大家一起喝这壶酒不够，一个人喝它才差不多。请大家在地上画蛇，先画好的人就喝这壶酒。”一个人最先把蛇画好了，拿起酒壶准备饮酒，却左手拿着酒壶，右手给蛇画起脚来，说：“我能够为它画脚。”他还没有把脚画完，另一个人的蛇就画好了，抢过酒壶说：“蛇本来就没有脚，你怎么能为它画脚呢？”说完，就把那壶酒喝了。

诗诗：哎呀！那个给蛇画脚的人最终失去了那壶酒。

淘淘：没错，这正是有名的《画蛇添足》！

诗诗：看来，说话做事不能自作聪明，做多余的事，往往会弄巧成拙，把事情办砸。

4

shū dài sōng huà niú

书戴嵩画牛

术业有专攻，要想做好事情，就要向内行人请教。

蜀中有杜处(chǔ)士，好(hào)①书画，所宝②以百数(shǔ)。有戴嵩《牛》一轴，尤所爱，锦囊(náng)玉轴③，常以自随。

一日曝(pù)④书画，有一牧童见之，拊(fǔ)掌⑤大笑，曰："此画斗牛也！牛斗，力在角，尾搐(chù)⑥入两股间。今乃掉尾⑦而斗，谬(miù)⑧矣！"处士笑而然⑨之。古语有云："耕当问奴，织当问婢(bì)⑩。"不可改也。

（选自《东坡志林》）

注释

① 好：喜欢。
② 宝：珍藏。
③ 锦囊玉轴：以玉为轴，用锦囊装起来。囊，袋子，此处指画套。
④ 曝：晒。
⑤ 拊掌：拍手。
⑥ 搐：抽缩。
⑦ 掉尾：摆动尾巴。
⑧ 谬：错误。
⑨ 然：认为是对的。
⑩ 婢：女佣人。

译文

四川有个杜处士，喜爱书画，他所珍藏的书画有几百幅。其中有一幅是戴嵩画的牛，（杜处士）尤其珍爱。他用玉做了画轴，用锦囊装起来，经常随身带着。有一天，他摊开了书画晒太阳，有个牧童看见了戴嵩画的牛，拍手大笑着说："这张画是画的斗牛啊！斗牛的力气用在角上，尾巴紧紧地夹在两腿中间。现在这幅画上的牛却是摆动尾巴在斗，错了！"杜处士笑笑，觉得他说得很有道理。古人有句话说："耕种的事应该去问农民，织布的事应该去问女佣。"这个道理是亘古不变的。

老夫真是喜爱这些宝贝！
这牛尾巴画错了呀！
你看！
很有道理啊！

知识链接

戴嵩画牛很厉害，他的《斗牛图》更是栩栩如生，精彩之极。但是有一个小牧童却说：牛在打架的时候，尾巴是紧紧地夹在大腿中间的，拉都拉不开。而《斗牛图》上的牛却是摆动着尾巴，所以是错的。牧童所说的话符合真实的情况，尽管他年龄小，但是却了解正确的道理，敢于指出名画《斗牛图》的错误。由此可见真正的道理从不因为人的年龄、身份和地位而改变。

“唐宋八大家”

“唐宋八大家”，又称“唐宋散文八大家”，是唐代和宋代八位散文家的合称。他们分别是：

韩愈、柳宗元、欧阳修、苏洵、苏轼、苏辙、王安石、曾巩。

其中韩愈、柳宗元是唐代古文运动的领袖，欧阳修、“三苏”（苏轼、苏洵、苏辙）四人是宋代古文运动的核心人物，王安石、曾巩是临川文学的代表人物。他们先后掀起的古文革新浪潮，使诗文发展的陈旧面貌焕然一新。

智慧积累

请你解释下面这两句话的意思。

斗牛，力在角，尾搐入两股间。今乃掉尾而斗，谬矣！

____

____

参考答案：斗牛的力气用在角上，尾巴紧紧地夹在两腿中间。现在这幅画上的牛却是摆动尾巴在斗，错了！

快乐小课堂

精妙的结尾

新竹老师：今天我们讲一讲如何给文章结尾。

淘淘：嗨，这有什么好讲的，事情说完就行了呗，还要刻意结尾吗？

新竹老师：结尾与开头一样，也应讲究技巧。精彩纷呈的结尾，能使读者更深入、更透彻地理解文章的内容，进一步领会文章的中心思想；经典的结尾，令人赞叹，使人难忘。

诗诗：老师您快说说，我迫不及待想学习了！

新竹老师：下面介绍几种常用的结尾方法，有点题式、引用式、评价式、反思式……写作时要根据内容与中心的需要恰当运用。

淘淘：新竹老师，请您结合例子讲讲，要不，就这篇《书戴嵩画牛》吧，说说苏轼的结尾好在哪里。

新竹老师：你看啊，这篇文章的结尾就是引用式。苏轼引用了古语“耕当问奴，织当问婢”，恰到好处，起到篇末点题的作用，不但突出主题，而且使主旨得以升华。并且，引用古语结尾，精练深刻，留有余味，发人联想。

诗诗：新竹老师，我们懂了！

5

xué yì

学弈

在同样条件下，不同的学习态度一定会导致不同的学习结果。

弈秋[1]，通国[2]之[3]善[4]弈者也。使[5]弈秋诲(huì)[6]二人弈，其一人专心致志，惟弈秋之为听[7]；一人虽听之，一心以为有鸿鹄(hóng hú)[8]将至，思援[9]弓缴(zhuó)[10]而射之。虽与之俱学，弗若[11]之矣。为是其智弗若与(yú)[12]？曰：非然也。

（选自《孟子·告子上》）

注释

① 弈秋："秋"是人名，因善于下棋，所以称为弈秋。弈，下棋。
② 通国：全国。
③ 之：的。
④ 善：善于，擅长。
⑤ 使：让。
⑥ 诲：教导。
⑦ 惟弈秋之为听：只听弈秋（的教导）。
⑧ 鸿鹄：指天鹅、大雁（一类的鸟）。
⑨ 援：引，拉。
⑩ 缴：系在箭上的丝绳，这里指带有丝绳的箭，射出后可以将箭收回。
⑪ 弗若：不如，比不上。
⑫ 与：同"欤"，句末语气词，表示疑问。

译文

弈秋是全国最擅长下棋的人。让弈秋教导两人下棋，其中一人十分认真、专心，只听弈秋的教诲；另一个人虽然也在听弈秋的教导，却一心想着有大雁将要飞来，想要用弓箭将它射下来。虽然他们一起学习下棋，但后者的棋艺明显不如前者高。难道是因为他的智力不如前者吗？答案是：不是这样的。

弈秋，通国之善弈者也。
使弈秋诲二人弈。
一人专心致志，惟弈秋之为听；一人虽听之，一心以为有鸿鹄将至，思援弓缴而射之。
虽与之俱学，弗若之矣。为是其智弗若与？曰：非然也。

知识链接

《孟子》是儒家的经典著作，由孟子及其弟子合著。内容包括孟子的政治活动、政治学说、哲学思想和个性修养等。《孟子》善于用比喻说理，书中文章气势磅礴，论证严密，富于感染力和说服力，对后世散文的发展有很大影响。

孟子（约前372—前289），名轲，字子舆。战国时邹国（现山东邹县）人。战国时期著名的思想家、政治家、教育家。他是儒家思想的代表人物，地位仅次于孔子，世称“亚圣”，后世以“孔孟”并称。

我国古代文学之最

最早的诗歌总集是《诗经》，最早的爱国诗人是屈原；

最伟大的浪漫主义诗人是唐代的李白，最伟大的现实主义诗人是唐代的杜甫；

最杰出的豪放派词人是北宋的苏轼，写诗最多的爱国诗人是南宋的陆游；

最著名的长篇神话小说是明代吴承恩的《西游记》；

最著名的长篇历史小说是明初罗贯中的《三国演义》；

最早写农民起义的长篇小说是元末明初施耐庵的《水浒传》；

最伟大的现实主义长篇小说是清代曹雪芹的《红楼梦》。

智慧积累

《学弈》讲述了两个人跟弈秋学下棋，两个人的结果却______，一个人学得好，是因为他在学习中________；另一个学得不好，是因为__________。从中你懂得的道理是__________。

参考答案：截然不同　专心致志　三心二意
学习一定要一心一意

快乐小课堂

你了解孟子吗？

诗诗：《学弈》是一篇选自《孟子》的文章。淘淘，关于孟子，你了解多少?

淘淘：他是儒家学派的代表人物，地位仅次于孔子，孔子被称为“孔圣人”，他被称为“亚圣”。

诗诗：知识挺丰富呢！孟子后来能取得这么大的成就，跟他母亲对他的悉心培养分不开。

淘淘：你这么一说，我倒是想起来了——

诗诗：没错！正是“孟母三迁”的故事，你也知道这个故事吗?

淘淘：那是当然！我来给大伙儿讲讲。孟子小时候父亲就去世了，母亲仉氏守节。居住的地方离墓地很近，孟子学别人丧葬、痛哭。母亲想：“这个地方不适合孩子居住。”就离开了，将家搬到街上，离杀猪宰羊的地方很近，孟子学商人做买卖，学着屠宰牲畜。母亲又想：“这个地方还是不适合孩子居住。”她又将家搬到学堂旁边。没过多久，官员进入文庙，行礼跪拜，揖让进退，孟子见了，一一记住。孟母想：“这才是孩子居住的地方。”就在这里定居下来了。

诗诗：看来，人的性格和生活环境有很大的联系，接近好的人、事、物，才能学习到好的习惯。我们在生活中应该善于学习与思考，不要被周围的环境所影响。

淘淘：说得对！不知道亲爱的小朋友们，你们听明白了吗?

第六单元

壮哉古文

（志向篇）

大鹏一日同风起，扶摇直上九万里。
志存高远，前程广阔。

1

jīng wèi tián hǎi

精卫填海

一只瘦弱的小鸟，竟然想要把大海填平，这是多么了不起的一种志向呀！

又北二百里，曰[1]发鸠(fā jiū)之山[2]，其上多柘(zhè)木[3]，有鸟焉，其状[4]如乌[5]，文首[6]，白喙[7]，赤足，名曰“精卫”，其鸣自詨(xiào)[8]。是炎帝之少女[9]，名曰女娃。女娃游于东海，溺[10]而不返，故[11]为精卫，常衔西山之木石，以堙(yīn)[12]于东海。

（选自《山海经·北山经》）

注释

① 曰：叫作。
② 发鸠之山：古代传说中的山名。
③ 柘木：柘树，桑树的一种。
④ 状：形状。
⑤ 乌：乌鸦。
⑥ 文首：头上有花纹。文：同“纹”，花纹。
⑦ 喙：嘴。
⑧ 其鸣自詨：它的叫声是在呼唤自己的名字。
⑨ 炎帝之少女：炎帝的小女儿。
⑩ 溺：溺水（身亡）。
⑪ 故：所以。
⑫ 堙：填塞。

译文

再向北走二百里，有座山叫发鸠山，山上长了很多柘树。树林里有一种鸟，它的形状像乌鸦，头上羽毛有花纹，白色的嘴，红色的脚，名叫精卫，它的叫声像在呼唤自己的名字。这其实是炎帝的小女儿，名叫女娃。有一次，女娃去东海游玩，溺水身亡，再也没有回来，所以化为精卫鸟。它经常叼着西山上的树枝和石块，用来填塞东海。

这里真的
好美呀！

救命啊……
救命！

精卫……
精卫……
精卫……

我早晚要
把这大海
填平！

知识链接

《山海经》是我国第一部描述山川、物产、风情的大型地理著作，又是我国古代第一部神话传说的大汇编。

精卫：神话中鸟的名字。形状像乌鸦，头上有花纹，白色的嘴，红色的脚，传说是炎帝小女儿溺水身亡后的化身。

炎帝：中国上古时期姜姓部落的首领尊称，号“神农氏”。

三皇五帝

三皇，指燧人氏（燧皇）、伏羲氏（羲皇）、神农氏（农皇）。

五帝，指黄帝、颛顼、帝喾、尧、舜。

三皇五帝，并不是真正的帝王，指的是原始社会中后期出现的为人类作出卓越贡献的部落首领或部落联盟首领。秦始皇为表示自己地位之崇高无比，曾采用三皇之“皇”、五帝之“帝”，构成“皇帝”的称号。

智慧积累

《精卫填海》这则典故选自《　　》。

A.《三字经》　B.《山海经》

C.《诗经》　D.《道德经》

参考答案：B

快乐小课堂

愚公移山

淘淘：诗诗，你觉不觉得，精卫这只小鸟儿有点傻乎乎的？

诗诗：嗯？为什么这么说？

淘淘：你看啊！大海这么辽阔，无边无际，光是看都望不到边，更不要提把它填平了。而且精卫鸟还这么小，这根本就是自不量力的表现嘛！

诗诗：我的看法可和你不一样。精卫填海的精神值得我们学习，日复一日年复一年，只要坚持不懈地一直做下去，离成功就不远了。它的这个做法让我想到了一个倔强的小老头儿。

淘淘：你说的是愚公吗？

诗诗：正是！愚公和精卫一样，都拥有坚持不懈、锲而不舍的精神。快90岁的愚公，立志用毕生的精力来搬掉阻碍家门口出行的两座大山，修出一条大道。他认为子子孙孙是没有穷尽的，而山却不会再增高，总有一天，山会被挖平的。这是多么坚定的志向啊！

淘淘：这么说来还真是，我们学习上也要有这种锲而不舍的精神和坚定执着的志向。

2

shào nián zhōng guó shuō

少年中国说

（节选）

少年是祖国的希望，是祖国的未来。
少年承担着国家复兴的责任。

故今日之责任，不在他人，而全在我少年。少年智则国智，少年富则国富，少年强则国强，少年独立则国独立，少年自由则国自由，少年进步则国进步，少年胜于欧洲则国胜于欧洲，少年雄于地球则国雄于地球。

红日初升，其道大光。河出伏流，一泻汪洋。潜龙腾渊，鳞爪飞扬。乳虎啸谷，百兽震惶(huáng)。鹰隼(sǔn)试翼，风尘翕(xī)张[①]。奇花初胎，矞(yù)矞皇皇[②]。干将发硎(xíng)，有作其芒[③]。天戴其苍，地履(lǚ)其黄[④]。纵有千古，横有八荒[⑤]。前途似海，来日方长。

美哉(zāi)[⑥]，我少年中国，与天不老！壮哉，我中国少年，与国无疆！

（梁启超）

注释

① 鹰隼试翼，风尘翕张：鹰隼展翅试飞，掀起狂风，飞沙走石。隼，一种凶猛的鸟。翕张，一合一张。

② 矞矞皇皇：华美瑰丽，富丽堂皇。

③ 干将发硎，有作其芒：宝剑在磨刀石上磨，发出耀眼的光芒。干将，古代宝剑名。硎，磨刀石。

④ 天戴其苍，地履其黄：头顶着苍天，脚踏着黄土大地。履，踩，踏。

⑤ 八荒：指东、南、西、北、东南、东北、西南、西北八个方向上极远的地方。

⑥ 哉：表示赞叹，相当于“啊”。

译文

所以今天的责任，不在别人身上，全在我们少年身上。少年聪明我国家就聪明，少年富裕我国家就富裕，少年强大我国家就强大，少年独立我国家就独立，少年自由我国家就自由，少年进步我国家就进步，少年胜过欧洲我国家就胜过欧洲，少年称雄于世界我国家就称雄于世界。

红日刚刚升起，道路充满霞光；黄河从地下冒出来，汹涌奔泻浩浩荡荡；潜龙从深渊中腾跃而起，它的鳞爪舞动飞扬；小老虎在山谷吼叫，所有的野兽都害怕惊慌；雄鹰隼鸟振翅欲飞，风和尘土高卷飞扬；奇花刚开始孕起蓓蕾，灿烂明丽茂盛茁壮；干将剑新磨，闪射出光芒。头顶着苍天，脚踏着大地，从纵的时间看，有悠久的历史，从横的空间看，有辽阔的疆域。前途像海一般宽广，未来的日子无限远长。

美丽啊，我的少年中国，将与天地共存不老！雄壮啊，我们中国少年，将与祖国万寿无疆！

知识链接

梁启超（1873—1929），字卓如，一字任甫，号任公，又号饮冰室主人、饮冰子、哀时客、中国之新民、自由斋主人。清朝光绪年间举人，中国近代思想家、政治家、教育家、史学家、文学家。戊戌变法（百日维新）领袖之一，中国近代维新派、新法家代表人物。

小古文中的趣味地理知识

阴：山北水南。　　阳：山南水北。

河：黄河。　　江：长江。

五岳：泰山（东岳）、衡山（南岳）、华山（西岳）、恒山（北岳）、嵩山（中岳）。

佛教四大名山：五台山、九华山、峨眉山、普陀山。

六合：天、地、东、南、西、北六个方位。

八荒：东、南、东南、西、西南、北、西北、东北八个方向。

我国的古称：九州、神州、赤县、华夏、九土、中华、华夏。

智慧积累

红日初升，________。河出伏流，________。潜龙腾渊，________。乳虎啸谷，________。鹰隼试翼，________。奇花初胎，________。干将发硎，________。

参考答案： 其道大光　一泻汪洋　鳞爪飞扬　百兽震惶　风尘翕张　矞矞皇皇　有作其芒

快乐小课堂

背后的故事

诗诗

读这篇文章，真是令人精神倍增啊！

淘淘

确实鼓舞人心！

诗诗

那你知道这篇文章背后的故事吗？

淘淘

还真不知道，你来给大伙儿说说吧！

诗诗

当时八国联军侵华，民族危机空前严重。《少年中国说》写于1900年，正在戊戌变法后，作者梁启超流亡日本之时。戊戌变法失败迫使梁启超逃亡日本，但他并没有就此放弃变法图强的努力，到日本的当年就创办了《清议报》，通过媒介竭力推动维新运动的继续。当时帝国主义制造舆论，污蔑中国是“老大帝国”。为了驳斥帝国主义分子的无耻谰言，也纠正国内一些人自暴自弃、崇洋媚外的奴性心理，唤起人民的爱国热情，激起人民的民族自尊心和自信心，梁启超适时地写出这篇《少年中国说》。

淘淘

天下兴亡，匹夫有责。看完这篇文章，谁能不热血沸腾？谁能不对祖国的美好明天充满希望？祖国是要腾飞的，是要变得更强大的。祖国的希望在我们青少年身上，我们是祖国的未来，为了祖国的美好明天，我们应该好好学习，天天向上！

诗诗

你说得对！

3

fàn zhòng yān yǒu zhì yú tiān xià

范仲淹有志于天下

范仲淹文武兼备，政绩卓著，文学成就突出。他倡导的“先天下之忧而忧，后天下之乐而乐”思想，对后世影响深远。那么范仲淹是怎样学习的呢？我们一起了解一下！

范仲淹二岁而孤[1]，家贫无依。少(shào)有大志，每[2]以天下为己任，发愤苦读。或[3]夜昏怠，辄(zhé)[4]以水沃[5]面；食不给(jǐ)，啖(dàn)[6]粥而读。既[7]仕，每慷慨论天下事，奋不顾身。乃至被谗受贬，由参知政事谪守邓州。仲淹刻苦自励，食不重(chóng)肉[8]，妻子衣食仅自足而已。常自诵曰：“士当先天下之忧而忧，后天下之乐而乐也。”

（选自《宋名臣言行录》）

注释

① 孤：幼年丧父。
② 每：常常。
③ 或：有时。
④ 辄：总是。
⑤ 沃：冲洗，这里是洗的意思。
⑥ 啖：吃，喝。
⑦ 既：已经，……以后。
⑧ 食不重肉：吃饭不用两道肉食，指饮食节俭。

译文

范仲淹两岁的时候就失去父亲，家中贫困没有依靠。他年少时就有远大的志向，常常把治理国家作为自己的责任，发奋苦读。有时晚上疲倦了，就用冷水洗脸；连饭也吃不上，就吃粥坚持读书。做官以后，常常谈论天下大事，奋不顾身。以至于有人说他坏话被贬官，由参知政事降职做邓州太守。范仲淹刻苦读书、勉励自己，每餐不吃两种以上的荤菜，妻子和孩子的衣食仅仅刚够罢了。他经常朗诵自己作品中的两句话：“读书人应当在天下人忧愁之前先忧愁，在天下人快乐之后才快乐。”

这日子过得可真艰难啊！

母亲，孩儿出门读书去了。

勤奋苦学，方能有所收获。

先天下之忧而忧，后天下之乐而乐。

知识链接

范仲淹特别善于识人。当狄青还是个下级军官时，范仲淹就对他很器重，授之以《左氏春秋》说：“将不知古今，匹夫勇尔。”狄青从此折节读书，精通兵法，后以武官任枢密使，成为一代名将。还有张载，在范仲淹的劝说下，弃武从文，终成一代大儒。富弼也是受到范仲淹举荐，从此进入官场，后成为一代名相。

科举知多少

科举制度是封建社会所能采取的最公平的人才选拔形式，它扩展了封建国家引进人才的社会层面，吸收了大量出身中下层社会的人士进入统治阶级。特别是唐宋时期，科举制度之初，显示出生气勃勃的进步性，形成了中国古代文化发展的一个黄金时代。

唐朝科举考试有秀才、明经、俊士、进士、明法（法律）、明字、明算（数学）等多种科目，考试内容有时务策、帖经、杂文等。

宋朝科举考试有进士、明经科目，考试内容有帖经、墨义和诗赋。王安石任参知政事后，取消诗赋、帖经、墨义，专以经义、论、策取士。

明清科举改为考八股文。

正式的科举考试分为乡试、会试、殿试三级。

连登三甲（三元及第）：解元——会元——状元。

智慧积累

给下列句中加点的字注音并释义。

1. 啖粥而读

音：__________　义：__________

2. 辄以水沃面

音：__________　义：__________

参考答案： 1. dàn　吃，喝　2. zhé　往往，总是

快乐小课堂

鳏寡孤独

淘淘

呜呜呜，范仲淹两岁的时候就变成孤儿了，无父无母他的日子可怎么过得下去呀……

诗诗

哎哎哎，打住！范仲淹只是幼年丧父，并没有丧母好吗？

淘淘

可是明明文章中写他是“二岁而孤”呢！

诗诗

这你就不懂了吧。“孤”是指丧父，可不是咱们现在说的无父无母的孤儿噢！《礼记》中曾经说过：“少而无父者谓之孤，老而无子者谓之独，老而无妻者谓之鳏，老而无夫者谓之寡。”

淘淘

什么意思呀？给咱解释解释。

诗诗

年老无妻或丧妻的男子叫“鳏”（鳏夫），年老无夫或丧夫的女子叫“寡”（寡妇），年老而没有子女的人叫“独”，幼年丧父的孩子叫“孤”（孤儿孤女）。《孟子》还称这四种人为“穷民”（困苦的人）：“此四者，天下之穷民而无告者。”

淘淘

明白了！这就是古今意义不同吧，我今天又学到了一招。一起来考考同学们吧？

鳏：__________ 寡：__________

孤：__________ 独：__________

4

shào nián yuè fēi

少年岳飞

岳飞是南宋时期抗金名将，位列南宋“中兴四将”之首。他的一腔爱国情怀，激励着无数仁人志士为祖国抛头颅洒热血。

岳飞，字鹏举，相州汤阴人。世力农。父和，能节食以济饥者。有耕侵其地，割而与之；贳(shì)[1]其财者不责偿。飞生时，有大禽若鹄(hú)，飞鸣室上，因以为名。未弥[2]月，河决内黄[3]，水暴至，母姚抱飞坐瓮中，冲涛及岸得免，人异之。

少负气节，沈厚[4]寡言，家贫力学，尤好(hào)《左氏春秋》、孙吴兵法。生有神力，未冠，挽弓三百斤，弩八石，学射于周同，尽其术，能左右射。同死，朔望[5]设祭于其冢。父义之[6]，曰：“汝为时用，其徇国死义乎！”

（节选《宋史》）

注释

① 贳：出租，出借。
② 弥：满。
③ 内黄：今河南省内黄县。
④ 沈厚：性格深沉而敦厚。沈，同“沉”。
⑤ 朔望：农历每月初一叫朔，十五叫望。
⑥ 义之：认为他很重义气。

译文

岳飞，字鹏举，相州汤阴人，世代务农。其父岳和，常节省粮食周济穷人。乡人耕种侵占他家土地，他便割地让给人家；邻居向他借钱，他从不去强迫人家还债。岳飞出生时，有大雁般的鸟，在屋顶上飞鸣，因此取名“岳飞”。岳飞出生不足一月，黄河决堤，洪水暴发，岳母抱着他坐进一个大瓮里，被波涛冲到岸上才幸免于难，乡人都为此感到惊异。

岳飞年少的时候很有气节，性格忠厚不爱说话，家里很穷但是非常努力学习，特别是喜欢《左氏春秋》和孙吴兵法。岳飞天生就有惊人的力量，还不到二十岁，就可以拉开三百斤的弓，八石的弩。跟（名师）周同学习射箭，学到了所有本领，能左右开弓射击。周同死后，岳飞每到初一、十五都在师傅坟前摆上供品祭拜。岳飞的父亲认为他很仁义，说：“如果你能够赶上时代浪潮，应该能够为国殉难为义而死吧。”

儿子的名字就叫岳飞吧！
岳飞和他母亲能活下来真是太不容易了！
你已经学到了我全部的箭术！
相信你将来定然能够为国效力。

知识链接

满江红

［宋］岳飞

怒发冲冠，凭阑处、潇潇雨歇。抬望眼、仰天长啸，壮怀激烈。三十功名尘与土，八千里路云和月。莫等闲、白了少年头，空悲切。

靖康耻，犹未雪。臣子恨，何时灭。驾长车，踏破贺兰山缺。壮志饥餐胡虏肉，笑谈渴饮匈奴血。待从头、收拾旧山河，朝天阙。

古代官职任免升降

1. 迁：调职、调动，一般指升官。左迁则为降职调动。
2. 谪：降职并远调。
3. 拜：授给官职。
4. 授：授予官职。
5. 擢：选拔，提拔。
6. 除：免去旧职而任新职。
7. 罢：罢免、停职。
8. 免：免除官职。
9. 黜：废黜，贬退，也用于剥夺王位或太子的继承权。

智慧积累

用现代汉语翻译下面的句子。

少负气节，沈厚寡言，家贫力学，尤好《左氏春秋》、孙吴兵法。

参考答案：（岳飞）年少的时候很有气节，性格忠厚不爱说话，家里很穷但是非常努力学习，特别是喜欢《左氏春秋》和孙吴兵法。

快乐小课堂

精忠报国

淘淘，我来考考你。你知道“精忠报国”这个词语是出自中国哪位历史人物的典故吗?

诗诗

我当然知道啦！是南宋爱国名将岳飞的典故。

淘淘

你了解得真不少，能详细说说吗?

诗诗

这个……我就不太了解了。诗诗，你来说一说?

淘淘

没问题！20岁的岳飞已经是个饱读兵书、谙熟武艺、身强力壮的年轻人，他盼望有一天能够投身疆场，为国家报仇雪耻。当招募“敢战士”的消息传来时，他报名参军。就在他走上战场的前夕，深明大义的母亲，特意在他背上刺下“精忠报国”四个大字，嘱咐他一生一世都要为国家和民族的利益而奋勇杀敌，决不吝惜自己的生命。岳飞参军后，一直坚持战斗在抗金的最前线。他率领的“岳家军”不畏强敌，独当一面，先后六次与金兵交锋，均获全胜，“岳家军”声威大震。

诗诗

讲得真精彩！那后来呢?

淘淘

后来，岳飞为奸臣所害……

诗诗

太让人气愤了。

淘淘

是啊，具体的内容，不如你自己多读书来了解一下吧！

诗诗

5

君子比德于玉

jūn zǐ bǐ dé yú yù

受儒家思想影响，自古以来，中国人垂青于玉，希望用玉来勉励自己，修养德性。

子贡问于孔子曰："敢问君子贵玉而贱玟①者何也？为玉之寡②而玟之多与？"孔子曰："非为玟之多故贱之也，玉之寡故贵之也。夫昔者君子比德于玉焉：温润而泽，仁也；缜密以栗③，知也；廉④而不刿(guì)⑤，义也；垂之如队⑥，礼也；叩之其声清越以长，其终诎然⑦，乐也；瑕⑧不掩瑜⑨、瑜不掩瑕，忠也；孚尹⑩旁达，信也；气如白虹，天也；精神见于山川，地也；圭璋(guī zhāng)⑪特达，德也。天下莫不贵者，道也。《诗》云：'言念君子，温其如玉。'故君子贵之也。"

（选自《礼记·聘义》）

注释

① 玟：像玉的石头。
② 寡：少。
③ 栗：坚硬。
④ 廉：有棱角。
⑤ 刿：刺伤。
⑥ 队：同"坠"。
⑦ 诎然：指声音戛然而止。
⑧ 瑕：玉上面的斑点，比喻缺点。
⑨ 瑜：玉的光彩，比喻优点。
⑩ 孚尹：指玉的光彩。
⑪ 圭璋：一种用作凭信的玉器。

译文

子贡向孔子问道："请问君子为什么都看重玉而轻视玟呢？是因为玉的数量少而玟的数量多吗？"孔子回答说："不是因为玟的数量多，就轻视它；也不是因为玉的数量少，就看重它。从前的君子，都是拿玉来和人的美德相比：玉的温厚而又润泽，就好比仁；缜密而又坚实，就好比智；有棱角而不伤人，就好比义；玉佩垂而下坠，就好比礼；轻轻一敲，玉声清脆悠扬，响到最后，又戛然而止，就好比动听的音乐；既不因其优点而掩盖其缺点，也不因其缺点而掩盖其优点，就好比人的忠诚；光彩晶莹，表里如一，就好比人的言而有信；宝玉所在，其上有气如白虹，就好比与天息息相通；产玉之所，山川草木津润丰美，又好比与地息息相通。圭璋作为朝聘时的礼物可以单独使用，不像其他礼物还需要加上别的什么东西才能算数，这是玉的美德在起作用。普天之下没有一个人不看重玉的美德，这就好像普天之下没有一个人不看重道那样。《诗经》上说：'多么想念君子啊，他就像玉那样温文尔雅。'所以君子才看重玉。"

知识链接

许慎《说文解字》释“玉”曰：“象三玉之连其贯也。”大概的意思是“玉”是一个象形字，最初来源于把三块横玉用一条玉联结起来。从古至今，中国人仍常常“借玉比德”，借玉质的温润光洁来比喻正人君子品德的高尚，如“谦谦君子，温润如玉”。作为中国正统思想的儒家对玉器也是推崇备至，提倡“以玉比德，使佩玉制度化”，讲究“君子必佩玉”“无故，玉不去身”等。

花中四君子

梅、兰、竹、菊号称“花中四君子”，是中国人感物喻志的象征，也是咏物诗和文人画中最常见的题材，这正是根源于中国人对这种审美人格境界的神往。四君子并非浪得虚名，它们各有特色：

梅：迎寒而开，剪雪裁冰，一身傲骨，是为高洁志士；

兰：空谷幽放，孤芳自赏，香雅怡情，是为世上贤达；

竹：筛风弄月，潇洒一生，清雅淡泊，是为谦谦君子；

菊：凌霜飘逸，特立独行，恬然相处，是为世外隐士。

智慧积累

下列关于“玉”的表述，不正确的一项是（　　）。

A. 玉在人们心目中是美好而亲近的代名词，是王者富家的专利。

B. 玉象征着高洁的品德，是中华民族灿烂文化的重要组成部分。

参考答案：A

快乐小课堂

古玉内涵知多少

春雨老师

古人偏爱玉，随着玉器的大量出现以及人们对玉器的认识不断深化，玉器逐渐被赋予了越来越多的文化内涵。

淘淘

我知道！我知道！玉是重要的装饰品，古代的君子都会佩戴玉饰，什么玉佩啦，玉环啦，玉坠啦，玉扳指啦……

诗诗

淘淘说得对，而且不同等级使用的玉器也不一样，或许因为玉是权力、等级和财富的标志。

淘淘

我最近可没少看书，玉在古代作为一种礼器，还含有祈求吉祥的寓意。古人视玉为祥瑞之物，经常在玉上刻龙、祥云图案。

诗诗

确实，因为玉本身也很漂亮呀，李商隐就曾经写过“沧海月明珠有泪，蓝田日暖玉生烟”的诗句。

春雨老师

最早出现的玉器是人体装饰品，可以说，玉器从一出现便与美联系在一起。以“玉”为美的修饰词在古代文献中比比皆是，比如形容人的相貌为“玉容”“玉貌”，赞赏人的身材和风度为“玉树临风”，赞美天帝为“玉皇”“玉帝”，称居住之所为“玉宇琼楼”……自汉代以后，用玉或玉旁的字命名也渐成风尚，玉成了一切美好事物的化身。

淘淘

呀，那我赶快也让妈妈给我买块玉佩戴一下，我也爱美呢。

诗诗

哈哈，我看你还是修身养性，争取用品德向玉“看齐”吧！

小古文

知识点梳理

文言文是我们祖先记录日常生活的文章，它言简义丰，包罗万象。整个中华民族博大精深、源远流长的精神家园是由文言文一手铸就的。

因文言文年代久远，书面性强，所以理解起来有一定难度。而小古文则是篇幅短小，故事性强，难度较低的文言文，适合小学阶段的孩子学习。

为扫清大家学习小古文过程中的障碍，现对小古文知识点作简单梳理。主要从以下几方面进行：

1. 通假字
2. 实词
3. 虚词
4. 一词多义
5. 古今异义
6. 文言句式
7. 古文翻译

1

通假字

通假字含义

“通假”就是“通用、假借”的意思，即用读音相同或相近的字代替本来的字。本来的那个字我们把它叫作“本字”，借用来的那个字我们称之为“假字”。也有一种说法认为，通假字就是古人写的错别字。在文言文阅读中，我们要注意读准通假字的音。正确把握通假字的读音、字义，可以让我们更好地读通、读懂文本。

常见通假字梳理

（1）有鸟焉，其状如乌，文首。（《精卫填海》）

释义　文：同“纹”，花纹。

（2）少负气节，沈厚寡言。（《少年岳飞》）

释义　沈：同“沉”，深沉。

（3）垂之如队，礼也。（《君子比德于玉》）

释义　队：同“坠”，下坠。

（4）其母曰：“女还，顾反为女杀彘。”（《曾子杀彘》）

释义　女：同“汝”，人称代词，你。反：同“返”，返回。

（5）为是其智弗若与？（《学弈》）

释义　与：同“欤”，读作yú，句末语气词，表示疑问的意思。

（6）孰为汝多知乎？（《两小儿辩日》）

释义　为：同“谓”，说。知：同“智”，智慧。

（7）甚聪惠。（《杨氏之子》）

释义 惠：同“慧”，聪敏智慧。

（8）独下帷绝编，迨倍诵乃止。（《司马光好学》）

释义 倍：同“背”，背诵。

（9）极天云一线异色，须臾成五采。（《泰山日出》）

释义 采：同“彩”，颜色。

通假字识别方法

一、增加偏旁，找出本字

根据形声字的声旁本身与形声字通假的情况，我们可以通过给声旁增加偏旁的方式找出本字。例如，“孰为汝多知乎”中的“知”，在句中按字面意思理解不通，可视为通假，给“知”增加偏旁“日”就找出了“知”的本字“智”，意思是智慧。

二、更换偏旁，找出本字

根据声旁相同的形声字互相替代，形成通假的情况，我们可以给假字更换偏旁，从而找出本字。如，“学而时习之，不亦说乎”中的“说”按字面意思讲不通，可确定为通假字。我们把这个字的形旁“讠”换成“忄”，就找到了这个通假字的本字“悦”，意思是喜悦。

三、取消偏旁，找出本字

根据形声字代替声旁字为本字构成通假的现象，我们可以把通假字的形旁取消，从而找出本字。如“迴忆后街之事”中的“迴”字，去掉“辶”就是本字。

2

实词

实词含义

实词是一大分类，一切具有实际意义的词语都可以划分进实词中。实词不但包含我们熟悉的名词、动词、形容词，还有数词、量词和代词。每一个实词都可以详细解说其词义。实词在现代汉语中和文言文中，都占有绝对多的数量，因为语言的基本作用是表达传递出意思，如果语言表达离开具有实际意义的实词，那么这一作用将很难达到。掌握文言实词，一方面要大量地积累，遇到了就记下来；另一方面，我们也需要掌握一定的技巧。

常见实词梳理

（1）水迸，儿得活。（《司马光》）

释义　迸：涌出。

（2）唯戎不动。（《王戎不取道旁李》）

释义　唯：只有。

（3）王戎七岁，尝与诸小儿游。（《王戎不取道旁李》）

释义　尝：曾经。

（4）故为精卫，常衔西山之木石，以堙于东海。（《精卫填海》）

释义　故：因此。堙：填塞。

（5）因释其耒而守株，冀复得兔。（《守株待兔》）

释义　释：放下。冀：希望。

（6）胤恭勤不倦，博学多通。（《囊萤夜读》）

释义 通：通晓，明白。

（7）过是溪，逢老媪方磨铁杵。（《铁杵成针》）

释义 方：正在。

（8）太白感其意，还卒业。（《铁杵成针》）

释义 还：回去。

（9）三到之中，心到最急。

释义 急：要紧，重要。

（10）楚人有鬻盾与矛者。（《自相矛盾》）

释义 鬻：卖。

（11）吾盾之坚，物莫能陷也。（《自相矛盾》）

释义 陷：刺破。

（12）或曰："以子之矛，陷子之盾，何如？"（《自相矛盾》）

释义 或：有人。

（13）孔君平诣其父，父不在，乃呼儿出。（《杨氏之子》）

释义 诣：拜访。

（14）方鼓琴而志在太山。（《伯牙鼓琴》）

释义 志：心志，情志。

（15）斗牛，力在角，尾搐入两股间。（《书戴嵩画牛》）

释义 搐：抽缩。股：大腿。

（16）今乃掉尾而斗，谬矣。（《书戴嵩画牛》）

释义 谬：错误。

（17）弈秋，通国之善弈者也。（《学弈》）

释义 弈：下棋。

（18）思援弓缴而射之。（《学弈》）

释义　援：引，拉。

（19）我以日始出时去人近，而日中时远也。（《两小儿辩日》）

释义　以：认为。

（20）孔子不能决也。（《两小儿辩日》）

释义　决：判断。

解词方法

1. 字形分析法

汉字的字形结构表示某种意义，分析字形，能帮助理解词的意义。

2. 组词探义法

古汉语中，不少单音节词通过与另一个同义或近义的词组词形成现代汉语中的双音节词。据此，可通过组词的方法理解它们的意义。

3. 引申取义法

词义的发展变化，使一些词从表示个别、具体的意义引申为表示一般、抽象的意义。因此，解词时要分析它们的引申义。

4. 同义推导法

在结构整齐、意义相近的词组或句子之间常有一些意义相近或相似的词对应出现，对其中一个词正确理解，就能推导出与之相应的词的意义。

5. 多义选择法

有些词有多种意义，应该用选择其中最恰当的一项意义的方法加以解释。

6. 读音辨析法

有些词的意义往往与读音有关，读音不同，意义也常常不一样。

7. 词性活用法

有些实词的用法比较灵活，在使用过程中，往往会产生词性变化的现象。因而，应根据句意灵活地理解词的意义。

8. 假借相通法

有时，某个字在句中不论用本义还是引申义都讲不通，这就要借用另一个读音或字形相近的字的意义来解释，找到它的通假字就讲得通了。

如果掌握了文言文的常用实词，就可以算是基本上读懂了文言文。在文言文中，文言实词是主要的语言材料，也是我们阅读时遇到的较大障碍，而学习实词的难度比起学习虚词来又小得多。所以，有目的、有重点、系统地积累一些常用文言实词对学习文言文是很有帮助的。

那么，如何积累和掌握文言文中的常用实词呢？基本步骤应该是：逐步积累，反复巩固，扩展延伸。同一个常用实词，在这篇课文见到时，可以想一想在其他课文中是否见过；如果其他课文中见过，再想一想，这篇课文和其他课文中出现的这同一个词用法是否相同。若用法相同，则巩固旧知识；若用法不同，看一看不同在哪里，有什么规律可循。用这种方法，既省时间，又见效果。

3

虚词

虚词含义

所谓虚词，就是指那些不能够单独成句，词汇意义又比较抽象，但能通过它把实词组织在一起，完成句子结构的词类。在文言文中，虚词的使用频率很高，用法灵活，因此要想提高阅读文言文的能力，就要了解文言虚词的用法和意义。

常见文言虚词

之的用法

（1）“之”作代词，代指某人或某物。

例句　伯牙鼓琴，锺子期听之。（《伯牙鼓琴》）

（2）“之”作动词，指“到，去”。

例句　黄鹤楼送孟浩然之广陵。（《黄鹤楼送孟浩然之广陵》）

（3）“之”作结构助词，指“的”。

例句　圣人之道。（《道德经》）

（4）“之”起调节音节作用，不译。

例句　久之，目似瞑。（《狼》）

（5）“之”用于主谓之间，取消句子独立性，不译。

例句　予独爱莲之出淤泥而不染。（《爱莲说》）

其的用法

（1）“其”用在句中，作代词，指“他、她、它（们）的”。

例句　欲知其轻重。（《曹冲称象》）

太白感其意，还卒业。（《铁杵磨针》）

第一个“其”指“它的”，大象的；第二个“其”指老妇人的。

（2）“其”用在句首，表示希望、祈使、疑问等语气。

例句　其真无马邪？其真不知马也。（《马说》）

第一个“其”，表反问语气，可译作“难道”；第二个“其”，表推测语气，可译作“恐怕”。

而的用法

“而”用作连词，连接词与词、短语与短语、句子与句子，表示前后两部分的并列、承接、转折等关系。

（1）表转折，“但是”。

例句　人不知而不愠，不亦君子乎？（《论语》）

（2）表并列，“并且”。

例句　学而时习之，不亦说乎？（《论语》）

（3）表承接，“然后”。

例句　温故而知新。（《论语》）

（4）表假设，“如果”。

例句　人而无信，不知其可也。（《论语》）

常见的语气词

一般放在句尾，表陈述、疑问、感叹等语气，常见的有“也”“矣”“乎”“者”“耶”“邪”等。

也的用法

（1）用在句尾表示陈述语气。

例句 子非吾友也。（《管宁割席》）

（2）用在句中表示停顿，以舒缓语气。

例句 鸟之将死，其鸣也哀；人之将死，其言也善。（《论语》）

（3）用在句尾表示疑问语气，相当于“呀”。

例句 此画斗牛也！（《书戴嵩画牛》）

矣的用法

（1）用在句尾表示陈述语气，相当于“了”。

例句 谬矣！（《书戴嵩画牛》）

（2）用在句尾，表示疑问、感叹、祈使语气。

例句 先生处胜之门下，几年于此矣？（《毛遂自荐》）

所得多矣。（《司马光好学》）

乎的用法

（1）用在句尾表示疑问语气，相当于“吗”。

例句 学而时习之，不亦说乎？（《论语》）

（2）用在句尾，表示感叹、祈使语气。

例句 大兄何见事之晚乎！（《孙权劝学》）

（3）用在句中表示停顿，以舒缓语气。

例句　以容取人乎，失之子羽。（《韩非子·显学》）

者的用法

（1）表判断。

例句　北山愚公者，年且九十。（《愚公移山》）

（2）用在时间词后表示停顿，以舒缓语气。

例句　卿今者才略，非复吴下阿蒙！（《孙权劝学》）

（3）用在句尾表疑问。

例句　无差，谁为多与者？（《狱中杂记》）

耶的用法

（1）用于句尾表疑问，相当于“吗”“呢”。

例句　然则何时而乐耶？（《岳阳楼记》）

（2）用于句尾表反问，相当于“吗”。

例句　又安敢毒耶？（《捕蛇者说》）

（3）用于句尾表推测，相当于“吧”。

例句　时耶命耶？从古如斯。（《吊古战场文》）

邪的用法

（1）表疑问，相当于“呢”“吗”。

例句　岂荀巨伯所行邪？（《荀巨伯远看友人疾》）

（2）表感叹，相当于“啊”。

例句　乾坤其《易》之门邪！（《系辞下》）

解词方法

文言文阅读离不开具体的语境，常见的虚词大多有多种用法，词性词义变化较为复杂，要确定其具体意义和用法，必须结合上下文，利用文意解题。此法对起关联词语作用的虚词特别有效。

一、词性不同

有些文言虚词有多种词性，根据上下文的语境，只要能推断出其词性不一样，那么，其用法肯定也不同。如“以”可作介词，也可作连词。

二、位置不同

一些虚词在句中的位置不同，所起的作用也就不同。如“焉”，在句首，如“焉有仁人在位，罔民而可为也”，相当于“哪里”；在句中，如“杀鸡焉用牛刀”，相当于“何必”；在句末，如“风雨兴焉”，相当于“于此”。

三、无实义

许多文言虚词的意义不存在，在句中主要起一定的语法或语气作用，因此，只有依靠对全句的分析和把握才能准确理解它。如作语气助词的“也”“矣”“焉”“哉”，在疑问句末助疑问语气，在感叹句末助感叹语气，在陈述句末助陈述语气，它们始终与全句“息息相关”。如“也”可表判断、陈述，可表疑问，可表感叹、祈使，还可表停顿。

四、特殊句式

有些虚词是构成文言特殊句式的标志，如能牢记课文中出现过的有代表性的虚词，便有助于快速解题。如“……之……者”“……者……也”“不亦……乎”“何……为”“如……何”。

4

一词多义

一词多义

我国的文字用法极为复杂，一个字词往往有很多的意义与用法。一词多义的现象在古代汉语乃至现代汉语中都是极其普遍的。古人在交流或书写时，常常用一个词表示几个相关的概念。因而，一个词会有许多意义，但它们之间大多是有关联的。一般来说，其中一个意义是这个词的基本义，叫作本义；另外一些意义则是由本义引申发展而来的，叫作引申义。在通常情况下，我们先了解和识记词的本义，然后掌握词义引申变化的线索，就能做到举一反三了。

常见例子

（1）白

①乃斫大树白而书之曰（动词，使露出白色）

②永州之野产异蛇，黑质而白章（形容词，白色）

③往来无白丁（形容词，指没有学问的人）

④不知东方之既白（形容词，明亮，光明）

（2）备

①众妙毕备（动词，具备）

②前人之述备矣（形容词，详尽、完备、周全）

③备马（动词，准备）

④以备不时之需（动词，防备）

（3）鄙

①人之立志，顾不如蜀鄙之僧哉（名词，边远地区）

②肉食者鄙（形容词，鄙陋、庸俗、浅陋）

（4）兵

①昨夜见军帖，可汗大点兵（名词，士兵）

②轻兵锐卒（名词，兵器）

③田忌欲引兵之赵（名词，军队）

④世传其兵法（名词，军事）

（5）病

①未果，寻病终（动词，生病）

②病万变，药亦万变（名词，疾病）

③向吾不为斯役，则久已病矣（形容词，困苦不堪）

④寡人反取病焉（名词，耻辱）

解词方法

一词多义解词的基本原则是结合具体语境理解词语意思，进而做到准确翻译。

一、填词法

试着先翻译句子中的其他词，然后连起来看整个句子的意思。再根据要释义的这个词在句子中的位置推敲这个词的意思。

二、接近联想法

先根据这个词的本义，通过组词，联想出接近或相关的意义。在翻译时，根据语境，对该词的意义作出准确判断。

5 古今异义

古今异义

所谓“古今异义”，就是指文言词语的意义和用法与现代汉语中书写相同的词语的意义和用法不同的现象。这种意义和用法的差异是在语言的演变过程中形成的。注意和辨明词语的时代差别，对深入地理解古文有很大的帮助。同学们在日常学习中要多多积累古今异义词。

字词举例

（1）走

古义：跑。　　今义：行走。

例句　兔走触株，折颈而死。（《守株待兔》）

（2）妻子

古义：妻子儿女。　　今义：妻，与“丈夫”相对。

例句　率妻子邑人来此绝境。（《桃花源记》）

（3）穷

古义：穷尽。　　今义：经济贫困。

例句　复前行，欲穷其林。（《桃花源记》）

（4）布衣

古义：平民。　　今义：棉布衣服。

例句　臣本布衣，躬耕于南阳。（《出师表》）

（5）涕

古义：泪。　　今义：鼻涕。

例句　今当远离，临表涕零，不知所言。（《出师表》）

（6）池

古义：护城河。　　今义：小水塘、池塘。

例句　城非不高也，池非不深也。（《〈孟子〉二章》）

（7）汤

古义：热水。　　今义：菜或面做的稀状食物。

例句　及其日中如探汤。（《两小儿辩日》）

（8）去

古义：离开。　　今义：到……去。

例句　我以日始出时去人近。（《两小儿辩日》）

（9）再

古义：第二次。　　今义：又一次。

例句　一鼓作气，再而衰，三而竭。（《曹刿论战》）

古今异义种类

一、词义的扩大

词义扩大，就是说同样的词语在古代的词义范围小，而在现代汉语中词义范围却变大了。如："江""河"二字，古代专指长江和黄河，现在泛指一切较大的河流。

二、词义的缩小

词义缩小，就是说同样的词语在古代词义范围大，而在现代汉语中词义范围却变小了。如："臭"，古代好坏气味均可表示，现在只表示坏的气味。

三、词义转移

词义转移，就是说同样的词语在古代是一个方面的意思，在现代汉语中却变成另一个意思了。如："涕"，古代指眼泪，现在指鼻涕。

四、词义弱化

词义弱化指同样的词语在古代所表示的语义较强，而在现代所表示的语义则较弱。如："怨"，古义表示仇恨、怀恨，现在表示埋怨、责备。

五、词义强化

词义强化指同样的词语在古代表示的意义较弱，而现在所表示的语义增强了。如："恨"，古代表示遗憾、不满的意思，现在表示仇恨、怀恨。"诛"，最初只是责备之意，后来强化为"杀戮"的意思。

六、感情色彩变化

有些词语在应用的过程中，感情色彩逐步发生了变化，这往往与它们意思的改变分不开。如："爪牙"古代表示得力的帮手，是褒义词；现在表示坏人的帮凶，是贬义词。

6

文言句式

文言句式

文言句式有两大类：特殊句式和固定句式。特殊句式，包括判断句、被动句、倒装句等。固定句式则较多，如“不亦……乎”“无以……”等。

判断句

所谓判断句，就是以名词、代词或名词性短语为谓语对主语进行判断的句式。其常见的形式有以下几种：

（1）“……者，……也”“……，……也”“……，……者也”“……者，……”等形式。如：羿，古之善射者也。

（2）用副词“乃”“即”“则”“皆”“是”“诚”“为”等表示判断。如：不知天上宫阙，今夕是何年。

（3）用否定副词“非”表示否定。如：城非不高也，池非不深也。

被动句

文言文中，有些语句的主语是动作的承受者，这种句式就是被动句。其常见类型有：

（1）“见”“……见……于”“于”表被动。如：吾常见笑于大方之家。

（2）“为”“为……所”表被动。如：而身死国灭，为天下笑。

倒装句

文言中的倒装句，是相对于现代汉语的句序而言的，我们将文言倒装句式分为宾语前置、定语后置、状语后置、主谓倒装等。

（1）宾语前置

所谓宾语前置，就是通常作宾语的成分，置于谓语动词的前面，以示强调。宾语前置通常分为四种情况。

①疑问句中，疑问代词作宾语，宾语前置。如："微斯人，吾谁与归？""为是其智弗若与？"

②否定句中，代词作宾语，宾语前置。如："古之人不余欺也。""吾矛之利，于物无不陷也。"

③借助"之""是"将宾语提前。如："孔子云：何陋之有？"

④介宾短语中宾语前置。如："不然，籍何以至此？"

（2）定语后置

通常定语应该放置于中心词的前面，但文言语句中却有很多句子将定语放在中心词之后。文言中的定语后置有以下几种情况。

①用"之"使定语后置。如："四海之大，有几人欤？"

②用"者"的定语后置。如："马之千里者，一食或尽粟一石。"

（3）状语后置

文言文中，介词结构作状语往往会置于句后作补语。

如："女娃游于东海""学射于周同""群儿戏于庭中""叶公问孔子于子路"。

（4）主谓倒装

这种情况很少，往往是为了表示强烈的感叹。

如："甚矣，汝之不惠。""美哉，我少年中国。""善哉乎鼓琴！"

省略句

文言文中，普遍存在着省略语言成分的情况，正确把握省略成分，有助于完整理解句子的意思。文言文中的省略句通常有：

（1）省略主语。如：永州之野产异蛇，（异蛇）黑质而白章。

（2）省略谓语。如：一鼓作气，再（鼓）而衰，三（鼓）而竭。

（3）省略宾语。如：可烧而走（之）也。

（4）省略介词“于”。如：今以钟磬置（于）水中，虽大风浪不能鸣也。

固定结构

（1）表疑问的固定结构常见的有：奈何、若何、如何、何如、奈……何、若……何、如（奈）……何、孰与、得无……乎、孰若。

例句 以五十步笑百步，则何如？（《孟子·梁惠王上》）

如太行王屋何？（《列子·愚公移山》）

（2）表反问的固定结构常见的有：何……之有、何以……为、何……为、不亦……乎、无乃……乎、得无……乎。

例句 有朋自远方来，不亦乐乎？（《论语·学而》）

（3）表揣度的固定结构常见的有：得无……乎（耶）、无乃……乎。

例句 览物之情，得无异乎？（《岳阳楼记》）

（4）表感叹的固定结构常见的有：一何、何其、何如，均解释为“多么”；何……之，解释为“怎么……这样啊”。

例句 痛定思痛，痛何如哉！（《〈指南录〉后序》）

（5）表判断的固定结构常见的有：是之谓、此之谓。

例句 是之谓政令行。（《荀子·王霸》）

古文翻译

古文翻译的原则

将古代汉语译成现代汉语，首先，要忠于原文；其次，要语句通顺，表意明确，符合现代汉语语法规范；最后，要力求文字优美，即用简明、优美、富有文采的现代汉语把原文的内容、形式及风格准确地表达出来。这就是所谓的信、达、雅。

文言翻译的方法和步骤

文言翻译最基本的方法：留、补、删、换、调。

（1）留：保留。凡是古今意义相同的词，以及古代的人名、地名、物名、书名、官名、国号、年号、度量衡单位、古代专有名词等，翻译时可保留不变。

（2）补：补充单音词为双音词，或补出省略成分等。

（3）删：删去不译的词语。文言文中凡是无实在意义，只表语气、停顿、补足音节和舒缓语气等作用的虚词，都可略去。

（4）换：替换。用现代汉语词汇替换相应的古代汉语词汇。

（5）调：调整词序或语序，使之合乎现代汉语习惯。

除了掌握以上的原则和方法，翻译时还必须有步骤：解词—串意—顺句。

注：直译即逐字逐字地译。意译即译出大意即可。文言文翻译以直译为主，意译为辅。遇到比喻、借代、引申，直译不通时，可用意译。

例文翻译

古人谈读书

敏而好学，不耻下问。知之为知之，不知为不知，是知也。默而识之，学而不厌，诲人不倦。

翻译 天资聪明而又好学的人，不以向地位比自己低、学识比自己差的人请教为耻。知道就是知道，不知道就是不知道，这才是真正的智慧。默默地记住所学的知识，学习不觉得满足，教人不知道疲倦。

余尝谓读书有三到，谓心到、眼到、口到。心不在此，则眼不看仔细，心眼既不专一，却只漫浪诵读，决不能记，记亦不能久也。三到之中，心到最急。心既到矣，眼口岂不到乎？

翻译 我曾经说：读书讲究“三到”，即读书时要专心，要认真看，要诵读。心思不在书本上，那么眼睛就不会仔细看；心和眼既然没有专注统一，却只是随随便便地读，那么一定不会记住，就算记住了，也记不长久。这三到中，心到最重要。若心神集中了，眼和口还会不集中吗？

盖士人读书，第一要有志，第二要有识，第三要有恒。有志则断不甘为下流；有识则知学问无尽，不敢以一得自足，如河伯之观海，如井蛙之窥天，皆无识者也；有恒者则断无不成之事。此三者缺一不可。

翻译 士人读书，第一要有志向，第二要有见识，第三要有恒心。有志气则绝对不会甘心居于下等；有见识则知道学无止境，不敢稍有心得就自我满足，像河伯观海，井底之蛙观天，这都是没有见识的；有恒心则必然没有干不成的事情。有志、有识、有恒，三者缺一不可。

玩转大语文

字词很好玩

主　　编　胡良君　李娟萍
绘　　者　皮欢欢
本册主编　孙　珊
本册副主编　田甜甜
本册编委　刘慧欢　熊　云　丁　雪　杜慧坤

人民东方出版传媒
People's Oriental Publishing & Media
東方出版社
The Oriental Press

图书在版编目（CIP）数据

玩转大语文．字词很好玩 / 胡良君，李娟萍主编；皮欢欢绘．—北京：东方出版社，2023.1
ISBN 978-7-5207-2938-3

Ⅰ．①玩… Ⅱ．①胡… ②李… ③皮… Ⅲ．①汉语—词语—小学—教学参考资料 Ⅳ．① G624.203

中国版本图书馆 CIP 数据核字（2022）第 143487 号

玩转大语文：字词很好玩
（WANZHUAN DA YUWEN：ZICI HEN HAOWAN）
胡良君　李娟萍 主编　皮欢欢 绘

策划编辑：鲁艳芳
责任编辑：金　琪　鲁艳芳
特邀编辑：陈雨姣
出　　版：東方出版社
发　　行：人民东方出版传媒有限公司
地　　址：北京市东城区朝阳门内大街166号
邮　　编：100010
印　　刷：北京尚唐印刷包装有限公司
版　　次：2023年1月第1版
印　　次：2023年1月北京第1次印刷
开　　本：710毫米×1000毫米　1/16
印　　张：10
字　　数：132千字
书　　号：ISBN 978-7-5207-2938-3
定　　价：210.00元（全6册）
发行电话：（010）85924663　85924644　85924641

前言

仓颉造字，远古神话讲述汉字的起源；甲金篆隶，形体的变化昭示汉字的演变；横平竖直，象征每个炎黄子孙做人堂堂正正；阴阳上去，音调丰富讲述中国好故事！

我国文字在递嬗演进中呈现出绚丽多姿的无穷魅力。一笔一画铸建一切文章的基石，汇聚中华文化的基因，承载着一个民族的荣辱兴衰，更是一个日渐强大的国家永远不可忘却的历史。

学习字词很重要，它是我们认识世界的一把钥匙；学好字词却很难，有人穷其一生也未能探寻出它全部的秘密。识记、抄写、听写……正在学习语文的你肯定每天都被这“字词三部曲”折磨着。但学习字词也可以很好玩，走进字词编织的世界，感受趣味盎然的生活，玩赏并体味那字词背后的深意、那亘古不变的美感。

打开这本书，相信你一定会大呼——“字词很好玩！”

好玩在有趣的情境。生活处处有汉字，春雨和新竹两位老师以及三个可爱的同学——诗诗、杰杰和淘淘将会一路陪着你从“我”说起，由认识身体到衣食住行，从校园生活到野外探秘，从花鸟虫鱼到自然科学，从传统文化到认识世界……8个主题，32个有趣的情境，一个个精选的词语，一幅幅精美的插图带我们走进汉字的时空光廊，东方书写的趣味和喜悦留于你我的指尖和心中！

好玩在丰富的知识。从汉字的产生到汉字的运用，珍藏着悠长丰沛的深意。为什么带有“贝”部的字和钱有关？一个字竟然能有三四种读音，一个“看”的动作就有十多种表达方式，外形相似的字意思却大不相同……原来，讲讲故事，猜猜字谜，发挥想象，说说绕口令，做做加减法就能识记汉字，还有那些有趣的谚语、精彩的汉字故事一定会让你的字词学习之路充满欢声笑语！

好玩在特别的挑战。光说不练假把式！除了认识字词，还得写得一手好字，我们贴心地为你献上了写好字的法宝，并提供了练习和展现的舞台。在这里有很多新鲜有趣的挑战等着你，挑战会逐层升级，千万别小看它们！还有，别忘了和我们分享你的成就哦。

了不起的你，一定还会发现这本书其他的好玩之处。

当然，也许你本身就很爱字词，那么这本书也会帮你进一步提高识字写字的能力，让你的学习更加得心应手，使你的语文能力逐级提升。这时候，你就会发现我们的秘密，原来这不仅是一本“好玩”的字词书，更是一本“硬核”的字词书——紧密契合教材，囊括了小学部编版语文课本，共96个单元语文园地中涉及的重难点字词，更以字词为契入点，扩展知识边界，帮助你的阅读、写作、思辨等各项能力得到提升。

还等什么？赶快开启咱们好玩的探索之旅吧！

目录

第一章 从我说起

第二章 衣食住行

第三章 多彩生活

第四章 花鸟虫鱼

第五章 自然科学

第六章 传统文化

第七章 生产生活

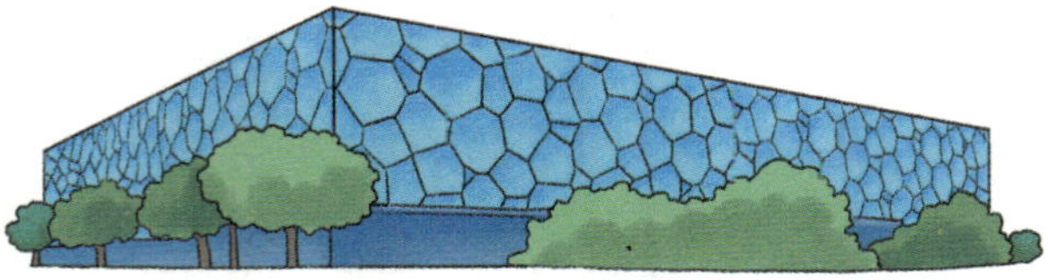

第八章 认识世界

第一章

从我说起

我，有着灵活而有力的躯干；我，有着丰富而复杂的情感；我，兴趣多样，爱好广泛；我，有着亲人的陪伴……

1 认识身体

我们的身体

我指你填

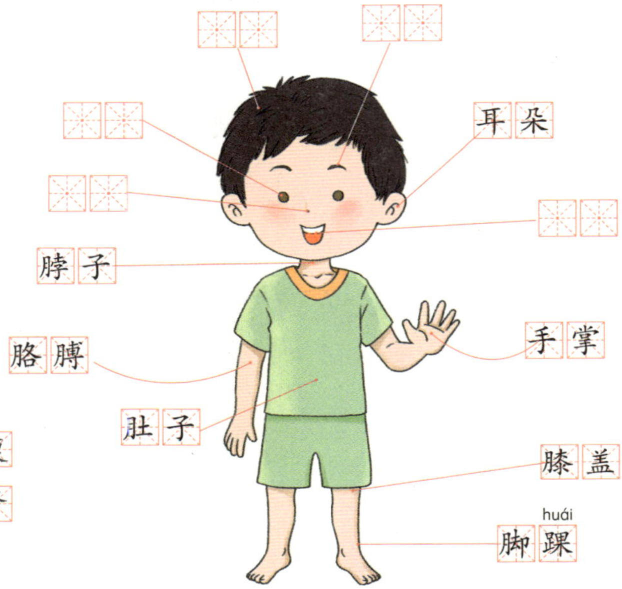

脑 脸 胸 腹

肝 脾 肺 肾

看看想想

春雨老师：你们看看这几个字（脸、脖、肚、胳、膊、腿、脚），有什么发现？

淘淘：这些字里面都有“月”啊！难道它们都和月亮有关？

春雨老师：不是的。其实，这个偏旁叫“肉月旁”，在古文字中，“肉”和“月”本是两个字，后因其小篆字体很相近，作偏旁时逐渐合并为一个字，统称为“肉月旁”，所以很多带有“月”的字都和肉有关。

杰杰：我知道！比如“皮肤”的“肤”，还有“肥胖”二字！

参考答案 我指你填：头发 眉毛 眼睛 鼻子 嘴巴

ěr

耳

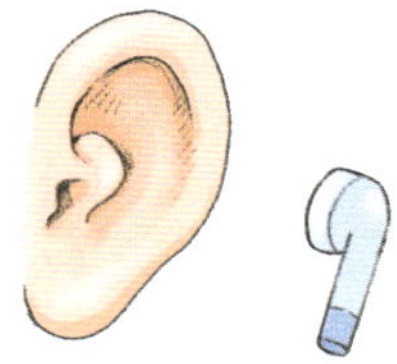

字源演变

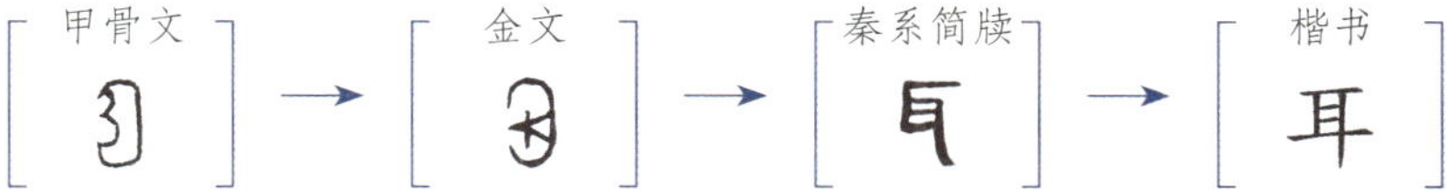

——“耳”字字形演变图

汉字知识

我们现在所说的“闻”一般是指“用鼻子嗅”，可是这个字里面为什么有个“耳”字呢？原来，“闻”的本义是“听到”，比如诗句“处处闻啼鸟”里的“闻”。

倾听（聽）是一种美德，听别人说话时，不仅要用耳朵去听，还要用眼睛看着对方，用心去听。

春雨老师

成语积累

面红耳赤　耳熟能详　掩人耳目　如雷贯耳
掩耳盗铃　俯首帖耳　洗耳恭听　耳聪目明
震耳欲聋　耳目一新　充耳不闻　交头接耳

参考答案
词语火车：
耳环　耳边

mù

目 → 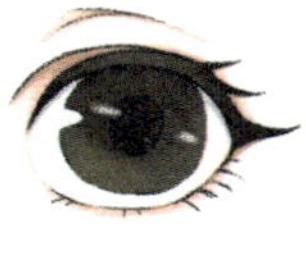

字源演变

甲骨文	金文	秦系简牍	楷书
			目

——“目”字字形演变图

“看”字魔法

“目”就是眼睛，我们用眼睛来看世界，也用不一样的词语来表示不同的看的方式，请你开动脑筋，填一填。

向上看：（　　）视

向下看：（　　）视

向周围看一圈：（　　）视

认真地看：（　　）（　　）转（　　）

左右到处看：东（　　）西（　　）　左（　　）右（　　）

我的发现

我发现带有“目字旁”的字一般都和（　　　　）有关，比如“眉”这个字，你还知道哪些字呢？

参考答案

“看”字魔法：仰 俯 环 目 不 睛 张 望 顾 盼

我的发现：眼睛 盯、睡、眠、盼、睁、眨、眯、瞧、瞄、瞥、瞟、瞩、盲、瞎、眸、瞅、睹、瞪

kǒu

口 → 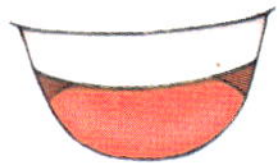

字源演变

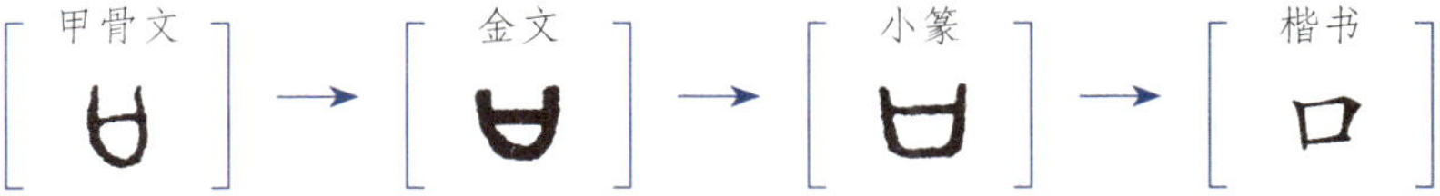

——“口”字字形演变图

我的发现

我们用嘴巴来说话和吃饭。“口”字作偏旁时也有不同的含义，请你认真观察，填一填，再说说你的发现。

春雨老师

表示（　　）：咬、嚼、吞、啃________________

表示（　　）：叫、吼、啼、嚷________________

表示（　　）：啪、呜、嗡、嘟________________

成语积累

心直口快　异口同声　目瞪口呆　赞不绝口　脱口而出

口是心非　守口如瓶　有口皆碑　口若悬河　脍炙人口

金口玉言　口干舌燥　有口无心　心服口服　哑口无言

参考答案

我的发现：吃　咽、含、吐、叼

叫唤　喊、吵、呼、唤

声音　哗、吱、嘀、喵

shǒu

手 → 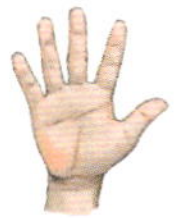

书写口诀

首撇短平横抗肩，撇横间距基本同；

上紧下松字稳妥，弧钩右弯不可大。

字源演变

金文 → 楚系简帛 → 秦系简牍 → 楷书

手

——“手”字字形演变图

想想填填

手，人体重要的器官，带有“提手旁”的字一般都和（　　）有关。

我们可以用手来（　　）皮球、（　　）篮球、（　　）桌椅、（　　）玻璃、（　　）地、（　　）运。（在括号里填上带“提手旁”的字）

日积月累

形容敏捷——（眼疾手快）

形容高兴——（手舞足蹈）

形容凶狠——（心狠手辣）

形容卑鄙——（不择手段）

形容利索——（手到擒来）

形容冷漠——（袖手旁观）

形容聪颖——（心灵手巧）

形容勤奋——（手不释卷）

形容顺利——（得心应手）

形容专横——（一手遮天）

形容慌乱——（手足无措）

形容亲密——（情同手足）

参考答案

想想填填：手 拍 打 摆 擦 扫 搬

zú

足

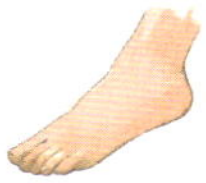

汉字知识

“足”是一个会意字。看它的甲骨文字形，上面部分的方口像人的膝盖，下面部分像人的脚掌即“止”，合起来指整个脚。

看图写字

带有足字旁的字一般和脚有关。

走（　　）　（　　）栏　（　　）足球　（　　）步　（　　）绳

书写提示

“足”变成“足字旁”后，“撇”变短竖，“捺”变提。书写时注意，“口”要收，提要挑。

成语练习

摇（　　）晃（　　）
披（　　）散（　　）
张（　　）舞（　　）
提（　　）吊（　　）
（　　）红（　　）赤　（　　）忙（　　）乱　（　　）疾（　　）快
（　　）干（　　）燥　（　　）舞（　　）蹈　指（　　）画（　　）
（　　）濡（　　）染　（　　）灵（　　）巧

参考答案　看图写字：跑 跨 踢 跑 跳
成语练习：头 脑 头 发 牙 爪 心 胆 面 耳 手 脚 眼 手 口 舌 手 足 手 脚 耳 目 心 手

2 喜怒哀乐

xǐ
喜

字源演变

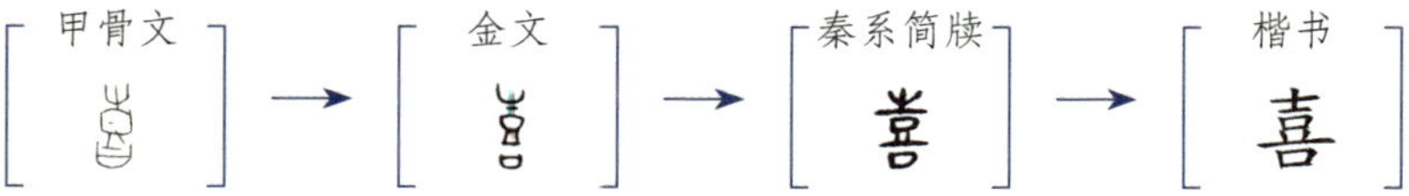

——“喜”字字形演变图

汉字知识

喜，会意字。甲骨文字形上面是“鼓”的本字，下面是“口”。“鼓”表示庆典，“口”表示发出欢笑声。本义：快乐，高兴。

词语积累

喜滋滋　喜吟吟　喜冲冲　喜盈盈　人逢喜事精神爽

喜上眉梢　喜出望外　喜不自胜　喜形于色　喜笑颜开

拓展延伸

中国人有很多重要的事情都和喜有着不解的联系。请将下面相对应的内容连一连。

考上大学　　乔迁之喜 

女孩出生　　新婚之喜 

搬入新房　　弄璋之喜

男女成亲　　弄瓦之喜

男孩出生　　登科之喜

参考答案

拓展延伸：

考上大学——登科之喜

女孩出生——弄瓦之喜

搬入新房——乔迁之喜

男女成亲——新婚之喜

男孩出生——弄璋之喜

nù

怒

汉字知识

形声字。从心，奴声。

本义：发怒，明显地表形于外的生气。

当我们发怒、生气的时候，整个人就会成为心（情绪）的奴隶，被它控制着。因此，我们要学会管理自己的情绪，尽量少生气，做自己情绪的小主人哦！

举一反三

例： 奴＋心＝怒　发怒

巩＋心＝（　）（　　）　刃＋心＝（　）（　　）

如＋心＝（　）（　　）　亡＋心＝（　）（　　）

涂涂画画

请你给情绪小人们涂上你认为合适的颜色吧。

快乐　伤心　生气　害怕　平静

拓展积累

怒不可遏　怒发冲冠　怒目切齿　怒气冲天　怒火中烧

怒容满面　怒形于色　怒目圆睁　恼羞成怒　怒气冲冲

嬉笑怒骂　喜怒无常　心花怒放　狂风怒号　敢怒不敢言

参考答案　举一反三：恐　恐怕　忍　忍受　恕　宽恕　忘　忘记

āi

哀

火眼金睛

同学们，右边这两个字哪里不一样？快用你的火眼金睛扫描一下，圈出它们的不同之处吧！

哀　衰

“哀”的自述

小朋友们好！我叫“哀”，是一个形声字，“口”是我的形旁，“衣”是我的声旁，我的本义是悲痛、悲伤。

活学活用

1. 组词　哀——悲哀（　　）（　　）

2. 填字　（　）（　）不伤　（　）鸿遍（　）

节（　）顺（　）　（　）（　）大于（　）（　）

拓展延伸

哀兵必胜

《道德经》第六十九章：“故抗兵相若，哀者胜矣。”原意是对阵的两军力量相当，悲愤的一方获得胜利。后指受压抑而奋起反抗的军队，必然能打胜仗。它的反义词是骄兵必败。历史上，越王勾践被吴王夫差攻破都城，被迫投降，随夫差至吴国，臣事吴王。面对失败和耻辱，勾践卧薪尝胆，时刻不忘会稽之耻，而吴王对此毫不警惕。经过长期的努力，勾践终于东山再起，灭掉了吴国。这个故事诠释了“哀兵必胜，骄兵必败”的道理。

参考答案

活学活用：1.哀伤　哀思

2.哀　而　哀　野（地）　哀　变　哀　莫　心　死

lè

乐

魔法变音

请勾出正确读音。

1. 下课了，操场上到处回荡着欢乐（yuè　lè）的笑声。
2. 贝拉听着舒缓的轻音乐（lè　yuè）入睡了。
3. 他的老家在河北省唐山市乐（yuè　lào　lè）亭县。

咦？上面每句里“乐”字的读音怎么都不一样呢？哪一个才是它的正确读音啊？

杰杰

诗诗

上面的三个音节，都是乐的正确读音，像这样有几种读音的字，我们把它叫作“多音字”。

说得对！“乐”是多音字，当它表示“欢喜，快活；使人快乐的事情；对某事甘心情愿”的意思时，读lè，如：欢乐、快乐。当它表示“和谐成调的声音”时，读yuè，如：音乐、声乐。如果出现在地名当中，它就读lào，如：山东乐陵。

春雨老师

巧填笑语

1. 表示微笑：莞（wǎn）尔一笑　　笑而不答　　（　　　　）
2. 突出面部表情的笑：眉开眼笑　　破涕为笑　　（　　　　）
3. 突出肢体动作的笑：捧腹大笑　　（　　　　）

拓展积累

1. 笑一笑十年少，愁一愁白了头。
2. 一日三大笑，有病也会好。
3. 说归说，笑归笑，动手动脚没家教。
4. 谁笑到最后，谁笑得最好。

参考答案

魔法变音：1.lè　2.yuè　3.lào

巧填笑语：

示例：1.笑不露齿/会心一笑

2.嬉皮笑脸/喜笑颜开

3.回眸一笑

3 兴趣爱好

我的特长

交流天地

杰杰：明天学校要举办“艺术小人才”选拔比赛，你想去参加吗？

诗诗：当然想了，我有很多特长想展示呢！

杰杰：你都有哪些特长啊？说来听听。

诗诗：我会弹钢琴、吹巴乌、拉小提琴……

你说我做

同桌两人一人说动作，一人做出相应动作。

弹钢琴　练舞蹈　做早操　画漫画　捏泥人　拉二胡

淘淘：我发现以上短语都是表示动作的短语。

春雨老师：真会观察！它们都是由“动词＋名词”的方式构成的短语，像这样的短语叫作动宾短语。

紧密相连

把相关的动词和名词相连。

打　放　观　唱　画　拍

歌曲　排球　风筝　画展　照片　图画

参考答案

紧密相连：

打—排球　放—风筝

观—画展　唱—歌曲

画—图画　拍—照片

体育活动

读读说说

拔河　　做操　　打篮球

跑步　　跳远　　拍皮球

踢足球　　跳皮筋

（　　）高　　（　　）毽子

（　　）羽毛球

我的发现

杰杰

我发现“拔、操、打、拍”的部首都是“扌”。

我发现“跑、跳、踢”的部首都是“⻊”。

淘淘

春雨老师

你们真厉害！这跟发出这些动作的身体部位有关哦！

诗词积累

蹴鞠类似于现在的足球运动哦！

寒食后北楼作

［唐］韦应物

园林过新节，

风花乱高阁。

遥闻击鼓声，

蹴鞠军中乐。

参考答案

读读说说：跳　踢　打

qí 棋类游戏

汉字知识

→ 棋，甲骨文由“木”和“其”构成。

“其”字表示几案上有簸箕（bò ji），“棋”的本义是几案上有像簸箕横竖成行条纹的木制品。它原指围棋盘，引申表示各种棋。

棋的分类

围棋　　象棋　　五子棋

跳棋　　军棋　　飞行棋

成语挑战

琴（　）书画　　（　）罗棋布　　（　）棋不定

棋逢对（　）　　棋高一（　）　　棋（　）星陈

知识拓展

琴棋书画：弹琴、弈棋、书法、绘画。常用以表示个人的文化素养。

棋类名言

青山不厌三杯酒，长日惟消一局棋。——［唐］李远《句》

观棋不语真君子，落子无悔大丈夫。——［宋］《名贤集》

酒以不劝为欢，棋以不争为胜。——［明］《菜根谭》

棋者落落布子，声东击西。——［清］张风

参考答案　成语挑战：棋　星　弈　手　着　布

我爱阅读(dú)

汉字知识

读，形声字。从言，卖声。它的本义是读书。

读书故事

凿（záo）壁偷光：西汉匡衡凿穿墙壁引邻舍之烛光读书。后用来形容勤学苦读。

囊萤映雪：晋代车胤用口袋装萤火虫来照书本苦读，晋代孙康利用雪地的反光勤奋苦学。形容勤学苦读。

读书名言

读书百遍，而义自见。——［晋］陈寿

读万卷书，行万里路。——［明］董其昌

读书破万卷，下笔如有神。——［唐］杜甫

书山有路勤为径，学海无涯苦作舟。——［唐］韩愈

读书有三到，谓心到，眼到，口到。——［宋］朱熹

小试身手

博览群（　　）	学富五（　　）	满腹（　　）纶
（　　）不释卷	博古通（　　）	勤学（　　）问
汗（　　）充栋	孜孜（　　）倦	博学（　　）才
（　　）高八斗	敏而好（　　）	一（　　）十行

参考答案

小试身手：书　车　经　手　今　好　牛　不　多　才　学　目

4 团圆家族

家 族

汉字知识

→ 家，会意兼形声字。

《说文解字》:“家，居也。从宀，豭（jiā）省声。”甲骨文的“家”，上面是房屋的象形，下面是猪（豕）的轮廓。古代王公贵族死后，往往建“庙”以便祭祀，而平民百姓多在廊屋下摆豕（猪）祭祀，就是“家”。后引申为“住所”等意。

书写提示

家，上下结构，整个字长方，上下基本同宽，弯钩支撑，撇收捺展。

成语积累

挑战一下和“家”有关的成语吧！

（　）喻（　）晓　　成（　）立（　）

百（　）争（　）　　万家（　）（　）

（　）（　）风范　　（　）（　）碧玉

如数（　）（　）　　（　）和万事（　）

参考答案

成语积累：家　户　家　业　家　鸣
灯　火　大　家　小　家
家　珍　家　兴

大家族树

新年到，新年到，全家团圆真热闹！亲人欢聚一堂，你知道该怎么称呼他们每一个人吗？

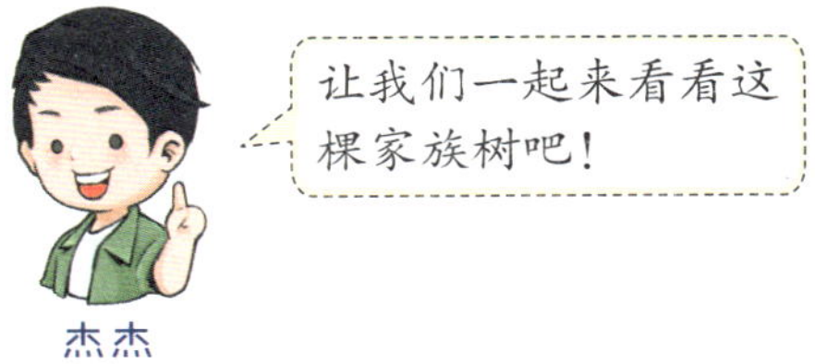

“男”字由“田”和“力”两部分构成。在田里耕作是古代男人的主要职责，因此用“田”“力”来表示男人。

请你看看这几个字，说说你发现了什么？

婆 奶 姑 妈 姨 姐 妹

这几个字都带有“女”，它们的意思也和女性相关。

“女”是一个象形字，是一个女子跪坐着（古人席地而坐），双手放在胸前的样子。本义是“妇女”。

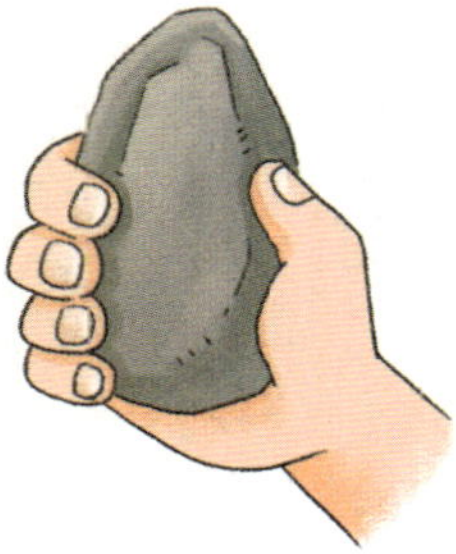

“父”是一个象形字，原是一只手拿着石斧的形象，表示从事劳动的男人。

tuán yuán
团圆

书写提示

“团圆”两个字都是形声字，外形内声。它们都是全包围结构的字，遵循先外后内再封口的笔顺规则。书写时要把国字框写得方正，框内部分的大小要合适。

团圆指的是一家人全部在一起。中国人自古以来都非常重视家庭，因为我们相信家庭是社会的基础，无论生活中发生什么，家庭总会作为支持，提供帮助和安慰，是我们的避风港。

新竹老师

日积月累

这些与家庭有关的四字词语，你都知道是什么意思吗？和你的爸爸妈妈说一说吧！

相敬如宾　熙熙融融　安居乐业　其乐融融

天伦之乐　寸草春晖　骨肉相连　舐犊情深

家庭中最让人感到温情的莫过于母爱，快来读一读下面这首关于母爱的诗吧！

游子吟

［唐］孟郊

慈母手中线，游子身上衣。

临行密密缝（féng），意恐迟迟归。

谁言寸草心，报得三春晖（huī）。

译文

慈母用手中的针线，为远行的儿子赶制身上的衣衫。临行前一针针密密地缝缀，怕的是儿子回来得晚衣服破损。有谁敢说，子女像小草那样微弱的孝心，能够报答得了像春晖普泽的慈母恩情呢？

年龄称谓

不满周岁——襁褓

2～3岁——孩提

幼年泛称——总角

10岁以下——黄口

13～15岁——舞勺之年

15～20岁——舞象之年

13岁（女）——豆蔻年华

15岁（男）——束发之年

20岁（男）——弱冠之年

30岁——而立之年

40岁——不惑之年

50岁——年逾半百、知非之年、知命之年、艾服之年、大衍之年

60岁——花甲、平头甲子、耳顺之年、杖乡之年

70岁——古稀、杖国之年（男）、致仕之年（男）、致政之年（男）

80～90岁——耄耋之年

100岁——期颐之年

写好字（一）

春雨老师

我们常说“字如其人”，写好汉字，不仅是弘扬民族文化的一种表现，也是一个人文化修养的体现。中国的汉字字形美观，作为中国人，我们至少要把汉字写得规范、端正、整洁，彰显汉字之美，想要写好汉字，咱们先要学习正确的书写姿势和执笔姿势。

书写姿势

学一学，练一练

①作业本要平放，桌面整洁无杂物。

②左手压本子，右手拿笔。

口诀

头摆正　肩齐平

身挺直　脚放稳

③头要正，眼睛和本子距离一尺左右。

④身子坐正，腰背挺直，胸距课桌保持一拳距离。

⑤双脚平放在地上，不可一前一后，更不可交叠。

执笔姿势

学一学，练一练

①大拇指、食指、中指轻握笔杆，距笔尖一寸左右。

②拇指在左，食指在右，中指第一个指节在内向上托。

③掌心要虚，虎口要圆，笔杆斜靠虎口处，握笔“轻”“松”。

看一看，选一选

请圈出下列正确的握笔姿势。

填一填，练一练

胸离桌边（　　）远　眼离书本（　　）远　手离笔尖（　　）远

参考答案　填一填，练一练：一拳　一尺　一寸

认识田字格

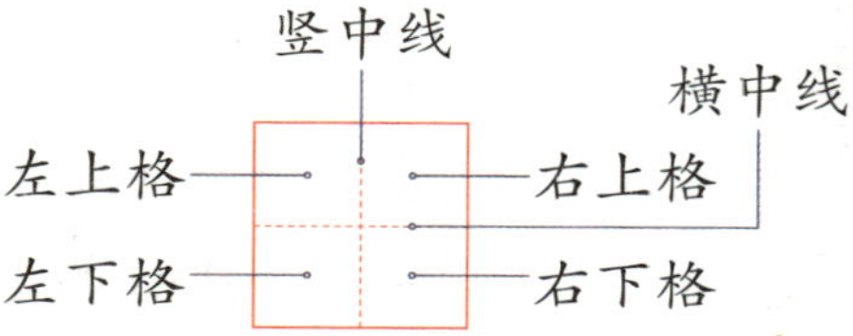

田字格，四方方，写好汉字它来帮。
横中线，竖中线，交叉是个中心点。
左上格，右上格，左下格，右下格，
各个方位记心间。

常用笔画名称表

笔画	名称	例字	笔画	名称	例字	笔画	名称	例字
一	横	土 五	㇖	横钩	你	㇃	卧钩	心
丨	竖	中 上	㇗	竖折	山 牙	㇛	撇点	女
丿	撇	天 禾	㇙	竖提	长 比	㇆	横折钩	力 月
㇏	捺	人 尺	㇄	竖弯	四 西	㇟	竖弯钩	儿 巴
丶	点	头 下	㇚	竖钩	小 可	㇈	横折弯钩	几
㇀	提	虫 把	㇁	弯钩	了 手	㇉	竖折折钩	马 鸟
㇕	横折	口	㇂	斜钩	我			
㇇	横撇	子 水	㇜	撇折	去 东			

第二章

衣食住行

“每一食，便念稼穑之艰难；每一衣，则思纺绩之辛苦。”穿衣、吃饭、居住、行路，是每个人生活上的基本需求。

本单元，我们从衣食住行说起。

1 服饰文化

现代的衣

汉字知识

 → 衣，人们遮羞蔽体所依赖的东西。

“衣”字的字形，上面部分表示衣领，下面部分是交覆掩盖的衣襟。许多与衣相关的字，都采用“衣”作偏旁。

“衣”字魔术

来看看“衣”的变身吧！

变身

衣在左边

↓

衤：衬、衫、袖、裙

不变身

衣在下边：袋、裘（qiú）、裳、装

衣在左下：裁

衣在上边：裔（yì）

词语积累

它们都表示和衣服有关的物品。

衣罩

衣柜

衣架

洗衣机

洗衣粉

晾衣竿

成语积累

挑战一下和“衣”有关的成语吧！

衣（　　）住（　　）　　丰（　　）足（　　）

（　　）（　　）楚楚　　天（　　）无（　　）

衣（　　）渐（　　）　　（　　）锦还（　　）

参考答案 成语积累：食 行 衣 食 衣 冠 衣 缝 带 宽 衣 乡

古代的衣

文化知识

古代（秦汉以前）所谓“衣”，泛指一切蔽体的衣着，头上戴的是头衣，上身穿的是上衣，下身穿的是下衣，脚上穿的是足衣。

头衣：古人的头衣有冕、冠、弁（biàn）等几种。冕是天子诸侯参加大典时所戴礼冠；冠是贵族男子的帽子；弁是尊贵的礼冠，平民百姓只能用黑色或青色的巾来包头。

冠

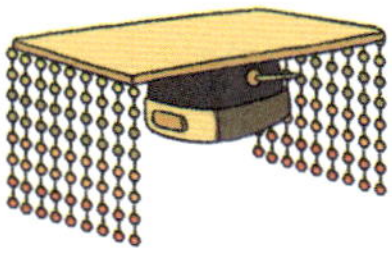
冕

弁

上衣：可单称“衣”。短上衣叫襦。长襦长到膝盖，短襦只到腰。冬衣有裘、袍等。平民穿褐或由麻、毛制成的布衣。

下衣：下衣又叫“裳”，就是裙，古代男女都穿。唐宋以后女以裙为常服，男以袍为常服。

足衣：包括鞋和袜。木底鞋叫屐，类似现在夹趾的拖鞋；袜子在古代叫韈（mò），用布棉、熟皮缝制。

汉字知识

rú 襦 → 形声字，从衣，需声。本义短衣、短袄，引申为幼儿的围嘴。

qiú 裘 → 形声字，一般指毛皮衣。

páo 袍 → 直腰身、过膝的中式外衣，是中国传统服装——汉服的重要品种，男女皆可穿。

我国历代服饰演变

1. 原始服饰

人们用兽皮和树叶保护身体，遮蔽烈日或御寒。

原始服饰

2. 商朝时期汉族服饰——曲裾深衣

曲裾深衣与其他服装相比，除了上衣下裳相连这个特点之外，还有一明显的不同之处，叫“续衽钩边”。“衽”就是衣襟。“续衽”就是将衣襟接长。“钩边”就是形容衣襟的样式。

曲裾深衣

3. 唐代服饰——齐胸襦裙

唐代服饰制裙面料多为丝织品，但用料有多少之别，裙腰上提高度，有些可以掩胸，外披纱罗衫、大袖衫，大气飘逸，充分反映了唐代繁华、恢宏、大气的文化特征，呈现出当时华丽开放的审美风尚。

齐胸襦裙

4. 清朝服饰——满族旗装

满族妇女着“旗装”，梳旗髻，穿“花盆底”旗鞋，主要用于宫廷和王室。旗装以满地印花、绣花和裥等工艺手段作装饰。襟边、领边和袖边均以“镶滚绣彩”为饰。

满族旗装

5. 民国服饰——旗袍

民国旗袍是我国妇女服饰史发展的一个创新。民国时期是我国社会的一个历史转型期。在许多关于老上海风情的文字里，总能看到木地板、老藤椅，以及即使在盛夏也穿得一丝不苟的长旗袍贵妇。

民国旗袍

衣的知识

衣意拓展

连襟（jīn） → 衣服的胸前部分。姐姐的丈夫和妹妹的丈夫之间的亲戚关系。

联袂（mèi） → 手拉着手，比喻一同、联合。如：联袂出演。

袖（xiù）手旁观 → 比喻置身事外，不参与。

衣的典故

一衣带水

南北朝的时候，北方的北周和南方的陈国以长江为界。北周的宰相杨坚，废了周静帝，自己当皇帝，建立了隋朝。他决心要灭掉陈国，曾说："我是全国老百姓的父母，难道能因为有一条像衣带那样窄的长江隔着，就看着南方百姓受苦而不拯救他们吗？"

后来人们就用"一衣带水"来形容只隔了一条狭窄水域的，靠得非常近的两地。

诗词积累

金缕衣

［唐］佚名

劝君莫惜金缕衣，劝君惜取少年时。
花开堪折直须折，莫待无花空折枝。

名句积累

1. 不学礼，无以立。——［春秋］孔子
2. 礼者，人道之极也。——［战国］荀子
3. 凡人之所以贵于禽兽者，以有礼也。——［春秋］《晏子春秋》

2 中华美食

chǎo 炒　　kǎo 烤　　shāo 烧

西红柿炒鸡蛋

北京烤鸭

红烧茄子

小炒黄牛肉

烧烤

红烧排骨

知识拓展

炒　是最广泛使用的一种烹调方法，它主要是以油为主要导热体，将原料用中旺火在较短时间内加热成熟、调味成菜。

烤　是指将腌渍入味的原料置于烤具内部，用高温进行加热成熟。

烧　是先将主料进行一次或两次以上的预热处理之后，放入汤中调味，大火烧开后小火烧至入味，再用大火收汁成菜的烹调方法。

小链接

筷子，古称箸，通常由竹、木、瓷、金属、塑料等材料制作。筷子是华夏饮食文化的标志之一，也是世界上常用餐具之一，其发明于中国，后传至朝鲜、日本、越南等国家。

中国目前发现的最早筷子是河南省安阳市殷墟出土的铜筷子。《韩非子·喻老》言：“昔者纣为象箸，而箕子怖。”纣王为商朝末期的国君，可见3000多年前的中国就已经出现象牙筷子了。

香煎豆腐

jiān 煎　zhēng 蒸　zhǔ 煮

水蒸蛋

生煎包

粉蒸排骨

水煮鱼片

煎黄鱼

清蒸鲈鱼

水煮饺子

知识拓展

煎　是锅里放少量油，加热后，把食物放进去使表面变焦黄的烹调方法。

蒸　是将原料放在容器中，以蒸汽加热，使调好味的原料成熟或酥烂入味。

煮　是把食物放在有水的锅里烧熟的烹调方法。

小链接

我国地大物博，饮食文化南北有别，你知道吗？

南米北面

“南米北面”与我国南北方的农业生产结构不同有关。我国南方的气候高温多雨，耕地多以水田为主，所以当地的农民因地制宜种植生长习性喜高温多雨的水稻。而我国北方降水较少，气温较低，耕地多为旱地，适合喜干耐寒的小麦生长。所谓“种啥吃啥”，长此以往，便形成了南米北面的饮食习惯。

写菜名

同学们，你熟悉的食物中，还有哪些也用到了以上烹调方法？请写一写带有“炒、烤、烧、煎、蒸、煮”这些生字的菜名吧。

炒__________　　烤__________

烧__________　　煎__________

蒸__________　　_____煮_____

想一想

读下面的词语，你会想到什么食物？

甜津津　酸溜溜　辣乎乎　香喷喷

油腻腻　软绵绵　脆生生　硬邦邦

五香蚕豆

油条

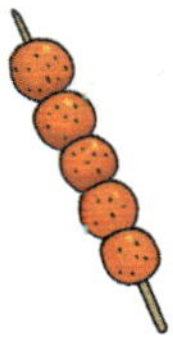

冰糖葫芦

干炸丸子

棉花糖

读一读

中国食，涮北京，包天津，甜上海，烫重庆，鲜广东，麻四川，辣湖南，美云南，酸贵州，酥西藏，奶内蒙，荤青海，壮宁夏，醋山西，泡陕西，葱山东，拉甘肃，炖东北，稀河南，烙河北，罐江西，馊湖北，汃（pā）福建，爽江苏，浓浙江，香安徽，嫩广西，淡海南，烤新疆，醇台湾，港澳者，兼中西。

中国美食地图

北京：烤鸭
吉林：冷面
河北：驴肉火烧
江苏：红烧狮子头
福建：佛跳墙
河南：胡辣汤
广东：虾饺
贵州：酸汤鱼
四川：担担面
甘肃：兰州牛肉面
新疆：大盘鸡
澳门：蛋挞

天津：狗不理包子
辽宁：猪肉炖粉条
山西：刀削面
上海：生煎包
安徽：徽州毛豆腐
湖北：热干面
广西：螺蛳粉
云南：过桥米线
西藏：酥油茶
宁夏：手抓羊肉

黑龙江：哈尔滨红肠
内蒙古：烤全羊
山东：山东煎饼
浙江：金华火腿
江西：瓦罐汤
湖南：剁椒鱼头
海南：椰子鸡
重庆：辣子鸡
陕西：羊肉泡馍
青海：羊肠面
香港：咖喱鱼蛋
台湾：蚵仔煎

3 我爱我家

主题词语

汉字演变

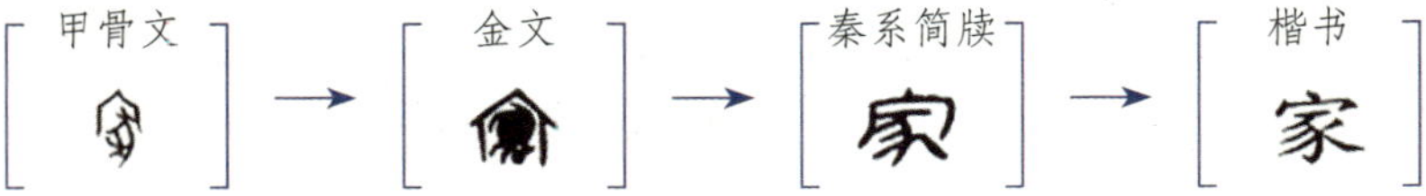

——“家”字字形演变图

“家”的字形在发生变化，它的意思也变得多元化。

1. 表示住宅、房屋　如：家第　家宅　回家　家居

2. 指家庭、人家　如：家常　家业　家产　勤俭持家

3. 学术流派　如：儒家　道家　百家争鸣

4. 掌握某种专门学识或有丰富实践经验以及从事某种专门活动的人

如：作家　(　　　　)(　　　　)(　　　　)

5. 用来计算家庭或企业的多少　如：三(　　)商店　两(　　)公司

找朋友

房　庄　容　厕　店　安

扉(fēi)　厢(xiāng)　宫　府　扁　厝(cuò)

带“宀”的字________　带“广”的字________

带“户”的字________　带“厂”的字________

成语采撷

雪碗冰瓯(ōu)　一尘不染　窗明几净　井然有序　整整齐齐

登堂入室　房前屋后　高屋建瓴　兰芷之室　亮亮堂堂

名人名言

1. 一个美好的家庭，乃是一切幸福和力量的根源。——冰心
2. 家庭者，人生最初之学校也。——蔡元培
3. 金窝，银窝，不如自家的草窝。——［美］佩恩
4. 家庭是大自然创造的杰作之一。——［美］桑塔亚那
5. 每个人的家对他自己都像是城堡和要塞。——［英］科克
6. 家家都有一本难念的经。——［英］萨克雷

诗词积累

归　家

［唐］杜牧

稚(zhì)子牵(qiān)衣问，归来何太迟。

共谁争岁月，赢(yíng)得鬓(bìn)边丝。

参考答案

汉字演变：4.示例：科学家　美食家　舞蹈家　5.家　家

找朋友：容、安、宫　庄、店、府　房、扉、扁　厕、厢、厝

4 交通工具

空中飞行

想一想

我们一家想去新疆旅游，既不想在路上耽误太多时间，又想有舒适的旅行体验，那么我们首选的交通工具该是什么呢？同学们，你们能帮帮我吗？

认一认

飞机

滑翔机

直升机

螺旋桨飞机

喷气式飞机

读一读

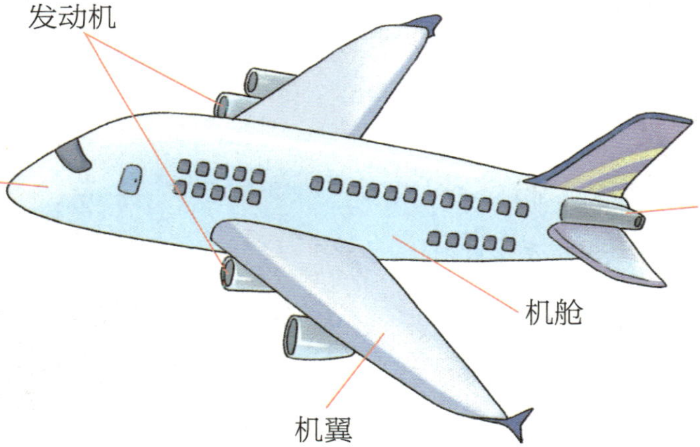

记一记

一飞冲天　扶摇直上　冲上云霄　壮志凌云　高飞远举

水上航行

猜一猜

夜游珠江，灯火辉煌，江风吹散了我一天的烦恼，给了我一个大大的拥抱。同学们，请猜一猜，此时的“我”最有可能在什么交通工具上？

读一读

游轮　　帆船　　游艇

货轮　　远洋班轮

议一议

爸爸

儿子，你歪着小脑袋在想什么呢？

儿子

爸爸，我在想古人能像我们现在这样欣赏美景吗？他们那时候有水上交通工具吗？

爸爸

当然有啊！古人水行乘船。船在古时候称作“舟”，你看看“艇（tǐng）、艘（sōu）、舰（jiàn）、舫（fǎng）”这几个字有什么共同点吗？它们和什么有关系？

儿子

哦，我发现了，它们都有舟字旁，都和船有关系。

学一学

1. 小娃撑小艇，偷采白莲回。
2. 两岸猿声啼不住，轻舟已过万重山。
3. 窗含西岭千秋雪，门泊东吴万里船。
4. 玉树声沉战舰收，万家冠盖入中州。
5. 东船西舫悄无言，唯见江心秋月白。

小知识

舟的甲骨文字形，像船形。两边像船帮，中间三条线代表船头、船舱和船尾。

陆上前行

谜语猜猜猜

1. 长长一条龙，走路轰隆隆，遇水过铁桥，遇山钻山洞，脚下钢轮力气大，日行千里真威风。（　　）

2. 路边站台有人望，车子来了排队上，一年四季很准时，走走停停载人忙。（　　）

小手拉大手

急救　　观光车

灭火　　校车

搬家　　消防车

上学　　救护车

旅游　　货车

看谁跑得快

单位：千米/小时

汽车（80～150）　电动车（15～30）　火车（200）

摩托车（20～50）　自行车（10～15）　磁悬浮列车（400～500）

请按速度由快到慢的顺序将上述的车进行排序。

（　　）>（　　）>（　　）>（　　）>（　　）>（　　）

我来考考你

古时候，交通不像现在这么发达便利，人们出行多以水路、陆路为主，所以那时主要的交通工具就有舟、船、艇，马、马车，轿子。那么驾、驶、驭（yù）、骑、驱，这几个字和什么有关呢？轮、辕（yuán）、辙（zhé）、轿（jiào）、轨，这几个字又和什么有关系呢？

参考答案　谜语猜猜猜：1.火车　2.公共汽车

小手拉大手：急救—救护车　灭火—消防车　搬家—货车　上学—校车　旅游—观光车

看谁跑得快：磁悬浮列车　火车　汽车　摩托车　电动车　自行车

识字方法（一）

看图识字

认识词语

柳树

红花

泉水

青草

燕子

成语积累

柳绿花红　莺歌燕舞　泉水叮咚　百花齐放　百鸟争鸣

诗词积累

咏　柳

［唐］贺知章

碧玉妆成一树高，万条垂下绿丝绦。
不知细叶谁裁出，二月春风似剪刀。

小试身手

我看到了柳树在风中欢快地跳舞。

我听到了＿＿＿＿＿＿＿＿

我闻到了＿＿＿＿＿＿＿＿

参考答案

小试身手：
小鸟在枝头快乐地唱歌。
春姑娘走过飘来的香味。

字理识字

小书包

shū（书）

汉字知识

书（書），繁体字的上部是“聿”（yù），金文写作，是手拿笔书写的样子。由此可知，“书”最早的意思是用笔写东西，如“书写”；书写多了就会产生书籍，于是引申指书籍，如“书本、书包”。

词语积累

橡皮　尺子　作业本　笔袋　铅笔　转笔刀

我的发现

我的小书**包**，宝贝真不**少**。
课本作业本，铅笔转笔**刀**。
上课静悄**悄**，下课不乱**跑**。
天天起得**早**，陪我去学**校**。

观察红色字的读音，我发现了它们都压________韵。

想一想

下面两个“包”的意思一样吗？

书包

包书

字族文识字

小青（qīng）蛙

书写提示

“青”，上宽下窄，三横等距，下横最长，下部第一笔为竖。

汉字知识

“青”是一个形声字，由上“生”下“丹”两部分组成，以“声”表音，以“丹”表意，本意是草木生长期的绿色，借代指青色之物。

河水清清天气晴，
小小青蛙大眼睛。
保护禾苗吃害虫，
做了不少好事情。
请你爱护小青蛙，
好让禾苗不生病。

- 清：氵 与水有关
- 晴：日 与天气有关
- 睛：目 与眼睛有关
- 情：忄 与心情有关

知识提示

“青”字族的字，都有共同的母体字“青”作声旁，偏旁表意，读音都和“青”类似。

小试身手

填“包”字族文。

有饭能吃（　　），有水把茶（　　）。

有足快快（　　），有手轻轻（　　）。

有衣穿长（　　），有火放鞭（　　）。

字谜识字

猜字谜

谜底是一个字。

（一）

有“人”就是男子汉，加“女”常梳马尾辫，

遇“水”可以养鱼虾，添“土”长满绿庄稼。

知识提示

“也”字有“人”便是“他”，有“女”便是“她”，有“水”便是“池”，有“土”便是“地”，所以谜底是也。

（二）

“言”来互相尊重，“心”至令人感动，

“日”出万里无云，“水”到纯净透明。

知识提示

“青”字有“言”便是“请”，有“心”便是“情”，有“日”便是“晴”，有“水”便是“清”，所以谜底是青。

小试身手

根据动作猜猜每个运动员分别姓什么？

1. 篮球运动员指了指前面的两棵树。（　　）
2. 跳高运动员顺手捡起一根木棍，放在一个土堆旁。（　　）
3. 武术运动员拿过教练的书，放在剑的旁边。（　　）
4. 围棋运动员捡了一颗棋子放在瓷盆上。（　　）

参考答案

小试身手：1.林 2.杜 3.刘 4.孟

第三章

多彩生活

生活是美好的。我们的生活就像天边的彩虹一样，绚丽缤纷。

1 校园一日

沐浴着清晨的阳光，听着鸟儿的歌唱，我们走进美丽的校园，一天快乐的学习生活就要开始啦！

升 国 旗

周一的早晨，我们在操场上举行庄严的升旗仪式。

我会填

(　) 国旗　　一 (　) 少先队员
(　) 国歌　　一 (　) 五星红旗
(　) 队礼　　一 (　) 红领巾
(　) 注目礼

书写提示

国，包围结构，内收外展，字形长方。先外后内再封口，封口横落在钩尖上。

词语积累

1. 旗手的仪态：气宇轩昂　昂首阔步　抬头挺胸　英姿飒爽
2. 国歌响起：振奋人心　雄伟庄严　激昂澎湃
3. 五星红旗上升的过程：冉冉上升　徐徐上升　四平八稳
4. 参加升旗仪式的人：庄严肃穆　心潮澎湃　热血沸腾
5. 五星红旗升起的状态：随风飘扬　迎风招展

参考答案

我会填：升 奏 唱 面 敬 条 行

课程表

		周一	周二	周三	周四	周五
上午	第一节	语文	数学	英语	语文	语文
	第二节	数学	英语	语文	数学	科学
	第三节	英语	语文	数学	英语	体育
	第四节	体育	习作	心理健康	信息技术	生命与安全
下午	第五节	音乐	足球	综合实践	音乐	班会
	第六节	美术	道德与法治	美术	体育	劳动与技术
	第七节	书法	科技	阅读	口语	兴趣活动

诗诗

我最喜欢语文课，因为语文课上可以学习很多古诗。

杰杰

我喜欢体育，可以踢球！同学们，请在课程表中选出恰当的字，填在下面吧！

左右结构：□□□□　上下结构：□□□□

独体结构：□□□□　半包围结构：□□□□

汉字知识

“语文”的“语”是一个形声字，左部是“言”，作形旁，表示与言语有关；右部是“吾”字，作声旁，指示该字的读音。

带有“言字旁”的字大多与言语、说话有关，如：语、说、话、讨、论、(　　)、(　　)、(　　)、(　　)、(　　)等。

我的词语本

三言两语　只言片语　不言不语　千言万语

豪言壮语　少言寡语　自言自语　甜言蜜语

参考答案　汉字知识：(示例)词 记 读 请 让 认 识

上课

上课铃声响，快快进课堂，
书本文具桌上放，静等老师把课上。

看一看，说一说

上课了，下面哪位同学的做法是正确的？哪位同学的做法不正确？为什么？

专心致志	左顾右盼	积极思考	交头接耳	坐姿端正	不懂就问
（　）	（　）	（　）	（　）	（　）	（　）

小书包

看看我的小书包，里面东西真不少。
乱七八糟可不好，快快把它整理好。

分一分，写一写

你能对下列物品进行归类吗？你的归类依据是什么？

铅笔　橡皮　尺子　作业本　语文书

数学书　字典　彩色笔　纸巾　水杯

剪刀　胶水　卡纸　文具盒　文件夹

口罩　跳绳　乒乓球拍　钢笔　英语书

____

____

交朋友

我们来到学校，不仅能学到知识，还能交到很多好朋友！

与朋友交，言而有信。——［春秋］《论语》

海内存知己，天涯若比邻。——［唐］王勃

在背后称赞我们的人就是我们的良友。——［西班牙］塞万提斯

友谊需要忠诚去播种，热情去灌溉，原则去培养，谅解去护理。——［苏联］马克思

知识链接

小学生一日常规

小学生，上学校，守纪律，不迟到；
做值日，要积极，健身体，做两操，
爱整洁，常洗澡，勤刷牙，习惯好；
个人事，应自理，家务事，也要搞。
不挑吃，不比穿，惜粮食，节水滴；
对他人，要尊重，学合作，守信用。
要诚实，不说谎，敢认错，益成长；
保古迹，护花草，爱动物，懂环保。
过马路，走横道，守秩序，不打闹；
好习惯，早养成，有教养，益终生。

参考答案

分一分，写一写：

文具类：铅笔　橡皮　尺子
彩色笔　文具盒
钢笔

书本类：作业本　语文书
数学书　字典
英语书

用品类：纸巾　水杯　剪刀
胶水　卡纸
文件夹　口罩
跳绳　乒乓球拍

2 外出购物

今天，诗诗和妈妈要外出购物。那么购物之前该做哪些准备？该如何购物呢？我们一起来看一看吧！

购物准备

要买什么

诗诗妈妈：诗诗，天气预报说，下个星期要大幅降温。我刚看了一遍衣柜，发现你好多衣服都小了，穿不下了。正好今天周六，天气也还不错，我带你去买衣服吧！

诗诗：好呀，我最喜欢和妈妈一起出去购物啦！妈妈，那我们去哪里呢？

同学们，诗诗要和妈妈去干什么？（　　　）那她们可能会去哪里呢？（早餐店、玩具店、书店、服装店，用“√”标出来）

送小宝宝回家

有些小宝宝出来玩迷路了，你能把他们送回各自的家吗？将序号填入相应的小屋里。

①毛衣　②面粉　③柿子　④水桶　⑤酱油　⑥白菜
⑦裤子　⑧牙膏　⑨大米　⑩食用油　⑪帽子　⑫南瓜
⑬电池　⑭袜子　⑮抽纸　⑯苹果

去哪购物

集市　连锁超市　百货商场

购物广场　商业步行街

必备物品

钱包　钥匙　手机　环保购物袋　晴雨伞

出行方式

步行　骑自行车/电动车　乘公交　搭地铁　开汽车

1. 如果超市就在诗诗家楼下，她（　　）即可。

2. 诗诗和妈妈想去六公里以外新开的商业步行街购物，她们既可以（　　　），也可以（　　　）。（请选择低碳环保的方式）

3. 外卖配送员经常（　　　），将商品送到顾客手里。

4. 爸爸今天休息的话，他可以（　　　）带诗诗和妈妈去周边城市的主题商场逛逛。

参考答案

要买什么：购物/买衣服　服装店

送小宝宝回家：日用：④⑧⑬⑮；果蔬：③⑥⑫⑯；粮油：②⑤⑨⑩；服饰：①⑦⑪⑭

出行方式：1. 步行　2. 搭地铁　乘公交　3. 骑电动车　4. 开汽车

如何购物

诗诗和妈妈来到了市中心的购物广场，她们直奔二楼童装区，看到了许多色彩鲜艳、款式新颖的服装挂在橱窗里，真是让人眼花缭乱。

挑选商品

衣服尺码：XS（加小码） S（小码） M（中码）
L（大码） XL（加大码）

形容价格：物美价廉：形容东西价钱便宜，质量又好。
米珠薪桂：米贵得像珍珠，柴贵得像肉桂。比喻物价昂贵。珠：珍珠。薪：柴。桂：肉桂，珍贵药材。

我会填空：近义词：买——（ ） 便宜——（ ）
反义词：买——（ ） 便宜——（ ）

（ ）（ ）价廉 货（ ）价（ ） 童叟（ ）（ ） 缺（ ）少（ ）

购物咨询

1. 您好，请问这件衣服是今年的新款吗？（款式）
2. 这些长袖T恤是买二送一吗？（促销）
   诗诗妈妈买了两件长袖T恤，实际上她可以得到（ ）件。
3. 这个牌子的衣服满199减50，是吗？（满减）
   妈妈给诗诗买了件199元的外套，在结账时，她只需付（ ）元。
4. 这双鞋子是打对折吧！（打折）
   这双鞋子标价200元，打完对折后，妈妈花（ ）元就可以买到。

参考答案 挑选商品：购 低廉 卖 昂贵 物美 真 实 无欺 斤 两
购物咨询：3 149 100

结算支付

现金　　刷卡　　微信　　支付宝　　扫码

找零　　消费券　　付款　　支付密码　　积分

文化知识

在我国货币的发展过程中，贝壳还充当过货币的职能，在交易市场中流通使用，所以你会发现，许多带“贝”的字大多与钱财有关。

贝字旁：购　赚　贱　（　　）（　　）

贝字底：贫　贷　贵　（　　）（　　）

课外积累

成语：

一本万利　招财进宝　门可罗雀　日进斗金

门庭若市　人来人往　熙熙攘攘　宾客如云

供不应求　粥少僧多　车水马龙　供过于求

歇后语：

闹市区做生意——买卖兴隆

半夜出门做生意——赚黑钱

抱着黄连做生意——苦心经营

铁匠做生意——都是硬货

做生意的秤——少了溜尾巴，多了就抬头

参考答案

文化知识：贩　赠　货　贪

售后服务

昨天，诗诗和妈妈在购物广场买了衣服和鞋子。由于时间匆忙，妈妈付完钱拎着衣服就带诗诗离开了。等回家后她们拿出衣服仔细看，才发现外套上有一处地方脱线了。于是第二天，妈妈带着她来到了昨天的那家店。

情景对话

售货员

您好，欢迎光临！请问有什么可以帮到您的吗？

诗诗妈妈

您好！事情是这样的：我昨天在你们店里买了几件衣服和一双鞋子，由于当时赶时间，我没有仔细检查，付完钱就带着孩子离开了。等我们回到家打开袋子再看时，却发现外套上有一处地方脱线了，所以我今天就过来了。

售货员

嗯，您的话我听明白了。非常抱歉，给您带来不愉快的购物体验。您的这种情况，我们可以为您办理退款或者换货，您的想法是怎样的？

诗诗妈妈

这款衣服还有库存吗？如果有同样的款式和尺码的话，我就换一件，正好我女儿很喜欢这件衣服。

售货员

好的，我帮您查一下。嗯，查到了，这件衣服还有两件，刚好有您要的尺码，我这就帮您拿出来。

好的，非常感谢！你们的服务热情周到，怪不得客似云来。

诗诗妈妈

售货员

谢谢您的肯定，我们会继续努力，欢迎下次光临！

消费者权利

安全权（财产、人身）
知情权
自主选择权
公平交易权
求偿权

知识拓展

1. 每年的3月15日是国际消费者权益保护日。

2. 消费者投诉热线：12315。

3. 消费者投诉平台：中国消费者协会投诉和解监督平台、全国12315平台、中国消费者协会。

服务格言

1. 当你服务他人的时候，人生不再是毫无意义的。

2. 满意只有起点，没有最好；服务永无止境，只有付出。

3. 服务从细节做起，细节决定成败。

4. 周到的服务才能赢得顾客的信任。

5. 敬业从爱岗做起，爱岗从尽职开始。

网上购物

随着时代的发展，人们的购物方式也在发生变化，现在人们即使不出门，也能买到世界各地的商品。

购物场所

网络购物平台　实体线上销售　官方旗舰店　网络直播销售

购物流程

搜索商品 → 挑选商品 → 选定商品 → 付款下单 → 等待商品

→ 收到商品 → 检查商品 →
- 确认签收 → 购物完成
- 申请售后 → 退款、退货、换货

收发快递

收快递：运单号　取件码
　　　　手机号　姓名
寄快递：称重　邮费

网购利弊

诗诗

利

1. 足不出户，即可购物。
2. 种类繁多，应有尽有。
3. 送货到家，省时省力。

弊

1. 没有实物，只有图片。
2. 以次充好，品质难保。
3. 售后不力，难免生气。

杰杰

因此，网络购物，莫贪便宜，擦亮眼睛，多方对比，理性消费，量力而行。

3 生日派对

过生日啦

今天是杰杰的生日，爸爸妈妈为他精心准备了一个生日派对，他还邀请了许多好朋友来参加他的生日派对呢！我们一起去感受一下那热闹温馨的氛围吧！

我来选一选

堆　副　顶　个　根　层

三（　　）蛋糕

几（　　）蜡烛

一（　　）生日帽

六（　　）刀叉

八（　　）餐盘

一（　　）气球

我来连一连

将能搭配在一起的内容连起来。

唱　　许　　吹　　拆　　切

礼物　　蛋糕　　生日愿望　　生日歌　　蜡烛

我来读一读

张灯结彩　欢呼雀跃　载歌载舞　兴高采烈

参考答案　我来选一选：层 根 顶 副 个 堆

生日礼物

赠送礼物

诗诗：杰杰，这是我送给你的生日礼物，一本《尼尔斯骑鹅旅行记》，希望你“读书破万卷”！热爱阅读，享受阅读。

淘淘：杰杰，希望你能如“乐高”这个玩具一样，乐在其中，高高兴兴！

妈妈：杰杰，祝你生日快乐！这是我送给你的一支钢笔，祝你“妙笔生花”，“下笔如有神”，书写属于你的精彩人生！

杰杰：谢谢你们精心为我准备的礼物，我真是太感动，太开心了！

挑选礼物

每一份礼物背后，都包含着深情厚谊。那如果是你家里其他人过生日，你会给他们挑选什么礼物呢？

爸爸（　　　　　）　妈妈（　　　　　）　爷爷/奶奶（　　　　　）

敬送祝福

除了生日礼物，生日祝福也是少不了哟！连一连吧！

祝妈妈　祝爸爸　祝叔叔　祝奶奶　祝同学

老当益壮　前程似锦　学业有成　青春永驻　工作顺利

拓展积累

福如东海　寿比南山　鹤寿千年　松龄万古　五岳同尊

事业有成　鹏程万里　马到成功　步步高升　心想事成

身体健康　平平安安　一帆风顺　笑口常开　阖家欢乐

4 野外探险

探险装备

我的装备

去野外观察大自然，你会准备些什么？

手套　帽子　登山鞋　运动裤　望远镜

地图　水壶　帐篷　手电筒　指南针

资料宝袋

指南针是一种判别方位的简单仪器。指南针是中国古代四大发明之一，主要组成部分是一根装在轴上可以自由转动的磁针。无论怎么转动，磁针总是指向南方。

汉字知识

针 → 会意字，从金，从十。

常用词意为：

1. 缝织衣物引线用的一种细长的工具：针线。
2. 细长像针的东西：时针。
3. 用针扎治病：针灸（jiǔ）。
4. 注射用的器具和药物：针头。

生字归类

你能将探险装备里出现的生字进行归类吗？

套　手　南　壶　裤　山　指　针　水

上下结构	左右结构	独体结构

参考答案 生字归类：套、南、壶；裤、指、针；手、山、水

认识方向（xiàng）

汉字知识

向，象形字。从宀，从口。“宀”表示房屋，甲骨文中像屋墙，有窗户之形。本义：朝北开的窗户。引申为窗户、方向、偏袒等义。

方向名词

早晨起来，面向太阳。
前面是东，后面是西。
左面是北，右面是南。

我的发现

春雨老师：同学们，从“前后左右、东西南北”中你发现了什么？

淘淘：这还不简单，“前—后、左—右、东—西、南—北”的方向都是相反的。像这种意思相反的词就叫反义词。

成语积累

大江南北	前思后想	东躲西藏	东张西望
左邻右舍	东奔西跑	走南闯北	左顾右盼
东倒西歪	前呼后拥	声东击西	南来北往

诗词积累

江　南

汉乐府

江南可采莲，莲叶何田田。鱼戏莲叶间。
鱼戏莲叶东，鱼戏莲叶西，鱼戏莲叶南，鱼戏莲叶北。

biàn
辨别方向

汉字知识

辨，形声字。从刀，辡声。“辡”为两个罪人相互争执，需要裁断。本义：判别，区分，辨别。

野外辨别方向的办法

1. 利用指南针

将指南针水平放置，使气泡居中，待磁针静止后，标有“S”的一端所指的便是南方。

2. 利用地物特征

房屋：一般门向南开，我国北方尤其如此。

庙宇：通常也是向南开门，尤其庙宇群中的主体建筑。

3. 利用植物生长特征

北侧山坡，低矮的蕨类和藤本植物比向阳面发育得更快。

树木树干的断面可见清晰的年轮，向南一侧的年轮较为稀疏，向北一侧的年轮则较紧密。

4. 利用向日葵

向日葵喜欢太阳。早晨，向日葵面向东边；中午，向日葵面向南边；傍晚，向日葵面向西边。

5. 利用北斗七星与北极星

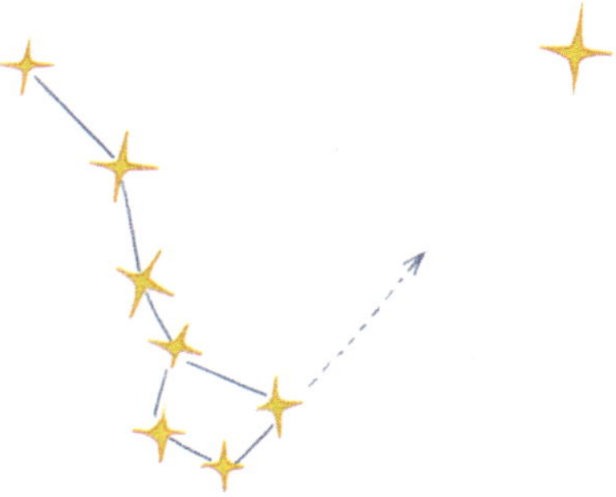

北斗七星是大熊座中七颗明亮的星，把七颗星星连起来，形状像勺子，用直线把勺形边上两颗星连接起来，向勺口方向延长约五倍的距离，即北极星的位置。北极星永远高挂在北方。

知识问答

沟渠中的雪化得快的一面是南方还是北方？

冬天，阳光直射到的是沟渠的北边，所以沟渠北边的积雪化得快。与之相反，沟渠南面因有遮挡，阳光照射时间比北面少，所以沟渠南边积雪就化得慢。而高山上的积雪，因太阳直射南面，所以南面要化得快些。

故事分享

老马识途

管仲随齐桓公攻打孤竹，春天去，冬天回来。回来时军队迷路了，管仲说：“老马可能认识路。”于是放出老马，果然找到了出路。

老马识途：老马认识路。比喻有经验的人对事情比较熟悉。

小试身手

你还知道哪些在野外辨别方向的办法呢？快写下来和同伴交流吧！

参考答案 小试身手：岩石上布满青苔的一面是北侧，干燥光秃的一面为南侧。

学查字典

音序查字法

猜谜语

老师不说话，肚里学问大。
有字不认识，可以请教它。
谜底：________

知识解答

春雨老师，什么是音序查字法呢？

诗诗

春雨老师

音序查字法就是根据汉字的读音查字典的方法。

那我们什么时候要用到音序查字法呢？

诗诗

春雨老师

如果遇到不会写的字或不懂其意思的字，但是知道这个字的读音的时候，就可以用这个方法查出该字。

老师，我懂了！音序查字法真方便！

诗诗

认识字典

1. 翻开字典，从“汉语拼音音节索引”里面找到大写字母。
2. 找到音节，在正文第 × × 页。
3. 翻到正文第 × × 页，找到音节，往后查找想要的字。

必备妙招

音序查字法口诀

音序查字要牢记，先把首个字母找。

字母下面找音节，看看它在第几页。

具体步骤

怎么在字典中找到“池”的读音呢?

第一步：在“汉语拼音音节索引”中找到大写字母“C”。

第二步：找到音节“chi”，在正文第××页。

第三步：翻到正文第××页，找到“chi”。

第四步：在音节“chi”这一部分中，按照音调找到“池”字。

小试身手

用音序查字法从字典里找到下面的字，并组词。

要查的字	首字母	音节	页码	组词
家（jiā）				
首（shǒu）				
漂（piāo）				
贴（tiē）				

参考答案

猜谜语：字典

小试身手：

J jia 226 家园　S shou 464 一首

P piao 387 漂浮　T tie 503 贴上

页码根据人民教育出版社第2版《新编新华字典》

部首查字法

查字典

老师，我读故事时遇到了好多不认识的字，该怎么办呢？

不要担心，遇到不认识的字，可以用部首查字法查字典，比如不认识“狡猾”的“猾”字可按以下步骤。

具体步骤

第一步：确定“猾”的部首是“犭”，部首笔画为三画。

第二步：在“部首目录”中找到部首“犭”和它所在的页码。

第三步：根据页码在“检字表”中找到“犭”部，再数数“猾”字除去部首还有几画，然后在相应位置找到“猾”字和它在正文中的页码。

第四步：按照页码，在正文中找到“猾”字，读huá。

必备妙招

部首查字法查字典儿歌

遇到生字不要怕，我用字典把字查。
先数部首有几画，部首目录去找它。
部首右边是页码，查字找字要靠它。
去掉部首有几画，检字表中仔细查。
查到生字记页码，轻轻松松找到它。

小试身手

用部首查字法，查查下表中不认识的字。

要查的字	部首	除去部首有几画	字的页码	读音
狐				
叼				
骗				
法				
想				

知识分享

字典的由来

字典，是以字为单位，对每个字注明读音、意义、用法的工具书。中国最早的字典，是东汉许慎编撰（zhuàn）的《说文解字》（当时称之为字书），全书共十五卷，收字10516个，按照文字形体偏旁构造，分为540个部首，开创部首编排法，是世界最古老的文字书之一，原本已经失传，现行的《说文解字》是经过宋代徐铉和徐锴兄弟重新整理的。

参考答案

小试身手：犭 5 197 hú 口 2 106 diāo 马 9 387 piàn
氵 5 127 fǎ 心 9 551 xiǎng
页码根据人民教育出版社第2版《新编新华字典》

第四章

花鸟虫鱼

自然界是一本大字典，
花草、飞鸟、爬虫、游鱼，
都藏着汉字的秘密。

1 多彩植物

诗诗、杰杰和淘淘准备去植物王国探险，却被山脚下的植物迷宫挡住了去路。

树名大闯关

第一关 柳（liǔ）树

天南地北都能住，春风给我把辫梳。
溪畔湖旁搭凉棚，能撒雪花当空舞。

字源演变

甲骨文  → 金文  → 小篆  → 楷书 柳

第二关 桃（táo）树

花开在阳春，满身红彤彤，
青果脸上有淡红，诱来天宫孙悟空。

字源演变

小篆  → 楷书 桃

第三关 杨(yáng)树

头大脚小身婆娑，城市绿化常用它。
长得笔直又挺拔，不怕风吹和雨打。

字源演变

小篆  → 楷书 杨

第四关 松(sōng)树

皮肉粗糙手拿针，悬岩绝壁扎下根。
一年四季永长青，昂首挺立伴风云。

字源演变

金文  → 小篆  → 楷书 松

第五关 柏(bǎi)树

远看像宝塔，浑身绿油油。
叶上结绿果，果上带着刺。

字源演变

小篆  → 楷书 柏

书写提示：这些生字都是左右结构的字，且都是木字旁，字义均与树木有关。“木”字作偏旁时捺要变成点，木字旁要写得稍长、稍窄，左右部分相互协调。

同学们，恭喜大家闯关成功，顺利进入植物王国！

趣味儿歌

树之歌

杨树高，榕树壮，梧桐树叶像手掌。
枫树秋天叶儿红，松柏四季披绿装。
木棉喜暖在南方，桦树耐寒守北疆。
银杏水杉活化石，金桂开花满院香。

知识拓展

榕树　原产于热带亚洲，以树形奇特、枝叶繁茂、树冠巨大而著称。枝条上生长的气生根向下伸入土壤形成新的树干，称之为“支柱根”，榕树因此可以向四面无限伸展，形成稠密的丛林，因此被称为“独木成林”。

松柏　松树和柏树，由于叶片狭窄，而且表面有蜡质层，水分不易散失，在严酷的环境下仍然可以正常生长，所以不会落叶，保持四季常青。

银杏　最早出现于3.45亿年前，被科学家称为“活化石”“植物界的大熊猫”，是现存种子植物中最古老的。银杏树生长较慢，寿命极长，自然条件下从栽种到结银杏果要二十多年，四十年后才能大量结果，因此又有人把它称作“公孙树”，意思是“公种而孙得食”，可谓树中的老寿星。

日积月累

1. 前人栽树，后人乘凉。
2. 树深不怕风摇动，树正何愁月影斜。
3. 人要心强，树要皮硬。
4. 岁寒，然后知松柏之后凋也。
5. 桃李不言，下自成蹊。
6. 好种出好苗，好树结好桃。

2 奇趣飞鸟

周末，诗诗、杰杰和淘淘一起来到飞鸟世界，园区内鸟语花香，绿树成荫，芳草萋萋。

汉字知识

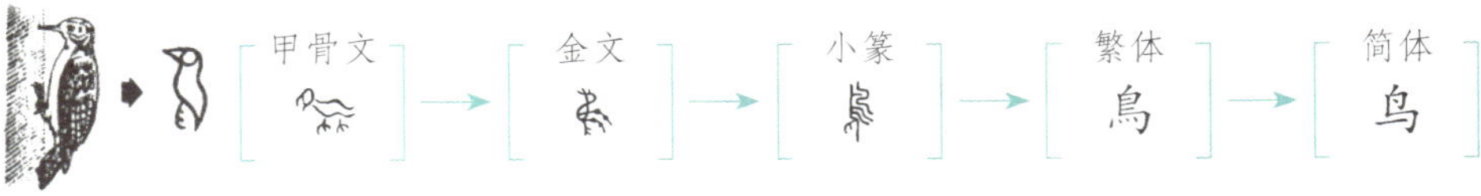

鸟，象形字，甲骨文和金文的字形都是十分形象的一只鸟的样子，突出了它尖尖的嘴和细细的脚爪。

日积月累

一飞冲天　雏鹰展翅　鸟语花香　惊弓之鸟

一鸣惊人　鹏程万里　莺歌燕舞　笨鸟先飞

鸟鸣涧

［唐］王维

人闲桂花落，夜静春山空。
月出惊山鸟，时鸣春涧中。

书写提示

㇉ → 认识笔画：竖折折钩

重心平稳，上收下放。竖略右挺，折角方正，钩向内收。

鸟 → 笔画顺序：丿 勹 勺 乌 鸟

首撇宜短，横画左伸。

我的发现

1.观察下面这几个字，你发现了什么？

鸡　鸭　鹅　鸽　鸳　鸯　鹭　鸵

这几个字都是形声字，都带有“鸟”部，它们的意思都和鸟有关。

2.猜猜下面几个字的读音，再查字典验证你的猜想。

鹕（　）　鸪（　）　鸫（　）　鹫（　）　鸶（　）

3.观察“隹”字的甲骨文，你有什么发现？

 在古时候，人们把尾巴长的鸟写作“鸟”，尾巴短的鸟写作“隹”。通过甲骨文的字形可以看出，带有“隹”部的字有些也和鸟有关，比如“雀”“雏”“雕”等。

参考答案　我的发现：2.hú　gū　dōng　jiù　sī

yǔ
羽

因为鸟是一种全身有羽毛的脊椎动物，在汉字中带有“羽”的字大多和飞鸟有关。

翅膀　双翼　翱翔　翡翠　白头翁　翩翩起舞　顶戴花翎

连一连

跑得最快的鸟•　　•蜂鸟
最小的鸟•　　•鸵鸟
羽毛最多的鸟•　　•天鹅
飞得最慢的鸟•　　•丘鹬（yù）

拓展阅读

陈涉少时，尝与人佣耕，辍耕之垄上，怅恨久之，曰：“苟富贵，勿相忘。”佣者笑而应曰：“若为佣耕，何富贵也？”陈涉太息曰：“嗟乎，燕雀安知鸿鹄之志哉！”

（节选自《史记·卷四十八·陈涉世家》）

小知识

燕雀安知鸿鹄之志：燕雀怎么能知道鸿鹄的远大志向呢？比喻平凡的人哪里知道英雄人物的志向。

参考答案
连一连：
跑得最快的鸟—鸵鸟
最小的鸟—蜂鸟
羽毛最多的鸟—天鹅
飞得最慢的鸟—丘鹬

3 神秘昆虫

诗诗：今天咱们有个有趣的任务——观察昆虫。

杰杰：我最喜欢昆虫啦！别看昆虫个子不大，在动物世界里，它可也算得上是一个很大的家族，不可小看哟！昆虫有的会爬，有的会跳，有的会飞，有的是害虫，有的是益虫。

诗诗：哇，你懂得可不少，咱们这就出发吧。

认一认

借助拼音，读准这些昆虫的名字。

这些字都是“虫字旁”，表示都跟“虫”类有关。古人在造字的时候，把外形像虫，生活习性和虫有关的字都归在虫字旁里。随着

科学的发展，人们对生物学科的分类越来越精细、越来越科学。我们的祖先创造出的虫字旁的字，其中有的是哺乳动物，有的是爬行动物，并不完全属于昆虫。

趣味儿歌

树之歌

蜜蜂蜻蜓花间忙，蚕儿睡在桑叶旁。
蚜虫蝗虫和蟑螂，它们常把坏蛋当。
苍蝇蚊子加飞蛾，人们眼前逃得慌。
蟋蟀夜晚叫得响，萤火虫提灯照四方。

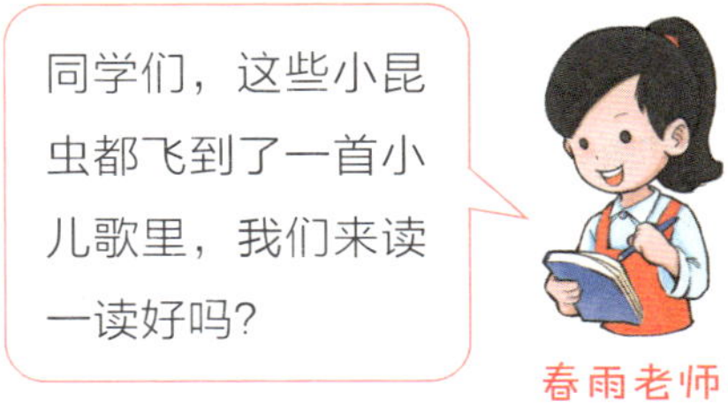

猜一猜，画一画

一只小飞虫，夏夜空中行。提着小灯笼，飞过万花丛。（　　）

戴红镜来穿绿袍，常在食物上面跑。散播细菌和疾病，人人捕打不轻饶。（　　）

说一说

飞蛾扑火：成语，出自南朝历史学家姚察父子撰写的《梁书·到溉传》：“如飞蛾之赴火，岂焚身之可吝。”意思是飞蛾扑到火上，比喻自找死路，自取灭亡。多用于贬义语境。

好书推荐

名著《昆虫记》[法]法布尔，节选名篇：《蟋蟀的住宅》。

4 鲜活游鱼

鱼的部位

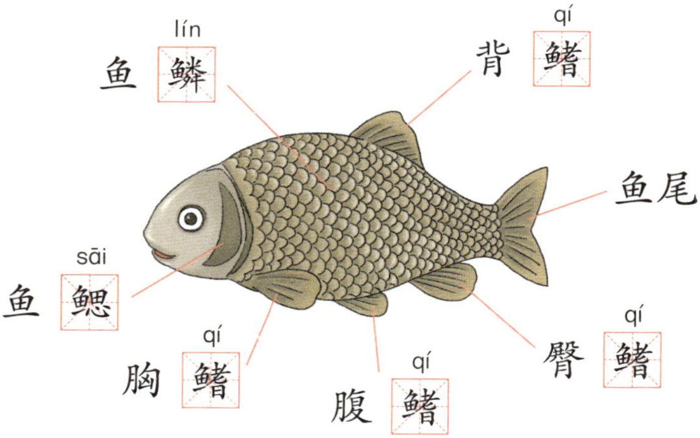

鱼用鳍游泳，还用鳍掌握方向和平衡。

鱼鳞可以保护鱼的身体不受伤害。

鱼鳃是鱼的呼吸器官。

鱼鳔可以让鱼自由地浮上来，沉下去。

鱼字演变

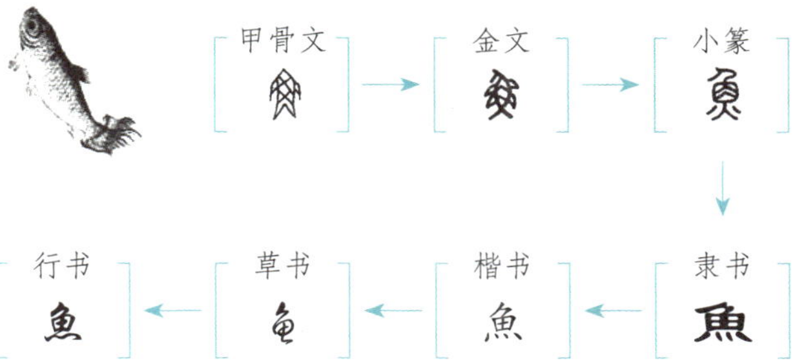

古人根据鱼的样子造出了“鱼”字，你们看，这就是“鱼”字的演变，“鱼”字至今还保留着演变的痕迹。

成语积累

鱼贯而行　鱼贯而入　鱼龙混杂　鱼米之乡　鱼跃龙门

鱼目混珠　鱼死网破　沉鱼落雁　如鱼得水　鱼水深情

知识拓展

传统文化里的鱼

在我们中国，锦鲤和金鱼是最常使用的吉祥符号。锦鲤是鲤鱼的一种，通常在室外池塘中用作装饰目的。金鱼也是如此。就让我们看一下鱼类在传统文化中出现的7种方式。

锦鲤

1. 古代铭文上的鱼符号

鱼的符号是在殷墟遗址的甲骨和甲壳上的铭文上发现的。铭文描述鱼类被用来治疗胃病。

2. 关于鱼的诗

在我国最早的诗集《诗经》中，提到了20多种鱼类。例如，在《南有嘉鱼》中，有“南有嘉鱼，烝（zhēng）然罩罩。君子有酒，

嘉宾式燕以乐。南有嘉鱼，烝然汕汕。君子有酒，嘉宾式燕以衎（kàn）”的描述。

3. 金鱼的育种

自晋朝，红黄色的金鲫鱼开始陆续被发现。到了北宋时期，金鲫鱼被放养在皇宫贵族的水池中。南宋时期，民间出现了靠饲养和出售金鲫的行业，金鲫进入寻常百姓家。到了明代崇祯皇帝时期，开始统称为“金鱼”。

4. 习俗中的鱼

春节期间最受欢迎的成语之一是年年有余。因为“鱼”的发音与“余”相同，有“丰年”和“盈余”的意思。这也使鱼成为年夜饭的必备菜，象征着丰年和盈余将年复一年地持续下去。

5. 神话中的鱼

传说很久以前，每年春季，都会有成群的鱼类在黄河中逆流而上，试图从瀑布的底部跳到顶部，称为跳龙门。由于水流大，瀑布高，许多鱼决定随水流而去。只有少数鱼不断地尝试一遍又一遍。最终，有的鱼成功了，变成了天上的巨龙。

6. 谚语中的鱼

我国有许多有关鱼的谚语。有一个众所周知的例子：授人以鱼，不如授人以渔。意思是：给人现成的东西，不如教会他本领。

7. 绘画中的鱼符号

鱼，尤其是锦鲤，象征着好运、繁荣和成功，一直是我国传统艺术中的常见对象，例如中式的茶具、餐盘中，经常出现鱼的图案。

识字方法（二）

一起动动脑

春雨老师

同学们，大家好！今天我们一起来学习形声字。

淘淘

老师，我有一个疑问，什么是形声字呀？它是有形状还能发出声音的字吗？

杰杰

淘淘，你以为汉字是玩具吗？我猜“形”可能是字的外形，“声”应该是字的读音吧。

诗诗

老师，我觉得淘淘和杰杰说得都不对。我读过一本关于汉字的书，它里面说到：形声法就是由形旁和声旁拼合而成的造字法。所以我认为形声字就是由形旁和声旁组合而成的字。

春雨老师

诗诗说得真不错！

淘淘

老师，诗诗刚才说的话我听不懂。

老师，我也没有听懂。

杰杰

春雨老师

汉字的造字方法主要有象形、指事、会意、形声、转注、假借等。形声是说字由“形”和“声”两部分合成，形旁和全字的意义有关，声旁和全字的读音有关。懂了吗？

老师，我们听懂了，谢谢您！

淘淘　杰杰

一起学一学

形旁：又叫意符。形声字的形旁只能表示某种意思的范围或只表示事物的属类，因而它在形声字中只是高度概括的类名，并不能表示这个形声字的具体含义。

声旁：又叫音符。形声字的声旁除了表声之外，往往兼有表意的作用。

例如：妈　姑　娘　姐

女（形旁）＋ 马（声旁）＝ 妈（形声字）　　女（形旁）＋ 良（声旁）＝ 娘（形声字）

这四个字的形旁都是“女字旁”，这些字都与“女性”有关，右边的声旁与这个字的读音有关。

一起练一练

泡：形旁是（　　），声旁是（　　），这个字可能与（　　　　）有关。

拍：形旁是（　　），声旁是（　　），这个字可能与（　　　　）有关。

吐：形旁是（　　），声旁是（　　），这个字可能与（　　　　）有关。

珂：形旁是（　　），声旁是（　　），这个字可能与（　　　　）有关。

参考答案

一起练一练：氵　包　水；扌　白　手或手部动作；口　土　嘴或嘴发出的动作；王　可　玉

一起唱一唱

给“包”找朋友

有食能吃饱，有草是花苞。有火能放炮，有水是泡泡。

有雨下冰雹，有足能赛跑。有衣穿长袍，用手来拥抱。

形声字的组合方式

文化知识

形声字的形旁和声旁结合的方式是多种多样的：有的形旁在左，声旁在右；有的形旁在右，声旁在左；有的形旁在上，声旁在下；有的形旁在下，声旁在上；有的形旁在外，声旁在内，有的形旁在内，声旁在外。

照样子，写一写

左形右声：梅（　　）（　　）　右形左声：攻（　　）（　　）

上形下声：爸（　　）（　　）　下形上声：架（　　）（　　）

外形内声：园（　　）（　　）　内形外声：闷（　　）（　　）

形在一角：裁（　　）（　　）　声在一角：醛（　　）（　　）

形声字小故事

霖

“久旱逢甘霖”是人生四大乐事之一。“霖”是指下了很久的雨。“霖”字的下面是“林”，“林”是指很多很多树木聚集在一起，有“众多”的意思。“霖”字用下面的“林”来当作声符（表示声音的符号），还兼有表意的作用，表示雨水丰沛的意思。而雨下在树林里，又下了很长时间，加上树木又能够涵养水源，水当然就很丰沛啦！

参考答案　照样子，写一写：（示例）冻 证 战 领 宵 界 赏 梨 匾 圆 闻 问 栽 载 渠 座

游戏总动员

开心对对碰

下面的这些小爱心，它们想玩配对游戏，快来帮帮它们吧！看看，它们会变成什么呢？

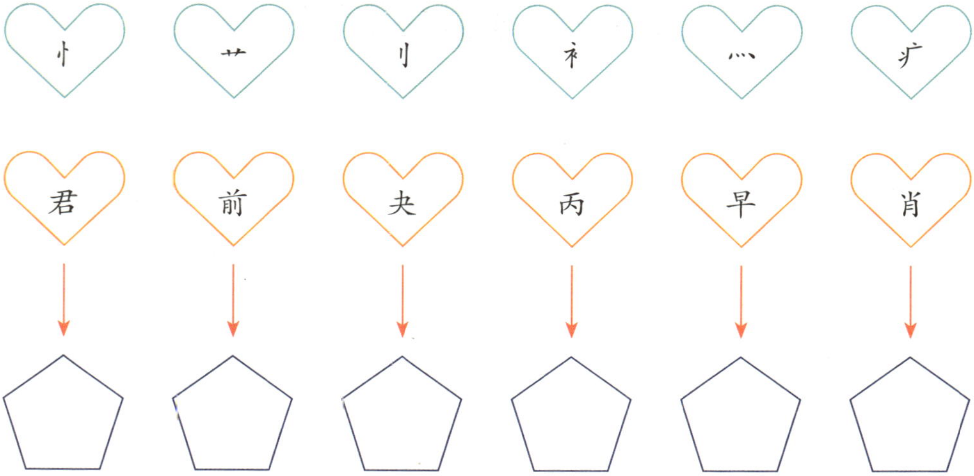

小猫来钓鱼

把是形声字的鱼钓起来。

人　钩　熬　赶　剁　匪

见　苦　住　山　闻　圆

一起猜字谜

1. 水上工程。(　　　　)
2. 五口之家，旁种一树。(　　　　)
3. 一月七日。(　　　　)
4. 眼看田上长青草。(　　　　)
5. 七人头上长了草。(　　　　)

参考答案　一起猜字谜：1.汞　2.梧　3.脂　4.瞄　5.花

第五章

自然科学

“春有百花秋有月，夏有凉风冬有雪”，自然风光，气象万千，日月星辰，夺目璀璨。

本章，让我们一起走进充满生机的大自然！

1 人间四季

chūn
春

连线游戏

春满	景明
春光	人间
春暖	明媚
杏林	花开
春和	春燕

俗语大全

一年之计在于春。

春雨贵如油。

春无三日晴。

春雪响，万物长。

春风不刮，春芽不发。

看图说话

春天来了，____________________________________。

诗词积累

惠崇春江晚景

［宋］苏轼

竹外桃花三两枝，春江水暖鸭先知。
蒌蒿（lóu hāo）满地芦芽短，正是河豚（tún）欲上时。

参考答案

连线游戏：春满—人间　春光—明媚
春暖—花开　杏林—春燕　春和—景明

xià

夏

书写提示

“夏”的上半部分中间有两横，而非“百”；下半部分的折文“夂”不能写成反文“攵”。

字词积累

一（座）大山　一（顶）草帽　一（片）池塘

一（只）小狗　一（张）桌子　一（瓣）西瓜

一（棵）大树

知了（liǎo）　扇（shàn）子　乘（chéng）凉

好了（le）　扇（shān）风　一乘（shèng）

成语采撷

夏日炎炎　骄阳似火　汗流浃背　绿树成荫　电闪雷鸣

诗词积累

蝉

［唐］虞世南

垂緌（ruí）饮清露，流响出疏桐。

居高声自远，非是藉（jiè）秋风。

汉字知识

“夏”是一个会意字。据小篆字形，上面的“页”（xié）是人头，中间的“臼”（jù）表示两手，下面的“夊”（suī）是两足，合起来像人形。本义：古代汉民族自称，如：华夏。

qiū

秋

猜字谜

左边绿，右边红，左右相遇起凉风。
绿的喜欢及时雨，红的最怕水来攻。

谜底：__________

填词语

（蔚蓝）的天空　（凉爽）的秋风

（　　）的落叶　（黄澄澄）的橙子

（　　）的大雁　（　　）的橘子

成语采撷

秋高气爽　天高云淡　天朗气清　层林尽染　丹桂飘香

诗词积累

赠刘景文

［宋］苏轼

荷尽已无擎（qíng）雨盖，菊残犹有傲霜枝。
一年好景君须记，最是橙黄橘绿时。

参考答案　猜字谜：秋

填词语：（示例）飞舞　南飞　绿色

dōng

冬

词语采撷

冷飕飕　笑眯眯　乐呵呵　亮晶晶　白茫茫

堆雪人　滑雪　打雪仗　滑雪橇

寒冬腊月　冰天雪地　白雪皑皑　北风呼啸　银装素裹

诗词积累

逢雪宿芙蓉山主人

［唐］刘长卿

日暮苍山远，天寒白屋贫。
柴门闻犬吠，风雪夜归人。

欢乐儿歌

数九歌

一九二九不出手，三九四九冰上走，
五九六九沿河看柳，七九河开，八九燕来。
九九加一九，耕牛遍地走。

2 自然风光

shān
山

汉字知识

山，象形字。甲骨文和金文字形，像山峰并立的形状。“山”是汉字的一个部首。本义：地面上由土石构成的隆起部分。

字源演变

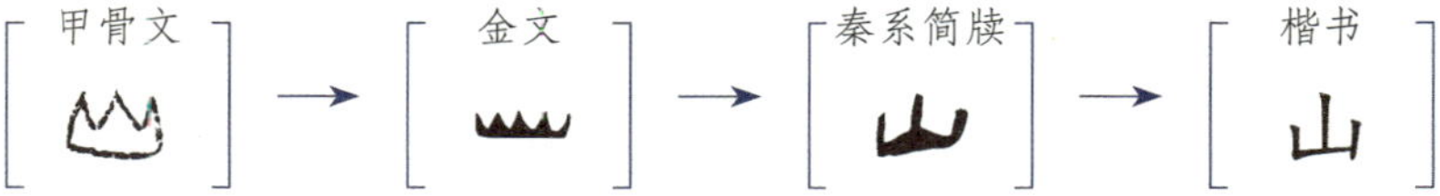

——“山”字字形演变图

日积月累

崇山峻岭　千山万水　山清水秀　大好河山
青山绿水　高耸入云　山高水长　湖光山色

拜访名山

五岳归来不看山，黄山归来不看岳。

“五岳”是我国历史上的五大名山的总称，即东岳泰山、南岳衡山、西岳华山、北岳恒山和中岳嵩山，是古代民间山神崇敬、五行观念和帝王巡猎封禅相结合的产物。“五岳归来不看山，黄山归来不看岳。”出自明代地理学家徐霞客的《漫游黄山仙境》。

知识拓展

这五座山，都有着自己与众不同的气质与特点哟！你能区分吗？

1. 照样子，填一填。

例：泰山如（坐）　　华山如（　　）　　衡山如（　　）

　　　　　　　　　　嵩山如（　　）　　恒山如（　　）

2. 我来连一连。

东岳泰山　南岳衡山　西岳华山　北岳恒山　中岳嵩山

奥妙瑰丽　雄险奇秀　雄奇陡峭　烟云秀美　绝顶凌云

诗句积累

1. 岱宗夫如何，齐鲁青未了。造化钟神秀，阴阳割昏晓。荡胸生层云，决眦入归鸟。会当凌绝顶，一览众山小。

——［唐］杜甫《望岳》（泰山）

2. 只有天在上，更无山与齐。举头红日近，回首白云低。

——［宋］寇准《咏华山》（华山）

3. 嵩山归路绕天坛，雪影松声满谷寒。君见九龙潭上月，莫辞清夜访袁安。——［唐］陈羽《送友人游嵩山》（嵩山）

4. 故国名园久别离，今朝楚树发南枝。晴天归路好相逐，正是峰前回雁时。——［唐］柳宗元《过衡山见新花开却寄弟》（衡山）

5. 天地有五岳，恒岳居其北。岩峦叠万重，诡怪浩难测。

——［唐］贾岛《恒山》（恒山）

参考答案

知识拓展：1. 立　飞　卧　行

2. 东岳泰山—雄奇陡峭　南岳衡山—烟云秀美　西岳华山—绝顶凌云

北岳恒山—奥妙瑰丽　中岳嵩山—雄险奇秀

shuǐ

水

猜猜看

小朋友们，你们知道图片上是哪个字吗？（　　　）

杰杰

汉字知识

水，象形字。中间像水脉，两旁似流水。本义：以雨的形式从云端降下的液体，无色无味且透明，形成河流、湖泊和海洋，是一切生物体的主要成分。“水”是汉字的一个部首。从水的字，或表示江河或水利名称，或表示水的流动，或表示水的性质状态。

我的发现

1. 冫（bīng）古同“冰”。用作偏旁，俗称“两点水”。

像冷、冻、冰、冶，这几个字的偏旁都是（　　），它们的意思可能与（　　　）有关，我还能写出带有“冫”的字，如（　　）。

2. 氵（shuǐ） 古同“水”。用作偏旁，俗称“三点水”。

像江、河、湖、海，这几个字的部首都是（　　），它们的意思可能与（　　　）有关，我还能写出带有“氵”的字，如（　　）。

3. 那么，“灬”这个偏旁读什么呢？它是不是也与水有关系？请查阅资料，写下你的发现。

参考答案

我的发现：1.冫　冰　凉

2.氵　水　湖

3.四点底　四点底的字与火有关系，如“煮”“蒸”“煎”等。

拓展积累

1.（　　　）是中华文明最主要的发源地，中国人称其为“母亲河”。

2. 世界第三长河，是我国的（　　　），它也是我国第一长河。

3.“飞流直下三千尺，疑是银河落九天。”这两句诗出自唐代诗人李白的《　　　　》。

4. 春江（　　　）连海平，（　　　）明月共潮生。

5. 欲把（　　　）比西子，淡妆浓抹总相宜。

dì
地

地形地貌

地形类型

高原

平原

山地

丘陵

盆地

地貌类型

丹霞地貌

喀斯特地貌

海岸地貌

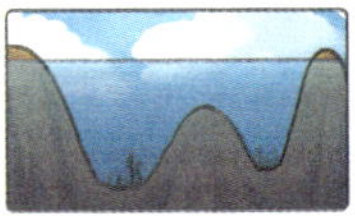
海底地貌

风积地貌

风蚀地貌

河流地貌

冰川地貌

参考答案　拓展积累：1. 黄河　2. 长江　3. 望庐山瀑布　4. 潮水　海上　5. 西湖

3 气象万千

同学们，咱们班计划本周六一起去森林公园拓展实践，请大家提前关注天气预报，准备好合适的衣物。

春雨老师

查看天气预报可以帮我们提前了解天气情况，准备合适的衣物和出行装备，这些天气符号你都认识吗？

新竹老师

汉字小课堂

甲骨文的“雨”字上端一横表示天空，下面数目不同的小竖点表示雨点。

雨，水从云层降下地面。字形顶部的“一”，像天穹（qióng），“冂”像低垂的云团，水零落其间。所有与雨相关的字，都采用“雨字头”。如“霜”“露”“霾”（mái）等。

考考你

新竹老师

古时候，还没有这么先进的观测仪器，咱们的祖先是怎样“预知”天气的呢？

杰杰

我知道！可以观察大自然中动植物的变化，比如蚂蚁搬家，就代表快有大雨了。

诗诗

奶奶告诉我如果看到晚霞，就说明第二天的天气会很好。

春雨老师

是的，古代劳动人民的智慧都凝结在这些谚语当中，我们来读一读，记一记吧！

朝霞不出门，晚霞行千里。
有雨山戴帽，无雨半山腰。
早晨下雨当（dàng）日晴，晚上下雨到天明。
蚂蚁搬家蛇过道，大雨不久要来到。

日积月累

不同的天气还会带来不同的景象。

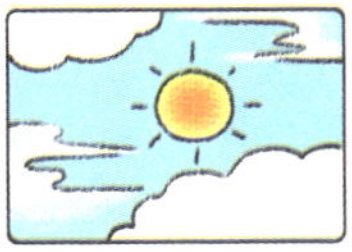
云开雾散

微风习习

冰天雪地

风雨交加

云雾缭绕

寒风刺骨

鹅毛大雪

电闪雷鸣

古诗里的气候

古诗里藏着许多有趣的气候现象，读一读，想一想，这是怎么回事呢？

春雨老师

1.“忽如一夜春风来，千树万树梨花开。”

形容雪景，反映了冷风过境时先刮风后降水（雪）的天气变化特征。

2.“人间四月芳菲尽，山寺桃花始盛开。”

反映了气温垂直分布的特点，正是因为气温随地势的上升而降低（地势每上升1000m，气温下降6℃）这一特点，才造成了山上、山下的桃花花期早迟不一这种地理现象。

3.“东边日出西边雨，道是无晴却有晴。”

说明在同一时刻，不同的地方天气是不相同的，本句也是对流雨的极好写照。从诗句中我们能体会对流雨的特点是：降水强度大，范围小，历时短等。

特殊天气知多少

气候复杂多样，是我国气候的主要特征之一，我国的特殊天气主要有梅雨、寒潮、台风、沙尘暴等。

新竹老师

梅 雨

夏初江淮一带长达一个月之久的连阴雨天气。时值梅子黄熟季节，故名。因湿度大，气温高，物品易发霉，故也作霉雨。

寒 潮

从北方寒冷地带向南方侵袭的冷空气，寒潮过境时气温显著下降，并伴有雨、雪或大风。

台 风

发生在太平洋西部海洋和南海海上的热带气旋，是一种极强烈的风暴，中心附近最大风力可达12级或以上，常伴有暴雨。

沙尘暴

风蚀荒漠化中的一种天气现象，它的形成受自然因素（沙源、大风以及降水减少）和人类活动因素（人类在发展经济过程中对植被的破坏）的共同影响。

4 宇宙无垠

杰杰

茫茫天空有许多奥妙。随着科技的发展，人们早已实现了登上太空的梦想。同学们，今天就和我一起去遨游太空吧。

古今对照

后羿(yì)射(shè)日　　人造卫(wèi)星

敦(dūn)煌(huáng)飞天　　航(háng)空母舰(jiàn)

嫦(cháng)娥(é)奔(bēn)月　　宇(yǔ)宙(zhòu)飞船

女娲(wā)补天　　运(yùn)载(zài)火箭(jiàn)

日积月累

斗转星移　众星捧月　无穷无尽

九霄云外　浩瀚无限　神秘莫测

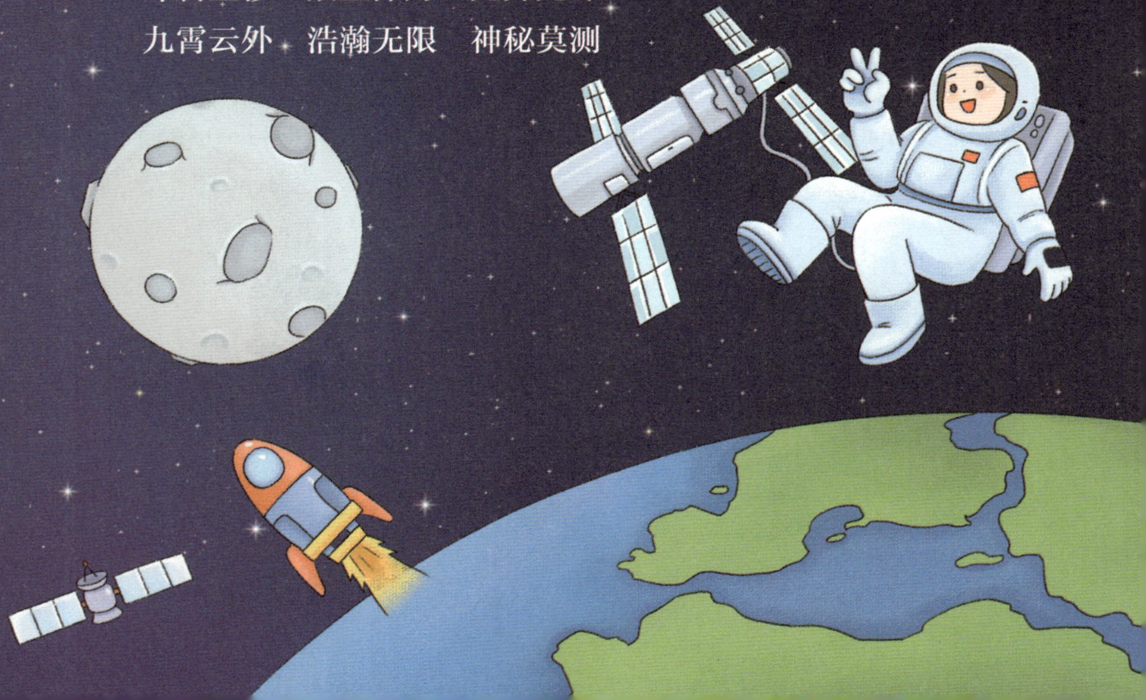

知识扩展

我国航天发展的里程碑

1. 东方红一号——第一颗人造卫星

1970 年 4 月 24 日，我国第一颗人造卫星“东方红一号”在酒泉卫星发射中心成功发射，开创了中国航天史的新纪元。

2. 神舟五号——载人航天技术

2003 年 10 月 15 日 9 时整，我国从酒泉卫星发射中心成功发射“神舟五号”，将航天员杨利伟及一面中国国旗送入太空，成为世界上独立掌握载人航天技术的第三个国家。

3. 嫦娥奔月——升空探测技术

2007 年 10 月 24 日 18 时 05 分，“嫦娥一号”在西昌卫星发射中心升空；2009 年 3 月 1 日完成使命，撞向月球预定地点。“嫦娥一号”成功奔月标志着中国开始对月球进行探测活动。

太空趣事多

在宇宙飞船里，站着睡觉和躺着睡觉一样舒服。不过，要想睡上一个安稳觉，宇航员就必须把自己绑在睡袋里。不然，翻一个身，就可能飘到别处去了。

在宇宙飞船里走路更有趣。人稍一使劲就会飘到半空中，咳嗽一声就有可能后退好几步。为了能平稳地走路，宇航员都穿鞋底带钩的鞋子，才能牢牢地钩住带网格的地板。

喝水的时候，也不能用普通的杯子。因为即使把杯子倒过来，水也不会往下流。宇航员要想喝到水，得使用一种带吸管的特制塑料杯。

写好字（二）

汉字比例

汉字知识

汉字比例即左右结构或上下结构的汉字书写时，各部分大小的分配情况。

左右结构

1. 左窄右宽

作 作　　法 法

2. 左宽右窄

都 都　　别 别

3. 左右相等

领 领　　败 败

上下结构

1. 上盖下

空 空　　雪 雪

2. 上小下大

奇 奇　　芳 芳

3. 上大下小

普 普　　告 告

4. 下托上

总 总　　志 志

笔画变化

笔画会发生变化的原因：有些生字作偏旁时，因在结构上舒展不开，需要一部分收缩避让，以求字形美观，所以书写时笔画会发生变化。

末笔横变提

土 地　　工 功

王 现　　子 孙

末笔捺变点

又 鸡　　木 村

火 灯　　交 郊

末笔竖折钩变竖提

七 切　　光 辉

长横去掉一头

女 她　　舟 船

作字头时去钩

亦 变　　几 朵

书写提示（一）

笔顺规则

1. 从左到右

林 林　　儿 儿

2. 先撇后捺

本 本　　天 天

3. 先中间后两边

小 小　　水 水

4. 先外后内

月 月　　间 间

5. 点在正上方或左上方，先写点；点在右上方，后写点。

主 主　　门 门　　我 我

6. 左上包围和右上包围的字先外后内。

床 床　　包 包

7. 全包围结构的字，要先外后内，最后封口。

团 团　　圆 圆

8. 品字结构的字，先上后下，先左后右。

品 品　　晶 晶

第六章

传统文化

中国传统文化源远流长，博大精深。本单元，我们与你一起从小小的方块字出发，领略中国传统文化的丰富多彩。

1 传统节日

中国传统节日是中华民族悠久历史文化的重要组成部分，形式多样，内容丰富。

新竹老师

春节祈福(fú)

农历正（zhēng）月初一，“福”字倒着贴，福气到家来。

甲骨文的“福”字是一双手捧着一个酒坛在祭台（示）前祈福的样子。春节带有“示”旁的字，大都与祭祀、崇拜、祷祝有关。如“祝福”“祈祷”“祖”“神”“礼”等。

春节到，人欢笑，见面说声新年好！你知道哪些新年的祝福语呢？

春雨老师

诗诗

身体健康，笑口常开，心想事成，万事如意！

一帆风顺，二龙腾飞，三阳开泰，四季平安，五福临门，六六大顺，七星高照，八方来财，九九同心，十全十美。

淘淘

元　日

［宋］王安石

爆竹声中一岁除，
春风送暖入屠(tú)苏。
千门万户曈(tóng)曈日，
总把新桃换旧符。

元宵(xiāo)观灯

正月是农历的元月，古人称“夜”为“宵”，正月十五是一年中第一个月圆之夜，所以称正月十五为“元宵节”。

春雨老师

元宵节，观花灯，猜灯谜。看看下面这几条灯谜，你猜得出谜底吗?

1. 元宵月光窗前洒（打一字）　　谜底：（　　）
2. 百里挑一两倾心（打一字）　　谜底：（　　）
3. 香字少一撇，不作杏字猜（打一字）　　谜底：（　　）

参考答案　1. 一　2. 皆　3. 杳

清(qīng)明(míng)祭扫

新竹老师

清明节，兼具自然与人文两大内涵，既是“二十四节气”之一，也是传统祭祖节日。清明在阳历4月4日至6日间，此时天朗气清、春和景明，故名“清明”。让我们一起来看看，古时的清明主要习俗有哪些。

踏青　植树　扫墓祭祖　插柳　拔河

斗鸡　射柳　蹴（cù）鞠（jū）　蚕花会

清　明

［唐］杜牧

清明时节雨纷纷，路上行人欲断魂。

借问酒家何处有？牧童遥指杏花村。

duān
端午安康

新竹老师

“端午”的“端”字本义为“正”，“午”为“中”。农历五月初五的午时则为正中之正，故名“端午”。2009年9月，联合国教科文组织正式批准将端午节列入《人类非物质文化遗产代表作名录》，端午节成为我国首个入选世界非遗的节日。

传统民俗

（　　）龙舟　（　　）艾草　（　　）粽子　（避）五毒

（　　）草药　（　　）香囊　（　　）马球　（拴）五色丝线

汉字知识

粽，形声字，“米”表意，“宗”表声。带有“米”字旁的字多与粮食有关。如“粉”“糕”“粮”“糖”“糯”“糠”等。

参考答案 传统民俗：赛/划　插/挂　吃/包　系　佩/戴　打

qiǎo
七夕乞巧

春雨老师

每年农历七月初七的七夕节，是我国最具浪漫色彩的传统节日。七夕也是古代女孩子非常重视的节日，她们通过各种方式乞巧，希望自己能像织女那样心灵手巧。

秋　夕

［唐］杜牧

银烛秋光冷画屏，
轻罗小扇扑流萤。
天阶夜色凉如水，
坐看牵牛织女星。

中秋团(tuán)圆(yuán)

新竹老师

农历八月十五是一年秋季的中期，所以被称为“中秋”。中秋的习俗主要有赏月、观潮、吃月饼、赏桂花等。中秋的月亮明亮而饱满，一直是人们寄托思念之情的象征。这些感怀思亲的诗句你知道吗？

1. 但愿人长久，千里共（　　　　）。
2. 今夜（　　）人尽望，不知（　　　）落谁家。
3. 举头望（　　　），低头思（　　　）。
4. 海上升（　　　），天涯共（　　　）。

参考答案 1. 婵娟　2. 月明　秋思　3. 明月　故乡　4. 明月　此时

重(chóng)阳登高

“九”数在《易经》中为阳数，农历九月初九，两阳数相重，故曰“重阳”。重阳节也是敬老节，在民俗观念中“九”在数字中是最大数，有长久长寿的含意，寄托着人们对老人健康长寿的祝福。

因为“九”字的特殊含义，许多成语都与“九”有关。

一言九鼎　九霄云外　十拿九稳　九五之尊　九天揽月

重阳习俗

登高　佩茱（zhū）萸（yú）

赏菊　吃重阳糕　晒秋

节日大闯关

多音变变变

正确（　　） 正月（　　） 方正（　　） 新正（　　）

倒下（　　） 倒水（　　） 倒车（　　） 颠(diān)倒（　　）

重阳（　　） 重量（　　） 重复（　　） 严重（　　）

超级连连连

重阳节	九月初九	贴春联
中秋节	七月初七	赏花灯
端午节	八月十五	吃月饼
春　节	正月十五	登　高
元宵节	正月初一	扫　墓
清明节	五月初五	乞　巧
七夕节	4月4日至6日	赛龙舟

趣味填填填

1. 除夜，是一年最后一天的夜晚，又称除夕、岁除、大年夜等。除夜的风俗活动甚多，其中，最不可或缺的当属一家人在一起包（　　）。

2. 赛龙舟是端午节的习俗之一。相传起源于古代楚国人纪念（　　），有感于他投江自杀的爱国情怀。

3. 中秋是每年农历（　　　）。在我国农历中，一年分春夏秋冬四季，每季又分孟仲季三部分，因中秋处于秋季的中期，所以中秋也称（　　）。

参考答案　趣味填填填：1.饺子　2.屈原　3.八月十五　仲秋

2 二十四节气

寒来暑往，四季更替，我们的生活因四季的变化而精彩美丽，今天就让我们一起来了解一下二十四节气吧。

同学们，你们知道节气的来历吗？在古代，人们为了更好地掌握时间，指导农事活动，就定出了节气。节气就是表示季节更换的时间点。由于节气比较多，为了方便记住它们，人们把它们编成了诗歌。

春雨老师

二十四节气歌

春雨惊春清谷天，
夏满芒夏暑相连。
秋处露秋寒霜降，
冬雪雪冬小大寒。

二十四节气

春——立春，雨水，惊蛰，春分，清明，谷雨
夏——立夏，小满，芒种，夏至，小暑，大暑
秋——立秋，处暑，白露，秋分，寒露，霜降
冬——立冬，小雪，大雪，冬至，小寒，大寒

节气习俗

立春：亦称为“打春”“咬春”“报春”，“立”是开始的意思。打春，即“打牛”，表示劝农春耕和祈求丰收。除了打春，这一天还有咬春的习俗，即吃春饼、咬萝卜等。

雨水：反映降水现象的节气，标示着降雨开始。在有些地区，这一天出嫁了的女儿纷纷带上礼物回娘家拜望父母，感谢父母的养育之恩。

惊蛰：意思是天气回暖，春雷始鸣，惊醒蛰伏于地下冬眠的昆虫。时至惊蛰，阳气上升，气温回暖，春雷乍动，雨水增多，万物生机盎然。一些地区流行祭白虎、吃梨、打小人、吃烙饼、祭雷神的习俗。

春分：又称为“日中”“日夜分”“仲春之月”等。春分的意义，一是指一天时间白天黑夜平分，各为12小时；二是春分正当春季（立春至立夏）三个月之中，平分了春季。春分时节天气暖和、雨水充沛、阳光明媚。这一天民间会有送春牛图、粘雀嘴、春祭等活动。

清明：气清景明。这个时节阳光明媚、草木萌动、气清景明、万物皆显，自然界呈现生机勃勃的景象。除了扫墓，还有踏青、荡秋千、插柳等一系列风俗活动。

谷雨：“雨生百谷”，此时降水明显增加，田中的秧苗初插、作物新种，最需要雨水的滋润，正所谓“春雨贵如油”。南方有谷雨摘茶习俗；北方则有谷雨食香椿的习俗。

立夏：表示即将告别春天，是夏天的开始，标志着逐渐升温，炎暑将临，雷雨增多，农作物进入生长旺季。立夏日，江南水乡有烹食嫩蚕豆的习俗。

小满：小满节气意味着进入了大幅降水的雨季，雨水增多，所谓“小满小满，江河渐满”，此时正是江南早稻追肥、中稻插秧的时节，农民会往田里蓄满水。另有解释是指北方麦类等夏熟作物的籽粒开始灌浆，只是小满，还未完全饱满。

芒种：民间也称其为“忙种”，是忙碌播种的时节。“芒种忙，忙着种”，因过了这一节气，农作物的成活率就越来越低了。皖南地区会有安苗的农事习俗活动，始于明初，祈求五谷丰登、村民平安。

夏至：这一天北半球各地的白昼时间达到全年最长。北方地区普遍要吃凉面条，俗称过水面，有“冬至饺子夏至面”的谚语。

小暑：表示盛夏正式开始。意指天气开始炎热，但还没到最热。小暑开始进入伏天，头伏吃饺子是传统习俗。徐州人入伏吃羊肉，称为“吃伏羊”。

大暑：指炎热之极，是一年中最热的节气。此时节阳光猛烈、高温潮湿多雨，农作物成长最快。这时正值中伏前后，“湿热交蒸”在此时到达顶点，有些地区有晒伏姜、喝伏茶、烧伏香的习俗，浙江地区有送“大暑船”习俗。

立秋：表示自此进入了秋季。这一天，民间素有“贴秋膘”一说。有些地区流行在立秋这天以悬秤称人，将体重与立夏时对比。

处暑：即为“出暑”，是炎热离开的意思。处暑前后会有民俗活动，俗称作“七月半”或“中元节”。

白露：初秋残留的暑气逐渐消散，昼夜热冷交替，寒生露凝。古人以四时配五行，秋属金，金色白，以白形容秋露，故名“白露”。民间在白露节气有收清露、饮白露茶、吃番薯的习俗。

秋分：“分”即为“平分”“半”的意思，秋分这天太阳光几乎直射地球赤道，全球各地昼夜等长。时至秋分，暑热已消，天气转凉，暑凉相分。有些地区有煮汤圆吃的习俗，还会吃野苋菜。

寒露：进入寒露，寒气渐生，昼夜温差较大，并且秋燥明显。因此时包括重阳节，故有登高活动。

霜降：气温骤降，昼夜温差达最大。民间有吃柿子习俗。俗话说：“霜降吃柿子，不会流鼻子（鼻涕）。”

立冬：表示冬季自此开始，有农作物收割后要收藏起来的含意。“立冬补冬，补嘴空”，民间有吃饺子的习俗。

小雪：意味着天气会越来越冷，降水量渐增。有腌腊肉、吃糍粑习俗。

大雪：标志着仲冬时节正式开始，气温显著下降，降水量增多。老南京有句俗语“小雪腌菜，大雪腌肉”，大雪节气一到，家家户户忙着腌制“咸货”。

冬至：冬至这天太阳光直射南回归线，北半球各地白昼最短、黑夜最长。南方地区有冬至祭祖、宴饮的习俗，北方地区有吃饺子的习俗。

小寒：天气寒冷但还没有到极点。民谚“小寒时处二三九，天寒地冻冷到抖”，说明了小寒节气的寒冷程度。南京吃菜饭，广东吃糯米饭。

大寒：表示天气寒冷到极致的意思。广东岭南地区有大寒联合捉田鼠的习俗。其间，还有一个非常重要的日子——腊八，即农历十二月初八。在这一天，人们用五谷杂粮等熬成一锅香甜美味的腊八粥。

拓展积累

1. 一二三四五六七，万木生芽是今日。远天归雁拂云飞，近水游鱼迸冰出。 ——［唐］罗隐《京中正月七日立春》（立春）

2. 四月清和雨乍晴，南山当户转分明。更无柳絮因风起，惟有葵花向日倾。 ——［宋］司马光《客中初夏》（立夏）

3. 万事销身外，生涯在镜中。惟将两鬓雪，明日对秋风。

——［唐］李益《立秋前一日览镜》（立秋）

4. 冻笔新诗懒写，寒炉美酒时温。醉看墨花月白，恍疑雪满前村。 ——［唐］李白《立冬》（立冬）

3 百家姓

我会认

xìng	shì	lǐ	zhāng	gǔ	wú
姓	氏	李	张	古	吴
hú	xú	xǔ	méi	zhū	gě
胡	徐	许	梅	诸	葛

百家姓

《百家姓》是关于中华姓氏的经典古籍。在传统百家姓中，为什么“赵”排第一呢？因为《百家姓》写于北宋初期，当时的皇帝是赵匡胤，“赵”自然排在第一位。

接下来是“钱”，这是因为《百家姓》是在吴越国君管辖的钱塘地区写的，吴越国君姓钱，所以“钱”排在第二位。

少见的姓

最容易被忽略的姓：是、姓

“重量级”的姓：重、肥、大

最富有的姓：金、银、财、宝

可作姓的十二生肖：鼠、牛、虎、兔、龙、蛇、马、羊、猴、鸡、狗、猪

说一说

诗诗

大家好，我姓张，________张，我叫张诗诗。我爸妈都喜欢古诗词，就给我取了这个名字，我也很喜欢读古诗。

大家好，我姓____，______吴，我叫吴萧。我的名字是由我父母的姓组成的。我爸爸姓____，我妈妈姓____。

同学们好！我姓方，______方。大家可以叫我方老师，我们班有没有复姓的同学呀？

老师好！我复姓________，我叫上官文杰，我热爱文学。

认一认，圈一圈

把你认识的姓氏圈出来吧！

钱学森	郑成功	周恩来	诸葛亮
欧阳修	李　白	孙　权	徐悲鸿

背一背

我会背《百家姓》，你会吗？查查资料，试着背一背吧！

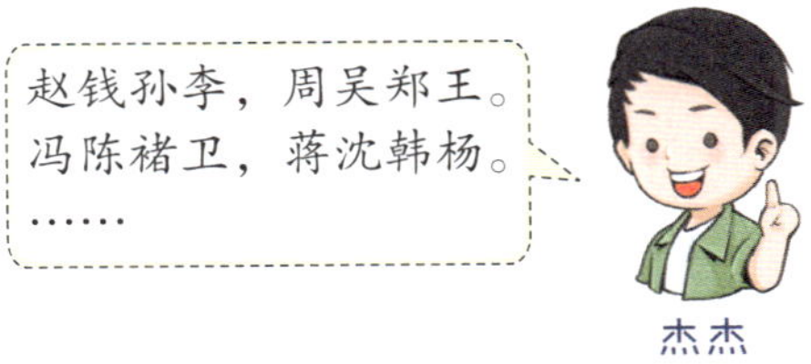

参考答案

说一说：弓长　吴　口天　吴　萧　点万方　上官

认一认，圈一圈：钱　郑　周　诸葛　欧阳　李　孙　徐

姓氏的由来

“姓氏”在现代汉语中是一个词，但是在秦汉以前，姓和氏有着明显的区别。在母系社会，同一个姓表示同一个母系的血缘关系。我国最早的姓，大都是女字旁，如姬、姜、姚等，而氏的产生则在姓之后，是按父系来标识血缘关系的。当我们读到“黄帝，轩辕氏，姬姓”，以及“炎帝，列山氏，姜姓”时，可以明白，中华民族的始祖炎黄二帝原分属两个按母系血缘关系组织起来的部落或部落联盟，一个姓姜，一个姓姬，而他们又分别拥有表示自己父权家长制首领的氏称轩辕、列山。

姓氏起源分类

第一种，以祖先的图腾崇拜物为姓氏，如熊、马、羊、龙、凤、山、水、花、叶等。

第二种，以祖先名字中的字为姓氏，如牛、井、牧、孔等。

第三种，以封地名和国名为姓氏，如宋、赵、吴、卫、韩、秦、齐、鲁等。

第四种，以职业或官职为姓氏，如司徒、司空、司马等。

第五种，以山名、河名为姓氏，如乔、姜等。

第六种，以住地的方位为姓氏，如东郭、东门、西门等。

第七种，以部落的名称为姓氏，如呼延、慕容、宇文、尉迟等。

第八种，因避祸、避仇、避讳、避嫌所改的姓氏，如桂、田。

第九种，帝王赐姓氏，如汉武帝时，匈奴归顺汉朝，汉武帝赐其贵族姓金；刘邦建立汉朝，因项伯有功，便赐项伯改姓为“刘”。

第十种，少数民族汉译姓氏，如爱新觉罗氏，汉译姓为“金”；舒穆鲁氏，汉译姓为“舒”等。

4 古代文人

你了解下面的古代文人吗？和同学交流。

qū　　　　yuān　　　mèng　　　　fǔ

屈原　陶渊明　孟浩然　杜甫

hán yù　　yǔ xī　　zhòng　　gōng

韩愈　刘禹锡　范仲淹　龚自珍

资料袋

屈原

屈原（约公元前340—公元前278年），战国时期楚国诗人、政治家。芈姓，屈氏，名平，字原；又自云名正则，字灵均。约公元前340年出生于楚国丹阳，今湖北秭（zǐ）归，楚武王熊通之子屈瑕的后代。主要作品有《离骚》《九歌》《九章》《天问》等。他创作的《楚辞》是中国浪漫主义文学的源头，与《诗经》并称“风骚”，对后世诗歌产生了深远影响。

陶渊明

陶渊明（352或365—427），字元亮，又名潜，私谥“靖节”，世称靖节先生。浔阳柴桑人。东晋末至南朝宋初期伟大的诗人、辞赋家。曾任江州祭酒、建威参军、镇军参军、彭泽县令等职，最末一次出仕为彭泽县令，八十多天便弃职而去，从此归隐田园。他是我国第一位田园诗人，被称为“古今隐逸诗人之宗”，著有《陶渊明集》。

孟浩然

孟浩然（689—740），字浩然，号孟山人，襄州襄阳（现湖北襄阳）人，世称孟襄阳。因他未曾入仕，又称之为孟山人，是唐代著名的山水田园派诗人。

杜甫

杜甫（712—770），字子美，自号少陵野老。汉族，祖籍襄阳，河南巩县（今河南巩义）人。唐代伟大的现实主义诗人，与李白合称“李杜”。为了与另两位诗人李商隐与杜牧即“小李杜”区别，杜甫与李白又合称“大李杜”，杜甫也常被称为“老杜”。

韩愈

韩愈（768—824），字退之，河南河阳（今河南孟州）人，汉族，自称“郡望昌黎”，世称“韩昌黎”“昌黎先生”。唐代杰出的文学家、思想家、哲学家、政治家。

刘禹锡

刘禹锡（772—842），字梦得，洛阳人，自称“家本荥上，籍占洛阳”，又自言系出中山。唐代文学家、哲学家。其先祖为中山靖王刘胜。有“诗豪”之称。

范仲淹

范仲淹（989—1052），字希文，汉族，苏州吴县人。北宋杰出的思想家、政治家、文学家。

龚自珍

龚自珍（1792—1841），字璱（sè）人，号定庵（ān）。汉族，仁和（今浙江杭州）人，又号羽琌（líng）山民。清代思想家、诗人、文学家和改良主义的先驱者。

名人趣事

杜甫是唐朝著名大诗人，有“诗圣”之称，他的诗作成为我国古代诗歌的现实主义高峰。

杜甫出身于书香世家，祖父杜审言是武则天时代的著名诗人。在这样的家庭中，杜甫自幼受到良好的教育。早在咿呀学语时，母亲就教他背诵古代诗歌，从《诗经》到《楚辞》再到汉代乐府。他记忆力特别强，一天能背几首诗。没几年，胸中已装了几百篇诗文。

7岁那年的一天，父亲教他背诵古代的赋，其中有“凤凰”之名。杜甫早就听说过有凤凰鸟，但就是没见过，于是抬起头来问父亲：“凤凰鸟是什么样的？”父亲告诉他：“这鸟是古代传说中的鸟王，雄为凤，雌为凰。它头像鸡，颈如蛇，颌似燕，背如龟，尾如鱼。这种鸟不与其他凡鸟为群，是高洁的象征。”杜甫听了深深地印在脑中，对父亲说：“有志的人也应该像凤凰，对不对？”父亲高兴地抚摸着他的头说：“对，对。”“那我就作一首凤凰诗吧。”于是杜甫吟诵起来，把他理想中的凤凰尽情讴歌了一番，最后抒发怀抱：做人一定要做出类拔萃的人。父亲听了非常高兴，从此以后就更加用心培养他了。

到了9岁，杜甫已经能写诗，他常常把自己的得意诗作拿给大人们看。到了十四五岁的时候，当地诗人聚会的时候都要有他在场。

杜甫20岁离家漫游，他游吴越、登泰山、访燕赵，增长了很多见识。他33岁这一年，在洛阳与另一个诗歌巨子相遇了，那就是李白。他40多岁时国家发生动乱，自己也离乡背井，流离失所，生活无着，却用血泪写出千古传诵的诗篇。

古代文人雅称

文人的别称，是文人生平的一个小小缩影，这些别称或代表着文人的性格，或代表着他们的作品风格。

李白

诗仙——李白

李白诗歌想象丰富奇特，风格雄浑奔放，色彩绚丽，语言清新自然，被誉为“诗仙”。

诗圣——杜甫

杜甫其诗紧密结合时事，思想深厚，境界广阔，人称为“诗圣”。

杜甫

白居易

诗魔——白居易

白居易写诗非常刻苦，正如他自己所说：“酒狂又引诗魔发，日午悲吟到日西。”过分诵读和书写，竟到了口舌生疮、手指成胝的地步。所以人称“诗魔”。

诗鬼——李贺

李贺诗善于熔铸词采，驰骋想象，运用神话传说创造出璀璨多彩的鲜明形象，故称其为“诗鬼”。

李贺

刘禹锡

诗豪——刘禹锡

刘禹锡诗沉稳凝重，格调自然，格律精切，白居易赠他“诗豪”的美誉。

诗杰——王勃

王勃诗流利婉畅，宏放浑厚，独具一格，人称“诗杰”。

王勃

王维

诗佛——王维

这种称谓除了源于王维诗歌中的佛教意味和王维的宗教倾向之外，也表达了后人对王维在唐代诗坛崇高地位的肯定。

写好字（三）

书写提示

横画要写得平稳，竖画要写得端正。横平竖直，字就平稳端正。

谁　假

盖　排

使用钢笔，注意执笔姿势，把字写得规范、端正、整洁。

春雨老师

撇和捺写得舒展，字形就更美。

柔　蒙

横画和竖画较多的字，书写时要事先考虑好这些笔画的长短比例和间距，避免拥挤。

舞　最

笔画较少的字，要把笔画写得开一些；笔画较多的字，要把笔画写得短小紧凑些。

止　慧

抄写练习

请你按要求把下面这段话抄在横线上，写完后自己对照评星表打星，再拿给你的爸爸妈妈看看，请他们为你评价。

要求：

1. 要注意字的中心要在横格间的中线上，保持水平。

2. 字距要比行距小，两边留的空白大致相等。

3. 字距要一致，标点符号和字之间也要保持一定的距离。

4. 字的大小基本一致。

燕子去了，有再来的时候；杨柳枯了，有再青的时候；桃花谢了，有再开的时候。但是，聪明的，你告诉我，我们的日子为什么一去不复返呢？

自评互评星星表

	字在中心	字距合适	大小一致	布局美观
自评				
他评				

春雨老师

第七章

生产生活

生活是一滴灵动的水，生活是一曲优美的歌，生活就是桌上的粮与酒，生活就是脚下的路与头上的天空。

1 田园生活

字词王国

田——耕田　地——犁地　秧——插秧　种——播种（zhǒng）

草——除草　水——浇水　肥——施肥　割——收割

认识作物

农作物是指农业上栽培的各种植物。包括粮食作物、经济作物（油料作物、蔬菜作物、花、草、树木）两大类。粮食作物是谷类作物、薯类作物、豆类作物的统称。

你能给下面的这些作物分分类，让它们找到各自的家吗？

小豆	花菜	稻谷	花生	燕麦	大豆	木薯
芝麻	小麦	生菜	蚕豆	大麦	豌豆	马铃薯
玉米	甘薯	菠菜	青稞	绿豆	高粱	油菜

谷类作物：________________

薯类作物：________________

豆类作物：________________

油料作物：________________

蔬菜作物：________________

参考答案 认识作物：稻谷　燕麦　小麦　大麦　玉米　青稞　高粱

木薯　马铃薯　甘薯

小豆　大豆　蚕豆　豌豆　绿豆

花生　大豆　芝麻　玉米　油菜

花菜　生菜　菠菜　油菜

田园风光

稻田　　梯田　　麦田　　瓜田

棉花地　　油菜地　　芝麻地　　甘蔗地

苹果园　　菠萝园　　荔枝园　　香蕉园

桑基鱼塘　　立体种植　　温室大棚　　无土栽培

生产农具

1. 锄头　铁锹　钉耙　镰刀

观察每个词语的第一个字，你觉得它们会与什么有关系？

---

2. 木犁　梿枷　簸箕　打谷板

这些农具都与木或竹有关系，你还知道哪些木制或竹制的农具吗？

---

3. 耕耘机　插秧机　施肥机　喷药机

收割机　搬运机　干燥机　碾米机

这些带“机”字的农具，你觉得和上面的两类农具相比，它们会有什么样的区别呢？

参考答案

生产农具：1.铁　2.筒车　板车　箩筐　耙子　3.操作方式更先进，更省力。

田园诗

在我国古代文学史上，陶渊明第一个以田园景色和田园生活为题材进行了大量的诗歌创作，他的田园诗创立了中国古典诗歌的一个新流派——田园诗派，被历代诗人推崇备至，甚至被看成是“为诗之根本准则”。著名的田园诗人还有孟浩然、王维、范成大等。

归园田居（其三）

［东晋］陶渊明

种豆南山下，草盛(shèng)豆苗稀。
晨兴理荒秽(huì)，带月荷(hè)锄归。
道狭草木长(cháng)，夕露沾我衣。
衣沾不足惜，但使愿无违(wéi)。

四时田园杂兴（节选）

［宋］范成大

昼出耘田夜绩麻，村庄儿女各当家。
童孙未解供耕织，也傍桑阴学种瓜。

拓展积累

男耕女织	精耕细作	沃土千里
阡陌交错	炊烟袅袅	竹木葱茏
芳草萋萋	柳暗花明	麦浪翻滚
瓜藤满架	鸡犬相闻	鸡犬桑麻
竹篱茅舍	村酒野蔬	瓜果飘香

2 农业生产

古代农业

生产工具

铁犁　牛耕　翻(fān)车　曲辕(yuán)犁　筒车　风力水车

认识谷物

五谷：稻　黍(shǔ)　稷(jì)（粟(sù)）　麦　菽(shū)（豆）

汉字知识

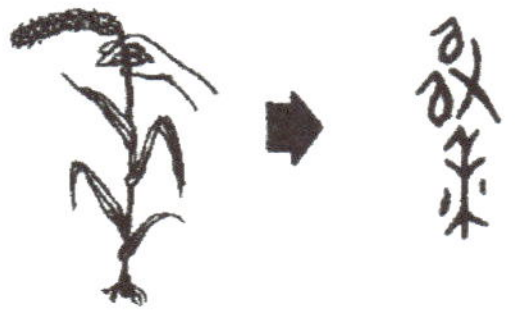

粟，会意字，像草木果实下垂的样子。在古代泛指谷类。北方通称“谷子”，去皮后称“小米”“粟子”。

农业谚语

谷雨前后，栽(zāi)瓜种豆。

春打六九头，耕牛满地走。

冬天麦盖三层被，来年枕着馒头睡。

麦要浇芽，菜要浇花。

诗词积累

悯(mǐn)农（其二）

［唐］李绅

春种一粒粟，秋收万颗子。
四海无闲田，农夫犹(yóu)饿死。

现代农业

生产工具

锄(chú)头　镰(lián)刀　铁锹(qiāo)　拖拉机　播种机　收割机

农作物

南方：水稻　棉花　油菜　花生

北方：小麦　高粱(liang)　大豆　芝麻

知识分享

南北作物差异的原因

我国南方的气候是高温多雨，田地以水田为主，所以当地的人会因地制宜种植生长习性喜高温多雨的水稻。而我国北方由于降水较少，气温较低，耕地大部分以旱地为主，因此适合种植喜旱耐寒的小麦。

农事活动

同学们，你们知道四季有哪些农事活动吗？

播(bō)种　插秧(yāng)　耕田　采桑　除(chú)草　割(gē)麦　打谷　积肥

成语挑战

五谷（　　）登　风调（　　）顺　六畜（　　）旺　精耕细（　　）

强本节（　　）　物阜（　　）丰　鱼米之（　　）　安居（　　）业

参考答案 成语挑战：丰　雨　兴　作　用　民　乡　乐

南方农业

南方地形

春雨老师

同学们，南方多山地、丘陵、平原，耕地较北方地区少。我们来认识南方的几种主要地形吧！

东南丘陵（líng）

四川盆地

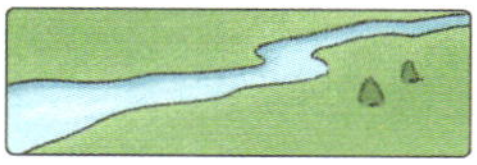

长江中下游平原

云贵高原

农业类型

水田农业：指在降雨和热量较丰富、灌溉水源较充足的地区，利用筑有田埂（gěng）可经常蓄（xù）水的耕地，以种植水生作物为主的农业。一般以种植水稻为主。我国南方主要以水田农业为主。

汉字知识

稻，形声字，从禾，舀（yǎo）声。本义：水稻。甲骨文“稻”字上部是“米”字，下部是装稻米的筐。

故事分享

一粒种子改变世界

袁隆平爷爷这位“杂交水稻之父”，在1973年率领科研团队开启了杂交水稻王国的大门，在数年的时间内就解决了十多亿人的吃饭问题，有力回答了世界“谁来养活中国”的疑问。正如美国著名农业经济学家帕尔伯格所言：袁隆平把西方国家远远甩到了后面，为中国争取到了宝贵的时间，并将引导中国和世界过上不再饥饿的美好生活。

目前，我国杂交水稻已在世界上30多个国家和地区进行研究和推广，并被冠以“东方魔稻”“巨人稻”“瀑布稻”等美称。

“稻花乡里说丰年，听取蛙声一片。”斯人已逝，禾下乘凉梦永存！

我指你说

（ ）

（ ）

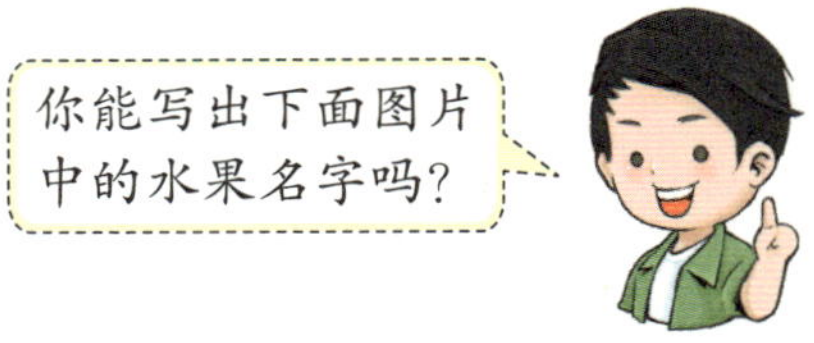

（ ）

（ ）

（ ）

（ ）

参考答案

我指你说：香蕉 龙眼 橙子 荔枝 菠萝 芒果

北方农业

农业类型

旱地农业：指在降水稀少又无灌溉条件的干旱、半干旱和半湿润易旱地区，主要依靠天然降水和采取一系列旱作农业技术措施，以发展旱生或抗旱、耐旱的农作物为主的农业。

土壤类型

黑土地：东北平原在冷湿的环境下，孕育了肥沃的黑色土壤。人们常把东北平原称为“黑土地”。

黄土地：黄土高原、华北平原常被称为“黄土地”。

作物分布

小麦：东北平原、华北平原　　谷子：黄土高原

甜菜：东北平原　　棉花：华北平原　　大豆：东北平原

汉字知识

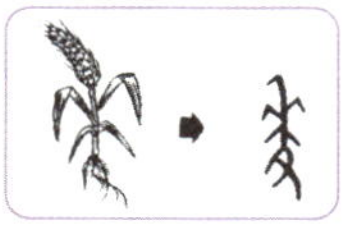

麦，本义麦子。麦子是从南欧及西亚引进的，古人将它命名为“外来的”（甲骨文的“夂”，倒写的“止”，表示外来）。

诗词积累

四时田园杂兴（节选）

［宋］范成大

梅子金黄杏子肥，
麦花雪白菜花稀。
日长篱(lí)落无人过，
惟有蜻蜓蛱(jiá)蝶飞。

3 职业与场所

聊一聊

课堂上，春雨老师和同学们交流职业的话题。

春雨老师：同学们，你们长大以后，想做什么工作呀?

诗诗：老师，我想像您一样，做一名传道授业、教书育人的老师。

春雨老师：诗诗，老师相信你一定可以梦想成真。杰杰，那你呢?

杰杰：老师，经过这场新冠肺炎疫情，我更坚定了要当一名医生的决心。救死扶伤，减轻或消除患者的痛苦，让他们身体健康，是我的职责；当国家和人民需要时，迎难而上，是我的使命。

诗诗：杰杰，你说得可真好，你将来肯定会是一名出色的医生。

春雨老师：杰杰，我也赞同诗诗的说法，我们都看好你哦!

你知道吗

同学们，你们知道吗？刚才春雨老师和诗诗、杰杰聊天时，提到的教师、医生，就是我们生活中常见的职业，那么什么是职业呢？

职业是参与社会分工，利用专门的知识和技能，为社会创造物质财富和精神财富，获取合理报酬，作为物质生活来源，并满足精神需求的工作。

那你还知道哪些职业呢？请你写出几个。（　　　　　）、（　　　　　）、（　　　　　）、（　　　　　）。

这是哪里

学校　　医院　　法院　　警察局　　消防站　　博物馆

商场　　机场　　车站　　图书馆　　音乐厅　　健身房

选一选

科学家　交警　环卫工人　消防员　航天员　医生

1. 神舟十三号载人飞行任务由翟志刚、王亚平、叶光富3名（　　　）执行，翟志刚担任指令长。

2. 每天天不亮，（　　　）就开始在大街上清扫。

3. 不论是严寒，还是酷暑，（　　　）都在马路上指挥交通。

4. 那栋大楼起火了，（　　　）们正在奋力灭火。

5. 我的爸爸是一位医术高明，医德高尚的（　　　）。

6. 袁隆平爷爷是一位（　　　），他懂得，要想好梦成真，光是苦干还不行，还得有实事求是的科学态度，大胆创新，才能成功。

职业趣谈

依据题意，照样子写一写。

1. 家：指掌握某种专门学识，从事某种专门活动的人。

音乐家　　画家　　（　　　）　（　　　）

2. 员：指从事某种工作或学习的人；担任某种职务的人。

飞行员　　营业员　　（　　　）　（　　　）

3. 师：掌握专门学术或技艺的人。

工程师　　建筑师　　（　　　）　（　　　）

古代对职业的称谓

对一些以技艺为职业的人，称呼时常在其名前面加一个表示他的职业的字眼，让人一看就知道这人的职业身份。如《庖丁解牛》中的“庖丁”，“丁”是名，“庖”是厨师，表明职业。《师说》中的“师襄”和《群英会蒋干中计》中提到的“师旷”，“师”意为乐师，表明职业。《柳敬亭传》中的“优孟”，是指名叫“孟”的艺人。“优”，亦称优伶、伶人，古代用来称以乐舞戏谑为职业的艺人，后亦称戏曲演员。

古今职业称呼对照

老师——夫子	医生——郎中
法官——司寇	护士——（　　）
（　　）——仵作	警察——（　　）
翻译——通事	会计——账房
（　　）——掌门	秘书——师爷
销售——商贾	保安——护院
快递——（　　）	（　　）——布衣
消防员——火师	

拓展积累

尽职尽责	鞠躬尽瘁	任劳任怨	一丝不苟
兢兢业业	认认真真	勤勤恳恳	无私奉献
不学无术	纸上谈兵	粗心大意	敷衍了事

参考答案

选一选：1.航天员　2.环卫工人　3.交警　4.消防员　5.医生　6.科学家

职业趣谈：1.舞蹈家　美食家　2.服务员　快递员　3.设计师　摄影师

古今职业称呼对照：医女　法医　捕快　总裁　镖师　农民

4 科技发展

生活篇

家用电器

同学们，科技改变生活，快看看你家里有哪些智能电器吧！

冰箱　电视机　吹风机

洗衣机　洗碗机

空调　吸尘器　微（wēi）波炉

扫地机器人

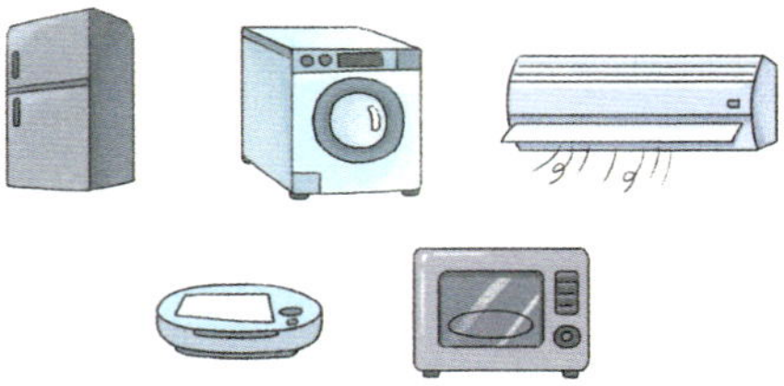

汉字知识

器 → “器”是会意字，本义是狗的叫声。中间是“犬”，犬的周围是四个“口”，表示器物很多，要用犬来看守。

连连看

请你把成语所指的电器和对应的电器名称连起来。

有声有色　冬暖夏凉　清风朗月　寒气袭（xí）人　贤妻良母

冰箱　吹风机　电视　空调　洗衣机

安全用电

用电不能超负荷（hè），电器电线防老化。

电器绝缘（yuán）要干燥，湿手不能用电器。

新购（gòu）电器看说明，安全用法告大家。

电闪雷鸣闭门窗，电器插（chā）头全拔下。

参考答案

连连看：有声有色——电视　冬暖夏凉——空调　清风朗月——吹风机

寒气袭人——冰箱　贤妻良母——洗衣机

学习篇

猜谜语

身子细又长，黑心长衣裳。走路爱拐弯，脚印老变样。

打一学习用具：(　　　　)

学习用具

可擦（cā）笔

削（xiāo）笔器

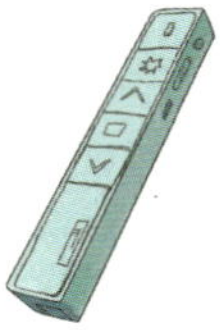

翻页笔

平板电脑

计算器

汉字知识

→ 具 →

“具”是会意字。甲骨文中间是“鼎”（dǐng），下面为双手，表示双手捧着装有食物的鼎器（餐具）。本义：准备饭食或酒席。

成语挑战

请在下面括号中填入学习用具的名称，完成成语。

百炼成（　）（　）走龙蛇　　脚踏实（　）（　）穷匕见

神机妙（　）（　）根错节　　转弯抹（　）（　）短寸长

参考答案　猜谜语：笔

成语挑战：钢笔　地图　算盘　角尺

出行篇

汉字知识

xíng
行 →“行”是象形字。本义：道路。引申为行走。

交通工具

汽车　火车　高铁　磁（cí）悬浮列车

飞机　火箭　飞船　人造卫星

成语积累

四通（　）达　　畅行（　）阻

（　）泄不通　　车水（　）龙

乘（　）破浪　　（　）流不息

舟（　）劳顿　　络绎（　）绝

故事分享

航天英雄杨利伟

2003年10月15日9时整，38岁的中校航天员杨利伟乘坐由我国自行设计制造的神舟五号载人飞船首次进入太空，中华民族几千年的飞天梦终于成真，对我国航天事业起到了里程碑的作用，我国成为继俄美之后第三个将航天员送上太空的航天大国。全世界都记住了一个中国人的名字——杨利伟。

参考答案

成语积累：八　无　水　马　风　川　车　不

通信篇

汉字知识

xìn
信 → 从人，从言。人的言论应当是诚实的。本义：真心诚意。

通信：用书信互通消息，利用信号传送文字、图像等。

通信方式

硬件类：小灵通　电话　对讲机　手机　电话手表

软件类：微（wēi）博　微信　支付宝　QQ　电子邮件

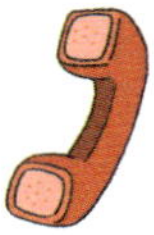

通信变化

从古到今，人们的通信方式发生了很多变化，你们知道都有哪些方式吗？

喊（hǎn）叫→击鼓（gǔ）→烽（fēng）火→飞鸽传书→信件→电报→邮政→大哥大→传呼机→固定电话→手机→智能手机、电子邮件、即时通讯软件

古诗积累

逢入京使

［唐］岑参

故园东望路漫漫，双袖龙钟泪不干。
马上相逢无纸笔，凭君传语报平安。

写好字（四）

学校里马上就要举行书法比赛了，瞧，同学们都在认真准备呢！

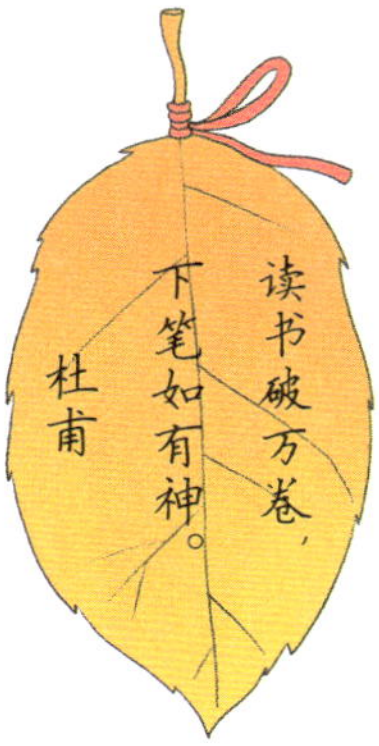

杰杰

诗诗，你做的树叶书签真有意思！

诗诗

谢谢！你也可以试试哟。竖着写的时候，要自右向左写，注意字距均匀，上下字对齐。

杰杰

好呀，我现在就来写一幅！

春雨老师

下面这首诗写得多好呀！写的时候要注意每一行诗句都要居中书写，注意上下、左右文字要对齐。在抄写的时候还要注意笔画、结构方面的细节。

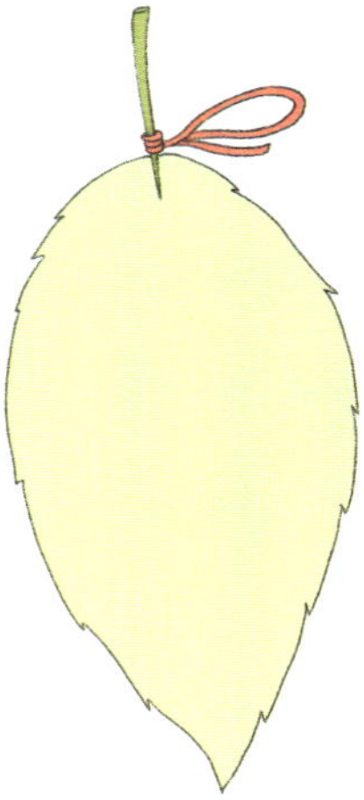

苔

［清］袁枚

白日不到处，

青春恰自来。

苔花如米小，

也学牡丹开。

佳作欣赏

中秋前后是北平最美丽的时候。天气正好不冷不热，昼夜的长短也划分得平均。没有冬季从蒙古吹来的黄风，也没有伏天里挟着冰雹的暴雨。天是那么高，那么蓝，那么亮，好像是含着笑告诉北平的人们：在这些天里，大自然是不会给你们什么威胁与损害的。西山北山的蓝色都加深了一些，每天傍晚还披上各色的霞帔。

——老舍

欣赏这位同学的字，再照着写一写，看看自己的书写速度是否有所提高。

新竹老师

用时：(　　　　)

第八章

认识世界

只有走出去，我们才能更好地看这个世界，才能真正去了解它、融入它、认识它，从而真正地了解自己，认识自己。

1 我的祖国

猜谜游戏

有山不见石和崖，有地不见土和沙，
江河湖海不通船，外出旅行全靠它。

（打一物：________）

参考答案

猜谜游戏：地图

幅员辽阔

地理方位：看地图时，我们要注意方向。上北下南，左西右东。

省份数量：我国共有34个省级行政区域，包括23个省，5个自治区，4个直辖市，2个特别行政区。

汉字知识

国，会意字。从“囗”（wéi），表示疆域。从或（即“国”）。“或”亦兼表字音。本义：邦国。

祖国：自己的国家。它是指世代居住，并对所在国文化有着高度文化认同感的，并且自己和祖先共同所在的国家。

书写提示

全包围结构，书写时注意第二笔是横折，不是横折钩。

全包围结构的书写规则：先外后内，再封口。

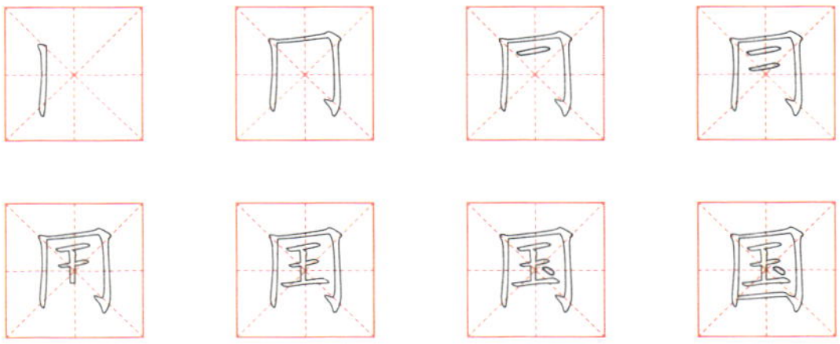

课外积累

中国的美称：华夏　中华　九州　赤县　神州　禹迹　九域　海内

国泰民安　国富民强　齐家治国　精忠报国

国破家亡　祸国殃民　丧权辱国　闭关锁国

地大物博

知识普及

省份：我国的省级行政区，是行政地位与省相同的行政区，为一级行政区，包括省、自治区、直辖市、特别行政区。

直辖市：我国行政区划之一，行政地位与省、自治区、特别行政区相同，是中华人民共和国省级行政区，是直接由中央人民政府所管辖的建制市。

自治区：一种行政区划名称。自治区的行政地位相当于省，所以自治区其实也可以理解为有自治权的省。

特别行政区：指在中华人民共和国行政区域内，根据宪法和法律的规定而设立的具有特殊法律地位，实行特殊的社会制度、政治制度、经济制度和文化制度等的行政区域。

趣谈简称

中国共有34个省级行政区域，每一个都有自己的简称。你能把下面的表格填写完整吗？

省份	简称	省会
湖北省	鄂	武汉
广东省		
陕西省		
云南省	云或滇	昆明
福建省		
吉林省		
江苏省		

一起填一填

每个省都有自己的特色，都有自己具有代表性的地标。下面的行政区划的代表性事物是什么呢？

1. 北京（　　　　）　山东（　　　　）　香港（　　　　）
   上海（　　　　）　浙江（　　　　）　湖南（　　　　）

2. 有着“宝岛”美誉的是我国的哪个省？（　　　　）

3. 你的家乡在（　　　　），它的简称是（　　　　），它最有代表性的事物是（　　　　）。

读一读

七子之歌·台湾

闻一多

我们是东海捧出的珍珠一串，
琉球是我的群弟，我就是台湾。
我胸中还氤氲着郑氏的英魂，
精忠的赤血点染了我的家传。
母亲，酷炎的夏日要晒死我了，
赐我个号令，我还能背水一战。
母亲！我要回来，母亲！

参考答案

一起填一填：1. 天安门　泰山　铜锣湾　虹桥　西湖　张家界
2. 台湾
3. 略

2 环游世界

我爱旅游

我会认 旅游去咯！快来看看旅行必备物品清单吧！

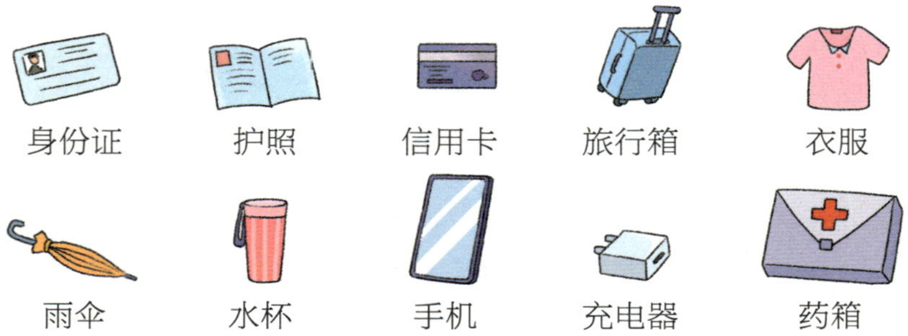

旅游胜地

英国　冰岛　泰国　新加坡　澳大利亚
法国　希腊　韩国　马来西亚　马尔代夫

成语积累

流连忘返　名胜古迹　湖光山色　海市蜃楼
游山玩水　登高望远　翻山越岭　跋山涉水
走南闯北　万水千山　漂洋过海　千里迢迢

故事分享

杜甫志游泰山

在唐朝“开元盛世”的一个秋天，二十多岁的杜甫参加进士考试，结果榜上无名。但是，他并没有消沉下来，而是积极地投入了对美好自然风物的探寻，到山东一带继续他的游览生活。当他看到泰山高大巍峨、神奇秀丽的景色时，产生了攀登绝顶的愿望，并作诗《望岳》。这首诗展现了他不怕困难、敢攀顶峰、俯视一切的雄心壮志。

第一站：荷兰

国名由来

荷兰真正的国名叫“尼德兰”。“尼德”是低的意思，“兰”是土地，合称为“低洼（wā）之国”。荷兰全国三分之一的面积只高出北海海面一米，近四分之一低于海平面，是名副（fù）其实的“尼德兰”。

荷兰美誉

荷兰以郁（yù）金香、风车、牧场和运河而闻名天下，被称为花之国、风车之国、牧场之国。

春雨老师

风车之国

荷兰被称为“风车之国”，你们知道荷兰风车有什么作用吗？

碾（niǎn）压谷物　加工大麦　制造纸张　榨（zhà）油

排水灌（guàn）溉　搬运种子　旅游观光　发电

花之国

郁金香　百合花　风信子　水仙花　剑兰　玫瑰

牧场之国

辽阔无垠（yín）的草原　膘（biāo）肥体壮的骏马

黑白两色的花牛　悠然自得的绵羊

成群结队的长毛山羊

第二站：法国

社交礼仪

春雨老师

同学们，法国是世界上最浪漫的国家，他们的浪漫首先表现在礼节上，你们想了解吗？

诗诗

想！老师，那法国人有哪些礼节呢？

春雨老师

法国人常用的礼节有握手礼、吻面礼、贴面礼、脱帽礼。法国人见面常用贴面礼，和我们中国的见面礼不太一样哦！

贴面礼：亲朋好友间见面或分手时，通常双方都会互相用脸颊碰一下，嘴里同时发出“啧啧（zè）”的声音，声音越大表示越热情。通常从右颊开始，左右各碰一下。

特色建筑

法国以特色建筑出名，快来看看法国都有哪些标志性建筑吧！

巴黎圣母院	凯旋门
埃菲尔铁塔	凡尔赛宫
巴黎歌剧院	卢浮宫
枫丹白露宫	香波城堡

法国美食

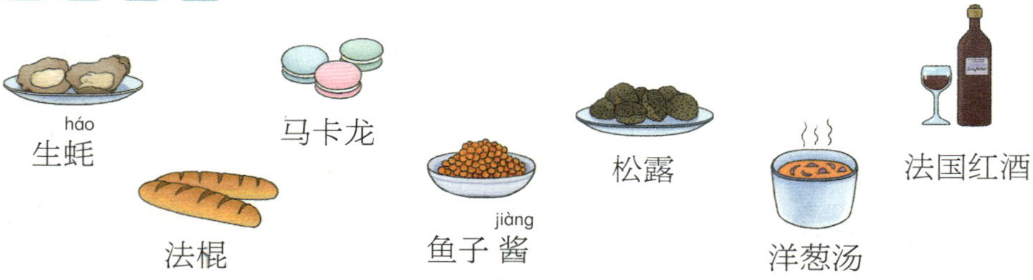

第三站：澳大利亚

汉字知识

澳：形声字。指海边弯曲可以停船的地方（多用于地名），如澳门（简称“澳”）。澳大利亚是“澳大利亚洲”（“大洋洲”的旧称，简称“澳洲”）。

体育运动

冲浪　帆板　赛马
钓鱼　板球　地滚球
橄榄球　澳式足球

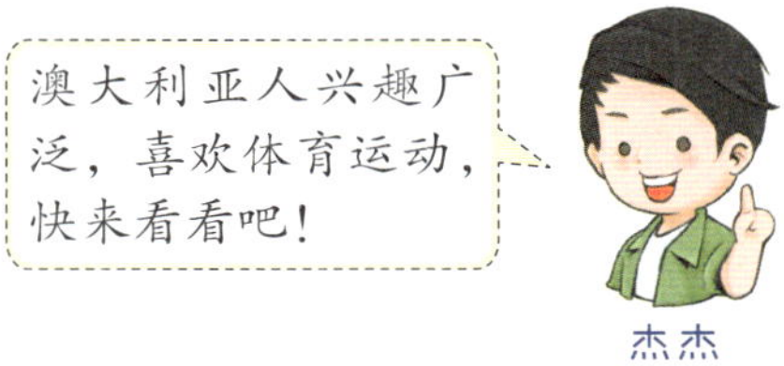

国家特产

澳大利亚农牧业发达，素有“骑在羊背上的国家”之称。

宝石　羊皮
白酒　绵羊油
艺术画作

奇花异草

金合欢　金蒲(pú)桃　鸭脚木　红桉　红千层
班克木　袋鼠爪花　火轮木　阔叶　银叶菊

金合欢：澳大利亚的国花，在澳大利亚家喻户晓且最具代表性。广场、街道、建筑物、庭院，随处可见金合欢树，更有许多人家会种一棵棵金合欢树围在自家庭院四周当作篱笆（lí　ba）。

3 绿色环保

认识“绿色”

绿色植物

找找下边哪些词语是绿色植物，把它圈出来吧！

小草	围墙	杨树	小雨	爬山虎
庄稼	泥土	松树	柏树	足球场

绿色食品

我们常常在广告中听到“绿色食品”，那么你知道什么是“绿色食品”吗？

绿色食品：指在生产过程中关注人们健康和环境的产品，由农业部的绿色食品发展中心认证。有A级和AA级两种等级。

辣椒

西红柿

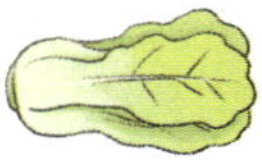

青菜

南瓜

绿色能源

绿色能源：清洁能源，是指不排放污染物、能够直接用于生产生活的能源。

太阳能

地热能

风能

水能

生物能

连一连

你认识这些绿色标志吗？快来连一连吧！

绿色奥运标志

中国节水标志

中国植树节

中国环境标志

绿色食品标志

知识链接

中国环境标志

中国环境标志由中心的青山、绿水、太阳及周围的十个环组成。图形的中心结构表示人类赖以生存的环境，外围的十个环紧密结合，环环紧扣，表示公众参与，共同保护环境；同时十个环的“环”字与环境的“环”同字，其寓意为“全民联系起来，共同保护人类赖以生存的环境”。

参考答案

绿色植物：小草　杨树　爬山虎　芦荟　松树　柏树

连一连：左一：中国环境标志

左二：绿色奥运标志

左三：中国节水标志

右一：绿色食品标志

右二：中国植树节

垃圾分类

垃圾分类依据

垃圾分类是指按照垃圾的不同成分、属性、利用价值以及对环境的影响，并根据不同处置方式的要求，分成属性不同的若干种类。

认识垃圾桶

这里有四个颜色的垃圾桶，它们该分别装什么类型的垃圾呢？

◆绿色的是厨余垃圾桶，装剩饭剩菜瓜果皮，上面有果核鱼骨作为标志。

◆蓝色的是可回收垃圾桶，装金属、纸盒、塑料瓶等，上面的一个循环的三角形箭头代表可循环利用。

◆灰色的是其他垃圾桶。图标上是三角形，两个箭头朝下。

◆红色是有害垃圾桶，装电池、农药、杀虫剂等对环境有毒有害的垃圾。标志上面有一棵小苗代表生命与环境；有错误叉号标志代表有害，提醒每个人不能对生命与环境造成伤害。

垃圾处理方法

综合利用　　卫生填埋

焚烧发电　　堆肥

资源返还

你知道目前常用的垃圾处理方法主要有哪些吗？

杰杰

低碳生活

认识低碳

低碳生活：指以节能的方式以较低或更低的温室气体（二氧化碳为主）排放实现减少碳排放量的目标的生活方式，进而减少对大气的污染，减缓生态恶化。

低碳做法

衣：穿棉质衣服，衣服可回收利用。

食：减少粮食浪费。

住：节能用电，少用电器。

行：尽量乘坐公共交通工具。

杰杰

宣传标语

春雨老师

低碳生活，快乐你我。

绿色出行，低碳环保。

节能减排，守护蓝天。

过低碳生活，做绿色公民。

阅读链接

地球一小时

“地球一小时”也称“关灯一小时”，是世界自然基金会在2007年向全球发出的一项倡议：呼吁个人、社区、企业和政府在每年3月最后一个星期六20：30至21：30期间熄灯一小时，以此来激发人们对保护地球的责任感，以及对气候变化等环境问题的思考，对全球共同抵御气候变暖行动的支持。

环境保护

环境现状

水污染　　大气污染　　土壤污染

白色污染　　固体废弃物污染

知识链接

白色污染：主要指塑料垃圾没有得到妥善管理和处理，对环境造成的“视觉污染”和“潜在危害”两种负面效应。

成语积累

山清水秀　　鸟语花香　　万紫千红　　绿草如茵

柳绿花红　　枝繁叶茂　　繁花似锦　　花团锦簇

碧水青山　　草长莺飞　　湖光山色　　绿树成荫

环保行动

环保拍手歌

你拍一，我拍一，不能随手扔垃圾；
你拍二，我拍二，尽量少用塑料袋；
你拍三，我拍三，爱国爱家爱校园；
你拍四，我拍四，节约水电节约纸；
你拍五，我拍五，爱护小草和树木；
你拍六，我拍六，草坪上面别乱踩；
你拍七，我拍七，弯腰伸手捡垃圾；
你拍八，我拍八，公共场所不乱画；
你拍九，我拍九，环境保护要持久；
你拍十，我拍十，争当环保小卫士。

4 拼搏奥运

奥林匹克运动会

奥林匹克运动会，简称“奥运会”，是国际奥林匹克委员会主办的世界规模最大的综合性运动会，每四年一届，是世界上影响力最大的体育盛会。奥运会中，各个国家和地区用运动交流各国文化，以及切磋体育技能，其目的是鼓励人们不断进行体育运动。奥林匹克运动会发源于两千多年前的古希腊，因举办地在奥林匹亚而得名。

同学们，下面的几张图是2008年第29届奥运会体育图标，你能说出这些图标分别表示什么运动项目吗？这些图案有什么共同点？

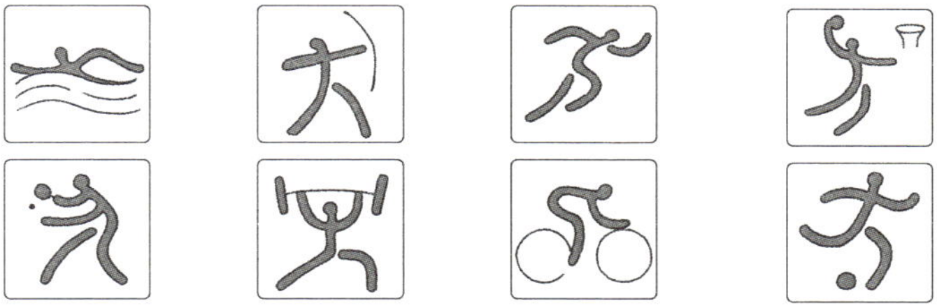

仔细观察图标，我们很快就能看出是什么项目了，它们分别是：

游泳　射箭　田径　篮球

乒乓球　举重　自行车　足球

上面的体育图标融合了我国古文字的象形意趣和现代图形的简化特征，显示出鲜明的运动特征、优雅的运动美感和丰富的文化内涵，达到了“形”与“意”的和谐统一。这些图案中的共同的元素就是汉字“人”。这些“人”字，虽然外形有变化，但基本的构造是相同的。

五环标志

奥林匹克五环标志，它由5个奥林匹克环套接组成，有蓝、黑、红、黄、绿5种颜色。五环象征五大洲的团结以及全世界的运动员以公正、坦率的比赛和友好的精神在奥林匹克运动会上相见。

奥运冠军

世界第一个奥运冠军

世界上第一个奥运冠军是美国人詹姆斯·康诺利。1896年4月6日，他在古奥运会的发源地希腊雅典举行的首届奥运会三级跳远的比赛中，勇夺金牌，成为首位奥运冠军。

亚洲第一个奥运冠军

亚洲第一个奥运冠军是日本的织田干雄，他是日本男子田径运动员。在1928年的第九届奥运会上，他以15.21米的成绩夺得三级跳远金牌，成为现代奥运史上获金牌的第一位亚洲运动员，1932年以15.58米再创三级跳远世界纪录。

我国第一个奥运冠军

我国第一个奥运冠军是我国射击运动员许海峰，1984年7月29日，他在洛杉矶奥运会男子自选手枪慢射决赛中，以566环成绩勇夺金牌。该金牌是本届奥运会的第一块金牌，也是我国奥运史上的第一块金牌。

中国奥运史

1894年，筹备第一届奥运会时，国际奥委会便向我国发出了邀请。当时的清王朝因对奥运会不了解，没有答复。

1931年，在南京成立的中华全国体育协进会被国际奥委会承认为“中国奥林匹克委员会”，我国正式参加奥运会的历史自此开始。

1932年，中华民国政府正式派员参加在美国洛杉矶举行的第10届奥运会。刘长春成为我国第一位参加奥运会的选手。

1936年，第11届奥运会，我国派出140人组成的代表团参加了篮球、足球、游泳、田径、举重、拳击、自行车七个项目的比赛。

1960年，罗马奥运会上，台湾选手杨传广夺得十项全能比赛银牌，这是中国人获得的首枚奥运会奖牌。

1979年，国际奥委会恢复了我国的合法席位。

1984年7月，美国洛杉矶第23届奥运会，许海峰在男子手枪慢射比赛中获得金牌。

2000年，在悉尼奥运会上，我国代表团取得了金牌榜及奖牌榜均列第三位的好成绩，标志着我国体育水平开始步入世界行列。

2001年，北京时间7月13日22：10，北京在国际奥委会第112次全会上获得第29届2008年奥运会主办权。

2008年8月8日，北京奥运会顺利开幕。在此届奥运会上，我国健儿获得了51枚金牌。

2015年7月31日，我国获得2022年冬季奥林匹克运动会举办权。

奥运场馆

国家体育场（鸟巢）

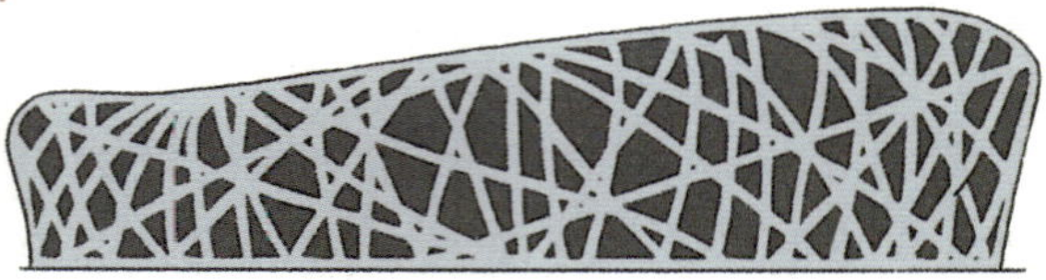

国家游泳中心（“水立方”）

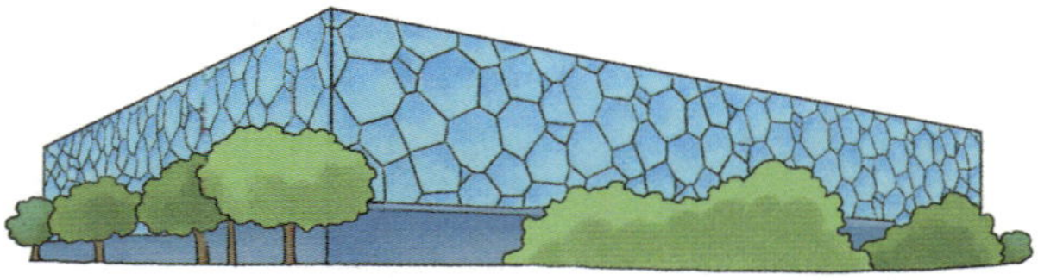

吉祥物

福娃是2008年北京第29届奥运会的吉祥物。五位福娃分别为“贝贝”“晶晶”“欢欢”“迎迎”和“妮妮”，把五个福娃的名字连在一起，会读出北京对世界的盛情邀请“北京欢迎你”。福娃向世界各地传递友谊、和平、积极进取的精神和人与自然和谐相处的美好愿望。福娃也代表了我国的奥运梦想以及我国人民的渴望。它们的原型和头饰蕴含着其与海洋、森林、火、大地和天空的联系，其形象设计应用了我国传统艺术的表现方式，展现了我国的灿烂文化。

书法欣赏

四大楷书

楷书四大家，是对书法史上以楷书著称的四位书法家的合称，也称四大楷书。他们分别是：唐朝欧阳询、唐朝颜真卿、唐朝柳公权、元代赵孟頫（fǔ）。他们作品分别被称为欧体、颜体、柳体和赵体。

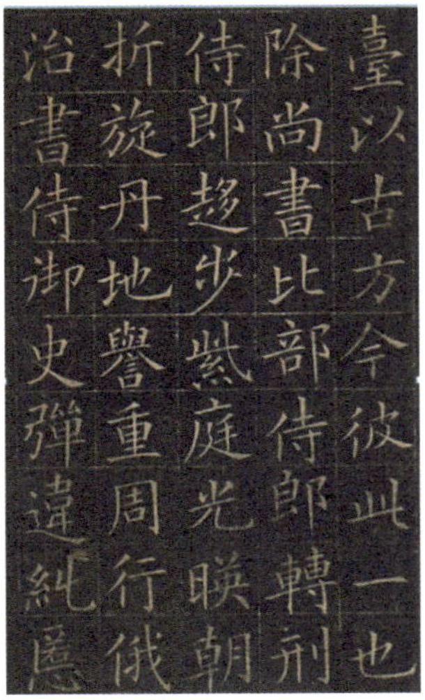

欧阳询的楷书用笔方整，略带隶意，笔力刚劲，一丝不苟。世称“唐人楷书第一”，代表作《九成宫醴泉铭》。此碑书法，高华庄重，法度森严，笔画似方似圆，结构布置精严，上承下覆，左揖右让，局部险劲而整体端庄，无一处紊乱，无一笔松塌。

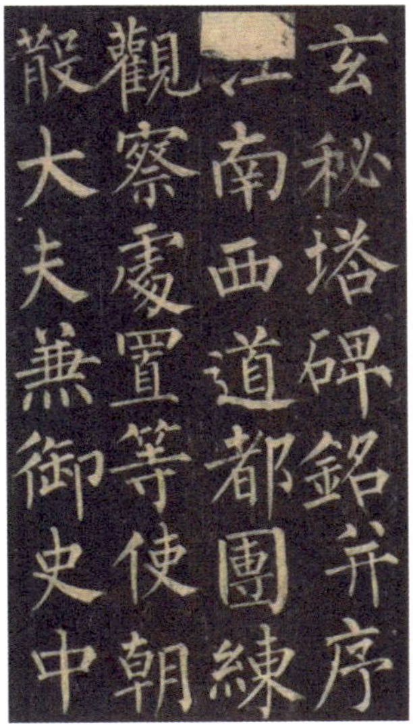

颜真卿用楷书所写之碑，端正劲美，气势雄厚。人们常说的“颜筋柳骨”中的“颜筋”，就是形容他的书法筋肉丰满，浑厚有力。《多宝塔碑》是其代表作之一。

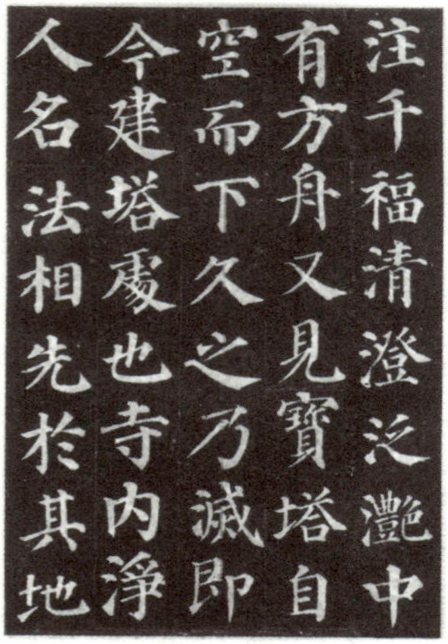

柳公权所写楷书，体势劲媚，骨力道健。较之颜体，柳字则稍清瘦。他的传世书迹很多，影响较为突出的有《玄秘塔碑》，其结体紧密，笔法锐利，筋骨外露，阳刚十足，字迹如刀刻一般，且笔画粗细变化多端，风格特点显著。

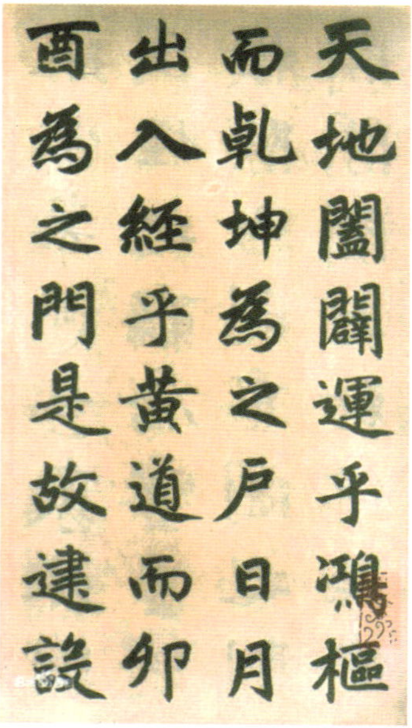

赵孟頫是元代初期很有影响的书法家。他的书法婉丽流美，与其他三位楷书名家的刚健风格正好形成鲜明的对比。其楷书代表作之一《三门记》结体宽博深稳，运笔酣畅圆润。

玩转大语文

古诗王国大漫游

主　　编　胡良君　李娟萍
绘　　者　皮欢欢
本册主编　付珍妮
本册副主编　刘　洋　刘世佳
本册编委　徐　艳　唐文茹　柯　菲　代英红

人民东方出版传媒
People's Oriental Publishing & Media
東方出版社
The Oriental Press

图书在版编目（CIP）数据

玩转大语文．古诗王国大漫游 / 胡良君，李娟萍主编；皮欢欢绘．—北京：东方出版社，2023.1
ISBN 978-7-5207-2938-3

Ⅰ．①玩…　Ⅱ．①胡…　②李…　③皮…　Ⅲ．①古典诗歌—中国—小学—教学参考资料　Ⅳ．①G624.203

中国版本图书馆CIP数据核字（2022）第143499号

玩转大语文：古诗王国大漫游
（WANZHUAN DA YUWEN：GUSHI WANGGUO DA MANYOU）
胡良君　李娟萍 主编　皮欢欢 绘

策划编辑：鲁艳芳
责任编辑：金　琪　鲁艳芳
特邀编辑：陈雨姣
出　　版：東方出版社
发　　行：人民东方出版传媒有限公司
地　　址：北京市东城区朝阳门内大街166号
邮　　编：100010
印　　刷：北京尚唐印刷包装有限公司
版　　次：2023年1月第1版
印　　次：2023年1月北京第1次印刷
开　　本：710毫米×1000毫米　1/16
印　　张：10.5
字　　数：137千字
书　　号：ISBN 978-7-5207-2938-3
定　　价：210.00元（全6册）
发行电话：（010）85924663　85924644　85924641

前　言

是“日出江花红胜火，春来江水绿如蓝”的山水江南；

是“大漠孤烟直，长河落日圆”的苍茫塞北；

是“莫愁前路无知己，天下谁人不识君”的豪迈祝福；

是“劝君更尽一杯酒，西出阳关无故人”的依依惜别；

是陶渊明的“采菊东篱下，悠然见南山”；

是李白的“天生我材必有用，千金散尽还复来”；

…………

从《诗经》到《楚辞》，从汉乐府诗到魏晋骈文，从唐诗宋词到元曲，一部华夏五千年文明史，就是一卷璀璨夺目的诗歌华章。无疑，我国是诗歌的国度，每个炎黄子孙的血液里都流淌着诗歌的基因。

回望诗词的天空，在悠久的时光里，先人给我们留下了宝贵的文化遗产和精神财富。古诗词的气概与品格带给我们力量，古诗词的情怀与悠远带给我们温暖，古诗词的风景与意境又让我们流连忘返。

诗中有画，诗中有情，诗中还有理想和志向。含蓄优美，意境深远，古诗所创造的情境值得我们久久回味。为此，我们给同学们打造了这个精彩别致的古诗王国。

同学们，准备好了吗？欢迎与我们一起开启这段奇妙的时空之旅——古诗王国大漫游！从古诗的人文主题出发，将经典古诗分为童年童趣、友谊情深、思乡恋家、四时物语、山川风物、家国情怀、感事抒怀七大主题，并将这七大主题分别对应到相应的游览展馆中供小朋友们观看，寓教于乐。

在这里，古诗中神秘的、精彩的世界如一幅幅画卷在我们面前铺展开，有“儿童散学归来早，忙趁东风放纸鸢”的快乐童年；有“桃花潭水深千尺，不及汪伦送我情”的友谊情深；有“独在异乡为异客，每逢佳节倍思亲”的思乡之情；有“两个黄鹂鸣翠柳，一行白鹭上青天”的四季美景；有“一道残阳铺水中，半江瑟瑟半江红”的山河风光；有“王师北定中原日，家祭无忘告乃翁”的家国情怀；还有“问渠那得清如许？为有源头活水来”的真知灼见。

“不学诗无以言”，一首诗歌，就是一个世界；一册古诗，就是江山万里。我们选编了部编小学语文课本中最具代表性的诗歌，根据同一主题进行集中呈现，从作者简介到古诗诵读，再到古诗中的语言知识点、历史知识点，进行详细的归纳和趣味的讲解。生动的配图、刺激的闯关游戏、有趣的历史小故事，让我们走进诗歌、走近诗人，感受悠远的心灵。

古人说：“熟读唐诗三百首，不会作诗也会吟。”我们读古诗、学古诗，更是品古诗、赏古诗，感受无以言传的美。愿古诗带我们感受美好，愿古诗伴我们快乐成长，愿古诗带我们更好地体悟生活！

中国诗词历代名人馆

诗者，志之所之也。在心为志，发言为诗。

——《毛诗·大序》

诗诗

大家好，我是诗诗。欢迎大家跟我一起开启古诗王国大漫游！

在古代，诗歌其实就是跟“文”相对的韵文，包括诗、词、曲。那么在漫游之前，让我们来认识一下我国古代诗词名人吧！

新竹老师

孔子+屈原，引领“风骚”数千年

“风”指《诗经》中的“国风”部分。《诗经》是我国的第一部诗歌总集，最初称为《诗》，包含了“风、雅、颂”三个部分，经过孔子编订后定型，被儒家尊为《诗经》，位列“五经”之首，现存305首诗歌。“国风”部分大多是来自民间的诗歌，是《诗经》中的精华，后来“风”就成了优秀诗歌作品的代名词。

“骚”指《离骚》，出自《楚辞》，是伟大的浪漫主义诗人屈原的代表作。屈原的诗歌想象奇特，充满了浪漫主义色彩。因为《离骚》太优秀，后人又把《楚辞》称为“骚体”。

高手在民间，两汉诗人大多是无名氏

两汉最突出的文学成就是“赋”，这个时期伟大的文学家都是作赋的高手，比如司马相如、扬雄等。最杰出的代表是“乐府诗歌”，这是继《诗经》之后，古代民歌的又一次大汇集，名篇有《孔雀东南飞》《陌上桑》等。这一时期作者都不太重视自己的著作权，诗歌作者大多无法考证。

《古诗十九首》是由底层文人模仿乐府诗创作的五言诗，由南朝萧统所编，大多具有浑然天成的艺术风格，被刘勰称为“五言之冠冕”。大家比较熟悉的《迢迢牵牛星》就是其中的一首。

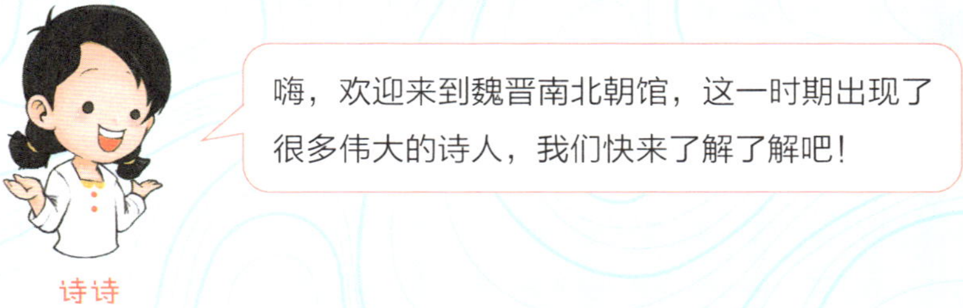

三曹之中，老曹数第一

三国时期，文学成就最高的是号称“三曹”的曹氏父子，即曹操、曹丕、曹植，他们是建安文学的主力。其中曹操的诗歌成就最高，我们比较熟悉的《短歌行》《观沧海》就是他的作品。

五柳先生虽种田，诗名排第一

五柳先生是陶渊明的别号。他是东晋末年杰出的诗人，被誉为“隐逸诗人之宗”“田园诗派之鼻祖”。他真实地描绘自己的隐逸生活，真诚地表达对山水田园生活的热爱，在那个时代就是一股“清流”，收获了大量的后世诗人“粉丝”呢！

大谢清发，山水之间有诗情

谢灵运和陶渊明是同时期的诗人，不过陶先生当平民百姓的时候多，当官的时候少；而谢灵运因为家族的原因，一直生活在上层社会。谢灵运是第一位全力创作山水诗的诗人，他的诗在当时就流传很广，影响很大，迷倒了无数文人雅士。

《木兰辞》一出，民歌谁与争锋

魏晋南北朝时期战乱频仍，这时期最突出的成就是民歌，有大家非常熟悉的北朝民歌《木兰辞》，传唱甚广，对后世的影响也很大。

诗诗

大家屏住呼吸，下面这个馆里的诗人不是论个而是论群，组成了诗歌天空中最灿烂的银河。对，我说的就是唐馆。

陈子昂，划破天际的一声悲鸣

初唐时期，“近体诗”（绝句和律诗）开始成熟起来，出现了很多有影响力的诗人，比如宋之问、沈佺期等，其中最有影响力的是陈子昂，他的一首《登幽州台歌》正式开启了一个伟大的诗歌时代，真是做到了“前不见古人，后不见来者”。

王杨卢骆，初唐互不相让的四杰

王勃、杨炯、卢照邻、骆宾王被称为“初唐四杰”。虽然对于排序，人们多有议论，也有他们自己不服气的说法，但是作为一个整体，四个人的诗歌确实是那个时代最杰出的。王勃的《送杜少府之任蜀州》、杨炯的《从军行》、卢照邻的《长安古意》、骆宾王的《咏鹅》都是名篇。

“王孟”，堪称大牌明星

王维和孟浩然是山水田园诗派的代表人物，合称“王孟”。他们的代表作很多，如王维的《鹿柴》《送元二使安西》《九月九日忆山东兄弟》等，孟浩然的《春晓》《过故人庄》等。他们是当时诗界大腕。

“高岑”，最懂战士的苦

“高岑”指高适和岑参。他们擅长写守边将士的生活，是边塞诗人的代表。高适的代表作有《别董大》《燕歌行》，岑参的代表作有《白雪歌送武判官归京》。

“李杜”，绝对是你最期待的组合

“李杜”，指李白和杜甫，诗歌界的首席。李白是伟大的浪漫主义诗人，被称为“诗仙”，他的诗作想象奇特，气势雄浑；杜甫是伟大的现实主义诗人，被称为“诗圣”，他的诗风沉郁顿挫，满满的忧国忧民。“李杜诗歌万口传”，李白、杜甫的诗，都是经典。他们还是好朋友呢！

白乐天、刘禹锡、元稹……中唐天际闪耀的星

中唐诗人很多，白居易（字乐天）是最著名的一位。白居易的诗浅显易懂，传唱很广，比如我们熟悉的《池上》，他的代表作还有《长恨歌》《琵琶行》。他和元稹并称“元白”，还和刘禹锡并称“刘白”，中唐还有两位值得注意的诗人：张籍和王建。

韩愈、柳宗元，诗文双绝

韩愈是唐代古文运动的倡导者，被尊为“唐宋八大家”之首，与柳宗元并称“韩柳”。他的诗文讲究词句的运用，推崇“苦吟”，诗作有《早春》《晚春》等。柳宗元的诗歌成就也很大，代表作《江雪》。

“小李杜”，晚唐气象的代表

“小李杜”，指晚唐诗人李商隐和杜牧。他们虽在政治上不得志，文学成就却很高。李商隐的《无题》诗很出色，还有我们熟悉的《夜雨寄北》《乐游原》等都是他的作品。杜牧的咏史诗是精品中的精品，我们熟悉的《山行》《赤壁怀古》《清明》等都是他的作品。

温庭筠，开启一个新时代

晚唐时期，温庭筠诗名很盛，不过他更出名的是词，词这种形式在他手上得到了极大发展，他的词和后期同类风格的词被收入了《花间集》，于是这一个词派被称作“花间词派”。

诗诗

不要着急，唐诗的确耀眼，但接下来这个馆也不会让你失望，因为他们音乐才能超高，最擅长改词。对，我们去五代两宋馆看看吧！

南唐后主，花间多少事，付与春水东流去

南唐后主李煜，是另一个“花间词派”的代表人物，他的“问君能有几多愁，恰似一江春水向东流”一直为大家所称道。他的词歌颂爱情，抒写亡国之痛，哀婉动人。

欧阳永叔，醉翁之意不在酒，北宋文坛真领袖

欧阳修，“唐宋八大家”之一，散文成就非常高，代表作有《醉翁亭记》。他还是一位诗人，有很多经典诗词流传于世，如《戏答元珍》《生查子·元夕》等。他是这一时期的全能选手，当之无愧的文坛领袖。

特立独行的拗相公，千古风流暗香来

王安石首先是一个政治家，据说，他比较固执，人称“拗相公”，一直追求实现自己的政治理想。文学上，他也是一位大家，“唐宋八大家”之一，诗歌成就很高，《梅花》《登飞来峰》等都是他的作品。

“三苏”，浪淘尽千古风流，最爱是大苏

“三苏”是文坛的另外一个父子档组合，分别是苏洵、苏轼、苏辙。他们三人都位列“唐宋八大家”，就诗词来说，苏轼成就更高。提到宋词不得不提苏轼，他开创了豪放派词风，改变了词的创作方向，让词脱离了音乐，成为一种独立的文学形式。他的代表作太多了，如《水调歌头·明月几时有》《念奴娇·赤壁怀古》等。

中兴四大诗人，有一位不太熟

南宋初年，在文坛最活跃的有四位诗人：陆游、杨万里、范成大、尤袤。陆游，伟大的爱国主义诗人，他的《示儿》不知感动了多少人；杨万里，号诚斋，他的诗独具一格，大家竞相模仿，形成了“诚斋体”，代表作《小池》；范成大的诗作比较写实，如《四时田园杂兴》；尤袤，大家不太熟悉，其实其文学成就也很高，可惜后世存诗很少。

易安幼安，完美诠释婉约和豪放

李清照，号易安居士，是婉约词派的代表词人，有“千古第一才女”之称，经典词作非常多，如《如梦令·常记溪亭日暮》等。辛弃疾，字幼安，是著名的豪放派词人，与苏轼合称“苏辛”。他文武双全，一心想收复北方失地，可惜英雄无用武之地，词作多与这种感情有关，如《永遇乐·京口北固亭怀古》等。

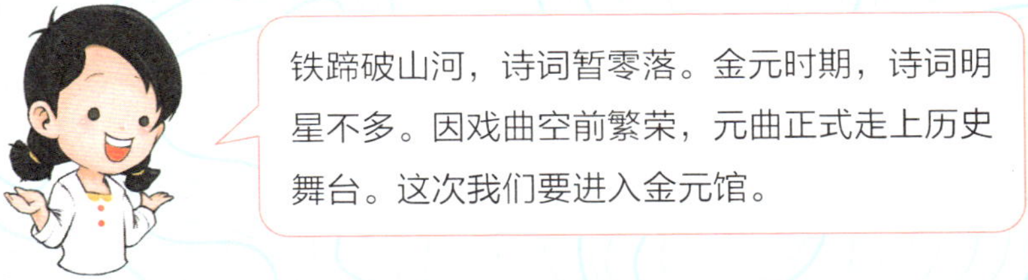

诗诗

元好问和王冕，开头和结尾的遥望

元好问是金元时期著名文学家，被尊为“北方文宗”，对诗文、词曲都很精通，其“丧乱诗”尤为有名。王冕是元末著名诗人、画家，出身贫寒，自学成才，大家比较熟悉的是他的《墨梅》。

元曲四大家，压抑中的爆发

元曲是元代最重要的文学形式，是在词的基础上发展而来。元曲作家非常多，最著名的是“元曲四大家”——关汉卿、白朴、郑光祖、马致远。他们都是戏曲创作的高手，比如关汉卿的《一枝花·不伏老》，马致远的《天净沙·秋思》等都非常经典。

诗诗

明清时期，小说开始流行起来，不过，诗词并没有被遗忘，只是不像唐宋那么热闹。接下来，我们就一起去最后一个馆——明清馆看看吧。

台阁体笼罩江湖，仍有心声响古今

明朝前期，几乎一统江湖的是以杨士奇、杨荣、杨溥为代表的“台阁体”，实际就是宫廷诗的延续。其间，也有许多著名诗人为国为民发出了自己的声音，如于谦（《石灰吟》）、郭登等人。

江南四大才子，古今扬名

明清时期，我们最熟悉的莫过于“江南四大才子”——沈周、文徵明、唐寅、祝允明了。唐寅就是唐伯虎，他的《画鸡》你会背吗？

袁枚和龚自珍，古诗的奋起

清朝时期，袁枚与赵翼、蒋士铨合称“乾隆三大家”，他主张诗歌性灵，代表作有《所见》。同时期还有一位大家熟悉的诗人——郑板桥（郑燮），他的《竹石》一直是经典。清朝最后一位大诗人是龚自珍，他的组诗《己亥杂诗》千古留名。

“清词三大家”，清朝词坛最佳

“清词三大家”指的是纳兰性德、朱彝尊、陈维崧这三位清朝时期的词人，其中最有名的是纳兰性德。出身贵族的他是一位偶像级词人，他的《长相思·山一程》也是要求小学生会背诵的名篇。

目 录

第一章 童年童趣馆

第二章 友谊情深馆

第三章 思乡恋家馆

第四章 四时物语馆

第五章 山川风物馆

第六章 家国情怀馆

第七章 感事抒怀馆

第一章

童年童趣馆

童年是什么？是树上的蝉，是水中的蛙，是牧笛的短歌，是伙伴的迷藏……总之，童年是无忧无虑的，幸福美好的。

——冰心

诗诗

1 小儿垂钓

观小儿垂钓，悟童年童趣。很高兴见到您，胡令能先生。请您带我们参观一下有意思的“小儿垂钓”厅吧！

诗诗

好的，诗诗。请你和小伙伴们跟我来吧。

胡令能

诗人说自己

我的名片

胡令能
（785 — 826）

朝　　代： 唐代
出 生 地： 河南郑州
民　　族： 汉族
主要作品：《小儿垂钓》《喜韩少府见访》《王昭君》《咏绣障》
朋 友 圈： 保密

我的简介

我可不是一位传统意义上的文人哦！年轻时的我以修补锅碗瓢盆为生，甚至，我还有一个外号，人称“胡钉铰”。想不到吧！哈哈，再跟你们说件奇事，信不信由你。我能写诗，要得益于一位仙人。有一次，我梦见一位仙人把诗集放在了我肚子里，等我醒来，就会写诗了，神奇吧！

诗人教诵读

体裁：七言绝句

xiǎo ér chuí diào

小儿垂钓

［唐］胡令能

péng tóu zhì zǐ xué chuí lún, cè zuò méi tái cǎo yìng shēn.

蓬头[1]稚子学垂纶[2]，侧坐莓苔草映[3]身。

lù rén jiè wèn yáo zhāo shǒu, pà dé yú jīng bú yìng rén.

路人借问[4]遥招手，怕得鱼惊不应人。

注释

① 蓬头：形容小孩可爱。

② 垂纶：钓鱼。

③ 映：遮映。

④ 借问：向人打听问路。

译文

一个天真可爱的小孩学钓鱼，他斜坐在长着青苔的大石头上，野草掩映了他的身子。这时，有一个路人想要向他问路，他只盯着鱼钩，头也不回地摆了摆手，生怕把鱼儿吓跑了而不回应路人。

诵读

蓬头稚子 / 学垂纶，侧坐莓苔 / 草映身。

路人借问 / 遥招手，怕得鱼惊 / 不应人。

> **重点来啦**
>
> 思想感情：突出小儿的天真可爱。
>
> 节奏：明快活泼。

前两句用“蓬头”“学”“侧坐”等词展现了山野小孩的自然可爱，朗读时，语气要轻快、活泼；后两句着重描写小孩的神情以及动作，童趣盎然，朗读时，可以借助动作读出小孩的专注、机警。

诗人讲故事

一天清晨，我家的修锅铺本是要开张营业的，可是这一天我约好了去乡下见一见我的老朋友。索性，我就把铺子关了，悠闲地上路了。

在路上走着走着，我看到一个小孩子。他蓬头端坐着，又稚嫩又认真地在钓鱼，太可爱了。我正想向他问路呢，结果他赶紧对我摆摆手，生怕我惊跑了他的鱼儿。看到这番景象，我提笔写下了这首诗。

诗诗

谢谢您的介绍，太有趣了。听得我都想去体验一下野外钓鱼了！

山野孩童们的乐趣总是很多的，除了钓鱼，他们还有很多别的活动呢。

胡令能

诗人荐同款

说到钓鱼，唐代诗人郑谷所写的《淮上渔者》也是一首关于钓鱼的古诗，我们一起来看看吧。

huái shàng yú zhě
淮上渔者

［唐］郑谷

bái tóu bō shàng bái tóu wēng，jiā zhú chuán yí pǔ pǔ fēng。
白头波上白头翁，家逐船移浦浦风。
yì chǐ lú yú xīn diào dé，ér sūn chuī huǒ dí huā zhōng。
一尺鲈鱼新钓得，儿孙吹火荻花中。

胡令能

这首诗里的垂钓者，一看就知道是高手。作为以捕鱼为业的渔民，他们的生活质朴而开心。

是啊，从这首诗中能体会出渔民生活里的惬意幸福。

诗诗

诗词大挑战

诗词九宫格

请从右边方格中找出一句诗。

借	招	酒
手	路	问
人	遥	家

____

诗词百花园

将下面带“鱼”的词填入相应的空格。

鳜鱼　鲈鱼　青鱼

1. 西塞山前白鹭飞，桃花流水________肥。
2. 冬夜伤离在五溪，________雪落脍橙荠。
3. 江上往来人，但爱________美。

参考答案：

诗词九宫格：路人借问遥招手

诗词百花园：1. 鳜鱼　2. 青鱼　3. 鲈鱼

村居

诗诗

乡村生活诗意而美好。您好，高鼎先生。我们来参观您的“村居”厅啦！

高鼎

欢迎诗诗和你的小伙伴们，下面由我来做你们的导游。

诗人说自己

我的名片

高鼎

(1828 — 1880)

字： 象一，又字拙吾

朝　　代： 清代

出 生 地： 浙江仁和（今浙江杭州）

民　　族： 汉族

主要作品：《拙吾诗文稿》

朋 友 圈： 保密

我的简介

我就是一个平平无奇的普通诗人，没什么特别的事迹。一般大家提到我，都因为我写了这首《村居》。再加上我平日比较低调，所以能查到的关于我的资料很少。你们多读读《村居》这首诗，感受一下当时的情境吧！

诗人教诵读

体裁 七言绝句

cūn jū

村居①

［清］高鼎

cǎo zhǎng yīng fēi èr yuè tiān, fú dī yáng liǔ zuì chūn yān.

草长莺飞二月天，拂堤杨柳②醉③春烟。

ér tóng sàn xué guī lái zǎo, máng chèn dōng fēng fàng zhǐ yuān.

儿童散学④归来早，忙趁东风放纸鸢⑤。

注释

① 村居：住在农村。

② 拂堤杨柳：杨柳枝条很长，垂下来，微微摆动，像是在抚摸堤岸。

③ 醉：迷醉，陶醉。

④ 散学：放学。

⑤ 纸鸢：风筝。

译文

农历二月，青草已经渐渐发芽生长，黄莺飞来飞去。杨柳披着长长的绿枝条，随风摆动，好像在轻轻地抚摸着堤岸。在水草间蒸发的水汽，如同烟雾般凝集着，杨柳似乎都陶醉在这浓丽的景色中。村里的孩子们早早就放学回家，赶紧趁着东风把风筝放上蓝天。

诵读

草长/莺飞/二月天，拂堤/杨柳/醉春烟。
儿童/散学/归来早，忙趁/东风/放纸鸢。

重点来啦

思想感情：抒发春天来临的喜悦之情。

节奏：轻快明朗。

前两句写的是春天的美景，呈现出静态美，朗读时要读出对春景的喜爱与陶醉。后两句写的是儿童游玩的场景，呈现出动态美，朗读时要读出儿童玩耍时的欢乐。整首诗前景后人，相互映衬，表现了农村春天欣欣向荣的景象。

诗人讲故事

我生活在鸦片战争时期，当时社会上混乱不堪。到了晚年，为了远离战争带来的纷扰，能有一片清净的地方安享晚年，我选择到现在江西上饶的一个小村庄里隐居。不知不觉早春二月到来，青草逐渐长出了翠绿的嫩芽，黄莺欢快地歌唱着，杨柳摇晃着长长的枝条，一切是多么美好啊！正当我忘乎所以时，忽然听到村子里的孩子放学了。他们早早地归家后纷纷拿出自己的风筝放起来。我太喜欢眼前这个景象了，马上提笔，写下《村居》一诗。

诗诗

谢谢您的介绍，但是“隐居”这个词，我不是很懂，您能给我讲一下吗？

高鼎

“隐居”就是住到农村或山里，不出来当官。

诗人荐同款

诗诗，我想推荐一首诗给你。这首诗就是我们隐居圈非常有名的诗人——陶渊明所写的《归园田居》。

guī yuán tián jū

归园田居

zhòng dòu nán shān xià，cǎo shèng dòu miáo xī。
种豆南山下，草盛豆苗稀。

chén xīng lǐ huāng huì，dài yuè hè chú guī。
晨兴理荒秽，带月荷锄归。

dào xiá cǎo mù cháng，xī lù zhān wǒ yī。
道狭草木长，夕露沾我衣。

yī zhān bù zú xī，dàn shǐ yuàn wú wéi。
衣沾不足惜，但使愿无违。

高鼎

陶渊明在南山下种了豆子，由于野草茂盛而豆苗稀疏，所以他每天早上都要除草，晚上再伴着月光扛锄归来。

多么悠闲自在的生活啊！难怪陶渊明会感叹，即使路窄草长，湿了衣服也不可惜。

诗诗

诗词大挑战

诗词排排站

从以下的字中找出一句诗，并写下来。

草　飞　莺　鸣　长　二　天　绿　月　________

数字飞花令

将下面的数字填入相应的空格。

一　二　三　四

1. ____行白鹭上青天　2. 南朝____百八十寺

3. 草长莺飞____月天　4. 烟花____月下扬州

参考答案：
诗词排排站：
草长莺飞二月天
数字飞花令：
1. 一　2. 四
3. 二　4. 三

宿新市徐公店

诗诗

您好，很高兴见到您，大名鼎鼎的杨万里先生。

不敢当，不敢当！欢迎参观敝人的“寒舍”——“宿新市徐公店”厅。

杨万里

诗人说自己

我的名片

杨万里
（1127 — 1206）

字：廷秀　　　　　号：诚斋

朝　　代：南宋

出 生 地：吉州吉水（今江西吉水）

民　　族：汉族

主要作品：《小池》《插秧歌》等

朋 友 圈：与陆游、范成大、尤袤齐名，合称南宋“中兴四大诗人”

我的简介

我是南宋的一名官员，也是一名爱国诗人。宋光宗曾亲自为我的读书之室题了“诚斋”二字，因此人们常常称我为“诚斋”先生。我写过两万多首诗，传世作品有四千二百多首，被誉为“一代诗宗”。我擅长描写自然景物，《宿新市徐公店》这首诗是我描绘田园风光的代表作，去读读吧！

诗人教诵读

体裁 七言绝句

sù xīn shì xú gōng diàn
宿新市徐公店①

［宋］杨万里

lí luò shū shū yí jìng shēn shù tóu xīn lǜ wèi chéng yīn
篱落②疏疏一径③深，树头新绿未成阴④。

ér tóng jí zǒu zhuī huáng dié fēi rù cài huā wú chù xún
儿童急走⑤追黄蝶，飞入菜花⑥无处寻⑦。

注释

① 新市：地名，今湖南攸县北。徐公店：姓徐的人家开的酒店名。
② 篱落：篱笆。
③ 径：小路。
④ 阴：树荫。
⑤ 急走：奔跑着。古代汉语中的“走”与现在的“走”意思不同，是跑的意思。
⑥ 菜花：油菜花。
⑦ 寻：寻找。

译文

稀疏的篱笆间，一条幽深的小路伸向远方。篱笆旁的几棵树，枝头新长出的树叶一片嫩绿，显得不够茂盛浓密，还没有形成树荫。小孩子飞快地跑着，追逐一只黄色蝴蝶。蝴蝶飞到一片金黄的油菜花中，再也找不到了。

诵读

篱落/疏疏/一径深，树头/新绿/未成阴。
儿童/急走/追黄蝶，飞入/菜花/无处寻。

重点来啦

思想感情：赞美乡村，喜爱儿童。

节奏：轻快明朗。

前面两句诗主要描写的是静景，写了村头的自然景象，交代了后两句诗中儿童捕蝶的时间、地点。后面两句诗描绘了儿童追赶、捕捉蝴蝶的情景，“急走”“追”两词十分形象贴切，将儿童天真、活泼、好奇的神态和心理刻画得惟妙惟肖。诗句色彩鲜明，韵味无穷，给人以别样的情趣。在朗读时需要用欢快的语气，读出童趣。

诗人讲故事

一年春天，我外出途经新市镇，看到周边油菜花开得茂盛，顽皮的孩子正在花田里兴奋地追赶蝴蝶。看到此情此景，听到孩子们欢快的笑声，我内心感到十分温暖，于是提笔写下了组诗《宿新市徐公店》。

诗诗

真是天真活泼的孩子呀！刚听您说《宿新市徐公店》是一组诗，除了这一首，难道还有其他诗吗？

是的！《宿新市徐公店》这组诗包含两首古诗。另外一首是我在新市参加当地村社的寒食节，感到十分清闲安逸，提笔留下的作品。

杨万里

诗人荐同款

诗诗，我想推荐组诗《宿新市徐公店》中的另一首给你。当年我在新市酒楼痛饮大醉，留宿徐公店，诗兴大发写下了这首诗。

sù xīn shì xú gōng diàn

宿新市徐公店

［宋］杨万里

chūn guāng dōu zài liǔ shāo tóu, jiǎn zhé cháng tiáo chā jiǔ lóu.

春光都在柳梢头，拣折长条插酒楼。

biàn zuò zài jiā hán shí kàn, cūn gē shè wǔ gèng fēng liú.

便作在家寒食看，村歌社舞更风流。

杨万里

当地清明节村歌社舞的乡土风俗让我感到清闲安逸，难以忘怀。

您笔下的乡村风光令人向往，您闲适豁达的心境更让我佩服！真想和你们手牵手，载歌载舞呢！

诗诗

诗词大挑战

诗词填填空

天高地阔、无拘无束的乡村生活，给孩子们带来了无尽的欢乐，在《宿新市徐公店》一诗中，“__________，__________”写出了儿童在花丛中捕蝶的欢乐情景。

诗词趣选择

《宿新市徐公店》这首诗前两句写（　），是（　）描写；后两句写（　），是（　）描写。

A. 儿童和蝴蝶　　B. 农村景色

C. 静态　　D. 动态

参考答案：
诗词填填空：儿童急走追黄蝶　飞入菜花无处寻
诗词趣选择：B　C　A　D

4 清平乐·村居

诗诗

您好，辛弃疾先生。您的“清平乐 · 村居”厅可真美啊！

辛弃疾

多谢夸赞，很荣幸成为你们的导游。

诗人说自己

我的名片

辛弃疾
(1140 — 1207)

字： 幼安

号： 稼轩

朝　代： 南宋

出生地： 山东济南

民　族： 汉族

职　业： 武将

特　长： 写词

主要作品：《稼轩长短句》

朋友圈： 与苏轼并称“苏辛”；与李清照并称“济南二安”，还有陆游、刘过、朱熹、陈亮等一众好友

江湖地位： 南宋词坛一哥，有“南宋著名爱国词人”“词中之龙”等诸多荣誉称号

我的简介

我从小学习成绩优异，是大人口中的“别人家的小孩”。但是我出生在不太平的年代，看着国家、百姓、家人遭遇变故，我深感痛心，立志驰骋沙场杀敌立功。我练就一身本领，却因为种种原因难酬壮志，满心悲愤化作了文字，一生共写下600多首诗词，擅长写带有强烈爱国主义思想和战斗精神的词。我是“文人里最能打仗的，武将里最能写词的”。

诗人教诵读

体裁 词

qīng píng yuè cūn jū
清平乐·村居①

[宋]辛弃疾

máo yán dī xiǎo xī shàng qīng qīng cǎo zuì lǐ wú yīn xiāng mèi hǎo
茅檐低小，溪上青青草。醉里吴音②相媚好③，
bái fà shuí jiā wēng ǎo
白发谁家翁媪④？

dà ér chú dòu xī dōng zhōng ér zhèng zhī jī lóng zuì xǐ xiǎo ér wú lài
大儿锄豆溪东，中儿正织鸡笼。最喜小儿亡赖⑤，
xī tóu wò bō lián peng
溪头卧剥莲蓬。

注释

① 清平乐：词牌名。村居：题目。

② 吴音：吴地的方言。

③ 相媚好：指相互逗趣、取乐。

④ 翁媪：老翁、老妇。

⑤ 亡赖：同“无赖”，这里指小孩顽皮、淘气。

译文

茅屋的屋檐又低又小，溪边长满了翠绿的青草。带着醉意的吴地方言，听起来温柔又美好。那互相逗趣取乐的白发苍苍的老人，是谁家的老夫妇呀？

大儿子在河东的豆地里锄草，二儿子正忙着编织鸡笼。最让人喜爱的还是顽皮淘气的小儿子，正横卧在溪头的草丛里剥莲蓬呢。

诵读

茅檐/低小，溪上/青青草。醉里/吴音/相媚好，白发/谁家/翁媪？　大儿/锄豆/溪东，中儿/正织/鸡笼。最喜/小儿/亡赖，溪头/卧剥/莲蓬。

重点来啦

思想感情：对田园生活的羡慕与向往。

节奏：轻快明朗。

这首词的上片勾勒了“茅檐”“溪上”“青草”的景象，形象地描画出江西农村的特色，三、四句出现的老公公和老婆婆，他们安详、愉快的生活给农村带来了安宁之感；下片集中写他们家的三个儿子，表现了农村生活劳作的快乐和无忧无虑的童趣。这首词洋溢着作者对农村生活的羡慕、向往之情，要用轻快明朗的语调去读。

诗人讲故事

这首词是我闲居带湖期间所作。由于政治理想破灭，仕途不顺利，我就来到美丽的江西农村隐居。放眼生活，我发现了很多有趣的事情，因此写下了大量的闲适词和田园词。这首词正是我描绘的一个农村五口之家的生活画面，借此表现人情之美和生活之趣。

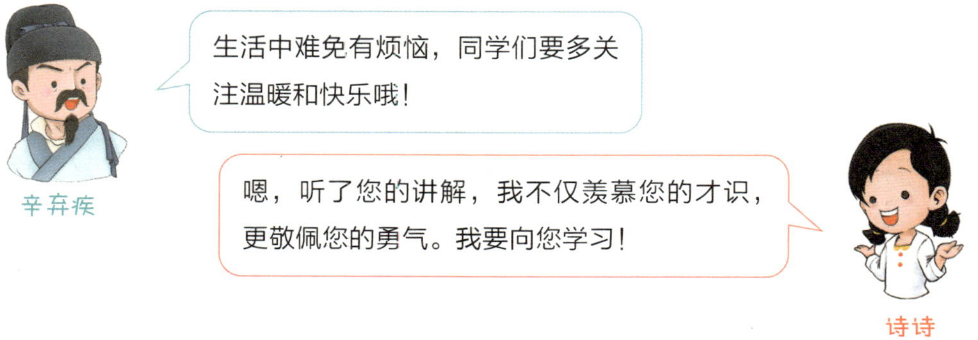

诗人荐同款

诗诗，我想推荐一首杨万里的诗给你。杨万里与我都生活在南宋，他写了很多表现童年童趣的诗。我想向你推荐的是《桑茶坑道中》。

sāng chá kēng dào zhōng
桑茶坑道中

［宋］杨万里

qíng míng fēng rì yǔ gān shí， cǎo mǎn huā dī shuǐ mǎn xī。
晴明风日雨干时，草满花堤水满溪。

tóng zǐ liǔ yīn mián zhèng zháo， yì niú chī guò liǔ yīn xī。
童子柳阴眠正着，一牛吃过柳阴西。

辛弃疾

这首诗是杨万里66岁时所作。暮春初夏的田间，牧童在柳树下睡得香甜，牛儿悠闲地吃着草。多么安适啊！

看来农村生活真是给了诗人很多创作灵感呢！我也要多去大自然看看！

诗诗

诗词大挑战

诗词填填空

《清平乐·村居》中“清平乐”是________，“村居”是________。

诗词趣选择

辛弃疾作为豪放派的代表词人，在词上取得了很大的成就，以下哪一首词不是辛弃疾所作？（　　）

A.《西江月·夜行黄沙道中》

B.《青玉案·元夕》

C.《丑奴儿·书博山道中壁》

D.《念奴娇·赤壁怀古》

参考答案：
诗词填填空：词牌名　题目
诗词趣选择：D

村晚

雷震

你好，诗诗，欢迎你和你的小伙伴们来参观我的“村晚”厅。

原来我们听到的悠悠牧笛声是从您的“村晚”厅传来的呀，我的心都跟着静下来了呢。

诗诗

诗人说自己

我的名片

雷震

朝　代： 宋代

出生地： 眉州（今四川眉山），一说南昌（今属江西）

学　历： 进士

朋友圈： 保密

我的简介

你们想要了解我可没那么容易，因为历史上有关我的记载非常少，就连我的籍贯都有几种说法。我苦读诗书，终于考中了进士。最有代表性的作品就是这首《村晚》了，见于《宋诗纪事》卷七十四。由于我行事低调，不想过多地曝光自己，所以就介绍到这里，让我继续做一个神秘的人吧！

诗人教诵读

体裁　七言绝句

cūn wǎn

村晚

［宋］雷震

cǎo mǎn chí táng shuǐ mǎn bēi　shān xián luò rì jìn hán yī

草满池塘水满陂①，山衔②落日浸③寒漪④。

mù tóng guī qù héng niú bèi　duǎn dí wú qiāng xìn kǒu chuī

牧童归去横牛背⑤，短笛无腔⑥信口⑦吹。

注释

① 陂：池塘的岸。

② 衔：口里含着。本文指落日西沉，半挂在山腰，像被山咬住了。

③ 浸：淹没。

④ 寒漪：水上波纹。

⑤ 横牛背：横坐在牛背上。

⑥ 腔：曲调。

⑦ 信口：随口。

译文

在一个长满水草的池塘里，池水灌得满满的，山衔住落日倒映在水池的波纹上。放牛的孩子横坐在牛背上，随意地用短笛吹奏着不成调的乐曲。

诵读

草满/池塘/水满陂，山衔/落日/浸寒漪。

牧童/归去/横牛背，短笛/无腔/信口吹。

重点来啦

思想感情：对乡村晚景的喜爱和赞美。

节奏：舒缓转明快。

这是一首描写农村晚景的诗。前两句营造了恬静自然之美，朗读时语气可舒缓。后两句塑造了一个活泼、可爱的牧童形象，气氛欢快，朗读时语气轻快愉悦，让人感受牧童的快乐。整首诗景人结合，构成了一幅富有生活情趣的农村晚景图。

诗人讲故事

我晚年隐居在农村时，经常欣赏村野里的各种景色。在一个暮春的傍晚，我看到池塘四周长满了绿茵茵的青草，远处的落日把整座山都包起来了，这样的景色倒映在水池中，真是美极了！这时，一个放牛归来的牧童，横坐在牛背上，牛载着他向着村口慢慢走去。他手里拿着一支短笛，信口胡乱地吹奏着。虽然曲不成调，但是牧童却依然优哉游哉地吹奏着、享受着。看着眼前的美景，听着渐远的笛声，我不禁感慨：“这大概就是世人向往的世外桃源吧！”

诗诗

从您的语气中，我听出了您对这种闲适生活的向往。

是啊，享受着自然美景和宁静、舒适，这样的生活，谁又不向往呢？

雷震

诗人荐同款

说到“牧童”，它在古诗词中出现的频率很高呢！有袁枚笔下的“牧童骑黄牛，歌声振林樾”，有杜牧诗中的“借问酒家何处有？牧童遥指杏花村”，还有何应龙诗中的“杏花村酒家家好，莫向桥边问牧童”……今天我要给大家推荐一首也是描写牧童的诗，那就是唐朝诗人吕岩所写的《牧童》。

mù　tóng
牧　童

［唐］吕岩

cǎo pū héng yě liù qī lǐ　dí nòng wǎn fēng sān sì shēng
草铺横野六七里，笛弄晚风三四声。
guī lái bǎo fàn huáng hūn hòu　bù tuō suō yī wò yuè míng
归来饱饭黄昏后，不脱蓑衣卧月明。

雷震

绿草如茵，晚风徐徐，牧童悠闲地放着牛，吹着笛子。归来饭后躺着看天空中的明月，多么惬意！

白天有耕牛和悠悠牧笛为友，晚上有清风明月相伴，真是让人羡慕的生活呢！

诗诗

诗词大挑战

诗词趣选择

将正确的选项填入诗中。

1. ________，歌声振林樾。　　2. 借问酒家何处有，________。

3. ________，短笛无腔信口吹。

A. 牧童归去横牛背　　B. 牧童骑黄牛　　C. 牧童遥指杏花村

诗词智理解

《村晚》中写“牧童归去横牛背”，牧童为什么要“横”在牛背上呢？(　　)

A. 表现了牧童的活泼天真

B. 因为害怕而趴在牛背上

参考答案：
诗词趣选择：1.B　2.C　3.A
诗词智理解：A

通关童年童趣馆

称谓连连线 ★

第一关

你了解中国古代年龄称谓吗？连一连。

襁褓	二三岁的幼儿
孩提	未满周岁的婴儿
束发	幼年儿童
豆蔻年华	女子十三四岁
垂髫	男子十五岁

诗词填填空 ★★

第二关

你知道中国古代小孩的游戏吗？填一填。

游览了童年童趣馆，我们知道，古代小孩闲暇时的活动有____________________；除了本馆诗歌中出现的儿童活动以外，我还知道古代小孩的活动有____________________。

诗词勤默写 ★★★

第三关

联想填诗。

童年的生活是多姿多彩的，童年的快乐也是无与伦比的。在和小伙伴放风筝时，我想到了诗句：____________________。看到飞舞的蝴蝶，我想到了诗句：____________________。听见树林里的蝉鸣，我想到了诗句：____________________。

参考答案

第一关：襁褓——未满周岁的婴儿　　孩提——二三岁的幼儿
束发——男子十五岁　　豆蔻年华——女子十三四岁
垂髫——幼年儿童

第二关：放风筝、钓鱼、追蝴蝶、吹笛、剥莲蓬　采茶、划船、种瓜

第三关：儿童散学归来早，忙趁东风放纸鸢
儿童急走追黄蝶，飞入菜花无处寻　　意欲捕鸣蝉，忽然闭口立

第二章

友谊情深馆

不论是多情的诗句，漂亮的文章，还是闲暇的欢乐，什么都不能代替亲密的友情。

——［俄］普希金

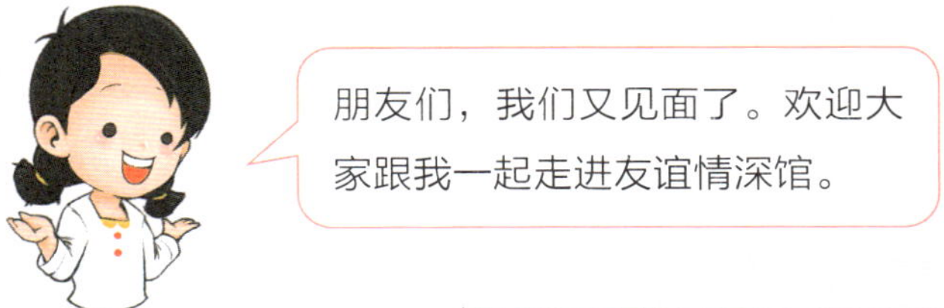

诗诗

1 赠汪伦

诗诗：您好，“诗仙”李白。老远就听到优美的踏歌声从您的“赠汪伦”厅里飘出哦！

李白：欢迎诗诗和你的小伙伴，下面由我来给你们详细介绍吧！

诗人说自己

我的名片

李白
（701 — 762）

字： 太白　　**号：** 青莲居士，又号“谪（zhé）仙人”

朝　代： 唐代

主要作品：《静夜思》《望庐山瀑布》《行路难》等

个人成就： 伟大的浪漫主义诗人，被后人誉为“诗仙”

朋 友 圈： 与孟浩然、王昌龄等人是好友，与杜甫合称“李杜”

我的简介

我一生潇洒不羁、浪漫狂放。我喜好剑术，曾仗剑走天涯。20岁以后，我游历了蜀中不少名胜古迹。我更热爱创作，我从小勤奋好学，“常横经籍书，制作不倦”，诗歌常常随笔而出，自然天成。宽广的襟怀、豪放的性格以及对大自然的热爱，让我结识了很多好友。下面，我给大家介绍一位朋友吧。

诗人教诵读

体裁 七言绝句

zèng wāng lún
赠汪伦①

［唐］李白

lǐ bái chéng zhōu jiāng yù xíng, hū wén àn shàng tà gē shēng.
李白乘舟将欲行，忽闻岸上踏歌②声。
táo huā tán shuǐ shēn qiān chǐ, bù jí wāng lún sòng wǒ qíng.
桃花潭③水深千尺④，不及⑤汪伦送我情。

注释

① 汪伦：李白的朋友。

② 踏歌：古代的一种歌舞形式。（唐代民间流行的一种手拉手、两足踏地为节拍的歌舞形式，可以边走边唱）

③ 桃花潭：水潭名，在今安徽泾县西南一百里。

④ 深千尺：用潭水深千尺比喻两人之间的友情，运用了夸张的手法写深情厚谊，十分动人。

⑤ 不及：比不上，不如。

译文

我乘船将要远行，忽然听见岸上传来人们行走的脚步声，朋友边走边唱前来为我送行。即使桃花潭水有千尺深，也比不上汪伦对我的深厚情谊。

诵读

李白/乘舟/将欲行，忽闻/岸上/踏歌声。
桃花潭水/深千尺，不及/汪伦/送我情。

> **重点来啦**
>
> 思想感情：真挚深厚的友情。
>
> 节奏：自然悠扬。

前两句描写的是送别的场面，后两句写景和抒情，极力赞美李白和汪伦这两位好朋友之间的深厚情谊。朗读时，要感情真挚，读得抑扬顿挫而有节奏。

诗人讲故事

汪伦写信告诉我，他的家乡有十里桃花，还有万家酒店。我兴致勃勃地赶往此地。可是到了之后，他却告诉我，他的家乡其实没有桃花，只有一个再普通不过的桃花潭，也没有万家酒店，只有一个姓万的人家开的小酒馆，因为他太想见到我了，所以就编造了一个美丽的谎言。其实桃花潭四周群山环抱、清静深幽，像仙境一样。我们每天饮美酒，吃佳肴，听歌咏，度过了一段美好的时光。

离别那天，我登上了停在桃花潭边的小船，船正要离岸时，忽然听到一阵歌声。回头一看，只见汪伦和许多村民一起在岸上踏步唱歌为我送行，这令我十分感动，于是挥笔写下了这首诗。

诗诗

谢谢您的介绍！您和汪伦之间的友情真是深厚啊！

是啊！汪伦还是我的铁杆粉丝呢！好怀念和他对饮小酌、漫步田间的日子。

李白

诗人荐同款

诗诗，我当年游历经过安陆时，认识了著名诗人孟浩然，并在黄鹤楼下为他送别时，写了一首诗，一起来看看吧。

huáng hè lóu sòng mèng hào rán zhī guǎng líng
黄鹤楼送孟浩然之广陵

［唐］李白

gù rén xī cí huáng hè lóu，yān huā sān yuè xià yáng zhōu
故人西辞黄鹤楼，烟花三月下扬州。

gū fān yuǎn yǐng bì kōng jìn，wéi jiàn cháng jiāng tiān jì liú
孤帆远影碧空尽，唯见长江天际流。

孟浩然是我的好友，我目送他消失在烟花三月的长江水中，十分不舍！

李白

多么真挚深厚的友情啊！您真不愧是浪漫的“诗仙”啊！

诗诗

诗词大挑战

诗词排排站

从以下的字中找出一句诗，并写下来。

花　深　千　水　尺　桃　潭　我　情　送

_____ _____ _____ _____ _____ _____ _____

诗词趣选择

下列属于李白诗歌中的诗句的是（　　　　）。（多选）

A. 天生我材必有用

B. 烟花三月下扬州

C. 人生得意须尽欢

D. 唯见长江天际流

参考答案：

诗词排排站：桃花潭水深千尺

诗词趣选择：ABCD

别董大

诗诗

您好，高适先生。我们慕名而来参观您的“别董大”厅。

高适

欢迎诗诗和小伙伴们，请大家随我进来吧。

诗人说自己

我的名片

高适
（704 — 765）

字： 达夫，又字仲武

朝　　代： 唐代

出 生 地： 沧州渤海（今河北景县）

民　　族： 汉族

主要作品：《燕歌行》《塞上》等

朋 友 圈： 与岑参、王昌龄、王之涣合称为“边塞四诗人”

我的简介

我幼年生活十分清贫，从小立志振兴家族。早年间遍访权贵，自荐文章，希望能借此受到赏识，可惜事与愿违。于是我弃笔从戎，几年的边塞生活让我成长了许多，我的边塞诗也传遍了整个长安城，晚年官至节度使和渤海县侯。我相信，只要有锐意进取的精神，成功可能会迟到，但一定不会缺席！

诗人教诵读

体裁
七言绝句

bié dǒng dà
别董大①

［唐］高适

qiān lǐ huáng yún bái rì xūn, běi fēng chuī yàn xuě fēn fēn
千里黄云白日曛②，北风吹雁雪纷纷。

mò chóu qián lù wú zhī jǐ, tiān xià shuí rén bù shí jūn
莫愁前路无知己，天下谁人不识君③？

注释

① 董大：唐玄宗时著名的琴客董庭兰。在兄弟中排行第一，故称董大。

② 曛：昏暗。

③ 君：你，指董大。

译文

天上黄色的云遮天蔽日，天色已晚，太阳也暗淡无光，凛冽的风吹着回归的大雁，大雪也纷纷落下。不要担心前路茫茫没有知己，普天之下还有谁会不认识你呢？

诵读

千里／黄云／白日曛，北风／吹雁／雪纷纷。

莫愁／前路／无知己，天下／谁人／不识君。

重点来啦

思想感情：分别时依依不舍。

节奏：低沉转激昂慷慨。

前两句描写眼前之景：北风呼啸，黄沙千里，遮天蔽日，到处都是灰蒙蒙的一片。大雪纷纷扬扬地飘落，群雁向南飞去。诗人在这样的环境中送别好朋友董大，朗读时语气略低沉。后两句是对朋友的劝慰，激励朋友抖擞精神去奋斗、去拼搏。朗读时，语调由低转高，把临别赠言读得激昂慷慨，鼓舞人心。

诗人讲故事

诗中的董大是我的好朋友董庭兰，他是一位出色的音乐家，擅长民族乐器——古琴。他的古琴弹奏技艺十分高超，却无人赏识，他非常难过。有一天，我听到董大弹奏的醉人的乐曲，不由自主就吟唱起来，并同他交流其中的意境，渐渐地，我们成了无话不谈的知己。不久后，董大即将踏上新的旅程，他很担心以后不会再遇到像我这样懂他的人，在悲伤的告别之际，我写下了《别董大》这首诗，激励他要充满信心，奋发进取。

诗诗

谢谢您的介绍，读您的这首诗，我感受最多的是您的豪情和自信。

是的，我不想总是渲染离别愁绪，我更多的是想表达一种锐意进取的精神。

高适

诗人荐同款

诗诗，我想推荐另一首送别诗给你。这首诗是著名的“诗仙”——李白所写的《送友人》。

sòng yǒu rén

送友人

［唐］李白

qīng shān héng běi guō　bái shuǐ rào dōng chéng
青山横北郭，白水绕东城。

cǐ dì yì wéi bié　gū péng wàn lǐ zhēng
此地一为别，孤蓬万里征。

fú yún yóu zǐ yì　luò rì gù rén qíng
浮云游子意，落日故人情。

huī shǒu zì zī qù　xiāo xiāo bān mǎ míng
挥手自兹去，萧萧班马鸣。

诗诗

感觉这是一首充满诗情画意的送别诗。自然美和友情美交织在一起，情谊无比温馨！

是啊，李白的诗有声有色，节奏明快，感情真挚热诚又豁达乐观，引领浪漫主义诗风。

高适

诗词大挑战

诗词填填空

《别董大》一诗中描写离别时的景物有________________。

诗词趣选择

下列选项中，对《别董大》一诗理解不正确的一项是（　　）。

A. 这首诗表达了对朋友的劝慰和鼓励。

B. 诗人高适以写边塞诗闻名，所以这首诗是一首边塞诗。

C. 诗的前两句描写了北方冬天日暮时分大雪纷飞的景象。

D. 这首诗前两句写景，后两句抒情，可以体会到诗人真挚的感情。

参考答案：

诗词填填空：

黄云、白日、北风、雁、雪

诗词趣选择：B

送元二使安西

诗诗

您好，王维先生。提到送别，就不得不来您的展厅一游啊！

欢迎欢迎，我们跟着游览路线走吧！

王维

诗人说自己

我的名片

王维
（701 — 761）

字： 摩诘（jié）

朝　　代： 唐代

出 生 地： 河东蒲州（今山西永济）

民　　族： 汉族　　　　**地位：** 诗佛

主要作品：《鹿柴》《鸟鸣涧》等

朋 友 圈： 与孟浩然并称“王孟”，与裴迪、崔颢等交友。

我的简介

我有很多才艺，能画能弹还能写！我的名和字合起来是“维摩诘”，“维摩诘”是大乘佛教一位很有名的菩萨，而我正是这位菩萨的铁杆粉丝，因此我字摩诘，号摩诘居士。我自幼参佛悟道，写出来的诗弥漫着佛性思想，所以世人称我为“诗佛”。有人评价我“诗中有画，画中有诗”，一起去我的诗中看看吧！

诗人教诵读

体裁
七言绝句

sòng yuán èr shǐ ān xī
送元二使①安西②

［唐］王维

wèi chéng zhāo yǔ yì qīng chén kè shè qīng qīng liǔ sè xīn
渭城③朝雨④浥⑤轻尘，客舍⑥青青柳色新。

quàn jūn gèng jìn yì bēi jiǔ xī chū yáng guān wú gù rén
劝君更尽⑦一杯酒，西出阳关⑧无故人⑨。

注释

① 使：出使。

② 安西：指唐代安西都护府。

③ 渭城：秦时咸阳城，汉代改为渭城，在今陕西咸阳东北，位于渭水北岸。

④ 朝雨：早晨下的雨。

⑤ 浥：湿润、沾湿。

⑥ 客舍：旅店。

⑦ 更尽：再喝完。

⑧ 阳关：古关名，故址在今甘肃敦煌西南。

⑨ 故人：老朋友。

译文

渭城早上的雨湿润了路面的尘土，客舍旁的柳树显得格外青翠、清新。劝你再饮尽这一杯酒吧，等一路向西出了阳关，那里就再也没有老朋友了。

诵读

渭城朝雨/浥轻尘，客舍青青/柳色新。

劝君更尽/一杯酒，西出阳关/无故人。

> **重点来啦**
>
> 思想感情：对友人的依依不舍。
>
> 节奏：情深意浓。

前两句写离别之景，点名时间、地点和环境。“柳”和“留”谐音，表达对好友元二的依依惜别之情。后两句写离别之情，劝朋友再喝一杯酒，是对朋友一路远行的关切和惦念，对未知前途的深挚祝福。诵读时要语调悠扬，情意绵绵，读出离别的不舍与殷切的祝愿之情。

诗人讲故事

有一天，我的好朋友元二要被朝廷派往西北边疆工作。听到这个消息，我心里非常不舍，一路送他到渭城。清晨，下着蒙蒙的细雨，湿润了渭城路上的灰尘。我和元二喝了一杯又一杯的酒，总想让他留下，可是元二没有时间了，急匆匆地上了马车。就在这时，我强忍着泪水给元二写下一首送别诗——《送元二使安西》。这首古诗后来还被谱曲传唱，成为唐朝最流行的送别曲！

诗诗

谢谢您的介绍，您说《送元二使安西》成为唐朝有名的送别曲，能详细讲讲吗?

我的这首古诗后来被谱曲，曲名为《渭城曲》《阳关曲》或《阳关三叠》，非常有名。

王维

诗人荐同款

诗诗，我还想推荐我的另外一首送别诗给你。这首诗是《山中送别》。

shān zhōng sòng bié
山中送别

［唐］王维

shān zhōng xiāng sòng bà　rì mù yǎn chái fēi
山中相送罢，日暮掩柴扉。

chūn cǎo míng nián lǜ　wáng sūn guī bu guī
春草明年绿，王孙归不归？

王维

这首诗是我在深山中送别友人之后写下的作品，我盼望着友人归来与我共同欣赏这美好春景。

我从您送别友人后，日暮时分掩上柴扉的动作能感受到深深的离愁别绪。

诗诗

诗词大挑战

诗词填填空

《送元二使安西》的前两句描写了________、________、________、________等景物，其中一个“________”字委婉地表达了依依离情。

诗词趣选择

下列与“劝君更尽一杯酒，西出阳关无故人”立意相反的诗句是（　　）。

A. 海内存知己，天涯若比邻。

B. 莫愁前路无知己，天下谁人不识君。

C. 路遥知马力，日久见人心。

参考答案：

诗词填填空：

朝雨　轻尘　客舍　柳　柳

诗词趣选择：B

4 送杜少府之任蜀州

诗诗

您好，王勃先生。久仰大名，愿穿越千年与您结为知己！

哈哈，有朋自远方来，不亦乐乎！

王勃

诗人说自己

我的名片

王勃
（650 — 676）

字： 子安
朝　　代： 唐代
出 生 地： 绛州龙门（今山西河津）
民　　族： 汉族
主要作品：《滕王阁序》等
朋 友 圈： 与杨炯、卢照邻、骆宾王合称为“初唐四杰”

我的简介

我出生在书香门第，14岁时便以出众的文采受到唐高宗的赏识，成为当时最年轻的朝廷命官。顶着神童的美誉，我的事业顺风顺水，文学创作水平也达到了顶峰，留下许多作品，最受好评的当然是《滕王阁序》了。

诗人教诵读

体裁
五言律诗

sòng dù shào fǔ zhī rèn shǔ zhōu
送杜少府之任蜀州

［唐］王勃

chéng què fǔ sān qín fēng yān wàng wǔ jīn
城阙①辅②三秦③，风烟望五津④。

yǔ jūn lí bié yì tóng shì huàn yóu rén
与君离别意，同是宦游⑤人。

hǎi nèi cún zhī jǐ tiān yá ruò bǐ lín
海内⑥存知己，天涯若比邻。

wú wéi zài qí lù ér nǚ gòng zhān jīn
无为在歧路⑦，儿女共沾巾⑧。

注释

① 城阙：指唐代都城长安。
② 辅：护卫。
③ 三秦：现在陕西省一带。
④ 五津：四川境内长江的五个渡口。
⑤ 宦游：出外做官。
⑥ 海内：四海之内，指全国各地。
⑦ 歧路：岔路，古人送行常在大路分岔处告别。
⑧ 沾巾：泪水沾湿手巾，意思是挥泪告别。

译文

我站在长安的城楼上往远处看，你要去的四川在很远的地方，我都看不清。我们同样都是在外面工作的人，你走了，我很舍不得！但是我相信四海之内只要有知心朋友，即便在天涯海角，也感

觉就像近邻一样。所以，我们不要像那些男男女女一样，分别的时候哭得一把鼻涕一把眼泪。

诵读

城阙/辅/三秦，风烟/望/五津。与君/离别意，同是/宦游人。

海内/存/知己，天涯/若/比邻。无为/在/歧路，儿女/共/沾巾。

重点来啦

思想感情：与友人的惜别之情。

节奏：悲凉豪放，悠远豁达。

第一联点明送别地点和友人赴任之处；第二联把两人之间感情的共鸣写了出来；第三联表明对离别的看法，是慰人，也是自慰，是千古佳句；第四联是对朋友的劝勉，饱含深情并富有哲理。前两联要读得悲凉豪放，后两联要读得悠远豁达。

诗人讲故事

我6岁时就才华横溢，16岁便科考成功，当上了皇帝的秘书，每天帮助皇帝整理文件，代笔书写圣旨。在长安工作时，我结识了一个好朋友，他官拜少府，人称杜少府。

可是没过多久，杜少府要被调去四川工作，他十分难过！于是我写下这首《送杜少府之任蜀州》，劝慰友人不要在离别之时悲伤。

谢谢您的介绍，我听到您说“官拜”这个词，不是很懂，能进一步给我们讲一下吗？

“官拜”，说得通俗点，就是担任官职。

诗人荐同款

诗诗，我想推荐一首送别诗给你，作者是鼎鼎大名的王昌龄哦！

fú róng lóu sòng xīn jiàn
芙蓉楼送辛渐

［唐］王昌龄

hán yǔ lián jiāng yè rù wú　píng míng sòng kè chǔ shān gū
寒雨连江夜入吴，平明送客楚山孤。

luò yáng qīn yǒu rú xiāng wèn　yí piàn bīng xīn zài yù hú
洛阳亲友如相问，一片冰心在玉壶。

王勃

前两句渲染离别时的凄楚气氛，可以体现诗人送别友人时内心无比孤寂。

我通过读后两句能感受到诗人积极进取、不畏强权的崇高气节。

诗诗

诗词大挑战

诗词九宫格

请从右边方格中找出一句诗。

____

存	无	内
在	海	为
知	路	己

诗词趣选择

下列对《送杜少府之任蜀州》赏析有误的一项是（　　）。

A. 这是一首五言律诗，作者是被称为“初唐四杰”之一的王勃。

B. 第一句点出了送别的地点，第二句则把读者的视线引向杜少府即将赴任之地。

C. 颔联是说，诗人要跟朋友分手，去外地做官。

D. 尾联紧承颈联而来，诗人劝慰杜少府，不要在临别之时伤感哭泣。

参考答案：
诗词九宫格：
海内存知己
诗词趣选择：C

晓出净慈寺送林子方

诗诗

杨大诗人，我们又见面啦！这次想参观您的“晓出净慈寺送林子方”厅。

欢迎诗诗和小伙伴们，我很愿意为大家效劳呢！

杨万里

诗人说自己

我的名片

杨万里

我们在童年童趣馆中已经相互认识了，那就直接来了解我的其他作品吧！

我的简介

在童年童趣馆中，大家跟着我欣赏了幽静安逸的田园风光，感受到我对田园风光的无限喜爱之情。后人常常称赞我的诗歌独具风格，形成对后世影响较大的“诚斋体”。我在描写自然景色及友谊情深方面也有佳作，如《晓出净慈寺送林子方》，一起来读读吧。

诗人教诵读

体裁
七言绝句

xiǎo chū jìng cí sì sòng lín zǐ fāng

晓出①净慈寺②送林子方③

［宋］杨万里

bì jìng xī hú liù yuè zhōng fēng guāng bù yǔ sì shí tóng

毕竟④西湖六月中，风光不与四时⑤同。

jiē tiān lián yè wú qióng bì yìng rì hé huā bié yàng hóng

接天⑥莲叶无穷⑦碧，映⑧日荷花别样⑨红。

注释

① 晓出：太阳刚刚升起。

② 净慈寺：杭州西湖边上著名的佛寺。

③ 林子方：诗人的朋友。

④ 毕竟：到底。

⑤ 四时：春夏秋冬四个季节。在这里指六月以外的其他时节。

⑥ 接天：像与天相接。

⑦ 无穷：无边无际。

⑧ 映：映照。

⑨ 别样：特别，不一样。

译文

六月里西湖的风光到底和其他时节的不一样。那密密层层、苍翠欲滴的荷叶铺展开去，真是无边无际；那亭亭玉立的荷花绽蕾盛开，在阳光的辉映下显得格外红艳。

诵读

毕竟/西湖/六月中，风光/不与/四时同。

接天/莲叶/无穷碧，映日/荷花/别样红。

> **重点来啦**
>
> 思想感情：对西湖美景的赞美，对友人深情的眷恋。
>
> 节奏：轻快明朗。

诗歌的前两句是写六月的西湖给诗人的总体感受。“毕竟”二字突出了西湖六月风光的独特，给人以丰富美好的想象，要读出韵味。后两句描绘出了一幅红绿相间的美丽画面。诗人巧借对西湖美景的描画和赞美，表达了对友人林子方深深的眷恋之情。朗读时，语调要轻快明朗，也要饱含深情厚谊。

诗人讲故事

我刚刚金榜题名，来到基层工作，想大展身手报效祖国。于是写了一篇《千策论》送给朝廷，广受认可，被提拔到中央工作，然后又担任太子的老师，备受同事和太子的敬重！

一天，我的同事林子方要被外派到福州工作，我清晨从杭州西湖附近的净慈寺出发送别林子方，经过西湖边时，回想起自己当年被贬官在外艰苦的岁月，于是写下组诗《晓出净慈寺送林子方》，想通过诗歌劝解林子方留在京城工作。

诗诗

谢谢您的介绍，您说写了组诗《晓出净慈寺送林子方》，除了本诗，难道还有别的篇目吗？

是的。《晓出净慈寺送林子方》包含两首诗哦！欲知诗歌，且看下文。

杨万里

诗人荐同款

诗诗，上文提到《晓出净慈寺送林子方》还有另外一首，我也推荐给你，便于你更全面地理解这组诗。

xiǎo chū jìng cí sì sòng lín zǐ fāng
晓出净慈寺送林子方

［宋］杨万里

chū dé xī hú yuè shàng cán hé huā dàng lǐ liǔ háng jiān
出得西湖月尚残，荷花荡里柳行间。

hóng xiāng shì jiè qīng liáng guó xíng liǎo nán shān què běi shān
红香世界清凉国，行了南山却北山。

杨万里

我陪着友人穿过绿树环绕的荷塘，走在杨柳依依的小道上，此刻内心满是不舍和眷恋。

你们是难得的知己，这份情谊很深厚，真是令人动容啊！

诗诗

诗词大挑战

诗词填填空

六月，我们漫步在荷塘边，那美丽的景色让我们不禁吟诵起杨万里的诗句：“________________，________________。”

诗词趣选择

下列诗句不是描写“荷花”的一项是（　　）。

A. 小荷才露尖尖角，早有蜻蜓立上头。

B. 晨兴理荒秽，带月荷锄归。

C. 江南可采莲，莲叶何田田。

D. 小娃撑小艇，偷采白莲回。

参考答案：
诗词填填空：
接天莲叶无穷碧　映日荷花别样红
诗词趣选择：B

通关友谊情深馆

诗词趣选择 ★

第一关

下列体现朋友依依惜别之情的诗句是（　　）。

A. 正是江南好风景，落花时节又逢君。

B. 朝辞白帝彩云间，千里江陵一日还。

C. 杨柳青青江水平，闻郎江上唱歌声。

D. 劝君更尽一杯酒，西出阳关无故人。

诗词小百科 ★★

第二关

了解古人送别的习俗。

送别这一现象是人们生活中不可缺少的一种形式。从古诗中能了解到不同的送别方式和习俗：从“近来攀折苦，应为别离多”中能了解到________，从“劝君更尽一杯酒，西出阳关无故人”中能了解到________，从“李白乘舟将欲行，忽闻岸上踏歌声”中能了解到________。

诗词填填空 ★★★

第三关

填写相关诗句。

游览了友谊情深馆，我们知道，古人由于道路崎岖难行，交通工具落后，一别动辄多年，再会难期，因而古人更加重视离别场面，常常写诗送别友人来表达离愁别绪。如《赠汪伦》中“____________，____________”两句体现依依不舍的留恋及友人之间的真挚情感；再如《别董大》中“____________，____________”两句体现情深意长的鼓励和安慰。

参考答案

第一关：D

第二关：折柳送别　饮酒饯别　唱歌送别

第三关：桃花潭水深千尺　不及汪伦送我情　莫愁前路无知己　天下谁人不识君

第三章

思乡恋家馆

谁家玉笛暗飞声，散入春风满洛城。此夜曲中闻折柳，何人不起故园情。

——李白

大家好，我是诗诗。欢迎大家跟我一起走进思乡恋家馆。

诗诗

1 十五夜望月

诗诗

您好，王建先生。我们来参观您的“十五夜望月”厅啦!

月是故乡明。欢迎诗诗和小伙伴们来到我的展厅!

王建

诗人说自己

我的名片

王建
（765 — 830）

字： 仲初
朝　　代： 唐代
出 生 地： 许州颍川（今河南许昌）
民　　族： 汉族
主要作品：《田家行》《水夫谣》等
朋 友 圈： 与张籍齐名

我的简介

我出身寒微，到46岁才踏入官场，曾担任陕州司马，所以人们常常称呼我为“王司马”。我和好朋友张籍擅长作乐府诗，人们称我俩为“张王乐府”。我创作的百首《宫词》，广泛地描写了宫中风物和生活，是研究唐代宫廷生活的重要史料呢！

诗人教诵读

体裁：七言绝句

shí wǔ yè wàng yuè
十五夜①望月

［唐］王建

zhōng tíng dì bái shù qī yā
中庭②地白③树栖④鸦，

lěng lù wú shēng shī guì huā
冷露⑤无声湿⑥桂花。

jīn yè yuè míng rén jìn wàng
今夜月明人尽⑦望，

bù zhī qiū sī luò shuí jiā
不知秋思⑧落⑨谁家。

注释

① 十五夜：农历八月十五中秋节夜晚。

② 中庭：庭中，庭院中。

③ 地白：月光照在庭院地上的样子。

④ 栖：鸟类停留，歇宿。

⑤ 冷露：秋天的露水。

⑥ 湿：打湿。

⑦ 尽：都。

⑧ 秋思：秋天的情思，这里指思念亲人的思绪。

⑨ 落：在，到。

译文

庭院地面雪白，树上栖息着鸦鹊，秋露点点无声，打湿了庭院中的桂花。今夜明月当空，世间人人仰望，不知道这秋日情思会落到谁家？

诵读

中庭地白/树栖鸦，冷露无声/湿桂花。
今夜月明/人尽望，不知秋思/落谁家。

> **重点来啦**
>
> 思想感情：思念家乡，思念亲友。
>
> 节奏：低沉舒缓。

前两句写的是清幽冷寂的月夜之景，暗写诗人望月；后两句写诗人望月怀远的情思，明明是自己在思念亲友，却偏偏说“落谁家”，将诗人的秋思之情表现得含蓄委婉。“落”字使这份情思有了动态之美，仿佛与月光一同洒落，将无形的情感化为有形之物，韵味无穷。朗读时，要读出思绪绵长、悠然不尽的感觉。

诗人讲故事

我前半生穷困潦倒，到了晚年做了个小官，生活水平才得以改善。有一年中秋节，我邀请了许多好朋友，大家弹琴唱歌、饮酒作诗庆祝节日，场面十分热闹！我中途出来到院子里透透气，忽然头上方传来一阵乌鸦的叫声，抬头一看，一轮明月当空，寒冷的露珠把桂花都打湿了。这样的景致一下冲淡了我的兴致，我想到了被贬的好友杜元颖，猜想他也在望月思乡吧，于是写了这首诗寄给远在他乡的好友。

诗诗

谢谢您的介绍。秋天是让人伤感的季节，您对朋友的相思之情真让人感动落泪！

世上离人千千万，我的朋友此刻应该也在感受着秋思之意、怀人之情吧！

王建

诗人荐同款

诗诗，此情此景，我想推荐一首由“诗圣”——杜甫所写的《月夜忆舍弟》给你。

yuè yè yì shè dì
月夜忆舍弟

［唐］杜甫

shù gǔ duàn rén xíng　biān qiū yí yàn shēng
戍鼓断人行，边秋一雁声。

lù cóng jīn yè bái　yuè shì gù xiāng míng
露从今夜白，月是故乡明。

yǒu dì jiē fēn sàn　wú jiā wèn sǐ shēng
有弟皆分散，无家问死生。

jì shū cháng bù dá　kuàng nǎi wèi xiū bīng
寄书长不达，况乃未休兵。

王建

月光常会勾起思乡之情。这首诗概括了安史之乱中人民饱经忧患丧乱的普遍遭遇。

诗诗

由于战乱，兄弟离散，生死未知。可见诗人多么伤心难过，诗歌读来感人至深。

诗词大挑战

诗词九宫格

请从右边方格中找出一句诗。

落	不	思
秋	家	知
月	谁	明

诗词小百科

《十五夜望月》一诗前两句写景。请你发挥想象，写出诗歌描绘的画面。

参考答案：
诗词九宫格：不知秋思落谁家
诗词小百科：月光洒落庭院，地面一片雪白，鸦鹊在树上栖息着，秋露无声，打湿了院中的桂花。

游子吟

诗诗

您好，孟郊先生！您是有名的大孝子，我辈之楷模呀！

过奖，父母恩大于天，我们岂能忘？

孟郊

诗人说自己

我的名片

孟郊
(751 — 814)

字： 东野

朝　　代： 唐代

出 生 地： 湖州武康（今浙江德清）

民　　族： 汉族

主要作品：《游子吟》《登科后》

朋 友 圈： 与贾岛并称“郊寒岛瘦”

我的简介

我少年时期隐居嵩山，平日创作的诗歌多描写民间苦难，因此有“诗囚”之称。我前半生一直在考科举，曾两次落榜，直到46岁才考中进士。晚年生活多在洛阳度过。

诗人教诵读

体裁 五言诗

yóu zǐ yín

游子①吟②

［唐］孟郊

cí mǔ shǒu zhōng xiàn, yóu zǐ shēn shàng yī

慈母手中线，游子身上衣。

lín xíng mì mì féng, yì kǒng chí chí guī

临③行密密缝，意恐④迟迟归⑤。

shuí yán cùn cǎo xīn, bào dé sān chūn huī

谁言⑥寸草⑦心⑧，报得⑨三春晖⑩。

注释

① 游子：古代称远游旅居的人。
② 吟：诗体总称。
③ 临：将要。
④ 意恐：担心。
⑤ 归：回来，回家。
⑥ 言：说。
⑦ 寸草：小草，这里比喻子女。
⑧ 心：语义双关，既指草木茎干，也指子女的心意。
⑨ 报得：报答。
⑩ 三春晖：春天灿烂的阳光，指慈母之恩。形容母爱如春天温暖和煦的阳光照耀着子女。

译文

慈母用手中的针线，为远行的儿子赶制身上的衣衫。临行前一针针密密地缝缀，怕儿子回来得晚衣服破损。有谁敢说，子女像小草那样微弱的孝心，能够报答得了像春晖普泽般的慈母恩情呢？

诵读

慈母 / 手中线，游子 / 身上衣。
临行 / 密密缝，意恐 / 迟迟归。
谁言 / 寸草心，报得 / 三春晖。

> **重点来啦**
>
> 思想感情：对母爱的感激与赞美。
>
> 节奏：舒缓悠长。

前两句用“线”和“衣”两种极常见、最普通的东西将“慈母”与“游子”紧紧联系在一起，写出母子相依为命的骨肉亲情。紧接着通过慈母为游子赶制出门衣服的动作和心理刻画，深化母子骨肉亲情。整首诗抒发了对母亲的感激与赞美，应该用舒缓悠长的语调来读。

诗人讲故事

一天，我站在溧水边盼望着母亲的船，初春的空气有些凉爽，我便将长衣披上。看着衣服上那些密密麻麻的针脚，我回想起那个昏黄的月夜，母亲揉着昏花的双眼，借着朦胧的月光，用粗糙的双手紧握着针线，为即将远行的我缝制身上的衣物的情景。如今，穿着母亲缝制的衣服，仿佛时刻被母爱守护着，我感觉身上的温暖犹如眼前的春草沐浴着阳光一般。我觉得自己恐怕永远都无法回报母亲的恩情啊！于是我就写下了这首《游子吟》。

诗诗

谢谢您的介绍。母爱真是太伟大了，我也要好好孝敬我的妈妈。

诗诗，你真是个贴心的好孩子！

孟郊

诗人荐同款

诗诗，我想推荐另一首写慈母情深的诗给你。这首诗就是清代诗人蒋士铨所写的《岁暮到家》。

suì mù dào jiā
岁暮到家

［清］蒋士铨

ài zǐ xīn wú jìn, guī jiā xǐ jí chén
爱子心无尽，归家喜及辰。
hán yī zhēn xiàn mì, jiā xìn mò hén xīn
寒衣针线密，家信墨痕新。
jiàn miàn lián qīng shòu, hū ér wèn kǔ xīn
见面怜清瘦，呼儿问苦辛。
dī huái kuì rén zǐ, bù gǎn tàn fēng chén
低徊愧人子，不敢叹风尘。

孟郊

母亲对儿子无微不至的关怀非常真实、生动，诗歌字里行间流露出诗人对母亲的感激和赞美。

诗诗

从古至今，母亲对孩子的爱一直是最伟大、最动人的感情！

诗词大挑战

诗词趣选择

下列选项中不是赞美伟大母爱的诗句是（ ）。

A. 悠悠慈母心，惟愿才如人。 B. 慈母手中线，游子身上衣。

C. 海上生明月，天涯共此时。 D. 老母与子别，呼天野草间。

诗词填填空

当我们回忆母爱，要报答母亲的深恩时，我们会很自然地吟诵起唐代诗人孟郊《游子吟》中的诗句：“__________，__________。”

参考答案：
诗词趣选择：C
诗词填填空：谁言寸草心，报得三春晖

九月九日忆山东兄弟

诗诗：王大诗人，我们又见面啦！这次我们想参观您的“九月九日忆山东兄弟”厅。

王维：非常高兴与你们再次相遇！

诗人说自己

我的名片

王维：我们之前在友谊情深馆中就碰面了哦，相信大家对我已经有了一些了解了吧，快来读读我的其他作品吧！

我的简介

在友谊情深馆中，大家了解到我送别元二时的伤感，感受到我对元二的至深惜别之情。后人常常称赞我的诗歌细致自然、真实如画。其实我在其他方面也有佳作，如描写日常生活的小诗《九月九日忆山东兄弟》。

诗人教诵读

体裁
七言绝句

jiǔ yuè jiǔ rì yì shān dōng xiōng dì
九月九日①忆山东②兄弟

［唐］王维

dú zài yì xiāng wéi yì kè měi féng jiā jié bèi sī qīn
独在异乡③为异客，每逢佳节倍思亲。

yáo zhī xiōng dì dēng gāo chù biàn chā zhū yú shǎo yì rén
遥知兄弟登高④处，遍插茱萸⑤少一人。

注释

① 九月九日：即重阳节。古以九为阳数，故曰重阳。
② 山东：华山以东。
③ 异乡：他乡、外乡。
④ 登高：古有重阳节登高的习俗。
⑤ 茱萸：一种有浓烈香气的植物。古时人们认为重阳节插茱萸可以避灾克邪。

译文

一个人独自在他乡作客，每逢节日加倍思念远方的亲人。遥想兄弟们今日登高望远时，头上插满茱萸只少我一人。

诵读

独在/异乡/为异客，每逢/佳节/倍思亲。
遥知/兄弟/登高处，遍插/茱萸/少一人。

> **重点来啦**
>
> 思想感情：思乡怀亲之情。
>
> 节奏：缓慢低沉。

前两句直接描写诗人独自客居异地，在本该团圆的节日里不禁想到了家乡和亲人。后两句转笔写到诗人对亲人团聚的联想，抒发了对亲人的思念。整首诗用舒缓低沉的节奏朗读，读出思念的感情。

诗人讲故事

15岁那年，我独自一人从县城蒲州来到了京城长安寻找工作，在一个简陋的出租屋安顿下来。可是都市虽繁华，立身却不易，拼搏两年后，我仍旧是一个孤苦落魄的无业游民。

天气逐渐转凉，我独自一人坐在房间里，忍受孤独和寒冷。重阳节快到了，在这个全家团聚的节日里，我却只能眼巴巴地看着窗外的热闹和喧嚣，趴在窗户前默默地流下眼泪。孤苦无依的生活让我再也抑制不住内心的思乡之情，于是满含热泪写下了这首诗。

诗诗

谢谢您的介绍，我听到您说重阳节更加思念家乡，为什么呢?

每逢重阳节，我都和兄弟们头插茱萸，手挽着手去城外登高远眺。如今身在他乡，更加想念和亲人们欢聚的时光。

王维

诗人荐同款

诗诗，我想推荐一首怀乡思亲的诗给你。这首诗就是著名诗人高适所写的《除夜作》。

chú yè zuò

除夜作

［唐］高适

lǚ guǎn hán dēng dú bù mián　kè xīn hé shì zhuǎn qī rán
旅馆寒灯独不眠，客心何事转凄然。

gù xiāng jīn yè sī qiān lǐ　shuāng bìn míng zhāo yòu yì nián
故乡今夜思千里，霜鬓明朝又一年。

王维

高适在除夕之夜看着家家户户灯火通明，欢聚一堂，而他却远离家人，身居客舍，不免触景生情。

是啊！从他的这首诗中，我能感受到他对千里之外的故乡及亲人的思念。

诗诗

诗词大挑战

诗词填填空

当我们在外地过节时，常引用唐代诗人王维在《九月九日忆山东兄弟》中的“____________，____________”来表达对家人的怀念。

诗词小百科

在括号中写出与诗句相关的传统节日，并在横线上填入诗句中的习俗。

1. 五月五日午，赠我一支艾。

（　　　）____________

2. 但愿人长久，千里共婵娟。

（　　　）____________

3. 去年元夜时，花市灯如昼。

（　　　）____________

参考答案：
诗词填填空：独在异乡为异客　每逢佳节倍思亲
诗词小百科：1.端午节　挂艾草
2.中秋节　赏月
3.元宵节　观灯

4 长相思

诗诗

您好，纳兰性德学士。您的名字很特别，相信您的展厅也很独特，我们迫不及待地想参观了！

欢迎诗诗和小伙伴们，快随我一同进去看看吧。

纳兰性德

诗人说自己

我的名片

纳兰性德
(1655—1685)

字： 容若　　**号：** 楞伽山人

朝　　代： 清代

出 生 地： 北京

民　　族： 满族

主要作品：《通志堂集》《饮水词》等

朋 友 圈： 顾贞观、严绳孙、朱彝(yí)尊、陈维崧(sōng)、姜宸(chén)英等

我的简介

我自幼饱读诗书，文武兼修。17岁入国子监，22岁考中进士，深受康熙皇帝的赏识，被封为一等侍卫，多次随驾出巡。我被誉为“清初第一词手”，与朱彝尊、陈维崧并称“清词三大家”。我24岁时将词作编选成集，名为《侧帽集》，又著《饮水词》。后人将两部词集合为《纳兰词》，该词集在当时以及后世享有盛誉。很厉害吧！

诗人教诵读

体裁
词

cháng xiāng sī
长相思①

［清］纳兰性德

shān yì chéng shuǐ yì chéng shēn xiàng yú guān nà pàn xíng yè shēn qiān zhàng dēng
山一程②，水一程，身向榆关③那畔④行，夜深千帐⑤灯。

fēng yì gēng xuě yì gēng guō suì xiāng xīn mèng bù chéng gù yuán wú cǐ shēng
风一更⑥，雪一更，聒⑦碎乡心⑧梦不成，故园⑨无此声⑩。

注释

① 长相思：词牌名。

② 程：里程、路程。山一程，水一程，即山长水远。

③ 榆关：山海关。

④ 那畔：那边，这里指关外。

⑤ 千帐：很多帐篷。千，在这里是虚数，指很多。

⑥ 更：古代夜间的计时单位。一夜分五更，每更约两小时。风一更，雪一更，即整夜风雪交加。

⑦ 聒：声音嘈杂，这里指风声雪声。

⑧ 乡心：指思乡之情。

⑨ 故园：故乡、家乡。

⑩ 此声：指风雪交加的声音。

译文

将士们翻过一座座山，涉过一条条河，向山海关那边进发。夜已深了，营地上千顶帐篷里都亮着灯。 风刮了一更又一更，雪下了一更又一更，我被风雪交加的声音吵醒，不禁思念起故乡来。故乡是多么温馨宁静呀，哪有这般狂风呼啸、雪花乱舞的聒噪之声。

诵读

山一程，水一程，身向/榆关/那畔行，夜深/千帐灯。
风一更，雪一更，聒碎/乡心/梦不成，故园/无此声。

重点来啦

思想感情：对家乡的思念。

节奏：缓慢低沉。

词的上片写将士们长途跋涉、远离故乡的情景，写出了行军的艰辛；下片描绘夜景，突出风雪交加的恶劣天气和将士们的思乡之情。朗诵时语气要低沉一些，节奏要缓慢一些。

诗人讲故事

我出生在富裕且尊贵的家庭，集万千宠爱于一身。康熙二十一年冬，因云南平定，康熙皇帝出关东巡，祭告祖陵，我一同随行。出山海关时，遇到塞上风雪交加，苦寒的天气引发了我对京师家乡和亲人的思念，于是写下了《长相思》这首词。

诗诗

谢谢您的介绍。整首词都是围绕题目“长相思”来写呢！

诗诗，“长相思”不是这首词的题目，而是词牌名哦！

纳兰性德

诗人荐同款

我创作的词中有很多追悼妻子卢氏的相思之作。每逢传统节日和卢氏的生辰忌日，我的凄苦都难以排解。推荐其中一首词给你们。

huàn xī shā shuí niàn xī fēng dú zì liáng

浣溪沙·谁念西风独自凉

[清]纳兰性德

shuí niàn xī fēng dú zì liáng, xiāo xiāo huáng yè bì shū chuāng, chén sī wǎng shì lì cán yáng。

谁念西风独自凉，萧萧黄叶闭疏窗，沉思往事立残阳。

bèi jiǔ mò jīng chūn shuì zhòng, dǔ shū xiāo dé pō chá xiāng, dāng shí zhǐ dào shì xún cháng。

被酒莫惊春睡重，赌书消得泼茶香，当时只道是寻常。

纳兰性德

斯人已逝，但我的悲痛之感和思念之情不减啊！

真感动，请节哀顺变。

诗诗

诗词大挑战

诗词排排站

从以下的字中找出一句诗，并写下来。

声　聒　乡　心　不　无　碎　园　梦　成　________________

诗词趣选择

下列对《长相思》这首词的理解和分析，不正确的一项是（　　）。

A. 将士们向山海关进发，一路跋山涉水，历经艰辛。

B. 深夜众多帐篷里还亮着灯，说明将士们久久不能入睡，苦不堪言。

C. 一阵风过后接着一阵雪，让词人无法睡觉，心里难过。

D. 这首词描绘了词人出行关外的艰辛和凄苦，抒发浓郁的思乡之情。

参考答案：诗词排排站：聒碎乡心梦不成　诗词趣选择：C

水调歌头

诗诗

苏大才子，您好。幸甚至哉！我们来参观您的“水调歌头”厅啦。

诗诗，很高兴见到你们。我都想高歌一首了！

苏轼

诗人说自己

我的名片

苏轼
（1037—1101）

字： 子瞻，一字和仲

号： 铁冠道人、东坡居士　**世　称：** 苏东坡、苏仙

朝　代： 北宋　**民　族：** 汉族

出生地： 眉州眉山（今四川眉山）

朋友圈： 与其父苏洵、其弟苏辙并称“三苏”；与黄庭坚并称“苏黄”；词开豪放一派，与辛弃疾并称“苏辛”；为“唐宋八大家”之一

我的简介

你们认识我，应该都是源于我的诗词。世人都叫我“苏大才子”，我能取得如此成就，首先要感谢我那贤良淑德的好母亲。我的母亲出生于名门世家，她很重视对我们的教育，给我和弟弟苏辙营造了很好的学习氛围。回归正题，我们来看看下面这首词吧！

诗人教诵读

体裁
词

shuǐ diào gē tóu
水调歌头①

［宋］苏轼

míng yuè jǐ shí yǒu? bǎ jiǔ wèn qīng tiān. bù zhī tiān shàng gōng què,
明月几时有？把酒②问青天。不知天上宫阙③，
jīn xī shì hé nián. wǒ yù chéng fēng guī qù, yòu kǒng qióng lóu yù yǔ,
今夕是何年。我欲乘风④归去，又恐琼楼玉宇⑤，
gāo chù bú shèng hán. qǐ wǔ nòng qīng yǐng, hé sì zài rén jiān.
高处不胜⑥寒。起舞弄清影⑦，何似⑧在人间。

zhuǎn zhū gé, dī qǐ hù, zhào wú mián. bù yīng yǒu hèn, hé shì
转朱阁⑨，低绮户⑩，照无眠。不应有恨，何事
cháng xiàng bié shí yuán? rén yǒu bēi huān lí hé, yuè yǒu yīn qíng yuán quē, cǐ
长向别时圆？人有悲欢离合，月有阴晴圆缺，此
shì gǔ nán quán. dàn yuàn rén cháng jiǔ, qiān lǐ gòng chán juān.
事古难全。但⑪愿人长久，千里共婵娟⑫。

注释

① 水调歌头：词牌名。
② 把酒：端起酒杯。
③ 天上宫阙：指月中宫殿。
④ 乘风：驾着风。
⑤ 琼楼玉宇：美玉砌成的楼宇，指想象中的月宫。
⑥ 不胜：经不住。
⑦ 弄清影：意思是诗人在月光下起舞。
⑧ 何似：哪里比得上。
⑨ 朱阁：朱红的华丽楼阁。
⑩ 绮户：雕饰华丽的门窗。
⑪ 但：只。
⑫ 婵娟：月亮。

译文

明月从什么时候开始出现的呢？我举着酒杯问苍天。不知道天宫里，现在是何年何月。我想要乘着清风到天上去问问故人，又怕在美玉砌成的楼宇上，受不住那高处的寒冷。起身舞蹈玩赏着月光下自己清朗的影子，月宫又哪里比得上人间呢？　　月儿转过朱红色的楼阁，低低地挂在雕花的窗户上，照着没有睡意的自己。明月应该对人们没有怨恨吧，为什么总要在离别时才圆呢？人有悲欢离合的时候，月也有阴晴圆缺的转换，这种事自古以来就难以周全。只希望远方的亲人能平安健康，即便相隔千里，也能共享这美好的月光。

诵读

明月/几时有？把酒/问青天。不知/天上/宫阙，今夕/是/何年。我欲/乘风归去，又恐/琼楼玉宇，高处/不胜寒。起舞/弄清影，何似/在人间。　　转/朱阁，低/绮户，照/无眠。不应/有恨，何事/长向/别时圆？人有/悲欢离合，月有/阴晴圆缺，此事/古难全。但愿/人长久，千里/共婵娟。

重点来啦

思想感情：对亲人的思念和祝愿，及失意时的豁达和乐观。

节奏：惆怅转豁达。

这首词本来是作者因政治失意，以及与亲人的长久别离心生惆怅而作，但他并没有沉浸在消极的情绪中，而是以豁达开朗的心境来表达对亲人的祝愿和对生活的热爱。朗读时语气语调稍有变化，上片略显惆怅失意，下片转为豁达乐观。

诗人讲故事

宋神宗熙宁九年（1076年）八月十五日夜，我在密州，望着天上的圆月，想到已经与弟弟七年未见，心中感慨万千，便借酒赋词。

苏轼

月亮都有阴晴圆缺的时候，更何况人呢？所以我们要豁达、泰然一些。

嗯，我会以积极乐观的心态去面对生活中的事。

诗诗

诗人荐同款

北宋著名女词人李清照的《一剪梅》，通过月亮抒发相思之情。

yì jiǎn méi
一剪梅

［宋］李清照

hóng ǒu xiāng cán yù diàn qiū， qīng jiě luó cháng， dú shàng lán zhōu。 yún zhōng shuí jì jǐn shū lái？ yàn zì huí shí， yuè mǎn xī lóu。 huā zì piāo líng shuǐ zì liú， yì zhǒng xiāng sī， liǎng chù xián chóu。 cǐ qíng wú jì kě xiāo chú， cái xià méi tóu， què shàng xīn tóu。

红藕香残玉簟秋，轻解罗裳，独上兰舟。云中谁寄锦书来？雁字回时，月满西楼。花自飘零水自流，一种相思，两处闲愁。此情无计可消除，才下眉头，却上心头。

望月怀远。多么优美的词作，多么真挚的情感啊！

诗诗

诗词大挑战

诗词填填空

中秋佳节是与亲人团圆之时，如果我们与亲人相隔两地，可以用“________________，________________”表达对亲人的美好祝愿。

参考答案：
诗词填填空：
但愿人长久 千里共婵娟
诗词巧判断：√

诗词巧判断

《水调歌头·明月几时有》表达了一种旷达的人生态度。（ ）

通关思乡恋家馆

诗词趣选择 ★

第一关

下列诗句所写节日按照时间先后排序正确的一项是（　　）。

①今夜月明人尽望，不知秋思落谁家？

②遥知兄弟登高处，遍插茱萸少一人。

③日暮汉宫传蜡烛，轻烟散入五侯家。

④爆竹声中一岁除，春风送暖入屠苏。

A.④③②①　B.④③①②　C.③②④①　D.③②①④

诗词小百科 ★★

第二关

古人写诗常常“借月抒怀”，如“春风又绿江南岸，明月何时照我还？”请再写一句“借月抒怀”的古诗，并写出作者与诗题。

________，________。（______《　　　　》）

诗词填填空 ★★★

第三关

填写相关诗句。

当我们回忆母爱，要报答母亲的深情时，我们会很自然地吟诵起唐代诗人孟郊的《游子吟》中的诗句：________，________。

当我们在外地过年时，常常引用唐代诗人王维在《九月九日忆山东兄弟》中的“________，________”来表达对家乡亲人的思念。

参考答案

第一关：B

第二关：海上生明月　天涯共此时　张九龄《望月怀远》

第三关：谁言寸草心　报得三春晖　独在异乡为异客　每逢佳节倍思亲

第四章

四时物语馆

野芳发而幽香，佳木秀而繁阴。风霜高洁，水落而石出者，山间之四时也。朝而往，暮而归，四时之景不同，而乐亦无穷也。

——欧阳修

大家好，我是诗诗。欢迎大家跟我一起走进四时物语馆。

诗诗

1 绝句

春天是美的。杜甫先生，久仰大名，我们想去看看您诗里的春天。

好的，欢迎诗诗。希望不会让你失望哦！

诗人说自己

我的名片

字： 子美　　　　**号：** 少陵野老

朝　　代： 唐代

民　　族： 汉族

出 生 地： 河南巩县（原籍湖北襄阳）

主要作品：《登高》《春望》《北征》等

朋 友 圈： 与李白合称“李杜”

我的简介

我是杜甫，用现在的话说，我是个“官二代”，也是个“学霸”。我幼时家境优渥，自己也非常好学，7岁时就能作诗。看到这里，你也许会羡慕我，但我这一生并没有过得安稳潇洒，而是充满了颠沛和苦难。我从19岁开始游历山川，而后参加科举屡战屡败，看遍了世间疾苦。在43岁那年，入朝为官，却碰上了安史之乱。后来我辗转来到成都，建起了属于自己的草堂。而今天的诗，也跟我的“草堂”有关，我们一起来看看吧。

诗人教诵读

体裁：七言绝句

jué jù
绝句

［唐］杜甫

liǎng gè huáng lí míng cuì liǔ, yì háng bái lù shàng qīng tiān.
两个黄鹂鸣翠柳，一行白鹭上①青天。

chuāng hán xī lǐng qiān qiū xuě, mén bó dōng wú wàn lǐ chuán.
窗含西岭②千秋③雪，门泊④东吴⑤万里船。

注释

① 上：飞上。

② 西岭：西岭雪山。

③ 千秋：虚指，表示时间长。

④ 泊：停泊。

⑤ 东吴：古代吴国的领地。

译文

草堂周围新绿的柳枝上有成对的黄鹂在婉转地歌唱，欢欣愉悦，生机勃勃。蓝天上，一行白鹭在自由地飞翔。凭窗远眺西山雪岭，岭上的积雪终年不化。门外可以看见停泊在江岸边的自万里外东吴而来的船只。

诵读

两个/黄鹂/鸣翠柳，一行/白鹭/上青天。

窗含/西岭/千秋雪，门泊/东吴/万里船。

重点来啦

思想感情：孤寂而不屈。

节奏：悠远绵长。

前两句所写的景色彩鲜明，有声有色，有动有静，在朗读时应活泼欢快一些。后两句从“千秋”“万里”中可以感受到时空的辽远，在朗读时，应把节奏放缓。

诗人讲故事

公元763年，是我这几年中过得最为开心的一年。安史之乱平定后，我由梓州回到成都，又回到了我的草堂。此时正是春天，天朗气清，生机勃勃。此前经历的颠沛和磨难在春天的美景里一下子烟消云散了。于是，我提笔写下了这首诗。

诗诗

我们也被诗中的春日美景所打动了呢！子美先生，您可真厉害！

哈哈，谢谢诗诗同学的夸奖。我们继续领略其他诗歌的风采吧！

杜甫

诗人荐同款

诗诗，我非常喜欢春天，春天的美景令人赏心悦目，我还写了一首《绝句》，也展现了春天的美景。现在我就把这首诗推荐给你吧。

jué　jù

绝　句

［唐］杜甫

chí rì jiāng shān lì，chūn fēng huā cǎo xiāng

迟日江山丽，春风花草香。

ní róng fēi yàn zi，shā nuǎn shuì yuān yāng

泥融飞燕子，沙暖睡鸳鸯。

诗诗

哇，我仿佛看到了和煦的阳光、自由飞舞的燕子、互相依偎的鸳鸯，甚至还闻到了花香。

你真是个会欣赏的孩子！这首诗从视觉、嗅觉、触觉的角度，描绘了一幅春日美景图。

杜甫

诗词大挑战

诗词排排站

从以下的字中找出一句诗，并写下来。

一　鹭　行　天　白　两　上　青　鹂

____

诗词填填空

在下列诗句的空白处填上对应的动物名称。

1. 两个__________鸣翠柳，一行__________上青天。
2. 泥融飞__________，沙暖睡__________。

参考答案：

诗词排排站：一行白鹭上青天

诗词填填空：1. 黄鹂　白鹭　2. 燕子　鸳鸯

咏柳

诗诗

春天的柳树是温柔的。贺知章先生，您好。我们跟着您一起欣赏多情的柳树吧！

好的，诗诗。跟我来“咏柳厅”吧！

贺知章

诗人说自己

我的名片

贺知章
（约 659 — 约 744）

字：季真
别　　号：四明狂客
朝　　代：唐代
出 生 地：越州永兴（今浙江杭州）
主要作品：《咏柳》《回乡偶书》等
朋 友 圈：张旭、李白……

我的简介

大家都知道“酒仙”李白，但是不一定知道我也是“酒仙”吧。有一天，我喝醉之后骑在马上前俯后仰的，就像坐在船上一样。后来醉眼昏花掉到了枯井里头，我索性就在井底睡着了。当然，我并不是一个酒鬼，在官场做官和写诗作文上，我也是十分厉害的。我入朝为官五十年，从未被贬外地，这在唐代高官中也是屈指可数的哦。

诗人教诵读

体裁
七言绝句

yǒng liǔ
咏 柳

［唐］贺知章

bì yù zhuāng chéng yí shù gāo
碧玉①妆②成一树高，

wàn tiáo chuí xià lǜ sī tāo
万条垂下绿丝绦③。

bù zhī xì yè shuí cái chū
不知细叶谁裁④出，

èr yuè chūn fēng sì jiǎn dāo
二月春风似剪刀。

注释

① 碧玉：碧绿的玉石。

② 妆：装饰，打扮。

③ 丝绦：用丝线编成的绳带。

④ 裁：裁剪。

译文

高高的柳树长满了翠绿的新叶，轻柔的柳枝垂下来，就像万条轻轻飘动的绿色丝带。这细细的嫩叶是谁的巧手裁剪出来的呢？原来是那二月里温暖的春风，它就像一把灵巧的剪刀。

诵读

碧玉／妆成／一树高，万条／垂下／绿丝绦。

不知／细叶／谁裁出，二月／春风／似剪刀。

重点来啦

思想感情：突出早春的生机勃勃。

节奏：明快活泼。

诗歌前两句将翠绿的柳条比作碧玉，突出了早春生机盎然的特点，在朗读时应该轻松愉悦；后两句一问一答，将春风比作剪刀，在朗读时可俏皮活泼。

诗人讲故事

唐天宝三年，我奉诏回乡，百官送行。其时正是早春二月，柳芽初发，春意盎然，微风拂面。我可开心了，如脱笼之鸟。回到家乡，心情自然格外舒畅。忽然，我见到了一株高大的杨柳，在河岸边如鹤立鸡群，英姿勃发。我一时兴发，就提笔写了《咏柳》一诗。

诗诗

多么令人欣喜的春日美景呀！贺知章先生，您真是妙笔生花！

谢谢诗诗的夸奖！我也是被美景触动了。

贺知章

诗人荐同款

古诗中，“杨柳”这个意象是经常出现的。诗诗，我再向你推荐一首与“杨柳”有关的诗。这首诗是唐代诗人王之涣所写的《凉州词二首（其一）》。

liáng zhōu cí èr shǒu qí yī
凉州词二首（其一）

[唐]王之涣

huáng hé yuǎn shàng bái yún jiān yí piàn gū chéng wàn rèn shān
黄河远上白云间，一片孤城万仞山。

qiāng dí hé xū yuàn yáng liǔ chūn fēng bú dù yù mén guān
羌笛何须怨杨柳，春风不度玉门关。

贺知章

这里的“杨柳”不再是普普通通的景物了。人们将离愁别绪也融入其中，让“杨柳”成了离别的代表。

原来如此！又学到了一个新的知识。谢谢贺知章先生！

诗诗

诗词大挑战

诗词趣选择

“碧玉妆成一树高，万条垂下绿丝绦”描绘的是什么季节的美景？（　　）

A. 春　B. 夏　C. 秋　D. 冬

诗词填填空

将下面的带“柳”的词填入相应的空格，补全诗句。

杨柳　榆柳　柳花

1. 风吹______满店香。
2. ______荫后檐。
3. 吹面不寒______风。

参考答案：
诗词趣选择：A
诗词填填空：1. 柳花　2. 榆柳　3. 杨柳

山亭夏日

诗诗

高骈先生，您好！我们从春天走来，来欣赏您笔下的夏天。

好的，欢迎诗诗同学。跟我来吧。

高骈

诗人说自己

我的名片

高骈
（821 — 887）

字： 千里
朝　　代： 唐代
出 生 地： 幽州（今北京）
民　　族： 汉族
主要作品：《山亭夏日》《对雪》
朋 友 圈： 与张议潮、张仲武并称“晚唐三大名将”

我的简介

我出生于军将世家，作为一名武将，我立下了不少功绩。在抵御外敌的入侵中，我屡立战功，后来还被任命为秦州刺史。我“晚唐三大名将”之一的称号可不是吹出来的。除了带兵打仗，诗文书法方面，我也小有成绩哦。我此生的理想就是带领着我的军队，南征北战，平定边患，建功立业，我希望用智谋和力量守护着风雨飘摇的大唐。

诗人教诵读

体裁
七言绝句

shān tíng xià rì
山亭夏日

［唐］高骈

lǜ shù yīn nóng xià rì cháng， lóu tái dào yǐng rù chí táng
绿树阴浓夏日长，楼台倒影入①池塘。

shuǐ jīng lián dòng wēi fēng qǐ， mǎn jià qiáng wēi yí yuàn xiāng
水晶帘②动微风起，满架蔷薇一院香。

注释

① 入：映入。

② 水晶帘：晶莹华美的帘子。

译文

绿树葱郁，树荫下显得格外清凉，夏日的白昼比其他季节要漫长，楼台的倒影映入了池塘。水晶帘在微风中轻轻摇动，满架盛开的蔷薇惹得一院芳香。

诵读

绿树／阴浓／夏日长，楼台／倒影／入池塘。
水晶／帘动／微风起，满架／蔷薇／一院香。

重点来啦

思想感情：对夏日美景的喜爱。

节奏：明丽活泼。

“绿树阴浓夏日长”这一句，可以将重点放在“阴浓”二字上，表现出夏天中午的烈日炎炎。日烈，“阴”才能“浓”。在朗读时，在“浓”字上重读，“长”字节奏放缓。第三、四句写微风吹来，水晶帘动，蔷薇香飘，为夏日景致增添了鲜艳的色彩，使全诗洋溢着夏日特有的生机，在朗读时，宜用明丽活泼的语调去读。“微风起”和“满园香”在朗读时节奏放缓。

诗人讲故事

我一辈子带兵打仗，立下过赫赫战功。人到中年，却能淡泊功名，闲庭信步。这天，夏日午后，我信步走到庭院，不料被院中的美景吸引了。院子里微风袭来，波光荡漾，我感到凉爽无比，于是就用这首诗记录了自己当时的心情。

读完这首诗，我仿佛看到了庭院中耀眼的阳光，感受到了舒爽的微风。这就是夏天的感觉。

诗诗

是呀，夏天的阳光、树荫、微风、花香，太让人沉醉了。

高骈

诗人荐同款

夏日漫长，夏景盎然。诗诗，我还想推荐另一首有关夏天的诗给你。这首诗是宋代诗人杨万里所写的《小池》。

小池

xiǎo chí

［宋］杨万里

quán yǎn wú shēng xī xì liú, shù yīn zhào shuǐ ài qíng róu.
泉眼无声惜细流，树阴照水爱晴柔。

xiǎo hé cái lù jiān jiān jiǎo, zǎo yǒu qīng tíng lì shàng tóu.
小荷才露尖尖角，早有蜻蜓立上头。

清泉、小河、树荫、露头的荷叶、低飞的蜻蜓，让我感受到了初夏的生动清新。

是呀，季节的特点可以用不同的景物来表现，当然，也离不开诗人写诗时候的心情哦。

诗词大挑战

诗词九宫格

请从右边方格中找出一句诗。

____

绿	夏	边
阴	长	浓
村	树	日

诗词填填空

在下面诗句中填上带“夏”字的词语。

1. 绿树阴浓________长，楼台倒影入池塘。
2. 漠漠水田飞白鹭，阴阴________啭黄鹂。
3. ________苦夜短，开轩纳微凉。

参考答案：
诗词九宫格：绿树阴浓夏日长
诗词填填空：1.夏日 2.夏木 3.仲夏

4 山居秋暝

诗诗

王维先生，您好！之前一直听说您的诗画是“诗中有画，画中有诗”，今天我们特意来请教，欣赏您笔下的秋天。

王维

欢迎诗诗的到来。一起进入我的诗歌世界吧！

诗人说自己

我的名片

王维

在友谊情深馆中我已经向大家递交了名片，老熟人见面就不需要寒暄了，我们直入正题吧！

我的简介

我是王维，在群星璀璨的唐朝，能被称为“大家”的，我就是其中一人。可不是我吹牛，我9岁时就会写文章，20岁那年就中进士及第去做官了。但是我的为官之路并不是一帆风顺的，然而政治上的失意不影响我对美景的欣赏，在我眼中，自然山水美如画，因此我描写自然山水的诗也如画一样美。

诗人教诵读

体裁 五言律诗

shān jū qiū míng
山居秋暝①

［唐］王维

kōng shān xīn yǔ hòu，tiān qì wǎn lái qiū。
空山②新③雨后，天气晚来秋。

míng yuè sōng jiān zhào，qīng quán shí shàng liú。
明月松间照，清泉石上流。

zhú xuān guī huàn nǚ，lián dòng xià yú zhōu。
竹喧④归浣女⑤，莲动下渔舟。

suí yì chūn fāng xiē，wáng sūn zì kě liú。
随意春芳歇⑥，王孙自可留。

注释

① 暝：日落，天色将晚。
② 空山：空寂的山野。
③ 新：刚刚。
④ 竹喧：竹林间笑语喧哗。
⑤ 浣女：洗衣服的姑娘。
⑥ 歇：消散。

译文

空寂的群山沐浴了一场新雨，夜晚降临使人感到已是初秋。皎皎明月从松隙间洒下清光，清清泉水在山石上淙淙流淌。竹林喧响知是洗衣姑娘归来，莲叶轻摇想是上游荡下轻舟。春日的芳菲不妨任随它消歇，秋天的山中王孙自可以久留。

诵读

空山／新雨／后，天气／晚来／秋。
明月／松间／照，清泉／石上／流。
竹喧／归／浣女，莲动／下／渔舟。
随意／春芳／歇，王孙／自／可留。

> **重点来啦**
>
> 思想感情：对初秋清丽美景的喜爱。
>
> 节奏：清新舒缓。

这首诗中写有空山新雨、明月清泉、浣女渔舟，如世外桃源。山雨初霁，万物为之一新。在朗读时，要读出清新舒缓的感觉，将对这些自然景物的喜爱之情流于口端。

诗人讲故事

清秋夜晚，雨后初晴。我在终南山下的居所外漫游。山间的林叶上还留有雨珠，空气十分清新。一轮圆月高悬在夜空，这是个晴朗的夜晚，我的心情也似这夜晚般安宁轻松。官场我已经不再留恋，在终南山下，我自得且开心。

诗诗

真是一幅空灵清新的秋夜山林图呀！您的诗将我带入了这一幅画面里。

我喜欢这样的山林，这里洁净淳朴，是我的理想归宿。

王维

诗人荐同款

诗诗，我想推荐一首与秋天有关的诗给你。这首诗是唐代诗人杜牧所写的《秋夕》。

qiū xī
秋 夕

[唐]杜牧

yín zhú qiū guāng lěng huà píng，qīng luó xiǎo shàn pū liú yíng。
银烛秋光冷画屏，轻罗小扇扑流萤。

tiān jiē yè sè liáng rú shuǐ，wò kàn qiān niú zhī nǚ xīng。
天阶夜色凉如水，卧看牵牛织女星。

王维

这一首诗同样描写的是秋天夜晚的美景，但地点不同，诗人的心境和表达的情感也有所不同。

是呀。这一首诗让我感觉到了秋夜的闲适和清冷。

诗诗

诗词大挑战

诗词九宫格

请从右边方格中找出一句诗。

____

照	月	我
头	明	间
松	上	枝

诗词百花园

被苏轼形容为“诗中有画，画中有诗”的是哪一位诗人？（　　）

A. 王维　　B. 孟浩然　　C. 刘禹锡　　D. 白居易

参考答案： 诗词九宫格：明月松间照　诗词百花园：A

江雪

诗诗

冬雪飘飞，您好，柳宗元先生。我们慕名来参观您的“江雪”厅。

柳宗元

哈哈，欢迎诗诗。那我们就一同前往吧。

诗人说自己

我的名片

柳宗元
（773 — 819）

字： 子厚
朝　　代： 唐代
民　　族： 汉族
出 生 地： 长安（今陕西西安）
主要作品：《河东先生集》
朋 友 圈： 位列“唐宋八大家”，与刘禹锡并称“刘柳”，与韩愈并称“韩柳”，与王维、孟浩然、韦应物并称“王孟韦柳”

我的简介

我是柳宗元，祖籍在河东郡，也就是现在的山西运城一带，所以，你们也可以叫我“柳河东”或者“河东先生”。我的一生经历了太多的起起伏伏。从读书中榜到入朝为官，其间有过得意也有过失意，但我对待人生依然积极执着。想要对我了解更多，那就走进我的诗中，去一探究竟吧。

诗人教诵读

体裁
五言绝句

jiāng xuě
江雪

［唐］柳宗元

qiān shān niǎo fēi jué　wàn jìng　rén zōng　miè
千山鸟飞绝①，万径②人踪③灭。

gū　zhōu suō lì　wēng　dú diào hán jiāng xuě
孤④舟蓑笠⑤翁，独钓寒江雪。

注释

① 绝：无，没有。
② 万径：虚指，指千万条路。
③ 人踪：人的脚印。
④ 孤：孤零零。
⑤ 蓑笠：蓑衣和斗笠，古代用来防雨的雨具。

译文

群山之间，不见一只鸟的踪影。千千万万条道路上，也不见人的踪迹。白茫茫的雪覆盖了一切，在寒江之上，有一叶小小的扁舟。一位披着蓑衣戴着斗笠的老翁，正独自一人在小舟上垂钓。

诵读

千山/鸟飞绝，万径/人踪灭。
孤舟/蓑笠翁，独钓/寒江雪。

重点来啦

思想感情：孤寂而不屈，对信念的坚持。

节奏：悠远绵长。

前两句以“千山”“万径”起笔，意境开阔，在朗读时可把节奏放缓，读出悠远之感。后两句的“孤”“独”，体现出了诗人摆脱世俗、超然物外的清高与孤傲，在朗读时注意把握停顿。

诗人讲故事

公元805年，因一场改革失败，我被贬到永州。在永州的十年，也是我被压迫、被软禁的十年。初到永州，我过得非常孤独，但永州的山山水水治愈了我。我也在这一片山水中找回了自我。在苍茫的天地之间，一片纯洁，一片寂静，我就是那个渔翁，不怕寂静，不怕寒冷。在寻找，也在坚守。

诗诗

子厚先生，听完您的讲述，我非常敬佩您！同时，我对诗里“渔翁”这一形象也非常好奇。古诗中有不少“渔翁”呢！

是呀，“渔翁”是古诗中具有独特意义的意象。我们可以一起看看包含“渔翁”意象的诗歌。

柳宗元

诗人荐同款

诗诗，我推荐另一首包含“渔翁”意象的诗给你。这首诗就是北宋文学家范仲淹所写的《江上渔者》。

jiāng shàng yú zhě
江上渔者

[宋]范仲淹

jiāng shàng wǎng lái rén, dàn ài lú yú měi.
江上往来人，但爱鲈鱼美。
jūn kàn yí yè zhōu, chū mò fēng bō lǐ.
君看一叶舟，出没风波里。

柳宗元

这首诗里，渔翁捕鱼不易呀。人人都爱美味的鲈鱼，却没有多少人怜惜打鱼人的艰辛呀！

是啊，从这首诗中，我也能感受到范仲淹对渔民的关切和同情。

诗诗

诗词大挑战

诗词排排站

从以下的字中找出一句诗，并写下来。

蓑　江　翁　笠　孤　钓　翁　舟

____

诗词连连看

找出下列诗句对应的季节，连起来。

碧玉妆成一树高	春
停车坐爱枫林晚	夏
接天莲叶无穷碧	秋
北风吹雪四更初	冬

参考答案：
诗词排排站：孤舟蓑笠翁
诗词连连看：略

通关四时物语馆

第一关 诗词连连看 ★

将下列诗句的上下句连起来。

千山鸟飞绝	万条垂下绿丝绦
碧玉妆成一树高	楼台倒影入池塘
绿树阴浓夏日长	万径人踪灭

第二关 诗词小百科 ★★

我国劳动人民擅长利用时节变化来指导农事活动，于是就有了《二十四节气歌》。我们一起来填一填吧。

________惊春清谷天，夏满________暑相连。

秋处________寒霜降，冬雪________小大寒。

第三关 诗词填填空 ★★★

在下面横线处填上合适的诗句。

在四时物语馆中，我们从诗句“______，______”中感受了绿树成荫的长长夏日；从诗句“______，______”中欣赏了空寂无人，辽远孤寒的冬日雪景；从诗句“______，______”中欣赏了柳条舞蹈的春日美景；从诗句“______，______”中感受到了秋日雨后山林的澄明灵动。

参考答案

第一关：千山鸟飞绝——万径人踪灭

碧玉妆成一树高——万条垂下绿丝绦

绿树阴浓夏日长——楼台倒影入池塘

第二关：春雨 芒夏 露秋 雪冬

第三关：绿树阴浓夏日长 楼台倒影入池塘 千山鸟飞绝 万径人踪灭 碧玉妆成一树高 万条垂下绿丝绦 空山新雨后 天气晚来秋

第五章

山川风物馆

大自然是一切生命的摇篮。蓝天白云、青山绿水、茂林修竹、巨石深洞、幽谷鸟鸣……一切是那样的平凡，然而一切又是那样的真实朴素，毫不雕饰，让人心中涌起无限情思。

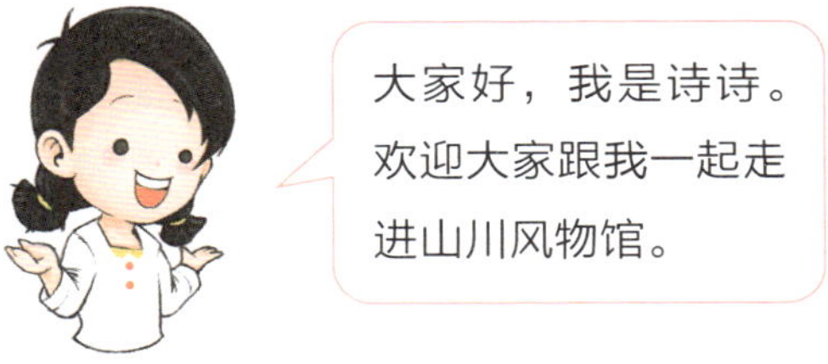

诗诗

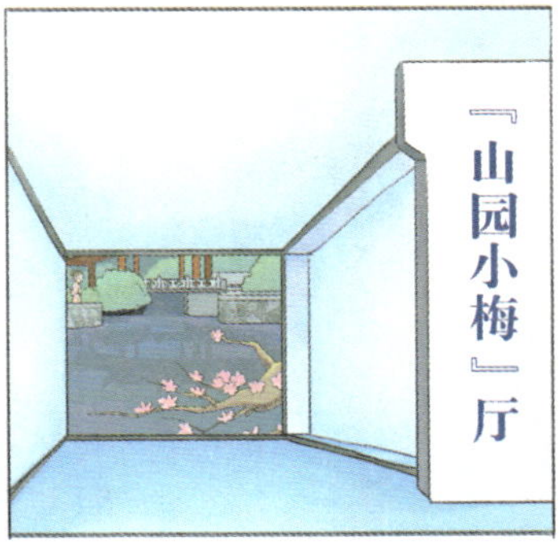

1 山行

诗诗

很高兴见到您，杜牧先生。我们迫不及待地想进入您的“山行”厅观赏那胜花的枫叶呢！

好的，诗诗。请跟我来吧。相信你们也会爱上那一山的红叶的！

杜牧

诗人说自己

我的名片

杜牧
（803 — 852）

字：牧之
朝　　代：唐代
出 生 地：陕西西安
民　　族：汉族
主要作品：《泊秦淮》《江南春》《题乌江亭》
朋 友 圈：与李商隐合称“小李杜”

我的简介

我家在长安，是名门望族，也是书香门第。我天资聪慧，从小学习诗文。和大多数天才一样，我也是年少成名。在26岁那年，我毫不费劲地考上了进士，开始入朝为官。我性情耿直，不屑逢迎权贵，官场之路并不平坦。我酷爱读书写诗，同时也喜欢研究兵法。

诗人教诵读

体裁：七言绝句

shān xíng
山 行

［唐］杜牧

yuǎn shàng hán shān shí jìng xié
远上寒山①石径②斜③，

bái yún shēng chù yǒu rén jiā
白云生处④有人家⑤。

tíng chē zuò ài fēng lín wǎn
停车坐爱枫林晚⑥，

shuāng yè hóng yú èr yuè huā
霜叶⑦红于二月花。

注释

① 寒山：深秋的山野。

② 石径：山石小路。

③ 斜：弯弯曲曲。

④ 生处：升腾的地方。

⑤ 人家：住户。

⑥ 晚：晚景。

⑦ 霜叶：枫叶。

译文

山石小路远上山巅弯弯又斜斜，白云生发之处隐隐约约有几户人家。只因爱那枫林晚景，我把马车停下，霜染的枫叶胜过二月鲜艳的花。

诵读

远上／寒山／石径斜，白云／生处／有人家。
停车／坐爱／枫林晚，霜叶／红于／二月花。

> **重点来啦**
>
> 思想感情：突出秋景的美丽和诗人的欣喜。
>
> 节奏：明快活泼。

这首诗描绘的是秋之色，展现出一幅色彩绚烂、风格明丽的山林秋色图。诗里写了山路、人家、白云、红叶等景物，构成一幅和谐统一的画面。在朗读时要注意节奏轻快。

诗人讲故事

这其实就是我的一次小小的旅行游记：通过曲曲折折的石头小路，我爬上了远处的秋山，在遥远的白云生起的地方，依稀地看见山里人家的房子。这时候我停下了马车，因为我喜欢这秋天日暮的枫林，那火红的经霜的叶子比二月的春花还要鲜艳得多。

诗诗

多美的秋日山林呀，我也想亲眼去看看满山火红的枫叶了。

自然的美景是无穷的，只要我们细心观察，就能发现更多的美景哦！

杜牧

诗人荐同款

说到山呀，唐代诗人杜甫所写的《望岳》也是一首关于山景的古诗，我们一起来看看吧。

wàng yuè
望 岳

［唐］杜甫

dài zōng fū rú hé qí lǔ qīng wèi liǎo
岱宗夫如何？齐鲁青未了。

zào huà zhōng shén xiù yīn yáng gē hūn xiǎo
造化钟神秀，阴阳割昏晓。

dàng xiōng shēng céng yún jué zì rù guī niǎo
荡胸生曾云，决眦入归鸟。

huì dāng líng jué dǐng yì lǎn zhòng shān xiǎo
会当凌绝顶，一览众山小。

杜牧

登泰山而小天下。泰山的气势多么雄伟，诗人的志向多么豪壮！

是啊，我也要不怕困难，勇攀学习上的高峰！

诗诗

诗词大挑战

诗词九宫格

请从右边方格中找出一句诗。

____

霜	风	花
月	二	于
红	叶	家

诗词小百科

你知道“五岳”指的是哪五座山吗？

____

参考答案：
诗词九宫格：霜叶红于二月花
诗词小百科：东岳泰山，南岳衡山，西岳华山，北岳恒山，中岳嵩山

暮江吟

诗诗：您好，白居易先生。很高兴今天能到您的诗歌世界，去看一看那一江秋水。

白居易：哈哈，欢迎诗诗小朋友。那就随我一同前往吧。

诗人说自己

我的名片

白居易
（772—846）

字：乐天　　号：香山居士

别　　名：诗王、诗魔

朝　　代：唐代

出 生 地：河南新郑　　民族：汉族

主要作品：《长恨歌》《琵琶行》《卖炭翁》

朋 友 圈：与元稹合称为“元白”，与刘禹锡合称为“刘白”

我的简介

我出生的时候正赶上家乡战乱，为躲避战乱，我在宿州符离度过了童年时光。我从小聪颖过人，也十分刻苦，读书读得口都生出了疮，写字写得手都磨出了茧，年纪轻轻的，头发全都白了。后来入朝为官，官至翰林学士。当时的朝廷政治昏暗，我也品尽了朝官的滋味，自求外任，于是就有了这首赴任杭州刺史途中写的《暮江吟》。

诗人教诵读

体裁
七言绝句

mù jiāng yín
暮江吟

［唐］白居易

yí dào cán yáng pū shuǐ zhōng, bàn jiāng sè sè bàn jiāng hóng
一道残阳①铺②水中，半江③瑟瑟④半江红⑤。

kě lián jiǔ yuè chū sān yè, lù sì zhēn zhū yuè sì gōng
可怜⑥九月初三夜，露似真珠⑦月似弓⑧。

注释

① 残阳：夕阳的光，也指晚霞。

② 铺：洒。

③ 半江：一半的江水。

④ 瑟瑟：原意为碧色珍宝，此处指碧绿色。

⑤ 红：红色。

⑥ 可怜：可爱。

⑦ 真珠：珍珠。

⑧ 弓：弯弓。

译文

残阳倒映在江面上，霞光洒下，波光粼粼；江水一半呈现出深深的碧色，一半呈现出红色。最可爱的是那九月初三之夜，露珠似颗颗珍珠，朗朗新月形如弯弓。

诵读

一道/残阳/铺水中，半江/瑟瑟/半江红。

可怜/九月/初三夜，露似/真珠/月似弓。

> **重点来啦**
>
> 思想感情：对大自然的喜爱。
>
> 节奏：深情舒缓。

诗人选取了红日西沉到新月东升这一段时间里的两组景物进行描写，运用了新颖巧妙的比喻，创造出和谐、宁静的意境。全篇用“可怜”二字点逗出诗人内心深处的情思和对大自然的热爱。朗读时，要用深情、陶醉的语气，注意语调和重音的变化。如，读第二句时，可以把“瑟瑟”读得稍重，把“红”的读音稍微拉长，通过对比朗读，体会江面颜色的丰富和变化，读出由衷的喜爱和赞美之情。

诗人讲故事

我为官多年，经历了官场的各种变迁。这一次，我前往杭州担任刺史。自从离开朝廷后，我的心情格外轻松畅快，一路上的风景，美不胜收，我不禁诗兴大发。

诗诗

谢谢您的介绍，在您的介绍中，我知道了什么是景由情生。

白居易

真是个聪明的孩子呀！

诗人荐同款

诗诗，我想推荐一首同样是描写江景的诗给你。这首诗就是孟浩然所写的《宿建德江》。

sù jiàn dé jiāng
宿建德江

[唐]孟浩然

yí zhōu bó yān zhǔ，rì mù kè chóu xīn
移舟泊烟渚，日暮客愁新。

yě kuàng tiān dī shù，jiāng qīng yuè jìn rén
野旷天低树，江清月近人。

白居易

诗诗，你读完这首诗有什么感悟？

我仿佛看见诗人一个人站在江边，周围空无一人，只有江水、月亮和树陪着他。

诗诗

诗词大挑战

诗词排排站

从以下的字中找出一句诗，并写下来。

真　露　珍　似　珠　似　月　绿　弓

____

诗词填填空

将下面的带“江”字的词语填入相应的空格。

江花　春江　江枫　长江

1. ____水暖鸭先知　2. 唯见____天际流

3. ____渔火对愁眠　4. 日出____红胜火

参考答案：
诗词排排站：
露似真珠月似弓
诗词填填空：
1.春江　2.长江
3.江枫　4.江花

望庐山瀑布

李白先生，上次在“赠汪伦”厅您让我们见证了朋友间的深情厚谊，这次您会带给我们什么惊喜呢？

哈哈，欢迎再次光临。这次我带你们领略祖国的大好河山。

诗人说自己

我的名片

我的名片在友谊情深馆已奉送给各位小朋友，你们是否对我已略知一二了呢？嘻嘻，我还想做家喻户晓的大名人呢！实在不记得的话就往前翻翻哦！

我的简介

我酷爱旅游，从24岁开始就离开故乡踏上了远游的征途，也因此饱览了祖国的大好河山。那些我看到的风景都被我记录在诗歌中，今天你们就跟随我一起来欣赏庐山瀑布的景象吧。

诗人教诵读

体裁 七言绝句

wàng lú shān pù bù
望庐山瀑布

［唐］李白

rì zhào xiāng lú shēng zǐ yān
日照香炉①生②紫烟③，

yáo kàn pù bù guà qián chuān
遥看瀑布挂前川。

fēi liú zhí xià sān qiān chǐ
飞流直④下三千尺⑤，

yí shì yín hé luò jiǔ tiān
疑⑥是银河落九天。

注释

① 香炉：香炉峰。

② 生：升起。

③ 紫烟：紫色烟云。

④ 直：笔直。

⑤ 三千尺：虚指，形容山高。

⑥ 疑：怀疑。

译文

太阳照耀香炉峰生出袅袅紫烟，远远望去瀑布像长河悬挂山前。仿佛三千尺水流飞奔直冲而下，莫非是银河从九天垂落山崖间。

诵读

日照/香炉/生紫烟，遥看/瀑布/挂前川。

飞流直下/三千尺，疑是/银河/落九天。

重点来啦

思想感情：对祖国大好河山的热爱。

节奏：壮阔明快。

诵读这首豪迈的诗的时候应该雄浑有力，字正腔圆。首句一个“生”字把烟云冉冉上升的景象写活了，应重读。第二句中的“挂”字非常形象而有气魄，要读出豪壮的语气。第三句“飞流直下”形容瀑布高速飞落的形态，节奏稍快，一气呵成；“三”要重读，读出瀑布落差之大。最后一句要想象瀑布从高空落下的磅礴气势，“疑是银河”重读，且后面要有个小停顿；“落九天”宜用降调。

诗人讲故事

我爱名山大川，我是自然间的游侠。山山水水在我的眼里充满了灵性。我在出蜀后的第二年游览了庐山。庐山真是个好地方，美丽的景色让我诗兴大发。在这首诗中，我以磅礴的气势、奇特的想象描述了庐山瀑布的雄伟奇丽，被后人誉为庐山瀑布诗中的绝唱。

诗诗

谢谢您的介绍！庐山的奇险美丽通过您的诗一览无余。

诗诗同学也是一位小才女呀，感受力真强！

李白

诗人荐同款

诗诗，我想推荐另一首与庐山有关的诗——《题西林壁》给你。与《望庐山瀑布》描绘景物不同，这首诗蕴含了一定的道理。

tí xī lín bì
题西林壁

［宋］苏轼

héng kàn chéng lǐng cè chéng fēng，yuǎn jìn gāo dī gè bù tóng。
横看成岭侧成峰，远近高低各不同。

bù shí lú shān zhēn miàn mù，zhǐ yuán shēn zài cǐ shān zhōng。
不识庐山真面目，只缘身在此山中。

李白

苏轼游览了庐山之后写下了这首诗。他想告诉我们要从不同的角度去看待问题。

也就是说，相对于写景来说，苏轼的这首诗更加注重告诉我们道理了。

诗诗

诗词大挑战

诗词填填空

奇险美丽的庐山给李白带来美的享受，《望庐山瀑布》一诗中运用夸张手法写出庐山瀑布的壮丽的诗句是，“__________，__________”。

诗词巧判断

《望庐山瀑布》这首诗表达了诗人对庐山美景的喜爱之情，同时也告诉了我们一定的哲理。（　）

参考答案：诗词填填空：飞流直下三千尺　疑是银河落九天　诗词巧判断：×

4 山园小梅

诗诗

您好，林逋先生。梅花是高洁的象征。高洁如您，心悦高洁之花。

诗诗，百花摇落后的那一抹倩影确为我心头挚爱。

林逋

诗人说自己

我的名片

林逋
(967 — 1028)

字：君复　　**别名：**和靖先生、林和靖

出 生 地：浙江

朝　　代：北宋

民　　族：汉族

主要作品：《山园小梅》《小隐自题》

朋 友 圈：只结识高僧诗友，“以梅为妻，以鹤为子”

我的简介

我孤芳自赏，只喜欢恬淡的生活。荣华富贵、功名利禄对我来说不值一提。我曾漫游江淮，40多岁隐居杭州西湖，在孤山边定居下来。湖山就是我最好的伙伴，我非常喜欢这个地方，经常驾着小舟遍游西湖诸寺庙，结交高僧诗友。每当有客人来拜访，我会让我的门童把鹤放飞，我见到鹤一定会划着船回来。我极其喜爱梅花和鹤，一生也没有娶妻生子，因此别人也称我为“梅妻鹤子”。

诗人教诵读

体裁
七言律诗

shān yuán xiǎo méi

山园小梅

[宋]林逋

zhòng fāng yáo luò dú xuān yán zhàn jìn fēng qíng xiàng xiǎo yuán

众芳摇落①独暄妍②，占尽风情向小园。

shū yǐng héng xié shuǐ qīng qiǎn àn xiāng fú dòng yuè huáng hūn

疏影③横斜④水清浅，暗香⑤浮动月黄昏。

shuāng qín yù xià xiān tōu yǎn fěn dié rú zhī hé duàn hún

霜禽⑥欲下先偷眼⑦，粉蝶如知合⑧断魂。

xìng yǒu wēi yín kě xiāng xiá bù xū tán bǎn gòng jīn zūn

幸有微吟⑨可相狎，不须檀板⑩共金樽。

注释

① 摇落：凋落。

② 暄妍：景物明媚鲜丽，这里是形容梅花。

③ 疏影：梅花疏疏落落。

④ 横斜：梅花枝干斜横。

⑤ 暗香：梅花散发出来的清幽香味。

⑥ 霜禽：白鹤。

⑦ 偷眼：偷偷地看。

⑧ 合：应该。

⑨ 微吟：轻轻吟诗。

⑩ 檀板：檀木制成的拍板。

译文

百花落尽后只有梅花绽放得那么美丽、明艳，成为小园中最美丽的风景。梅枝在水面上映照出稀疏的倒影，淡淡的芳香在月下的黄昏中浮动飘散。冬天的鸟要停落在梅枝上先偷偷观看，夏日的蝴蝶如果知道这梅花的美丽应该会喜爱至销魂。幸好我还可以吟诗与梅花亲近，既不需要拍檀板歌唱，也不用金樽饮酒助兴。

诵读

众芳摇落 / 独暄妍，占尽风情 / 向小园。
疏影横斜 / 水清浅，暗香浮动 / 月黄昏。
霜禽欲下 / 先偷眼，粉蝶如知 / 合断魂。
幸有微吟 / 可相狎，不须檀板 / 共金樽。

重点来啦

思想感情：对梅花高洁品质的赞美。

节奏：清丽明快。

前两联中“独”“尽”表现了梅花独特的生活环境和不同凡响的性格，要重读；“疏影”“暗香”写出了梅花的独有风韵，要读得意味悠长。后两联诵读时语气中要充满喜爱之情。

诗人讲故事

我性格孤高自好，喜恬淡。在我的隐居生活中，梅和鹤是我的最爱，因此我写了不少咏梅诗篇。这一首就是其中一首。

林逋

梅花在我的眼里有着高洁的品质和超逸的性格。我写梅花，实际上也是在写我自己。

是的，我感受到了您笔下梅花的灵动神韵。

诗诗

诗人荐同款

诗诗，我想推荐另一首与梅花有关的诗给你，那就是南宋爱国诗人陆游的《梅花绝句（其一）》。

梅花绝句（其一）
méi huā jué jù（qí yī）

［宋］陆游

wén dào méi huā chè xiǎo fēng，xuě duī biàn mǎn sì shān zhōng。
闻道梅花坼晓风，雪堆遍满四山中。
hé fāng kě huà shēn qiān yì，yí shù méi huā yí fàng wēng。
何方可化身千亿，一树梅花一放翁。

林逋

此诗是陆游78岁时所作。那时他已经隐居田园多年。但是他内心的坚持和理想依旧没有消散。

我从这首诗中感受到陆游以梅花自喻，看出他高洁不屈的品格。

诗诗

诗词大挑战

诗词小百科

林逋极其喜爱梅花和鹤，人称“__________”。

诗词填填空

请在下列诗句中填上对应的花名。

1. 深巷明朝卖________
2. 映日________别样红
3. 人闲________落
4. 人面________相映红

参考答案：
诗词小百科：梅妻鹤子
诗词填填空：
1.杏花 2.荷花
3.桂花 4.桃花

渔家傲·秋思

范仲淹

你好，诗诗，欢迎你和你的小伙伴们来参观我的诗词世界，领略独特的塞外风光。

塞外的风光对我们来说实在少见，我已经迫不及待地想跟着您一起去见识见识了。

诗诗

诗人说自己

我的名片

范仲淹
(989 — 1052)

字：希文

朝　　代：北宋

出 生 地：徐州

代 表 作：《范文正公文集》

重要成就：庆历新政

朋 友 圈：林逋、晏殊、欧阳修、滕子京等

我的简介

我出身寒门，中了进士之后，一直在基层勤勤恳恳地工作。母亲去世，我辞官守丧，居于应天府。当时晏殊任职应天府，他其实比我还小几岁，但他在官场上是我的前辈。因为有他的知遇之恩，我得以执掌应天书院。当然我也不负期望，把书院管理得井井有条。我是一个心怀家国、刚正耿直的人。正因为如此，我的官场之路并不是一帆风顺的，但我问心无愧。从下面的这首词中，也能感受到我的心志。

诗人教诵读

体裁
词

yú jiā ào qiū sī
渔家傲·秋思

［宋］范仲淹

sài xià qiū lái fēng jǐng yì, héng yáng yàn qù wú liú yì. sì miàn biān shēng lián jiǎo qǐ, qiān zhàng lǐ, cháng yān luò rì gū chéng bì.

塞下秋来风景异，衡阳雁去无留意①。四面边声连角起，千嶂②里，长烟落日孤城闭。

zhuó jiǔ yì bēi jiā wàn lǐ, yān rán wèi lè guī wú jì. qiāng guǎn yōu yōu shuāng mǎn dì, rén bú mèi, jiāng jūn bái fà zhēng fū lèi.

浊酒一杯家万里，燕然未勒③归无计。羌管悠悠霜满地，人不寐④，将军白发征夫泪。

注释

① 留意：停留的意思。

② 千嶂：绵延而峻峭的山峰，崇山峻岭。

③ 未勒：未平，没有结束。

④ 寐：睡着。

译文

秋天到了，西北边塞的风光和江南大不相同。向衡阳飞去的雁群，一点也没有停留之意。黄昏时分，号角吹起，边塞特有的风声、

马啸声、羌笛声和着号角声从四面八方回响起来。连绵起伏的群山里，夕阳西下，青烟升腾，孤零零的一座城，城门紧闭。

饮一杯浊酒，不由得想起万里之外的亲人，眼下战事未平，功名未立，还不能早作归计。远方传来羌笛的悠悠之声，天气寒冷，霜雪满地。夜深了，在外征战的人都难以入睡，无论是将军还是士兵，都被霜雪染白了头发，只好默默地流泪。

诵读

塞下/秋来/风景异，衡阳/雁去/无留意。四面/边声/连角起，千嶂里，长烟/落日/孤城闭。

浊酒/一杯/家万里，燕然/未勒/归无计。羌管/悠悠/霜满地，人不寐，将军/白发/征夫泪。

重点来啦

思想感情：壮志难酬的感慨和忧国思乡的情怀。

节奏：慷慨雄放，苍凉悲壮。

这首边塞词表现将军的英雄气概及征夫的艰苦生活，全词意境开阔苍凉，读起来真切感人，宜用庄重的语气，读出苍凉萧瑟的感觉。

诗人讲故事

我在镇守西北边疆期间，既号令严明又体恤士兵，深得人心并为西夏所惮服，称我腹中有数万甲兵。这首词就写作于北宋与西夏对峙时期。

范仲淹

战士们在千里之外的边疆，承受着苦寒和寂寞。

这首词让我看到了不一样的边塞风光，也让我明白了边塞将士的不易。

诗诗

诗人荐同款

诗诗，我再向你推荐一首描写边塞风景的诗歌——唐代诗人王维所写的《使至塞上》。

shǐ zhì sài shàng
使至塞上

［唐］王维

dān chē yù wèn biān, shǔ guó guò jū yán.
单车欲问边，属国过居延。

zhēng péng chū hàn sài, guī yàn rù hú tiān.
征蓬出汉塞，归雁入胡天。

dà mò gū yān zhí, cháng hé luò rì yuán.
大漠孤烟直，长河落日圆。

xiāo guān féng hòu jì, dū hù zài yān rán.
萧关逢候骑，都护在燕然。

范仲淹

“大漠、孤烟、长河、落日”这些都是边塞的独特景观。塞外风光有着不一样的风情。

是呀，祖国各地的山川风物各异，都有着属于自己的特点呢。我以后也要多出去看看！

诗诗

诗词大挑战

诗词巧判断

《渔家傲·秋思》所写的是江南的秋景。(　　)

诗词智理解

“长烟落日孤城闭”中“长烟”指什么？(　　)

参考答案：诗词巧判断：×　诗词智理解：狼烟

通关山川风物馆

诗词连连看 ★

第一关

把下列相对应的诗句连起来。

停车坐爱枫林晚 · · 遥看瀑布挂前川

日照香炉生紫烟 · · 露似真珠月似弓

可怜九月初三夜 · · 霜叶红于二月花

诗词猜猜看 ★★

第二关

读诗句，猜谜语。

1. 远看山有色，近听水无声。春去花还在，人来鸟不惊。（打一艺术品） （　　）

2. 秋丛绕舍似陶家，遍绕篱边日渐斜。不是花中偏爱“它”，此花开尽更无花。（打一花名） （　　）

诗词填填空 ★★★

第三关

在下面横线处填上合适的诗句。

江河湖海，山川花草，给人无限的抚慰。当我们在庐山欣赏瀑布时，我们可以感叹“______________”。当看到江上残阳铺洒，一半江水呈现绿色，一半江水呈现红色时，我们可以感叹“______________”。当看到塞外的落日长河时，我们会和范仲淹一起感叹“______________”。

参考答案

第一关：停车坐爱枫林晚——霜叶红于二月花
日照香炉生紫烟——遥看瀑布挂前川
可怜九月初三夜——露似真珠月似弓

第二关：1. 画 2. 菊花

第三关：飞流直下三千尺，疑是银河落九天　一道残阳铺水中，半江瑟瑟半江红　长烟落日孤城闭

第六章

家国情怀馆

一寸山河一捻土，一思社稷一念君。每个时代，都有那么一群默默守护家国平安的人。每个这样的人，心中都拥有满满的家国情怀。

大家好，我是诗诗。欢迎大家跟我走进家国情怀馆。

诗诗

1 春望

诗诗

您好，伟大的爱国诗人杜甫先生。又见面了，这次我们想去您的诗歌里体悟爱国情怀。

杜甫

再次欢迎你们！那就请大家来“春望”厅看看吧！

诗人说自己

我的名片

杜甫

各位小伙伴们在四时物语馆中已经对我有所了解了，那这里我就不再给大家发名片了哦！

我的简介

在四时物语馆中大家跟着我欣赏了春天的美景，但其实后人称我为“伟大的现实主义诗人”主要是因为我写了很多表现现实生活的作品。我生在唐代由盛转衰的时期，亲眼目睹了太多的百姓流离失所，骨肉分离。在官场做官时，也看到了太多上层社会的腐朽奢靡。安史之乱后，我先后辗转多地，经历了很多苦难。后来我弃官入川，虽然躲避了战乱，生活比较贫苦，但我仍心系百姓和国家。我将自己的情感都投入诗歌创作中，创作了《登高》《春望》《北征》以及“三吏”“三别”等名作。

诗人教诵读

体裁
五言律诗

chūn wàng
春　望

［唐］杜甫

guó pò shān hé zài, chéng chūn cǎo mù shēn
国①破②山河在，城春草木深。

gǎn shí huā jiàn lèi, hèn bié niǎo jīng xīn
感时③花溅泪④，恨别⑤鸟惊心。

fēng huǒ lián sān yuè, jiā shū dǐ wàn jīn
烽火⑥连三月，家书抵⑦万金。

bái tóu sāo gèng duǎn, hún yù bú shèng zān
白头搔⑧更短，浑⑨欲不胜⑩簪⑪。

注释

① 国：国都，指长安（今陕西西安）。
② 破：陷落。
③ 感时：为国家的时局而感伤。
④ 溅泪：流泪。
⑤ 恨别：怅恨离别。
⑥ 烽火：古时边防报警的烟火，这里指安史之乱的战火。
⑦ 抵：值，相当。
⑧ 搔：用手指轻轻地抓。
⑨ 浑：简直。
⑩ 不胜：受不住，不能。
⑪ 簪：一种束发的首饰。古代男子蓄长发，成年后束发于头顶，用簪子横插住，以免散开。

译文

国都长安城已经沦陷了，只有旧日的山河还在，春日的城里却是杂草丛生。我为国家的时局感伤时看见花开却会流下泪来，别离家人时的鸟鸣声让我心里不安。战火持续了三个月不曾停息，此时的家人书信能值万金。愁闷心烦只能抓白头发，致使头发少得都插不上簪了。

诵读

国破/山河在，城春/草木深。感时/花溅泪，恨别/鸟惊心。
烽火/连三月，家书/抵万金。白头/搔更短，浑欲/不胜簪。

重点来啦

思想感情：忧国忧民，思念家人。

节奏：忧愁伤感。

山河依旧，但是国破家散。春回大地，但是满城荒凉。诗人望向都城的那一刻，对国家命运的忧虑，对时局的感伤，对家乡亲人的思念，全部涌上心头。整首词宜用忧愁伤感的语调去读。

诗人讲故事

安史之乱爆发以后，长安城被洗劫一空，曾经繁华壮丽的都城被火烧成废墟。唐玄宗匆匆跑到四川避难去了，老百姓们也四处逃亡。战火仍在延续。看到废墟般的都城，想到我与妻儿已分别数月，不知他们是否平安，也不知接下来的路怎么走，我不禁感伤起来。此时正值暮春，我触景伤怀，创作了这首历代传诵的五律。

杜甫

战争给人们带来了太多苦难，所以你们要珍惜和平年代的生活，好好学习。

嗯，我们一定会的！

诗诗

诗人荐同款

诗诗，刚刚说到同时期我还写了许多别的诗，我想向你们推荐《登高》。从这首诗中，你们也能感受到我的忧虑和伤感。

dēng gāo
登　高

［唐］杜甫

fēng jí tiān gāo yuán xiào āi　zhǔ qīng shā bái niǎo fēi huí
风急天高猿啸哀，渚清沙白鸟飞回。

wú biān luò mù xiāo xiāo xià　bú jìn cháng jiāng gǔn gǔn lái
无边落木萧萧下，不尽长江滚滚来。

wàn lǐ bēi qiū cháng zuò kè　bǎi nián duō bìng dú dēng tái
万里悲秋常作客，百年多病独登台。

jiān nán kǔ hèn fán shuāng bìn　liáo dǎo xīn tíng zhuó jiǔ bēi
艰难苦恨繁霜鬓，潦倒新停浊酒杯。

杜甫

由望到的秋景，想到我艰难穷困、客居他乡的生活，越发觉得悲哀啊！

您不要太伤心！正是您的这些经历，才造就了您在诗坛上如此杰出的成就呢！

诗诗

诗词大挑战

诗词填填空

从以下字中，选择正确的填空，将诗句补充完整。

花　柳　树　月　燕　鸟　感时____溅泪，恨别____惊心。

诗词趣选择

杜甫被称为“伟大的现实主义诗人”，以下哪一首不是杜甫的诗歌？（　）

A.《登高》　B.《春望》

C.《望庐山瀑布》　D.《北征》

参考答案：
诗词填填空：花 鸟　诗词趣选择：C

题临安邸

诗诗

您好，林升先生。很高兴认识您。您的展厅里一派“歌舞升平”的景象啊！

是啊，这些轻歌曼舞熏醉了当朝统治者，实在让人忧心！

林升

诗人说自己

我的名片

林升

字：云友，一字梦屏

号：平山居士

朝　　代：南宋

出 生 地：温州横阳（今浙江温州）

民　　族：汉族

主要作品：《题临安邸》《长相思》

我的简介

历史上关于我的记载很少，提到我基本都是因为《题临安邸》这首诗，这首被我写在旅店墙上的诗没想到被后人记录下来，加上诗题后流传至今，还成为小学语文教材中的“常客”。所以我也算是典型的“诗红人不红”，既然这样，那大家就多多关注我的作品吧！

诗人教诵读

体裁：七言绝句

tí lín ān dǐ

题临安邸①

［宋］林升

shān wài qīng shān lóu wài lóu， xī hú gē wǔ jǐ shí xiū

山外青山楼外楼，西湖歌舞几时休②？

nuǎn fēng xūn dé yóu rén zuì， zhí bǎ háng zhōu zuò biàn zhōu

暖风③熏④得游人⑤醉，直⑥把杭州作汴州⑦。

注释

① 题：写。临安：南宋的京城，即今浙江杭州。邸：府邸，这里指旅店。

② 休：休止、停止。

③ 暖风：这里不仅指自然界和煦的春风，还指由歌舞所带来的令人痴迷的“暖风”——南宋朝廷的靡靡之风。

④ 熏：吹，用于温暖馥郁的风。

⑤ 游人：既指一般游客，更特指那些忘了国难，苟且偷安，寻欢作乐的南宋贵族。

⑥ 直：简直。

⑦ 汴州：汴京，北宋的都城，今河南开封。

译文

临安城外连绵起伏的青山层层叠叠，近处的高楼一栋接一栋，西湖的歌舞什么时候才能休止？暖洋洋的春风吹得人都醉了，沉醉于享乐的贵人们，简直是把杭州当作昔日的汴州！

诵读

山外/青山/楼外楼，西湖/歌舞/几时休？
暖风/熏得/游人醉，直把/杭州/作汴州。

重点来啦

思想感情：忧虑国家，讽刺权贵。

节奏：愤慨激昂。

诗人先写临安城的景色优美，由乐景来表现哀情，接下来痛斥“游人们”沉醉于歌舞，忘记了国家正处于危难之中，表现出自己的愤慨之情。全诗表达了诗人对国家民族命运的深切忧虑，以及对统治者只顾享乐的愤怒之情，要用悲愤激昂的语气读。

诗人讲故事

在北宋靖康元年，金人攻占了北宋的首都汴梁。赵构逃到江南，在临安即位，史称南宋，而我正处于这个时代。南宋的当政者不仅不发愤图强收复国土，还整日沉迷于各种娱乐活动。在素有“人间天堂”之称的秀美杭州，赵构大肆修建宫殿楼观，唱歌作乐。在这样的环境下，达官显贵也纷纷效仿，杭州一时成为他们享乐的“天堂”。眼看着国家即将灭亡，百姓处于水深火热之中，我对国家和百姓的命运深感忧虑。看着远处的青山高楼，不禁有感而发，就在旅店的墙上直接表达了我的愤慨。

诗诗

只顾自己的享乐，不顾国家和百姓的安危，多么不负责任的统治者啊！

是啊！国家正处于危难之中，可他们却视而不见，真是让人痛心至极！

林升

诗人荐同款

说到讽喻诗，我想向你们推荐杜牧的《过华清宫》三首中的一首。这首诗是唐朝咏史绝句中的佳作，你们一定会感兴趣，因为这首诗与我们生活中的一种水果——荔枝有关。

guò huá qīng gōng

过华清宫

[唐]杜牧

cháng ān huí wàng xiù chéng duī shān dǐng qiān mén cì dì kāi

长安回望绣成堆，山顶千门次第开。

yí jì hóng chén fēi zǐ xiào wú rén zhī shì lì zhī lái

一骑红尘妃子笑，无人知是荔枝来。

林升

华清宫里不仅景色优美，就连水果也是最新鲜的。唐玄宗为了讨美人欢心，杨贵妃爱吃的荔枝是必不可少的。

荔枝不好存放，为了搬运和存放荔枝，想必唐玄宗也是想了不少办法，只是苦了老百姓！

诗诗

诗词大挑战

诗词智理解

《题临安邸》中的“题”的意思是________。

诗词趣选择

“西湖歌舞几时休”这句诗运用了（　　）修辞手法，表达了作者对当政者沉醉享乐的愤激之情，也表现出作者对国家命运的担忧之情。

A. 反问　　B. 疑问

C. 比喻　　D. 夸张

参考答案： 诗词智理解：书写　诗词趣选择：A

示儿

诗诗

您好，陆游先生。听说您年轻时即以慷慨报国为己任，拳拳之心，日月可鉴！

诗诗，其实不用日月，从我的诗歌中就能找到印证。请大家跟我来看看吧！

陆游

诗人说自己

我的名片

陆游
（1125 — 1210）

字： 务观　　**号：** 放翁

朝　　代： 南宋

出 生 地： 越州山阴（今浙江绍兴）

民　　族： 汉族

主要作品：《书愤》《游山西村》《临安春雨初霁》等

朋 友 圈： 与尤袤、杨万里、范成大合称为“中兴四大诗人”

我的简介

我出生于浙江的一个藏书世家，家族在当地还算有威望，所以我从小就看了很多书，还师从王安石等人。但生逢北宋灭亡之际，所以我亲身经历了国家、家族命运的变迁，民族矛盾、国家不幸、家人流离，都给我的心灵带来了深刻的影响，也为我在诗歌的创作上奠定了一定的感情基调。我一生创作了很多诗，“六十年间万首诗”，存世的就有九千三百多首，以表现爱国情怀的诗歌最为著名。下面我们就一起来看看一首饱含着浓浓爱国情的古诗吧！

诗人教诵读

体裁
七言绝句

shì ér
示儿①

［宋］陆游

sǐ qù yuán zhī wàn shì kōng, dàn bēi bú jiàn jiǔ zhōu tóng
死去元②知万事空，但③悲不见九州④同⑤。

wáng shī běi dìng zhōng yuán rì, jiā jì wú wàng gào nǎi wēng
王师⑥北定⑦中原⑧日，家祭无忘告乃翁⑨。

注释

① 示儿：写给儿子们看。
② 元，同“原”，本来。
③ 但：只是。
④ 九州：这里代指宋代的中国。
⑤ 同：统一。
⑥ 王师：指南宋朝廷的军队。
⑦ 北定：将北方平定。
⑧ 中原：指淮河以北被金人侵占的地区。
⑨ 乃翁：你们的父亲，指陆游自己。

译文

我本来知道，等我死后，所有的事情都与我无关了。唯一使我痛心的，就是没能亲眼看到祖国的统一。当朝廷军队收复中原失地的那一天，你们举行家祭，千万别忘把这个好消息告诉你们的父亲！

诵读

死去/元知/万事/空，但悲/不见/九州/同。

王师/北定/中原/日，家祭/无忘/告/乃翁。

> **重点来啦**
>
> 思想感情：忧国忧民，热爱祖国。
>
> 节奏：悲痛转激昂。

首句表明诗人即将离开人世，什么都不用牵挂了，但是第二句就表明还有一个最大的遗憾就是没能亲眼看到祖国的统一，这两句要用悲痛的语调读。一个“悲”字叹出作者的悲哀、遗憾之情，要重读。第三句又以热切期望的语气表达了渴望收复失地的信念，最后一句深情嘱咐儿子，表明自己悲壮的心愿，充分体现了陆游的爱国、报国之情。诗的情调也由悲痛转为激昂，要读得悲壮。

诗人讲故事

我出生在两宋交替之时，亲眼目睹了国家、民族经历的变化，因此我对国家统一的意愿尤为强烈。晚年虽然退居家乡，但始终坚定收复中原的信念。嘉定二年（1209年）秋，我85岁，由于整日思虑，加上进入冬天后天气渐冷，我竟病得卧床不起了。临终之际，想到我这一生仍未能等到收复中原的那一日，便对儿子提出了诗中的嘱咐。

诗诗

临终时仍心存收复失地的信念，足以见得您对国家的忧虑之深！

陆游

可是我还是没能等到收复失地的那一天，这是多么大的遗憾啊！

诗人荐同款

翻阅中国古代诗词，很多诗人都借助诗歌表达过他们对国家命运的深切关怀和忧虑。我想给你们推荐唐代著名诗人杜牧的《泊秦淮》。

bó qín huái
泊秦淮

［唐］杜牧

yān lǒng hán shuǐ yuè lǒng shā，yè bó qín huái jìn jiǔ jiā。
烟笼寒水月笼沙，夜泊秦淮近酒家。

shāng nǚ bù zhī wáng guó hèn，gé jiāng yóu chàng hòu tíng huā。
商女不知亡国恨，隔江犹唱后庭花。

陆游

诗人在最后两句借南唐后主来讽刺不知亡国将至的当权统治者，能看出他对国家命运的深深忧虑啊！

你们的诗歌不仅给我们留下了丰富的文化遗产，也警示了后人。你们可真了不起！

诗诗

诗词大挑战

诗词小百科

“中兴四大诗人”不包括以下哪一位诗人？（　）

A. 杨万里　B. 辛弃疾　C. 陆游　D. 范成大　E. 尤袤

诗词巧判断

1.《示儿》是陆游的绝笔，表达了诗人至死念念不忘“北定中原”、统一祖国的强烈爱国激情。（　）

2. 陆游是唐朝著名的爱国诗人，代表作有《书愤》《游山西村》等。（　）

参考答案：诗词小百科：B　诗词巧判断：1. √　2. ×

4 夏日绝句

诗诗

李清照，您好。您的才女气质果然不一般。

诗诗，欢迎来到我的展厅。很高兴认识你们！

李清照

诗人说自己

我的名片

李清照
（1084 — 1155）

号： 易安居士

所处朝代： 北宋—南宋　　**民　族：** 汉族

出 生 地： 齐州章丘（今章丘）

主要作品：《易安集》《漱玉集》等

荣誉称号：“千古第一才女”“中国最著名的女词人”

朋 友 圈： 拥有豪华的亲戚朋友阵营，涉及政坛和文坛

我的简介

我出生于书香门第，父亲是进士出身，母亲也很有文学修养。家里文学艺术氛围浓厚，藏书颇丰，我因此看了很多书，这为我日后的写作打下了文学基础。后来朝廷发生政变，我到南方避难，丈夫病逝于途中，家里平生所收藏的图书、珍器等也丧失殆尽，战争后的孤苦境遇让我痛苦伤感。所以我的词作前期多写闺中的悠闲生活，而后期则悲叹身世，情调伤感，有些诗词也抒发对政治和战争的悲愤之情。

诗人教诵读

体裁
五言绝句

xià rì jué jù
夏日绝句

［宋］李清照

shēng dāng zuò rén jié　sǐ yì wéi guǐ xióng
生当作人杰①，死亦为鬼雄②。

zhì jīn sī xiàng yǔ　bù kěn guò jiāng dōng
至今思项羽③，不肯过江东④。

注释

① 人杰：人中的豪杰。

② 鬼雄：鬼中的英雄。屈原《国殇》："身既死兮神以灵，子魂魄兮为鬼雄。"

③ 项羽：秦末时自立为西楚霸王，与刘邦争夺天下，在垓下之战中，兵败自杀。

④ 江东：长江以南的地区，项羽当初随叔父项梁起兵的地方。

译文

活着的时候应当做人中豪杰，死后也要做鬼中的英雄。到今天人们还在怀念项羽，是因为他不肯苟且偷生，渡江退回江东。

诵读

生当/作人杰，死亦/为鬼雄。

至今/思项羽，不肯/过江东。

> **重点来啦**
>
> 思想感情：抒发爱国之情，讽刺当朝者。
>
> 节奏：高亢悲愤。

诗的开头两句直接将生死都无愧为英雄豪杰的气魄展现在读者面前，奠定本诗的情感基调。后两句则点出原因，项羽最壮烈的举动就是因“无颜见江东父老”，放弃暂避江东重振旗鼓的机会而选择自杀身亡。战败不可怕，在战败后表现出来的英雄气概则尤为可贵。反观宋朝统治者的软弱和苟且行径，让人气愤！诗句借怀古以讽今，爱国激情溢于言表，应读得高亢悲愤。

诗人讲故事

靖康二年（1127年），金兵侵入中原，破了北宋都城开封，当时的徽、钦二帝被金人掳走后屈辱求生，仓皇南逃的赵王室不念国家遭遇的耻辱，反而为了自己的生存一意向金人求和。对于统治者的屈膝投降，我深感耻辱。后来，我的丈夫赵明诚出任建康知府。一天夜里，城中爆发叛乱，他不仅不思平叛，反而临阵脱逃，这一行为让我痛心不已。在路过乌江时，我想到项羽宁可牺牲也绝不苟且偷生的悲壮，写下了这首诗，抒发我的悲愤之情。

诗诗

您称赞项羽的英雄气概，也是在抒发您的爱国之情啊！

当权者的临阵逃脱让我气愤不已，我多么希望他们能有项羽的英雄气概啊！

李清照

诗人荐同款

说到我的悲愤之情，我想向大家推荐《题八咏楼》。

tí bā yǒng lóu
题八咏楼

［宋］李清照

qiān gǔ fēng liú bā yǒng lóu，jiāng shān liú yǔ hòu rén chóu。
千古风流八咏楼，江山留与后人愁。

shuǐ tōng nán guó sān qiān lǐ，qì yā jiāng chéng shí sì zhōu。
水通南国三千里，气压江城十四州。

李清照：写此诗时我已50岁了，心中饱受战争之痛。看着南宋就此灭亡，统治者却不思进取，我登上八咏楼时有感而发。

诗诗：“江山留与后人愁”，您暂且放下了心中的忧愁，又如何真正放得下呢？诗歌字里行间都能感受到您对国家命运的担忧。

诗词大挑战

诗词排排站

从以下的字中找出一句千古名句，并写下来。

生 死 人 雄 亦 鬼 当 杰 为 作 ________________

诗词趣选择

以下关于李清照的说法不正确的一项是（　　）。

A. 李清照是我国宋代著名的女词人，是婉约派的代表人物。

B. 李清照号“易安居士”，她的词也被誉为“易安体”。

C. 李清照的代表作有《一剪梅》《声声慢》《夏日绝句》等。

D. 李清照从小生活优裕，所以她的词作风格一直是清新秀丽。

参考答案：诗词排排站：生当作人杰，死亦为鬼雄。 诗词趣选择：D

过零丁洋

诗诗

文先生，久闻您的大名，今天可算见到您了！

你好，诗诗。很高兴与你们一起开启旅程。

文天祥

诗人说自己

我的名片

文天祥
（1236 — 1283）

字： 宋瑞、履善

号： 浮休道人、文山

朝　　代： 宋末元初

出 生 地： 江西吉州（今江西吉安）

主要作品：《过零丁洋》《正气歌》等

朋 友 圈： 带领军民抵抗外族入侵，与陆秀夫、张世杰并称为“宋末三杰”

我的简介

我出生在江西农村的一个地主家庭，父亲重视我们的学习，常常聘请家教给我和弟弟上课，我的寒暑假基本都是在书房里诵读、写作。后来我被皇帝钦定为状元之后走上官场，在官场上也是几经沉浮。面对势力强大的敌军，我从未退缩过。我一直坚定自己的爱国主张，并且与敌军奋勇顽抗，誓死维护祖国的利益，这也是我被后人称为“民族英雄”的原因吧。

诗人教诵读

体裁
七言律诗

guò líng dīng yáng
过零丁洋①

［宋］文天祥

xīn kǔ zāo féng qǐ yì jīng　gān gē liáo luò sì zhōu xīng
辛苦遭逢起一经②，干戈寥落③四周星。

shān hé pò suì fēng piāo xù　shēn shì fú chén yǔ dǎ píng
山河破碎风飘絮，身世浮沉雨打萍。

huáng kǒng tān tóu shuō huáng kǒng　líng dīng yáng lǐ tàn líng dīng
惶恐滩④头说惶恐，零丁洋里叹零丁⑤。

rén shēng zì gǔ shuí wú sǐ　liú qǔ dān xīn zhào hàn qīng
人生自古谁无死？留取丹心⑥照汗青。

注释

① 零丁洋：即“伶丁洋”。现在广东省珠江口外。1278年底，文天祥率军在广东五坡岭与元军激战，兵败被俘，囚禁船上，曾经过零丁洋。

② 起一经：因为精通一种经书，通过科举考试而被朝廷起用做官。

③ 寥落：荒凉冷落。一作“落落”。

④ 惶恐滩：在今江西省万安县，是赣江中的险滩。1277年，文天祥在江西被元军打败，所率军队死伤惨重，妻子儿女也被元军俘虏。他经惶恐滩撤到福建。

⑤ 零丁：孤苦无依的样子。

⑥ 丹心：红心，比喻忠心。

译文

回想我早年因为科举入仕历尽辛苦，如今我起兵抗元也战斗了四年。祖国的山河被敌军践踏得支离破碎，像狂风中的柳絮一般，自己的一生也像风吹雨打的浮萍一样沉浮不定。惶恐滩的惨败让我至今依然惶恐，如今被押解过零丁洋，更觉孤苦伶仃。人生自古以来谁能长生不死呢？我要留一片爱国的忠心永照史册。

诵读

辛苦/遭逢/起一经，干戈/寥落/四周星。
山河/破碎/风飘絮，身世/浮沉/雨打萍。
惶恐滩头/说惶恐，零丁洋里/叹零丁。
人生自古/谁无死？留取丹心/照汗青。

重点来啦

思想感情：担忧国家，叹息命运，愿意舍生取义、为国捐躯。

节奏：悲壮激昂。

前两联诗人回顾平生，要读出诗人的感慨和遗恨。但即使改变不了命运，诗人也要坚守自己爱国的忠心，后两联要读出一种悲壮激昂的力量和底气。

诗人讲故事

公元1278年，我率兵与元军激战，战败被俘，元军把我囚禁在船上。第二年经过零丁洋时，我看着浩瀚的大海，回顾自己辛苦的一生，想到国家的命运，写下这首诗。

即使经历了这么多苦难，您依然坚持自己的爱国主张，这种精神真让人敬佩！

因为我爱我的祖国，所以苦难算不了什么。

诗人荐同款

在被元军俘虏之后，我因不愿投降而被囚禁三年，在狱中我还写了一首《正气歌》，现在我们一起来看看其中的几句。

zhèng qì gē jié xuǎn
正气歌（节选）

［宋］文天祥

tiān dì yǒu zhèng qì，zá rán fù liú xíng。
天地有正气，杂然赋流形。

xià zé wéi hé yuè，shàng zé wéi rì xīng。
下则为河岳，上则为日星。

yú rén yuē hào rán，pèi hū sè cāng míng。
于人曰浩然，沛乎塞苍冥。

诗诗

从您的诗歌中我感受到了您身上的正气和对祖国的深深的热爱。我们要向您学习！

有国才有家，有家才有我。热爱自己的祖国是我们每一个人都应该做到的！

文天祥

诗词大挑战

诗词趣选择

以下哪些是对文天祥的赞誉？（　　）（多选）

A. 民族英雄　　B. 抗元名臣　　C. 爱国诗人

诗词填填空

“人固有一死，或重于泰山，或轻于鸿毛。”《过零丁洋》中有一句诗与这句话有着异曲同工之处，都向我们阐述了生死的意义，这句诗是“______________________”。

参考答案： 诗词趣选择：ABC　诗词填填空：人生自古谁无死？留取丹心照汗青

通关家国情怀馆

诗词连连看 ★

第一关

将诗句与作者一一对应。

感时花溅泪，恨别鸟惊心。	林升
王师北定中原日，家祭无忘告乃翁。	文天祥
山外青山楼外楼，西湖歌舞几时休？	杜甫
人生自古谁无死？留取丹心照汗青。	陆游

诗词填填空 ★★

第二关

请将诗句补充完整。

1. 山外青山楼外楼，(　　　)歌舞几时休？
2. 毕竟(　　　)六月中，风光不与四时同。
3. 欲把(　　　)比西子，淡妆浓抹总相宜。

诗词百花园 ★★★

第三关

请完成下面的“春”字飞花令。

春城　春风　春雨　春江

1. ________又绿江南岸，明月何时照我还？
2. ________无处不飞花，寒食东风御柳斜。
3. 竹外桃花三两枝，________水暖鸭先知。
4. 小楼一夜听________，深巷明朝卖杏花。

参考答案

第一关：感时花溅泪，恨别鸟惊心。——杜甫
王师北定中原日，家祭无忘告乃翁。——陆游
山外青山楼外楼，西湖歌舞几时休？——林升
人生自古谁无死？留取丹心照汗青。——文天祥

第二关：1. 西湖　2. 西湖　3. 西湖

第三关：1. 春风　2. 春城　3. 春江　4. 春雨

第七章

感事抒怀馆

诗是强烈情感的自然流露。

——[英]华兹华斯

诗诗

小伙伴们，欢迎大家跟我走进感事抒怀馆。

1 墨梅

诗诗

您好，王冕先生。您的“墨梅”厅气质可真不一般!

欢迎诗诗和小伙伴们来欣赏我最爱的“墨梅”。

王冕

诗人说自己

我的名片

王冕
(1310 — 1359)

字：元章

朝　　代：元代　　**出生地：**浙江绍兴

民　　族：汉族

特　　长：画画、篆刻、写诗

江湖小号：煮石山农、梅花屋主、竹斋先生、九里先生、江南古客、食中翁、梅翁

我的简介

我出生在一个贫苦家庭，小时候给别人放牛时，常常偷偷跑进学堂去听课，晚上回家却忘记把牛牵回，也因此挨了父亲不少打。后来我去寺庙借着佛灯看书，经常看得忘记时间。即使看了很多书，但我考试的运气却不太好，一直没能考取功名，我不愿去巴结权贵，归隐以后作画换米为生，日子一直过得比较清苦。我一生喜欢梅花，常常在诗歌中歌颂梅花，因为我感动于梅花身上的精神。现在我们一起去看我这首关于梅花的诗吧！

诗人教诵读

体裁

七言绝句

mò méi

墨 梅[1]

［元］王冕

wǒ jiā xǐ yàn chí tóu shù，duǒ duǒ huā kāi dàn mò hén。

我家洗砚池[2]头树，朵朵花开淡墨[3]痕。

bú yào rén kuā hǎo yán sè，zhǐ liú qīng qì mǎn qián kūn。

不要人夸好颜色，只留清气满乾坤[4]。

注释

① 墨梅：用水墨画的梅花。

② 洗砚池：写字、画画后洗笔洗砚的池子。王羲之有“临池学书，池水尽黑”的传说。这里化用这个典故。

③ 淡墨：水墨画中将墨色分为四种，即清墨、淡墨、浓墨、焦墨。这里是说那朵朵盛开的梅花，是用淡淡的墨迹点化成的。

④ 满乾坤：弥漫在天地间。满：弥漫。乾坤：指人间天地间。

译文

我家洗砚池边长了一棵梅树，朵朵开放的梅花似乎是洗笔后淡墨留下的痕迹。它并不需要别人去夸许它的颜色，只是要将清香之气弥漫在天地之间。

诵读

我家/洗砚/池头树，朵朵/花开/淡墨痕。
不要/人夸/好颜色，只留/清气/满乾坤。

重点来啦

思想感情：借梅花赞赏自己不向世俗献媚的高尚情操。

节奏：慷慨激昂。

诗歌开头两句直接描写画作上的梅花，三、四句盛赞墨梅的高风亮节。梅花的高风亮节正是诗人的自我写照，诗人借梅花表达了自己淡泊名利、不愿媚俗的纯洁操守。此诗应用慷慨激昂的语气诵读，特别是最后两句，要读得高昂有力。

诗人讲故事

我自幼苦读诗书，虽然没科举及第，但我的才华在当时也是有些名气的。朱元璋当时以兵相逼想让我做官，由于看不惯官场的一些作风，我便直接拒绝了。后来我多方游历，有一次长途漫游回到绍兴时，在会稽九里山的一处梅花屋里，想到游历时的所见所闻，以及现实中存在的种种矛盾，心中感慨万千，便在画作上写下此诗，借梅花表达我的志向。

诗诗

您身上的气质确实与梅花很相似，坚强独立，清雅高洁，不愧是“梅花屋主”！

梅花作为“花中四君子”之一，有很多值得我们学习的品质和精神。

王冕

诗人荐同款

梅花、竹子、松柏等是文人们特别喜爱的植物，文人们常常借这些植物来表达自己的心境。今天我想向你们推荐我国陈毅将军的《大雪压青松》。

dà xuě yā qīng sōng
大雪压青松

［近］陈毅

dà xuě yā qīngsōng， qīngsōng tǐng qiě zhí。
大雪压青松，青松挺且直。

yào zhī sōng gāo jié， dài dào xuě huà shí。
要知松高洁，待到雪化时。

王冕

大雪越是压着青松，青松越是直挺。这是多么坚强的品质啊！

想必陈毅将军也跟您一样，借松树表达自己面对困难坚强不屈的斗志。

诗诗

诗词大挑战

诗词九宫格

请从右边方格中找出一句诗写下来。

夸	颜	留
气	只	乾
满	清	坤

____

诗词趣选择

花中四君子，即中国古诗文中常提到的（　　　）。（多选）

A. 冬梅　B. 春兰　C. 夏竹　D. 秋菊　E. 松柏

参考答案：诗词九宫格：只留清气满乾坤。　诗词趣选择：ABCD

石灰吟

诗诗

于谦先生，久闻您的大名，您的展厅里摆放的是什么物品呀?

于谦

欢迎诗诗和小伙伴们，今天我带大家认识生活中的石灰。

诗人说自己

我的名片

于谦
(1398 — 1457)

字： 廷益　　**号：** 节庵

朝　　代： 明代　　**出生地：** 浙江杭州

民　　族： 汉族

荣誉称号： 民族英雄

主要作品：《于忠肃公集》

朋 友 圈： 与民族英雄岳飞、张煌言并称“西湖三杰”

我的简介

关于我的名字有一个传说：我出生的前一天晚上，父亲梦到一个神对他说：“我文天祥感动于你们于家对我的供奉，也感动于于家一门忠义，所以我打算转世投胎，来做你们于家的子嗣。”第二天我便出生了，父亲给我取名“谦”字，意为感谢文天祥的盛意。我一生都供奉着文天祥的遗像和牌位，就像供奉祖先一样，也一直以文丞相的精神来警示自己，为官清廉，为人正直，最终成为流芳百世的民族英雄。

诗人教诵读

体裁
七言绝句

shí huī yín
石灰吟①

［明］于谦

qiān chuí wàn záo chū shēnshān， liè huǒ fén shāo ruò děng xián
千锤万凿②出深山，烈火焚烧若等闲③。

fěn gǔ suì shēn hún bú pà， yào liú qīng bái zài rén jiān
粉骨碎身浑④不怕，要留清白⑤在人间。

注释

① 吟：吟颂，古代诗歌的一种形式。
② 千锤万凿：也作“千锤万击”。指无数次的锤击开凿，形容开采石灰非常艰难。锤：锤打。凿：开凿。
③ 若等闲：好像很平常的事情。若：好像，好似。等闲：平常，轻松。
④ 浑：亦作“全”。
⑤ 清白：指石灰洁白的本色，又比喻高尚的节操。

译文

石灰石经过千锤万凿才从深山里开采出来，它把熊熊烈火的焚烧当作很平常的一件事。即使是粉身碎骨也毫不惧怕，只要把清白留在人世间。

诵读

千锤/万凿/出深山，烈火/焚烧/若等闲。

粉骨/碎身/浑不怕，要留/清白/在人间。

重点来啦

思想感情：不怕牺牲，立志清白。

节奏：豪迈有力。

诗人借咏石灰表达自己的意志。一、二句表明石灰的开采很艰难，面对烈火的焚烧却并不惧怕。三、四句极形象地写出石灰不怕牺牲，要将清白留在人间的精神，也表明了诗人不避千难万险，勇于自我牺牲，只为保持忠诚、清白品格的可贵品质，宜重读，读得铿锵有力。

诗人讲故事

我从小学习刻苦，志向远大。12岁那年的一天，我做完功课去外面玩，走到了一座石灰窑前，看见一堆堆青黑色的山石，经过熊熊的烈火焚烧之后，都变成了白色的粉末。旁边的师傅告诉我，放进去的石头是石灰石，这种石头在火中烧上七天，就会变成白色的石灰。这些石头经过锤打、开凿、焚烧等一系列艰难的过程，最后将洁白无瑕的样子留给世界，我听完很有感触，于是提笔写下这首诗。

于谦

我感动于石灰的这种精神，想借此表达我的志向。

我们在学习中也应该有石灰这种不怕困难、百折不挠的精神。

诗诗

诗人荐同款

生活中有很多平常的事物，只要我们善于观察和思考，就能发现它们身上具备值得我们学习的精神品质。我还写了一首《咏煤炭》，现在推荐给你们。

yǒng méi tàn
咏煤炭

[明]于谦

záo kāi hùn dùn dé wū jīn, cáng xù yáng hé yì zuì shēn.
凿开混沌得乌金，藏蓄阳和意最深。

jué huǒ rán huí chūn hào hào, hóng lú zhào pò yè chén chén.
爝火燃回春浩浩，洪炉照破夜沉沉。

dǐng yí yuán lài shēng chéng lì, tiě shí yóu cún sǐ hòu xīn.
鼎彝元赖生成力，铁石犹存死后心。

dàn yuàn cāng shēng jù bǎo nuǎn, bù cí xīn kǔ chū shān lín.
但愿苍生俱饱暖，不辞辛苦出山林。

于谦

这首诗通过描写煤炭的开采过程及其特性，表达了我甘愿为民族和人民利益牺牲自我的决心。

您真是一个了不起的人，难怪后世称您为“民族英雄”，您的精神值得我们学习！

诗诗

诗词大挑战

诗词猜猜看

生在青山数千年，十磨九难在田边。将我身体化烂了，一朵白云飞上天。（打一物）　谜底：________

诗词填填空

《石灰吟》中表明作者即使牺牲自我也要留住清白的名句是“__________，__________”。

参考答案：
诗词猜猜看：石灰
诗词填填空：
粉骨碎身浑不怕
要留清白在人间

观书有感（其一）

诗诗

您好，朱熹先生。您果然如传说中的大学者模样。

同学们，欢迎你们。请大家跟随我开始参观吧！

朱熹

诗人说自己

我的名片

朱熹
（1130 — 1200）

字： 元晦、仲晦　　**号：** 晦庵、晦翁

朝　代： 南宋　　**民族：** 汉族

出生地： 南剑州尤溪（今福建尤溪）

主要作品：《四书章句集注》《楚辞集注》等

主要成就：“理学”集大成者、教育学家、文学家、书法家等

我的简介

我出生时右眼角长有七颗黑痣，排列如北斗，这一点似乎与别的小朋友不一样。后来我真的比同龄的小孩聪颖，5岁入小学就能读懂《孝经》。我特别喜欢读书，而且是各种类型的书都看，这也为我后面的成就奠定了基础。我一生博览经史，治学严谨，著作丰富。做官时能体察民情，真正为百姓做事，成为一名为人民服务的好官。还需要提到的是，我在教育上有着自己独到的见解，同学们可以去了解一下我的“朱子读书法”，相信会对你们有帮助哦！

诗人教诵读

体裁
七言绝句

guān shū yǒu gǎn qí yī

观书有感（其一）

［宋］朱熹

bàn mǔ fāng táng yí jiàn kāi, tiān guāng yún yǐng gòng pái huái

半亩方塘一鉴[1]开，天光云影[2]共徘徊[3]。

wèn qú nǎ dé qīng rú xǔ? wèi yǒu yuán tóu huó shuǐ lái

问渠那得[4]清如许？为[5]有源头活水来。

注释

① 鉴：古代用来盛水或冰的青铜大盆，也有学者认为是镜子。
② 天光云影：天的光和云的影子。
③ 共徘徊：天光和云影倒映在塘水之中，不停地来回变动。
④ 那得：怎么会。
⑤ 为：因为。

译文

半亩大的方形池塘像一面镜子一样打开，天空的光彩和浮云的影子在水面上一起移动。要问池塘里的水为何这样清澈呢？是因为有永不枯竭的源头源源不断地为它输送活水。

诵读

半亩方塘/一鉴开，天光云影/共徘徊。
问渠那得/清如许？为有源头/活水来。

> **重点来啦**
>
> 思想感情：追求心胸开阔、不断进步。
>
> 节奏：明快。

这首诗是谈“观书”体会的。一、二句写诗人所看到的半亩方塘澄澈明净，能够照出灵动的“天光云影”。三、四句诗人放开眼界，找到了塘水清澈的原因——源头在源源不断地输送着活水，表达了诗人放开眼界、远处着眼、追求进步的思想。全诗用轻松明快的语调朗读。

诗人讲故事

模糊记得《观书有感二首》这组诗作于1166年，亦或许1176年吧，当时我游学至三清山，在三清宫游玩休息时，看到池塘里的水突发感悟而作此诗。不管怎样，可以确定的是，我根据生活中常见的现象悟到了一个道理，这也是诗的“有感而发”吧。

诗人荐同款

刚刚提到了这组诗一共有两首，我想向你们推荐另一首，这首诗通过写水上行舟告诉我们读书是一个循序渐进的过程。

guān shū yǒu gǎn qí èr
观书有感（其二）

［宋］朱熹

zuó yè jiāng biān chūn shuǐ shēng, méng chōng jù jiàn yì máo qīng
昨夜江边春水生，艨艟巨舰一毛轻。

xiàng lái wǎng fèi tuī yí lì, cǐ rì zhōng liú zì zài xíng
向来枉费推移力，此日中流自在行。

朱熹

读书和行舟有相通之处，开始需要推力，后面掌握了规律，就可以自在行驶了。

知识的海洋太广阔了，我们不能只求速度，应该沉下心去寻求方法。

诗诗

诗词大挑战

诗词趣选择

朱熹的成就表现在（　　）方面。（多选）

A. 理学　B. 教育　C. 科学　D. 美学　E. 文学

诗词巧判断

判断下列说法的正误。

1.《观书有感（其一）》告诉我们读书要不断吸取新的知识，让自己时刻保持进步。（　　）

2.“问渠那得清如许？为有源头活水来”运用了反问的修辞手法。（　　）

参考答案：诗词趣选择：ABCDE　诗词巧判断：1.√　2.×

4 枫桥夜泊

诗诗

张继您好，您的“枫桥夜泊”厅是闻名不如见面啊！

欢迎你们！大家请跟随我开始参观吧！

张继

诗人说自己

我的名片

张继

字：懿孙　　学历：进士

朝　代：唐代　　民族：汉族

出 生 地：湖北襄州（今湖北襄阳）

主要作品：《枫桥夜泊》

朋 友 圈：挚友刘长卿

我的简介

在唐代诗人中，我不算大家，更不算名家。由于我名气不大，后世对于我的记载很少，我流传下来的作品也只有40首，主要是纪行游览、酬赠送别之作，最为著名的就是这首《枫桥夜泊》了。诗中所写的“寒山寺”因此成为远近闻名的游览胜地，许多游客前往当地打卡。我的诗作大多语言平实自然，简单易懂，大家一起来感受一下吧！

诗人教诵读

体裁 七言绝句

fēng qiáo yè bó

枫桥①夜泊②

［唐］张继

yuè luò wū tí shuāng mǎn tiān jiāng fēng yú huǒ duì chóu mián

月落乌啼霜满天③，江枫渔火对愁眠④。

gū sū chéng wài hán shān sì yè bàn zhōng shēng dào kè chuán

姑苏⑤城外寒山寺，夜半钟声⑥到客船。

注释

① 枫桥：在今苏州市阊门外。

② 夜泊：夜间把船停靠在岸边。

③ 霜满天：霜气满天，形容空气极冷。

④ 江枫：江边的枫树。渔火：渔船上的灯火。对愁眠：伴着愁绪，难以入睡。

⑤ 姑苏：苏州的别称，因城西南有姑苏山而得名。

⑥ 夜半钟声：佛寺里半夜的敲钟声。

译文

月亮已经落下，乌鸦在啼叫，寒气满天，（我）对着江边枫树和渔火忧愁而难以入眠。姑苏城外那寂寞清静的寒山寺，半夜里敲钟的声音传到了（我乘坐的）客船。

诵读

月落/乌啼/霜满天,江枫/渔火/对愁眠。

姑苏/城外/寒山寺,夜半/钟声/到客船。

重点来啦

思想感情：抒发游子愁绪和思乡之情。

节奏：惆怅低沉。

前两句先写落月、啼乌、满天霜、江枫、渔火、不眠人，通过这些秋天江边的夜景，给全诗奠定了“愁”的情感基调。后两句通过写城、寺、钟、船，营造了空旷幽远的意境。羁旅途中的游子在秋夜里感受着秋的寒意，忧虑着国家和个人的命运。全诗宜用惆怅低沉的语气去读。

诗人讲故事

天宝十二年（753年），我考取了进士，可是天宝十四年（755年）就爆发了安史之乱，朝局动荡，社会不平。当时江南政局比较安定，许多文人学士纷纷逃往江苏、浙江一带，我也在其中。逃难途中，我的心里充满了对国家的担忧、对个人前途的迷茫，怎是一个愁字了得！在一个秋天的夜晚，我乘坐的小船停靠在苏州城外的枫桥，望着江南秋夜优美的景色，想到旅途中的愁绪，我不禁写下此诗，抒发心中的思绪。

张继

月落乌啼、江枫渔火，所有的景象都表现了我孤舟游子的心境。

这首诗能成为千古传诵的名篇，与诗中的景语、情语是分不开的。

诗诗

诗人荐同款

很多诗人借诗句抒发愁苦，我想给大家推荐唐代大诗人白居易的《浦中夜泊》，也是抒发诗人在行路途中临时停靠岸边时的思绪。

pǔ zhōng yè bó
浦中夜泊

[唐]白居易

àn shàng jiāng dī hái dú lì, shuǐ fēng shuāng qì yè léng léng
暗上江堤还独立，水风霜气夜棱棱。

huí kàn shēn pǔ tíng zhōu chù, lú dí huā zhōng yì diǎn dēng
回看深浦停舟处，芦荻花中一点灯。

张继

白居易因得罪权贵，被贬途中借这首诗表达自己忧愁、孤寂的心情。

夜晚临时停靠，江边的冷霜映衬出诗人的愁绪。

诗诗

诗词大挑战

诗词趣选择

对“枫桥夜泊”理解正确的一项是（　　）。

A. 夜晚枫桥边的一个湖泊。　　B. 夜晚，把船停在枫桥边。

诗词百花园

照样子，写诗句。

例：带“天”字的：两个黄鹂鸣翠柳，一行白鹭上青天。

1. 带“霜”字的：________
2. 带“月”字的：________
3. 带“愁”字的：________

参考答案：

诗词趣选择：B

诗词百花园：（示例）

1. 停车坐爱枫林晚，霜叶红于二月花。
2. 可怜九月初三夜，露似真珠月似弓。
3. 月落乌啼霜满天，江枫渔火对愁眠。

无题

诗诗

李商隐您好，早就听过您写的诗，今天总算见到您本人了。

李商隐

你好，诗诗。下面我带大家了解一下我的《无题》一诗。

诗人说自己

我的名片

李商隐
（约 813 — 约 858）

字：义山　　号：玉溪生

朝　　代：唐代

民　　族：汉族

出 生 地：怀州河内（今河南沁阳）

主要作品：《李义山诗集》

朋 友 圈：与温庭筠并称“温李”，与杜牧并称“小李杜”

我的简介

我出生于一个小官家中，不到10岁父亲就去世了，我只得随母还乡，过着艰苦清贫的生活。母亲体弱多病，我又是长子，故而早早地背负起挣钱贴补家用的重担，我渐渐变得内向、敏感，这些在我的诗作中都有反映。后来我终于进士及第，进入仕途后又卷入党争，被人排挤，仕途不顺。我把所有的情绪都投入诗歌创作中，创作了很多首感情丰富的诗词。

诗人教诵读

体裁

七言律诗

wú tí

无　题[1]

［唐］李商隐

xiāng jiàn shí nán bié yì nán，dōng fēng wú lì bǎi huā cán

相见时难别亦难，东风[2]无力百花残[3]。

chūn cán dào sǐ sī fāng jìn，là jù chéng huī lèi shǐ gān

春蚕到死丝[4]方尽，蜡炬成灰泪[5]始干。

xiǎo jìng dàn chóu yún bìn gǎi，yè yín yīng jué yuè guāng hán

晓镜[6]但愁云鬓[7]改，夜吟应觉[8]月光寒[9]。

péng shān cǐ qù wú duō lù，qīng niǎo yīn qín wèi tàn kān

蓬山[10]此去无多路，青鸟[11]殷勤[12]为探看[13]。

注释

① 无题：唐代以来，有的诗人作诗不愿意标出题目时，常用“无题”作标题。

② 东风：春风。

③ 残：凋零。

④ 丝：与“思”谐音，相思。

⑤ 泪：蜡烛燃烧时滴下的脂油，此处双关指相思泪。

⑥ 晓镜：早晨梳妆照镜子。

⑦ 云鬓：女子多而美的头发。

⑧ 应觉：设想。

⑨ 月光寒：指夜渐深。

⑩ 蓬山：指海上仙山蓬莱山。此指想念对象的住处。

⑪ 青鸟：神话传说中传递消息的仙鸟。

⑫ 殷勤：情意恳切深厚。

⑬ 探看：探望，看望。

译文

相见很难，离别更难；何况是在这暮春、百花凋谢的时候。春蚕直到死才将丝吐完；蜡烛要烧成灰烬后，蜡油才会滴干。早晨梳妆照镜子，只担心鬓发变白，容颜不再；长夜独自吟诗，定会感到月色清寒。蓬莱山离这儿也不算太远，却无路可通；青鸟啊，请殷勤地为我去探望一下。

诵读

相见时难 / 别亦难，东风无力 / 百花残。
春蚕到死 / 丝方尽，蜡炬成灰 / 泪始干。
晓镜但愁 / 云鬓改，夜吟应觉 / 月光寒。
蓬山此去 / 无多路，青鸟殷勤 / 为探看。

重点来啦

思想感情：抒发相思离别之情，表明内心的苦闷。

节奏：悲伤哀怨。

这首诗，以女性的口吻抒写爱情心理，全诗都充斥着离别的痛苦、思念的悲伤，让我们感受到了感情的真挚和执着。诵读时，要用悲伤哀婉的语气，将诗人流露在诗中的痛苦和思念、失意和苦闷读出来。

诗人讲故事

我创作此诗，主要是以诗寄情，有人说我抒发的是男女之情，有人说我抒发的是向当权者表达谋求职务的迫切愿望。不管是哪一种说法，可以确定的是这首诗情感热烈，饱含深情。

无题却有情，通过朗读我感受到了诗句中浓浓的情感。

诗诗

诗人荐同款

说到情感浓烈，我想给你们推荐我给妻子写的一封回信，抒发我对妻子的思念之情，这首诗就是《夜雨寄北》。

yè yǔ jì běi
夜雨寄北

［唐］李商隐

jūn wèn guī qī wèi yǒu qī, bā shān yè yǔ zhǎng qiū chí
君问归期未有期，巴山夜雨涨秋池。

hé dāng gòng jiǎn xī chuāng zhú, què huà bā shān yè yǔ shí
何当共剪西窗烛，却话巴山夜雨时。

诗诗：语短情长，难怪千百年来吸引了无数的读者，令人百读不厌。

李商隐：我是一个情感很丰富的人，这也是我的诗歌都饱含深情的原因吧！

诗词大挑战

诗词巧判断

判断下列说法的正误。

1. 李商隐是初唐时期杰出的七律诗人。（　　）
2. 李商隐写了不少“无题”诗，“无题”等于没有题目。（　　）

诗词填填空

李商隐《无题》中有两句诗运用了双关语，表明对爱人至死不渝的深情，后来也用来赞美献身事业、奉献不止的精神，这两句诗是“＿＿＿＿＿＿＿＿，＿＿＿＿＿＿＿＿”。

参考答案：诗词巧判断：1.×　2.√　诗词填填空：春蚕到死丝方尽，蜡炬成灰泪始干

通关感事抒怀馆

第一关 诗词连连看 ★

古诗词中有很多借物喻人、托物言志的诗句，借事物的状态、精神抒发诗人的感情和志向。请你将下列诗句与所描述的事物连起来。

粉骨碎身浑不怕，要留清白在人间。	梅花
采得百花成蜜后，为谁辛苦为谁甜。	蜜蜂
咬定青山不放松，立根原在破岩中。	石灰
大雪压青松，青松挺且直。	松树
不要人夸好颜色，只留清气满乾坤。	竹石

第二关 诗词百花园 ★★

请写出与下列诗句有关的风景胜地。

1. 横看成岭侧成峰，远近高低各不同。(　　　　)
2. 湖光秋月两相和，潭面无风镜未磨。(　　　　)
3. 会当凌绝顶，一览众山小。(　　　　)
4. 两岸猿声啼不住，轻舟已过万重山。(　　　　)

第三关 诗词小百科 ★★★

请为以下诗人填上正确的称号。

A. 诗圣　B. 诗仙　C. 诗鬼　D. 诗魔　E. 诗豪

1. 李白______　2. 刘禹锡______　3. 白居易______

4. 李贺______　5. 杜甫______

参考答案

第一关：按诗句顺序分别对应的是石灰、蜜蜂、竹石、松树、梅花

第二关：1.庐山　2.洞庭湖　3.泰山　4.长江三峡

第三关：1.B　2.E　3.D　4.C　5.A

玩转大语文

魔法阅读课

主　　编　胡良君　李娟萍
绘　　者　皮欢欢
本册主编　艾心亭
本册副主编　陶玉琴　田红娟
本册编委　陈　文　杨　玮　肖　莹　金　荃

人民东方出版传媒
People's Oriental Publishing & Media
東方出版社
The Oriental Press

图书在版编目（CIP）数据

玩转大语文．魔法阅读课 / 胡良君，李娟萍主编；皮欢欢绘．—北京：东方出版社，2023.1
ISBN 978-7-5207-2938-3

Ⅰ．①玩… Ⅱ．①胡… ②李… ③皮… Ⅲ．①阅读课—小学—教学参考资料 Ⅳ．① G624.203

中国版本图书馆 CIP 数据核字（2022）第 143488 号

玩转大语文：魔法阅读课
（WANZHUAN DA YUWEN：MOFA YUEDU KE）
胡良君　李娟萍 主编　皮欢欢 绘

策划编辑：鲁艳芳
责任编辑：金　琪　鲁艳芳
特邀编辑：陈雨姣
出　　版：東方出版社
发　　行：人民东方出版传媒有限公司
地　　址：北京市东城区朝阳门内大街166号
邮　　编：100010
印　　刷：北京尚唐印刷包装有限公司
版　　次：2023年1月第1版
印　　次：2023年1月北京第1次印刷
开　　本：710毫米×1000毫米　1/16
印　　张：9.5
字　　数：126千字
书　　号：ISBN 978-7-5207-2938-3
定　　价：210.00元（全6册）
发行电话：（010）85924663　85924644　85924641

前言

古语云：腹有诗书气自华；古语又云：读书之乐何处寻，数点梅花天地心；古语还云：读书破万卷，下笔如有神！

同学们，阅读是门槛最低的高贵，也是我们必须培养的终身习惯。如果你还在为不会阅读伤透脑筋，还在为不会做阅读题烦恼不已，那么请不用担心，这本《魔法阅读课》里藏着神奇力量，它将带着你畅游魔法王国，汲取魔法水晶能量，使阅读难题变得简单有趣，从此，阅读就是so easy！

我们期待《魔法阅读课》成为你的良师。阅读宝库中藏着浩如烟海的词句段落，纷繁复杂，找到阅读的方法才是打开阅读宝库之门的钥匙。《魔法阅读课》将阅读学习的不同阶段以单元形式选编，全书分为魔法城堡、魔法教室、魔法长廊、魔法花园四个单元，对你进行阶梯式的引导。"魔法城堡"主要是对阅读知识的整体感知，"魔法教室"主要介绍阅读中的修辞、表现手法等相关知识，"魔法长廊"是介绍阅读中词句理解的方法，"魔法花园"是对阅读的表达鉴赏及评价。"魔法水晶"总结归纳规范的答题格式，"魔法闯关"设计各种场景和各类题型，"魔法秘籍”给予阅读方法和解题方法的指导，思路明确，逻辑清晰，把你阅读中遇到的烦恼丝都给理顺了。阅读方法掌握了，阅读能力自然会提高，阅读分数自然也见长了。

我们更期待《魔法阅读课》成为你的益友。《魔法阅读课》很好地体现了阅读学习工具性、层次性和趣味性的有机统一。我们从孩子的视角出发，脱离枯燥的篇章训练、机械式的题海战术，巧妙地融入了新奇有趣的魔法元素和奇妙的魔法故事。在这里，变幻莫测的魔法长廊、会移动的魔法城堡无不让人惊叹，神秘的水晶球发出的光芒，竟然显示出一个又一个阅读秘籍……这本书图文并茂，点燃阅读学习热情的同时，变“阅读”为“悦读”，化被动学习为主动学习，你将兴致盎然地跟着魔法精灵咪咕和他的宠物贝塔一起展开魔法学院的阅读学习之旅，为高效阅读学习助力。

同学们，快快打开此书吧！和咪咕一起去探险，一起去寻找打开阅读之门的钥匙吧！

目录

第一章 魔法城堡

第二章 魔法教室

第三章 魔法长廊

第四章 魔法花园

第一章

魔法城堡

精灵咪咕和他的宠物贝塔想要去魔法学院学习阅读魔法，找到打开阅读之门的钥匙。因此，他们出发来到了魔法学院的第一站——魔法城堡。他们发现魔法城堡里藏有许多关于文章结构的神奇魔法。一起来看看吧！

1 题目是文章的眼

题目，也称标题，是一篇文章的眼睛，文章可以靠它来“眉目传情”。读文章如果没有看懂题目，就如同和一个人交流，却始终不敢看对方的眼睛，那如何能与别人进行心灵接触呢？

魔法课堂

魔法学院的西蒙老师热情地接待了咪咕和贝塔，把他们带进了魔法课堂。魔法课堂窗明几净，真是学习的好地方！

西蒙老师

在魔法课堂里，我们首先来了解文章标题的形式。有很多文章的题目是名词，挥动魔法棒，看看这些小精灵都是谁！

此时，天空出现了一块大屏幕，上面写着：

> 它们是《白鹭》《落花生》《草原》《腊八粥》。以某个名词作为文章的题目，其作用是点明写作的对象，概括文章的主要内容，让大家在阅读时一目了然。

如果脑海里还没有出现这些文章的身影，可以查阅相关资料哦！后面提到的文章篇目也是如此。

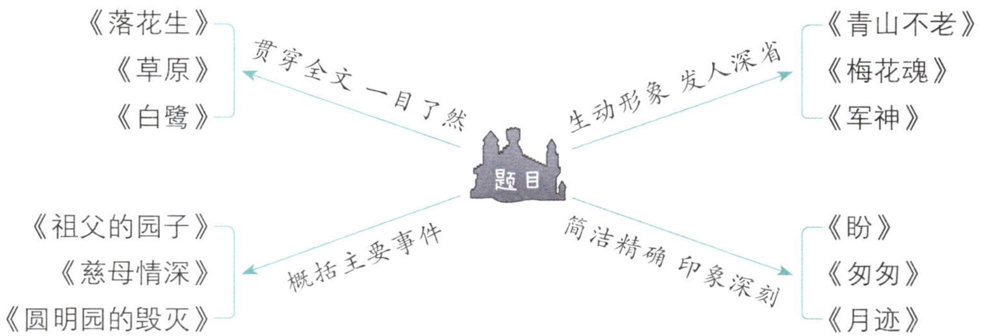

咪咕：老师，文章题目除了是一个名词外，还有没有别的形式呢？

西蒙老师：还有些文章的题目是短语或者句子。当文章题目是短语或者句子时，其作用一般是概括文章所描述的主要事件，如《慈母情深》《冀中的地道战》《圆明园的毁灭》这些小精灵。你瞧，它们的魔法是不是很神奇呢？

咪咕：是的！真让人大开眼界呢！

西蒙老师：还有一些题目，似乎没有在文章中出现过，抑或是与文章的内容没有什么关系，但实际上是采用了一种修辞手法。如魔法课堂中的《青山不老》小精灵，“青山”真的“不老”吗？其实这是在代指那种可贵的精神与世长存。这类题目形象生动地彰显出主人公所具备的可贵精神，感人至深，发人深省。

咪咕：老师，那文章题目是不是越具体或者越含蓄越好呢？

西蒙老师：不一定。还有一些题目虽然精简到一个字，但是丝毫不影响它点明文章中心，它能快速抓住读者的眼球，吸引读者继续阅读。魔法课堂中，谁有这种魔力呢？如《盼》这个小精灵。这篇文章里，作者盼望能够穿上雨衣，痛痛快快地淋一场雨。文章紧紧围绕作者“盼”的心理活动展开，与《盼》这个题目紧紧相扣。

魔法水晶

学习完魔法课程后，西蒙老师送给咪咕一块魔法水晶。只见魔法水晶折射出耀眼夺目的七彩光芒，这会为咪咕的阅读之旅带来什么奇妙的体验呢？

原来，每一块水晶都可以召唤一次魔法学院里拥有强大魔力的水晶球王子。开心的咪咕把魔法水晶往天上一抛，水晶迸发出更加夺目的亮光，正在沉睡的王子被召唤了过来。只见他手托一个大大的水晶球，神秘极了！

水晶球王子

是谁在召唤我呀?

咪咕

水晶球王子你好，我是咪咕，是来向你“取经”的。在平时考试中，我经常遇到“给文章取一个标题”这类题目，如下面这些考试题型。

1. 从下面的选项中选择最恰当的一项作为文章的题目。

   A. ×××　　B. ×××　　C. ×××

2. 通读全文，补全文章的题目：________

3. 根据文章的主要内容，为其拟定一个合适的题目。

____

水晶球王子

想要顺利地解题过关，可是需要下苦功夫的。我这里有一个魔法妙招，可以帮助你厘清通关思路。下面就让我来给你展示一下吧！

水晶球王子转动手中的水晶球，空中立刻出现了一个大屏幕，写着：

给文章拟定题目的方法

1．根据主要内容概括出题目。

记事的文章，提炼出其中心事件，以此作为题目；写人、写景的文章，以其主要描写的人物、景物或它们的特点来命题。

2．根据文章的中心思想提炼出题目。

作者写一篇文章总有他的目的及想要表达的思想感情或主旨。根据文章的中心思想去命题，能够使人一下子抓住文章的灵魂。

3．利用与主要事件相关的物或景做题目。

作者在叙事的过程中常常围绕某个物或景展开，这些物或景就是贯穿全文的一条线索。这种命题方法多见于抒情性比较强的文章。

4．有代表性的时间、地点也可以做题目。

有代表性的时间、地点能够像引子一样引出主要的人物和事件，或者为人物的活动提供了特定的空间。

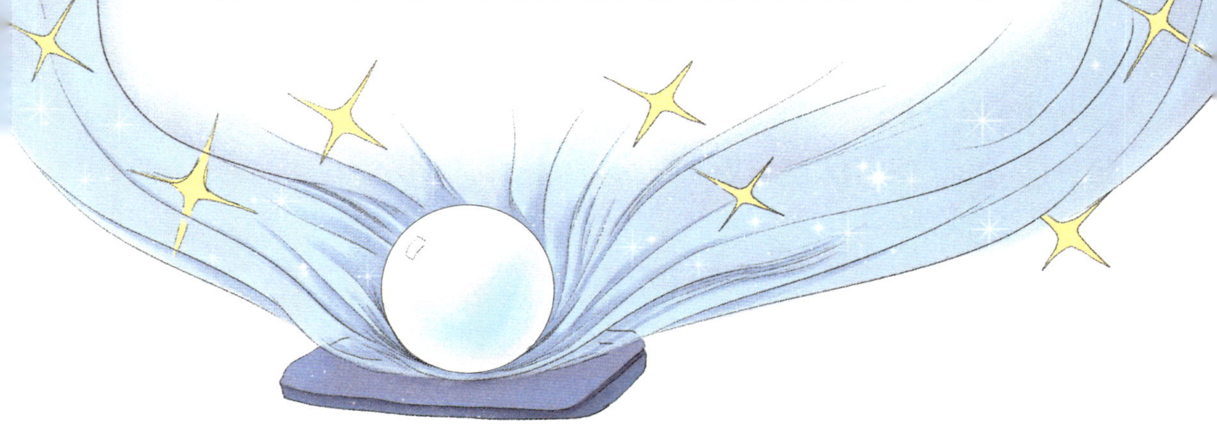

魔法闯关

咪咕得到水晶球王子的真传后，迫不及待地想提升自己的魔力值。接下来，水晶球王子要考考咪咕了。同学们，我们一起来看看吧。

魔法对对碰 ★

第一关

结合所学，思考下列题目的妙处，选择与标题相对应的作用，将正确的选项填在括号里。

A. 点明状物的对象。　　B. 贯穿全文，点明文章主旨。

C. 交代主要事件。　　D. 新颖有趣，吸引读者阅读兴趣。

1.《父爱之舟》（　　）　　2.《火烧云》（　　）

3.《我变成了一棵树》（　　）　4.《开国大典》（　　）

魔法来指路 ★★

第二关

填空，将下列标题按类型进行归类。

《“诺曼底号”遇难记》《桥》《少年闰土》

《慢性子裁缝和急性子顾客》《芦花鞋》《草船借箭》

《军神》《“精彩极了”和“糟糕透了”》

1. 以主要人物为标题

《狼牙山五壮士》（　　　　　　）（　　　　　　）

2. 以主要事件为标题

《开国大典》（　　　　　　）（　　　　　　）

3. 以贯穿文章的主要事物（线索）为标题

《竹节人》（　　　　　　）（　　　　　　）

4. 有趣而吸引人的标题

《在牛肚子里旅行》（　　　　　　）（　　　　　　）

魔法秘籍

闯关成功后，守关小仙女送给咪咕一份神奇的《魔法秘籍》。

题目的作用

1. 概括文章的主要内容。
2. 提出文章的中心。
3. 交代主要事件。
4. 点明写作对象。
5. 新颖、引人入胜，引起读者的阅读兴趣。
6. 交代文章的线索。
7. 修辞手法，一语双关，凸显事物的本质。

魔法闯关参考答案：

第一关：1.B　2.A　3.D　4.C

第二关：1.《少年闰土》《军神》

2.《“诺曼底号”遇难记》《草船借箭》

3.《桥》《芦花鞋》

4.《慢性子裁缝和急性子顾客》《“精彩极了”和“糟糕透了”》

2 总起句的秘密

总起句，一般出现在文章的首段或其中某段话的首句。它就像一个统帅，可以概括这篇文章或这段话的中心思想。认识这位统帅，我们能更快地发现藏在文章中的秘密，更好地了解文章的主旨，从而达到事半功倍的阅读效果。

魔法课堂

经过了上一段学习旅程，咪咕和贝塔带着新的困惑，再次走进了神奇的魔法课堂。这次，他们要寻找——文章的总起句，看看里面藏着什么样的秘密呢？知识渊博的西蒙老师为他们送来了及时雨，只见他挥动手中的魔法棒，咪咕和贝塔眼前瞬间就出现了一个个活泼可爱的小精灵。其中一个小精灵热情地拉着咪咕，邀请他观看《黄山奇石》纪录片。

如果脑海里还没有出现这篇文章的身影，可以查阅相关资料哦！后面提到的文章篇目也是如此。

首先映入眼帘的是这样一段话：“闻名中外的黄山风景区在我国安徽省南部。那里景色秀丽神奇，尤其是那些怪石，有趣极了。”接着，配着文字介绍，一帧帧生动的黄山怪石的影像出现在咪咕和贝塔眼前，“仙桃石”“猴子观海”“仙人指路”“金鸡叫天都”……

看完纪录片，咪咕恍然大悟，原来刚刚那段话就是文章的总起句呢！先总体介绍黄山奇石的特征，后面再一一介绍黄山那些引人入胜的奇石。

西蒙老师

所以总起句一般在文章的开头，它能够概括文章的主要内容。

咪咕

原来如此！

接着，另一个小精灵带来了老舍先生的《猫》。咪咕仔仔细细地读着，验证着西蒙老师的话。“猫的性格实在有些古怪。”这句话不就是文章的总起句吗？咪咕开心地和贝塔分享他的发现。

贝塔

主人，你是怎么确定这句话就是总起句的呢？

咪咕

你看，整篇文章都在表达同一个意思——猫的性格实在有些古怪：第1自然段介绍猫既老实，又贪玩，但还很尽职；第2自然段介绍猫高兴不高兴听凭自由；第3自然段介绍猫既胆小，又勇猛……就这样，老舍先生把一只古怪又可爱的猫活灵活现地描写出来了。由此，我可以确定“猫的性格实在有些古怪”这句话就是总起句，概括了老舍先生想要表达的思想观点。

贝塔

哇，主人真厉害！

西蒙老师听了咪咕的话，投来了赞许的目光，并且竖起了大拇指。咪咕也露出了开心的笑脸。

魔法水晶

这次的魔法课程让咪咕领悟到了边学习边思考的重要性。西蒙老师又拿出一块闪烁着智慧之光的魔法水晶，送给了咪咕。咪咕满怀信心，将魔法水晶往空中一抛。水晶球王子出现啦！

水晶球王子

小咪咕，听说你已经完成了魔法课程的学习，恭喜你！你还有什么困惑吗？有什么问题需要我的帮助？

水晶球王子，谢谢你，我已经知道了文章的总起句的特点。我想向你请教，平时考试中，有关总起句的题型有哪些呢？我该如何去解答呢？

咪咕

水晶球王子抽出魔法棒，口中念着“魔法现现现”，只见天空中即刻显现了几行字：

常考题型

1. 请你用横线画出文章的总起句。
2. 请问这句话在文章中有什么作用？

咪咕和贝塔看得十分入神。接着，水晶球王子熟练地转动着水晶球，水晶球霎时发出五彩的光芒，天空便又出现了一块屏幕：

答题方法

1. 如何找到总起句？

总起句的位置一般出现在文章首段或其他段落的首句。在判断总起句时，不仅要凭借经验，更要通读全文，结合文章的整体内容来判断。

2. 总起句在文章中有什么作用？

如果总起句位于文章首段，则有总领全文的作用；如果位于其他段落中，则起着总起下文的作用。

咪咕和贝塔认认真真地读着，牢牢地将水晶球王子的魔法妙招记在了心里。

魔法闯关

咪咕和贝塔牢记水晶球王子的闯关妙招，信心十足地来到了充满挑战的魔法训练场。闯关之旅由此开始。

魔法帮帮找 ★

第一关

最有趣的，当然是那晶亮的、饱满的、一嘟噜一嘟噜从潭底冒出来的水泡了。开始，水泡很小，摇晃着越升越高，越来越大，最后在水面绽开了，在扑哧一笑中消失了。有时候，透过密密的树叶，太阳筛下一束束金光，照在水面上，照在正升起的水泡上，一直照到潭底青褐色的石头上。水面和潭底，金色的光斑和银色的光斑交错着；水泡闪亮闪亮的，射出红的光，黄的光，绿的光，紫的光……多像一串一串彩色的珍珠啊！

用横线画出这段话的总起句。

第二关

魔法小妙用 ★★

秋天的雨，有一盒五彩缤纷的颜料。你看，它把黄色给了银杏树，黄黄的叶子像一把把小扇子，扇哪扇哪，扇走了夏天的炎热。它把红色给了枫树，红红的枫叶像一枚枚邮票，飘哇飘哇，邮来了秋天的凉爽。金黄色是给田野的，看，田野像金色的海洋。橙红色是给果树的，橘子、柿子你挤我碰，争着要人们去摘呢！菊花仙子得到的颜色就更多了，紫红的、淡黄的、雪白的……美丽的菊花在秋雨里频频点头。

选段中画横线的句子有什么作用？

____

第三关

魔法变变变 ★★★

你能用思维导图的方式将《黄山奇石》这篇文章给大家展示一下吗？

魔法秘籍

闯关成功后，守关小仙女送给咪咕一份神奇的《魔法秘籍》。

关于总起句

1. 首句一定就是总起句吗？

   不一定，能概括这段话或这篇文章内容的首句才是总起句。

2. 总起句的作用有哪些呢？

   ①总领全文（针对整篇文章）。

   ②总起下文（针对接下来的内容，不包括总起句之前的内容）。

魔法闯关参考答案：

第一关：最有趣的，当然是那晶亮的、饱满的、一嘟噜一嘟噜从潭底冒出来的水泡了。

第二关：总起下文。

第三关：

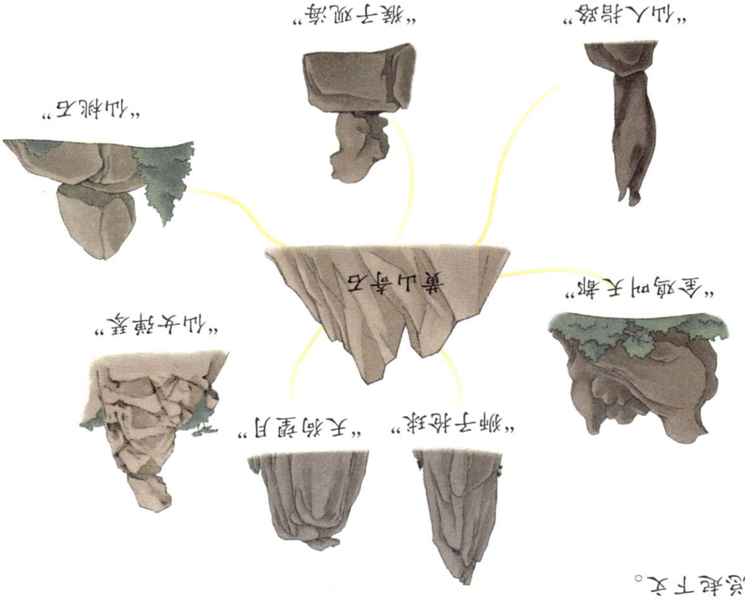

3 结尾的秘密

文章的结尾是非常重要的，如果阅读时忽略了结尾的作用，那么就很难把握文章的精髓哦！

魔法课堂

精灵咪咕和宠物贝塔在西蒙老师的指引下，发现了总起句的秘密，他们如获至宝。这次，他们向西蒙老师学习新的魔法。西蒙老师挥了挥手中的魔法棒，只见眼前出现了一块神奇的屏幕。

西蒙老师

做事情要有始有终，既然你们已经获得了有关总起句的秘籍，那我不妨将结尾的秘密也告诉给你们吧。

接着，屏幕上跳动着一行字，是咪咕之前阅读过的文学作品：《那个星期天》《童年的发现》。

> 如果脑海里还没有出现这篇文章的身影，可以查阅相关资料哦！后面提到的文章篇目也是如此。

西蒙老师继续挥动魔法棒，只见屏幕上出现了新的文字：

> 《那个星期天》的结尾：“男孩儿蹲在那个又大又重的洗衣盆旁，依偎在母亲怀里，闭上眼睛不再看太阳，光线正无可挽回地消逝，一派荒凉。”

咪咕

我知道，这里的结尾体现了“我”内心的沮丧和失落，作者融情于景，在描写景物时自然地流露出自己的情感。

西蒙老师

没错！《童年的发现》这篇文章的结尾更有意思呢！作者写道：“不过，被轰出教室，站在外面，我倒想出了一条自我安慰的理由，我明白了——世界上的重大发现，有时还会给人带来被驱逐和被迫害的风险。”这里采用了一语双关的写法，表达了两重意思：表面上表现了科学事业发展过程中的真实情况，实际上是“我”用幽默自嘲的方式来表达“我”对此事的看法。

听完西蒙老师的讲解，咪咕连连点头。

魔法水晶

这次魔法课程的学习让咪咕初步体会到阅读的魔力竟然如此神奇！这时，西蒙老师又送给了咪咕一块魔法水晶。原来只要咪咕在魔法课堂中学会一个有关阅读的魔法，西蒙老师都会赠予他一块魔法水晶。等到咪咕集齐所有具有神秘力量的魔法水晶，他就可以得到打开阅读之门的钥匙。想到这里，咪咕信心满满。

只要我虚心学习，就一定可以拿到阅读之门的钥匙！

咪咕

这个时候，魔法水晶忽然亮了起来，在空中照耀出一道紫色的光。原来是水晶球王子出现啦！

水晶球王子

咪咕，你虽然知晓了结尾的秘密，但是在实际阅读中还不能很好地解决有关结尾的问题。

那我还需要做些什么呢？

咪咕

水晶球王子

你需要耐心地将我送给你的锦囊读完。

水晶球王子说完，咪咕的手上就出现了一个锦囊，他连忙打开，里面有两张小纸条，第一张小纸条写道：

常考题型

1. 文章最后一段话在文中有什么作用？
2. 文章结尾段在结构和内容上有什么作用？
3. 结尾段能否删掉？为什么？

第二张小纸条的内容是：

答题模板

内容+主题思想+结构+效果

内容+人物特点+结构+效果

1. 结尾段写了……的内容；点明（凸显/深化/升华）了……的主题；总结全文（前后呼应）；在意料之外又在情理之中，更具艺术表现力（戛然而止，给读者留下想象的空间/引人深思，意犹未尽）。
2. 结尾段写了……的内容；表现了人物……的品质特点；总结全文（前后呼应）；在意料之外又在情理之中，更具艺术表现力（戛然而止，给读者留下想象的空间/引人深思，意犹未尽）。

魔法闯关

拿到水晶球王子传授的锦囊，咪咕和贝塔来到魔法训练营，准备在闯关的同时将魔法融会贯通。

魔法小热身 ★

第一关

开头：燕子去了，有再来的时候；杨柳枯了，有再青的时候；桃花谢了，有再开的时候。但是，聪明的，你告诉我，我们的日子为什么一去不复返呢？——是有人偷了他们吧：那是谁？又藏在何处呢？是他们自己逃走了吧：现在又到了哪里呢？

结尾：你聪明的，告诉我，我们的日子为什么一去不复返呢？

——朱自清《匆匆》

聪明的你，请挥动手中的魔法笔，写一写上面结尾段的作用吧！

魔法大冒险 ★★

第二关

我们是一列树，立在城市的飞尘里。

许多朋友都说我们是不该站在这里的，这一点，其实我们知道得比谁都清楚。我们的家在山上，在不见天日的原始森林里。而我们居然站在这儿，站在这双线道的马路边，这无疑是一种堕落。我们的同伴都在吸露，都在玩凉凉的云。而我们呢？我们唯一的装饰，正如你所见的，是一身抖不落的烟尘。

…………

当夜幕降临的时候，整个城市都是繁弦急管，都是红灯绿酒。而我们在寂静里，我们在黑暗里，我们在不被了解的孤独里。但我们苦熬着，牙龈咬得酸痛，直等到朝霞的彩旗冉冉升起，我们就站成一列致敬。无论如何，我们这座城市总得有一些人迎接太阳！如果别人都不迎接，我们就负责把光明迎来。

…………

立在城市的飞尘里，我们是一列忧愁而又快乐的树。

——张晓风《行道树》

结合全文，文章的结尾段在结构和内容上各起什么作用？

魔法秘籍

闯关成功后，守关小仙女送给咪咕一份神奇的《魔法秘籍》。

结尾段的作用

内容上：总结/收束全文。

主旨上：点明/暗示中心，深化/升华主旨，卒章显志。

结构上：照应题目/开头（首尾呼应/前后照应），使文章结构更加严谨/完整。

艺术效果上：令人深思，发人深省，耐人寻味/在意料之外又在情理之中，更具艺术表现力/戛然而止，给读者留下想象的空间，引人深思，意犹未尽。

魔法闯关参考答案：

第一关：结尾段照应开头，突出作者关于时间匆匆的感慨。

第二关：结构上，与开头相照应；内容上，收束全文，深化中心，赞美了行道树甘愿奉献的品质。

4 记叙文的六要素

小朋友们，一篇记叙文，无论是写人，还是记事，都离不开一定的时间、场所，必定有前因后果，这样，就有了“记叙文六要素”的说法。

魔法课堂

咪咕和宠物贝塔在魔法指示牌的指引下，开启了新的探索。

西蒙老师

咪咕和贝塔，快和我们进入魔法课堂，一起来看一看今天咱们又会学习哪种新的阅读魔法吧！今天要学习的是记叙文的六要素哦！

咪咕

记叙文的六要素是什么呢？

西蒙老师

这六要素便是：时间、地点、人物、事情的起因、经过、结果。六要素交代得清楚明白，文章才能完整、具体。你们还记得蔺相如和廉颇之间发生的故事吗？故事出自哪篇文章？

咪咕

我知道！文章的名字叫作《将相和》，主要讲了3个小故事：完璧归赵、渑池之会和负荆请罪。这篇文章展现了蔺相如的宽阔胸襟和廉颇勇于认错、知错就改的优良品质，以及他们共同的爱国精神。

如果脑海里还没有出现这篇文章的身影，可以查阅相关资料哦！后面提到的文章篇目也是如此。

西蒙老师

咪咕真棒！在这篇文章里，故事“渑池之会”的六要素是：

时间：战国时期。

地点：渑池。

人物：秦王、赵王、蔺相如。

起因：秦王约赵王在渑池会见，赵王准备赴约。

经过：秦王让赵王鼓瑟，并叫人记录下来。作为反击，蔺相如让秦王为赵王击缶。

结果：秦王没有占到便宜，又知赵国边境上有所准备，只好放赵王回国。

明白了！对于一篇文章而言，六要素有什么作用呢？

咪咕

西蒙老师

厘清了文章的六要素能够让读者对故事发生的背景、人物的身份、事件的过程一目了然，更准确地把握文章内容，体会作者的思想感情。

西蒙老师

在六个要素当中，作者往往对时间、地点、人物、事情的起因与结果交代得简洁明确，而对事情经过的叙述，则尽可能细致、具体、生动。如文章《一面》中，作者按时间顺序，记叙了与鲁迅见面的全过程。文章分三部分，先写作者与鲁迅一面之交的起因——买书缺钱的困窘；接着重点记叙作者与鲁迅短暂而激动人心的会面，构成文章主体；最后写结果，这一面之交对作者的巨大鼓舞和影响。

看来写记叙文时，交代六要素非常重要，那么是不是任何一篇文章都有对六要素的逐一交代呢？

咪咕

西蒙老师

这可不一定哦，得视文章的具体情况而定。在《我的老师》一文中，作者记叙了记忆中的女教师蔡芸芝的平凡琐事，栩栩如生地塑造了一位温柔、热情、公正、慈爱的女教师形象。这篇文章没有记叙某一完整事件，而是通过描写多件小事或事情的片段来表达作者的思想感情。这一类文章就没有对每件小事都交代时间、地点、起因、结果等，避免文章内容烦琐、芜杂。

魔法水晶

从魔法课堂出来，咪咕想要再次邀请出他的好朋友——水晶球王子。于是，他拿出西蒙老师给予的魔法水晶，往空中轻轻一抛，水晶迸发出夺目的光芒。水晶球王子瞬间出现在咪咕面前。

水晶球王子

咪咕、贝塔，是你们呀！我猜你们又遇到了阅读方面的难题了。

咪咕

水晶球王子，我在魔法课堂上了解了记叙文的六要素是什么，现在我要准备闯关了。闯关之前，请传授我闯关的神奇魔法吧！

水晶球王子

你们已经知道了记叙文六要素：时间、地点、人物、起因、经过、结果，那么答题时应该注意些什么呢？快来瞅瞅吧！

魔法王子轻轻转动水晶球，天空中出现了一块大屏幕：

1. 连续的时间和地点要注意整体过程，找出这些时间、地点的内在联系。
2. 注意背景知识，把时间、地点要素与时代背景联系起来。

咪咕

时间、地点、起因、经过、结果这五个要素都难不倒我，可是分析人物要素时应该注意什么呢？

水晶球王子

分析人物要素，其实一点都不难哟，方法就是：第一，弄清各个人物之间的主次关系。第二，弄清主要人物与次要人物各自在文章中的作用。

咪咕

原来是这样，我记下了！

水晶球王子

咪咕啊，记叙文的六要素在文中各有不同的地位和作用，彼此间又有着密切联系。阅读时，一定要注意这种联系，防止片面、孤立地分析某个要素而忽视其他；同时还要注意，分析六要素应当与理解文章主旨结合起来。来，让我们看看解题高招吧。

常考题型

1. 用自己的话概括文章的主要内容。
2. 本文主要写了哪几件事？表达了作者怎样的思想感情？
3. 本文体现了描写对象的什么精神品质？抒发了作者怎样的感情？

答题模板

1. 本文记叙了谁+何时+何地+做了什么事+结果怎么样。
2. 本文记叙/描写了……事物/人物的……的特点，表达了作者……的观点/态度/情感。

魔法闯关

学完水晶球王子传授的闯关高招，精灵咪咕和贝塔满怀期待地来到了魔法训练营，进行闯关训练。

第一关

魔法答一答 ★

补全下列故事的起因、经过和结果。

1.《盘古开天地》

起因：

经过：

结果：

2.《普罗米修斯》

起因：

经过：

结果：

3.《麻雀》

起因：

经过：

结果：

4.《小木船》

起因：

经过：

结果：

这些篇目都是教材篇目，如果还没学到可以搜来先阅读下哦！

魔法大冒险 ★★

第二关

一、读下面的小故事，回答问题。

周总理

一天晚上，总理冒着寒风，挤上了一辆公共汽车。车上的人激动地喊着："总理来了！总理来了！"原来坐着的人都站起来，争着给总理让座。总理让大家都坐下，他自己却站着和大家谈话。许多人激动地说："总理工作那么忙，还来和我们一起乘公共汽车。我们过意不去呀！"总理笑着说："我也来体会一下你们的生活嘛！"一路上，总理亲切地问车上的人在哪工作，生活怎样，上下班用多长时间……大家把自己的困难告诉了总理。

这天晚上，周总理下了公共汽车，又接着上了电车，在北京绕了半圈。回去后，他立即指示了有关部门，要尽快解决交通拥挤的问题。

这个故事写周总理（人物）____________（时间）在__________（地点）__________（干了什么事情）。当时的天气非常________，大家争着给总理让座，总理却________。在和人们谈完话后，周总理指示有关部门，要____________。

二、读下面的文章，回答问题。

拐弯处的回头

一天，弟弟在郊游时脚尖被尖利的石头割破，到医院包扎后，几个同学送他回家。

在家附近的巷口，弟弟看见了爸爸。于是他一边跷着扎了绷带的脚给爸爸看，一边哭丧着脸诉苦，满以为会收获一点同情和怜爱，不料爸爸并没有安慰他，只是简单交代他几句，便自己走了。

弟弟很伤心，很委屈，也很生气。他觉得老爸"一点也不关心"他。在他大发牢骚时，有个同学笑着劝道："别生气，大部分老爸都这样。其实他很爱你，只是不善于表达罢了。不信你看，等你爸爸走到前面拐弯的地方，他一定会回头看你。”

弟弟半信半疑，其他同学也很感兴趣。于是他们不约而同停下了脚步，站在那儿注视着爸爸的背影。爸爸依然笃定地一步一步向前走去，好像没有什么东西会让他回头。可是当他走到拐弯处，就在他侧身左拐的刹那，好像不经意似的悄悄回过头来，很快地瞟了弟弟他们一眼，然后才消失在拐弯后面。

虽然这一切都发生在一瞬间，但那动作却打动了在场的所有的人，弟弟的眼睛里闪着泪花。当弟弟把这件事告诉我时，我也有一种想要流泪的感觉。

很久以来我都在寻找一个能代表父爱的动作，现在终于找到了，那就是——拐弯处的回头。

1. 本文记叙的主人公应该是（　　）。

A. 弟弟　　B. 同学　　C. “我”　　D. “爸爸”

2. 在文中，“我”对爸爸的感情是通过弟弟心情变化逐渐升华的。试找出反映弟弟心情变化的语句填在横线上。

（1）碰见爸爸时，弟弟________________；

（2）爸爸自己走了后，弟弟________________；

（3）爸爸在拐弯处回头时，弟弟________________。

3. 本文写父爱，抓住了爸爸回头的动作，真切感人。阅读文章并回答：

（1）这一动作发生的时间：__________；地点：__________；

（2）最能表现爸爸对弟弟关心的动词：________________；

（3）这一动作体现了爸爸的性格：________________。

4. 写出短文的主要内容。

____

魔法秘籍

闯关成功后，守关小仙女送给咪咕一份神奇的《魔法秘籍》。

记叙文六要素

第一要素是时间：年月日时写清楚。

第二要素是地点：要写环境和地方。

第三要素是人物：不写人物是糊涂。

第四要素是起因：为何发生找原因。

第五要素是经过：来龙去脉写清楚。

第六要素是结果：交代结局别含糊。

魔法闯关参考答案：

第一关：1. 起因：很久以前，天地没有分开，宇宙混沌一片。
经过：盘古先是开天辟地，然后顶天立地，倒下后身体化作万物。
结果：盘古用他的整个身体创造了美丽的世界。
2. 起因：普罗米修斯冒着生命危险，从太阳神那里偷走了火种，造福人类。
经过：宙斯知道后气急败坏，下令惩罚普罗米修斯。普罗米修斯受尽折磨，但他毫不屈服。
结果：大力神赫拉克勒斯拯救了普罗米修斯，使他重获自由。
3. 起因：小麻雀从树上掉下来，猎狗攻击小麻雀。
经过：一只老麻雀飞到庞大的猎狗面前，奋不顾身地保护小麻雀。
结果：猎狗退缩，“我”招回猎狗。
4. 起因：“我”不小心摔坏了陈明的小木船，陈明也踩碎了“我”的小木船，“我们”友谊破裂。
经过：陈明送“我”一个新的小木船，“我们”和好了。
结果：每当看到小木船，“我”就会想到陈明。

第二关：一、一天晚上 公共汽车上 和人们谈话 寒冷 站着 尽快解决交通拥挤的问题

二、1. D

2.（1）哭丧着脸诉苦 （2）很伤心，很委屈，也很生气
（3）眼睛里闪着泪花

3.（1）父亲侧身左拐的刹那 巷口拐弯处 （2）瞟
（3）慈爱而含蓄

4. 这篇短文主要写了爸爸爱弟弟但又不明显表现出来的故事。

5 小说三要素的魔力

人们把最能显示小说独特性的人物、情节、环境称为“小说三要素”。你知道“小说三要素”都有哪些魔力吗？

魔法课堂

今天，咪咕和贝塔再次进入了西蒙老师的魔法课堂，这一次，他们要一起去探索小说中那三个小精灵的“秘密”。

西蒙老师

咪咕，你还记得梁晓声的小说《母亲》吗？其中有一部分内容《慈母情深》。

咪咕

啊，我想起来了！在小说节选的部分《慈母情深》中，我体会到了一位母亲为了养活一家人，不得不在恶劣的环境中长时间工作的艰辛。

西蒙老师

是的，所以我们在家要多帮助妈妈做家务，让辛苦工作了一天的她们轻松一点点。《慈母情深》一开始就交代了主要人物：“我”和母亲，这是读小说的关键——认识小说的主要人物，这对读懂小说有着重要的作用。接着，作者就开始展示故事情节了——“我”为了买一本心爱的书籍，不得不去向正在工作的母亲伸手要钱。此时，镜头也转向了母亲工作的环境。

认真听讲的咪咕对这里的环境描写印象深刻，脑海中浮现了这样的画面：“七八十台破缝纫机”发出震耳欲聋的声音；正值酷暑，窗不能开；头上顶着灯泡，母亲在辛勤地劳动……

西蒙老师

这一系列的环境描写，都体现了母亲工作的艰辛，再加上对母亲慢镜头式的人物描写，更能让我们明白文中母亲生活的不易与工作的艰辛。最后，作者体会到母亲的艰辛，内心自责愧疚，用母亲给的钱给母亲买了水果罐头……下面，我们跟着思维导图一起去瞅瞅在《慈母情深》中，“小说三要素”是如何施展魔法的吧！

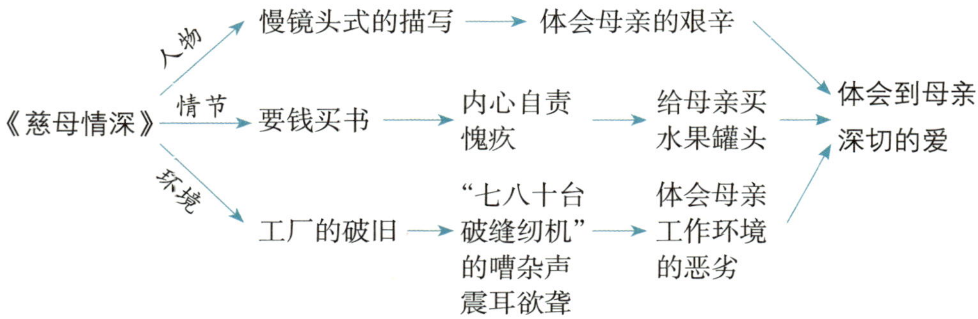

人物是小说的核心，情节是小说的骨架，环境是小说的背景。同时，人物和环境的描写又是推动故事情节发展的关键！

魔法水晶

魔法课程结束后，咪咕成功地获得了一块魔法水晶。他并没有满足于此，暗暗在想：这次，水晶球王子又会传授我什么闯关妙招呢？又会给我带来怎样的奇幻之旅呢？

咪咕拿出魔法水晶，往天上一抛。水晶不停地旋转，发出刺眼的光芒。光芒还没消失，咪咕就激动地喊道：“水晶球王子，水晶球王子……”

奇怪的是，水晶球王子没有出现，召唤来的是一个可爱的精灵，那是谁呢？

小说大王

嗨，咪咕！我是魔法学院里的高级精灵——“小说大王”。你可真幸运，我这里有许多精彩小说。读了我的小说，可以提高你的阅读水平哦！

咪咕

哇！真是太棒了！我想知道要读懂一篇小说应该如何去做？

小说大王

首先，当然是从了解小说的人物、情节、环境这三个小精灵入手啦。

咪咕

那怎样快速地找到它们呢？

小说大王

小说中的人物，称为典型人物。典型人物形象可通过正面描写和侧面描写来塑造。正面描写包括外貌、语言、动作、神态、心理描写；侧面描写又叫侧面烘托，指以他人言行来反映人物等。

故事情节指作品所描写的事件发展、演变的全过程。故事情节包括（序幕—）开端—发展—高潮—结局（—尾声），用以展示人物性格，表现作品主题。

环境描写指对人物活动的环境和事情发生的背景所作的描写，分为自然环境描写和社会环境描写。

咪咕

认识这三位精灵有什么作用呢？

小说大王

人物小精灵可以帮助你了解人物关系和性格，让你对故事的发展有一定的预测性。情节小精灵可以吸引你的阅读兴趣，特别是那些跌宕起伏的情节，能让你读得更加津津有味呢！环境小精灵则可以在整篇小说中渲染更多的情感色彩，让小说更有内涵。这三个小精灵之间是相辅相成的关系，想读懂小说，缺了谁都不行！

魔法闯关

咪咕得到小说大王的点拨后，迫不及待想提升自己阅读小说的能力。接下来，神气的小说大王要考考咪咕了。小朋友们，我们一起来看看吧。

魔法训练营

第一关

阅读下面的文章，回答问题。

<u>黎明的时候，雨突然大了。像泼。像倒。</u>

<u>山洪咆哮着，像一群受惊的野马，从山谷里狂奔而来，势不可当。</u>

村庄惊醒了。人们翻身下床，却一脚踩进水里。是谁惊慌地喊了一嗓子，一百多号人你拥我挤地往南跑。近一米高的洪水已经在路面上跳舞了。人们又疯了似的折回来。

东面、西面没有路。只有北面有座窄窄的木桥。

<u>死亡在洪水的狞笑声中逼近。</u>

人们跌跌撞撞地向那木桥拥去。

木桥前，没腿深的水里，站着他们的党支部书记，那个全村人都拥戴的老汉。

老汉清瘦的脸上淌着雨水。他不说话，盯着乱哄哄的人们。他像一座山。

人们停住脚，望着老汉。

老汉沙哑地喊话："桥窄！排成一队，不要挤！党员排在后边！"

有人喊了一声："党员也是人。"

老汉冷冷地说："可以退党，到我这儿报名。"

竟没人再喊。一百多人很快排成队，依次从老汉身边奔上木桥。

水渐渐蹿上来，放肆地舔着人们的腰。

老汉突然冲上前，从队伍里揪出一个小伙子，吼道：“你还算是个党员吗？排到后面去！”老汉凶得像只豹子。

小伙子瞪了老汉一眼，站到了后面。

木桥开始发抖，开始痛苦地呻吟。

水，爬上了老汉的胸膛。最后，只剩下了他和小伙子。

小伙子推了老汉一把，说：“你先走。”

老汉吼道：“少废话，快走。”他用力把小伙子推上木桥。

突然，那木桥轰的一声塌了。小伙子被洪水吞没了。

老汉似乎要喊什么，猛然间，一个浪头也吞没了他。

一片白茫茫的世界。

五天以后，洪水退了。

一个老太太，被人搀扶着，来这里祭奠。

她来祭奠两个人。

她丈夫和她儿子。

1．文中画横线的句子属于什么描写？有什么作用？

2．用双横线画出描写老汉的句子，并说说他是一个怎样的人。

3．文章到结尾才揭示悬念，点出人物关系。这样的结尾有什么好处？

魔法秘籍

闯关成功后，守关小仙女送给咪咕一份神奇的《魔法秘籍》。

小说三要素的作用

掌握小说三要素是读懂小说的关键。

1. 人物

典型人物：根据能否表现小说主题思想确定。

人物描写：刻画人物形象，反映人物思想性格。

2. 情节

开端：交代背景，铺垫下文。

发展：刻画人物，反映性格。

高潮：表现冲突，揭示主题。

结局：深化主题，留下思考。

3. 环境

自然环境：描写自然景观，渲染气氛，衬托情感，预示人物命运，揭示社会本质，推动情节发展。

社会环境：描写社会状况，交代故事背景，揭示社会本质，铺垫下文内容。

魔法闯关参考答案：

第一关：1. 环境描写；环境描写体现了洪水的凶猛，情况的紧急。

2. 画线句略；这些句子抓住了老汉的神态、动作、语言，让我们看到了一位冷静、勇于牺牲、忠于信念的共产党员。

3. 这样的结尾使整篇小说的情节跌宕起伏，引人入胜，耐人寻味。

现学现用

同学们，相信和咪咕一样，在魔法城堡的学习让你有了不小的收获。现在，就让我们把所学运用到下面的练习中吧！

一、______________

我们的校园非常美丽。槐树迎着灿烂的朝阳开着朵朵洁白的小花；榕树一根根粗大的树枝蜿蜒盘旋，千姿百态；柳树的枝条在温暖的春风下翩翩起舞。在柳树旁，有一个五彩缤纷的花坛，花坛被迎春花、牵牛花、喇叭花……点缀得异常美丽。特别是花坛中央的月季花，有白的，有红的，朵朵争芳斗艳，整个校园都弥漫着月季花那令人陶醉的香味。

放学之后，淘气包张明在校园里东看看西瞧瞧，他被怒放着的月季花迷住了，想：妈妈非常喜欢月季花，家里却一朵都没有，不如我摘一朵最大最香的月季花回去送给妈妈。于是，张明就在月季花丛里东寻寻，西找找，觉得这朵很美却不够香，觉得那朵芬芳扑鼻却不够大。这样找了很久，终于找到了一朵又大又香的月季花，可是其他的月季花被他弄得东倒西歪的。张明却毫不在意，把那朵又大又香的月季花摘了下来。这时，背后传来一声吼叫：“张明，你在干什么？”

张明听见有人喊他，转过头一看，只见班长王寒冰正在虎视眈眈地看着他，他立即把那朵月季花塞进书包里。班长吼道：“你在干什么？”张明说：“没……没干什么呀！”“那这又是怎么回事？”班长王寒冰指着被张明弄乱的月季花丛问。张明说：“不知道，反正不是我弄的，你……你去问别人吧！”班长虎着脸：“你还撒谎，是你把这里弄成这样的吧？”张明狡辩着：“不是我，不是我，真的不是我。”说着，转身就要逃跑。“张明，回来！”不想又来一声吼叫，张明只得停下脚步。

一阵熟悉的脚步声传来，是谁？原来是班主任李军。他大步流星地走过来，问："怎么回事？"张明低着头不说话。这时，班长王寒冰走过来，对班主任说："张明刚刚犯了个大错，校园里的月季花丛都被他糟蹋得不成样了。我还看见他摘了一朵月季花放进书包里。"班主任说："是吗？张明，把你的书包打开看看。"张明拉开了拉链，只见里面的月季花已经面目全非了，原来张明刚刚那一塞，已经让那朵月季花的花瓣掉落下来了。张明只好承认了错误，班主任说："知错能改就是好孩子，下次别犯了。"

从此，张明每周都去给月季花浇水，希望能补救他所犯下的错误。月季花在阳光的照耀下和张明的精心培育下，开得更加芬芳而灿烂。

1．给短文加一个合适的题目，写在文前的横线上。

2．第1自然段是围绕（　　　　　　　　）这句话来写的。

3．你能从事情发生的时间、地点、人物、起因、经过和结果这几方面来说说短文主要讲了一件什么事吗？

____

4．用"____"画出与第1自然段相照应的句子，并说说这样写的好处。

____

____

二、三轮车夫

①深夜，小城仿佛睡着了，只有马路两旁的街灯，还在默默坚守着自己的岗位，给寒冷的冬夜带来些许温馨。

②她抱着正发高烧的女儿，穿过漆黑的小巷，奔向街口。鞋跟敲打在冻得坚硬的地面上，发出急促而清脆的响声。从这儿到医院还有很远的一段路程，而怀中裹得严严实实的女儿却变得越来越沉

重，她不由得咬咬牙，加快了脚步。

③突然，她看见前面街口处停着辆三轮车，旁边还晃动着两个人影。她赶忙跑了过去，见一个中年男子正在和车夫谈着价钱。

④她对那位中年男子说："大哥，让我先坐这部车好吗？我急着上医院呢！"中年男子看了她一眼，没有吭声。车夫走过来，瞅了瞅她怀中的女儿，问道："孩子病了？"

⑤"是呀是呀，病得不轻呢！孩子她爸在外面打工，家里就我一个人带着孩子，这深更半夜的真急死人了！"

⑥"孩子看病要紧，你先上车吧。"车夫说。女人感激地刚要上车，没想到被那中年男子一把拦住："哎，车是我先要的，我也急着要回家呢。"女人停下步，惶惑地看着车夫。

⑦车夫想了想，说："这样吧，你们谁肯出20块钱，我就拉谁！""咦，你这不是宰人吗？平时两块的车钱，你开口要20，心太黑了！"

⑧"别啰唆，上不上？"车夫不耐烦了。"太贵了，能不能少点？"那男子还想讨价还价。"一分钱都不能少！"车夫斩钉截铁地说。随即，他转身问那女人："喂，20块钱，你坐不坐？"望着怀里的孩子，她把心一横："20就20。"说完，她毫不犹豫地抱着孩子上了车。车夫一使劲，三轮车一下子蹿出去好远。

⑨女人坐在车上，心里这才感到有些踏实。她问车夫："大哥，你这么晚还出来蹬三轮车？""没办法，厂子效益不好，我下了岗，只好靠蹬三轮挣点钱补贴家用。"想到自己和丈夫下岗后的艰难，女人不禁对车夫有些同情起来。不过，要不是为了女儿，她是怎么也舍不得花20块钱坐这三轮车的。

⑩车子很快就到了医院。她抱着孩子下车，伸手去口袋里掏车钱。

⑪"大妹子，快带孩子进去看病吧！看得出你过得也不易，两块钱的车钱就不用给了。""刚才……不是说好20块吗？""不这样

说，那个男人肯让你先坐吗？”车夫咧开嘴，有几分得意地笑了起来。

⑫她还要从兜里去掏那本来该付的两块钱车费，没想到车夫已经迅速调转了车头，用力一踩，转眼就消失在浓浓的夜色之中。

1．故事发生的时间是________，将故事时间安排在那时候的作用是________________________________。

2．下列句中加点的词语表现了人物怎样的心理？

（1）“一分钱都不能少！”车夫斩钉截铁地说。

____

（2）望着怀里的孩子，她把心一横：“20就20。”

____

3．全文刻画车夫主要采用了________描写，从中可以看出他是一个____________________________的人。

现学现用参考答案：

一、1. 开满月季花的校园

2. 我们的校园非常美丽。

3. 在开满月季花的美丽校园中，张明因想摘一朵月季花给妈妈而踩坏了大片的月季花，在班长和班主任的教导下认识并改正了错误，使月季花开得更灿烂。

4. 月季花在阳光的照耀下和张明的精心培育下，开得更加芬芳而灿烂。　首尾照应，使文章结构完整，点明文章中心，升华情感，一语双关，既写出了校园的美丽，又突出人物心灵的美好。

二、1. 深夜　为后文不易找到车埋下伏笔，也暗示三轮车夫像街灯一样给人温馨

2. ①“斩钉截铁”表现车夫下定决心拒绝中年男子、帮助妇女的心理。

②“把心一横”表现妇女为给孩子治病不惜车费的心理。

3. 语言　善良、乐于助人；勤劳；机智

第二章

魔法教室

在神秘的魔法城堡中，精灵咪咕和贝塔的经历可谓惊心动魄。抱着不怕困难的精神，他们勇敢地学习阅读技巧，闯过了一个又一个难关。拿着地图，他们再次开启了新的神秘的探索。这一次，来到第二站——神奇的魔法教室的他们又会经历怎样的奇幻冒险呢？他们又将收获哪些阅读魔法呢？快来跟着他们一起冒险吧！

1 藏在人物描写中的秘密

人物描写在文学作品中运用很普遍，其通过人物外貌（肖像）、语言、动作、神态、心理等方面的正面描写和他人的侧面描写，来刻画人物性格，表现人物精神面貌，进而展示文章的中心。

魔法课堂

兴奋的咪咕和贝塔再次进入西蒙老师的魔法课堂，一起去探索藏在人物描写中的秘密。

西蒙老师

魔法课堂中有很多精彩纷呈的人物描写，它们或从人物的外貌，或从人物的语言，或从人物的动作，或从人物的心理等角度细致刻画人物，给人生动形象之感。

咪咕

西蒙老师您就别卖关子了，赶紧举个例子帮助我们理解吧！

西蒙老师看着求知若渴的咪咕，欣慰地一挥魔法棒。只见天空中立马出现了一个拉着人力车的小精灵。原来，小精灵来自《他像一棵挺脱的树》这篇文章。西蒙老师用魔法棒轻轻点击了一下人力车，人力车立刻就变成了几行字：

> 如果脑海里还没有出现这篇文章的身影，可以查阅相关资料哦！后面提到的文章篇目也是如此。

> 他没有什么模样，使他可爱的是脸上的精神。头不很大，圆眼，肉鼻子，两条眉很短很粗，头上永远剃得发亮；腮上没有多余的肉，脖子可是几乎与头一边儿粗；脸上永远红扑扑的，特别亮的是颧骨与右耳之间一块不小的疤——小时候在树下睡觉，被驴啃了一口。

西蒙老师：咪咕，你知道这里写的“他”是谁吗?

咪咕：这难不倒我，是《骆驼祥子》里的祥子！

西蒙老师：真棒！那你知道这段文字是从哪个方面描写祥子的吗？表现了祥子怎样的性格特点呢?

咪咕：这我就不知道了！

西蒙老师：还是我来为你解答疑惑吧！作者细致地描写了祥子的头、眼、鼻子、眉、腮、脖子、脸和疤，这是典型的外貌描写，是为了表现车夫祥子面部焕发出来的精神，显示出他旺盛的生命力。

咪咕听了直点头，祥子那精神十足的可爱形象深刻地印在了咪咕的脑海里。这时机灵的贝塔抓耳挠腮，问出了心中的疑惑。

贝塔：那么了解人物时，光抓外在形象就行了吗?

西蒙老师：不够的。不信看小兵张嘎的守护精灵带来对主人的精彩描写：“起初，小嘎子精神抖擞，欺负对手傻大黑粗，动转不灵，围着他猴儿似的蹦来蹦去，总想使巧招，下冷绊子，仿佛很占了上风。”在《摔跤》一文中，为了表现小嘎子的机灵，作者是通过生动形象地刻画小嘎子的一连串动作来展现的呢！

贝塔：哦，我明白了，人物描写的奥秘就在于人物的外貌、动作、语言、神态、心理这些方面，只要抓住了这些就好办了。

西蒙老师

也不是，看看刷子精灵带来的一段文字：“完了，师傅露馅儿了，他不是神仙，往日传说中那如山般的形象轰然倒去。他怕师父难堪，不敢说，也不敢看，可忍不住还要扫一眼。”《刷子李》中这段描写从周围人的反应入手，通过曹小三观察师傅刷墙时的心理活动描写，表现了他的质疑，侧面反映出刷子李的高超技艺。

我知道了，也就是说，侧面描写也是表现人物的一个很好的手段。

咪咕

魔法水晶

完成魔法课程后，西蒙老师给了咪咕一块魔法水晶，水晶散发光芒，水晶球王子出现了，这正是咪咕梦寐以求的呀！

水晶球王子

要想深入了解文中人物的形象，一定得知道人物描写的角度及作用。

快说说吧，我已经等不及想知道啦！

咪咕

水晶球王子似乎并不慌，只见他慢条斯理地转动水晶球，水晶球上方立刻投影出以下文字。

人物描写的角度及作用

外貌描写：反映人物喜好、身份、生活态度等，烘托人物的性格、形象。

语言描写：揭示人物身份与社会地位，表现人物思想品质和性格特点。

动作描写：通过人物个性化的行为、动作的描写，揭示人物性格特点。

神态描写：表现人物内心世界，刻画人物性格，反映人物品质。

心理描写：直接深入人物心灵，揭示人物内心世界，表现人物丰富而复杂的思想感情。

那么判断人物描写的方法是什么呢？

咪咕

水晶球王子

外貌描写是把人的容貌（脸型、五官）、身体形态、衣饰、姿势、风度等方面的某一方面或几个方面，用生动具体的语言描述出来。语言描写则通过人物的话语和语气鲜明地展示人物的性格。动作描写是对人物举止、动作、行为进行描写。神态描写专指脸部表情，描写时要用上表示表情、神态的词语，例如：哭丧着脸、专注等。心理描写就是对人物内心的思想情感活动进行描写。

这些都是正面描写。那么侧面描写又有什么作用呢？

咪咕

水晶球王子

侧面描写是一种描写周围的事物，使描写对象更为鲜明、突出的描写方法，也称为间接描写。一般通过借助于其他人物的言论、反应来衬托所要描写的人物。

水晶球王子，请问在阅读训练时，我们会碰到哪些常考题型？又该怎样解题呢？

咪咕

水晶球王子示意咪咕别慌，他再次转动水晶球，这次水晶球投影的文字让咪咕茅塞顿开——

常考题型

1. 在文段中找出人物描写的句子，说说其体现了怎样的一个人物形象。
2. 文中人物的性格主要是通过哪些方面的描写表现出来的？
3. 这段话是对人物哪方面的描写？写出了人物的什么特点？
4. 这句话运用了什么描写方法？有什么作用？

答题步骤

1. 首先要认真阅读文段，画出相应句子仔细揣摩。
2. 摘录关键句、关键短语、关键词。
3. 说出这些句子、短语、词语是哪种人物描写方法。
4. 点出这种人物描写表现了人物怎样的性格、思想、形象或品质。

魔法闯关

获得了水晶球王子的魔法能量后，精灵咪咕和贝塔满怀期待地来到了魔法训练营，进行闯关训练。

魔法来断案 ★

第一关

判断下列语句描写人物的方法。

1. 何满子六岁，剃个光葫芦头，天灵盖上留着个木梳背儿。(　　)
2. 爷爷喝了一壶酒，四脚八叉躺在北房东屋土炕上，打着呼噜睡大觉。(　　)
3. “我差一点儿扔了这把老骨头，你还咒我！”(　　)
4. 自己已经老迈年高，砸碎了骨头也榨不出几两油来；难道孙儿到头来也要落得个赶马或是学徒的命运？(　　)

第二关

魔法大冒险 ★★

阅读短文，完成练习。

牵着母亲过马路

周末下午偕妻儿回家，年近花甲的母亲喜不自禁，一定要上街买点好菜招待我们。母亲说："你们回来，妈给你们煮饭，不是受累，是高兴呀！"我便说："我陪你去吧！"母亲乐呵呵地说："好，好，你去，你说买啥妈就买啥。"

到菜市需要走一段人行道，再横穿一条马路。正是下班时间，大街上车来车往，川流不息的人群匆匆而行。年龄大了，母亲的双腿显得很不灵便。她提着菜篮，挨着我边走边谈些家长里短的生活琐事，我宽容地耐心地听她诉说。人老话多，树老根多，母亲这把年纪，自然絮絮叨叨，别人不愿听，儿女们还能不听？

穿过马路，就是菜市了。母亲突然停了下来，她把菜篮挎在臂弯，腾出右手，向我伸来……一刹那间，我的心灵震颤起来。这是多么熟悉的动作呀！

上小学时，我每天都要穿过一条马路才能到学校。母亲那时在包装厂上班。学校在城东，厂在城西，母亲担心我出事，每天都要送我，一直把我送过马路才折身回去上班。横穿马路时，她总是向我伸出右手，把我的小手握在她的掌心，牵着走到马路对面。然后低下身子，一遍遍叮嘱："过马路要跟着别人一起过……"

20多年过去了，昔日的小手已长成一双男子汉的大手，昔日的泥石公路已改造成混凝土路，昔日年轻的母亲已经皱纹满面，手指枯瘦，但她牵手的动作依然如此娴熟。她一生吃了许多苦受了许多罪，这些都被她掠头发一样一一掠散，但永远也抹不去爱子的情肠。

我没有把手递过去，而是伸出一只手从她臂弯上取下篮子，提在手上，另一只手轻轻握住她的手，对她说：“小时候，每逢过马路都是你牵我，今天过马路，让我牵你吧！”母亲的眼里闪过惊喜，笑容荡漾开来，像一个老农面对丰收的良田，像一个渔民提着沉甸甸的渔网。

请找出文中的一处细节描写，并说说其在文中的作用。

____

____

____

魔法秘籍

闯关成功后，守关小仙女送给咪咕一份神奇的《魔法秘籍》。

在阅读一篇文章时要想把文中的人物形象了解清楚，我们可以从描写人物的外貌神态、动作、语言、心理的语句中去揣摩，也可以从侧面描写中去寻找。找一找文中描写写作对象周围的事物的句子，或者借助于其他人物的言论、反应来衬托所要描写的人物的句子，去体会和分析人物形象。

魔法闯关参考答案：

第一关：1.外貌描写 2.动作描写 3.语言描写 4.心理描写

第二关：示例1：“母亲突然停了下来，她把菜篮挎在臂弯，腾出右手，向我伸来……”这里的细节描写表现了母亲对儿子的挚爱，虽然时光流逝，但她牵手的动作依然如此娴熟。 示例2：“我没有把手递过去，而是伸出一只手从她臂弯上取下篮子，提在手上，另一只手轻轻握住她的手。”这里的细节描写表现了儿子对母亲的爱的回报。

2 交个修辞好朋友

阅读中，我们最常见的修辞手法主要有比喻、比拟、夸张、排比、反复等。通过运用特定的修辞手法可以提高语言的表达效果。掌握这些修辞手法对我们阅读和理解文章有非常大的帮助哦！快来和修辞小伙伴交朋友吧！

魔法课堂

西蒙老师已经在教室门口等着好学的咪咕和贝塔啦！这次魔法课堂又会带来哪些新知识呢？咪咕已经等不及啦！

咪咕：西蒙老师，这次您会给我们带来什么惊喜啊？

西蒙老师：这次我给你们介绍几位小伙伴，相信你们会成为好朋友，它们有一个共同的名字，叫修辞。

咪咕：噢，有所耳闻。是比喻、拟人、夸张、排比这些吧，它们在阅读中有什么作用呢？

西蒙老师：随便举一例，比如《月迹》这篇文章中有这样一句话："原来月亮是长了腿的，爬着那竹帘格儿……渐渐爬高了……"这句话运用了拟人的修辞手法，将原本没有生命的月亮赋予了活力，形象生动地将一轮明月升空的景象描写得活灵活现，以孩子的视角来写月亮使整篇文章语言更加活泼，内容更加有趣。

> 如果脑海里还没有出现这篇文章的身影，可以查阅相关资料哦！后面提到的文章篇目也是如此。

咪咕：我发现在《威尼斯的小艇》一文中也是多处运用了比喻的修辞手法，如写船夫驾驶的小艇速度快得就像田沟里的水蛇，形象生动地展现了船夫那高超的驾驶技术。是这样的吗，西蒙老师？

西蒙老师

真会举一反三！另外，还有反复的修辞手法，比如《开国大典》这一文中多次出现“这庄严的宣告，这雄伟的声音”，作者运用了反复的修辞手法，体现了在场观众的激动和作为一名中国人的自豪！

原来修辞手法有这么多的作用，我得认真向西蒙老师请教才行！

咪咕

魔法水晶

完成魔法课程，咪咕依旧缠着西蒙老师，他想更多地了解修辞小伙伴们，西蒙老师再次给了咪咕一个魔法水晶，咪咕抛起发着亮光的水晶，水晶球王子出现了，一起出现的还有许多修辞小精灵。

见到咪咕，修辞小精灵们都争先恐后地跑过来打招呼。

比喻小精灵

我叫比喻，是利用不同事物之间某些相似之处，借一种事物来说明另外一种事物。

我叫比拟，是将人比作物，将物比作人，或将甲物化为乙物。

比拟小精灵

夸张小精灵

我很调皮，有时故意言过其实，对人或事物的描述进行扩大或缩小。

我声势浩大，由三个或三个以上结构相同或相似的句子构成。

排比小精灵

反复小精灵

我单调却不简单，有意重复某个句子或词语来起强调作用。

哇，很高兴和你们交朋友，你们都有什么神奇魔力呢？不要藏着，拿出来秀秀吧！

咪咕

比喻小精灵

我能对事物特征进行描绘或渲染，用浅显易见的事物对深奥的道理加以说明。

比拟小精灵

我的魔法是形象鲜明，便于表达作者感情。

夸张小精灵

我能引起读者丰富的想象，更好地突出事物的本质特征，引起读者的强烈共鸣。如：白发三千丈，缘愁似个长。

排比小精灵

我的作用是加强语气，起到强调作用，感染读者。

反复小精灵

我能突出思想，强调感情，增强感染力，使读者印象深刻。

咪咕

你们真厉害呀，跟你们交朋友，一定能学到更多的本领。

水晶球王子

下面来看看关于修辞手法的常考题型和答题思路吧！

常考题型

1. 这句话运用了什么修辞手法？有什么作用？
2. 请从修辞的角度对画线部分文字进行简要赏析。

答题思路

1. 首先分析语句，反复研读，确定运用了什么修辞手法。
2. 答出运用的修辞手法类型，然后结合语境答出作用。如果是比喻，那么就找出本体和喻体之间的共性，然后答出生动、具体、形象地写出了本体的什么特点。如果是夸张，那么则能引起读者丰富的想象，更好地突出事物的本质特征，引起读者的强烈共鸣。

咪咕和这些修辞小精灵成为朋友后，觉得自己能量爆满，身上充满洪荒之力，让他觉得离阅读之门更近一步。

魔法闯关

获得魔力值后，精灵咪咕和贝塔满怀期待地来到了魔法训练营，进行闯关训练。

第一关

魔法小热身 ★

阅读短文，完成练习。

那双美丽的蓝眼睛

有一年夏天，一次意外的事故，我被溅起的铁水烫伤了左眼，住进哈尔滨市医大二院。那天换药时，我疼得大声喊叫。有人轻轻敲门，从门缝中挤进一张女孩幼稚的脸，眼睫毛长长的，微微向上翘。那双眼睛与众不同，是蓝色的，像透明的海水。

“你很疼吗？”女孩问。我点点头。女孩转身跑走了，一会儿抱了架手风琴回来，她拉琴时的样子很惹人爱，用小脚丫轻轻地打着节拍，眼睛盯着琴键，还不时冲我微微一笑。温柔的琴声如水荡漾，让人不敢相信是十三四岁女孩拉的。拉完琴，她告诉我她叫柳卡雅，是妈妈捷涅夫卡雅和爸爸柳大连名字的组合，其实那双蓝眼睛已经告诉了我。忽然卡雅闭住双眼，靠在墙壁上。我问怎么了，她说头疼，眼睛胀胀的，看不清东西。后来我才知道她脑子里长了个瘤。

那夜我睡不好了，那双好像清晨时分的松花江水，水底能映出晴朗夏空的蓝眼睛常在头脑里闪过，我想起了一首法国歌曲《蔚蓝色的眼睛》，歌词早已记不清了，只依稀记得曲调。第二天我把曲子告诉卡雅，她很快会拉了。

我的左眼终于化脓了，不得不直接注射青霉素，几个护士都按不住我，卡雅跑来了，又拉起了《蔚蓝色的眼睛》，于是我像根木头似的躺在那一动不动。还有一次针打在血管上，弄得我满脸是血，卡雅一点一点地为我擦，眼圈红红的，我告诉她这回真不疼了，她笑了，笑得那么开心。

卡雅脑里的瘤越长越大，而且刚好长在两个眼球的后面，终于她的右眼失明了，接着是左眼，一对眼球渐渐地被顶出眼眶外，像核桃似地挂在脸上。我不想哭，可是泪水还是落下来，流进嘴里苦涩涩。

卡雅手术那天，我采来一束鲜花，久久地守候在手术室外。卡雅被推出来了，双眼蒙着纱布，我把那束花放在她身边，她说好香好香，可我心里好苦好苦。

有一天卡雅的同学来了，为她带来了新学期的课本，他们说今天是卡雅的生日。这消息被大家知道了，礼物摆满了桌子，其中许多是医务人员送的。我送给卡雅一个新书皮，又默默地为她包好书包，其实这些她都用不上了。那天卡雅真开心，同学们把她打扮得像公主一样，卡雅戴着墨镜，透过镜片，我仿佛又看见了那双美丽的蓝眼睛。

不久我出院了。卡雅扶着墙壁来找我，她穿着红裙和红皮鞋，还抱着那架手风琴，她答应过要用琴声为我送行，已经走出很远了，还能听到那曲《蔚蓝色的眼睛》。

第1自然段中，“那双眼睛与众不同”中的“与众不同”是指________________；从文中找出与“像透明的海水”照应的比喻句：________________________________；这个比喻句的表达作用是__________________________。

魔法大闯关 ★★

第二关

阅读短文，完成练习。

家乡的小河

在我家院子的后面，流淌着一条清澈的小河。她是娴静的，宛如明镜一般，倒映着红色的花，绿色的树；她又是活泼可爱的，层层鳞浪随风而起，伴着跳跃的阳光在舞蹈，舞姿优美得就像天空的七彩绸。

小河的早晨是迷人的。绚丽的晨曦中，刚刚苏醒的小河揉了揉眼睛，好奇地张望她周围的新鲜东西。这时水绿得像玉，霞红得似胭脂，袅袅上升的雾气像洁白的羽纱，轻掩着小河姑娘那羞涩的脸蛋。

太阳爬上了树梢，把自己的身躯映在河水中，欣赏着火红的脸庞。一群白鹅开始了“曲项向天歌”“红掌拨轻波”的嬉戏。鱼儿凑趣地跳跃着，翻起了一个个跟头，顿时河面上鳞光闪闪。中午的小河真是活泼极了。

傍晚小河真可爱。夕阳西下，太阳把余晖洒在河面上，小河里这处红，那处绿。又一阵风来，倒映着的泥岸和成排的桑树、桃树，都乱成灰暗的一片，像醉汉，可一会儿又站定了。

小河的夜晚可静啦。喧闹了一天的小河带着倦意入睡了，她像凝固了一般，躺在那里一动不动。清清的明月，悄悄爬到空中，对着小河照镜子。这时，寒风任意地扫着河岸上的小草，发出一阵窸窸窣窣的声响。远处，偶尔传来几声汪汪的狗叫声，此时的小河显得更静、更清。

家乡的小河啊，你真美！

1．第1自然段运用（　　　　　）和（　　　　　）的修辞手法，生动形象地描写了____________________________。

2．第5自然段画线句运用了（　　　　　）的修辞手法，有什么表达作用？

____

3．判断下列句子，在运用修辞手法的句子后面打“√”。

（1）她是娴静的，宛如明镜一般，倒映着红色的花，绿色的树。（　）

（2）远处，偶尔传来几声汪汪的狗叫声，此时的小河显得更静、更清。（　）

（3）袅袅上升的雾气像洁白的羽纱，轻掩着小河姑娘那羞涩的脸蛋。（　）

魔法秘籍

闯关成功后，守关小仙女送给咪咕一份神奇的《魔法秘籍》。

修辞小伙伴可以让我们的文章内容变得更加丰富多彩，语言变得更加优美生动。在阅读一篇文章时，我们不妨多找找这些修辞小伙伴，让它们来帮助我们理解文章，你会获得阅读的乐趣。所有的修辞小伙伴都有一个共同的朋友，那就是文字。它们形影不离，因为有修辞小伙伴，所以文字不再孤单。因为有修辞小伙伴，所以我们的阅读之旅不再孤单。

魔法闯关参考答案：

第一关：那双眼睛是蓝色的　好像清晨时分的松花江水，水底能映出晴朗夏空　形象地写出卡雅的纯洁、心地善良

第二关：1.比喻　拟人　小河的清澈、娴静和活泼可爱

2.拟人　写出了月亮的多情和小河的清澈

3.（1）√　（3）√

3 常见的表达方式

用语言文字表情达意时，往往需要通过某种方法或手段，人们习惯上将它称为表达方式。今天就让我们进入魔法教室，一起来看看常见的五种表达方式吧！

魔法课堂

西蒙老师

欢迎咪咕，欢迎贝塔，让我们一起进入今天的魔法课堂吧。

“表达方式”是用语言、艺术、音乐、行动把思想感情表达出来时所采取的方法和形式。我们阅读的文章中，常见的表达方式有：记叙、说明、议论、抒情、描写。其中，记叙、说明、议论也是文学的三大文体。

五种常见表达方式就是记叙、说明、议论、抒情、描写。那这五种表达方式的具体内容是什么呢？

咪咕

西蒙老师挥动魔法棒，空中出现了大屏幕：

记叙是写作中最基本、最常见的一种表达方式，它是作者对人物的经历和事件的发展变化过程以及场景、空间的转换所作的叙说和交代，在记事文章中应用较为广泛，作用也比较多。

西蒙老师

记叙的顺序一般可分为四种，你们知道是哪四种吗？

咪咕

我知道，我知道！记叙的顺序一般可分为顺叙、倒叙、插叙、补叙四种。

西蒙老师

真棒。我们接着来看大屏幕吧。

描写是用生动形象的语言把描写对象的状貌、情态、形态、动作或景物的状态等具体特征描绘出来，再展现给读者的一种表达方式。一般分为人物描写或景物描写。描写的手法运用得好，能逼真传神、生动形象，使读者如见其人、如闻其声、如临其境。

抒情就是直接或间接抒发和表现作者的感情。具体指以形式化的话语组织，象征性地表现个人内心情感的一类文学活动，是抒情文体中的主要表达方式。

议论就是作者通过讲事实、说道理等方法对某个议论对象发表见解，以表明自己的观点和态度。通常带有较强的主观色彩，它的作用在于使文章主旨鲜明、深刻，具有较强的哲理性和理论深度。

说明是用简明扼要的文字，把事物的形状、性质、特征、成因、关系、功用等解说清楚的表达方式。这种被解说的对

象，有的是实体的事物，如山川、江河、植物、文具、建筑、器物等；有的是抽象的道理，如思想、意识、修养、观点、概念、原理、技术等。

西蒙老师

这次的内容有些多哟，课后可得好好温习并消化吸收。

魔法水晶

学习完魔法课程后，咪咕拿出了西蒙老师送给他的魔法水晶，水晶折射出好看的七彩光芒。咪咕又开始召唤水晶球王子啦！这一次，水晶球王子会给咪咕的阅读之旅带来什么奇妙的魔法呢？

水晶球王子

让我看看，咪咕，又是你把我从睡梦里唤醒的吧？

咪咕

水晶球王子，你好，是的，我又有新的疑惑啦！平时的考试中，我偶尔会遇到考查表达方式的题目，如下面这些考试题型。

1. 本文作者运用了（　　　　）的表达方式。
2. 文中画线句子所用的表达方式是（　　　　）和（　　　　）。
3. 比较［甲］和［乙］两篇文章在表达方式上的相同点和不同点。

水晶球王子

不错不错，咪咕，你都能总结出这类考试题型了！

咪咕

可是，我不知道应该如何去解答。

咪咕十分沮丧，他的小宠物贝塔也从其肩膀上跳下来，不解地望着水晶球王子。

水晶球王子

如果想顺利解答这类题目，可是需要下功夫的。我这里有一套“对症下药”的解题思路，这就给你展示一下吧！

水晶球王子转动手中的魔法球，空中立刻出现了一块屏幕，写着：

解题思路

1. 明确五种表达方式（记叙、议论、说明、描写、抒情）的具体类型及作用，以便答题时明确方向。
2. 确认指定语段所用的具体的表达方式。
3. 结合文章具体分析所运用表达方式的作用。

记叙：交代背景，为下文做铺垫。

说明：详细清楚地交代了……，科学准确地介绍了……。

抒情：直抒胸臆，抒发了……的情感，表达了……的观点。

描写：形象生动地刻画了……的形象，描写了……的景象，表现了人物……的性格和特征。

魔法闯关

学到水晶球王子的魔法，咪咕迫不及待地想提升自己的魔力值。接下来，水晶球王子要考考咪咕了。小朋友们，我们一起来看看吧。

第一关

魔法答一答 ★

常见的表达方式有________________________________。

第二关

魔法巧判断 ★★

判断下列句子的表达方式。

1. 水，在人体里有非常重要的作用。没有水，就没有生命。

（　　）

2. 是啊！蒙汉情深何忍别，天涯碧草话斜阳。

（　　）

3. 这是我们这里养鸡的器具，木盘上面有着栅栏，内盛食料，鸡可以伸进颈子去啄，狗却不能，只能看着气死。

（　　）

4. 我想：希望本是无所谓有，无所谓无的。这正如地上的路，其实地上本没有路，走的人多了，也便成了路。

（　　）

5. 在课外的时候，她教我们跳舞，我现在还记得她把我打扮成女孩子表演跳舞的情景。在假日里，她把我们带到她的家里和女朋友的家里。在她的女朋友的园子里，她还让我们观察蜜蜂；也是在那时候，我认识了蜂王，并且平生第一次吃了蜂蜜。

（　　）

魔法大冒险 ★★★

第三关

说说下面两段话所运用的表达方式及其作用。

1. 那是春天的一个早晨，我独自坐在凉亭里看书，一股淡淡的香气迎面扑来，仿佛“春之神”穿亭而过。我分得出那是含羞树的花香。

---

2. 通常，有听力的孩子可以轻而易举地学习语言。别人嘴里说出来的话，他们可以轻松愉快地了解与学习，并且模仿着说出口。但是，耳聋的孩子却必须经历无数的痛苦煎熬，才能慢慢学会。但无论怎样艰辛，结果总是无比美好。

魔法秘籍

闯关成功后，守关小仙女送给咪咕一份神奇的《魔法秘籍》。

学会分析表达方式

1. 能判断识别相关语句属何种表达方式。

2. 会分析各种表达方式的运用效果。

基本方法是：弄清不同表达方式的特点和运用效果。只有抓住了不同表达方式的特点，才能顺利地辨别出相关语言所用的表达方式。至于不同表达方式在文中的作用，要根据其具体内容和语言环境去分析。

魔法闯关参考答案：

第一关：记叙、说明、议论、抒情、描写

第二关：1. 说明　2. 抒情　3. 描写　4. 议论　5. 记叙

第三关：1. 记叙、描写。表现大自然的美好给“我”带来的宁静和喜悦。

2. 议论。表现“我”求学过程中的艰辛及获得知识之后的美妙感受。

4 你不了解的借景抒情

“我手写我心”，文章往往表达了作者的真情实感，在文中作者有时把自己的心里话直接写出来，有时会把情感融于具体的景物之中，借助景物在叙述中自然而然地流露情感，正如王国维说的“一切景语皆情语”，这就是借景抒情。

魔法课堂

在了解了文章常见的表达方式之后，咪咕信心满满地走进了魔法课堂，想跟西蒙老师切磋一番。

西蒙老师见了咪咕和贝塔，亲切热情地跟他们打招呼，并想要考考他们。

西蒙老师：你们知道作者表达情感除了直接抒情外，还有什么方式吗?

咪咕：西蒙老师，是不是“间接抒情”呀?

西蒙老师：小咪咕，你真聪明!

咪咕：虽然我回答对了，但是我并不了解间接抒情是什么呢。

西蒙老师：小咪咕，间接抒情就是作者借助具体的人、事、物来表达感情。今天，我就来跟你讲解最常见的间接抒情的类型——借景抒情。

西蒙老师为了让咪咕更加了解“借景抒情”，递给了他一本学习指南，让他认真阅读。西蒙老师还请来了一群小仙女。小仙女们为咪咕送来了著名作家史铁生的《那个星期天》。

> 如果脑海里还没有出现这篇文章的身影，可以查阅相关资料哦！后面提到的文章篇目也是如此。

悦悦小仙女

“起床，刷牙，吃饭，那是个春天的早晨，阳光明媚。”这句话是妈妈答应了带“我”出去玩，“我”内心兴奋激动的表现，觉得阳光都比以往更加明媚了。

忧忧小仙女

“看着盆里揉动的衣服和绽开的泡沫，我感觉到周围的光线渐渐暗下去，渐渐地凉下去沉郁下去，越来越远越来越缥缈，我一声不吭，忽然有点儿明白了。”这句话是“我”在母亲忙于琐碎家务而忘了兑现带“我”出去玩的诺言后，“我”感到了沮丧失望，这里借助光线逐渐变暗，表达内心的无奈失望。

思思小仙女

“我现在还能感觉到那光线漫长而急遽的变化，孤独而惆怅的黄昏的到来。”“男孩儿蹲在那个又大又重的洗衣盆旁，依偎在母亲怀里，闭上眼睛不再看太阳，光线正无可挽回地消逝，一派荒凉。”这两句话描述光线无可挽回地消逝，其实就是作者知道了妈妈不可能带他出去玩后惆怅和失望的内心写照。

小仙女们通过具体的例子让咪咕明白了什么是借景抒情，小咪咕听完各位小仙女的细致讲解后，连连道谢。

咪咕

"桃树、杏树、梨树，你不让我，我不让你，都开满了花赶趟儿。红的像火，粉的像霞，白的像雪。花里带着甜味儿；闭了眼，树上仿佛已经满是桃儿、杏儿、梨儿。花下成千成百的蜜蜂嗡嗡地闹着，大小的蝴蝶飞来飞去。野花遍地是：杂样儿，有名字的，没名字的，散在草丛里，像眼睛，像星星，还眨呀眨的。"这段话其实就运用了借景抒情吧，作者描绘了桃花、杏花、梨花竞相开放，光彩夺目，还描写了蝴蝶、蜜蜂和野草，将春的一派生机表现得淋漓尽致，表达了作者对春的喜爱和赞美之情。

咪咕将所学到的借景抒情的知识跟西蒙老师汇报了一遍，获得了老师的认可。

魔法水晶

咪咕和贝塔继续学习之旅，他俩通过西蒙老师赠予的魔法水晶，召唤来了正在专注看书的水晶球王子。

咪咕

尊敬的水晶球王子，关于"借景抒情"，我想向你请教一个问题。

水晶球王子

小咪咕，你尽管说吧！我会一一给你解答的。

咪咕

水晶球王子，谢谢你！我已经知道了借景抒情这种表达方式的特点，现在想向你请教一下，平时考试中会出现哪些有关借景抒情这一考点的题型，我又该如何去解答呢？

水晶球王子将水晶球抛向空中，口中念着"魔法现现现"，只见天空中即刻显现了几行字：

常考题型

1. 文中画线句使用了怎样的表达方式？有什么好处？
2. 这段话使用了哪种抒情方式？表达了作者怎样的思想感情？

咪咕和贝塔看得入神。接着，水晶球王子熟练地转动水晶球，水晶球霎时发出五彩的光芒，天空便又出现了一块屏幕：

答题方法

1. 如何判断借景抒情？

   借景抒情这种表达方式是相对于直接抒情而言的，如果段落中有明显的景物描写，并夹杂着表现心情的词语，这段话很有可能运用了借景抒情的表达方式。

2. 直接抒情和借景抒情有什么区别？

   直接抒情是把心里想说的话直接表达出来，抒发情感，从而打动读者，容易让读者产生相同的感受；借景抒情就是把情感融入具体的景物，描写出景物的特点从而表达情感。

咪咕、贝塔认认真真地读着，生怕漏掉一个字，牢牢地将水晶球王子的魔法妙招记在了心里。

魔法闯关

咪咕、贝塔带着水晶球王子的魔法妙招，信心十足地来到了充满挑战的魔法训练场。闯关之旅开始了。

魔法辨辨辨★

第一关

请你分别指出下面段落使用了哪种抒情方式。

（一）在逃去如飞的日子里，在千门万户的世界里的我能做些什么呢？只有徘徊罢了，只有匆匆罢了。在八千多日的匆匆里，除徘徊外，又剩些什么呢？过去的日子如轻烟，被微风吹散了，如薄雾，被初阳蒸融了。我留着些什么痕迹呢？我何曾留着像游丝样的痕迹呢？我赤裸裸来到这世界，转眼间也将赤裸裸地回去吧？但不能平的，为什么偏要白白走这一遭啊？

——节选自《匆匆》

（二）那是力争上游的一种树，笔直的干，笔直的枝。它的干通常是丈把高，像加过人工似的，一丈以内绝无旁枝。它所有的丫枝一律向上，而且紧紧靠拢，也像加过人工似的，成为一束，绝不旁逸斜出；它的宽大的叶子也是片片向上，几乎没有斜生的，更不用说倒垂了；它的皮光滑而有银色的晕圈，微微泛出淡青色。这是虽在北方风雪的压迫下却保持着倔强挺立的一种树！哪怕只有碗那样粗细，它却努力向上发展，高到丈许，两丈，参天耸立，不折不挠，对抗着西北风。

——节选自《白杨礼赞》

魔法仿写园 ★★

第二关

我们都生活在一定的环境中，当心情不同时，对身边事物的感受也会不同。

如：我一直想养一条小狗，妈妈今天终于答应了。路旁的一朵朵花儿好像在对我微笑，书上的鸟儿也在欢唱，树叶沙沙作响，好像在为我高兴。

打篮球时，因为我的失误，我们班输给了二班。路旁的花儿耷拉着脑袋，一副无精打采的样子。树上的小鸟叽叽喳喳地叫着，好像在讥笑我。

从下面的情境中选择一个，就心情的“好”与“不好”这两种状态，写几句话。

明月当空的夜晚　走在小巷里　弹琴

魔法秘籍

闯关成功后，守关小仙女送给咪咕一份神奇的《魔法秘籍》。

借景抒情

1. 抒情的两种表达方式：

直接抒情和间接抒情。间接抒情包括了借景抒情。

2. 借景抒情的特点：

借景抒情要为抒情而写景，关键在“借”，写景是次，抒情是主；写景是手段，抒情是目的。

3. 借景抒情的好处：

（1）增加表达情感的角度，增强文章表现力。

（2）使文章内容更丰满。

（3）使文章情文并茂，一方面增加了文采，另一方面将感情融于字里行间，更富有感染力。

魔法闯关参考答案：

第一关：（一）直接抒情　（二）间接抒情

第二关：示例1. 走在小巷里：心情好：小巷长长的，像母亲伸出她那温暖的臂膀，拥抱着归家的游子。巷道尽头那盏散发着橘黄色光晕的路灯，像慈祥的母亲翘首以盼，热切地等着我早点回家。

心情不好：我独自一人走在黑咕隆咚的小巷里，感到十分害怕。

示例2. 弹琴：心情好：那优美动听的旋律，从他跳跃的手指下缓缓地流出，犹如淙淙流动的小溪，一直流进了我的心田……

心情不好：我非常不喜欢弹琴，一看着那黑白相间的琴键，就觉得是那么丑陋和刺眼。

5 认识“顺叙”“倒叙”“插叙”三兄弟

“顺叙”“倒叙”“插叙”都属于记叙顺序。顺叙有较强的时空层次性。倒叙可以使文章结构富于变化，增强文章感染力。插叙可以增大文章的容量。在使用时，它们各具优势。

魔法课堂

精灵咪咕和他的小宠物正在魔法教室里参观西蒙老师的“魔法图书角”。忽然，神奇的字符欢快地跳动着——“你分得清‘顺叙’‘倒叙’‘插叙’三兄弟吗？”

咪咕：记得以前看过一本魔法书，里面讲到写故事要按照一定的顺序去写，应该就是这里的“顺叙”，比如我们写故事可以按照事情发展顺序写，让我们的文章更有条理。那“倒叙”和“插叙”又是怎样的呢？

西蒙老师：少安毋躁！

西蒙老师让咪咕坐在座位上，然后挥动起手中的魔法棒。只见眼前闪现出魔幻屏幕，上面出现了几个大字：“顺叙”“倒序”“插叙”。

西蒙老师：“顺叙”是写记叙文最常用、最基本的方法，一般是指按照事件发展的时间先后顺序来叙述。比如《北京的春节》这篇文章就是按照“腊月十八——腊月二十——除夕——正月初一——正月十五”的时间顺序来写的。采用这样的方法，能使文章的层次同事件发展的过程基本一致，容易把事件记叙得有头有尾、脉络清晰。

如果脑海里还没有出现这篇文章的身影，可以查阅相关资料哦！后面提到的文章篇目也是如此。

咪咕：哦，顺叙就是按照时间顺序来记叙。

西蒙老师：不一定，有时候还会按照事情内在逻辑关系来叙述。如《中国的石拱桥》一文先说世界上石拱桥的特点，然后说中国石拱桥的特点，最后说中国石拱桥的杰作——赵州桥和卢沟桥。这就是按由一般到特殊的顺序，使读者对中国石拱桥的了解由浅入深，从总貌到具体。

咪咕：原来“顺叙”暗藏玄机呀！那“倒叙”是不是把故事的头尾完全颠倒过来呢？

西蒙老师：并不是这样！倒叙是根据表达的需要，把事件的结局或某个最突出的片段提前叙述，然后再按原来的发展顺序进行叙述。

咪咕：我知道啦！这样写就可以让故事充满悬念，增强文章的吸引力！

西蒙老师：对！我们再来看“插叙”，它是在叙述中心事件的过程中，为了帮助展开情节或刻画人物，暂时中断叙述的线索，插入一段与主要情节相关的内容，然后再接着叙述原来的内容的记叙方法。

咪咕：那不是把叙述顺序打乱了吗？这样有什么作用呢？

西蒙老师：插叙的内容对中心内容起补充、解释或衬托作用，根据中心内容的需要可长可短，但不能超越表现中心思想的范围，否则会喧宾夺主。如鲁迅的《故乡》中有两处插叙，其中一处是当“我”的母亲谈到闰土时，作者用“这时候，我的脑海里忽然闪出一幅神异的图画来”引出对少年闰土形象的插叙。

咪咕：我明白啦！谢谢西蒙老师！

魔法水晶

精灵咪咕认识了“顺叙”“倒叙”“插叙”的不同后，开心地拍了拍手。小宠物贝塔快乐地摇着尾巴，替小主人高兴呢。西蒙老师默念咒语，空中闪现出一块魔法水晶，只见它缓缓下落，躺在了咪咕的手中。咪咕捧着它，如获至宝。

接着，咪咕将水晶球王子唤醒，向他请教问题。

水晶球王子：怎么啦，咪咕？

咪咕：水晶球王子，你知道有关“顺叙”“倒叙”“插叙”的阅读考查题型有哪些吗？

水晶球王子：这还不简单，让我施展魔法给你瞧一瞧。

说完，只见水晶球王子手一挥，天空中便出现了一块屏幕，上面写着：

常考题型

1. 第 × 段插叙了什么内容？其作用是什么？
2. 从全文看，第 × 段运用了什么记叙顺序？说说其效果。

答题模板

1. 运用了顺叙，使文章条理清晰，结构清楚，脉络分明。
2. 运用了倒叙，避免平铺直叙，制造悬念，引起读者阅读兴趣。
3. 运用了插叙，补充、衬托出文章的中心内容（人物或事件），丰富了情节，深化了主题。

魔法闯关

怀揣妙招，精灵咪咕和他的宠物贝塔来到了魔法训练营，开始了他们的大闯关。

魔法选一选 ★

第一关

《北京的春节》采用的记叙方式是（　　）。

A. 顺叙　　B. 倒叙　　C. 插叙

魔法说一说 ★★

第二关

《一夜的工作》按照事情的发展顺序来记叙，这样写有什么作用？

______

______

______

魔法大阅关 ★★★

第三关

阅读短文，完成练习。

至爱所在

①1848年秋天，离开祖国18年的肖邦身染重病，处于弥留状态。他的姐姐从华沙赶到他的身边。肖邦对姐姐说："波兰反动政府是不会允许把我的遗体运回祖国的，不过你一定要把我的心脏带回去。"

②他又命人取出当年朋友们所赠的盛满祖国泥土的银杯，请朋友们到时候把祖国的泥土撒在他的棺材上。

③1830年，作曲家肖邦准备出国去深造，他的朋友设宴为他饯行。席间，朋友们赠给他一个银杯，杯里装的是波兰的泥土，意在勉励肖邦不要忘记祖国。

④肖邦到维也纳不久，华沙爆发了反抗俄国统治的起义，可惜失败了。肖邦曾两次设法回国，都没有成功。从此，他把对自己祖国的怀念和忧虑，全都灌注在自己的音乐里。

⑤肖邦死后，人们在他的墓穴上撒上银杯里的泥土。他的心脏，按照他的遗愿送回华沙，保存在圣十字教堂里。后来，在肖邦诞辰125周年时，波兰人民为他重立了墓碑，墓志铭是：

至爱所在，心之所在。

1. 从记叙的顺序看，③④两段属于______叙部分。它的主要作用是____。

2. 贯穿文章始终的一条情感线索是____。

魔法秘籍

闯关成功后，守关小仙女送给了咪咕一份神奇的《魔法秘籍》。

1.顺叙：一是完全按时间顺序来叙述事件；二是以地点转移为顺序来叙述事件；三是以事情的内在逻辑关系为序来叙述事件。

作用：使事情叙述条理清晰，层次分明。

2.倒叙：把后发生的事情写在前面，然后再按顺序进行叙述。

作用：交代、突出……内容（结果或中心）；设置悬念，激发读者阅读兴趣；避免平铺直叙，增强文章的生动性，更能引人入胜。

3.插叙：在叙述过程中，由于内容的需要，中断原来情节的叙述，插入有关的情节或事件，然后再叙述原来的内容。

作用：对主要情节起补充衬托的作用；有时会起到解释说明的作用；推动情节发展，为下文做铺垫；避免平铺直叙，使行文波澜起伏，增强文章的生动性；更好地突出人物……的性格/品质，使人物形象更丰满；突出主题或中心；插入/补充交代了……内容，使文章内容更丰富。

魔法闯关参考答案：

第一关：A

第二关：《一夜的工作》按"送稿—审稿—宵夜—回来"的顺序记叙，条理清楚地展现了周总理一夜工作的情形，突出了周总理不辞劳苦的工作精神和简朴的生活作风。

第三关：1. 插　交代肖邦的遗愿产生的原因，表现了肖邦对祖国的挚爱

2. 爱国主义（或"热爱祖国的情感"）

现学现用

同学们，相信和咪咕一样，在魔法教室的学习让你有了不小的收获。现在，就让我们把所学运用到下面的练习中吧！

母亲的味道

①母亲的习惯做派和别的女人完全不同，她像男人一样抽烟，喜欢盘腿坐在床上，嗓门粗大，说话的语气总像跟人吵架。最让我无法忍受的，是母亲身上的味道，又酸又臭，稍微靠近一些，便熏得我头晕恶心。后来我知道，母亲是有狐臭。都说狐臭会遗传，我却没有，反而对气味格外敏感。这使我在懂事之后，便开始远远地避开母亲。

②我10岁那年，父亲在为人盖房时从二楼摔下来去世了，从此，母亲在菜市场租了一个摊位卖鱼，一年四季穿着高筒胶鞋在水渍里蹚来蹚去。每天晚上，母亲收摊回来，人早已累成一堆泥。我给母亲温一盆洗澡水，洗好碗后便躲进自己的房间里。可是最终还是被母亲喊出来给她搓背。

③那年冬天，因为城市改造重建，那个菜市场被拆除，母亲失业了。母亲的失业，意味着这个家失去了最坚实的支撑，也意味着我的大学梦将成为一个泡影。那些夜里，母亲似乎一直在咳嗽。有一次，我被母亲的咳嗽声惊醒。我走到母亲的房前，房门虚掩着，母亲背对着我在擦父亲的照片，我听见母亲对着照片说："真真这丫头从小心气就高，我不能把她给耽误了……"

④我站在门外，心突然又酸又软，泪水成串地滴落下来……

⑤母亲终于找到了新的工作，是在一家医院里打扫卫生。每天早上五点起床，赶到医院，拖地板，洗马桶，在八点之前，要把整幢楼的卫生全部打扫完毕。这份又脏又累没有人愿意干的活，母亲却做得很开心。她身上的味道越来越复杂，有时是刺鼻的消毒药水

的味道，有时是清洗剂的淡淡香味。不知道是不是因为太熟悉的缘故，母亲身上的狐臭味越来越淡，到后来，我竟闻不出那种气味了。

⑥19岁那年，我如愿以偿，考进北京读大学。每隔一段日子，母亲准时寄钱和信来，总是说让我安心念书，说自己很好……薄薄的信纸上，仍然是母亲特有的复杂味道。大二的寒假，我回家过春节，在小城下车，已经是夜里十点。不知什么时候下的雪，地上薄薄的一层，寒气逼人。我走出车站，搓着冻僵的双手，急步往家赶。刚出车站，就听见一声熟悉的吆喝："烤红薯，香甜的烤红薯……"是那个我一直听了二十年的口音。我慢慢走过去。直到我走近，母亲才怔了怔，扑过来为我拍肩上的雪，一把把我拉到炉子旁，把一个烤红薯塞在我手里，一迭声地问我："冷吗？累吗？甜吗？"母亲身上满是烤红薯香甜的味道，很浓很浓的香味。

⑦那夜我帮母亲推着车一起回家，一路上母亲絮絮叨叨说了很多。母亲说上了年纪手脚不灵便，医院的活人家不让做了；母亲说一斤烤红薯能挣三毛钱，卖一天，也能挣不少钱呢；母亲还说，我有钱，你在学校一定不能替我省钱，要吃好……

⑧我跟在母亲身后，看着母亲瘦小的背影和迟缓的步履，什么话都说不出，泪悄悄地模糊了双眼。

⑨研究生毕业后，我拒绝了北京好几家大公司的挽留，执意回了老家那个小城。母亲很歉疚：都是我，不然你留在北京发展多好。咱这小城，委屈你了。我笑着跟母亲开玩笑说，北京再好，没有妈妈，也是一座空城。母亲笑，不再说什么，起身收拾碗筷，却背过身，手在脸上迅速地抹了一下，又抹了一下。

⑩回家以后，帮母亲洗澡，成了我每天必做的功课。每当这时，母亲身上的狐臭味、鱼腥味、汗酸味、香烟味、消毒水味、烤红薯味、油烟味……那些为了养活一个家而产生的味道，此刻全都消失殆尽。我闻到的，是芬芳的香味，那种淡而舒缓的芳香，才是母亲真正的味道。

1．本文围绕母亲具体写了哪些事？请任意列举其中两件。

2．第①段在全文中起什么作用？

3．第④段和第⑧段都写到“我”落泪的情形，请分别分析两次落泪的原因。

4．结合全文，说说题目“母亲的味道”有何含义。

5．阅读第⑥段，赏析加点词语的表达效果。

直到我走近，母亲才怔了怔，扑过来为我拍肩上的雪，一把把我拉到炉子旁，把一个烤红薯塞在我手里。

现学现用参考答案：

1. 父亲去世后在菜市场卖鱼支撑家庭开支；失业后担心“我”的学业，半夜向父亲的照片诉说；不怕劳苦，到医院打扫卫生；卖烤红薯供“我”读大学。
2. 刻画母亲粗俗、大大咧咧的形象。交代母亲有狐臭，点明题目，先抑后扬，为下文“我”对母亲情感的变化做铺垫。
3. 第④段：对母亲无私付出和深沉母爱的感激；对以往嫌弃母亲的悔恨。
   第⑧段：对母亲辛勤劳作的心疼；对母亲的感激。
4. 表面含义：母亲身上散发出来的狐臭味以及见证她劳作的各种味道；深层含义：母亲对“我”无私的爱和辛勤付出。
5. 动作描写。用母亲一连串的动作形象地写出了她急切的情形，表达她对“我”的关切和思念。同时也表现了母亲的性格中粗糙的一面，与第一段形成对照。

第三章

魔法长廊

精灵小咪咕和他的宠物贝塔经历考验，顺利通关，来到了魔法学院的第三站——魔法长廊。他们要学习更多的阅读魔法，尽快找到打开阅读之门的钥匙。魔法长廊有美轮美奂的魔法展厅……

1 中心句的魔力

如果把文章比作一台机器，那么中心句就是这台机器的发动机，起主导作用，牵一发而动全身。那么，中心句到底有什么神奇的魔力呢？我们一起来认识一下吧！

魔法课堂

魔法长廊里有美轮美奂的展厅，里面藏着破解文章秘密的魔法。咪咕和贝塔首先来到了“中心句魔法厅”，只见展厅光芒四射，门立即开启。这时，西蒙老师来了，将“中心句魔法棒”送给了咪咕，贝塔也开心地摇尾巴。

西蒙老师

小咪咕，你挥一挥魔法棒，它会指引你学习文章中心句的魔法。学成闯关成功后，你就能自动开启下一个展厅之门。

咪咕兴奋地挥动手中的魔法棒，展厅大屏幕上就出现了“中心句”这几个大字。

西蒙老师

作者在写作时，往往会围绕中心意思来写，而表达这个中心意思的句子就是中心句。

文章中的句子那么多，我们怎样才能准确地找到中心句呢？

咪咕

西蒙老师请来了小仙女们来帮忙，展厅里小仙女们欢乐地跃动到咪咕和贝塔面前。

悦悦小仙女

可以从题目中去找。题目是文章的眼睛，有的题目往往就是中心句。如文章《为人民服务》这一题目，实际上就是文章的中心句，直接揭示了文章的中心。

如果脑海里还没有出现这篇文章的身影，可以查阅相关资料哦！后面提到的文章篇目也是如此。

可以从总起句上去找。文章开头的总起句有时就是中心句。如文章《詹天佑》的开头“詹天佑是我国杰出的爱国工程师”。

欢欢小仙女

乐乐小仙女

也可以从结尾上去找。有些文章的结尾，往往总结全文，点明中心。如文章《海底世界》中“海底真是个景色奇异，物产丰富的世界”总结全文，突出中心，揭示海底“景色奇异”“物产丰富”的特点。

还可以从反复句上去找。有的文章为了突出某种意思，并给读者留下深刻的印象，往往反复出现同一句子，它极可能就是中心句。如文章《难忘的一课》中“我是中国人，我爱中国！”这句话在文章中出现了三次，显然就是中心句。

忧忧小仙女

思思小仙女

也可以从议论句上去找。文中议论处往往透露出文章的中心，因此，议论句中的关键句就是中心句。《真理诞生于一百个问号之后》中“有人说过这样一句话：真理诞生于一百个问号之后！”这一关键句就是中心句。

大家的话给了咪咕很多启发，咪咕灵机一动，他也忍不住想分享自己的观点。

咪咕

是不是还可以从含义深长的句子上去找？有的句子意义含而不露，意味深长。如文章《金色的鱼钩》中“在这个长满了红锈的鱼钩上，闪烁着灿烂的金色的光芒”，这句话就是文章的中心句。

西蒙老师

大家发散思维，共同总结出了寻找中心句的几种方法，看来找中心句是难不倒小咪咕了，但你也要记住，并不是所有的文章都有明显的中心句，不要勉强地生拉硬凑。

听了西蒙老师的话，咪咕收获颇多，他求知若渴，想尽快把关于“中心句”的全部魔法学会，于是踏上了下一个旅程。

魔法水晶

咪咕和贝塔沿着魔法长廊继续行进着，一边走一边津津有味地讨论问题。这不，遇到新的困惑啦！咪咕和贝塔赶紧召唤来水晶球王子，热情地和王子打招呼。

咪咕

水晶球王子，你好呀！我们又有问题想向你请教。

水晶球王子

你是不是想问关于中心句的相关题型？

咪咕

是的，你真是神通广大！

于是，水晶球王子将水晶球抛向空中，口中念出“魔法现现现”，只见空中即刻显现了两行字：

常考题型

请找出文段的中心句，并指出它的作用。

接着水晶球王子熟练地转动水晶球，水晶球霎时发出五彩的光芒，空中便又出现了一块屏幕：

解题步骤

1．了解中心句在段内的位置及一般规律：

①起领起、概括、总说作用的中心句在段落开头。

②起归纳、强调作用的中心句在段尾。

③起承上启下作用的中心句在段中。

④有些段落中心句以不同的句式在开头、结尾同时出现，中心句可能不止一处。

⑤有些中心意思要用相关的几句话表达，中心句不止一句。

⑥有些段落可能不止一个中心，若是两三个方面并列，可有两三个中心句。

2．根据段落类型和位置规律寻找中心句。

3．检验找到的中心句是否正确：

①看其他较突出的句子是否围绕它来表述。

②看这句话能否概括全段内容。

③看这句话表述是否完整。（如不完整，可从前句或后句中找到有关内容概括后补充）

中心句的作用

1．中心句可以在文段或文章的开头，此时，中心句起着引领下文的作用；

2. 中心句也可以在文段或文章的结尾处，此时，中心句起着总结前文的作用；

3. 中心句还可在文段或文章的中间，此时，中心句起着承上启下的过渡作用。

咪咕和贝塔认认真真地读着，生怕漏掉一个字，牢牢地将水晶球王子的魔法妙招记在了心里。

魔法闯关

咪咕和贝塔带着水晶球王子的闯关妙招，信心十足地来到了充满挑战的魔法训练场。开始闯关啦！

魔法排一排 ★

第一关

先按合理的顺序将下列句子排列成一段话，再写出这段话的中心句。

①在这明媚的春天，一切都充满了希望和生机。

②树丛下，小河欢笑着向沼泽地流去。

③几只小蜜蜂探险似的在树丛中嗡嗡着，叫不出名的小鸟唱着歌儿飞向天空。

④小草偷偷地从土里钻出来，桃花含苞，柳树抽出了芽。

⑤大地苏醒了，春天来了。

1. 这段话的排列顺序是____________________________

2. 中心句是________________________________

魔法填一填 ★★

第二关

小明家买了一台造型别致，美观大方的电扇。它的底座又圆又重，呈淡绿色。它的下面还有四个能往任何方向转动的小脚轮。底座正中有一根和我差不多高的立柱，圆滚滚亮闪闪。银亮的上部嵌着一个托盘，四个键钮镶在托盘上。托盘上的定时器小巧玲珑。定时器旁的那盏菱形小绿灯，一通上电就亮，发出柔和的绿光。最引人注目的要算它头上的安全罩了，它有脸盆口一样大小，银光闪闪，好看极了。安全罩分前罩和后罩，前罩正中心有一朵红色的梅花。罩内有三片花瓣型的扇叶，雪白雪白的，像一朵奇异的大花。

1. 作者是按从__________到__________一部分一部分写电扇的。

2. 这段话是围绕哪句话来写的？

____

____

3. 这段话写了电风扇的底座、__________、__________、__________、__________、__________、__________和扇叶。

魔法写一写 ★★★

第三关

围绕中心句，按要求写话。

以“天气好热”为中心句，用“总起—举例—小结”的形式写一段话。

____

____

魔法秘籍

闯关成功后，守关小仙女送给咪咕一份神奇的《魔法秘籍》。

寻找中心句的方法

1. 从题目去找。
2. 从总起句去找。
3. 从结尾去找。
4. 从反复句去找。
5. 从议论句去找。
6. 从哲理性句子去找。
7. 从含义深长的句子去找。

魔法闯关参考答案：

第一关：1.⑤④③②① 2.⑤或①

第二关：1.下 上 2.小明家买了一台造型别致，美观大方的电扇。
3.小脚轮 立柱 托盘 定时器 小绿灯 安全罩

第三关：（答案不唯一，围绕一个中心意思写一段话即可）今天天气好热，我准备出门找小伙伴玩耍，一踩到地上，就觉得很烫脚，太阳好像在发火一样，不停地往外吐火，天空、车玻璃都比以前亮多了，刺得我的眼睛很难受，小鸟热得都藏在树叶下，小狗热得不停地吐舌头，小猫也不敢出来散步了，天气可真热呀！

2 引用，为文章锦上添花

在文章中引用现成的话，如诗句、格言、俗语等，以表达自己的观点或思想感情，这就是“引用”。引用妙处颇多，可以增强文章的说服力，增加文采，增强表现力，从而为文章锦上添花。

魔法课堂

咪咕和贝塔来到了“引用魔法厅”，展厅里小精灵们欢乐地跃动到咪咕和贝塔面前，为咪咕送来了“引用魔法棒”。

咪咕兴奋地挥动手中的魔法棒，展厅大屏幕上就出现了“引用”这两个大字，小精灵点击魔法显示屏，显示屏上就出现了一行行五彩的文字。

小精灵们，请给我们讲解一下这些魔法吧！

咪咕

乘法小精灵

文章《宇宙的另一边》中，“乘法是这样的：‘早春二月’乘‘竹外桃花三两枝’，再乘‘春雨贵如油’，等于‘春风又绿江南岸’，又等于‘碧玉妆成一树高，万条垂下绿丝绦’，最后等于‘儿童散学归来早，忙趁东风放纸鸢’。”这里巧妙引用描写春天景物和春天儿童玩耍情景的诗句，把枯燥乏味的数学课描绘得如春天般生机有趣，想象奇妙，表现了孩子对自由快乐的学习生活的向往，增强了文章感染力。

如果脑海里还没有出现这篇文章的身影，可以查阅相关资料哦！后面提到的文章篇目也是如此。

大自然的乘法真美！

咪咕

爱民小精灵：还有更美的呢！在文章《为人民服务》中，毛主席引用文学家司马迁的话“人固有一死，或重于泰山，或轻于鸿毛”阐述了“为人民利益而死，就比泰山还重；替法西斯卖力，替剥削人民和压迫人民的人去死，就比鸿毛还轻。张思德同志是为人民利益而死的，他的死是比泰山还要重的”的观点，增强了文章的说服力。

咪咕：确实，为人民服务的心更美！

陀螺小精灵：在文章《陀螺》中，作者引用古语“人不可貌相，海水不可斗量”，作为文章结尾，阐明并总结了作者从斗陀螺这件事中获得的感悟，使文章言简易懂。

丁香小精灵：文章《丁香结》中，“芭蕉不展丁香结”“丁香空结雨中愁”，这两句诗中把花蕾丛生的丁香，喻人愁心不解。丁香在古人的眼中就是惆怅的代表，愁思的象征。作者引用古诗句有利于表达自己的感情，使意境更加优美。

咪咕：这些都是美好的事物，我深受洗礼呀！

咪咕从文字中收获不少，激动极了，立马跟贝塔分享他所得的魔法水晶。为了赶紧把“引用”学会，他又踏上请教水晶球王子的旅程。

魔法水晶

咪咕和贝塔沿着魔法长廊继续行进着。他们想得到通关秘籍，于是又启动了魔法水晶，水晶球王子感受到咪咕的召唤，立马使用瞬间移动魔法来到咪咕和贝塔身边。

水晶球王子，我想跟你讨教下引用在阅读中的考法。

咪咕

水晶球王子将水晶球抛向空中，口中念出“魔法现现现”，引用的考试题型立刻显现在眼前：

常考题型

文中引用了很多诗句或名言，这样写有什么好处？

接着，水晶球王子转动水晶球，展厅的屏幕上出现了文字：

判断方法

如果一段话中，引入现成的语句（包括诗文、成语、谚语、名人名言），借以在说明问题，这叫引用。引用可分为明引和暗引两种。明引指直接引用原文，并加上引号，或者是只引用原文大意，不加引号，但是都注明原文的出处。暗引指不说明引文出处，而将其编织在自己的话语中，或是引用原句，或是只引大意。

解题步骤

1. 找出引用部分。
2. 理解意思。
3. 明确作用。
4. 按要求答题。

咪咕和贝塔将魔法妙招领会于心。

魔法闯关

咪咕、贝塔带着水晶球王子的闯关妙招，信心十足地来到了充满挑战的魔法训练场，开始了闯关之旅。

魔法辨一辨 ★

第一关

在人类的语言中，有一个最神圣、最崇高、最永恒、最能超越时间和空间、最具有不朽的价值的词，那就是“祖国”。屈原抱石怀沙，投身汨罗江时，想到的是祖国；文天祥过零丁洋，浩歌“人生自古谁无死，留取丹心照汗青”时，想到的是祖国；岳飞发出“直抵黄龙府，与诸君痛饮尔”的豪言时，想到的是祖国；谭嗣同面对刀俎，引颈就戮时，面不改色，“我自横刀向天笑，去留肝胆两昆仑”，他想到的还是祖国；陆放翁说：“死去元知万事空，但悲不见九州同。王师北定中原日，家祭无忘告乃翁。”他梦魂为萦、念兹在兹的也是祖国；抗日民族英雄吉鸿昌将军就义时讲：“恨不抗日死，留作今日羞。国破尚如此，我何惜此头！”他甘洒热血，视死如归，所报者，也是祖国。

这段文字运用的最突出的修辞手法是（　　）。

A. 比喻　　B. 拟人　　C. 引用　　D. 夸张

魔法填一填 ★★

第二关

我因生活在江南而自豪（节选）

桥是江南水乡停住的梦，桥文化从这里荡漾而来。那曼妙的姿态是妇人在轻舞，那奇巧的身姿是飞虹在涧边饮水，那斑斑锈迹是历史的沉淀，那历久弥坚的永存是柔情的坚强在鼎立。你那娇小而又伟岸的身躯，承载了多少的明艳欢笑，多少的国恨家仇。烟雨蒙蒙，杨柳依依，掩映着那片青房黛瓦；点点碎阳，袅袅炊烟，呼唤着晚归的乌篷船。河畔的那条青石板路悠悠地通向远处那座高高的石拱桥，船悠悠地在下穿行，人轻轻地在上行走，一如在画中……

江南的水流进了白居易的《忆江南》："日出江花红胜火，春来江水绿如蓝。"江南的流水保持了江南的那份清秀，不张狂也不浮躁，完全是小家碧玉的样子，说话是小启朱唇，走路是金莲晃动。后来河水在入海的时候显得开阔起来，小家碧玉也逐渐成了风姿绰约的妇人，举手投足间将风韵流传，流水就这样将一抹姿色表现出来，不卑不亢，没有故作姿态也没有故意卖弄。这是整个江南的性格。

文章第2自然段运用了引用的修辞手法，表现在__________________，意为________________________________，写出了江南的迷人风光及水乡风情，表达了作者对江南的喜爱之情。

魔法小妙用 ★★★

第三关

谈骨气（节选）

我们中国人是有骨气的。

战国时代的孟子，有几句很好的话："富贵不能淫，贫贱不能移，威武不能屈，此之谓大丈夫。"意思是说，高官厚禄收买不了，贫穷困苦折磨不了，强暴武力威胁不了，这就是所谓大丈夫。大丈夫的这种种行为，表现出了英雄气概，我们今天就叫作有骨气。

我国经过了奴隶社会、封建社会的漫长时期，每个时代都有很多这样有骨气的人，我们就是这些有骨气的人的子孙，我们是有着优良革命传统的民族。

当然，社会不同，阶级不同，骨气的具体含义也不同。这一点必须认识清楚。但是，就坚定不移地为当时的进步事业服务这一原则来说，我们祖先的许多有骨气的动人事迹，还有它积极的教育意义，是值得我们学习的。

找出文章中的引用部分，并分析它的作用。

____

魔法秘籍

闯关成功后，守关小仙女送给咪咕一份神奇的《魔法秘籍》。

文章中引用的作用

1. 引用辞格，语言凝练，言简意赅。
2. 引用古诗词，增加文采，增添文句意蕴，增强表现力。
3. 引用资料，增强文章真实性。
4. 引用名人名言，说明观点，提供论据，增强说服力。
5. 引用故事，丰富文章内容，增强趣味性和可读性。

魔法阅关参考答案：

第一关：C

第二关："日出江花红胜火，春来江水绿如蓝"

太阳从江面升起，把江边的鲜花照得比火红，碧绿的江水绿得胜过蓝草

第三关："富贵不能淫，贫贱不能移，威武不能屈，此之谓大丈夫"

它的作用是为作者的论点提供了论据，为文章增添了说服力。

3 留心阅读文段中的关联词

关联词为句子与句子间架起了一座座桥梁，让句子与句子联系得更紧密，文段与文段更有逻辑。一篇文章中关联词可是必不可少呢，咱们一起去看看吧！

魔法课堂

咪咕和贝塔闯关成功后，自动转入了“关联词魔法厅”，他开心地开启“关联词”魔法之门，离成功可是又近了一步。这次，西蒙老师早已等候多时，准备开始关联词魔法的讲解。西蒙老师一挥魔法棒，魔法屏幕亮了起来——“关联词”。

西蒙老师

关联词可是文章或句段中重要的组成部分，可不能小看它的作用。

贝塔

您能给我举个例子讲解一下吗？

西蒙老师

在《为人民服务》中，有这样一段话“因为我们是为人民服务的，所以，我们如果有缺点，就不怕别人批评指出。不管是什么人，谁向我们指出都行。只要你说得对，我们就改正。你说的办法对人民有好处，我们就照你的办”。这段话共有三句话。第一句话是讲我们欢迎批评，第二句话是讲我们欢迎任何人的批评，第三句话是讲我们接受任何人的只要是正确的批评。正是由于有了关联词，使得句与句之间联系紧密，意思层层递进，让观点阐释得更鲜明。

如果脑海里还没有出现这篇文章的身影，可以查阅相关资料哦！后面提到的文章篇目也是如此。

贝塔

西蒙老师，我有点明白了，您刚刚举的例子中有很多关联词，那请问使用关联词有什么讲究吗？

西蒙老师

请看屏幕——

只见屏幕中闪烁出了关联词常见的几种类型：

【并列关系】

两个分句之间的关系相互并列。每个分句各说一件事或同一事件的一个方面。

既……又……　一边……一边……　又……又……

有时……有时……　……那么……那么……

一面……一面……

例：小芳既爱唱歌，又爱跳舞。

【因果关系】

前面（后面）的分句说明原因，后面（前面）的分句说明结论或结果。

因为……所以……　既然……就……

既然……那么……　之所以……是因为……

例：因为他真正下了苦功，所以成绩有了很大提高。

【转折关系】

后面分句的意思是前面分句意思的转折。

虽然……但是……　尽管……还是……

例：奶奶虽然年纪大了，但是行动十分麻利。

【选择关系】

句子中通常有两种行为，但更偏向一种行为，一般正句表示这种行为的目的。在两件事情中衡量得失，选择其中的一件，舍弃另一件。

或者……或者…… 宁可……也……

不是……就是…… 与其……不如……

例：桑娜宁可自己多受苦，也要照顾西蒙的两个孩子。

【假设关系】

前面分句提出假设，后面分句表示结果。

如果……就…… 要是……就……

假如……就…… 即使……也……

例：即使你成绩再好，也应该谦虚点。

【条件关系】

前面分句提出条件，后面分句表示结果。

只要……就…… 只有……才……

除非……才…… 无论……都……

例：只要刻苦努力，成功的道路就会出现在你的面前。

【递进关系】

后面分句比前面分句意思更进一层。

不但……而且…… 不光……还……

不仅……而且…… 不仅……还……

例：赵州桥不但坚固，而且美观。

贝塔看得认真而专注，不一会儿就学会了，于是贝塔又当小老师，神采飞扬地给咪咕讲解了一番。

魔法水晶

在魔法长廊里，有许多和咪咕一样来学习的精灵。咪咕看到此画面，深受鼓舞，不觉抛起魔法水晶，口中道：“求学之路漫漫，吾将上下而求索。”倏忽，水晶球王子已站到了咪咕的面前，他打趣咪咕。

水晶球王子

小咪咕，经过一段时间学习，你不仅增长了知识，还磨炼了意志呢！孺子可教。

我的进步可离不开大家的帮助。水晶球王子，我想问问了解了关联词的类型后，在阅读中一般如何应用呢？

咪咕

水晶球王子将水晶球抛向空中，口中念出“魔法现现现”，只见天空中即刻显现了几行字：

常考题型

给文段中的句子加上适当的关联词。

水晶球王子转动水晶球，水晶球发出的五彩光芒点亮了屏幕：

解题步骤

一、仔细区分两个分句的含义

先读一读两个分句，观察两个句子所描述的事情之间的联系，思考它们各自的含义，看看它们之间是何种关系。

二、在关系中找合适的关联词

判断出两个分句之间的关系，就可以在表达该关系的关联词中选择一个读起来通顺的关联词填入。

三、检查

填入关联词后，通读一遍，检查句子是否通顺，表达的意思是否有变化。

咪咕和贝塔将水晶球王子支的妙招铭记于心。

魔法闯关

咪咕和贝塔带着水晶球王子教的闯关妙招，信心十足地开始了闯关之旅。

魔法填一填 ★

第一关

一、选择恰当的关联词填空。

……因为……　　虽然……但是……

……因此……　　不是……而是……

1. 放学后急匆匆地从学校赶到这里，目的地可＿＿＿＿饭店，＿＿＿＿紧邻它的一家书店。

2. 进来看书的人＿＿＿＿很多，＿＿＿＿像我这样常常光顾而从不购买的，恐怕没有。

3. 我喜欢到顾客多的书店，＿＿＿＿那样不会被人注意。

二、为下面的句子加上恰当的关联词。

1.（　　）多读多写，作文能力（　　）能得到提高。

2. 花生（　　）不好看，（　　）很有用。

3.（　　）他讲得很动听，（　　）我听得津津有味。

4. 爷爷（　　）答应了你，你（　　）放心吧！

5.（　　）是数九寒天，我（　　）坚持锻炼。

6. 这座井里的水（　　）清凉，（　　）甘甜。

7.（　　）没有这个转播台，老山沟里（　　）收不到电视。

8. 孩子们买各种花炮燃放，（　　）不跑到街上去淘气，在家中（　　）照样能有声有光地玩耍。家中也有灯：走马灯、宫灯、各形各色的纸灯，（　　）有纱灯，里面有小铃，到时候就叮叮地响。大家（　　）必须吃元宵啊。这的确是美好快乐的日子。

第二关

魔法连一连 ★★

用关联词把每组的两个句子连接起来。

1. 甲虫迷路了。/ 甲虫傲然前行着。

2. 草虫的村落里有街道。/ 草虫的村落里有小巷。

第三关

魔法改一改 ★★★

1. 他自己不跟老师讲，并且要我讲。

2. 我的成绩差，可是我能虚心地向老师请教，但是诚恳地向优秀同学学习，所以我有了很大的进步。

魔法秘籍

闯关成功后，守关小仙女把一份《魔法秘籍》和“过渡句展示厅”钥匙交给了咪咕和贝塔。

关联词语配对

1. 同一个句子，运用不同的关联词语，作用就不同，表达的意思也就不一样。
2. 要注意配对使用关联词语：有些关联词语是要求配对使用的，不可随意改换。例如：“只要”应与“就”相配，“只有”应与“才”相配。
3. 关联词语的位置不能放错。
4. 该用关联词的地方不能缺少关联词：有一部分配对使用的关联词，可根据情况省略前一个，如“不但……而且……”可省去“不但”，“虽然……但是”可省去“虽然”，但一般不能省去后一个。如果只用前一个关联词语，而省去了后一个关联词语，句子间的关系就会不明确，句子的意思也会表达不清。

魔法闯关参考答案：

第一关：一、1. 不是……而是…… 2. 虽然……但是…… 3. ……因为……

二、1. 只有……才…… 2. 虽然……但是…… 3. 因为……所以……

4. 既然……就…… 5. 即使……也…… 6. 不但……而且……

7. 如果……就…… 8. 即使 也 还 还

第二关：1. 甲虫虽然迷路了，但是傲然前行着。

2. 草虫的村落里不但有街道，而且有小巷。

第三关：1. 把“并且”改为“却”。 2. 应删去“但是”。

4 过渡句是座桥

过渡就像桥梁，它连接两头，连接层与层、段落与段落，把上下文的意思衔接起来，使行文自然、语气连贯、脉络清晰、结构严谨，有助于表现主题思想。

魔法课堂

经过了上一段学习旅程，咪咕和贝塔带着新的困惑，走进了神奇的“过渡句展厅”。过渡句中藏着什么样的秘密呢？一早等待在展厅的西蒙老师挥动手中的魔法棒，咪咕和贝塔眼前瞬间出现了一个个在空中飞舞的小仙女。

悦悦小仙女

巧妙使用过渡句（段），可使上下段落衔接自然，增强文章逻辑性，达到连贯自然的效果，从而帮助读者厘清文章脉络，理解文章内容，抓住文章中心。

文章中的哪些地方会用到过渡句呢？

咪咕

悦悦小仙女微微一笑，扇动翅膀，用魔法棒轻轻向空中一指：

1. 由一件事情转入另一件事情时。例如司马迁的《将相和》是由“完璧归赵”“渑池之会”“负荆请罪”三个小故事组成的。文中“这就是‘完璧归赵’的故事。蔺相如立了功，赵王封他做上大夫”这个过渡句既是第一个故事的概括，又是

> 如果脑海里还没有出现这篇文章的身影，可以查阅相关资料哦！后面提到的文章篇目也是如此。

第二个故事的起因，过渡句把两个故事紧密地连接起来。

2. 记叙的时间发生变化时。例如老舍的《北京的春节》中，“元宵上市，春节的又一个高潮到了”，通过这句话，既把前面的事情连接起来，又把元宵节的内容做了概括，为下文写元宵节的活动做了铺垫。

此外，由倒叙转入顺叙时，运用插叙时的起止处也会用到过渡句。

咪咕

原来是这样。那过渡句在文章中的作用是什么呢？

悦悦小仙女

1. 在一篇文章中，过渡句能把不同事件或不同场景连接起来，从而使文章更加连贯通畅；2. 过渡句能在记叙、议论、抒情之间相互转换，使读者更容易分清楚文章的结构脉络，为分析文章结构创造有利条件；3. 可以转化不同的记叙方式，分析时注意看插叙事件前后的内容是否是一件事的发展经过。

西蒙老师

其实总体上过渡句的作用就像桥一样——总结上文，引出下文，承上启下。

咪咕

我明白了。

魔法水晶

从魔法课堂出来，咪咕迫不及待地想要继续向水晶球王子请教。于是，他拿出魔法水晶，转动了起来。水晶发出一道道亮光，水晶球王子从睡梦中醒来。

水晶球王子

小咪咕，听说你已经通过魔法课程的学习了，恭喜你！你把我叫醒，是有什么问题要问吗？

水晶球王子，谢谢你，我知道了文章的过渡句有什么特点。我想向你请教下，平时考试中遇到这些有关过渡句的题目，我该如何去解答呢？

咪咕

水晶球王子将水晶球抛向空中，口中念出“魔法现现现”，只见天空中即刻显现了几行字：

常考题型

1. 用“________”画出文中的过渡句。
2. 画横线的句子是一个过渡句，这句话在文中有什么作用？

咪咕和贝塔了然于心。接着，水晶球王子熟练地转动水晶球，水晶球霎时发出五彩的光芒，天空便又出现了新的字幕。

答题模板

过渡句，起承上启下的作用。总结上文，承接下文。使文章结构严谨。为下文写……内容做铺垫。

咪咕和贝塔仔细地看着屏幕中的提示，把水晶球王子的妙招谨记在心。

魔法闯关

咪咕、贝塔带着水晶球王子的闯关妙招，信心十足地来到了充满挑战的魔法训练场。闯关之旅由此开始。

魔法辨一辨 ★

第一关

河北省赵县的洨河上，有一座世界闻名的石拱桥，叫安济桥，又叫赵州桥。它是隋朝的石匠李春设计并参加建造的，到现在已经有一千四百多年了。

赵州桥非常雄伟。桥长五十多米，有九米多宽，中间行车马，两旁走人。这么长的桥，全部用石头砌成，下面没有桥墩，只有一个拱形的大桥洞，横跨在三十七米多宽的河面上。大桥洞顶上的左右两边，还各有两个拱形的小桥洞。平时，河水从大桥洞流过，发大水的时候，河水还可以从四个小桥洞流过。这种设计，在建桥史上是一个创举，既减轻了流水对桥身的冲击力，使桥不容易被大水冲毁，又减轻了桥身的重量，节省了石料。

这座桥不但坚固，而且美观。桥面两侧有石栏，栏板上雕刻着精美的图案：有的刻着两条相互缠绕的龙，嘴里吐出美丽的水花；有的刻着两条飞龙，前爪相互抵着，各自回首遥望；还有的刻着双龙戏珠。所有的龙似乎都在游动，真像活了一样。

赵州桥体现了劳动人民的智慧和才干，是我国宝贵的历史文化遗产。

请用“________”画出文章中的过渡句。

魔法答一答 ★★

第二关

冰凌花

每当旭日升起的时候，我都会趴在窗前凝望一会儿，然而今天我却欣喜地发现那冬天的使者——冰凌花降临了。它们有的像珊瑚，有的像瀑布，还有的像孔雀开屏……

当百花凋谢，积雪压断枝头的时候，冰凌花却踏着风雪来了。冰凌花是可贵可爱的，然而最可爱的，还是人类的冰凌花——那驰骋冰场的滑冰运动员。每当看到他们那遨游冰场的英姿，我既羡慕他们，也为他们而感到自豪。滑冰有多种，如花样滑冰、速滑、接力滑冰等，我最喜欢的要数花样滑冰。每当我看到花样滑冰的选手在比赛时，感觉自己仿佛就是赛场上的一员，我的心也随着选手动作的起伏而跳跃。

无论是冰凌花还是滑冰运动员，他们闪光的时刻都是那么短暂，也许第二天醒来的时候，冰凌花已悄悄离去；而运动员的辉煌也是短暂的，运动员也会随着年龄的增长，体态的变化，渐渐地在体坛上“消失”。他们悄悄地来了，又悄悄地去了，但留给我们的却是一段最美好的回忆。

啊！美丽的冰凌花，你将永远盛开在祖国的大地上和亿万人们的心中。

从文中找出一个过渡句，并说一说它的作用。

____

____

____

____

____

____

魔法秘籍

闯关成功后，守关小仙女送给咪咕一页神奇的《魔法秘籍》。

过渡句

1. 怎样找过渡句：由一件事转到另一件事情时需要过渡，记叙的时间发生变化时需要过渡，由倒叙转入顺叙时需要过渡。过渡句的寻找十分简单，只要看文章中哪句话把前后两段紧密联系在一起，哪句话就是过渡句。
2. 过渡句的作用：总结上文，引出下文，承上启下。

魔法闯关参考答案：

第一关：这座桥不但坚固，而且美观。

第二关：过渡句：冰凌花是可贵可爱的，然而最可爱的，还是人类的冰凌花——那驰骋冰场的滑冰运动员。

作用：承上启下的过渡作用。

5 首尾呼应作用大

首尾呼应，又叫首尾照应、首尾圆合，即开头提到的内容，在结尾作出解释、说明、交代、回应等。它不同于前后照应，前后照应不仅仅局限于首尾内容，前后内容也可呼应。首尾呼应则局限于首尾内容。

魔法课堂

咪咕和贝塔蹦蹦跳跳地走进了“首尾呼应展厅”，耐心的西蒙老师已经等候多时啦！就这样，魔法课堂又开课了，只见西蒙老师施展魔法，一群小仙女便出现在了空中。

忧忧小仙女

首尾呼应是很多文章惯用的手法。比如李星华写的《十六年前的回忆》一文中，开头和结尾首尾呼应，强调了那一天是父亲的被难日，表达了作者对父亲深切的思念之情，加深了读者的印象。

如果脑海里还没有出现这篇文章的身影，可以查阅相关资料哦！后面提到的文章篇目也是如此。

悦悦小仙女

咪咕，你知道还有哪篇文章使用了首尾呼应的写作手法吗？

咪咕

啊，对了，《匆匆》这篇文章也运用了首尾呼应的写作手法。

悦悦小仙女

是的，这篇文章以问句的形式开头，以问句的形式结尾，直接抒发了作者对时光流逝的慨叹，余味悠长。

思思小仙女

我也知道，我也知道。在《那个星期天》这篇文章中，开头和结尾也做到了首尾呼应。“那是一个星期天，从早晨到下午，一直到天色昏暗下去。”“男孩儿蹲在那个……光线正无可挽回地消逝，一派荒凉。”开头和结尾都在对环境进行描写。

西蒙老师

哈哈哈，你们都非常棒呢！首尾呼应的作用是贯通全文、突出中心，对刻画人物形象，表现文章主题起加强作用，也使文章内容完整，结构严谨，增强文章的真实感和感染力。

咪咕边听边点头，认真地记下大家讲述的这些知识。

魔法水晶

完成魔法课程，西蒙老师又给了咪咕一块魔法水晶。开心地收下魔法水晶的咪咕，去请教水晶球王子啦。这次咪咕有什么问题呢？正在看书的水晶球王子感受召唤而来。

水晶球王子，打扰一下，我想向你请教一个问题。

咪咕

水晶球王子

魔法课堂结束啦。是不是想问我关于“首尾呼应”的阅读题型有哪些呀?

是的，以及如何去回答这些问题。

咪咕

水晶球王子

小事一桩，这就跟我一起去瞧瞧吧！

只见水晶球王子将水晶球抛向空中，口中念出“魔法现现现”，天空中即刻显现了几行字：

常考题型

这篇文章结构上有什么特点？这样安排有什么作用？

答题模板

首尾呼应。在结构上使文章内容完整，结构严谨；在内容上增强文章的真实感和感染力，以更好地表达文章的中心。

但对具体内容的表达作用，不宜把上面的作用简单抄录，而应该结合具体内容谈，如《十六年前的回忆》首尾前后照应的好处，则可以这样说——这样写使文章结构严谨，又增强感染力，深切地表达了作者对父亲怀念和失去父亲的痛苦之情。

咪咕将这些通关技巧牢牢地记在了心里。

魔法闯关

从水晶球王子那里获得了通关技巧后，精灵咪咕和他的宠物贝塔满怀期待地来到了魔法训练营，进行闯关训练。

魔法训练营★

第一关

小小的米兰花，细微得像碎玉米的米兰花。你总是散发着淡淡的清香。

小小的米兰花，你牵引出我多少衷心的思念。看见你，我总是想起小学时第一个老师，那个美丽、和蔼，像大姐姐一样的老师。她总是把着我的手写字，她的手总是暖暖的。有一次我生病了，她把脸紧紧贴着我的面颊，轻柔的发丝抚爱着我，我心中注入了永存的暖流。在大雨滂沱的时候，她还送我回家，背着我涉过那条湍急的小河。至今，那条小河还常常从我心里流过，我分明看到小河的浪花飞溅到老师那美丽而和蔼的脸上。

为了山村小学的明天，她散发出全身的清香，飘进农家的幢幢木房，了解我们学习中的疑难，帮助我们攻下一道道难关，直至夜深人静。

此时，她却压住阵阵发痛的腹部，拖着蹒跚的脚步一步一挨地返回在乡间的小路上。啊，敬爱的老师，我多么想放声为您高唱一曲颂歌！

岁月的波涛冲走了我许许多多关于花的回忆，可是小米兰那淡淡的清香却永远飘溢在我心中……

1. 给短文加一个合适的题目：______________________

2. 用“________”画出文中前后呼应的句子。

魔法大冒险 ★★

第二关

雪　夜

［日本］星新一

雪花像无数白色的小精灵，悠悠然从夜空中飞落到地球的脊背上。整个大地很快铺上了一条银色的地毯。

在远离热闹街道的一幢旧房子里，冬夜的静谧和淡淡的温馨笼罩着这一片小小的空间。火盆中燃烧的木炭偶尔发出的响动，更增浓了这种气氛。

“啊！外面下雪了。”坐在火盆边烤火的房间主人自言自语地嘟哝了一句。

“是啊，难怪这么静呢！”老伴儿靠在他身边坐着，将一双干枯的手伸到火盆上。

“这样安静的夜晚，我们的儿子一定能多学一些东西。”房主人说着，向楼上望了一眼。

“孩子大概累了，我上楼给他送杯热茶去。整天闷在屋里学习，我真担心他把身体搞坏了。”

“算了，算了，别去打搅他了。他要是累了，或想喝点什么，自己会下楼来的。你就别操这份心了。父母的过分关心，往往容易使孩子头脑负担过重，反而不好。”

“也许你说得对。可我每时每刻都在想，这毕业考试不是件轻松事。我真盼望孩子能顺利地通过这一关。”老伴儿含糊不清地嘟哝着，往火盆里加了几块木炭。

突然，一阵急促的敲门声打破了这寂静的气氛。

两人同时抬起头来，相互望着。

“有人来。”

房主人慢吞吞地站了起来，蹒跚地向门口走去。随着开门声，一股寒风带着雪花挤了进来。

“谁啊？”

“别问是谁。老实点，不许出声！”

门外一个陌生中年男子手里握着一把闪闪发光的匕首，声音低沉，却掷地有声。

“你要干什么？”

“少啰唆，快老老实实地进去！不然……”陌生人晃了晃手中的匕首。

房主人只好转身向屋子里走去。

老伴儿迎了上来：“谁呀？是找我儿……”她周身一颤，后边的话咽了回去。

“对不起，我是来取钱的。如果识相的话，我也不为难你们。”陌生人手中的匕首在炭火的映照下，更加寒光闪闪。

“啊……我和我老伴儿都是上了年纪的人，不中用了。你想要什么就随便拿吧。但请您千万不要到楼上去。”房主人哆哆嗦嗦地说。

“噢？楼上是不是有更贵重的东西？”陌生人眼睛顿时一亮，露出一股贪婪的神色。

“不，不，是我儿子在上面学习呢。”房主人慌忙解释。

“如此说来，我更得小心点。动手之前，必须先把他捆起来。”

“别，别这样。恳求您别伤害我们的儿子。”

“滚开！”

陌生人三步并作两步蹿上楼梯。陈旧的楼梯发出吱吱呀呀的声音。

两位老人无可奈何，呆呆地站在那里。

突然，咔嚓一声，随着一声惨叫，一个沉重的物体从楼梯上滚落下来。

房主人从呆愣中醒了过来，慌忙对老伴儿说：“一定是我们的儿子把这家伙打倒的。快给警察打电话……”

很快，警察赶来了。在楼梯口，警察发现了摔伤了腿躺在那里的陌生人。

“哪有这样的人，学习也不点灯，害得我一脚踩空。真晦气。”陌生人一副懊丧的样子。

上楼搜查的警察很快下来了。

“警长，整个楼上全搜遍了，没有发现第二个人，可房主人明明在电话中说是他儿子打倒的强盗，是不是房主人神经不正常？”

“不是的。他们唯一在上学的儿子早在数年前的一个冬天就去世了。可他们始终不愿承认这一事实，总是说，儿子在楼上学习呢。”

谁也没有再说话。屋里很静，屋外也很静。那白色的小精灵依然悠悠然然地飞落下来……

小说开头和结尾的环境描写有什么作用？

____

____

魔法秘籍

闯关成功后，守关小仙女送给咪咕一页神奇的《魔法秘籍》。

一个好的开头，可以激发读者阅读的兴趣；一个好的结尾，可以增强文章的感染力，令人回味无穷。

首尾呼应的方法

1. 点题呼应：用点题的句子作为开头和结尾，进一步强调文章主题。

2. 问答呼应：开头以问句的形式出现，结尾对此进行回答。

3. 因果呼应：开头交代原因，结尾道出结果，因果也可以倒置。因果呼应，顺理成章。

4. 变换呼应：在文章的开头和结尾进行句式变换，使句子不再单调和重复，不仅使首尾呼应，还升华文章的中心思想。

魔法闯关参考答案：

第一关：1. 小小的米兰花

2. 小小的米兰花，细微得像碎玉米的米兰花。你总是散发着淡淡的清香。岁月的波涛冲走了我许许多多关于花的回忆，可是小米兰那淡淡的清香却永远飘溢在我心中……

第二关：首尾呼应。结构上：使文章内容完整，结构严谨。内容上：渲染了一种安静的气氛，衬托了屋内亲情融融的家庭氛围；同时与紧张的故事情节形成强烈反差，形成一种叙事上的张力。

现学现用

同学们，相信和咪咕一样，在魔法长廊的学习让你有了不小的收获。现在，就让我们把所学运用到下面的练习中吧！

西湖的绿

我要说的地方，是多少人说过写过的杭州。六月间，我第四次到西子湖畔，距第一次来，已经有九年了。这九年间，我竟没有说过西湖一句好话。发议论说，论秀媚，西湖比不上长湖天真自然、楚楚有致；论宏伟，比不上太湖烟霞万顷、气象万千。好在到过的名胜不多，不然，不知还有多少谬论。

奇怪得很，这次却有迥乎不同的印象。六月，并不是好时候，没有春光，没有秋意，也没有雪。那几天，有的是满湖烟雨，山光水色俱是一片迷蒙。西湖，仿佛在半醒半睡。空气中，弥漫着经了雨的栀子花的甜香。记起东坡诗句：“____________________，____________________”，便想，东坡自是最了解西湖的人，实在应该仔细观赏、领略才是。

正像每次一样，匆匆地来，又匆匆地去。几天中我领略了西湖的“绿”。

雨中去访灵隐，一下车只觉得绿意扑眼而来。道旁古木参天，苍翠欲滴，似乎飘着的雨丝也是绿的。飞来峰上层层叠叠的树木，有的绿得发黑，深极了，浓极了；有的绿得发蓝，浅极了，亮极了。峰下蜿蜒的小径，布满青苔，直绿到石头缝里。在冷泉亭上小坐，直觉得遍体生凉，心旷神怡。亭旁溪水铮淙，说是溪水，其实表达不出那奔流的气势，平稳处也是碧澄澄的，流得急了，水花飞溅，如飞珠滚玉一般，在这一片绿色的影子中显得分外好看。

西湖胜景很多，各处有不同的好处，即便一个绿色，也各有不同。黄龙洞绿得幽，屏风山绿得野，九曲十八洞绿得闲。不能一一去说。漫步苏堤，两边都是湖水，远水如烟，近水着了微雨，也泛起一层银灰的颜色。走着走着，忽见路旁的树十分古怪，一棵棵树身虽然离得较远，却给人一种莽莽苍苍的感觉，似乎是从树梢一直绿到地下。走近看时，原来是树身上布满了青苔，绿阴阴的苏堤，更加绿了几分。有的青苔，形状也有趣，如耕牛，如牧人，如树木，如云霞，有的整片看来，布局宛然如同一幅青绿绿山水画。这种绿苔，给我的印象是坚韧不拔，不知当初苏公对它们印象怎样。

在花港观鱼，看到了又一种绿。那是满池的新奇，圆圆的绿叶，或亭亭立于水上，或宛转靠在水面，只觉得一种蓬勃的生机，跳跃满池。绿色，本来是生命的颜色，我最爱看初春的杨柳的嫩枝，那样鲜，那样亮，柳枝儿一摆，似乎蹬着脚告诉你，春天来了。荷叶则要持重一些，初夏，则更成熟一些，但那透过活泼的绿色表现出来的茁壮的生命力，是一样的。再加上叶面上的水珠儿滴溜溜滚着，简直好像满池荷叶都要裙袂飞扬，翩然起舞了。

1．仿写句子，注意带点的词语。

六月，并不是好时候，没有春光，没有秋意，也没有雪。

____

2．第2自然段中应填入的诗句是____________，引用诗句的好处是______________________________。

3．阅读短文，填空。

短文围绕“__________”这句话来写，抓住西湖的________的特点，通过描写______________几处的“绿”表现西湖的盛景，表达了作者______________的真挚感情。

现学现用参考答案：

1. 略

2. 水光潋滟晴方好 山色空蒙雨亦奇 使文章有文采，突出西湖景物特点

3. 几天中我领略了西湖的“绿” “绿” 飞来峰、黄龙洞、屏风山、苏堤、花港 热爱祖国大好河山（或西湖美景）

第四章

魔法花园

历经无数考验，精灵小咪咕和他的宠物贝塔结束了在魔法长廊的奇幻之旅。这一次他们来到了魔法城堡的最后一站——美丽的魔法花园……

1 欲扬先抑的表现方式

欲扬先抑，同“先抑后扬”，先贬低后褒扬，是一种常见的写作手法。这种手法的好处是，能够很好地表达出作者充沛的感情，使情节多变，波澜起伏，使我们在阅读过程中，产生恍然大悟的感觉，留下比较深刻的印象。

魔法课堂

今天阳光明媚，小精灵咪咕和宠物贝塔开开心心地躺在魔法花园的躺椅上晒太阳。“啾啾啾……”咪咕的魔法探测仪发出了召唤的音波。

西蒙老师

咪咕、贝塔，我们要开课啦。今天，我们一起去发现阅读中欲扬先抑这一表现手法的秘密吧！

咪咕

收到，收到。我们来啦！

西蒙老师

让我们来看看《可爱的草塘》这篇文章。这篇文章给人印象特别深刻，这跟它的艺术技巧新异、特别是分不开的。它不是开篇点题，也不是平铺直叙，而是采用了“欲扬先抑”的艺术手法，故意掀起波澜，使文章波折动人。

如果脑海里还没有出现这篇文章的身影，可以查阅相关资料哦！后面提到的文章篇目也是如此。

那这篇文章是怎样“欲扬先抑”的呢?

咪咕

西蒙老师挥动魔法棒，只见屏幕中出现了几行文字：

先抑——初到“呆腻没意思”。文章的中心是赞美草塘的美丽可爱，目的是“扬”，但文章一开始却反说它不可爱，这就是“抑”。文章第一句就说：“我感到一切不习惯”，接着说“觉得没意思”，让小丽都看到“呆腻”的样子。“不习惯”、“没意思”和“呆腻”是作者对北大荒不喜爱的情感体现，这与文章中心是相反的感情。两种截然相反的情感在这里突然掀起波澜，让人感到诧异。

既然作者不喜爱北大荒，又怎么会说草塘可爱呢?

咪咕

西蒙老师

不要着急，我们继续看。

哎呀，我的心都被作者摄走了！

贝塔

西蒙老师

是呀，当我们带着疑问阅读下文时，更加深了我们对文章的理解。

说着，西蒙老师又拿出魔法棒向着屏幕轻轻一点：

后扬——初看“草塘真美啊”。作者随着小丽的带领，来到草塘的边上，此时又大又美的草塘呈现在眼前。草塘这么大，“我”第一次看，感到置身大海中一般，充满了新奇感。风吹动下的草塘，掀起层层草浪，那草浪由近到远呈现不同的绿色，连成一片，茫茫跟蓝天相接。这动感十足，色彩丰富的草塘让作者自己也分不清是身处大海还是草塘，完全陶醉了，难怪他情不自禁说它“真美啊”。作者的情感已由“没意思”的不喜爱转变成惊喜的赞叹，这是第一次“扬”。

咪咕：就这样结束了吗？

西蒙老师：当然不会，如果文章到此结束，中心还不够明确。

屏幕中接着呈现：

再扬——耳听春冬的草塘。接着文章以小丽自豪的话语描述了草塘春冬两季。春天草塘里游满了肥美的鱼，等人们用瓢舀，令人向往。冬天草塘里到处是野鸡、狍子，下雪天“腿陷进雪坑里再拔不出来”的狍子眼睁睁让人去逮，“把头扎在雪里”的野鸡等人像萝卜一样拔，多么有乐趣！

西蒙老师：北大荒的物产丰富通过小丽的诉说得到再“扬”，但同时“我”在耳听时的态度，一而再地故意逗她，体现着不信，这也是“抑”。这里扬抑结合，又掀起涟漪，增添了文章的魅力。

咪咕：“扬抑”相生，真有趣！

西蒙老师：没错，让我们接着往下看吧！

屏幕继续出示：

又扬——亲历“美好的画卷”。接着作者亲历了抓鱼，看到了藏在草丛中神奇的河。小丽把“我”带到水泡子前，波光粼粼的水面竟全是挤挤挨挨的鱼，“我”惊叫着连忙脱鞋袜下水，一条一条往岸上抛鱼，小丽催了才恋恋不舍上岸。小丽拨开芦苇，让“我”看到了奇迹般的小河，当看到清澈的河水，倒映水中的芦草、天空、云朵，“我”情不自禁往前走，想捧水洗脸，却怕弄坏了这幅美好的画卷。

西蒙老师：到这里，作者对草塘，对北大荒的热爱升华到了高潮。这时，文章戛然而止。

咪咕：太妙了，文章到这里虽然停止了，但余音未尽。

西蒙老师：文章以“腻、喜、赞、恋”的线索，欲扬先抑，抑扬结合，不仅符合作者内心变化的规律，而且增添艺术魅力，让人回味无穷。

咪咕听完西蒙老师的讲解，连连鼓掌。

魔法水晶

这次魔法课程的学习，让咪咕初步体会到欲扬先抑的表现手法的神奇魔力。接着，他想要去请教水晶球王子了。水晶球王子正在荡着魔法秋千呢！

水晶球王子

咪咕、贝塔你们好，我们又见面了。听说你们已经掌握了欲扬先抑的表现手法，真是为你们高兴！

嘿嘿，还没有呢！我正想向你请教考试中会遇到什么样的题型呢。

咪咕

水晶球王子

这还不简单，我们一起来看看吧。

只见水晶球王子将水晶球抛向空中，口中念出“魔法现现现”，天空中便出现了一块屏幕：

常考题型

1. 这篇文章运用了什么表现手法？有什么好处？
2. 作者写 × × 时先抑后扬，这样安排的用意是什么？

水晶球王子边转动水晶球，边进一步解释。

水晶球王子

先抑后扬，即先否定或贬低事物形象，而后深入挖掘事物特点及内在意义，再对事物予以肯定、褒扬。接下来，我们看看答题思路吧！

答题模板

1. 运用欲扬先抑的手法，突出强调或表现了……的特点，抒发了……的感情。
2. 用意是使故事情节波澜起伏或一波三折，吸引读者，给读者留下深刻的印象。

咪咕和贝塔一边听，一边看屏幕，将通关秘籍牢牢地记在心中。

魔法闯关

咪咕、贝塔带着水晶球王子的通关秘籍，信心十足地来到了充满挑战的魔法训练场，开始了难度升级的闯关之旅。

魔法答一答 ★

第一关

《阿长与〈山海经〉》一文采用了欲扬先抑的写法。文章从一开始就表达出作者对长妈妈的厌烦和不满，厌她啰唆，厌她限制“我”的自由，厌她睡相不好；烦她规矩太多，烦她道理太多。就在读者感到长妈妈似乎一无是处时，作者笔锋一转，详细叙写长妈妈做的两件令他敬重的事。“山海经”事件彻底改变“我”对长妈妈的看法，“我”才真正由“厌烦”长妈妈变成了“敬重”长妈妈。

请写出这篇文章运用先抑后扬手法的作用。

____

____

____

____

魔法大冒险 ★★

第二关

梅花赞

梅花确实是不平凡的花，我赞美它！在刺骨的寒风中，我独自走在公园的小路上，只见一株梅花怒放着。它，开得那么奔放，开得那么坚决，开得那么痛快！它的枝，直挺挺地向外伸展，对抗着西北风。它的花朵饱满、奔放、朴素、不修饰、不渲染，却格外美丽！它是对着严寒庄严宣战的勇士。

梅花虽然不及牡丹那么富丽，秋菊那么娇挺；虽然没有杨柳婆娑的姿态，没有龙爪槐那样屈曲盘旋的虬枝，却拥有桃花的颜色，菊花的性格，松竹的风姿；虽然没有玉兰那股清香，却洋溢着浓郁的战斗气息！它不但蕴藏着诗情画意，被人誉为"冰雪遍天涯，红梅雪上花"，而且还有着一副凌寒傲骨。一阵西北风吹过，别的花枯的枯了，谢的谢了，花落花飞，再见它们的容貌，只有等待来年。但在这百花凋零的寒冬，梅花却先天下而春，热情奔放，不畏严寒，不折不挠，给大地增添了无限生机。这些，哪种花能相比？

梅花确实是不平凡的花，它有顽强的生命力，在寒风刺骨的严冬，不折不挠，仍旧开出鲜艳的花朵，和我国英勇的人民相像。我赞美梅花，因为它不但象征了我国英勇的人民，尤其象征我们今天社会主义建设中那种奋发图强，不怕困难，自力更生的精神和意志。

梅花是不平凡的花，我高声赞美梅花！

文中画横线的语句运用了____________和____________的写作方法，写出了______________________________________。

魔法秘籍

闯关成功后，咪咕和贝塔开心极了。守关小仙女轻轻挥动手中的魔法棒，一页《魔法秘籍》落入了咪咕手中。

“欲扬先抑”是一种常见的表现手法。欲扬先抑的“扬”，是指褒扬、抬高。“抑”，指按下、贬低。作者想褒扬某个人或某个物，却不从褒扬处落笔，而是先按下，从相反的贬低处落笔。

运用欲扬先抑的方法，能使文章情节多变，波澜起伏，前后形成鲜明对比，使读者在阅读过程中，产生恍然大悟的感觉，留下比较深刻的印象。

魔法闯关参考答案：

第一关：使文章情节曲折，给人以奇峰突起的感觉，人物形象霎时间就高大起来。突出强调了长妈妈为人诚恳、热情，有着淳朴、宽厚、善良、仁慈的美德，表达了作者对长妈妈的深切怀念之情。

第二关：欲扬先抑　对比　　梅花不畏严寒，独自傲然绽放的性格

2 对比使事物更具表现力

在阅读中，“对比”的魔法可是非常大的，可以说一切形容词都是在对比中产生的——美与丑、黑与白。在文学创作中，对比是为了突出——突出某一个的好或者突出某一个的差，或者突出差异的巨大、矛盾的尖锐。通过对比，事物更具表现力！

魔法课堂

今天细雨飘飘，但丝毫不影响小精灵咪咕和宠物贝塔的心情。他们带着满满的求知欲，朝着魔法课堂进发啦！

西蒙老师

咪咕和贝塔，我们又见面了。来吧，一起来看一看今天咱们又会学习哪些新的阅读魔法吧！

咪咕

好呀，早就做好准备了呢！

西蒙老师拿着魔法棒轻轻一挥，空中出现了一块屏幕：

> 对比，就是把对立的意思或事物，或把事物的两个方面放在一起进行比较，让读者在对比中体会事物的特点，明白其中蕴含的道理。巧用对比手法，能给人鲜明的印象和强烈的感受，增强文章的艺术效果和感染力。

咪咕

原来这就是对比啊！

西蒙老师

没错，咪咕、贝塔，对《一个小村庄的故事》这篇文章，你们应该都还记忆犹新吧！小村庄为什么会消失呢？

如果脑海里还没有出现这篇文章的身影，可以查阅相关资料哦！后面提到的文章篇目也是如此。

咪咕

我知道，是因为人们乱砍滥伐，不保持生态平衡！

贝塔

以前的村庄多美呀！

西蒙老师

小村庄的前后变化，令人唏嘘不已。作者通过对小村庄的前后变化的比较，告诉我们，人类只有和大自然和谐相处，合理地利用资源，才不会受到大自然的惩罚。那么，大家想一想，这篇文章采用了什么表现手法？

咪咕

当然是对比啦！

西蒙老师

没错，对比在文章中运用非常广泛呢！比如鲁迅在《故乡》一文中，将闰土少年和中年的情况从外貌方面进行对比，表现了闰土的变化，给人留下深刻的印象。

咪咕

这样看来，对比是重要的表现手法之一呢！

西蒙老师

那当然，我们可以通过对不同人、事、物的对比描写或说明，来突出其各自的特色；也可以将同一人、事、物在不同的情景下进行对照，以彰显其变化。让我们再来看看这篇文章吧。

西蒙老师轻轻一挥魔法棒，屏幕上出现了新的内容：

燕子去了，有再来的时候；杨柳枯了，有再青的时候；桃花谢了，有再开的时候。但是，聪明的，你告诉我，我们的日子为什么一去不复返呢？

西蒙老师：咪咕、贝塔，读一读这一段，想一想作者是怎样写出时间匆匆的呢？

咪咕：将燕子、柳树、桃花和我们的日子作对比。

贝塔：燕子、柳树、桃花都可再生，而我们的日子却一去不复返。

西蒙老师：是的，运用了对比手法：燕子、柳树、桃花可再来，和时间的一去不复返作对比，更加突出了时间的珍贵，告诉我们要珍惜时间。

咪咕：我明白了，对比真神奇啊！

西蒙老师：是的，要想突出事物的特征，就用对比试试看！

魔法水晶

从魔法课堂出来，咪咕又获得了一块魔法水晶。为了获得闯关秘籍，他赶紧拿出魔法水晶，把水晶球王子从睡梦中叫醒。

水晶球王子从水晶球里出来了，刚睡醒的他声音略微沙哑。

水晶球王子

咪咕、贝塔，是你们来了呀！我猜你们又遇到了阅读方面的难题了。

水晶球王子，我在魔法课堂学习了对比的表现手法，现在我要准备闯关了。闯关之前，请传授我闯关魔法吧！

咪咕

水晶球王子

没问题！在闯关之前，还要注意以下几点，我们以《鹿角和鹿腿》这篇文章为例来看看吧。

水晶球王子轻轻转动水晶球，天空中出现了一块大屏幕：

1. 把不同事物的特点和作用放在一起进行对比。

   在《鹿角和鹿腿》一文中，“我的角多么精美别致，好像两束美丽的珊瑚”“这四条腿太细了，怎么配得上这两只美丽的角呢”“两只美丽的角差点儿送了我的命，可四条难看的腿却让我狮口逃生”，作者把鹿角和鹿腿的特点、作用进行对比，告诉我们鹿角虽然美丽却让鹿差点儿丧命，鹿腿虽然难看却能助鹿脱险。

2. 把同一事物的两个方面放在一起进行对比。

   作者把鹿角的“精美别致”和“差点儿送了我的命”进行对比，把“鹿腿太细了”和“让我狮口逃生”进行对比，告诉我们好看的东西未必有用，有用的东西未必好看的道理。

3. 为突出中心思想服务。

   在这篇文章中，作者将鹿角和鹿腿进行对比，正是为了突出“要全面看待问题，不能仅凭外观判断事物”这个思想。

我明白了，那么在阅读中，关于对比的手法，又有哪些经常考的题型呢？我们需要运用什么样的方法答题呢？

咪咕

水晶球王子

我们一起来看看吧。

常考题型

1. 文中多次运用对比的表现手法，请选一处赏析。
2. 第×段采用了哪种表现手法？有什么作用？
3. 联系上下文，从表现手法的角度赏析第×段画线句子。

答题模板

1. 答对比的类别：作者将什么跟什么进行对比，是怎么对比的？一般有：同类事物对比；不同类事物对比；同一事物的先后情况对比。
2. 答对比的作用：突出事物特征；塑造人物形象，使人物形象鲜明生动；突出文章中心情感，增强文章感染力。

咪咕和贝塔用心地牢记这些闯关妙招。

魔法闯关

告别水晶球王子后，咪咕和贝塔迫不及待地来闯关啦！

魔法填一填 ★

第一关

请用对比手法将下列句子补充完整。

1. 寒冷的冬天，其他的花儿都凋谢了，梅花却____________。
2. 平时吃晚饭的时候，小强总是兴致勃勃地和家人讨论学校发生的事情，可是今天____________。
3. 这条街上白天人来人往，十分热闹，晚上____________。

第二关

魔法答一答 ★★

这几句话运用了什么写作手法？有什么作用？

雨果在分析艺术时，写道：“艺术有两个：一是理想，理想产生欧洲艺术；一是幻想，幻想产生东方艺术。圆明园在幻想艺术中的地位就如同巴特农神庙在理想艺术中的地位。一个几乎是超人的民族的想象力所能产生的成就尽在于此。和巴特农神庙不一样，这不是一件稀有的、独一无二的作品；这是幻想的某种规模巨大的典范，如果幻想能有一个典范的话。”

____

____

魔法秘籍

闯关成功后，守关小仙女送给咪咕一页神奇的《魔法秘籍》。

对比运用小妙招

1. 对比手法能让读者在比较中分清好坏、辨别是非。
2. 运用这种手法，有利于充分显示事物的矛盾，突出被表现事物的本质特征，加强文章的艺术效果和感染力。
3. 对比的作用在于使好的显得更好，坏的显得更坏。

魔法闯关参考答案：

第一关：1. 在枝头绽开了笑脸

2. 他一言不发，只顾埋头吃饭

3. 却静悄悄的，很少有人经过

第二关：对比。作者把圆明园与巴特农神庙进行对比，巴特农神庙在理想艺术中占有重要地位，那么通过对比，点明了圆明园在幻想艺术中的重要地位，从而突出了圆明园的艺术性质和成就。

3 千万别小看环境描写的作用

环境描写是指对人物所处的具体的社会环境和自然环境的描写。其中，社会环境是指能反映社会、时代特征的建筑、场所、陈设等景物以及民俗民风等。自然环境是指自然界的景物，如季节变化、风霜雨雪、山川湖海、森林原野等。它和人物形象的塑造、故事情节的发展、文章主旨的表现等有极其重要的关系。

魔法课堂

咪咕和贝塔又来魔法课堂上课啦！

西蒙老师

咪咕，在生活中，有许多默默奉献的人。你知道在一篇文章里，默默奉献的是什么吗？

咪咕

老师，您这样问把我问懵了，我从来没思考过这个问题呢！

西蒙老师

哈哈！环境描写就是那个默默奉献的人，因为它得为文章的一切服务。比如，人物感情的抒发，人物性格的展现，等等。

咪咕

老师，可以举个例子吗？我还是不太明白。

西蒙老师挥动魔法棒，开始了空中教学。屏幕上有字如下：

《慈母情深》这篇小说中，开篇对母亲恶劣的工作环境进行了描写，“空间非常低矮，低矮得使人感到压抑。不足二百平米的厂房，四壁潮湿颓败……七八十台破缝纫机发出的噪声震耳欲聋”。在这样恶劣的环境下，母亲依然辛苦地工作，足以体现这位母亲的勤劳，赚钱这么辛苦，但是她并不吝啬，儿子要钱买闲书，她却愿意给钱，足以体现慈母的情深！这里的环境描写衬托了人物的形象。

哇，环境描写作用真大呀！

咪咕

西蒙老师

再给你举一个例子。

西蒙老师再次挥动魔法棒，字幕变了。

俄国作家列夫·托尔斯泰的《穷人》这篇小说中，开头有两处环境描写，第一处是小屋外的景象，寒风呼啸，又黑又冷；而小屋内则是温暖而舒适，布置得井井有条。两处环境描写形成了鲜明的对比，更能突出桑娜勤劳能干的品质，也折射出当时活在社会底层人们的悲凉处境。

听您这么一讲，我的思路清晰了许多。

咪咕

西蒙老师

不仅如此，有些环境描写则是为了推动情节发展。如《水浒传》“风雪山神庙”一回，多次写到雪大，推动了故事情节一步一步往前发展，烘托人物形象，暗示人物命运。还有些环境描写是通过特定的环境，营造特定的气氛，暗示社会环境。又如《故乡》中描绘了故乡萧瑟的景象，渲染了农村萧条、荒凉的气氛，烘托出“我”悲凉的心境。

西蒙老师，我明白了！

咪咕

魔法水晶

完成魔法课堂的课程后，咪咕迫不及待地请出水晶球王子，向他请教有关环境描写的阅读题型。

水晶球王子，请带我们一起去探索环境描写的奥秘吧！

咪咕

水晶球王子

环境描写也是常考题型，无论是指出环境描写的作用还是发挥想象续写一段环境描写，都离不开对环境描写的把握。

那有关环境描写的阅读题型有哪些呢？我要怎样去解答呢？

咪咕

水晶球王子

看我的！

话刚说完，只见水晶球王子将水晶球抛向空中，口中念出“魔法现现现”，只见天空中即刻显现了几行字：

常考题型

1．文中这段环境描写有什么作用？

2．这一段运用了什么描写方法？其好处是什么？

解题技巧

有些环境描写是通过特定的场景，营造特定的气氛，暗示社会环境。有些环境描写是为了推动情节发展。有些环境描写烘托人物形象，暗示人物命运。答这类题目，首先我们要分清楚是哪种作用，然后利用固定的答题模式作答，如：运用了环境描写手法，描写了……的景象，渲染/烘托了……的气氛，表现了……。

咪咕和贝塔认认真真地读着，生怕漏掉一个字，牢牢地将水晶球王子的魔法妙招记在了心里。

魔法闯关

咪咕、贝塔带着水晶球王子的妙招，信心十足地来到了充满挑战的魔法训练场。闯关之旅开始了。

魔法智问答

第一关

1.《羚羊木雕》一文中“当我抬起头来的时候，万芳已经不见了，她不会再跟我好了……我一个人慢慢地走在路上。月亮出来了，冷冷的，我不禁打了个寒战”，画线的句子有什么作用呢？

______

______

2. 读《“诺曼底号”遇难记》，回答问题。

①“大海上夜色正浓，烟雾弥漫。船长站在驾驶室里，小心翼翼地驾驶着他的‘诺曼底号’。”“雾愈来愈浓了，轮船使出南安普敦河后，来到茫茫大海上，距离埃居伊山脉估计有十五海里。”以上两处环境描写有什么作用？

______

②“哈尔威船长一个手势也没有做，一句话也没有说，犹如铁铸，纹丝不动，随着轮船一起沉入了深渊。人们透过阴惨惨的雾气，凝视着这尊黑色的雕像徐徐沉进大海。”结尾处的环境描写又有什么作用？

______

______

魔法训练营 ★★

第二关

杜小康注定了要在这里接受磨难，而磨难他的，正是这些由他和父亲精心照料而长得如此肥硕的鸭子。

那天，是他们离家以来遇到的最恶劣的一个天气。一大早，天就阴沉下来。天黑，河水也黑，芦苇荡成了一片黑海。杜小康甚至觉得风也是黑的。临近中午时，雷声已如万辆战车从天边滚过来，不一会儿，暴风雨就歇斯底里地开始了，顿时，天昏地暗，仿佛世界已到了末日。四下里，一片呼呼的风声和千万支芦苇被风撅断的咔嚓声。

鸭栏忽然被风吹开了，等父子俩一起扑上去，企图修复它时，一阵旋风，几乎将鸭栏卷到了天上。杜雍和大叫了一声“我的鸭子”，几乎晕倒在地上。因为他看到，鸭群被分成了无数股，一下子就在他眼前消失了。

杜小康忘记了父亲，朝一股鸭子追去。这股鸭子大概有六七十只。它们在轰隆隆的雷声中，仓皇逃窜着。他紧紧地跟随着它们。他不停地用手拨着眼前的芦苇。即使这样，脸还是一次又一次地被芦苇叶割破了。他感到脚钻心地疼痛，他顾不得去察看一下。他知道，这是头年的芦苇旧茬儿戳破了他的脚。他一边追，一边呼唤着他的鸭子。然而这群平时很温顺的小东西，今天却都疯了一样，只顾没头没脑地乱窜。

到暴风雨将歇时，依然还有十几只鸭没被找回来。

杜雍和望着儿子一脸的伤痕和冻得发紫的双唇，说：“你进窝棚里歇一会儿，我去找。”

杜小康摇摇头：“还是分头去找吧。”说完，就又走了。

天黑了。空手回到窝棚的杜雍和没有见到杜小康，他就大声叫起来。但除了雨后的寂静之外，没有任何回应。他就朝杜小康走去的方向，寻找过去。

杜小康找到了那十几只鸭，但在芦荡里迷路了。一样的芦苇，一样重重叠叠无边无际。鸭们东钻西钻，不一会儿工夫就使他失去了方向。眼见着天黑了。他停住了，大声地呼喊着父亲。就像父亲听不到他的回应一样，他也不能听到父亲的回应。

杜小康突然感觉累极了，就将一些芦苇踩倒，躺了下来。

那十几只受了惊的鸭，居然一步不离地挨着主人蹲了下来。

杜小康闻到了一股鸭身上的羽绒气味。他把头歪过去，几乎把脸埋进了一只鸭的蓬松的羽毛里。他哭了起来，但并不是悲哀。他说不明白自己为什么想哭。

雨后天晴，天空比任何一个夜晚都要明亮。杜小康长这么大，还从未见过蓝成这样的天空，而且又是那么的明亮。

杜小康顺手抠了几根白嫩的芦苇根，在嘴里嚼着，望着异乡的天空，心中不免又想起母亲，想起许多油麻地的孩子。但他没有哭。他觉得自己突然地长大了，坚强了。

文中第2自然段和第13自然段是环境描写，但所描写环境的色彩却完全不同，前者昏暗，后者明亮。作者为什么这样安排？请从结构和表达上谈谈这样写的好处。

____

____

____

____

魔法秘籍

闯关成功后，守关小仙女送给咪咕一页神奇的《魔法秘籍》。

环境描写的作用

分析环境描写的作用可以从人物、情节、主题以及环境本身等多个角度去考虑。具体地讲，环境描写通常有以下几方面的作用。

1．环境方面：交代故事发生的时间或地点；暗示社会环境，如背景、习俗、思想观念以及人与人之间的关系等；渲染气氛，奠定基调。

2．人物方面：烘托心情；表现身份、地位、性格等；暗示命运。

3．情节方面：暗示或推动情节的发展；为后面情节的发展做铺垫或制造悬念；作为情节发展的线索。

4．主题方面：揭示主题；深化主旨。

魔法闯关参考答案：

第一关：1.“我”在母亲的逼迫下，不得已找万芳要回了羚羊木雕，此处的环境描写烘托出“我”当时悲凉、哀伤的心情。

2.①交代了故事发生的背景，为下文海难的发生做铺垫。

②渲染了现场的悲壮气氛，也更好地突出了船长忠于职守的英雄品质。

第二关：第2自然段暴风雨恶劣天气的描写是为杜小康找鸭群、与父亲走失、经历磨难做铺垫；第13自然段雨过天晴、月亮明亮的描写烘托了杜小康经历暴风雨找到鸭群后的兴奋和感到自己忽然长大后的欣慰。

4 带你感受事物的动静之美

“动静”结合在这里不是哲学的概念，而是我们写文章时的一种手法，让我们跟着咪咕来学习一下吧！

魔法课堂

正当咪咕在魔法花园的花藤下打盹儿的时候，一只翅膀会发光的蝴蝶飞过来了，只见她扑闪着翅膀，欢快地唱起歌儿来。原来她是西蒙老师的宠物——蝴蝶精灵。咪咕迷惑地跟着蝴蝶精灵来到了一间魔法教室，这间教室里有很多神奇的植物，这是咪咕从来没有见到过的景象。

西蒙老师

这些是我用来研究魔法的地方，而今天你想要得到的魔法秘籍就蕴藏在其中，认真听讲哦！

必须的！

咪咕

接着西蒙老师挥动魔法棒，魔法教室的屏幕亮了起来，上面出现了几个大字：“神奇的动静结合”。西蒙老师开讲了。

西蒙老师

这里说的动静结合，是阅读里常用于描写景物的一种手法。动，即一些会动的、会发出声音的景或物；静，即一些不会动的景或物。动静结合指既写动态的景物，也写静态的景物，两者和谐地结合在一起。

贝塔

我不是很明白。

西蒙老师

举个例子，如《威尼斯的小艇》一文，首先写了威尼斯的小艇的样子：船头和船艄向上翘起，像挂在天边的新月。这里写出了小艇的外形。这是静态描写，突出了它与众不同的特点。在写到船夫驾驶小艇时，文章生动活泼：“行船的速度极快，来往船只很多，他操纵自如，毫不手忙脚乱……而且速度非常快，还能急转弯。”这里通过“左拐右拐”“挤过去”“急转弯”等动词，生动地描写出船夫驾驭小艇十分娴熟，得心应手。这是动态描写。就这样，文章通过动态、静态的描写，生动地写出了威尼斯小艇的特点，让人身临其境，产生了强烈的感染力。

如果脑海里还没有出现这篇文章的身影，可以查阅相关资料哦！后面提到的文章篇目也是如此。

咪咕

我明白了，无论是静态描写还是动态描写，都能起到很好的效果。

西蒙老师

但是，在写景状物的文章中，孤立地写动态或静态，往往不能给人以深刻的印象。若将动态描写与静态描写结合起来，以静写动，以动衬静，则会塑造出栩栩如生的文学场景。

咪咕掏出了魔法笔记本，认真将西蒙老师的讲解记录下来。收获不少的咪咕激动极了，跟贝塔分享他的所得所获。

魔法水晶

贝塔听完了西蒙老师的授课和咪咕的分享，吃惊地张大了嘴巴，原来文章还可以有这样神奇的写法呀。这时，西蒙老师赐给他们一块魔法水晶，他们抱着虔诚的心请出水晶球王子，向他讨教更多的魔法小妙招。

水晶球王子，动态描写和静态描写我都理解了，但是具体练习时，我还是不太会作答呀！

咪咕

水晶球王子

没关系，我这就告诉你一些常考题型和答题思路。

水晶球王子转动水晶球，口中念着“魔法现现现”，只见天空中即刻显现了几行字：

常考题型

1. 画线句是对景物的什么描写？
2. 作者是从哪个角度来描写景物的？有什么作用？

答题思路

在赏析阅读中动静结合的表达手法时，我们可以有这样的思路：先找出句子中描写的景物，再分清哪些是动景哪些是静景，然后分析二者的关系，是“以动衬静”，还是“静中见动”，还是“动静结合、动静相衬”，最后结合整个阅读文章的内容、主旨分析其表达效果。

咪咕和贝塔赶紧将这些知识制作成锦囊，照单全收。

魔法闯关

仙女来指路 ★

第一关

动静结合：诗歌常用的一种写景手法，就是对事物、景物作动态、静态的描写，两者相互映衬，构成一种别有意味的情趣。有以静衬动的，有以动衬静的，也有动静互相衬托的。

下列诗句中没有运用动静结合手法的一项是（　　）

A. 人闲桂花落，夜静春山空。（王维《鸟鸣涧》）

B. 日照香炉生紫烟，遥看瀑布挂前川。（李白《望庐山瀑布》）

C. 竹喧归浣女，莲动下渔舟。（王维《山居秋暝》）

D. 蝉噪林逾静，鸟鸣山更幽。（王籍《入若耶溪》）

魔法训练营 ★★

第二关

阅读专项训练。

①密西西比河两岸风光旖旎。

②西岸，草原一望无际，绿色的波浪一浪接一浪，在远处同蓝天连成一片。野牛在广阔无垠的草原上漫游。有时，一头年迈的野牛劈开波涛，游到河心小岛上，卧在高深的草丛里，望着那壮阔的河流和两岸的风光。看它头上的两弯新月，看它沾满淤泥的飘拂的长髯，你可能把它当成河神。

③东岸的风光同西岸形成令人赞叹的对比。河边、山巅、岩石上、幽谷里，各种颜色、各种芳香的树木杂处一堂，茁壮生长，高耸入云。野葡萄、喇叭花、苦苹果在树下交错，在树枝上攀缘，一直爬到树的顶梢。它们从树延伸到鹅掌楸，从鹅掌楸延伸到蜀葵，形成无数洞穴、无数拱顶、无数柱廊。那些在树间攀

缘的藤蔓常常迷失方向，它们越过小溪，在水面搭起花桥。木兰树在丛莽之中挺拔而起，耸立着它静止不动的锥形圆顶。它树顶开放的硕大的白花，俯瞰着整个丛林。除了在它身边摇着绿扇的棕榈，没有任何树木可以同它媲美。

④丛林中无数的动物给这个世界带来魅力和生气……

⑤如果说河对岸的草原上万籁无声，河这边却是一片骚动和聒噪。噪鸟啄啄击橡树干的（　　）声，野兽穿越丛林的（　　）声，动物吞噬食物或咬碎果核的（　　）声；（　　）的流水、（　　）的小鸟、（　　）的野牛和（　　）叫的斑鸠使这荒野的世界充满一种亲切而粗犷的和谐。

1. 认真阅读短文，完成思维导图。以上内容，都是围绕“______________”这句话写的。

（　　）→ 草原广袤，万籁无声 →（宁静之美）（静态描写）

东岸 → 万物生长，骚动聒噪 →（　　　　）（　　　　）

2. 把下面的拟声词填入文中的括号里。（填序号）

①啁啾　②潺潺　③咂咂　④沙沙

⑤笃笃　⑥低哞　⑦咕咕

从这些拟声词中，可以感受到______________________________。

3. 用“○”圈出画“______”的句子中的动词，从这些动词中我们可以感受到______________________________。

魔法秘籍

闯关成功后，守关小仙女送给咪咕一页神奇的《魔法秘籍》。

动静描写

1. 化动为静，以静写动：把运动的事物当作静止的事物来写，想象并描写出动态事物在静止时的形态和神态。如李白《望庐山瀑布》中的“遥看瀑布挂前川”写出了遥看瀑布的第一眼形象，将流动的水当作静止的布，瀑布像一条巨大的白练挂在山间，一个“挂”字化动为静，生动形象，活灵活现。

2. 化静为动，以动写静：把静止的事物当作运动的事物来写，想象并描写出静态事物在运动时的形态和神态，如王安石《书湖阴先生壁》中的“两山排闼送青来”，一个“送”字，把静止的山写活了。

3. 动静结合，相映成趣：同时描写静态的事物和动态的景物，让静景动景相辅相成，相得益彰。

4. 以动衬静：通过描写、渲染动态，反衬静态，突出静态，是反衬手法的一种。

魔法闯关参考答案：

第一关：B

第二关：1. 密西西比河两岸风光旖旎。西岸 粗犷之美 动态描写

2. ⑤④③②①⑥⑦

3. 交错、攀缘、爬、延伸、越过、搭起、挺拔、耸立、俯瞰 万物茁壮生长的蓬勃之气

5 淡妆浓抹总相宜，文章也要详略得当

好文章犹如西湖美景，淡妆浓抹总相宜。“淡妆”犹如略写，“浓抹”犹如详写。详略得当，才美得恰到好处。

魔法课堂

咪咕正在参观魔法花园里的神奇魔法花架，上面有很多红蓝白相间的按钮，这些按钮有的已经被磨平，西蒙老师告诉他们，原来这些是以前来魔法学院中探寻阅读奥秘的人留下来的印记，他们借助墙壁按钮，试图直接打开阅读之门，可是都失败了，因为要想打开阅读之门是没有捷径的，只能一步步闯关。

这是魔法课堂的最后一课，阅读之门近在咫尺，但是也不能松懈哦！

西蒙老师

咪咕，今天让我教你一个新的魔法知识——文章要详略得当。要想弄清楚这个问题，首先要知道文章哪些内容是详写，为什么详写。现在给你提供以下几个思路：

一、文章的作者担心读者对这一部分的内容不了解，所以详写。

二、读者会对此处非常感兴趣，因此详写。

三、此处内容照应主题，因此详写。

四、此处内容可以突出人物的性格，因此详写。

咪咕

那么，哪些内容需要略写呢？

西蒙老师

对照上面的几点，就可以总结：读者已经知道的内容，可以略写；读者不感兴趣的内容，没必要写；不符合主题的内容，绝不可以写；不能突出人物性格的内容，也尽量不写。写文章如此，阅读文章时，就要抓住作者的这种写作方法。

咪咕

刚刚读了《藏戏》一文，这篇文章中哪些内容是详写的，哪些内容是略写的呀？

西蒙老师

《藏戏》一文详写了藏戏由来和面具特点这两部分。从文中可知，藏戏具有戴面具演出、没有舞台和演出时间长的特点。文章在第1~3自然段概括了藏戏的三个特点，第4~7自然段写了藏戏的由来，第8~18自然段写了藏戏的表演及传承的方式。明确了文章的布局，从中即可提炼出详写部分是藏戏的特点，采用的就是详略得当的写法。

如果脑海里还没有出现这篇文章的身影，可以查阅相关资料哦！后面提到的文章篇目也是如此。

咪咕

我明白了，老师！那么，详略得当有什么作用呢？

西蒙老师

《北京的春节》这篇文章是按照时间顺序写的，详写的有正月初一、除夕和元宵节，略写的有腊八、小年和正月十九。这样写详略得当，突出了北京人过春节的习俗，体现出了北京人欢欢喜喜过春节的心情。这样写的好处：重点突出、详略得当、主次分明，能够使读者对北京人过春节的风俗习惯有更深刻的了解。

所以，无论是阅读还是写作中，把握详略是非常重要的呀！

咪咕

魔法水晶

咪咕目光炯炯，原来阅读竟有这么多神奇的方法呢！西蒙老师从神奇口袋里拿出了魔法水晶，咪咕轻轻捧起了魔法水晶，如获至宝。咪咕将眼睛闭起，默默念起了从西蒙老师那里学到的魔法口令。念完后，魔法水晶显灵了，水晶球王子出现了，身边跟着一胖一瘦两个精灵。

水晶球王子，你的精灵为什么一胖一瘦呀？

咪咕

详写精灵

我是详写精灵，我胖，是因为我能直接表现中心意思，是主要材料，作者对我的叙述和描写比较具体，放开笔墨，写得比较充分。

略写精灵

我是略写精灵，我瘦，是因为我与表现中心意思有关，但不是直接表现中心意思的材料，所以作者少用笔墨，进行概括式的叙述。

我知道了，谢谢你们的分享，那你们能告诉我具体的阅读训练时应该注意些什么吗？

咪咕

水晶球王子

一起来看看吧！

常考题型

1. 文章中哪些内容是详写的，哪些内容是略写的？
2. 作者是怎样安排文章的详略的？
3. 作者花大量的笔墨描写×××，这是为什么呢？

答题方法

1. 从事件过程的角度判断。叙述一件事，一般事件的开端和结局略写，发展和高潮详写。
2. 从记叙顺序的角度判断。采用倒叙的文章，开头的倒叙部分略写，后面的顺叙部分详写；采用插叙的文章，插入的内容略写，中心事件详写。
3. 从表达方式的角度判断。记叙文中叙述、描写部分详写，议论、抒情部分略写。
4. 从描写方法角度判断。正面描写是详写，侧面描写是略写。
5. 从篇幅角度判断。篇幅长的部分是详写，篇幅短的部分是略写。

咪咕赶紧记录下这些知识宝藏，等他记录完毕，魔法水晶亮起来了，花园的各种花儿竞相开放了起来，神奇的亮光点亮了魔法花园的植物们，花园里一派生机勃勃的景象。

西蒙老师

魔法花园里蕴含着神奇的魔法，只有真正学习魔法本领的人，才能将之唤醒。拿着，这就是阅读之门的钥匙！恭喜你获得它！

魔法闯关

第一关

魔法填一填 ★

下面哪些内容是详写，哪些内容是略写呢？分一分吧！

A. 与中心有关的内容　B. 次要人物

C. 环境描写　D. 可以突出人物性格的内容

E. 读者不感兴趣的内容　F. 读者已经知道的内容

详写：________　略写：________

第二关

魔法演练场 ★★

一颗美好的童心

①在十里山乡，有一个助人为乐的小姑娘。她是富家村12岁的少先队员欧阳志红。她不是雷锋，但在她身上，却闪烁着同雷锋一样的光芒。这光芒，给小小的山村，带来了许许多多的温暖和快乐。

②前年初，相邻的许家村大桥工程，因为缺少资金，半途停工了。欧阳志红想："每年涨大水时，河对岸的同学都只能眼巴巴地看着河水发愁，涨几天水，就要耽误几天课。"于是她拿出父母给的50元压岁钱，交给了许家村党支部书记，支援大桥工程。许家村震动了。几天时间，全村就为大桥集资了上万元钱。大桥如期竣工后，乡亲们在桥旁立了一块捐款纪念碑，第一个名字，就是欧阳志红。

③去年，在开展读书读报活动中，欧阳志红征得父母同意，在家里腾出一间房子，办了个"红领巾图书室"。为了这个小小的图书室，志红带着弟弟，课余时间摘茶叶，捡破烂，用劳动换来的70元钱把图书室装饰一新，爸爸妈妈非常支持，还为图书室订了40多种少儿报刊，购买了几十本书。爷爷精心制作了一幅玻璃屏，上面写着："播美德良种，育四化新人。"从此，富

家村的孩子又多了一分欢乐。

④欧阳志红心里装的人和事可真不少：小同学的衣服扣子掉了，她给缝上；邻家大爷病了要服药，她给代买；哪位小伙伴交不起书费，她代交……

⑤几年来，在欧阳志红的带领下，同学们都自觉地加入到“送温暖”的行列中，把温暖送到全村所有残疾人和五保户身边。十里山乡的人都说，小志红有一颗美好的童心。

1. 把短文分为三个部分，用“//”在文中标示。

2. 短文详写了哪两件事？又略写了哪几件事？

______

______

______

魔法大冒险 ★★★

第三关

北京的春节（节选）

元宵（汤圆）上市，春节的又一个高潮到了。除夕是热闹的，可是没有月光；元宵节呢，恰好是明月当空。大年初一是体面的，家家门前贴着鲜红的春联，人们穿着新衣裳，可是它还不够美。元宵节，处处悬灯结彩，整条大街像是办喜事，火炽而美丽。有名的老铺都要挂出几百盏灯来：有的一律是玻璃的，有的清一色是牛角的，有的都是纱灯；有的通通彩绘《红楼梦》或《水浒传》故事，有的图案各式各样。这在当年，也就是一种广告。灯一悬起，任何人都可以进到铺中参观，晚间灯中都点上蜡烛，观者就更多。这广告可不庸俗。干果店在灯节还要做一批杂拌儿生意，所以每每独出心裁，制成各样的冰灯，或用麦苗做成一两条碧绿的长龙，把顾客招来。

孩子们买各种花炮燃放，即使不跑到街上去淘气，在家中也照样能有声有光地玩耍。家中也有灯：走马灯、宫灯、各形各色的纸灯，还有纱灯，里面有小铃，到时候就叮叮地响。大家还必须吃元宵啊。这的确是美好快乐的日子。

《北京的春节》这篇课文详略得当。作者在写元宵节时，也采用了这种方法来写：______________是详写，______________、吃元宵是略写，这样更突出元宵节的风俗特点。

魔法秘籍

闯关成功后，守关小仙女送给咪咕一份神奇的《魔法秘籍》。

详略得当

详写和略写是对立统一、相辅相成的。详写的内容必须是主要的，次要的内容不能详写，否则文章就啰唆、冗长，淹没了中心意思。详写必须有略写的配合，略写补充详写，使文章繁简适当，重点突出。所以，详写和略写是互为补充的哦！

魔法闯关参考答案：

第一关：AD　BCEF

第二关：1.①//②—④//⑤

2.详写了她捐款建桥和在家里举办"红领巾图书室"的事；略写了她为小同学缝扣子、为邻居大爷买药和给付不起学费的小伙伴代交学费的事。

第三关：灯会　放花炮

现学现用

同学们，在魔法花园，我们又学习了很多阅读的知识，赶紧来试一试吧，相信你能行！

父亲的节日

①那一天，参加一个集体宴会。一个长得很帅气的小男孩，转到我面前，扬着手中的一束花花草草，很兴奋的样子。这个调皮的小家伙，在一排花篮上抽抽取取，制作了一束鲜花。我逗他：“给我吧。”他立刻紧张起来，将花别到身后，一口回绝：“不行，这是给我爸爸的。”“为什么要给爸爸呢？”我问。他扬起小脸：“明天是父亲节呀。”

②“哦，是父亲节。”我当着众人的面夸奖他，“真是个懂事的孩子。”不料，他又扬起了小脸，很认真地问我：“你给你爸爸准备礼物了吗？”这一问，竟让我无法回答。因为，我还不曾想到过给我的父亲准备礼物。

③孩子看出我的窘相，抽出一枝康乃馨，放在我的手里：“喏，你把这花带给你的爸爸吧，他一定会高兴的。”我接过花，看着他那张天真的笑脸，觉得这孩子是个有心人。

④第二天早晨，是星期天，父亲来看我们了。父亲来，事先没有告诉我。他敲门的时候，我们还在梦乡中。看到父亲，我突然想起昨晚小男孩给我的花儿。那一枝花儿，我压根没有考虑带回来，顺手放在了饭桌上。我猜想，父亲知道今天是父亲节吗？

⑤敲门声也唤醒了女儿，她揉揉眼睛，跳下床，来到我的跟前：“爸爸，把眼睛闭上。”我以为她要跟我撒娇，或者做捉迷藏的游戏，便佯装闭眼。她从枕头旁边拿出一个手工做的桃子，放到我的手上。待我睁开眼，她在房间里欢呼雀跃：“父亲节快乐，请爸爸吃桃子！”

⑥父亲看着女儿，女儿看着我，我看着父亲，场面有些尴尬。父亲嘀咕了一句："父亲节？"随即像明白了什么似的，一个劲地夸着女儿，真是个懂事的乖孩子，将她引到了阳台上玩。父亲的举动，很明显是帮我解围。这一天，毕竟是父亲节，可我连一件礼物都没有准备。想到这，我的表情有些不自然。

⑦过了一会儿，父亲又跑过来，在裤兜里摸了半天，摸出一个鼓鼓的信封来，摆在桌上。"听你母亲说，你们买房子缺钱，我们想办法凑了点，你收好了。"我坚持不要，父亲显得有点不高兴："咱们父子之间谁跟谁呀。等你们日子过好后，再孝敬我们也是一样的嘛。"见我接下钱，父亲又开了口："老家的杉木已成材，还有一些槐树楝树，都伐倒了，放在河里浸泡，等秋凉时，就能动手打几件家具了，我们帮不上大忙，能帮多少算多少。"

⑧没说几句话，父亲就要走了。留他吃饭，他说："家里正忙着插秧，你母亲叫我早去早回。"母亲前几天刚从我这儿返乡，一定是她与父亲商量好了的。父亲说走就要走，临行前，他到我的书房里，试探着问："能不能把你写的书送几本给我，带回去给庄上的人翻翻？"

⑨拿书的时候，我突然发现书橱上有两张票，便递到父亲手里。父亲很开心："是戏票吗？等秧插完了，陪你母亲来，她喜欢看戏哩。"

⑩父亲拿着书，又带着戏票，欢欢喜喜地走了。我的手里，捏着父亲送来的厚厚一叠钱，沉默了好一阵子。

1. 本文围绕"父亲的节日"主要记叙了哪几件事？哪些事写得详细些？

____

____

____

2．“我”夸小男孩“是个懂事的孩子”，父亲夸“我”女儿“是个懂事的乖孩子”。文章为什么这样写？

____

____

____

____

3．结合一个具体语句简析人物描写的作用。

____

____

____

____

现学现用参考答案：

1.（1）小男孩为他父亲准备节日礼物。

（2）女儿为“我”准备礼物，父亲帮“我”解围。

（3）父亲为“我”买房筹钱。

（4）“我”送父亲两张戏票。

第二、三件事写得详细些。

2.“我”夸小男孩懂事是因为我觉得小男孩很孝顺，父亲夸女儿懂事是因为父亲觉得“我”女儿很孝顺，用两个孩子的懂事来反衬“我”的不懂事。

3. 第一段中对小男孩的动作、神态和语言的描写，如“紧张”“别”“一口回绝”表现出小男孩对给父亲礼物的重视和对父亲的爱。